2009年中国连锁经营年鉴

中国连锁经营协会　编

中国商业出版社

图书在版编目（CIP）数据

2009 年中国连锁经营年鉴/中国连锁经营协会编．—北京：中国商业出版社，2009. 7

ISBN 978 - 7 - 5044 - 6592 - 4

Ⅰ. 2…　Ⅱ. 中…　Ⅲ. 连锁商店—商业经营—中国—2009—年鉴　Ⅳ. F721. 7 - 54

中国版本图书馆 CIP 数据核字（2009）第 116707 号

责任编辑：唐伟荣

中国商业出版社出版发行

010 - 63180647　www. c - cbook. com

（100053　北京广安门内报国寺 1 号）

新华书店总店北京发行所经销

北京明月印务有限责任公司印刷

*

787 × 1092 毫米　16 开　29. 5 印张　700 千字

2009 年 8 月第 1 版　2009 年 8 月第 1 次印刷

定价：280. 00 元

*　*　*　*

（如有印装质量问题可更换）

编辑委员会名单

前　言

2008年以来，我国连锁经营发展经历了巨大的变化。年初，连锁经营受CPI高涨、消费旺盛等因素影响，销售与利润均大幅增长。而当这一年将要落下帷幕时，来自美欧的金融风暴和经济危机带给全行业阵阵寒意。随着股市低落、出口下滑、增长减慢和对未来悲观情绪的蔓延，连锁业在第四季度的增长明显放缓，直至持平甚至负增长，这也预示着在经济不景气的大气候中，连锁行业的寒冬来了。

2008年，连锁行业销售额与店铺数继续保持20%以上的增幅。其中，连锁超市、百货、便利店、家电、药店等各业态销售增幅均有增长，并通过新开店铺等外延方式拉动各业态平均10%的增幅。但是，2008年各季度的增幅持续下滑：一季度同比增长20%~30%，二季度维持在20%左右，三季度普遍滑落至10%，到四季度一般维持在5%以下。

据中国连锁经营协会统计，2008年中国连锁百强企业销售规模达到11999亿元，同比增长18.4%，是“连锁百强”统计以来首次低于社会消费品零售总额21.6%的增幅。与此前几年（2003-2007）销售规模增幅（45%、39%、42%、25%、21%）比较，速度继续放缓。同时，连锁百强企业门店总数达到120775个，同比增长10.6%，是10年来增幅最低的一年。从业态情况看，得益于快速消费品的刚性需求，食品零售企业保持稳定增长，并以55家入围数构成连锁百强的主体，其中虽然本土企业仍占大多数，但家乐福、大润发、沃尔玛等13家外资企业在食品零售市场的领先优势进一步凸显；百货企业面临下半年经济回落、市场不振的较大压力，通过加大促销力度、及时调整商品结构等措施，依然保持了较好的经营业绩，以10%的门店增幅带来21%的销售增长；家电、家居建材连锁企业面临的市场环境更为严峻，家电企业2008年销售增幅和店铺增幅分别为7.1%和10.8%，家居建材企业分别为8.7%和14.1%，销售增长明显低于店铺增长。从区域分布看，二三线城市的销售增幅快于一线城市的情况较为普遍；有15家百强企业的销售增幅超过30%，其中8家总部在二三线城市，另有5家为海外品牌。

2008年，尽管中国连锁企业仍属VC/PE投资的热点领域之一，但连锁企业的私募股权融资活动大幅回落，究其原因，主要是IPO遭遇了股市的“冰河期”。但同期，国内连锁企业并购活跃，不仅超市、家电、百货等传统行业并购活动持续，而且医疗健康、教育培训、连锁酒店行业已成并购新热点，更多外资集团（财团）加入到并购国内领先连锁企业的阵营。

2008年，中国特许经营充满变化与活力，特许经营行业进一步规范与成熟。截至2008年年底，中国特许体系达到3500个，比上年增长25%，继续保持世界特许体系数量第一；特许加盟店铺总数超过30万家，特许体系平均拥有加盟店数86个；特许企业覆盖的行业业态超过60个，为社会提供就业岗位600万个以上。与此前几年（2004-2007）特许体系增幅（11%、11%、12%、8%）比较，2008年的表现尤显活跃。但是，特许企业在保持较快扩张的同时，销售增长（16.7%）明显落后于店铺增长（25.9%），销售增长落后店铺增长的矛盾依然没有得到有效解决，长此以往，保持持续增长的目标将难以实现。

然而，据中国连锁经营协会统计，2008年特许经营连锁百强企业实现销售近2200亿元，店铺总数达到8.5万个，其中加盟店占比82%，店铺平均增幅28%；特许经营百强企业创造就业岗位100万个，经营规模和实力稳步提升。调查还显示，2008年很多新的管理手段得到普及和应用，特许经营企业的管理水平明显提高。

全球经济危机给连锁行业带来前所未有的挑战，也带来难得的快速发展十几年后的调整契机。面对2008年剧烈变化的市场环境，连锁百强企业积极调整经营战略，保持稳健发展，为拉动内需、促进消费、稳定就业做出积极贡献，成为国家“促消费保增长”的关键力量。2008年连锁百强企业直接就业人数超过200万，新开店23844家，其中农家店2万家，成为“万村千乡”工程的主力军。其余3840多家店平均单店投资超过500万元，完成直接投资200亿元。

展望新的一年，全球经济形势依然困难，中国经济增长也存在很多不确定因素，中国连锁业的竞争将更趋激烈，持续打折等应急销售方式给部分零售商的生存和盈利空间形成更大的压力。同时，连锁企业将面临消费信心不足、开支紧缩、CPI下降、企业经营成本上升、部分企业可能出现资金紧张等主要困难。部分百强企业2009年1~2月的销售额同比增长已明显趋缓，连锁行业普遍担心的不利情势已开始显现。作为消费和流通的终端，连锁百强企业是国家拉动内需、扩大消费的中坚力量，连锁百强能否保持稳健增长，不仅关系到企业自身的可持续发展，对国家经济增长目标的达成，也将产生深远影响。2009年，连锁百强企业预计新开店铺7000家，直接投资250亿元，新创造就业岗位30万个。

中国连锁经营协会认为，在各方的共同努力下，2009年我国的连锁经营有望保持2008年的发展水平，连锁百强企业也将在总体上继续保持良好发展态势。但经济发展环境整体困难，营运成本加大，行业竞争加剧，都要求连锁企业在注重挖潜降耗、强化管理的同时，更加追求新的创新和突破，更加关注社会责任，行业内也更加期盼政府、社会更大的政策支持和更好的消费环境呵护。

随着中国连锁经营规模的不断扩大，数据资料已经成为业内人士进行科学决策和分析的重要依据。《2009年中国连锁经营年鉴》力求通过数据，客观地反映2008年中国连锁经营市场的发展状况，为业内人士经营、管理和决策提供参考和帮助。在此，向参加本书编写的专家、学者、业内人士和编委会工作人员表示衷心的感谢！

中国连锁经营协会

理事会主席 孙为民 **会长** 郭戈平

目　　录

第一部分　行业综合篇

第二部分　行业调查篇

第三部分　地方篇

第四部分　技术篇

第五部分　政策法规篇

第六部分　附　　录

附录四

附录五

第一部分　行业综合篇

2008年连锁经营发展基本状况

——化危机为契机，连锁经营逆势发展

一、行业发展总体情况

一年半以来，连锁零售业的发展经历了巨大的变化。2008年初，连锁经营受CPI高涨、消费旺盛等因素影响，销售和利润均有大幅增长。但进入第四季度，增速明显放缓，直至持平甚至负增长。

金融危机对连锁行业带来前所未有的挑战，也带来难得的快速发展十几年之后的调整契机。

（一）基本数据

1. 2008年全年的情况

《中国连锁零售企业经营状况分析报告（2008－2009）》根据典型企业和典型店铺的数据，由中国连锁经营协会与德勤咨询有限公司共同撰写完成。考虑到店铺的可比性较强，对店铺的统计分析占有较大的篇幅。参与统计的各店都是各企业中经营较好的，代表了行业的领先水平。

各业态单店销售增幅均有所增长（见表1），这一增长是企业的有机增长部分。另外，通过新开店铺等外延式增长，各个业态平均还有10%左右的增幅。因此，2008年连锁行业的销售和店铺均保持了20%以上的增幅。

表1　　2008年主要业态典型店铺规模情况

业态	销售额（万元）	增幅%	营业面积	增幅%	员工数量	增幅%	经营单品数量（SKU，个）	增幅%
大型超市	21290	12.4	11275	1.8	239	0.7	25537	4.8
超市	7242	11.3	2672	1.4	101	2.8	14325	7.4
百货	88397	11.1	32531	1.4	887	0.0	93422	0.8
便利店	473	12.3	139	0	9.1	5.8	2614	-0.4
家电	50164	2.0	7667	1.9	289	-1.0	14216	11.4
药店	3706	7.1	752	0	61	0.0	6739	4.0

但2008年以来，各个季度的增幅极不平均。增幅变化的基本轨迹是：2008年一季度同比增长20%～30%，二季度维持在20%左右，三季度普遍滑落至10%，到四季度增幅

一般维持在5%以内。

从表2可以看到，家电、百货业态由于商品的价值量大，人均劳效较高，其次为超市、药店和便利店。同时，家电也是坪效最高的业态，药店和便利店次之。

表2　　2008年主要业态典型店铺效率和效益情况（1）

业态	人效（万元/人年）	增幅 %	坪效（万元/平方米年）	增幅 %	单品销售额（万元/SKU）	增幅 %
大型超市	89.1	1.8	1.76	6.27	0.7	8.4
超市	71.9	8.3	2.71	9.81	0.5	3.6
百货	99.7	15.3	2.72	9.3	0.35	9.2
便利店	52.1	6.6	3.40	12.3	0.18	12.7
家电	173.3	7.9	6.54	6.89	3.53	-8.5
药店	61.0	6.6	4.90	7.1	0.55	2.9

在6个业态中，有4个业态的来客数增长为负，即百货、便利店、家电、药店，平均降幅为4.6%。

药店的毛利率最高，为23%，其次分别为便利店和百货。除药店毛利率下降、便利店毛利率持平外，其他四种业态的毛利率均有所提高。如表3所示。

表3　　2008年主要业态典型店铺效率和效益情况（2）

业态	日交易次数（次）	增幅 %	客单价（元）	增幅 %	毛利率 %	增幅（百分点）
大型超市	10059	1.0	58.1	11.6	12.9	0.3
超市	4554	6.5	43.6	4.5	12.9	0.9
百货	10839	-5.2	226.4	1.5	14.1	0.3
便利店	758	-2.7	16.2	11.1	16.4	0
家电	729	-7.8	1901.0	2.3	10.8	1.0
药店	1724	-3.8	48.2	1.3	23.0	-0.7

2. 2009年一季度的情况

2009年一季度是连锁零售业发展十多年中，最为困难的时期。从超市业态看，销售整体同比增长7%左右，利润增长5%左右。百货业态中，销售和利润整体同比下降5%左右，环比则上升10%左右。各个地区增长情况差异较大，北京、上海、深圳等地的增幅最小，有的企业甚至为负，内地城市的增幅较高，有的维持在去年同期水平。

从上市公司的年报和典型企业的调查情况看，2009年3、4月份，企业的环比数据有所改善。

（二）连锁行业面临的共性问题

1. CPI下降

2008年一季度，CPI累计上升8%，同期食品价格上涨21.0%，拉动价格总水平上涨

6.8 个百分点。而 2009 年一季度，CPI 累计下降了 0.6%，食品价格仅上涨 0.5%。对零售企业，特别是对连锁超市的销售增幅影响明显，影响幅度超过 10%。

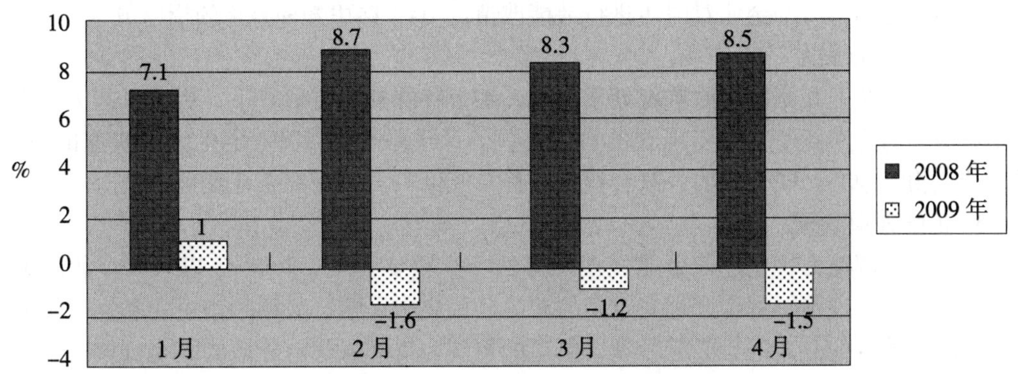

图 1 2008 年、2009 年一季度 CPI 变化情况

2. 来客数降低

受收入预期、失业裁员等影响，消费者信心指数持续下降。自 2006 年第四季度开始，中国消费者信心指数开始从 109.0 的高点一路向下，2008 年第四季度降至 77.5，为近年来最低水平，到 2009 年一季度回升至 82.5。消费意愿降低，导致门店来客数量下降。

从不同地区看，深圳企业的来客数降低最为明显，大型超市和超市业态也出现了来客数下降的情况。

3. 成本费用提高

新《劳动合同法》的实施，对劳动密集型的连锁零售企业影响很大。2008 年，企业人工成本平均有 10% 左右的增加，租金成本依然有提高的趋势。尽管商业物业低迷，但连锁企业签订的物业租赁协议一般都是五年以上的长期协议，协议到期后续签的租金一定会比签订时的租金高出很多。新物业的协议租金水平略有下降，但年度新开店一般占总店铺的 10% 左右，因此总体上所占比重不大。

4. 利润有所下降

为保持销售的增长，维持企业的市场份额，各个业态的企业都开展了频繁的促销活动。特别是在 2009 年春节期间，促销力度空前。尽管维持了一定的销售增长，但企业的毛利率受到很大影响。

如果采用“利润 = 销售额 × 毛利率 - 成本费用”的计算公式，那么式中各项都向不利的方向发展，保持企业利润水平增长有较大压力。

（三）应对措施

1. 强化成本控制

面对危机，绝大部分企业的第一选择是“节流”。首先是制定详细的预算；其次，建立严谨的考核机制。在几年前，零售企业的考核大多只针对销售额。销售增加，收入提高。而在以后的考核中增加了毛利的内容，不仅关注销售也更加重视利润。现在，很多企业增加了成本支出的考核，而且具体到柜组、个人。

部分企业采取扁平化管理，简编、优化内部流程，降低沟通成本。有的通过合并小课组、部类等，进行岗位调整。

在能耗方面，有的企业对门店进行节能改造，节约了20%~25%的用电成本。

2. 联合扩充实力

中小连锁企业在竞争中原本就处于弱势，加上特殊的经济形势下，更难以与大型连锁企业竞争。为应对竞争，近年出现的自愿连锁、采购联盟在2008年得到了快速的发展。通过共建物流中心、联合采购、联合谈判和经营互助等方式提高企业竞争实力。

3. 加强渠道管理

渠道的控制能力，是连锁企业规模优势的一个重要体现。2008年以来，企业的渠道管理明显加强，连锁百货企业越来越多的单品开始集中采购，大型超市企业和家电企业大多采用统分结合的方式进行渠道管理，渠道的控制力得到强化。分散的、小规模的代理商和经销商或者伴随连锁企业的规模扩张而成长，或者因不能满足发展需求而被淘汰。

4. 调整商品结构

面对危机，不同业态的连锁企业都加强了商品管理。有的超市企业提出，要经营必需品中的必需品；一些百货店也在调整商品结构，减少奢侈品的比例；家电专业店调整了黑电和白电的比例。通过调整结构，加强品类管理，从表2可以看到，除家电业态外，单品销售额均有不同程度增长。同时企业存货量减少，存货周转天数降低，百货由34.6天下降为32.9天，大型超市由28天下降至27天。

5. 开展多渠道营销

2008年以来，零售企业对网上零售、电话营销、目录营销等其他渠道开展了有益的探索。在连锁百强企业中，有30%的企业开展了网上零售业务。随着新一代消费者的成长，多渠道营销将发挥着越来越重要的作用。

在危机中，企业不断发现自身不足，积极调整经营策略，优化门店管理，这是在多年快速发展后的及时调整。一些资金实力雄厚的企业，利用当前物业成本较低的机会，增加自有物业或加大商业地产的投入。连锁企业已经为后续的发展积蓄了力量。

二、几种主要业态的发展特点

（一）大型超市和超市

大型超市和超市经营的大多是居民生活必需品，因此也是受危机影响最小的业态。一年多以来，除上述共性问题外，有以下几个明显的特点：

1. 生鲜经营渐成亮点

2008年，凡是经营较好的超市，共同的特点都是生鲜经营突出。生鲜不仅是聚客商品，也是盈利商品。一年多以来，超市企业通过农超对接、基地直采、建设生鲜配送中心、改善冷链物流等手段，大大提高了生鲜商品的经营能力。

特别是2008年底，商务部、农业部联合下发了《关于开展农超对接试点工作的通知》，提出到2012年，试点企业生鲜农产品产地直采比例将超过50%。这一指标将会提前实现。

2. 零供关系仍需改善

受危机影响，供应商的经营也面临很大的压力，特别是中小型供应商，出现利润下降、资金短缺等情况。他们对账期更加看重，甚至要求缩短账期。超市企业由于频繁促销，有时在商品价格、结算方式上会与供应商产生分歧。但大部分企业在采取一些积极的举措改善零供关系，如建立供应链平台，通过系统对账，有的连锁企业与金融机构合作，为供应商提供信用担保和结账服务。

3. 行业创新不断深化

受行业竞争和金融危机的双重影响，超市企业迫切需要改变同质化竞争的局面，实现差异化经营。一年多以来，行业中出现了高端超市、生鲜超市、社区超市等具有明显特点的细分业态，超市的经营管理水平得到深化。一些新的技术也得到了推广和应用。

4. 外资主导大型超市

无论是从数量规模上还是从经营效率上，外资大型超市都要明显强于内资。即使在金融危机下，外资大型超市的开店速度并没有减缓，区域布局更加合理，优势更加明显。

（二）百货店

百货业态受危机影响较大，但从长期看，中国的消费升级要经历一个较长的时期，百货业仍将是一个持续较快发展的零售业态。除上述共性问题外，有以下几个明显的特点：

1. 业态进一步细分

近几年，百货店的商品结构和业态定位经历了多次变化，实现从传统百货业向现代百货业的转变。2008 年以来，百货店的业态细分更加明显，出现了折扣店、社区百货、时尚百货、精品百货、购物中心型百货等不同定位，目标越来越清晰。

2. 分销渠道急需变革

目前，百货品牌商品大多采取分级经销代理的方式，在特定的区域内只能由特定的经销/代理商提供商品，连锁经营、集中采购的优势无法体现。百货连锁企业需要通过终端渠道的力量，逐步改变这种分销模式。一些大型连锁百货企业已经开始了这方面的努力。

3. 服务水平加强

在企业调查和实际消费中，我们体会到百货店的服务水平得到了明显的加强。有的百货店扩大了服务台的面积，提供更多的服务；有的把服务台设置在更加醒目的黄金位置；有的设立了环境舒适的 VIP 中心；有的开展 VIP 沙龙，凝聚 VIP 客户。

4. 全线折扣影响利润

2008 年下半年以来，百货业进行了大规模的促销打折，一些企业甚至是全线折扣，带来了一些负面的影响。一方面企业的毛利水平下降，另一方面，消费者的购买行为也受到影响，即不打折不购物。

另外新开百货店也出现了专柜招商周期延长、招商资源减少的情况。

（三）便利店

受生活方式、消费习惯等因素限制，近些年便利店虽然发展速度较快，但效益状况并不乐观，在金融危机下，便利店更需要突破。有以下几个明显特点：

1. 异业竞争力加强

特别是超市的创新经营，延长了营业时间、与社区的关系更密切、提供更多的便利性服务，这些举措都在一定程度上抢占了便利店的市场份额。

2. 注重鲜食产品开发

便利店区别于其他业态的一个重要特点是鲜食产品突出，能够提供简单的餐食。鲜食商品的好坏决定了便利店经营的成败。有的企业通过参股生产厂家，控制上游渠道；有的企业开发了品种多样的自有品牌商品。

3. 提高物流配送能力

便利店营业面积小，店面几乎没有储存货物的空间，因此需要频繁补货。外资便利店基本能实现一日两配，内资便利店则大多可以一日一配。一些集团企业的便利店业态原来大多与超市业态共用配送中心，目前越来越多的便利店开始自建配送中心。

4. 整合网点资源

便利店的规模特点明显，只有取得适当的有效规模才有可能实现盈利。2008 年，行业出现了明显的整合。如好德与可的的合并。有的企业为了提高效率，选择关闭经营不善或难于管理的门店。

（四）家电

受房地产市场低迷的影响，家电零售企业面临很大的困难。家电业态的主要特点：

1. 探索新的经营模式

我国家电连锁零售业态，主要存在两种模式，一种是国美、苏宁的代销模式；一种是顺电和百思买的买断经营模式，强调客户体验，利润率较高。

2. 系统能力提升

家电企业在近年来的快速发展中，主要是采购驱动，管理比较粗放。通过信息化等手段提高自身营运能力，实现门店经营驱动的经营方式，是家电业态的重要选择。

3. 厂商渠道的竞争

家电厂家自建的专卖店是二线以下市场家电销售的重要渠道。为了加强对市场的覆盖和对渠道的掌控力度，一些家电厂商纷纷建立品牌专卖店，对连锁家电企业形成竞争。

（详细内容请参阅《中国连锁零售企业经营状况分析报告（2008）》，中国连锁经营协会与德勤咨询有限公司）

（中国连锁经营协会　杨青松）

2009年中国特许经营发展总体状况

为了解中国特许经营行业的基本发展状况，把握行业未来发展走势，给投资人、特许人、特许总部及业界提供决策依据，中国连锁经营协会（简称协会）2009年1~4月在全国范围开展了“2008年度中国特许经营企业基本情况调查”。调查显示，2008年特许企业门店总数增长25.9%，销售额增长16.7%，虽然保持着较快的扩张速度，但销售增长低于店铺增长的矛盾依然没有得到有效解决。销售增长明显落后于店铺增长，长此以往，保持持续增长的目标将难以实现。

一、新形式下特许经营发展的新特点和面临的新问题

（一）2008年，特许企业扩张速度放缓，各行业发展喜忧参半

今年年初和4月份，协会分两批对北京、广州、深圳、上海、南京、武汉等地区的40多家连锁企业进行了深度的访谈和调研。调研显示，受宏观经济形势的影响，2009年第一季度连锁企业的销售和利润均有不同程度的下降，不同业态、不同区域表现的情况各有不同。生活必需品消费相对比较平稳，二三线城市连锁市场好于一线城市，市场尚未走出低迷。同时，根据中国连锁经营协会对130家特许会员企业2008年度基本情况的调查显示，门店总数比2007年同期增长了25.9%，但增速下降了13.8%。

为帮助特许企业和投资人了解和把握金融危机对行业的影响，2009年年初，协会对42位业内人士、51位特许总部管理人员、142位加盟商进行了问卷调查，对特许经营的42个行业和业态的发展走势进行了预测，并发布了行业景气报告。报告显示，儿童教育培训、食品营养品零售、婴幼儿用品、网上购物、中式快餐和便利店被普遍看好。而与汽车、房地产有关的服务行业的经营景气相对处于低位，但据最新了解，房屋中介、家装业等行业已经出现不同程度的回暖。

（二）优势特许企业经营规模和管理水平进一步提升

根据对2008年特许经营连锁百强的统计，企业经营规模和实力在稳步提升。百强企业实现销售近2200亿元，店铺总数达到8.5万个，其中加盟店占比82%。店铺平均增幅为28%，百强企业共创造就业岗位100万个。

根据对百强和参评年度特许奖企业的调查，2008年，很多新的管理手段得到普及和应用，企业管理水平明显提高。

一是信息技术的应用。通过引进计算机和网络技术，总部和加盟店之间的信息沟通和远程控制不断改善。典型案例包括：翰皇2008年完成管理信息系统平台建设，形成“内部管理平台”、“店面管理平台”、“加盟商管理平台”三个工作平台和十余个管理系统；

东方爱婴的B2B加盟商管理平台，实现“总部统一发布、地方随时上传、全国信息共享”的管理机制。此外，美宜家的168快乐频道和“门店服务在线”的开通、象王远程教育系统的兴建等，在帮助门店改进管理、为一线员工提供及时培训等方面发挥了显著成效。

二是加盟商管理构架进一步完善。协会特许委员会在2008年专题研究了建立加盟商委员会的问题。目前，北大青鸟、雷力等企业陆续组建加盟商管理委员会等类似组织，让加盟商共同参与战略制定，发挥建议、指导、咨询和监督功能。

加盟商管理平台的建设，使加盟双方的合作与管理跃上一个新台阶。根据加盟商满意度调查显示，2008年加盟店对总部的满意度明显提高，达到4.18，比2007年上升了17.7%。

（三）特许企业普遍调整加盟策略，投资直营店力度加大，加盟速度放缓，加盟店盈利能力得到改善

2008年，受私募基金和资本市场的影响，一部分特许企业持续加大直营店的开发力度。今年入围特许经营年度奖的20家企业的数字显示：2008年上述企业加盟店平均增加25%，直营店平均增加29%，直营发展速度快于加盟。一些特许企业获得战略融资之后，放缓甚至暂停了加盟店的发展，重新整合加盟模式，形成更规范、标准化的管理体系，新模式推出后，加盟标准进一步提高，评级更为严格，盈利能力进一步提升。

除投资开设直营店，一些企业增加了上游产品生产、研发以及设备与商品的投资。通过投资基地和供应链建设，体系升级和竞争力的进一步提高，为加盟商提供性价比和附加值更高的产品，提高加盟商的获利能力，加盟商的投资回报得到改善。调查显示，加盟商对投资回报的满意度比上一年提高了13.3个百分点。

（四）加盟商关系新特点：满意度提升，难题有待破解

2008－2009年度特许评优中对1000位加盟商的调查显示，2008年，加盟商满意度大幅度提高。其中，加盟商的综合满意度比上年提高了17.7%，加盟商对投资回报的满意度比上一年提高13.3%。加盟商对总部的综合评价好于往年的占被调查企业的78%，加盟商对投资回报的满意度好于往年的占被调查企业的63%。企业在服务和支持加盟商方面有了长足进步。

满意度是决定加盟体系是否稳固的主要因素。加盟商对总部的评价中，投资回报一直是关注的重点，从历年的加盟商调查看，投资回报的满意度一直低于综合满意度，今年低10个百分点，投资回报满意度高于综合满意度的仅占被调查企业的12%，说明投资回报是影响加盟商满意度的关键，也是相对薄弱的环节。

在对1000多位加盟商调查的20个加盟商满意度指标中，对加盟店销售业绩的支持方面，如“促销支持”、“提升店铺营运水平”、“提供市场信息”等，满意度相对较低。2008年，加盟商对上述问题的满意度比综合满意度低6.4%，与上年相比，没有明显改观。

二、正视问题与挑战，明确发展目标

（一）环境变化带来的新挑战

2009 年一季度，社会消费品零售额同比上升 8.3%，但零售额升幅较上年同期的 16.1%已明显减速，其中以大额类和奢侈品类消费的下降最为明显。对于连锁企业来说，虽然存在销售下降的压力，同时也存在有利的一面。随着非核心区域的商铺压力加大，业主会通过减租吸引新租客进驻，从而导致整体租金水平下降。2009 年，在连锁企业谨慎扩张的情况下，预计非核心商业区的商铺租金会继续受较大压力，全年平均租金下调。

（二）特许总部和加盟商对市场的预期

调查显示，特许总部及加盟商对市场前景持谨慎乐观态度。

对金融危机带来的影响，41% 的总部人员和 43% 的加盟商认为会有消极影响，但普遍认为时间不会持续很长。

对销售的预期，52% 的加盟商认为 2009 年增长率会达到 10% 以上，48% 的加盟商认为增长率在 10% 以下，只有 18% 的加盟商认为会出现负增长。

对毛利的预期，21% 的被调查者认为会下降，17% 持平，62% 认为会提高。

（三）特许企业目前面临的主要问题

销售增长明显落后于店铺增长，特许总部难以保持持续增长目标。2008 年，特许企业虽然保持着较快的扩张速度，但销售增长低于店铺增长的矛盾依然没有得到有效解决。门店总数增长 25.9%，销售额增长 16.7%。销售增长明显落后于店铺增长，长此以往，保持持续增长的目标将难以实现。

体系标准化和专业人才难求仍是特许总部的主要难题。调查显示，2008 年特许企业在经营管理与发展中长期面临的一些主要问题依然没有得到有效缓解，除了市场下滑、选址、商标侵权等外部不可控因素外，体系的标准化和专业人才的缺乏依然是困扰总部的主要问题。

加盟商提出新要求是对总部管理新的考验。此次调查中，加盟商对总部管理提出了新的要求。除去投资回报和日常营运支持外，满意度下降幅度最大的是“商圈保护”，从上年的第 5 位下降至本年的第 10 位。如何在提高市场份额的同时处理好加盟商商圈保护和同品牌竞争，已经成为很多特许企业必须正视和解决的问题。

对日常营运的强力支持是加盟商迫切希望总部改进的重要问题。在加盟商面临的主要困难和挑战中，人员管理居首，选址难排第二，同品牌竞争列第三，资金缺乏、成本压力分列第四和第五。这表明，加盟商迫切希望总部在日常营运的各个方面给予改进和强力支持，包括改进培训，提供专业信息、技术、秘诀和与顾客打交道的方法等的支持。

（四）2009 年，特许企业的开店计划更趋稳健

据调查，2009 年加盟店的开发速度将比 2008 年有所放缓，增幅将从 25% 下调至

19%，而直营店的开发力度将进一步加大，从上年的 29% 上升至 41%。其中，加盟店计划增幅高于 2008 年的不到被调查企业的一半，更多的企业选择了维持 2008 年增长速度或调低增幅。直营店的发展计划与加盟店类似，部分企业的直营店开发力度在继续加大，被调查企业直营店开发量平均增加 41%，60% 的企业直营店计划增幅低于 2008 年，但基本保持两位数增长。预示着特许企业的开店计划更趋稳健。

面对相对不利的经济形势，要实现既定发展目标，对企业管理者提出了更高要求。稳健扩张与创新发展并举，将成为大多数成熟特许企业的共同选择。

三、对特许行业未来健康发展的对策和建议

为适应市场变化，突破管理瓶颈，实现可持续发展和稳定的增长目标，特许企业管理者应坚守特许经营合作双赢的核心理念，在培育和强化加盟商盈利能力的基础上，依托网络资源、强化创新意识，挖掘网络优势，打造规模化和差异化的竞争优势。

（一）创新赢利模式和加盟商管理模式是巩固企业领先地位和稳固加盟关系的根本途径

在市场需求不足的情况下，如何提高加盟店的销售额，将成为重中之重。桂花鸭、百花、特百惠等企业，通过打造绿色供应链、产品升级、理家会等形式，提升产品的附加值和消费者体验，在相对饱和的市场开辟了新的增长空间，使加盟店业绩逆势提升。

不断审视加盟商盈利模式中存在的问题，大胆突破旧有模式的窠臼。传统的超市加盟，商品供应价格偏高，加盟商从总部采购量偏小，商品配送率偏低。华联以降低配送商品的价格为着眼点，在现有总部采购体系之外建立重点商品的总经销模式，虽然牺牲了通道费用，增加了商品资金投入，但向加盟商供应的商品价格大幅度降低，加盟商进货积极性显著提高，单品采购量快速形成规模，既紧密了总部和加盟商的合作，总部也从大批量采购中受益。这就要求我们要不断审视加盟商赢利模式中存在的问题，突破现有一些既定的做法。

变推为拉：加盟商服务的创新思维。从加盟商满意度调查可以看到，总部为加盟商提供的服务与加盟商的需求之间，存在着不合理和不匹配之处，改进总部对加盟店的支持和服务，首先要从思维上实现转变。小拇指在这方面的成功探索值得我们关注。小拇指导入市场营销中由推变拉的推拉理论，即由提供服务转化为购买服务，通过引进积分管理，让加盟商用积分向总部购买自己最需要的服务。同时用积分考核总部服务人员的工作绩效，原来困扰总部和加盟商支持服务的诸多问题迎刃而解。

做好客户资源管理，提高加盟店对总部的依存度，真正实现有效可控。客户资源是总部支持加盟店的主要资源。农家福推出的“农家之星”工程，在商圈内建立示范村、示范田和示范户，巩固加盟店与客户之间的关系，已发展 5.7 万户农家之星，为加盟店夯实客户资源。

如家建立的中央预订系统和会员管理系统提供了连锁店 52% 的客源保证，有效会员数接近 130 万人。

象王利用会员资源，积极推广团购业务，实现销售 1000 多万元，为加盟店拓展了市场，稳定了客源。

客户资源也是加盟商规范经营和品牌维护的主要保证。家装企业建立客户投诉热线，及时处理顾客投诉，并作为考评加盟店的主要依据，对品牌保护具有积极意义。

北大青鸟以占有 IT 职业培训 40% 的市场份额和品牌影响力，将加盟商的培训演化为训练，使品牌维护变弱为强。

（二）强化创新意识，挖掘网络价值，打造规模化和差异化竞争优势

1. 依托稳固的加盟体系，不断挖掘网络价值

加盟商的单店盈利模式与特许企业的网络盈利模式互为依托，互相促进。特许企业的成功案例表明，加盟商满意度的提高，直营与加盟网络的稳健扩张，为特许企业发掘更大的盈利空间提供了坚实基础。例如，美宜家、国大 365、金虎等便利店连锁企业，利用点多面广、深入社区等有利条件，与公共事业部门和各类机构结为战略合作伙伴，开发出很多新的店铺和总部盈利点。美宜家是支付宝线下业务便利店行业的第一家合作伙伴，依托网络资源，他们与中国邮政、拉卡啦、QQ、天天洗衣、飞客在线、顶呱呱体育彩票结为战略合作伙伴。金虎代理了太原市 80% 的市民煤气缴费以及移动和联通的缴费。

在连锁网络基础上构筑的品牌价值也是特许企业新的利润源，如自有品牌的开发和销售。目前，众多特许连锁网络，例如东方爱婴、植秀堂、永和等，立足于品牌和网络进行的产品研发与销售，已取得引人注目的业绩。

2. 培育体系的差异化竞争优势

ZARA 的 QR 策略使其在激烈的服装零售市场居于领先地位。QR 的实现立足于其对供应链的深度掌控，包括从前端的市场信息到后台的设计、生产和原辅料的直接控制。东易日盛采取类似的策略，自建生产线，实现从上游到终端的全程掌控，为市场提供高性价比、高灵活度的一站式家装解决方案，使总部和加盟商在多变的市场环境中占据主动。

3. 从价值链角度审视特许体系的盈利模式

随着产品的同质化和渠道的多元化，价格竞争把产品利润逐步挤压殆尽，价值链有不断向服务延伸的趋势。米其林的轮胎销售体系驰加，就经历了经销与特许混合模式带来的价格竞争和利润缩水。米其林及时调整，强化终端服务能力，把产品特许向经营模式特许转化，为诸多产品销售导向的特许企业提供了有益的经验。

4. 多渠道营销恰逢其时

消费者在网上搜索商品信息，然后到实体店购买的比例在快速提高。波士顿的一项研究指出，在竞争更加激烈的环境中，在无法继续依靠店铺数量实现增长的情况下，多渠道战略是少数增长机会之一。恒信最近推出的网上销售平台 OHDEAR 就是一个很好的例子，这个基于虚拟网络和实体网络的多渠道模式，在与钻石小鸟的竞争中，会表现出更强的竞争力。华夏五千年葡萄酒连锁专营系统创立了线上一店、线下一店、“立店行商、网上飞店”的“双店”商业模式，KFC 近日推出的“优惠网”等，都是特许企业的多渠道营销的有益探索。

（三）直营与加盟协调发展，保持网络稳健扩张

企业不是赢在起跑线上，而是赢在转折点上。在目前的经济环境下，尤其要把握好速度与质量、进攻与防守的关系，在可持续发展的同时把握住市场机会。

1. 增加投资调低加盟门槛，加快市场布局

一些企业通过加大设备投资，向加盟商提供设备租赁，降低加盟商的初始投资，满足更多投资人的加盟需求，对投资回报水平的进一步提高也会产生积极影响。

2. 做好现有加盟商的二次开发，有助于企业高质量、低成本扩张

相对于新加盟商，二次加盟具有明显优势：一是成本优势，开发新加盟商和维护老加盟商的成本差异明显，老加盟商的维护成本更低；二是成功率高，老加盟商具有更成熟的管理经验；三是忠诚度高，双方的利益联系得更紧密。根据调查，成熟的特许体系中，二次加盟占比已接近 20%，而新开加盟店中，二次加盟的比例有进一步上升的趋势。从加盟商角度看，73% 的加盟者希望在 2009 年开出新店，进行二次加盟。

3. 关注资本市场，把握切入时机

创业板将推出，连锁企业是其中最受关注的板块之一，连锁企业将有更多机会与资本市场接轨。企业应汲取近两年私募股权基金与连锁企业合作中的经验和教训，积极面对，审慎决策，更好地驾驭资本，发展连锁、打造品牌服务。

特许经营在以创业促就业以及拉动消费市场方面的作用，已经得到社会各界的广泛认可，行业主管部门也在积极制定扶持政策，促进特许经营的发展。在市场前景并不十分明朗的情况下，协会将继续与业内人士一道，共同探讨行业动向，加强交流，为特许企业决策、政府制定政策和业界研究提供行业发展更翔实的数据、更清晰的思路、更有效的对策和建议。

（中国连锁经营协会）

2009年中国连锁零售业环保节能发展状况

前　言

节能减排不仅是零售企业可持续发展和社会责任的体现，也是企业降低运营成本，提高利润的客观要求。2009年初，经中国连锁经营协会（简称协会）专题调查发现，在目前经济环境下行压力下，降低运营成本，提高运营效率，保证利润的有效提升是零售企业应对危机的主要关注点，而采取有效节能技术和管理手段，降低能耗更是众多大型零售企业所采取的主要措施之一。节能减排的作用显得尤为突出。

近年来，国家政府主管部门对流通领域环保节能的鼓励政策不断出台，伴随着各项节能新技术设备的不断发展，零售企业从对门店的照明、空调等局部投入少、见效快的节能设备的更新、改造，发展到对门店整体节能进行全局架构、系统统筹的投入与改造，节能减排的理念和实践在零售业日趋活跃。而在这方面，外资零售企业走在了前列。同时，全行业整体节能行动的快速发展，表现出零售业对社会环保节能贡献度的不断提高。

据协会调查，实施限塑一年来，全国超市零售行业塑料袋使用率平均下降66%，塑料袋消耗减少近400亿个，相当于节约石油160万吨。超市零售行业在塑料袋环保节能方面贡献显著。

能耗降低后所带来的收益正被越来越多的大中型零售企业所认识，不断投入资金用于节能改造和节能店的建设，围绕节能大型零售企业间正在形成新的竞争点。据估算，节能店比传统店面整体节能20%～30%，节能效果显著。同时，连锁零售业的节能行动也积极契合了中国政府力主的节能环保、可持续发展的政策。实践证明，节能为企业带来了社会与经济的双赢收益。

从社会责任和促进社会环保意识角度看，连锁零售企业也发挥着更大的作用。许多零售企业通过社区店网络优势，持续开展收旧售新、饮料瓶/电池回收等延伸服务，引导消费者的环保意识和循环消费理念；另一方面，通过引领供应商关注减少包装，降低成本以至节约资源，来推动建设绿色供应链的新目标。

但从零售企业的节能实践看，问题也比较突出。因受制于政策支持力度不足、前期成本投入过大、行业内操作标准及节能收益评价标准缺失、维修管理成本高等因素的影响，大多数企业特别是区域型零售企业还处于摸索起步阶段。

《2009年中国连锁零售业环保节能发展状况》（简称《零售环保节能报告》）取自由协会零售环保节能工作小组撰写的《2009年中国连锁零业环保节能状况白皮书》，为的是强化零售企业的节能环保意识与责任，进一步加强零售企业间的交流与成功经验的分享，以节能创新带动企业探索可持续性发展之路；同时，全面了解现阶段零售业环保节能的工作状况，发现和总结存在的主要问题、成功经验，评估和预测未来发展趋势，引导行业在环保节能工作上继续深入展开。

《零售环保节能报告》内容包括：全面介绍连锁零售业环保节能有效途径、效果、企业能耗构成分析，揭示节能降耗存在的主要问题，以及企业树立良好环保形象对消费者影响调查分析、零售业节能未来发展方向等。

一、国内环保节能形势与现状

（一）节能减排是经济发展的大势所趋

中国经济高速发展已经近 30 年，经济发展年均增长接近 10%，2008 年国内生产总值达到 300670 亿元。随着经济规模的不断扩大，能源供需矛盾不断加剧，能源问题日益凸显。近年来第三产业的能源消费比例呈现缓慢上升态势，截至 2007 年，第三产业的能源消费总量为 63136.7 万吨标准煤，占产业总消费量的 24.9%。

根据国家统计局的数据，批发和零售贸易、餐饮业的能源消费在第三产业的比重逐渐增加，由 1994 年的 1847 万吨标准煤增加到 2007 年的 5962 万吨标准煤，年增速 9.5%，占第三产业的比重在 13 年内从 6.5% 跃升至 9.4%，第三产业的节能减排重要性日益显现。

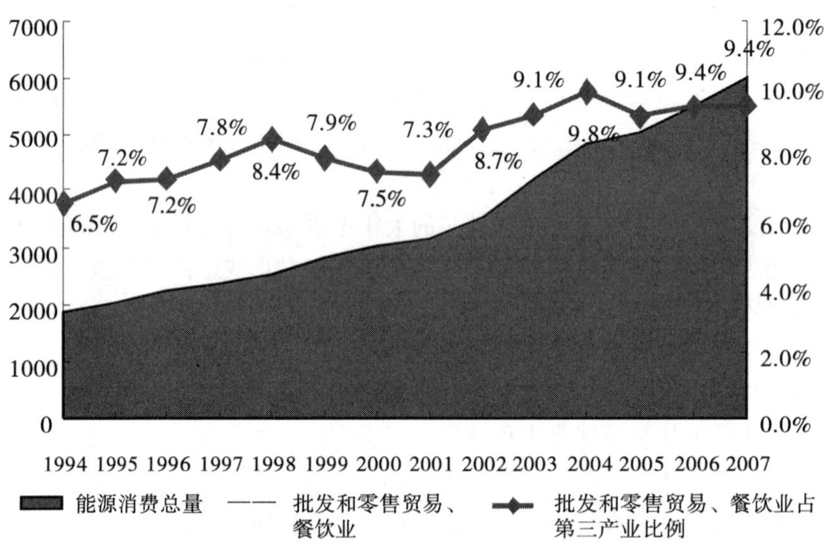

图 1　1994－2007 年批发和零售贸易、餐饮业能源消费

废旧塑料制品的“白色污染”不仅污染视觉，而且废旧塑料包装物进入环境后，由于其很难降解，造成长期的、深层的生态环境问题。为此，2007 年 12 月 31 日国务院办公厅颁布了《关于限制生产销售使用塑料购物袋的通知》。

此外，根据《包装物回收利用管理办法》（征求意见稿），玻璃和纸类也是重要的包装物。对于连锁零售商而言，每天都有大量废弃的包装材料产生，我国的资源回收利用率却很低。据专家统计，中国废塑料的回收利用率只有20%左右，80%填埋焚烧；发达国家中，德国和日本的废塑料回收利用率达到70%。

中国造纸协会2005年统计表明：国内废纸回收率不到35%，低于43.7%的世界平均水平，包装材料对环境造成的影响不容乐观。

（二）国家加快节能减排的步伐

近年来国家已加快制定相应法律法规的步伐，从法律层面保障节能减排作为国家经济发展的一项基本国策。

表1　　与零售业相关的节能减排政策（2004－2009年）

实施时间	政策名称		发布部门
法律			
2008－4－1	中华人民共和国节约能源法	主席令［2007］77号	全国人大常委会
2009－1－1	中华人民共和国循环经济促进法	主席令［2008］4号	全国人大常委会
行政法规			
2008－10－1	民用建筑节能条例	国务院令第530号	国务院
2008－10－1	公共机构节能条例	国务院令第531号	国务院
规范性文件（国务院及国务院办公厅）			
2004－4－1	国务院办公厅关于开展资源节约活动的通知	国办发［2004］30号	国务院办公厅
2005－7－2	国务院关于加快发展循环经济的若干意见	国发［2005］22号	国务院
2006－8－6	国务院关于加强节能工作的决定	国发［2006］28号	国务院
2007－5－23	国务院关于印发节能减排综合性工作方案的通知	国发［2007］15号	国务院
2007－6－1	国务院办公厅关于严格执行公共建筑空调温度控制标准的通知	国办发［2007］42号	国务院办公厅
2007－8－2	国务院办公厅关于转发发展改革委等部门节能发电调度办法（试行）的通知	国办发［2007］53号	国务院办公厅
2007－12－31	国务院办公厅关于限制生产销售使用塑料购物袋的通知	国办发［2007］72号	国务院办公厅
2008－8－1	国务院关于进一步加强节油节电工作的通知	国发［2008］23号	国务院
2008－8－1	国务院办公厅关于深入开展全民节能行动的通知	国办发［2008］106号	国务院办公厅
2009－1－23	国务院办公厅关于治理商品过度包装工作的通知	国办发［2009］5号	国务院办公厅

续表

实施时间	政策名称		发布部门
规范性文件（其他相关部委）			
2006-3-1	公共场所集中空调通风系统卫生管理办法	卫监督发［2006］53号	卫生部
2007-2-28	中国节能技术政策大纲（2006 年修订版）		发改委、科技部
2007-6-4	商务部关于开展“零售业节能行动”的通知	商改发［2007］199 号	商务部
2008-1-1	关于公布节能节水专用设备企业所得税优惠目录（2008 年版）和环境保护专用设备企业所得税优惠目录（2008 年版）的通知	财政部、国家税务总局、国家发展改革委财税［2008］115 号	财政部、税务总局、发改委
2008-1-10	关于印发《高效照明产品推广财政补贴资金管理暂行办法》的通知	财建［2007］1027 号	财政部、发改委
2008-6-1	商品零售场所塑料购物袋有偿使用管理办法	商务部、发改委、工商总局令［2008］8号	商务部、发改委、工商总局
2008-6-24	关于印发国家机关办公建筑和大型公共建筑能耗监测系统建设相关技术导则的通知	建科［2008］114 号	建设部
2008-6-25	关于印发《公共建筑室内温度控制管理办法》的通知	建科［2008］115 号	建设部

作为连锁零售企业，在节能降耗上的责任重大。2007 年，商务部开展了“零售业节能行动”，明确提出到 2010 年全国零售业万元营业额能耗比 2005 年下降 20%。此项行动先在北京、天津、上海、重庆、太原、沈阳、青岛、武汉、广州、西安 10 个城市先行试点，之后将在全国推广。

据中国连锁经营协会年度行业调查显示，2007 年、2008 年连锁百强销售规模同比增长分别为 21% 和 18.4%，门店数分别增加 17% 和 10.6%。整个商业规模迅速增加，商业企业的节能降耗日显突出。

据 2006 年中国连锁经营协会发布的《超市节能调查报告》分析：当年我国 5 类零售业态（家电卖场、便利店、超市、大型超市和百货店）全年耗电量达 343 亿千瓦时，占全国 2006 年总发电量 28344 亿千瓦时的 1.2%。而 2008 年五种零售业态全年耗电量约为 751 亿千瓦时，占 2008 年全国总发电量 34344 亿千瓦时的 2.2%。

据估算，2008 年连锁百强的万元营业额能耗为 69.47 千瓦时/万元，如果单位能耗下降 5% ~10%，按照 2008 年规模计算，则减排二氧化碳达到 40 ~80 万吨，环境效益十分显著。

目前，连锁零售业节能降耗的潜力主要来自于冷冻冷藏、空调、照明等可改造的空间。

（三）企业环保形象对消费者影响加大

中国社会科学院社会所和中国环境意识项目组联合公布的《2007 年全国公众环境意识调查报告》显示，公众对环境污染的关注度仅次于医疗、就业、收入差距问题之后，居第四位。

2008 年 1 ~3 月，中国连锁经营协会联合埃森哲公司对中国消费者就零售业绿色环保议题进行了专项调查。同时，在中国一、二和三级（3 类不同规模的）城市对消费者进行了问卷调查，并对国内一些主要的零售商进行了深入的走访调查。

对北京、上海、广州、西安、长沙和武汉的 600 名顾客进行的问卷调查结果显示，针对环境保护问题：63% 的人选择回收可循环再利用的物品，选择购买包装较少产品的消费者比例达 46%。更值得一提的是，40% 的被访者选择经常光顾具有良好环境形象的零售商支持环保，这显示连锁零售业的环保形象已经成为影响消费者偏好的重要因素。

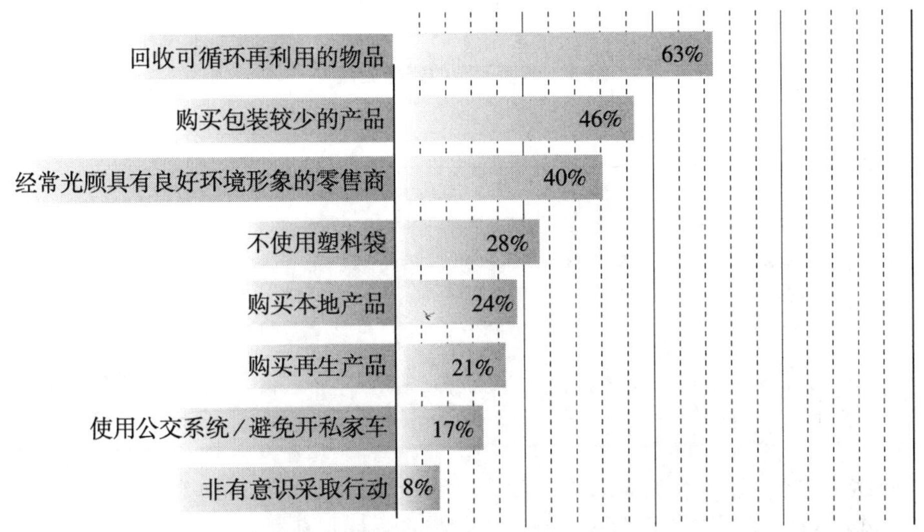

图 2　消费者环保行动选择（2008 年 1 月）

在调查环境问题的责任归属时，多数被访者认为企业责无旁贷，给了 4.3 分，仅次于政府（5.4 分）。

绿色观念已经越来越深入人心，企业的环保不仅仅是政府的要求和社会责任所在，而且"绿色形象"已经成为企业品牌形象中最重要的方面，企业的环保形象将影响到公众的消费选择。

调查显示：中国的消费者缺乏节能环保产品信息，很多顾客认为，大部分零售商没有提供全面的绿色产品的信息。而零售企业也很少能从供应商那里得到足够的数据，以提供绿色声明。

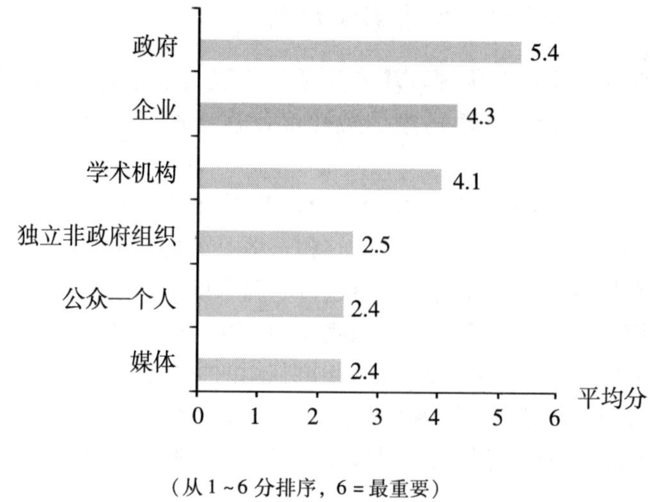

图3　环境问题的责任归属

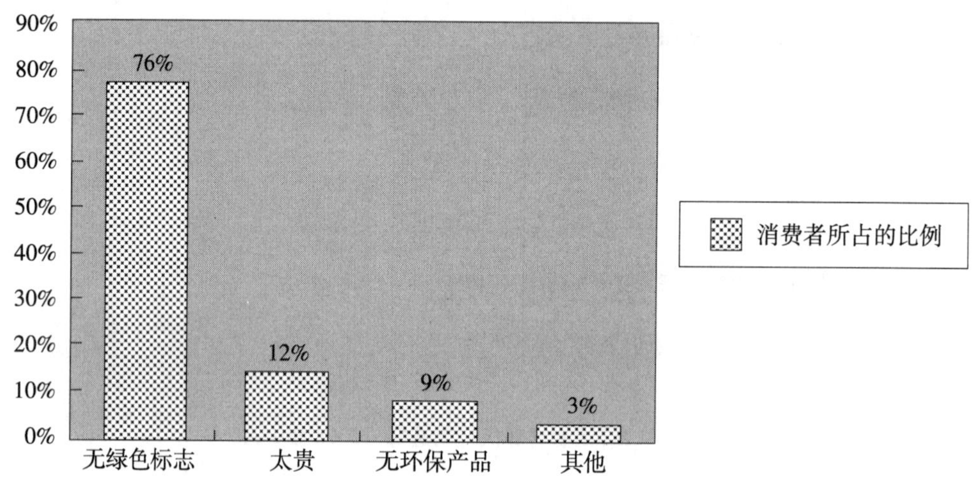

图4　消费者对环保节能产品的认识度

同时，零售企业在促进消费者提高节能环保意识方面任重而道远。零售企业可以充分发挥自身优势，向顾客宣传销售使用环保节能产品的好处并提供相关信息。如在推广节能灯泡时，可通过照明产品展示区域的产品陈列宣传，让顾客比较不同种节能灯泡的质量和款式，并为顾客示范每一款节能灯泡的节约潜能。在减少塑料袋使用和包装材料回收方面，号召顾客循环使用资源，倡导环保、杜绝浪费。门店可设立环保回收箱，鼓励顾客将废弃的易拉罐、胶樽及销售小票投入箱内，经过回收处理后得到的全部款项统一捐赠。

二、连锁零售业环保节能现状分析

（一）节能是零售业新的利润增长点

长期以来，我国商业用电与工业用电不等价，据测算，目前我国商业企业的用电价比工业企业要高30%～40%。实行波峰谷用电后，由于商业营业时间多在波峰，因此用电费偏高，制约企业发展。国务院2007年3月19日下发了《国务院关于加快发展服务业的若干意见》，其中明确规定：完善服务业价格、收费等政策，除国家另有规定外，各地区要结合销售电价调整，于2008年底前基本实现商业用电价格与一般工业用电价格并轨。

2008年12月31日，国务院134号文件《关于搞活流通扩大消费的意见》，提出今年国家扶持流通企业发展20条措施。其中第12条措施专门提到："实行商业与工业用电、用水同价政策。尽快落实对列入国家鼓励类的商业用电与工业用电同价政策，有条件的省份要在2009年内落实对列入国家鼓励类的商业用水与工业用水同价政策，切实减轻企业负担。"

实行工业、商业用电同价政策，即意味着商业企业的用电价将至少下调30%，商业企业的净利润率由此提升0.5个百分点，带动作用是十分明显的。

表2　　部分省市工商用电价格调整情况

省市	政策发布时间	工商用电同价相关政策	具体措施	实施效果
河北省	2009年2月21日	《河北省关于进一步扩大开放和促进消费的实施意见》第28条指出，要在全省实行商业用水与工业用水同价，落实对列入国家鼓励类的商业用电与工业用电同价政策。	早在2007年底，从省内20家重点支持的流通企业和30家用电试点企业中筛选出30家零售企业的156个门店，2008年1月1日起暂缓执行峰谷分时电价，统一执行"一般工商业及其他"电价中的平段电价。实行新电价政策后，以企业用电负荷不满1千伏测算，廊坊、唐山、秦皇岛、张家口、承德"北网"电价由每千瓦时不到0.8元下调到0.6527元，"南网"由每千瓦时不到0.9元下调到0.7299元。	该政策实施已过了1年时间，享受政策优惠的企业范围并没有扩大，更多的商业企业仍然被挡在优惠政策之外。而且即便纳入试点范围的商业企业的新店面也不能享受优惠。

续表

省市	政策发布时间	工商用电同价相关政策	具体措施	实施效果
广东省			对珠三角地区工商业用电价格同电同价分三步实施，第一步是支持有条件的地级以上市首先在本市实现工商业用电同价；第二步是在经济发展、电价水平相当的市实现同价；最后，在珠三角范围内实现工商业用电同价。	
浙江省			从2009年7月1日起，浙江省电力公司对不满1千伏的一般商业用户和普通工业用户统一进行电价调整，实行工商同价。	
武汉市		《关于进一步搞活流通扩大消费的意见》，明确提出实施商业与工业水电同价刺激商业服务业重建活力。	在商业服务业电价、水价政策未变之前，市里将对去年全市餐饮业、零售业销售额前10名，共计20家企业的费用超出部分给予一定补助。	
长沙市	2009年3月	《切实减轻企业负担全力促进经济发展》的文件指出，长沙市将积极推进商业用水、用电与工业同价政策。	计划在10月底前拿出初步方案，争取在年底落实对列入国家鼓励类的商业用水与工业用水同价政策，同时深入开展调研，向省局积极争取，力争在10月底之前协调到位。年底之前实现商业用电与一般工业用电同价政策，落实工业企业超基数新增用电每千瓦时下浮0.1元的政策措施。	

由于工商用电同价涉及众多方面，目前还没有在全国全面实施。电费在零售业成本构成中占有相当大的比例，即使商业用电降价，这部分成本依然很高。另一方面，我国零售业中相当的一部分企业还没有完全或部分采用节电节能的设备和技术，节能具有广阔空间。节能可以降低企业的运营成本，成为零售业新的利润增长点。

（二）主要节能措施

目前，零售企业的节能措施主要包括节能改造、系统节能和智能控制技术三类。

1. 节能改造

节能改造是对零售企业的照明系统、空调系统、节水系统等的细节改动或局部改造，达到节约电耗、水耗的目的。

例如，针对照明系统，设计公共空间的灯具布局、开关时间及方式（声控、光控等），合理控制照度，统一将传统灯具换为节能灯具；针对空调系统，可以将老化的耗电大、制冷制热效率差的空调机组重新设计与更换，既减少耗能，又可增加商场购物环境的舒适度；针对节水系统，将卫生间内的水龙头都换成电子感应式水龙头，避免长流水现象，把冲水器具的排水量调节到最佳状态等等，这些都属于节能改造的范畴。

2. 系统节能

系统节能则是通过采用先进的节能工艺和高效的节能设备，进行系统改造。例如采用大温差冷水机组及大量自控元件，对风机、水泵采用变频控制，加入冷凝水回收系统等对空调系统进行改造，可以大大降低空调系统的能耗，节约运行成本，全年预期节能10%左右；而使用高效能电动机、压缩机、电子膨胀阀等节能设备，为冷凝器风扇、冷冻泵增加变频控制系统等措施可以帮助冷冻冷藏系统减少能量损耗。

3. 智能控制技术

利用先进的IT网络信息技术，实时准确地监控各管理门店的能耗使用情况及设备运行情况，一旦出现异常情况，监测人员可以在第一时间内反馈给门店进行调整或维修，帮助门店切实有效地降低能耗。

智能控制技术不仅可以妥善管理节能事务，避免不必要的商品损失和能源浪费，同时可以节省企业大量的差旅人力费用及误判所造成的损失。

（三）主要环保措施和贡献

连锁零售企业的环保行动主要体现在减少包装、包装材料再利用、中水回用等方面。同时通过社区店网络优势，实践着对消费者的环保意识和循环消费理念的引导；部分企业开始关注整个供应链的环保贡献，尝试引领供应商通过减少包装、降低成本以至节约资源，来推动绿色供应链的建设。

1. 减少包装和包装材料再利用

据中国连锁经营协会对部分零售会员企业的调查显示，40.7%的企业通过减少包装物使用而践行环保责任。目前包装箱中很大一部分初次使用后没有太大的损坏，经由适当的渠道和方式处理完全可以重新进入运输和储存环境再次利用，在降低企业的运营成本的同时，还能够减少对纸箱的原料树木的消耗。如TESCO中国，在全国门店推广使用由100%可回收纸制材料制作而成的移动式陈列架/盒，主要用于摆放零散或不可集中放置的TESCO自有品牌商品，例如文具等。不但有效地减少了商品包装，还节约了运输成本。同时，这种包装还可以根据卖场的空间进行自由组合，以便商品的促销和陈列。

但我国零售业的包装材料缺乏有效回收再循环利用途径，虽然有53.85%的企业将店内使用的纸箱等包装物全部作废品出售，虽然大多数包装物形态完好，可多次重复使用，但真正循环利用的部分不足包装材料的2%。极少有企业能够对商品运输、储存过程中使用的包装箱进行循环使用。零售业包装材料的再循环利用存在很大的空间。

2. 节水措施

据中国连锁经营协会对部分零售会员企业的调查显示，有51.85%的企业通过对重点部门安装分表来实行节水措施，但受制于设备投入和技术等问题，零售企业对废水利用程度较低，目前仅约有7%的企业实现。有部分零售企业在其内部进行中水回用、二级生化处理，产生的废水集中处理后，达到一定的标准后回用如冲洗卫生间等，节约和保护水资源。如北京的一些商场在空调开放期间将空调冷却水引入卫生间冲厕系统实现二次利用。

3. 面向供应商，推动建立更环保、更具社会责任感的供应链

成为中国更为环保、具有社会责任感的零售商，被越来越多的行业领先企业所认同，并纷纷采取措施落实到具体运营中。其中应着重加强对供应链上端的环保理念引导，借助道德约束以及在供应链中建立负责任的采购新标准等思路，突出零售商作为连接供应商和消费者的中间环节优势，在推动全社会环保发展上发挥更重要的作用。

许多零售企业的做法值得业内借鉴和学习。如华润万家致力于与供应商建立“双赢”的战略合作伙伴关系，根据《华润万家供应商守则》，不仅要求供应商遵纪守法，还鼓励供应商能够重视环保，减少商品的包装，尽量使用可回收的材料。而沃尔玛在努力减少其商场和建筑对环境影响的同时，要求中国的供应商采取相同的环保举措。沃尔玛的目标是：在2012年以前，前200名的供应商能效提高20%。沃尔玛还将与供货工厂和竞争对手分享优秀的可持续发展经验和信息，为了将所有供应商纳入环保管理系统，2009年实施了“环保积分卡”项目，对供应商包装实行网络跟踪。在促进减少商品包装方面，鼓励供应商尽量使用可回收材料；开展包装材料回收计划，利用先进的物流系统将这些资源配送到符合资质的资源再生中心；同废旧物资回收公司建立合作，派专人负责回收废旧物品等。

4. 促进消费者提高节能环保意识

零售企业大多遍布商业区和生活住宅区，企业利用自身的优势，开展多种形式的废品回收：如设立废旧电池回收箱，减低电池污染；商场回收淘汰的旧家用电器、易拉罐和PET瓶、月饼包装盒等，并利用先进的物流系统将这些资源配送到符合资质的资源再生中心，使消费者获得经济利益的同时，增强消费者关注减少包装，推动培养循环使用的意识。但环保回收链不完善是目前普遍面临的问题。

许多连锁零售企业还积极走进社区开展多种形式的互动活动，宣传环保、节能的理念，积极参加环保公益活动（如植树、地球一小时、塑料袋消减承诺等），进行多种公益捐助，让消费者参与其中。

5. “限塑令”实施一年，超市少消耗近400亿个塑料袋

自2008年6月1日限塑令颁布至今整整一年，国家发展和改革委员会表示，与政策实施前相比，塑料购物袋使用量明显减少，其中商场和超市最为明显，减少量在75%左右。

中国连锁经营协会对超市零售行业实施情况进行了抽样调查。调查显示，外资超市塑料袋使用率下降80%以上，内资超市下降60%以上，综合百强销售额、市场占有率、业态分布等因素，全国超市零售行业塑料袋使用率平均下降66%，塑料袋消耗减少近400亿个。如按目前超市塑料袋的使用量减少2/3左右计算，每年可减少塑料消耗27万吨以上，相当于节约石油160万吨。

在2008年商务部“限塑令”实施前，外资超市每百元销售使用塑料袋3个，内资超市1.4个，现在则分别只有0.6个、0.56个。超市消费者已培养自带购物袋和重复使用塑料袋的习惯，环保意识得到增强。超市企业并没有因免费塑料袋使用减少而影响销售

额，也没发生低于进价销售塑料袋事件，超市零售行业在塑料袋环保节能方面贡献显著。

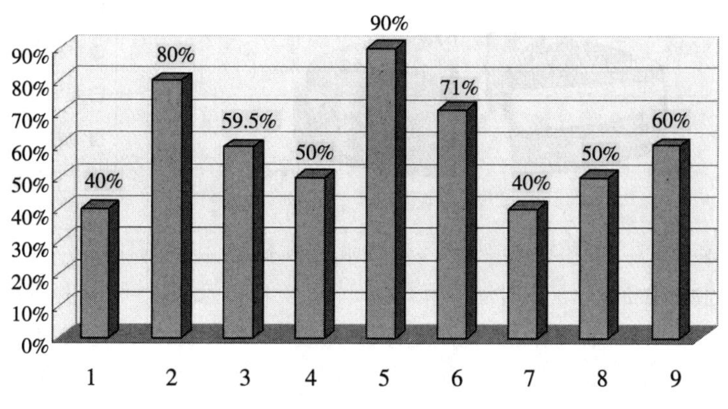

图 5　限塑一年各超市购物袋同比减耗率

（四）连锁零售企业能耗构成分析

零售各行业和业态各自能耗构成存在较大差异，这主要由以下多种因素造成：（1）业态；（2）营业面积；（3）商品结构（特别是生鲜商品的比例）；（4）所在地区；（5）营业时间。

1. 不同业态的能耗构成比较

根据中国连锁经营协会对部分会员企业调查显示：百货业态的耗电主要是照明（62%）和空调（49.5%）；超市和大卖场的能耗集中于照明（30%），空调（30%），冷冻冷藏（22%）；专业店的能耗主要是照明（36.76%），空调（28.7%）。虽然业态不同，能耗比例不尽相同，但是可以看出零售业的主要能耗集中于空调、照明和冷冻冷藏等用电环节。

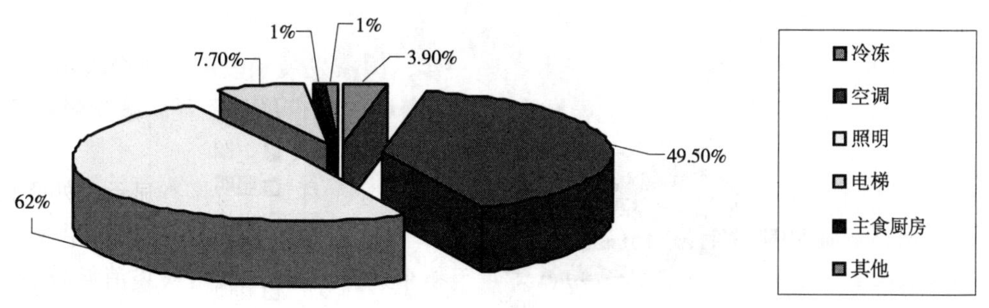

数据来源：中国连锁经营协会。

图 6　百货企业耗电量构成图

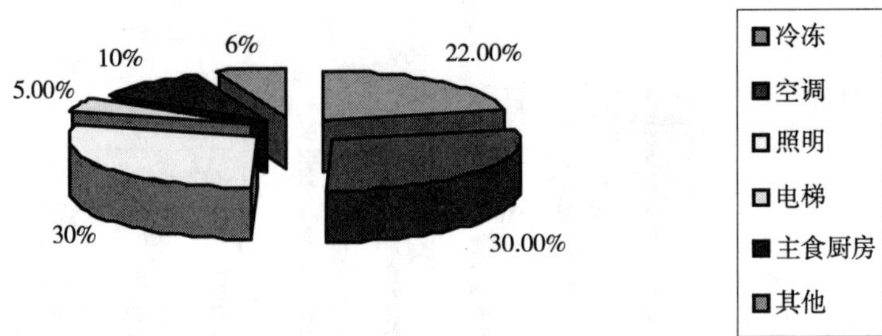

数据来源：中国连锁经营协会。

图 7　超市及大卖场耗电量构成图

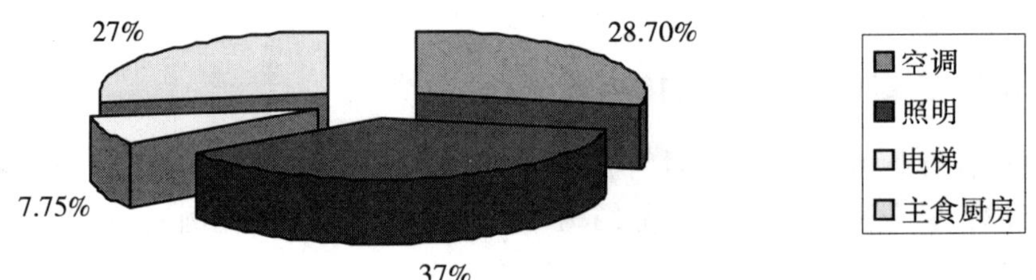

数据来源：中国连锁经营协会。

图 8　专业店耗电量构成图

2. 不同地区的能耗差异比较

我们分别选取华南、华中和华北地区的连锁百强超市进行能耗构成对比分析。对比各个区域的能耗构成可以看出，华南地区超市的空调耗电量比例明显高于华北和华中地区，这与地区气候有紧密的联系，可以预期空调节能改造可为企业整体能耗带来大幅度削减。

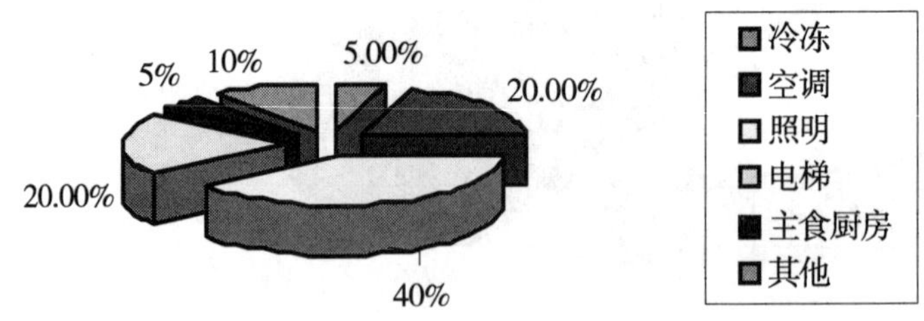

数据来源：中国连锁经营协会。

图 9　华南地区超市耗电量构成图

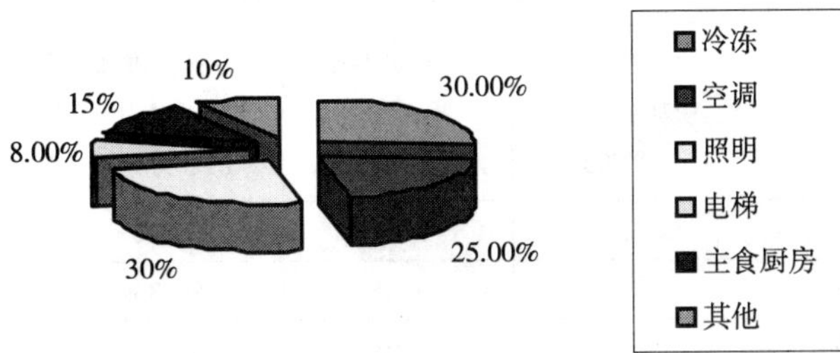

数据来源：中国连锁经营协会。

图 10 华北地区超市耗电量构成图

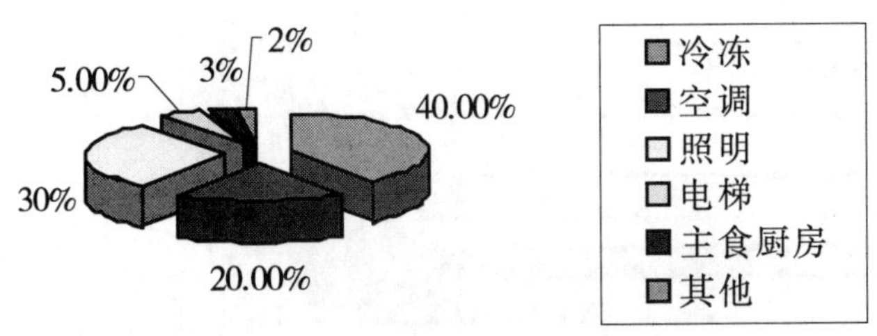

数据来源：中国连锁经营协会。

图 11 华中地区超市耗电量构成图

3. 连锁零售企业水电消耗费率同比下降幅度比较

来自中国连锁经营协会2008年快销品百强企业部分门店数据显示：水电费用是零售企业支出费用总额中仅次于人力成本和房租的第三大费用源。以前大多数企业关注更多的是设备改善及提高管理效率，对于水电控制关注不够，随着节能技术的不断成熟、节能观念的深入，零售企业都在不同程度上投入一定资金进行水电降耗技术改造。

表 3 2007 年零售业水电费消耗比较

	单位营业面积耗水费用（元/平方米）	单位营业面积耗电费用（元/平方米）	万元销售额耗水费用（元/万元）	万元销售额耗电费用（元/万元）	水电费用率（水电费用/销售总额）
百货店	11. 66	256. 23	4. 65	102. 11	1. 07%
便利店	9. 67	406. 04	3. 91	164. 07	1. 68%
超市	7. 93	204. 78	4. 14	106. 95	1. 11%
大卖场	7. 92	267. 12	3. 68	124. 30	1. 28%
专业店	2. 30	81. 27	1. 60	56. 47	0. 58%

表 4　　**2008 年零售业水电费消耗比较**

	单位营业面积耗水费用（元/平方米）	单位营业面积耗电费用（元/平方米）	万元销售额耗水费用（元/万元）	万元销售额耗电费用（元/万元）	水电费用率（水电费用/销售总额）
百货店	8.56	226.32	3.06	80.92	0.84%
便利店	10.84	441.30	3.86	156.86	1.61%
超市	7.20	196.72	3.05	83.31	0.86%
大卖场	9.64	246.65	4.05	103.68	1.08%
专业店	3.52	59.48	1.88	31.77	0.34%

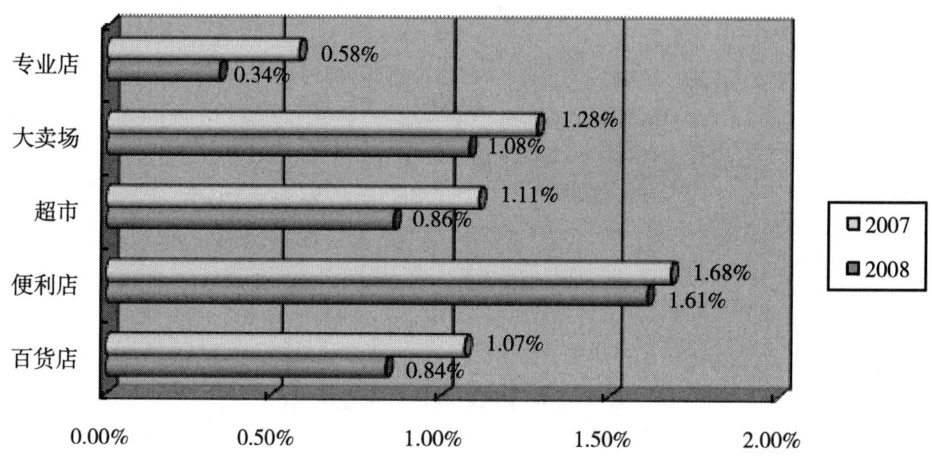

图 12　2007 年和 2008 年零售业水电费用率比较

调查数据显示：相比于 2007 年，各种业态的水电消耗均有所下降，其中超市的水电费用率降幅最大，由 1.11% 下降到 0.86%，降幅 0.25 个百分点；便利店降幅最小，由 1.68% 降至 1.61%，降幅 0.07%。

三、连锁零售业节能降耗存在的主要问题

（一）呼唤健全节能降耗标准体系

1. 相关标准一览

“十一五”以来，国家已经明显加快了标准的制定步伐，涉及到连锁零售业的环境和能耗相关标准，主要名目见表 5。

表 5　　我国连锁零售业的环保节能标准

实施时间	标准名称		发布部门
2002-1-1	公共场所卫生综合评价方法	WS/T199-2001	卫生部
2003-6-30	空调通风系统清洗规范	GB19210-2003	国家质量监督检验检疫总局
2005-7-1	公共建筑节能设计标准	GB50189-2005	建设部
2006-3-1	空调通风系统运行管理规范	GB50365-2005	建设部、国家质检总局
2006-10-1	超市购物环境标准	SB/T10400-2006	商务部
2007-8-1	公共场所集中空调通风系统卫生管理规范	DB11/485-2007	北京市质量技术监督局
2009-12-1	超市节能规范	SB/T10520-2009	商务部
2009-12-1	气调冷藏库设计规范	SBJ16-2009	商务部
2009-12-1	室外装配冷库设计规范	SBJ17-2009	商务部
2010-4-1	限制商品过度包装要求——食品和化妆品	GB23350-2009	国家质量监督检验检疫总局

国家标准对超市空调通风、空气质量以及照明、冷冻冷藏设计和操作等提出明确要求：

2006 年下半年，商务部颁布实施行业标准《超市购物环境》（SB/T10400-2006），对卖场的通道宽度、空气质量、温湿度条件等多方面提出要求。

2006 年 3 月 1 日，卫生部发布实施《公共场所集中空调通风系统卫生管理办法》，并制定了三个规范：《公共场所集中空调通风系统清洗规范》、《公共场所集中空调通风系统卫生学评价规范》、《公共场所集中空调通风系统卫生规范》。

2009 年，商务部《超市节能规范》对于营业场所的照明功率密度（W/m^2）、对应照度值（lux）、灯具照明方式、照明控制方式以及采暖、通风、空调、冷冻冷藏陈列柜、冷库设计和操作管理提出要求。同时还对节水、节气（油）、节约包装和减少购物袋、建筑节能、新能源和再生能源利用也提出要求。

2009 年北京市颁布《商业服务业节能改造指导目录》，对零售业的空调、供暖、照明、电梯、供电、供水、维护等提出具体的改造技术指导。

2. 节能设备技术标准缺失直接导致节能效益评价难衡量

这些标准的出台和实施在很大程度上推动了零售业的节能和环保的开展，但是，中国连锁经营协会在 2008 年度和 2009 年度对连锁零售业进行的环保节能关注度的调查结果显示，零售业在节能工作开展过程中，节能设备技术标准缺失直接导致企业无法对节能效益进行衡量。在 2008 年的调查中，63.0% 的被调查企业选择该项，到了 2009 年，该比例上升到了 93.3%，反映出零售业对于节能效益标准以及配套的节能设备技术和工程标准的需求。

由于缺乏行之有效的零售业工程标准，导致节能效果以及相关数据的测定仅仅由供应商提供，这些数据缺乏信服力，企业对节能效果无法评价，制约了节能工程的推行；此外，节能市场准入门槛太低，供应商鱼龙混杂，不乏部分中小企业产品不可靠、技术不成熟、夸大节能效果、工程配合及售后服务不到位的情况，影响了节能技术的真正推广。解决这些问题，急需政府出台相关的规范标准，以推动节能的健康发展。

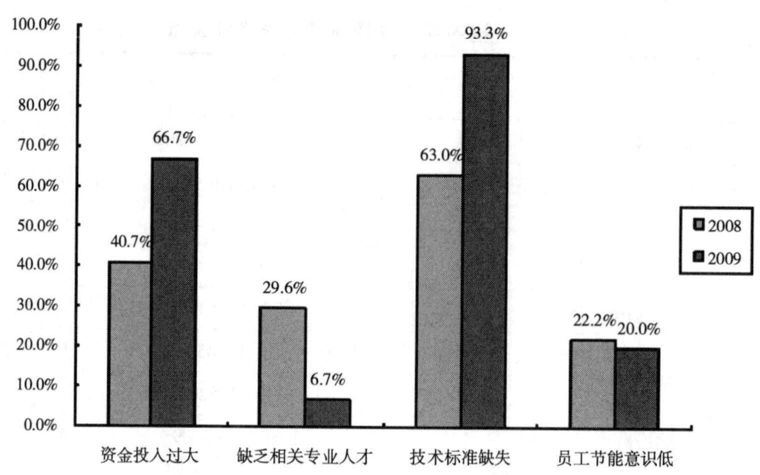

数据来源：中国连锁经营协会。

图 13　企业推动节能工作的主要困难

（二）政策及资金支持

2008 年 4 月 1 日起实施的《中华人民共和国节约能源法》专门新增激励政策一章，明确国家实行财政、税收、价格、信贷和政府采购等政策促进企业节能和产业升级，并明确了一系列强制性措施限制高耗能、高污染行业，包括制定强制性能效标识和实行淘汰制度等。

节能环保投资存在额度大、回收年限相对较长等问题，因而许多企业希望政府予以一定补贴。2008 年财政部、国家发展改革委联合发布了《高效照明产品推广财政补贴资金管理暂行办法》，国家采取间接补贴的方式，对大宗用户的高效照明产品按中标协议供货价格的 30% 给予补贴。

2008 年国家发改委、财政部和税务总局联合发布对环保设备、节水节电设备和安全生产设备投资抵税文件，规定：企业自 2008 年 1 月 1 日起购置并实际使用列入《目录》范围内的环境保护、节能节水和安全生产专用设备，可以按专用设备投资额的 10% 抵免当年企业所得税应纳税额；企业当年应纳税额不足抵免的，可以向以后年度结转，但结转期不得超过 5 个纳税年度。这一文件主要针对工业企业，所以商业企业的抵税存在一定问题。例如，商业企业购买空气调节设备，但由于其不符合“应用领域必须是工业制冷”的要求，就不能享受投资抵免。

节能资金前期投入多，企业的资金不足、投资风险大已成为制约企业节能的一个现实问题。目前国家的政策多倾向于工业企业，直接针对商业企业的还较少，希望政府给予流通领域更多的支持。

总体而言，国家及地方政府在节能减排鼓励政策及资金支持力度方面，对商业领域明显不足。

（三）租赁店铺的节能动力及效益分享的缺乏

不是自主物业，以租赁店铺为主要运营模式的连锁零售企业缺乏节能动力。虽然多数与物业业主签订五年以上的长期合同，但这些企业更愿意投资于照明等投资小、易回收的耗损性节能改造，而相对于如空调、供暖等基础设施不愿投资，这与缺乏节能效益分享有关。

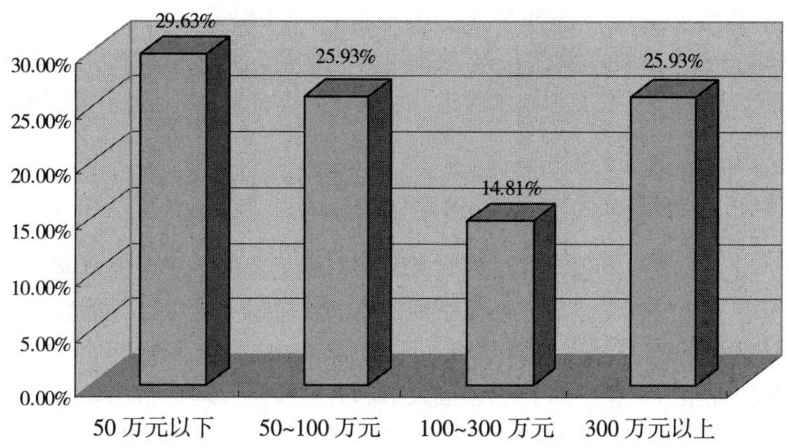

图 14 企业节能资金投入情况调查

从中国连锁经营协会环保节能关注度的问卷调查可知：每年节能资金投入 50 万元以下的企业所占比例最大，为 29.63%。超过一半的企业每年节能资金投入在 100 万元以下。大部分企业计划或已经采用的节能设备改造为使用照明节能灯技术，集中于投资小的照明改造。

（四）节能制度的缺失和环保意识的薄弱

企业的节能依赖管理制度的保障，2009 年的企业环保节能观念意识调查报告显示：仅有六成企业设有专职管理机构和人员负责节能；近一半的企业对水、电、气、包装物等主要能耗没有设立节能目标；近一半的企业没有制定节约使用水电管理制度。虽然调查的结果较 2008 年有一定程度的提升，但是零售企业的节能降耗制度保障还有待提高。

零售企业的员工节能意识还相对薄弱，节能降耗没有成为企业文化的组成部分，企业也缺乏对员工节能意识和技能培训的持续宣传和实施。

许多企业没有节能环保产品的销售和宣传专区，零售企业对环保节能产品的推广力度不够，使许多消费者无法辨识。

（五）节能技术设备运行不足和维护的欠缺

国家陆续出台的政策和标准鼓励零售企业使用节能技术设备，但没有制定强制性的标准。还有一定比例的大型综合超市冷冻冷藏设备设施的能耗高，对节能的技术和设备投入不足，使节能设备设施不能得到应用。即使采纳节能技术和设备的门店，也存在设备后期的维护管理欠缺。或者由于后期的再投入成本问题，或者节能设备的维护缺乏监管，导致节能设备设施不能达到应有的节能效果，这在一定程度上制约了企业的持续节能收益，降低了企业的节能积极性。

四、连锁零售企业节能降耗的有效途径

2009 年中国连锁经营协会对部分连锁零售企业环保节能关注度调查反馈中显示：71.43% 的被调查者认为技术节能是最有效的节能途径，管理节能次之，占 42.86%。实现零售企业的节能不仅仅取决于技术改进，也需要科学的管理措施和市场节能措施的落实到位。

（一）加强企业员工的节能环保意识

培养每个员工的节能意识，并体现在其日常行为上，创造企业的节能文化，对于企业的节能环保具有重要的意义。节能环保意识的培养从总体上说可以采取激励、惩罚和加大宣传的方法相结合。

广泛利用企业报、广播、宣传栏、倡议书和开展质量管理小组活动等多种形式培训和宣传节约资源。教育全体员工从“节约一滴水，节约一度电，节约一张纸，节约一粒米”做起，在每个水龙头、每个电源开关旁都贴上节约能源的提示语，提倡纸张两面用，使用环保购物袋购物。

设立能源的考核指标，监督管理各个门店的能源使用状况，让每一个员工感受到节能的重要性，对于日常经营中的节水、节电、节气等问题，成立工作小组进行专门研究，总结形成目标明确、责任清晰、奖罚分明的管理制度。

编制设备维护保养手册，明确各个人员每天的巡检及维护工作，确保设备高效正常地运行。

组织员工参观企业的基础设施设备，了解企业的能耗情况。邀请专家为员工开展讲座等，均有助于提高员工的节能环保意识。

（二）建立科学的管理体系

中国连锁经营协会 2009 年节能环保关注度调查显示，在企业采取的节能管理措施中，61.54% 的企业设有管理机构，由专职人员负责，53.85% 的企业制定节约使用水电管理制度，69.23% 的企业实现了办公节能，53.85% 的企业对水、电、气、包装物等主要能耗有节能目标，61.54% 的企业严格实行对商场温度控制的有关规定（夏季不低于 26℃，冬季不高于 20℃）。管理保障体系上比 2008 年的调查结果有明显的提高，见图 15。

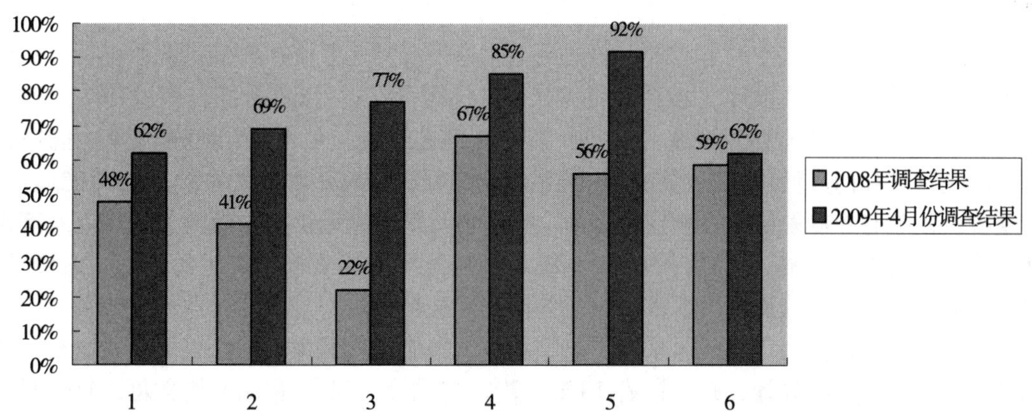

其中：1. 设有管理机构由专职人员负责；2. 办公节能；3. 对水、电、气、包装物等主要能耗有节能目标；4. 制定节约使用水、电管理制度；5. 严格实行对商场温度控制的有关规定；6. 对员工定期进行宣传和培训，以提高员工的节能意识和技能

图 15　2008 年与 2009 年节能保障制度实施状况对比图

此外，还可通过优化流程实现节能环保，如用自然解冻取代流水解冻；在非客流高峰期，减少商场照明；减少开启电视墙的电视数量；严格控制冰鲜产品陈列的覆冰率；鲜食部门分装水表，监控部门的用水等。

（三）应用世界先进的节能环保技术，为企业带来节能效益

据中国连锁经营协会对部分零售企业 2008 年和 2009 年两次环保节能关注度的调查显示，零售企业普遍采取的节电措施主要包括：监控计量、使用节能灯、智能化节电，即调节加热、制冷、通风及空调系统设备来降低用电量、采用节能冷冻冷藏设备技术四类。而且，零售企业采纳这些技术手段的比例在 2009 年都有不同程度的提高。

我国的供电系统采用双路供电方式，即分别在两路进线上各安装一块电度表，虽然用户可以知道自己的用电总量，但是对各供电支路的电耗并不清楚。零售企业的耗电点多，采用分项计量的方式能有效监控各类耗电量，有助于目标管理和量化管理，而且可以清楚地了解节能情况，是商业企业节能降耗的技术基础保障。据估算，采用分项计量的方式，可节约总用电量的 5% 左右。

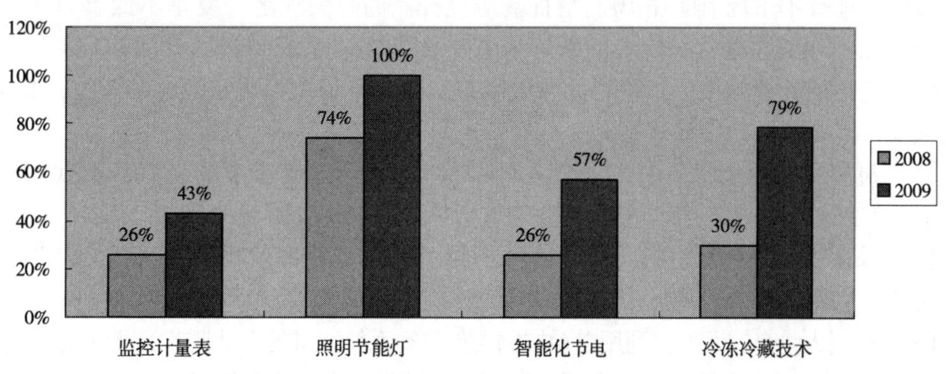

图 16　企业采用不同类型节电措施的比率图

1. 制冷、通风及空调系统节能方案关键点分析及技术应用

目前，零售企业在空调节能技术的应用上主要围绕新建系统和改造系统而进行。具体涵盖：新建系统的整体设计（包括水侧系统、空气侧系统）；新建系统空调设备的选择及新建系统控制系统与能耗监视系统的设计。对于改造系统，可根据当地的气象、能源价格、法规政策和门店使用状况、能耗数据等，详细分析研究，对空调系统进行节能诊断，对现有的监测与控制系统进行相应的诊断。在节能诊断的基础上，对有潜力的现有系统设计实施改造措施和方案，改造后的控制系统与能耗监控系统应符合新建系统的相关要求。通过空调系统的技术改造，可以减少企业的能耗和运行成本，进而为企业创造收益。

据调查，大部分超市现阶段采用中央空调系统控制店内温度，中央空调设计时是按天气最热、负荷最大时设计，并且留有10%～20%的设计余量。而实际上绝大部分时间空调是不会运行在满负荷状态下的，存在较大的富余，所以节能的潜力较大。

目前，零售企业采用的空调系统节能技术主要有：

（1）变频调速控制技术。该技术就是通过集中优化控制系统，集中对主机、水泵、风柜、冷却塔的控制，实现根据空调负荷的变化，各设备运行参数匹配，减少设备运行冗余，达到节能的目的，节电空间在20%～50%之间。有调查显示，一个每月用电量约为15万元的中型超市，如果采用变频节能改造后的中央空调机组每月最少可节约电费1.2万元，每年可节约14.4万元。

（2）冷凝器自动清洗技术。中央空调系统设备除了电机耗能外，热交换设备的换热效率的高低直接影响了用电量的多少。中央空调系统设备的热交换设备包括：主机的冷凝器、蒸发器，风柜的表冷器，冷却塔。除了设备本身外，影响其热交换效率的主要就是表面洁净度。冷凝器里流的是冷却水，冷却水经过冷却塔时是开放的，与外界环境接触。水里含有粘泥、藻类、细菌，由于冷却水的水温较高（30℃～40℃），易在冷凝器的铜管中形成水垢和污垢，降低冷凝器的换热效率。自动清洗设备通过计算机智能控制系统定时发射和回收海棉橡胶小球，用物理的方法清洁冷凝器铜管内壁，使铜管表面始终保持清洁状态，提高换热效率。一般节电在8%～20%（对不同的空调主机）。

（3）空调末端风柜清洗消毒技术。在中央空调运行及维保过程中，往往忽视末端风柜的清洁。空调风柜在长期运行过程中，空气中的灰尘积聚在过滤网和表冷器翅片上，阻塞风道，风速降低，出风量减少，换热效率降低，造成空调耗能。据估算，采用空调末端风柜清洗消毒技术系统节能在10%左右。

（4）使用布袋风管代替传统的镀锌风管，作为空调系统的送风管网，从材料的使用上减少建筑物的资源的使用。利用低温送风技术配合布袋风管达到低速、舒适、低能耗的送风系统，提高能源的传输效率。

（5）过渡季节的全新风引入（Free Cooling）。利用过渡季节的自然冷源代替人工冷源，引入室外较低温的空气与室内的空气进行热交换，达到降温的目的。

（6）采用大温差冷水机组。加大冷水机组的冷冻及冷却水供回水温差，从而降低水泵的能耗，达到节能的目的。

（7）采用大量自控元件。利用电动控制元件进行系统能量的自动调节，节约运行成本。

（8）冷凝水回收系统。将空调设备产生的低温冷凝水回收利用，提高冷水机组的换热效率，降低冷水机组能耗。

此外，根据产品、卖场布局的不同特性，不同营业面积对空调系统配置的需要、资金投入及节电效益情况是不同的。一般而言，卖场的空调冷负荷大约为 $200W/m^2$，如果以该数据为基础，则 1 万平方米营业面积的卖场，空调系统的设计负荷约为 2000KW，即 569 冷吨。对于该类型的卖场，建议采用水冷系统而不是风冷系统，因为大体量系统，水冷冷水机组的效率更高，系统优势更大，如同时采用合理的系统整体优化设计，则相对于风冷机组系统，至少可达到 20% ~40% 的空调机房系统节能效果。

跨区域发展的零售企业要针对门店的不同区域、气候差异等具体情况，进行空调系统设计。

对于北方：

. 由于空调系统的供冷与采暖系统的供暖运行时间都较长，因此，在系统设计时必须同时考虑两个系统的初投资及运行费用；

由于过渡季节及冬季室外气温较低，无论对于机房系统还是空气侧系统，都可以充分考虑“免费取冷”的应用。比如：“对冬季或过渡季节存在一定量供冷需求的建筑，经技术经济分析合理时应利用冷却塔提供空气调节冷水”，或者“过渡季节建议采用全新风引入（Free Cooling）方式：利用过渡季节的自然冷源代替人工冷源，引入室外较低温的空气与室内的空气进行热交换，达到降温的目的”；

由于供冷系统及采暖系统运行时空气侧系统均需运行，因此，北方系统设计中，要充分考虑空气侧系统的节能系统设计及节能设备的选择。

对于南方：

由于供冷时间远远大于采暖时间，供冷系统的运行具有长期性，无论新建还是改造系统，都必须充分考虑机房系统的节能设计及设备的高效性，尽可能地提高机房系统的整体效率值；同时由于室外空气的湿度较大，在空气侧系统设计及节能改造优化中，对于空气侧设备的除湿及室内温湿度的设定，必须进行合理的设计和设定。

2. 照明节能方案关键点及设备技术应用

照明设计

各零售企业为降低商业运营过程中的照明能耗，研究分析商业照明设计的理念和趋势，找到既突出经营者需求又满足消费者舒适度与节约能源的平衡点。

其中在超市照明设计方面，照明设计的基本要求即是满足卖场各个空间的照度，照度越高照明耗能也就越大，所以降低照度是降低照明耗能的方法之一。例如：

· TESCO 中国（天津福州道店）为减少电能损耗，将生鲜区局部重点照明由原来的 70 瓦调整为合适的 35 瓦。

· 家乐福所有新店中设计要求降低少许照度。初始照度由原来 1200lux 降低至 1000lux，6 个月后的稳定照度由 1000lux 降低至 800lux。

在百货照明设计中，照明设计除了满足空间的照度的需要，还要对卖场氛围起到烘托作用。所以既满足商业经营的需求，又最大限度地实现了节能目标的双重要求则需要更加细致的照明规划。例如，王府井百货集团长安商场在“营造突出展示商品、弱化周围环境的设计理念”指导下，进行节能改造具体的措施方法主要分为：

根据长安商场实际经营的情况，对基本的设计需求进行细致的分析。例如对于商场标准层动线上方的照度，把原来平均照度参考标准从 900lux 调整到 400lux。减少动线上方灯具和光源的数量，直接降低了商场经营中的能耗；同时强化了商品区域的亮度。严格控制对商业经营影响不大的能耗。例如在商场中岛区域的灯具布置方式上，摒弃传统的平均布灯方式，采用呼应商品柜位的布置方式。

照明设备

随着各类高效照明设备的不断涌现，LED、无极灯、T5、T8高频荧光灯、感应器等陆续在市面上推广。各零售企业在实际运行中率先将这些高效照明设备广泛应用在其照明节能改造过程中，例如：

·在商场的普通照明，冷冻柜，化妆品区域广泛采用LED代替传统荧光灯具。

·在果蔬、肉类、面包区应用中导入无极灯代替金卤灯。

·在人流量低的地方安装定时器、动态感应器等设备，进一步有效减少低人流区域的照明能耗。

但值得关注的是：对于超市的基础照明区域，目前大部分零售企业仍选用T5、T8高频荧光灯替代传统T8荧光灯。尤其是T8高频荧光灯，它的优势：世界最高光效(110lm/W)，18000h超长额定寿命以及稳定的使用性能。另外新一代照明智能控制系统正在研发试用中，例如：松下电工与国美电器合作，在其部分门店应用Full-2way智能控制系统，根据客流规律自动调节灯具的开关、亮度，更科学地进行节电。

对于百货店来说，由于装饰氛围的需要经常会使用卤素灯或金卤筒灯。如长安商场在首层的照明上，采用了代表当今金卤光源界最高技术的CDM陶瓷金卤灯，该光源采用高效率的发光材料，大大节省了电耗，比普通卤素灯节能4~6倍，光通维持率高，使用6000小时后光通维持率仍超过80%。

照明管理

在进行了细致的照明规划和选用高效、节能照明系统后，零售企业仍需要对照明开关时间、区域进行控制。增加或者细分回路设计，根据不同日期、不同时段的要求，对不同区域整体或是部分灯具的开关进行控制，从而为经营中的节电提供了必要的条件。例如：

·家乐福和TESCO中国等很多零售企业，都选择安装时间继电器或照明控制系统实现智能化控制，把照明进行时间和区域上的合理化分配。比如根据卖场运行状况和营业习惯，早上6点到开业前，只启动10%的应急照明。早上8点左右，启动40%的照明。正式营业后，启动100%的照明。

·在不同区域安装感应控制器，也是进行有效的照明控制的方法。如在办公区安装移动传感器，通过红外线传感器对人的感应，来控制办公区的照明和空调；在停车场和店招安装照度传感器，停车场和店招的照明根据照度自动开启，根据时间设定自动关闭。

照明系统节能原则

·正确选择照度标准

参照国家相关标准，根据实际需要选取适当的照明标准，灵活掌握选择提高一级或降低一级的规定，贯彻该高则高该低则低的原则。

·合理选择照明方式

尽量采用混合照明；

采用分区一般照明；

采用加强照明；

在就近设备上装灯。

·使用高光效照明设备

商业空间中可选的光源光效由高到低顺序为金属卤化物灯、T8 高频荧光灯、三基色荧光灯、T5 高频荧光灯、普通荧光灯、紧凑型荧光灯、LED、卤钨灯、普通白炽灯。

除光效外，还要考虑显色性、色温、使用寿命、性能价格等综合指标。

·照明配电及控制节能

照明回路宜采用集中控制，并按照使用条件和需求分区、分时控制。

3. 冷冻冷藏设备节能关键点及技术设备应用

陈列柜

陈列柜节能是制冷设备传统的节能方式，采取的节能技术为：用低温玻璃门柜能耗比同样容积的岛柜节省 51%，加增玻璃门、玻璃贴膜，使用高效展示灯可以进一步降低能耗。如果是用了低温岛柜，安装移窗后，可节电 32%。可在陈列柜中使用 EC 风机，柜前安装照明感应，使用 LED 灯代替 T8 灯。

制冷机组

采用变频、不等比压缩制冷剂机等技术，改良制冷剂、进液温度和增加吸气包、采纳 Protocol 系统。压缩机组采用不等比压缩机，且增加能量调节增加压缩机的运行级数，采用不等比压缩机和能量调节能够增加压缩机运行级数，使得压缩机根据冷负荷变化按需运行。通过实际测试，低温系统能够节能 11%，中温系统能够节能 6.67%。

冷凝器

节能技术包括采用 Micro Channel 风冷冷凝器，全铝设计代替传统的铜管，散热效果更好；制冷剂充注量少，自重大大减轻。冷凝器风机采用变频技术。同时，通过对冷冻冷藏设备系统如压缩机头、冷凝器、机组、系统支路、融霜系统的智能控制，实现制冷系统的整体节能。

冷库及加工区域

节能设备包括采用 EC 高效节能风机；对需要制冷的加工区域的墙板和顶板用保温库板作为隔断；地坪采用地垄，不再采用地坪加热丝；对冷库内的照明和冷库门实行智能控制等。

设计及选型

设计中应注重优化系统的各部件性能指标，确保各个部件的稳定性和效率。尽可能使用蒸发温度高和制冷量小的陈列柜；减少制冷回气管和排气管上的压降；利用技术手段提高压缩机的运行效率。

在采用冷冻系统节能措施中，某家大型超市门店采用自动控制系统（压力浮动、智能除霜、智能温控）的冷冻节能控制方式，在外界环境基本相同的情况下，一年节能 220438KWH。该项目制冷设备、自控系统投资 20 万元，但一年即可收回投资。

（四）节能资金投入的经济效益和资金回收期情况

节能方面的投资与收益是目前企业的一个主要关注点，能否达到节能效果是企业决策投资在节能设备和节能管理上的重要依据。据调查发现，2007－2008 年大多数零售企业平均每家店铺节能改造投资在 50 万～300 万元不等，其中投资 50 万元以下的企业占比较大的比例；投资回收年限一般在 1～3 年左右。

但是对于新能源利用的投资回收期比较长，投资额也比较大，例如永旺集团 2007 - 2008 年投入了 500 万元安装了太阳能发电装置，在第一年收益仅 48 万元，预计回收期为 20 年。日本永旺集团着眼于长久发展，在后期每年的收益将迅速增长，这一方面体现了其较前卫的环保意识，另一方面也取决于其雄厚的资本基础。对于中小型企业无力承担大额节能投资的情况，现阶段超市企业普遍采用节能控制方案，然后由解决方案供应商垫付前提投入费用，并通过设备节约费用分期支付，节电效果基本能够达到 15% ~20% 。

优化配电方式可以减少线损 75% ~80% ；合理地布局与选择灯具节电率约在 22% 以上；应用优质电子镇流器可使照明系统的光效提高 15% ，节电率通常在 20% 以上；通过自动控制系统对空调风机进行自动控制，节能节电效果在 7% ~8% 左右；变频调速集中控制系统节电空间在 20% ~50% ；中央空调冷凝器自动清洗技术一般节电在 8% ~20% ；如采用融霜控制系统避免了因融霜时间设定过长而造成能源的浪费，可以使这部分能耗减低 15% 左右；采用高效集成压缩机组系统节能在 25% 以上。节能可以直接为企业带来经济效益。

表 6　　节能设备技术投资和收益

		设备技术改造	投资额度	收益	节电	备注
案例一：大型综合超市		照明系统改造		1.5 万/月		照明月用电量 5 万元
案例二：中型超市		空调系统变频节能改造		1.2 万/月		每月用电量约为 1.5 万元
案例三：大型超市		制冷系统压力浮动，智能除霜，智能温控等自动节能控制方式	20 万元	209458 元/年	220483KWH/年	0.96 元/KWH
TESCO 乐购天津福州道节能店		EMS 系统，大规模应用了全新风换气系统、冷凝水回收系统、电子膨胀阀、高效节能风机（EC 风机）以及高效电子整流器			165KWH/年	天津地区电价 0.49 元/度
长安商场		改造灯具及采取其他节电措施	680 万元（2008 年）	200 多万元（2009 年预计）	214.66 万度（2009 年预计）	2009 年 3 月同比减少率 21.85%
华润万家	1	点源无极等替代金卤灯		83.73 万元	172.30 万元	
	2	T5 灯替代金卤灯			397 万度	2005 - 2006 年
	3	T5 灯替代 T8 灯			75.1 万度	2005 - 2006 年
	4	高效集成压缩机组			30% ~40%	

五、未来发展趋势

我国经济 30 年的高速发展，资源对经济发展的制约作用已越来越明显，节能减排是中国经济实现可持续发展的必由之路。近年来，节能降耗需求催生出的各种新技术和关联产业不断发展。商业流通领域的节能降耗不仅仅体现在技术节能上，而且新的管理模式的应用可以深化节能工作的推动。政府除在政策资金方面加大支持力度外，也不断倡导引入和学习国外先进经验和管理模式。国外的许多大型连锁企业以及外资在国内的企业在节能降耗方面不断探索，为我国零售企业提供了大量可以学习借鉴的样本。

（一）合同能源管理模式

据中国连锁经营协会2009年连锁零售企业环保节能关注度调查反馈，76.92%的企业更愿意采取合同能源管理方式进行节能改造。

合同能源管理就是在市场引入第三方——能源管理公司（ESCO），通过融资等方式解决零售企业节能资金问题。我国零售业的一些节能项目往往是由提供设备的生产厂商各自负责安装，技术设备在具体情况下缺乏系统协调，所以会造成节能效果不理想。而能源管理公司具有专业化的整体设计，可将分项节能改造整合为全系统设计，整体提高节能的效果。

近年来，合同能源管理在美国、加拿大等国迅速发展，这也将是我国未来的发展方向。

（二）系统节能为企业带来更大效益——节能店建设

近年来，外资零售企业在中国市场的扩张步伐加快，竞争加剧，而节能创新为企业的发展提供了一个具有竞争力的视角。对旧有门店加大节能设备及技术改造投入，进行全系统改造的同时，也非常注重对新建店的整体节能降耗建设。“节能店”自2007年开始在国内出现，通过先进节能技术和电子监控等管理手段，实现全方位的系统节能。在这方面，外资零售商走在了前列，据企业估算，节能店比传统店面整体节能20%～30%，节能效果显著，对社会环保节能贡献度将会不断提高。

目前，TESCO中国乐购通过节能改造以及新开节能店，已有21家节能店，2009年底前国内65家门店都将完成节能改造。TESCO中国华北区首家节能店——天津福州道店，采用了先进的智能能源管理系统（EMS系统），并且大规模应用全新风换气系统、冷凝水回收系统、电子膨胀阀、高效节能风机（EC风机）以及高效电子镇流器等一系列国际顶尖水平的节能设备，整个系统实现了空调、冷冻冷藏和照明的低耗能，全年将分别节能10%，9%和6%。在卖场冷藏区的冰柜全部增加了透明滑盖，为了准确监控冰柜内的温度、节省电能，每个冰柜上面都有电子显示屏，显示当前冰柜内的温度。据测算，冷柜加上滑盖防止冷气外散后，每年的耗电量可减少14%～18%。预计此节能店每年减少电耗165万千瓦时，预期比传统门店要节能25%以上。

沃尔玛在北京望京建立首家新型环保节能店，无论是高效能电机、压缩机，还是热回收和废水回收系统，其节约能源的效果是显著的。与普通店相比，节能店每年可节电23%、节水17%。配合的优化管理流程措施有：自然解冻取代流水解冻；在非客流高峰期，商场照明明显减少；开启电视墙的电视的频率很小；在果蔬、肉类、面包区采用无极电磁感应灯来代替传统灯具。这种新型环保节能店将会成为沃尔玛商店建设、设计及其管理的标准模式，其全国门店将在2012年全部完成节能改造。

家乐福自 2007 年至今，投入了约 2.5 亿元资金应用于门店的节能降耗改造，包括设备更新，系统升级，建立家乐福中国能源管理控制中心，利用先进的 IT 网络信息技术，监控管理门店的能耗使用。2008 年，家乐福（较 2005 年）节省能耗人民币 1 亿元，平均单店节省 100 万元。新型节能店在照明、空调、热能回收等方面采取一系列节能措施。据介绍，门店的节能设施均由位于上海的中央监控中心（COS）监控，所有冷冻冷藏设备、照明和空调运行状态，甚至卖场各区间温度值均在监控屏上一目了然，并可自动预警，及时调节、处置。

家乐福携手世界一流的节能设备供应商为其提供更全面的节能解决方案和服务方案，包括楼宇自控（灯光控制系统），能源监控系统，暖通空调系统中的变频器，母线系统，标准配电产品，电气系统的第三方验收服务等，将节能环保的总体需求渗透到了店面建设的方方面面。

节能店未来收益分析：据实践企业介绍，节能店的初期投入较大，按照门店大小不同，预计每家节能店的初期投资额要增加 80 万 ~300 万元不等，新增投入的回收期一般为 2 ~3 年。也就意味着，在卖场面积相当的情况下，2 ~3 年后，节能店的水电费用将比不进行节能改造的门店少支出上百万元。企业减少了运营成本，才更有可能在经营中保证利润占比。

（三）关注未来节能发展——建筑节能

我国的各类大型公共建筑的全年耗电平均约为 150 千瓦时/平方米·年，远高于瑞典 1983 年热量控制标准 50 ~60 千瓦时/平方米·年（1983 年，SBN80 条例），建筑能耗就占到了全社会能耗的三分之一多。每年中国新建的建筑 99% 以上是高能耗的，只有 4% 采取了能源效率措施，单位建筑面积采暖能耗是发达国家新建建筑的 3 倍以上，我国建筑节能具有巨大潜力。

建筑节能就是从可持续建筑场址、水资源利用、建筑节能与大气、资源与材料、室内空气质量几个方面对建筑进行综合考察，评判其对环境的影响，减少建筑本身对环境产生的影响，同时又从源头上最大限度降低能耗。从既有建筑和新建建筑的节能实践看，节能解决方案主要包括以下几个方面：

空调系统

冰蓄冷/水蓄冷；地源/水源热泵；热回收；变频技术；冷却塔自然取冷等。

通风系统

VAV 变风量系统；自然与机械混合通风；空调箱变频调速等。

控制系统

监测建筑能耗及楼层温度场分布；提供楼宇能耗趋势分析；根据负荷变化控制空调主机，提高主机运行效率；根据室内负荷控制盘管水流量，降低主机能耗等。

远程监控

远程监控建筑运行情况，报警及预报警功能；楼宇能耗分析、管理；提供最优运行策略；各类用能设备管理等。

热电冷三联供系统

分用户独立输出电、冷和热能；发电同时利用余热制冷、供暖、供应热水；与电网同步为用户供应电能或独立供应电能；清洁高效的能源利用（能源利用率可达到90%）。

电梯与照明系统

降低电梯上行时的能耗；回收电梯下行时的能耗输回电网发电；使用高效节能灯具；照度控制；自然采光控制；人体感应灯光控制；光导管系统。

生活热水与建筑外结构

窗户隔热膜，屋顶/天花板保温，屋顶/墙体节能保温涂料；锅炉热回收，锅炉燃烧器改造（燃料：油/煤气—天然气），热泵热水器。

节能调试服务

依据系统化的流程，使用先进的测量工具，对建筑设备和运行系统进行勘查、测量、诊断，并结合计算机模拟分析，实施调试步骤来改善系统运行现状，使系统运行在最优状态下以降低能耗。全过程系统调试的经济优势：无需增添新设备；项目投资金额较小；投资回报期较短。

实践案例：

家乐福将在北京建立全球第一家绿色购物中心，采用环保节能材料，在提高土地使用率基础上还充分考虑雨水循环、热能再利用等生态功能，至少减少20%～30%的水资源和20%～30%的能源消耗。新型材料不仅节能而且优化了温度舒适管理，购物环境明显改善。这些举措对于自建物业的零售企业具有良好的样本示范作用，将有利于推动整个行业在建筑节能上的更广泛探索和应用。

清华大学的超低能耗示范楼，在建筑材料、能源供应和温湿调节设备系统中采用多项节能措施和可再生能源技术，冬季可基本实现零采暖能耗，单位面积能耗约为40千瓦时/年·平方米，能耗仅为北京同类建筑的30%。

（四）再生能源、新能源在商业中的利用

我国能源的供需矛盾长期存在：一方面经济发展对能源的需求不断增加，另一方面传统能源煤炭、石油、天然气面临耗竭的危机，新能源尤其是可再生能源的利用为缓解这一矛盾提供了可行之路。而许多国外大型连锁企业已经开始致力于开发再生能源和新能源。

日本永旺集团投资中国大陆500万元，用于在北京建立一家利用太阳能新技术发电的国际购物中心，这也是中国第一家利用太阳能发电的购物中心。

除利用太阳能、风能等自然能源发电外，还有采取将室外空气通过地下通道引入店内，利用地热（地下相对恒温）使引入的新鲜空气温度在冬季高于室外温度，而在夏季却低于室外温度，从而节约空调电能；超市送货车使用生物甲烷作燃料，能比柴油燃料少排放60%的二氧化碳，而生物甲烷来自于超市的垃圾填埋场。

发起单位：中国连锁经营协会
协办单位：TESCO 中国
参与单位：中国连锁经营协会零售环保节能小组
合作单位：中国人民大学环境学院

2008 年快餐休闲化发展动向研究

——业态变革应理论联系实际

近两年，有相当一部分中国快餐连锁品牌有将传统快餐店转形为休闲化快餐店的愿望，于是形成了快餐休闲化的倾向，且渐成风潮。这一倾向乃至风潮率先在上海、北京等特大型城市兴起，随即向其他中心城市蔓延。

这一倾向暴露出两方面的问题：一是中国快餐企业在各项经营成本普遍上涨、竞争趋烈的背景下，迫切希望借助经营模式及环境的变化来增加非饭口时段的客流量，以提高经营效益。二是由传统快餐向休闲快餐的转化忽视了业态、定位等基础理论，造成品牌定位的错位；受心理定势的影响，顾客的消费行为与商家的意愿未能协调一致，并未取得预期的效果。这一现象对餐饮业的健康发展构成一定的影响，并可能波及其他行业。故而，应特别引起关注并加以研究。

一、快餐休闲化的研究背景

在中国快餐连锁品牌普遍有了将传统快餐店转型为休闲化快餐店的念头时，2008 年 1 月，由快餐品牌企业发起，来自台湾、香港、澳门和内地的休闲餐饮和快餐连锁品牌的 60 多位企业领军人物聚集上海，热议快餐与休闲餐的融合问题。

在餐饮市场不断繁荣的背景下，快餐企业发现，很多熟悉或陌生的休闲品牌纷纷在主要商业街与其为邻了。休闲餐厅赏心悦目的就餐环境、新颖别致的食品结构、细腻周到的优质服务，让快餐企业为之心动；休闲餐厅在非饭口时段也有较多的顾客，平均毛利率高出快餐 30%，这让快餐连锁品牌企业钦羡不已；休闲餐清新雅致而利润颇高的魅力引得快餐企业一点点地从局部效仿。而今，业态融合已不再为餐饮业所独有，故而，快餐业的这一举动不难理解。

二、连锁快餐在餐饮业中地位攀升

2007 年，我国餐饮业零售额累计实现 12352 亿元，同比增长 19.4%。2008 年，我国餐饮业零售额累计实现 15404 亿元，同比增长 24.7%。据商务部预测，到 2010 年，我国餐饮业零售额将达 2 万亿元。据不完全统计，目前全国快餐连锁经营网点超过 100 万个，在餐饮业中所占比例越来越大，行业规模也持续扩展，快餐企业在餐饮百强企业中的比重逐年上升。2007 年，餐饮百强中，快餐企业已达 15 家，拥有连锁门店 4375 个，营业额 231.71 亿元，占餐饮百强企业总营业额的 27.81%。快餐业在拉动社会需求、构建和谐社会、增加税收、促进就业等方面发挥了重要作用。

从近年我国快餐业的发展看，快餐需求呈现多样化，快餐企业经营空间不断拓宽，外延日趋扩大，服务领域更加宽广，表现为：快餐连锁店持续发展，店貌风格更加丰富，连锁经营稳步推进；团体供餐异军突起，专业公司不断发展壮大，成为市场新的亮点；各地早餐工程纷纷启动，一批快餐连锁企业担当主力，迅速崛起；送餐和外卖发展势头强劲，市场需求不断增强，前景广阔；快餐食品加工发展速度加快，积极开拓面向家庭需求的服务，广受欢迎；快餐休闲化、大众化趋势渐强，企业开拓创新与延伸经营力度加大，显示出我国快餐业发展的生机与活力。

三、休闲餐饮利润诱人，发展迅速

城市发展的迹象表明，目前，城市的经济模式已经开始转向并依赖于休闲活动的兴旺发达。因而，城市经济的良性循环在很大程度上越来越依赖于休闲需求的实现。从经济学角度看，休闲经济的崛起能调节国民收入的再分配，降低贫富梯度。西方发达国家的经验表明，有闲阶层的消费可以加快货币回笼，使资本在运转过程中增值，一批非生产性消费者的特殊作用在于保持产品与消费的平衡。

1. 源于西方，特色明晰，优势明显

产生并流行于西方发达国家的休闲餐饮是一种以“休闲、舒适、情趣、品位”为特征的餐饮业态，是能够享受舒适、彰显品位、传递情趣的餐饮形式，也是极具盈利能力和投资潜力的餐饮形式。休闲餐饮体现着不同国家和地区的餐饮文化，并且在席卷全球的都市化浪潮中表现出强劲的发展势头。截至 2005 年底，美国共有 12.4 万家休闲餐饮企业，总营业额达 630 亿美元，从业人员数百万。以必胜客为例，其经营主导思想在于营造轻松、欢乐、浪漫的氛围，让整个餐厅从布局到桌椅、从色彩到灯光、从饰物到音乐处处散发出温馨的气息，让顾客充分享受餐厅的快乐。主题特色是休闲餐饮的灵魂，也是其魅力所在。这一魅力使得消费者愿意接受较高的价格，消费者在这里得到的是超越美味的享受，也正因为如此，休闲餐饮的平均毛利率要比一般餐饮高出 30% 以上。

在休闲餐饮发达的美国，休闲连锁餐饮企业的扩张主要有两大模式：一种以最大的休闲连锁餐厅达顿餐厅、澳美客和布尔克国际集团为代表，采取多品牌运营和直营与加盟并重的模式；另一种以起司工坊和中式连锁第一品牌 P. F. CHANG 为代表，完全采用直营连锁形式进行扩张。这些公司全部都是经营业绩出色的上市公司。2001 - 2005 年，美国休闲餐饮的销售额翻了一番，大有压倒传统快餐的势头。

2006 年的调查表明：超过一半的消费者认为休闲餐饮比快餐更健康，许多人愿意为健康付出更高的价格。人们的餐饮消费需求开始多元化，快餐单调的菜单、标准化的食品已不能满足人们的需求；人们也不再以自助服务为荣，要求餐厅提供更好的服务；对餐厅的环境要求也不再是简单、朴实，而是希望以实惠的花费得到更可口的食物和更舒适的用餐体验。同时，随着健康饮食理念的兴起，消费者对快餐“三高的垃圾食品”、“致病的危险根源”、“使用反式脂肪的食品”的指责不断，崇尚绿色饮食理念深入人心。近两年，中国餐饮市场也出现了这样的情况，故而连锁休闲餐饮大行其道。

2. 中式体验，契合需求，渐成风潮

就中式快餐的休闲化而言，其实香港的茶餐厅早就做出了探索并取得市场的认可，发展到今天，对内地快餐业确有借鉴和示范作用。

茶餐厅在香港原本是快餐，后发展为休闲快餐，到了内地就演变成了休闲餐饮。茶餐厅其实就是一些内地快餐经营者心中的休闲化快餐的模样。内地的茶餐厅重视装潢和氛围的营造，已经具备了休闲餐厅的主题化、个性化、交际化、情趣化等特征，在出品结构上也已经具备了休闲餐的要求，在这里，快餐和休闲餐的界线模糊了。

其实从香港茶餐厅的名称上已经反映出了其业态特征：饭口上，顾客到此可以快捷地解决吃饭问题，其服务合于快餐方便、即时、卫生、价廉的特征；在非饭口时段，顾客可以在此轻松地喝茶聊天，满足了休闲需求。香港人口稠密，地价奇高，商人们当然要绞尽脑汁地向非饭口时段要效益，追求更高的地效和人效。

现在，内地的大城市，特别是特大型、中心城市，同样面临着人口稠密、地价坚挺的局面，加之行业的增多和工作性质的变化，使得人们选择就餐时对餐厅功能上的需求也相应增加。据此，我们也就不难看出为什么当前内地快餐业追求快餐休闲化了。

四、业态与品牌定位密切关联

我们知道，店铺经营之初都要有一个设定的经营形态，这个经营形态就是业态。按照《零售业态分类》（GB/T 18106－2004）的定义，零售业态指“零售业企业为满足不同的消费需求进行相应的要素组合而形成的不同经营形态”。零售业态分类的原则是“按零售店铺的结构特点，根据企业经营方式、商品结构、服务功能，以及选址、商圈、规模、店堂设施、目标顾客和有无固定营业场所进行分类”。由此可以看出，之所以经营之初要设定业态，就是要明确“卖什么”、“卖给谁”、“怎么卖”这三个问题，而这三个问题也正显示了企业的经营定位。所以说，店铺经营中的经营业态关系到企业的经营定位，而企业的经营定位决定着企业的经营业态。二者密切关联。

1. 定位从产品或服务走向市场之初就已经开始

对于定位，一些商家有个误区，认为定位是企业对产品或服务所做的事，定位可以任由商家的意志来决定。事实上，定位是商家要对预期消费者所做的事。准确地说，商家要在预期消费者的脑子里给产品或服务定位，而消费者对公司产品或服务的定位会自然地形成对其品牌的定位，也就是由商品所引发的品牌联想。

2. 定位不是在创新，而是在变更消费者头脑中的固有印记

定位的基本方法不是创造出新的、不同的东西，而是改变人们头脑里早已存在的东西，并把已经存在的联系重新链接到一起。通过对消费者的心理研究可以发现，在消费者的心目中，对商家的产品、服务及品牌的认识一旦成形，就几乎难以改变。这种最初形成的认识使消费者形成心理定势，消费者的消费行为很容易受心理定势的影响。而心理定势是思维的“惯性”现象，是人的一种特别本能和内驱力的表现，在许多情况下，心理定势表现为思维的趋向性和专注性。

所以，快餐企业在改变经营业态时必然对选址、规模、商品结构、店堂设施、装修装饰、经营方式、服务功能等或多或少地进行调整，而这一调整必然影响到目标顾客对该企业的品牌定位。事实上，顾客光临某一品牌的店铺是对该品牌价值的判断和认可，一旦这一判断有所改变，势必影响顾客的购买行为。故而，定位是在产品和品牌被目标顾客认知之初所做的事，而不是以后可以任由商家的意志而改变的。

就快餐休闲化这一问题而言，企业可以为休闲化快餐设立一个新品牌，针对目标消费群进行符合休闲化快餐特征的一系列规划，获得消费者的认可。而快餐企业对快餐店进行休闲化改造后，主观地认为消费者同样会认同这一改造就有些不切实际了。

五、有违经营理论就会事与愿违

现实案例表明，由传统快餐向休闲快餐的转化，一定程度上造成了品牌定位的错位；而受心理定势的影响，顾客的消费行为与商家的意愿不相协调，并未取得预期效果。值得注意的是，一部分中式快餐企业在快餐休闲化潮流中有不顾本企业实际情况而盲目追风的倾向，更有把快餐店与时俱进的装修改造视为快餐休闲化的现象。应特别注意，与时俱进的装修改造应是在不断提高服务质量的同时，不断地相应提高店面的环境质量；而对快餐店进行休闲化转变则是改变了餐厅的经营业态和定位。此二者有本质上的不同。

1. 从业态比较上看，二者区别明显

快餐是以满足人们充饥和补充能量这样的基本生理需求为主要功能的餐饮业态。它以即买即售、即买即食为特征，是社会需求量最大、最便于普及的餐饮业态。

休闲餐饮是一种满足人们“休闲、舒适、情趣、品位”等心理需求的餐饮业态，休闲餐是餐饮业适应休闲消费需求的一种体现。休闲餐厅具有主题化、个性化、交际化、情趣化等诸多特征。因为要想获得身心放松，获取精神享受，就必须把餐厅的环境置于某种文化背景中，所以休闲、轻松、自由这些要素使餐饮与文化紧紧地联系在一起。

2. 不能忽视快餐与休闲餐功能上的差异

二者在顾客定位、选址、店面氛围营造、装修装饰、产品结构、价格、服务方式、营运模式等方面都有着不同。通过调查可以发现，很多快餐店，尤其是西式快餐店的椅子背是笔直的，因为商业旺地的房租很贵，在饭口时段以追求客流量为第一的快餐店希望顾客缩短就餐时间，所以将座椅设计得不具舒适性。还有，灯光照度过高，使人坐久了眼睛不舒服；客人多时背景音乐的曲目节奏会加快，音量会提高，借此敦促顾客餐毕离席，不做停留；再有，人均面积过少，落座显得局促等。由此看出，快餐店的硬件不能满足顾客的休闲消费需求，快餐企业的经营管理者如果没有正视这些问题，单纯地改变产品结构，就会产生事与愿违的尴尬局面。

3. 商家的意愿在顺应消费者需求时才能实现

案例显示，某台资中式快餐品牌在北京和上海有数十家连锁店，欲向非饭口时段要效益，实现快餐休闲化，其增加了鲜榨果汁、珍珠奶茶等休闲饮品，但是顾客并不买账。因为管理者事先没有仔细地推想，让顾客窝在伸不开腿的局促的座位上，一边看着身边吃快餐的顾客呼噜呼噜地大口吃面，一边用盛豆浆的陈旧塑料杯喝鲜榨果汁，怎么能在与客户或朋友闲谈时有舒适的就餐感受呢？所以，只是简单地调整食品结构，而缺少休闲餐饮的诸多要件根本不能赢得顾客的青睐。更重要的是，顾客心中早已将该品牌定位为满足即买即售、即买即食需求的快餐店，当顾客有此需求时才会光顾该品牌的店铺；而顾客有休闲就餐需求时会光顾休闲餐饮店。可见，商家的意愿不能强加给消费者，盲目地追求中式快餐休闲化势必会造成经营定位的错乱，使原本经营良好的快餐店遇到麻烦。

综上所述，行业的健康发展需要企业在经营管理中，重视理论的学习和运用，以理论指导实践，保证方向的正确和行动的有序。同时也要注意以实践修订和丰富理论，以使理论得以发扬光大。在业态变革中，更应注意对基本概念的把握。惟其如此，才能保证创新中方向的正确，不走或少走弯路。

业态的改变和融合关乎品牌定位，直接影响消费者的消费心理和消费行为，对于业态革新应慎重并进行必要的论证。

在企业的经营与管理中，一切措施都应紧紧围绕目标消费者的需求来进行，主观行事是不可取的。

快餐业态在餐饮全行业中的比重越来越大，贡献率越来越高，所以快餐业的业态变化关系到全行业的健康发展，应特别关注并加以研究，以警后来。

（国际注册管理咨询顾问（CMC）　崔霖）

2008 年中国连锁企业资本运营分析报告

2008 年，国内连锁企业的资本运营又是波澜起伏的一年，私募股权融资活动大幅回落，IPO 遭遇了股市“冰河期”，而连锁企业的并购活动却是“老行业高潮持续，新行业高潮迭起”，精彩纷呈。

从资本运营的类型来看，尽管连锁企业的私募股权投资在国内仍属当年的热点领域之一，但连锁企业的私募股权融资活动出现大幅回落。

连锁企业的首次公开发行（IPO），除了上半年 IPO 仍然活跃之外，2008 年全年与 2007 年相比，案例数量下跌一半。究其原因，主要是 IPO 遭遇了股市的“冰河期”。

2008 年国内连锁企业的并购案例数量是 2007 年的数倍，超市、家电、百货等传统行业的并购高潮仍然在持续，同时医疗健康、教育培训、连锁酒店三个行业并购高潮正在或即将形成。这一年，更多外资集团、财团的身影加入到并购国内领先连锁企业的阵营。随着中国经济进入低谷期，连锁企业的并购也将潮起峰涌。

一、私募股权融资：餐饮食品业最红，三大热点持续

据统计，2008 年国内连锁企业私募股权融资的案例数为 30 例（见表 1），这与 2007 年的 44 例相比，下降约 33%。这表明，国内连锁企业的私募股权融资处于回落阶段，连锁企业私募股权融资的第一个高潮期正在过去。2008 年国内连锁企业私募股权融资的这一特征与《2007 年中国市场 VC/PE 投资连锁企业分析报告》（见《2008 年中国连锁经营年鉴》，编者注）中的预测相同，即 2008 - 2010 年国内连锁企业的私募股权融资将进入一个调整期，VC/PE 机构对连锁企业的私募投资进入到“深挖才能出水”的阶段，以及原有获得融资企业的后续投资阶段。这是因为，2006 - 2007 年，VC/PE 投资机构已经把国内每个行业连锁企业的前几名都筛选了一遍，主要行业的第一阵营企业已被筛选，绝大部分优质企业已被投资。

表 1　　2008 年 VC/PE 投资连锁企业案例一览表

项目方/卖方	投资方/买方	投资金额	投资时间	所在行业或细分市场
餐饮食品行业				
俏江南餐饮集团	鼎晖等 PE 投资机构	3 亿元人民币	2008 年 12 月	餐饮
浙江两岸咖啡	高盛集团、华生资本	约 3000 万美元	2008 年 4 月	休闲餐饮

续表

项目方/卖方	投资方/买方	投资金额	投资时间	所在行业或细分市场
一茶一坐	美国橡树投资等，部分前股东也追加投资	2300万美元	2008年8月	休闲餐饮
菜根香	中美桥梁资本	3年内将注资5632万美元（折合人民币4亿多元）	2008年10月	正餐
百富烤霸	深圳创新投资集团	6000万元人民币，二期资金投入1.5亿元	2008年8月	特色餐饮
上海克莉丝汀食品公司	复星集团旗下豫园商城	1.1亿元人民币，占5%股份	2008年1月	西式食点
红高粱（董事长乔赢）	鑫华投资、阿庆嫂集团	6000万元人民币	2008年下半年	特色餐饮
北京呷哺呷哺连锁快餐公司	英联投资	英联以5000万美元获得呷哺呷哺超过50%的绝对控股权	2008年8月	特色餐饮
丽华快餐	美国私募基金晨兴科技	数千万美元	2008年1月	快餐连锁企业
黑暗餐厅“巨鲸肚”	香港中夏投资（ZII）	1000万港元	2008年3月	餐饮
重庆奇火锅	IDG投资基金	500万元以上	2008年4月	特色餐饮
教育培训行业				
安博教育	英联投资、艾威基金和麦格理集团	1.03亿美元	2008年10月	连锁学校
万学教育	联想投资与红杉资本联合	千万美元级	2008年2月	民办教育市场
励德国际教育集团	高盛集团通过国教控股投资	2500万美元	2008年8月	教育
红黄蓝教育连锁机构	艾威基金和几位天使投资人	未公布	2008年9月	幼儿教育
医疗健康行业				
湖南老百姓大药房	瑞典殷拓集团与其股东、瑞典银瑞达集团联合注资	8200万美元	2008年10月	连锁药店

续表

项目方/卖方	投资方/买方	投资金额	投资时间	所在行业或细分市场
湖北九州通医药集团股份有限公司	日本伊藤忠商事株式会社、荷兰发展银行、惠发基金等7家投资者	注资6000万美元，占新合资企业29.63%股权	2008年8月	医药流通
开心人大药房	花旗银行控股的日本日兴集团	1亿元人民币	2008年2月	连锁药店
唯美度	扬子基金	1500万美元	2008年7月	美容连锁
服装服饰行业				
宾宝服饰	IDG VC	3000万美元	2008年4月	时尚休闲服装连锁
深圳龙浩天地商贸公司	联想弘毅投资公司	2亿元人民币	2008年4月	连锁品牌服饰
连锁酒店行业				
7天连锁酒店	英联投资和华平基金	6500万美元	2008年10月	经济型酒店市场
开元酒店管理公司	凯雷投资	逾1亿美元，占40%股份	2008年2月	酒店市场
24K国际连锁酒店	石鼓资本	1000万美元	2008年1月	酒店市场
其他行业				
福建永辉超市集团	汇丰直接投资基金	汇丰注资7500万美元，获其24%股份	2008年12月	连锁超市
麦考林	红杉资本中国基金	投资8000多万美元，控股收购大部分股权	2008年2月	多渠道零售企业
乐友公司	永威投资公司	3700万美元	2008年5月	母婴用品零售
神州租车公司	凯鹏华盈KPCB、美国CCAS公司和联想投资联合投资	未披露	2008年1月	租车连锁
上海富客斯实业公司	软银赛富	4000万美元	2008年1月	折扣连锁
东方家园	瑞寰资本	投资收购金额未知，获得47.67%股权	2008年3月	建材连锁

说明：上表中的企业包括有连锁终端的企业。

梳理和深入分析2008年国内连锁企业私募股权融资的案例，可以发现如下特征：

（一）餐饮食品业最红

2008 年国内餐饮食品连锁企业私募股权融资的案例数为 11 例，这个数量超过了 2007 年国内餐饮食品行业私募股权融资的案例数量。而且，在融资金额方面，2008 年国内餐饮食品连锁企业私募股权融资的总融资金额也超过了 2007 年，国内餐饮食品连锁企业私募股权融资的势头仍然最红。

无论从融资案例数量、融资总金额来看，餐饮食品连锁企业是 2008 年获得私募股权融资最多的行业。这说明 VC/PE 投资机构看好餐饮食品行业的抗周期性，餐饮连锁企业在经济景气周期内具有投资价值，同样餐饮连锁企业在经济不景气周期内也是很好的投资标的。

（二）教育培训、医疗健康、服装服饰行业仍然是融资热点

从融资案例数量、融资金额方面来看，教育培训、医疗健康、服装服饰行业仍然是 2008 年 VC/PE 投资连锁企业的热点行业和领域。

2008 年，国内连锁教育培训行业的最大亮点，是安博教育获得了 1.03 亿美元，这是目前教育培训业最大的私募融资额。同时，教育培训行业也成为 2008 年获得私募股权融资最多的行业之一。

医疗健康行业以 1.7 亿美元的融资额度成为 2008 年私募股权融资的又一大热门行业，而且融资的热门业态仍然是连锁药房、综合性医药流通企业、美容院等。

服装服饰连锁行业也是 2008 年的投资热点之一，业内的两大融资案例是：深圳龙浩天地商贸公司和宾宝服饰连锁机构分别拿到了国内两大投资机构 3000 万美元的私募资金。随着 2007 年百丽鞋业和 2008 年美特斯邦威的上市，国内服装产业巨大投资空间开始显现。

同时，国内外财团继续加码连锁酒店行业，使得连锁酒店行业进入了“战国争霸时代”。2008 年，国内连锁酒店行业私募融资的案例数量为 3 例，这个数量与 2007 年持平。2008 年，国内连锁酒店行业私募融资的总融资金额逾 1.75 亿美元，这个金额略低于 2007 年的 1.96 亿美元。由此，如家、汉庭、锦江之星、7 天、格林豪泰、速 8 等多家连锁酒店的资金实力和规模都非常雄厚，一场“战国争雄”的商业竞争在国内连锁酒店业上演。

（三）中餐正餐、多渠道零售企业、折扣连锁等业态成为融资的新亮点

2008 年国内 VC/PE 机构投资连锁企业的案例显示，有 3 个业态成为融资的新亮点。

与上年相比，2007 年 VC/PE 机构投资的餐饮企业主要集中于火锅、包子、咖啡、休闲餐饮等一些容易标准化和复制的业态，而 2008 年，俏江南、菜根香等主营中餐正餐的餐饮企业获得数千万美元的私募资金，表明中餐正餐已经成为 VC/PE 机构投资的热门餐饮业态。国内餐饮连锁企业的知名人士、麦当劳中国区原高级副总裁赖林胜，如今也在从事投资和顾问业务表示：“我现在主要看中餐企业，中餐正餐的市场空间在国内同样非常巨大。”

麦考林、乐友等多渠道零售企业获得数千万美元的私募资金，使 VC/PE 机构看到了多渠道零售企业的巨大发展空间；上海富客斯实业公司获得 4000 万美元资金之后，类似

的折扣连锁开始成为融资业态的新亮点。这是因为，在中国做消费品牌、做消费渠道，“物美价廉”始终是不变的主旋律。

（四）投资机构“参股投资”的理念有所调整，“控股投资”案例开始显现

2008年，国内VC/PE机构投资连锁企业出现了两例“控股投资”案例，分别是：红杉资本中国基金投资8000多万美元（约合5.7亿元人民币）控股收购麦考林大部分股权；英联投资以5000万美元获得北京呷哺呷哺连锁快餐公司超过50%的绝对控股权。

VC机构常规的投资理念是“参股投资”，一家投资机构投资的股份比例为10%～30%，一般不会拿到企业50%的股份。而PE机构“控股投资”的案例会略多一些。作为纯粹的财务投资机构，红杉资本中国基金和英联投资控股收购项目方，一方面因为企业团队愿意出让控股权，同时考虑到控股投资不会影响企业团队的积极性，另一方面是因为财务投资机构在全球经济危机时可能愿意选择把钱放在餐饮这些抗周期行业的优秀企业中“过冬”，实现资本保值、增值的目的。

二、IPO（上市）：上半年仍活跃，下半年遭遇股市“冰河期”

2008年中国有7家连锁企业在海内外证券市场IPO，还有1家在香港上市的企业通过资产重组回归了国内A股。这与2007年中国连锁企业在海内外证券市场IPO共12家的数量相比，有大幅回落（见表2）。

表2　　2008年中国连锁企业IPO情况一览表

证券代码	公司简称	上市时间	上市地点	所属行业或细分市场
00848	茂业百货	2008年5月	香港	百货
002251	步步高超市	2008年6月	深圳证券交易所	日用百货零售业
00968	小肥羊	2008年6月	香港	餐饮
01368	特步国际	2008年6月	香港	运动服装与销售网络
002264	新华都	2008年7月	深圳证券交易所	超市
600785	物美新华商业	2008年7月	香港创业板公司物美商业，通过重组新华百货回归A股	日用百货零售业
002269	美特斯邦威	2008年8月	深圳证券交易所	服装
01387	人和商业控股	2008年10月	香港	地下商场连锁

说明：上表中的企业包括有连锁终端的企业。

（一）2008年中国连锁企业在海内外市场IPO特征

1. 上半年连锁企业IPO仍然活跃

截至2008年8月，有6家连锁企业IPO，分别是：茂业百货、步步高超市、小肥羊、

特步国际、新华都和美特斯邦威。这个上市企业数量与2007年同期相比，仍属活跃状态。

实际上，2008年连锁企业IPO是国内第四次连锁企业上市浪潮的延续。开始于2006年9月的第四次上市浪潮“汹涌壮观”：上市公司的数量急剧增多，到2007年底超过了14家；其次，上市公司分布的行业很多，百货、超市、酒店、餐饮、鞋业、图书、房地产经纪、运动服装、药店等行业国内领先的连锁公司纷纷上市；第三，在海外上市的企业占了绝大多数，让人刮目相看。

2008年8月之前，国内连锁企业的IPO延续了第四次连锁企业上市浪潮的这些壮观景象。

2. 下半年连锁企业IPO遭遇股市“冰河期”

2008年9月之后，只有1家连锁企业人和商业控股有限公司实现IPO。

这家将防空洞改变为地下商场的中国公司，已在哈尔滨和广州进行了商场开发。据调查，该公司通过上市募集资金33.9亿港元，仅为公司最初预期的三分之一左右。无论是机构还是散户认购部分，均未得到足额认购。该公司的IPO推迟了一周，招股价亦低于1.40至1.71港元的发行指导价。

2008年下半年，美国金融危机蔓延至全球，而且引发了经济危机。全球所有主要股票市场大幅下跌，流动性衰竭，股市基本丧失了融资功能，Pre－IPO（上市前）企业遭遇了股市“冰河期”，包括中国连锁企业在内的世界各国公司纷纷推迟或放弃了IPO计划。

3. 海外上市公司开始回归A股

2008年7月，香港创业板公司物美商业通过重组新华百货成功回归A股。

7月25日，停牌20多天的新华百货（600785.SH）公布重大重组事项，将向母公司物美控股集团定向增发2亿股，购买物美商业（8277.HK）40.8%的股权。交易完成后，物美集团将持有新华百货73%股权，并透过新华百货继续控制物美商业。物美集团的主要商业零售资产全部注入新华百货。重组后，新华百货拟更名为“物美新华商业投资股份有限公司”。物美集团持有的物美商业H股，得以顺利“换成”新华百货的A股股票。

“物美商业通过此次重组实现了回归A股。公司在国内资本市场上获得了更大的一个运作平台，新华百货实现了走出宁夏、全国布局的发展目标，物美旗下的两种商业零售业态之间的关系更加理顺。”物美集团董事长吴坚忠坦言。

随着国内股市的健康成长和崛起，很多海外上市公司开始考虑回归A股。比如，香港上市公司国美电器有很强烈的回归A股的愿望。国美电器总裁陈晓也承认“国美将考虑通过中关村来实现回归A股的可能”，但他同时强调目前只是在一个咨询阶段，并没有形成实质性方案。随后，国美电器因为“黄光裕案”进入国内司法机关的调查阶段，国美电器回归A股的事情就此被搁置。

海外上市公司纷纷考虑回归A股，显现出了国内股市拥有的诸多优点：平均市盈率较高，消费者和投资者为同一个市场、同一个群体，合规成本、维护成本相对比较低，等等。

（二）2009 年下半年，中国连锁企业在海内外 IPO 市场将稳中略升，全年 IPO 量将与 2008 年持平或略有增长

尽管市场环境仍充满挑战，但在世界主要经济体中，中国因为基本面坚实、政府经济刺激计划宏大，将在此轮经济衰退中较早开始恢复增长。因此，2009 年的中国 IPO 市场虽然不会像 2007 年那么有吸引力，但也不会像 2008 年下半年那么悲观，总体上 2009 年的 IPO 数量将与 2008 年持平或略有增长。

自 2008 年后期全球金融市场震荡以来，市场意愿十分淡薄。中国的 GDP 增长率由过去五年来的两位数放缓至 2008 年三季度的 9%。中国的 IPO 市场停滞不前，股市受挫严重，上证指数几乎降至年初的一半。尽管如此，许多投资者仍对中国经济较有信心，因为中国受全球衰退的影响相对较小。

2009 年初，由于金融危机对中国消费品零售市场的影响将更加显性化，因此国内消费品零售市场将比 2008 年更为严峻。但与此同时，中国通过降息和 4 万亿元投资刺激经济的措施也会开始见效。也正因为中国的基本面仍相对坚实，中国市场可望在 2009 年下半年趋于稳定。其中，消费品及零售行业将得益于经济刺激方案，因而，这一领域的新股上市亦将逐渐回升。

三、兼并与收购：三传统行业并购潮持续，三新兴行业并购潮来临

统计数据显示，2008 年国内连锁企业发生的主要兼并与收购事件有 35 例，这个案例数量是 2007 年连锁企业并购事件的数倍（见表 3）。

表 3　　2008 年国内连锁企业主要兼并与收购事件一览表

交易时间	交易双方	并购交易情况
医疗健康行业		
2008 年 2 月	海王星辰连锁药店与宁波新世纪医药公司	前者斥资 3000 万人民币收购后者旗下所有的 68 间连锁药店
2008 年 3 月	海王星辰连锁药店与东莞市汇仁堂药业	前者以 230 万元现金收购后者旗下全部 18 间直营门店
2008 年 8 月	海王星辰连锁药店与青岛康杰医药连锁	前者以 1680 万元人民币收购后者的 42 家门店
2008 年 1 月	老百姓大药房与湖南湘潭海诚大药房	前者以 2000 余万元的价格成功收购后者 32 家门店
2008 年 12 月	国药控股股份有限公司与宁夏医药商业（集团）公司	前者对后者实施重组，成立了国药控股宁夏有限公司、宁夏国大药房连锁有限公司
2008 年 12 月	慈铭体检集团并购我佳体检和北京佰众体检	前者分别全资并购了我佳体检和北京佰众体检共 15 家连锁机构
教育行业		
2008 年 4 月	新东方教育科技集团与北京铭师堂教育培训学校	前者收购后者 60% 的股份，正式进入全新的高考复读培训领域

续表

交易时间	交易双方	并购交易情况
2008年7月	新东方与长春市同文高考培训学校	前者100%全资收购后者
2008年10月	安博教育集团与大连希望教育专修学校	前者与后者达成战略合作，整合并购成立了安博IT服务外包学院
超市行业		
2008年9月	物美商业收购浙江供销超市	前者出资1.5亿元间接获得了浙江供销超市在绍兴的92家营业网点以及1000余家农家店
2008年6月	韩国乐天集团与大型超市万客隆	前者以6.4亿元人民币收购后者万客隆中方51%的股份
2008年6月	华润（集团）有限公司与西安爱家超市	前者收购后者百分之百股权
2008年5月	上海瑞寰资本与上海家得利超市	原家得利超市第一大股东上海信盟投资公司以3.062亿元的价格，获得后者45.67%股权。至此，上海瑞寰资本全面控股家得利超市
2008年7月	强生（中国）投资有限公司与北京大宝化妆品公司	前者以3亿美元收购后者的工厂和连锁商业网络
2008年7月	荷兰家乐福（中国）控股有限公司与广州家广超市	前者以人民币4000万元收购后者25%股权
2008年2月	华联超市与上海崇明供销超市	百联集团旗下的华联超市以2000万元收购后者70%股份
2008年4月	宁波加贝购物俱乐部与金华市大祥中洋连锁超市	前者全资收购后者
百货行业		
2008年1月	合肥百货与安徽乐普生百货	前者收购后者46%股权
2008年3月	香港永旺与深圳吉之岛门店	前者斥资9450万元人民币，增持后者35%股权，最终全资收购后者5间综合购物百货店
2008年7月	大商集团与郑州正弘国际名店、许昌鸿宝百货	前者先后收购后者
2008年7月	福建东百与福建乐天百货	前者收购自然人李景龙持有的后者25%股权，最终合并持有乐天百货100%股权
家电行业		
2008年8月	国美电器与山东三联电器	前者通过六轮股权拍卖较量，最终稳居三联商社第一大股东地位
2008年8月	国美电器与永乐电器	前者斥资人民币8.11亿元收购后者剩余10%的股权，最终永乐电器成为前者全资子公司
2008年2月	国美通讯与大连讯点	前者收购大连讯点通讯连锁公司的19家门店

续表

交易时间	交易双方	并购交易情况
服装服饰行业		
2008年5月	百丽国际与美丽宝	前者以16亿港元收购后者，收购完成后，后者将退市
2008年1月	雅戈尔集团与美国服装企业 KELLWOOD 公司	前者以1.2亿美元收购后者旗下最主要的两家企业新马集团和斯马特公司的全部资产
餐饮行业		
2008年8月	菲律宾餐饮集团快乐蜂与北京宏状元连锁粥店	前者以5550万美元收购后者100%股份

说明：上表中的企业包括有连锁终端的企业。

2008年国内连锁企业发生的主要兼并与收购案例有以下四个基本特征：

（一）超市、家电、百货等传统行业的并购高潮仍然在持续

2008年国内连锁企业发生的主要兼并与收购事件中，超市行业，8例；家电行业，3例；百货行业，超过4例。在超市、家电、百货等这些竞争激烈的行业，并购仍然是2008年所属行业领导者的既定战略之一。

中国北方商业零售巨头物美商业的并购方向，开始剑指华东区域，并以杭州为中心、聚焦浙江市场。2008年9月，物美商业出资1.5亿元间接获得了浙江供销超市在绍兴的92家营业网点以及1000余家农家店，从而加强了其在浙江的布局。

2008年8月，国美电器通过六轮股权拍卖较量，最终稳居三联商社第一大股东地位，成功收购山东三联电器，国美电器的横向并购战略基本结束，国内家电零售业最终形成了国美、苏宁的“双寡头”格局。

实际上，并购不失为行业领导者的两大扩张战略之一。但国内能同时运用好内生式增长和并购这种外生式增长两种战略的连锁企业还少之又少，比如近几年国美电器以外生式增长战略为主，规模效应明显、市场位置持续领先，但并购整合的效果、效益并不理想；而苏宁电器以内生式增长战略为主，各项企业经营绩效、发展质量指标都要好于国美，但很少使用并购整合战略，其市场位置、市场支配力却比国美要逊色一些，并不理想。

（二）医疗健康、教育培训、连锁酒店三个行业并购高潮正在形成

2008年，医疗健康行业的主要并购事件达7例。海王星辰连锁药店在美国上市拿到了3亿美元，并购已经成为其主要扩张战略之一，携巨资在全国市场寻找并购对象。2008年12月，慈铭体检集团分别全资并购了我佳体检和北京佰众体检共15家连锁机构。慈铭体检总裁韩小红称：“这是由于在经济低谷时期不同公司对形势的不同判断和不同战略、实力造成的。”

连锁教育培训行业的主要并购事件在2008年超过了10例。国内教育行业第一家美国上市公司新东方已经实施了两次并购行动。在一年多内获得1.5亿美元的安博教育集团，也在全国大举并购，仅安博教育一家公司。“到目前为止已经并购整合了十多家教育培训

机构，分布在十个省。”安博教育集团副总裁黄森磊透露。

连锁企业兼并与收购事件开始在医疗健康、教育培训、连锁酒店等新行业上演，这是2008 年连锁企业并购活动的三大新亮点。可以预见，未来几年内国内连锁企业之间的并购事件将在更多新行业上演。

（三）更多外资集团、财团加入并购国内领先企业的阵营

统计分析发现，2008 年国内连锁企业的并购案例中，并购国内连锁企业的外资集团、财团至少 4 家：韩国乐天集团收购万客隆超市、强生收购北京大宝化妆品公司、家乐福收购广州家广超市、菲律宾餐饮集团快乐蜂收购北京宏状元连锁粥店。这反映出外资产业集团、财团在中国市场布局的战略意图和商业目的。

不过，外资集团、财团并购国内领先企业的主要障碍是政府部门的审批。即便是收购一家粥店，也不例外。快乐蜂集团公共事务部总监表示，快乐蜂收购宏状元同样还需要中国商务部审批。

（四）发生在下半年的并购事件明显增加，经济低谷期的并购潮起峰涌

表 3 数据表明，2008 年国内连锁企业的并购事件在下半年明显增加。这既体现了相关并购案例活动谈判进程终结时点的偶然性，同时更体现了并购交易双方对经济形势和自身判断的必然性。

可以预见，中国在全球经济危机的冲击下已经进入经济低谷期，随着市场竞争的残酷、国内并购环境的良性改善（并购政策、并购贷款、并购审批），国内连锁企业的并购活动将大幅增加，并将成为连锁企业资本运营的主要方式之一。

（本文作者王方剑先生为连锁业投资研究专家，主要关注方向为连锁、消费领域，应邀担任多家成长型企业、连锁企业顾问，著有《中国连锁企业投融资实务》等书。）

（王方剑）

2009 年中国零售行业上市公司投资策略分析

一、2008 年，中国零售行业增长趋缓，但连锁上市公司好于行业水平

2008 年，中国零售行业及其上市公司继续保持增长势头，但二者在收入和净利润增速方面均有所放缓。其中，零售上市公司在经营业绩、盈利能力、营运能力等方面均好于行业平均水平，但二者的差距在缩小。

（一）20 家百强上市公司与零售行业经营数据及财务指标对比

我们跟踪了 50 家上市公司，其中包括 20 家在 A 股上市的连锁百强企业。在分析 2008 年年报过程中，将连锁行业数据与 20 家上市公司数据进行了对比：

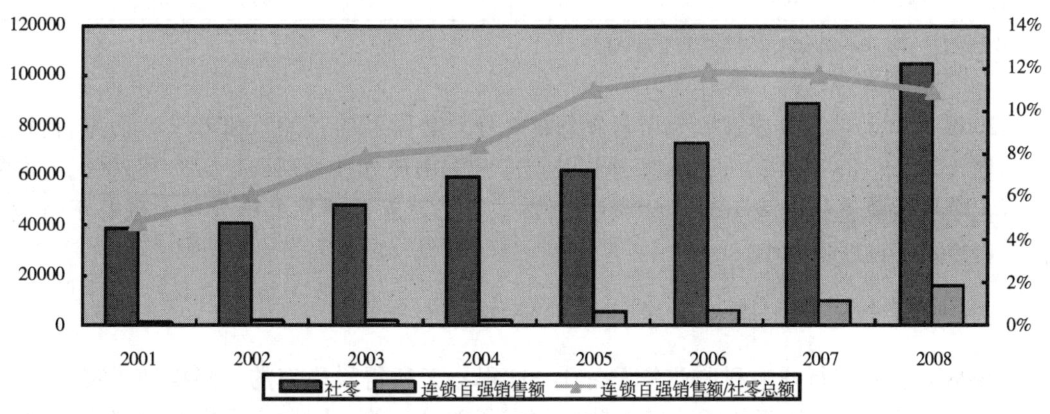

数据来源：WIND、国泰君安证券销售交易总部。

图 1　连锁百强占社会消费品零售总额（简称“社零”）比重

结果显示，2008 年全国连锁行业百强企业销售总额达到 11999 亿元，同比增长 18.4%，低于 2001 -2006 年的年度复合增速（33.1%）。从市场份额分布看，2005 年开始连锁百强的行业集中度明显提高，2005 年百强企业销售额占全社会消费品零售总额的比重提升至 11%，但 2008 年的比重为 11.06%，较 2007 年略有回落。

（二）零售行业增长趋缓，连锁百强上市公司好于行业水平，差距缩小

2008 年，零售行业平均营业收入 49 亿元，同比增长 20%；营业利润平均 2.08 亿元，同比下降 7%，剔除非经常性损益后归属于母公司股东的净利润为 1.31 亿元，同比增长

15%。数据表明，零售行业营业收入增速放缓，净利润略有增长。

2008 年，20 家连锁百强上市公司平均营业收入 79 亿元，同比增长 22%；营业利润平均 3.15 亿元，同比增长 4%，剔除非经常性损益后归属于母公司股东的净利润为 2.13 亿元，同比增长 20%。数据表明，连锁百强上市公司经营业绩明显好于零售行业。

表 1　　20 家连锁 A 股上市公司营业收入增速和净利润增速

营业收入（亿元）				同比增速			
	2005 年	2006 年	2007 年	2008 年	2005 年	2006 年	2007 年	2008 年
20 家连锁（整体法）	38	50	65	79	43%	32%	30%	22%
零售行业（整体法）	27	34	41	49	29%	24%	23%	20%

数据来源：WIND、国泰君安证券销售交易总部。

表 2　　20 家连锁 A 股上市公司净利润增长

	归属于母公司所有者净利润（剔除非经常性损益）				同比增速			
	2005 年	2006 年	2007 年	2008 年	2005 年	2006 年	2007 年	2008 年
20 家连锁公司（整体法）	0.76	1.13	1.77	2.13	60%	49%	57%	20%
零售行业（整体法）	0.42	0.72	1.15	1.31	56%	70%	60%	15%

数据来源：WIND、国泰君安证券销售交易总部。

2006－2008 年，20 家连锁公司营业总收入分别增长 32%、30% 和 22%，而零售行业平均增长 24%、23% 和 20%；20 家连锁公司净利润增速分别为 49%、57% 和 20%，而零售行业净利润增速分别为 70%、60% 和 15%。可见，连锁百强上市公司表现好于行业，但二者差距正在逐步缩小。

（三）连锁百强上市公司净资产回报率高于行业水平

2008 年，零售行业毛利水平有所提升，这得益于所得税税率的下降推动了零售行业盈利能力的提升，但期间的费用率上升也吞噬了部分业绩。同期，零售行业销售毛利率 18.8%，比上年同期提升 0.37%；销售净利率 3.34%，比上年同期下降 0.37%；净资产收益率有所下降，达到 11.3%。零售行业整体费用率从 13.21% 升至 13.89%，有所加大，实际所得税税率从 30.8% 降至 25.4%。

2008 年，连锁百强上市公司销售毛利率 18.2%，比上年同期提升 0.68%；销售净利率 3.24%，比上年同期提升 0.05%；净资产收益率 13.9%，比上年同期提升 0.17%。

与零售行业整体比较，连锁百强上市公司的销售毛利率、净利率均低于行业水平，但净资产收益率远高于行业水平。主要原因是，连锁百强上市公司中超市业态占比较大，而这类公司的特点是销售毛利率相比百货业态要低些，但资产周转率和盈利能力均较高。

表 3　　零售行业上市公司盈利能力指标

	行业平均水平	2005 年	2006 年	2007 年	2008 年
销售毛利率	20 家连锁类上市公司	14.43	17.64	17.52	18.2
	零售行业平均	15.71	18.64	18.44	18.81
销售净利率	20 家连锁类上市公司	2.31	2.74	3.19	3.24
	零售行业平均	2.12	2.63	3.71	3.34
净资产收益率（摊薄）	20 家连锁类上市公司	9.04	11.34	13.74	13.91
	零售行业平均	6.42	8.8	12.79	11.31

数据来源：WIND、国泰君安证券销售交易总部。
注：指标均使用整体法。

纵向比较，2008 年零售行业与 20 家连锁公司资产周转率（整体法）、存货周转率相比，均较上年略有下降。而横向比较，2008 年 20 家连锁公司资产周转率和存货周转率均高于行业水平。

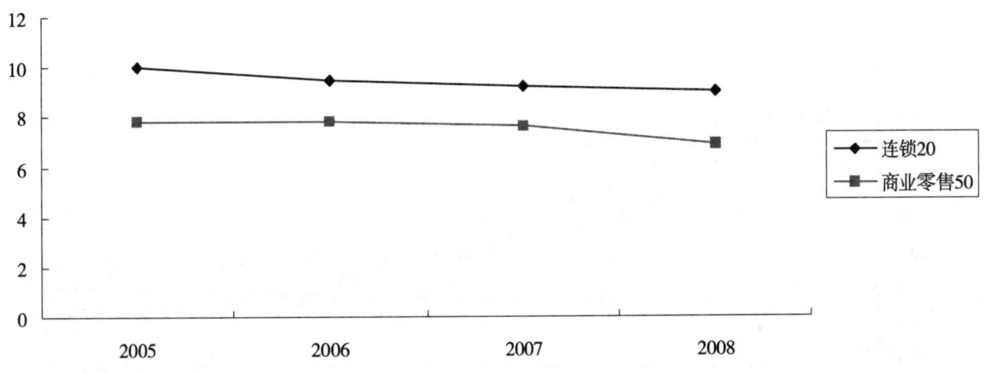

数据来源：WIND、国泰君安证券销售交易总部。
注：指标均使用整体法。

图 2　零售行业上市公司存货周转率

（四）连锁百强上市公司偿债能力好于行业，资本结构有待改善

2008 年零售行业和 20 家连锁百强企业的偿债能力与 2007 年基本持平，但资本结构有所改善。横向比较来看，20 家连锁百强上市公司在 2008 年的偿债能力和资产负债率均好于零售行业。

表 4　　零售行业上市公司偿债能力和资本结构分析

	行业平均水平	2005 年	2006 年	2007 年	2008 年
速动比率	20 家连锁类上市公司	0.55	0.58	0.58	0.61
	零售行业平均	0.52	0.54	0.58	0.56

续表

	行业平均水平	2005 年	2006 年	2007 年	2008 年
流动比率	20 家连锁类上市公司	0.82	0.87	0.85	0.87
	零售行业平均	0.79	0.82	0.86	0.87
资产负债率	20 家连锁类上市公司	58.76	59.74	61.43	60.02
	零售行业平均	59.34	59.81	61.30	60.59

数据来源：WIND、国泰君安证券销售交易总部。

注：指标均使用整体法。

（五）在二级市场，连锁百强上市公司的表现并未明显好于行业

从二级市场表现来看，2008 年上证综指下跌 67%，零售行业（50 家公司）整体下跌 54%，进入连锁百强的 20 家上市公司整体跌幅 53%。可见，2008 年零售板块整体走势略好于同期大盘，但 20 家连锁公司表现并未明显好于行业走势。

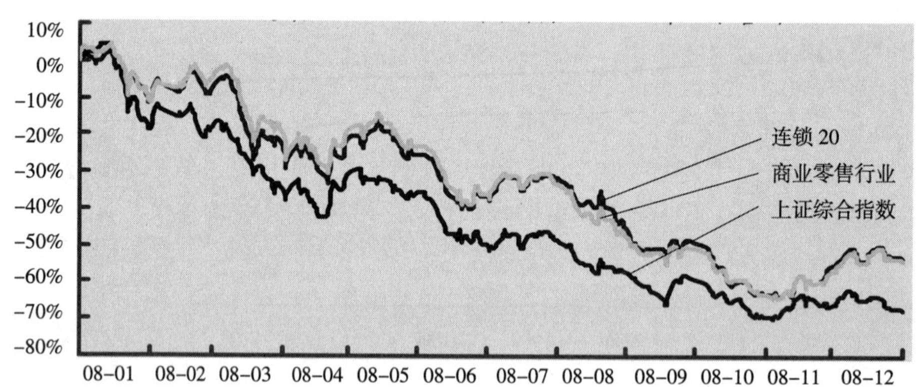

数据来源：WIND、国泰君安证券销售交易总部。

图 3　2008 年零售行业及 20 家连锁百强上市公司二级市场表现

二、2009 年零售行业将在困境中发展，但未来 3～5 年前景广阔

短期而言，零售行业尚未回暖，但个股仍具投资价值。长期而言，未来 3～5 年零售行业将进入高速发展阶段，同时并购重组将提供更多的投资机会。

（一）2009 年零售行业发展趋势

1. 行业增速提升，依靠压缩费用

2008 年以来，零售行业单季度营业收入增速逐步放缓。其中，2008 年第四季度放缓明显，2009 年第一季度有所止跌回升，但回升幅度较小。从销售毛利率看，尽管 2009 年第一季度营业收入增速止跌，但毛利率继续下降，甚至低于 2008 年全年水平。主要原因

是，促销打折幅度加大，销售收入增速趋缓，渠道商返点比例降低。此外，2009 年第一季度两费用率下降，低于 2008 年全年水平，说明渠道商在 2009 年主要依靠压缩费用提升净利润的增速。

2. 关注上年开店符合预期的连锁超市

2008 年第四季度至 2009 年第一季度，超市单季度营业收入增速逐季下滑，主要原因是物价指数逐步走低。基于对 2009 年 CPI 全年为 0 的宏观预测，2009 年超市的收入增速可能低于 2008 年。

超市主要依靠外生性增长。如 4 家超市类上市公司中，步步高 2008 年开店数大大低于预期，华联综超和武汉中百开店步伐相对较快，新华都开店集中于第四季度，因此，华联综超和武汉中百 2009 年的增长应有保障。建议关注 2008 年开店数量符合预期的超市类公司。

3. 关注经营效率较高的民营类百货和重组预期明确的区域零售龙头

目前，我国百货类上市公司有 38 家，2008 年两费用率从 8% 至 36% 不等，其中，民营类公司费用率低于国有类公司，上海地区百货类公司的费用率高于其他地区。对于经营效率不高，资产质量较高的国有百货类公司，整合将带来业绩较大提升，但整合道路曲折而漫长。对于经营效率较高的民营类公司，如新华百货、广州友谊、开元控股，其业绩释放较为充分，在经济下滑周期中，业绩可能好于同类公司，但必须考虑新开门店或收购门店，为经济复苏储备新的利润增长点。

4. 金银饰品长期发展看好，短期营业增收速度决定利润增速

金银饰品类上市公司 2008 年营业收入增速较上年有较大提升，但单季度增速逐步下降，且毛利率有所下降。由于金银饰品需求弹性大，在收入（及未来预期收入）没有好转前，单季度营业收入增速将保持下滑趋势。如 2 家金银饰品类上市公司豫园商城（收入的 70% 来自金银饰品）、中国铅笔（85%），主要业务模式为批发和零售两种，其中批发毛利率远低于零售，存货周转率远快于零售。零售业务主要集中于上海地区，竞争对手较多，包括港资、外国品牌；批发业务主要集中于长三角地区，竞争较为缓和。随着批发增速提升，零售增速下降，批发占比将提升，从而使综合毛利率下降。预计未来随着批发市场占有率的提升，批发毛利率有提升的空间，但在未来 1 ~2 年内，黄金饰品毛利率将继续缓步下滑。总之，随着我国人均收入的提升，金银饰品人均拥有量将有较大增长，未来行业需求将有较大提升，中期营业收入增速应能保持一定水平，但毛利率难以提升，业绩的提升主要依靠收入提升幅度。

5. IT 通讯家电连锁，短期利润增长来自对供货商的利润压缩

IT 通讯家电连锁的收入增速在 2008 年第四季度大幅度下降，2009 年第一季度大幅反弹。主要原因是房地产市场回暖以及公司采取了较大的促销力度。随着国美电器收缩战线，关闭无效门店，苏宁电器与国美电器的规模差距将逐步缩小，加之苏宁电器前期在物流、MIS 等方面的投入，其在行业内的垄断地位将进一步提升，苏宁电器也从供货商方面争取了更多的促销支持。

（二）2009 年第二季度将是零售行业减速探底阶段

尽管 2009 年第一季度营业收入增速止跌回升，但 4 月份部分零售行业上市公司的经

营数据，以及“五一节”假期上市公司和各主要城市的销售情况表明，零售行业并未转暖。而且，在零售企业加大促销打折力度的前提下，收入同比增速仍低于上年同期。因此，预计2009年第二季度是零售行业的减速探底阶段。

（三）未来3～5年，消费将成为拉动经济增长的中坚力量

本次全球经济危机爆发至今，政府在拉动消费方面的政策力度远高于1997年的亚洲经济危机。市场及零售业界普遍认为，短期内依靠政策拉动消费走出危机是不现实的，但本轮经济危机过后，刺激消费形成的对GDP的贡献度必将大幅提升，并将不断产生作用。同时，我国城镇化步伐的加快为零售行业的回暖、加速提供了广阔的发展空间。

目前，我国零售行业的集中度较低，大部分企业经营效率还不高，在政府扶持零售行业并购重组的政策指导下，未来几年必将持续掀起零售行业并购重组的高潮，也将创造出更多的投资机会。

因此，未来3～5年零售行业发展前景更趋广阔。

三、选股参考

表5　　细分行业评级

百货行业	增持
超市行业	中性
家电连锁行业	中性
专业批发市场行业	增持

表6　　重点公司

小商品城（600415）	增持
百联股份（600631）	谨慎增持
王府井（600859）	增持
步步高（002251）	中性
武汉中百（000759）	谨慎增持
华联综超（600361）	谨慎增持
重庆百货（600729）	增持
新世界（600628）	谨慎增持
中国铅笔（600612）	谨慎增持
成商集团（600828）	中性
大商股份（600694）	中性
苏宁电器（002024）	中性

免责声明：

1. 本报告的信息均来源于公开资料，不保证所包含的信息和建议不会发生任何变更。

2. 本报告力求内容的客观、公正，但文中的观点、结论和建议仅供参考。

3. 报告中的信息或意见并不构成所述证券的买卖出价或征价，投资者据此做出的任何投资决策与本公司和作者无关。

4. 作者及其所属关联机构可能会持有报告中提到的公司所发行的证券头寸并进行交易，也可能为这些公司提供或者争取提供投资银行、财务顾问或者金融产品等相关服务。

5. 本报告版权仅为作者所有，未经书面许可，任何机构和个人不得以任何形式翻版、复制和发布。如引用、刊发，需注明出处为国泰君安证券研究所，且不得对本报告进行有悖原意的引用、删节和修改。

国泰君安证券股票投资评级标准：

增持：股票价格在未来 6 ~ 12 个月内超越大盘 15% 以上；

谨慎增持：股票价格在未来 6 ~ 12 个月内超越大盘幅度为 5% ~ 15%；

中性：股票价格在未来 6 ~ 12 个月内相对大盘变动幅度为 -5% ~ 5%；

减持：股票价格在未来 6 ~ 12 个月内相对大盘下跌 5% 以上。

国泰君安证券行业投资评级标准：

增持：行业股票指数在未来 6 ~ 12 个月内超越大盘；

中性：行业股票指数在未来 6 ~ 12 个月内基本与大盘持平；

减持：行业股票指数在未来 6 ~ 12 个月内明显弱于大盘。

（国泰君安证券研究所　徐晓芳　许娟娟）

第二部分　行业调查篇

2008年中国连锁经营发展环境相关统计数据

表1　人民物质文化生活状况

项　　目	单　位	2001年	2002年	2003年	2004年	2005年	2006年	2007年	2008年
就业									
每一农村劳动力负担人数	人	1.52	1.52	1.47	1.45	1.45	1.43	1.42	1.41
每一城镇就业者负担人数	人	1.88	1.92	1.91	1.91	1.96	1.93	1.89	1.97
城镇登记失业率	%	3.6	4	4.3	4.2	4.2	4.1	4.0	4.2
收入									
农村居民家庭人均纯收入	元	2366	2475	2622	2936	3255	3587	4140	4761
农村居民家庭人均纯收入指数	1978=100	503.8	528.0	551.0	588.1	625	671	734	793
城镇居民家庭人均可支配收入	元	6860	7703	8472	9422	10493	11759	13786	15781
城镇居民家庭人均可支配收入指数	1978=100	416.3	472.1	515.0	554.0	607	671	752	816
职工年平均工资	元	10870	12422	14040	16024	18364	21001	24932	29229
消费水平									
全国居民	元	3869	4106	4411	4925	5463	6138	7103	8181
农村居民	元	1969	2062	2103	2301	2560	2847	3265	3730
城镇居民	元	7113	7387	7901	8679	9410	10423	11904	13519
农村居民家庭人均生活消费支出	元	1741	1834	1943	2185	2555	2829.02	3223.85	3660.68
农村居民家庭恩格尔系数	%	47.7	46.2	45.6	47.2	45.5	43	43.1	43.7
城镇居民家庭人均生活消费支出	元	5309	6030	6511	7182	7943	8696.55	9997.47	11242.85
城镇居民家庭恩格尔系数	%	37.9	37.7	37.1	37.7	36.7	35.8	36.3	37.9
储蓄									
城乡居民储蓄存款年底余额	亿元	73762	86911	103618	119555	141051	161587	172534	217885
平均每人储蓄存款余额	元	5780	6766	8018	9197	10787	12293	13058	16407
住房									
农村新建房屋面积	亿平方米	7.4	7.4	7.6	6.8	6.5	6.84	7.77	8.30
城镇新建房屋面积	亿平方米	5.4	6	6.2	5.7	6.1	6.3	6.61	6.58
农村人均居住面积	平方米	25.7	26.5	27.2	27.9	29.7	30.7	31.6	32.4
城市人均建筑面积	平方米	20.8	22.8	23.7	25.0		27.1		
城市公用事业									
用气普及率	%	60.4	67.2	76.7	81.5	82.1	79.1		
人均公用绿地面积	平方米	4.6	5.4	6.5	7.4	8.1	8.3		

续表

项　　目	单　位	2001年	2002年	2003年	2004年	2005年	2006年	2007年	2008年
文化									
农村每百户有电视机	台	105.2	108.6	110.6	75.1	84.0	89.4	94.4	99.2
城镇每百户有彩色电视机	台	120.5	126.4	130.5	133.4	134.8	137.4	137.8	132.9
广播综合人口覆盖率	%	92.9	93.3	93.7	94.1	94.5	95.0	95.4	96.0
电视综合人口覆盖率	%	94.3	94.65	94.9	95.3	95.8	96.2	96.6	97.0
教育卫生									
学龄儿童入学率	%	99.1	98.6	98.7	98.9	99.2	99.3	99.5	99.5
每万人口中在校大学生数	人	56.3	70.3	86.3	142	161.3	181.6	192.4	204.2
每万人有医院、卫生院病床	张	23.9	23.2	23.4	24.0	24.5	25.3	26.3	28.3
每万人有医生数	人	16.9	14.7	14.8	15.0	15.1	15.4	15.6	15.7

注：1. 本表价值量指标按当年价格计算；指数按可比价格计算。

2. 城市住房人均使用面积和居住面积为建设部数字。

3. 2003年起计算方法有调整，城市公用事业数据与以前不可比。

4. 2004年起农村每百户有电视机改为农村每百户有彩色电视机，数据与之前年份不可比。

表2　　城乡居民家庭人均收入及恩格尔系数

年　份	农村居民家庭人均纯收入		城镇居民家庭人均可支配收入		恩格尔系数（%）	
	绝对数（元）	指　数（1978=100）	绝对数（元）	指　数（1978=100）	农村居民家庭	城镇居民家庭
1978	133.6	100.0	343.4	100.0	67.7	57.5
1980	191.3	139.0	477.6	127.0	61.8	56.9
1985	397.6	268.9	739.1	160.4	57.8	53.3
1990	686.3	311.2	1510.2	198.1	58.8	54.2
1991	708.6	317.4	1700.6	212.4	57.6	53.8
1992	784.0	336.2	2026.6	232.9	57.6	53.0
1993	921.6	346.9	2577.4	255.1	58.1	50.3
1994	1221.0	364.4	3496.2	276.8	58.9	50.0
1995	1577.7	383.7	4283.0	290.3	58.6	50.1
1996	1926.1	418.2	4838.9	301.6	56.3	48.8
1997	2090.1	437.4	5160.3	311.9	55.1	46.6
1998	2162.0	456.2	5425.1	329.9	53.4	44.7
1999	2210.3	473.5	5854.0	360.6	52.6	42.1
2000	2253.4	483.5	6280.0	383.7	49.1	39.4
2001	2366.4	503.8	6859.6	416.3	47.7	38.2
2002	2475.6	528.0	7702.8	472.1	46.2	37.7
2003	2622.2	550.7	8472.2	514.6	45.6	37.1

续表

年　份	农村居民家庭人均纯收入		城镇居民家庭人均可支配收入		恩格尔系数（%）	
	绝对数（元）	指　数（1978 = 100）	绝对数（元）	指　数（1978 = 100）	农村居民家庭	城镇居民家庭
2004	2936.4	588.1	9421.6	554.2	47.2	37.7
2005	3254.9	624.6	10493.0	607.4	45.5	36.7
2006	3587.0	670.7	11759.0	670.7	43	35.8
2007	4140.4	734.4	13785.8	752.3	43.1	36.3
2008	4760.6	793.2	15780.8	815.7	43.7	37.9

注：1. 本表绝对数按当年价格计算，指数按可比价格计算。
2. 本表城镇居民家庭恩格尔系数按 2002 年口径进行了调整。

表 3　　全国城乡居民储蓄存款年底余额和年增加额　　单位：亿元

年　份	年底余额			年增加额		
	总　计	定　期	活　期	总　计	定　期	活　期
1978	210.6	128.9	81.7	29.0	17.2	11.8
1980	399.5	304.9	94.6	118.5	138.5	-20.0
1985	1622.6	1225.2	397.4	407.9	324.3	83.6
1986	2238.5	1729.7	508.8	615.9	504.5	111.4
1987	3081.4	2361.3	720.1	842.9	631.6	211.3
1988	3822.2	2848.5	973.7	740.8	487.2	253.6
1989	5196.4	4215.4	981.0	1374.2	1366.9	7.3
1990	7119.8	5911.2	1208.6	1923.4	1695.8	227.6
1991	9241.6	7691.7	1549.9	2121.8	1780.5	341.3
1992	11759.4	9425.2	2334.2	2517.8	1733.5	784.3
1993	15203.5	11971.0	3232.5	3444.1	2545.8	898.3
1994	21518.8	16838.7	4680.1	6315.3	4867.7	1447.6
1995	29662.3	23778.2	5884.1	8143.5	6939.5	1204.0
1996	38520.8	30873.4	7647.4	8858.5	7095.2	1763.3
1997	46279.8	36226.7	10053.1	7759.0	5353.3	2405.7
1998	53407.5	41791.6	11615.9	7615.4	5473.7	2141.7
1999	59621.8	44955.1	14666.7	6253.0	3198.5	3054.5
2000	64332.4	46141.7	18190.7	4976.7	1310.3	3666.4
2001	73762.4	51434.9	22327.6	9457.6	4144.5	5313.2
2002	86910.6	58788.9	28121.7	13233.2	7432.0	5801.2
2003	103617.7	68498.7	35119.0	16631.9	9674.5	6957.4
2004	119555.4	78138.9	41416.5	15929.4	9640.6	6288.9

续表

年份	年底余额			年增加额		
	总计	定期	活期	总计	定期	活期
2005	141051.0	92263.5	48787.5	21496.8	14127.2	7369.6
2006	161587.3	103011.4	58575.9	20544.0	10777.3	9766.7
2007	172534.2	104934.5	67599.7	10946.9	1923.1	9023.8
2008	217885.4	139300.2	78585.2	45353.0	34369.4	10983.6

表4　　城镇居民家庭基本情况

项目	单位	1995年	2000年	2003年	2004年	2005年	2006年	2007年	2008年
调查户数	户	35520	42220	48028	50430	545496	56094	59305	64675
平均每户家庭人口	人	3.23	3.13	3.01	2.98	2.96	2.95	2.91	2.91
平均每户就业人口	人	1.87	1.68	1.58	1.56	1.51	1.53	1.54	1.48
平均每户就业面	%	57.89	53.67	52.49	52.35	51.01	51.86	52.92	50.86
平均每一就业者负担人数（含本人）	人	1.73	1.86	1.91	1.91	1.96	1.93	1.89	1.97
平均每人全年可支配收入	元	4282.95	6280.0	8472.2	9421.6	10493.0	11759.0	13785.8	15780.8
平均每人全部年收入	元	4288.09	6316.81	9061.2	10128.5	11320.8	12719.2	14908.6	17.67.8
工薪收入	元	3390.21	4480.5	6410.2	7152.8	7797.50	8767.0	10234.8	11299.0
经营净收入	元	72.62	246.24	403.8	493.9	679.60	809.6	940.7	1453.6
财产性收入	元	90.43	128.38	135.0	161.2	192.9	244.0	348.5	387.0
转移性收入	元	725.76	1440.78	2112.2	2320.7	2650.7	2898.7	3384.6	3928.2
平均每人实际支出	元	4102.94	6147.38	8731.5	9714.0	10579.5	11881.8	13513.9	14747.9
#消费性支出	元	3537.57	4998.00	6510.9	7182.1	7942.9	8696.6	9997.5	11242.9
非消费性支出	元	561.11	1146.12	2220.6	2531.9	2636.6	3185.2	3516.4	3505.1
恩格尔系数	%	49.92	39.18	37.1	37.7	36.7	35.8	36.3	37.9

注：1. 本表为城镇居民家庭抽样调查资料。2002年起城镇住户调查对象由原来的非农业人口改为城市市区和县城镇区常住人口。

2. 可支配收入指居民家庭在支付个人所得税之后，所余下的实际收入。计算公式为：

可支配收入=实际收入-个人所得税-家庭副业生产支出-记账补贴

3. 2000年城镇居民住户调查第四季度数据为10月、11月的平均数，不包括12月数据。

4. 本表各项收入指标及恩格尔系数均按2002年口径进行了调整。

表 5　　　　　城镇居民平均每人全年支出和购买的主要商品数量

项　　目	2000 年	2001 年	2003 年	2004 年	2005 年	2006 年	2007 年	2008 年
消费性支出（元）	4998.0	5309.0	6510.9	7182.1	7942.9	8696.6	9997.5	11242.9
1. 食品	1958.3	2014.0	2416.9	2709.6	2914.4	3111.9	3628.0	4259.8
# 粮油类	304.1	296.7	321.1	382.3	389.4	395.7	465.2	576.0
肉禽蛋水产品类	611.4	622.3	704.5	773.1	825.2	816.1	1030.9	1268.8
蔬菜类	192.3	194.3	236.4	256.5	275.5	298.5	348.6	409.3
糖烟酒饮料类	228.3	233.1	268.8	285.6	309.7	346.5	398.0	433.4
干鲜瓜果类	151.4	155.9	174.9	189.6	206.3	240.2	272.2	293.5
糕点、奶及奶制品	110.4	122.6	178.2	189.8	200.0	214.4	234.7	273.3
饮食服务	301.7	329.0	439.2	534.3	608.5	692.6	762.9	879.4
2. 衣着	500.5	533.7	637.7	686.8	800.5	901.8	1042.0	1165.9
# 服装	337.2	364.3	455.3					
鞋袜帽及其他衣着	130.8	140.6	150.6					
3. 家庭设备用品及服务	439.3	438.9	410.3	407.4	446.5	498.5	601.8	691.8
# 耐用消费品	259.1	250.6	213.6					
4. 医疗保健	318.1	343.3	476.0	528.2	600.9	620.5	699.1	786.2
5. 交通和通信	395.0	457.0	721.1	843.6	996.7	1147.1	1357.4	1417.1
交通	162.2	175.5	297.1	389.1	499.6	606.9	759.1	804.4
通信	232.8	281.5	424.0	454.6	497.1	540.2	598.3	612.7
6. 娱乐教育文化服务	627.8	690.0	934.4	1032.8	1097.5	1203.0	1329.2	1358.3
# 文娱用耐用消费品	146.9	139.4	155.9	217.2	245.9	280.8	347.6	381.3
教育	363.8	428.3	514.0	559.0	516.3	612	638.4	622.2
7. 居住	500.5	548.0	699.4	733.5	808.7	904.2	982.3	1145.4
住房	200.6	217.0	256.5	247.9	149.3	285.1	302.2	345.1
水电燃料及其他	298.9	331.0	412.7	451.5	516.3	569.4	620.8	724.3
8. 杂项商品和服务	258.8	284.1	215.1	240.2	277.8	309.5	357.7	418.3
# 个人消费	210.5	233.6	134.6					
购买的主要商品数量（千克）								
粮食	82.3	79.7	79.5	78.2	77.0	75.9	77.6	
鲜菜	114.7	115.9	118.3	122.3	118.6	117.6	117.8	123.2
食用植物油	8.2	8.1	9.2	9.3	9.3	9.4	9.6	10.3
猪肉	16.7	16.0	20.4	19.2	20.2	20.0	18.2	19.3
牛羊肉	3.3	3.2	3.3	3.7	3.7	3.8	3.9	3.4
家禽	7.4	7.3	9.2	8.4	9.0	8.3	9.7	
鲜蛋	11.9	11.1	11.2	10.4	10.4	10.4	10.3	10.7

续表

项　目	2000年	2001年	2003年	2004年	2005年	2006年	2007年	2008年
水产品	11.7	12.3	13.4	12.5	12.6	13.0	14.2	
酒	10.0	9.7	9.4	8.9	8.9	9.1	9.1	
煤炭	128.1	129.5	104.7	92.0	84.0	70.9	51.0	55.7

表6　　城镇居民平均每百户耐用消费品年底拥有量

项　目	单位	1998年	1999年	2000年	2001年	2003年	2004年	2005年	2006年	2007年	2008年
摩托车	辆	13.2	15.1	18.8	20.4	24.0	24.8	25.0	25.3	24.8	21.4
洗衣机	台	90.6	91.5	90.5	92.2	94.4	95.9	95.5	96.8	96.8	94.7
电冰箱	台	76.1	77.7	80.1	81.9	88.7	90.2	90.7	91.8	95.0	93.6
彩色电视机	台	105.4	111.6	116.6	120.5	130.5	133.4	134.8	137.4	137.8	132.9
录放像机	台	21.7	21.7	20.1	19.9	17.9	17.6	15.5	15.1		
组合音箱	套	17.5	19.7	22.2	23.8	26.9	28.3	28.8	29.1	30.2	27.4
照相机	台	36.3	38.1	38.4	39.8	45.4	47.0	46.9	48.0	45.1	39.1
空调器	台	20.0	24.5	30.8	35.8	61.8	69.8	80.7	87.8	95.1	100.3
淋浴热水器	台	43.3	45.5	49.1	52.0	66.6	69.4	72.7	75.1	79.5	80.7
排油烟机	台	45.9	48.6	54.1	55.5	63.6	65.6	67.9	69.8		
影碟机	台	16.0	24.7	37.5	42.6	58.7	63.3	68.1	70.2		
家用电脑	台	3.8	5.9	9.7	13.3	27.8	33.1	41.5	47.2	53.8	59.3
摄像机	台	0.9	1.1	1.3	1.6	2.5	3.2	4.3	5.1	6.2	7.1
微波炉	台	8.5	12.2	17.6	22.3	37.0	41.7	47.6	50.6	53.4	54.6
健身器材	台	3.0	3.8	3.5	4.0	4.1	4.2	4.7	5.0	4.4	4.0
移动电话	台	3.3	7.1	19.5	34.0	90.1	111.4	137.0	152.9	165.2	172.0
家用汽车	台	0.3	0.3	0.5	0.6	1.4	2.2	3.4	4.3	6.1	8.8

表7　　按五等份分组的城镇居民收入与支出　　单位：元

项　目	2000年	2002年	2003年	2004年	2005年	2006年	2007年	2008年
平均每人可支配收入	6280.0	7702.8	8472.2	9421.6	10493.0	11759.5	13785.8	15780.8
低收入户	3132.0	3032.1	3295.4	3642.2	4017.3	4567.1	5364.3	6074.9
中低收入户	4623.5	4932.0	5377.3	6024.1	6710.6	7554.2	8900.5	10195.6
中等收入户	5897.9	6656.8	7278.8	8166.5	9190.1	10269.7	12042.2	13984.2
中高收入户	7487.4	8869.5	9763.4	11050.9	12603.4	14049.2	16385.8	19254.1
高收入户	11299.0	15459.5	17471.8	20101.6	22902.3	24510.8	29478.9	34667.8
平均每人消费性支出	4998.0	6029.9	6510.9	7182.1	7942.9	8696.6	9997.5	11242.9
低收入户	2899.1	2826.0	3066.8	3396.3	3708.3	4102.7	4840.1	5374.6

续表

项　目	2000 年	2002 年	2003 年	2004 年	2005 年	2006 年	2007 年	2008 年
中低收入户	3947.9	4206.0	4557.8	5096.2	5574.3	6108.3	7123.7	7993.7
中等收入户	4794.6	5452.9	5848.0	6498.4	7308.1	7905.4	9097.4	10344.7
中高收入户	5894.9	6940.0	7547.3	8345.7	9410.8	10218.3	11570.4	13316.6
高收入户	8135.7	11023.1	12066.9	13753.1	15575.9	17050.1	19300.9	22296.8

表 8　　**各地区城镇居民人均可支配收入**　　单位：元

地　区	1999 年	2001 年	2002 年	2003 年	2004 年	2005 年	2006 年	2007 年	2008 年
全国总计	5854.0	6859.6	7702.8	8472.2	9421.6	10493.0	11759.0	13785.8	15780.8
北　京	9182.8	11577.8	12462.5	13882.6	15637.8	17653.0	19978.0	21988.7	24724.9
天　津	7649.8	8958.7	9337.6	10312.9	11467.2	12638.6	14283.0	16357.4	19422.5
河　北	5365.0	5984.8	6678.7	7239.1	7951.3	9107.1	10304.6	11690.5	13441.1
山　西	4342.6	5391.1	6234.3	7005.2	7902.9	8913.9	10027.7	11565.0	13119.1
内蒙古	5129.1	5536.0	6051.2	7012.9	8123.0	9136.8	10358.0	12377.8	14432.6
辽　宁	4898.6	5797.0	6524.6	7240.6	8007.6	9107.6	10370.0	12300.4	14392.7
吉　林	4480.0	5340.5	6260.2	7005.1	7840.6	8690.6	9775.1	11285.5	12829.5
黑龙江	4595.1	5425.9	6100.3	6678.9	7470.7	8272.5	9182.0	10245.3	11581.3
上　海	10931.6	12883.5	13250.2	14867.5	16682.8	18645.0	20667.9	23622.7	26674.9
江　苏	6538.2	7375.1	8177.6	9262.5	10481.9	12318.6	14084.3	16378.0	18679.5
浙　江	8428.0	10464.7	11715.6	13179.5	14546.4	16293.8	18265.1	20573.8	22726.7
安　徽	5064.6	5668.8	6032.4	6778.0	7511.4	8470.7	9771.1	11473.6	12990.4
福　建	6859.8	8313.1	91893.0	9999.5	11175.4	12321.3	13753.3	15506.1	17961.5
江　西	4720.6	5506.0	6335.6	6901.4	7559.6	8619.7	9551.0	11451.7	12866.4
山　东	5809.0	7101.1	7614.5	8399.9	9437.8	10744.8	12192.0	14264.7	16305.4
河　南	4532.4	5267.4	6245.4	6926.1	7704.9	8668.0	9810.3	11477.1	13231.1
湖　北	5212.8	5856.0	6788.6	7322.0	8022.8	8785.9	9803.0	11485.8	13152.9
湖　南	5815.4	6780.6	6958.6	7674.2	8617.5	9524.0	10504.7	12293.5	13821.2
广　东	9125.9	10405.2	11137.2	12380.4	13627.7	14770.0	16015.6	17699.3	19732.9
广　西	5619.5	6665.7	7315.3	7785.0	8690.0	9286.7	9898.8	12200.4	14146.0
海　南	5338.3	5838.8	6822.7	7259.3	7735.8	8123.9	9395.0	10996.9	12607.8
重　庆	5896.0	6721.1	7238.0	8093.7	9221.0	10243.5	11570.0	12590.8	14367.6
四　川	5477.9	6360.5	6610.8	7041.9	7709.9	8386.0	9350.1	11098.3	12633.4
贵　州	4934.0	5451.9	5944.1	6569.2	7322.1	8151.1	9116.6	10678.4	11758.8

续表

地 区	1999年	2001年	2002年	2003年	2004年	2005年	2006年	2007年	2008年
云 南	6178.7	6797.7	7628.3	7643.6	8870.9	9265.9	10070.0	11496.1	13250.2
西 藏	6908.7	7869.2	7762.0	8765.5	9167.4	9431.2	8641.1	11130.9	12481.5
陕 西	4654.1	5483.7	6330.8	6806.4	7492.5	8272.0	9268.0	10763.3	12857.9
甘 肃	4475.2	5382.9	6151.4	6657.2	7376.7	8086.8	8920.6	10012.3	10969.4
青 海	4703.4	5853.7	6503.9	6530.5	7319.7	8057.9	9000.4	10276.1	11640.4
宁 夏	4472.9	5544.2	6067.4	6531.0	7217.9	8093.6	9177.3	10859.3	12931.5
新 疆	5319.8	6395.0	6898.6	7073.5	7503.4	7990.2	9120.0	10313.4	11432.1

表9　　2008年各地区城镇居民人均收支情况　　单位：元

地 区	全部收入	#可支配收入	总支出	#消费性支出	#非消费性支出	恩格尔系数（%）
全国总计	17067.8	15780.8	14747.9	11242.9	3505.1	37.9
北 京	27677.9	24724.9	22135.9	16460.3	5675.6	33.8
天 津	21174.0	19422.5	18855.2	13422.5	5432.7	37.3
河 北	14141.4	13441.1	11555.6	9086.7	2468.9	34.7
山 西	13859.0	13119.1	12098.0	8806.6	3291.4	33.8
内蒙古	15195.4	14432.0	13605.6	10828.6	2776.9	32.8
辽 宁	15836.3	14392.7	15110.1	11231.5	3878.6	39.0
吉 林	13606.0	12829.5	12494.7	9729.1	2765.6	34.0
黑龙江	12264.1	11581.3	10903.5	8623.0	2280.6	36.3
上 海	29759.1	26674.9	27757.8	19397.9	8359.9	36.6
江 苏	20175.6	18679.5	16133.3	11977.6	4155.7	37.9
浙 江	24980.8	22726.7	20641.5	15158.3	5483.2	36.4
安 徽	14159.5	12990.4	12863.9	9524.0	3339.9	41.0
福 建	19686.2	17961.5	17081.2	12501.1	4580.1	40.6
江 西	13463.6	12866.4	11101.5	8717.4	2384.1	41.7
山 东	17549.0	16305.4	14646.4	11006.6	3639.8	33.6
河 南	13907.8	13231.1	11135.4	8837.5	2298.0	34.8
湖 北	14174.3	13152.9	12471.0	9477.5	2993.5	42.2
湖 南	14577.3	13821.2	13309.3	9945.5	3363.7	39.9
广 东	21678.5	19732.9	19248.4	15528.0	3720.4	37.8
广 西	15393.2	14146.0	12840.0	9627.4	3212.6	42.4

续表

地　区	全部收入	#可支配收入	总支出	#消费性支出	#非消费性支出	恩格尔系数（%）
海　南	13598.6	12607.8	11702.0	9408.5	2293.5	44.9
重　庆	15217.7	14367.6	13780.0	11146.8	2633.2	39.6
四　川	13685.1	12633.4	12228.7	9679.1	2549.6	44.0
贵　州	12185.6	11758.8	10236.7	8349.2	1887.5	43.1
云　南	14118.0	13250.2	11681.2	9076.6	2604.6	47.1
西　藏	13647.5	12481.5	11361.5	8323.5	3038.0	51.2
陕　西	13847.1	12857.9	12440.0	9772.1	2667.9	36.7
甘　肃	11669.3	10969.4	10241.1	8308.6	1932.4	38.3
青　海	12867.3	11640.4	10678.1	8192.6	2485.5	40.5
宁　夏	14118.6	12931.5	13547.6	9558.3	3989.3	35.1
新　疆	12478.6	11432.1	11363.6	8669.4	2694.3	37.3

表 10　　**农村居民家庭基本情况**

项　目	单位	2000 年	2001 年	2003 年	2004 年	2005 年	2006 年	2007 年	2008 年
调查户数	户	68116	68190	68190	68190	68190	68190	68190	681910
调查户常住人口	人	286162	283223	279536	278234	277759	276460	274764	273695
平均每户常住人口	人	4.20	4.15	4.10	4.08	4.07	4.05	4.03	4.01
平均每户整、半劳动力	人	2.76	2.73	2.80	2.82	2.82	2.83	2.84	2.85
平均每个劳动力负担人口（含本人）	人	1.52	1.52	1.47	1.45	1.45	1.43	1.42	1.41
平均每户生产固定资产原值	元	4673.06	4883.80	5586.00	5956.00	7156.00	7647.00	8390.00	9055.00
平均每人经营耕地面积	亩	1.98	1.99	1.96	2.00	2.08	2.11	2.16	2.18
平均每人年收入（总收入）	元	3146.21	3306.92	3582.40	4039.60	4631.20	5025.10	5791.10	6700.70
1. 工资性收入	元	702.30	771.90	918.40	998.50	1174.50	1374.80	1596.20	1853.70
2. 家庭经营收入	元	2251.28	2325.23	2455.0	2804.50	3164.40	3310.00	3776.70	4302.10
3. 财产性收入	元	45.04	46.97	65.80	76.60	88.50	100.50	128.20	148.10
4. 转移性收入	元	147.59	162.83	143.30	160.00	203.80	239.80	290.00	396.80
纯收入	元	2253.42	2366.40	2622.24	2936.40	3254.90	3587.00	4140.40	4760.60
1. 工资性收入	元	702.30	771.90	918.38	998.50	1174.50	1374.80	1596.20	1853.70
2. 家庭经营收入	元	1427.27	1459.63	1541.28	1745.80	1844.50	1931.00	2193.70	2435.60
3. 财产性收入	元	45.04	46.97	65.75	76.60	88.50	100.50	128.20	148.10
4. 转移性收入	元	78.81	87.90	96.83	115.50	147.40	180.80	222.30	323.20

续表

项 目	单位	2000年	2001年	2003年	2004年	2005年	2006年	2007年	2008年
现金收入	元	2381.60	2534.70	2929.50	3234.20	3915.50	4301.90	4958.40	5737.00
1. 工资性收入	元	700.41	769.77	916.60	997.60	1173.10	1373.80	1595.30	1850.60
2. 家庭经营收入	元	1498.81	1565.51	1822.10	2019.80	2472.30	2609.40	2978.30	3370.50
3. 财产性收入	元	38.89	41.05	56.00	62.60	71.80	83.80	101.00	127.00
4. 转移性收入	元	143.49	158.37	134.70	154.20	198.30	235.00	283.90	389.00
平均每人年总支出	元	2652.42	2779.96	3025.0	3430.10	4126.90	4485.40	5137.70	5915.70
# 生活消费支出	元	1670.13	1741.09	1943.30	2184.70	2555.40	2829.00	3223.90	3660.70
恩格尔系数	%	49.13	47.71	45.60	47.20	45.50	43.00	43.10	43.70
现金支出	元	2140.37	2284.62	2537.40	2862.50	3567.30	3931.80	4533.10	5257.90
房屋使用情况									
平均每人年内新建房屋面积	平方米	0.87	0.84	0.79	0.60	0.83	0.84	0.97	0.99
平均每人年末住房面积	平方米	0.87	25.73	27.24	27.90	29.68	30.65	31.63	32.42

表 11　　　　农村居民平均每人全年支出和主要食品消费量

项 目	1999年	2000年	2001年	2003年	2004年	2005年	2006年	2007年	2008年
平均每人总支出（元）	2390.37	2652.42	2779.96	3025.0	3430.1	4126.9	4485.4	5137.7	5915.7
# 家庭经营费用支出	599.72	654.27	695.97	755.4	923.9	1189.7	1242.3	1432.7	1704.5
购置生产性固定资产支出	57.63	63.90	78.13	100.3	106.4	131.1	139.6	147.2	161.6
税费支出	99.98	95.52	91.24	67.3	37.5	13.1	10.9	11.9	11.6
# 纳税	36.00	36.08	38.10	55.3	29.6	4.7	2.9	3.5	3.5
# 生活消费支出	1577.42	1670.13	1741.09	1943.3	2184.7	2555.4	2829.0	3223.9	3660.7
食品	829.02	820.51	830.72	886.0	1031.9	1162.2	1217.0	1389.0	1598.7
衣着	92.04	95.95	98.68	110.3	120.2	148.6	168.0	193.4	211.8
居住	232.69	258.34	279.06	308.4	324.3	370.2	469.0	573.8	678.8
家庭设备用品及服务	82.27	75.45	76.98	81.7	89.2	111.4	126.6	149.1	174.0
医疗保健	70.02	87.57	96.61	115.8	130.6	168.1	191.5	210.2	246.0
交通及运输	68.73	93.13	109.98	162.5	192.6	245.0	288.8	328.4	360.2
文化教育、娱乐用品及服务	168.33	186.71	192.64	235.7	247.6	295.5	305.1	305.7	314.5
其他商品及服务	34.32	52.46	56.42	43.0	48.3	54.5	63.1	74.2	76.7
平均每人现金支出（元）	1917.23	2140.37	2284.62	2537.4	2862.5	3567.3	3931.8	4533.1	5257.9
# 家庭经营费用支出	470.73	544.49	584.8	740.1	788.6	1052.5	1104.1	1287.2	1551.0
生活消费支出	1144.61	1284.74	1364.08	1576.6	1754.5	2134.6	2415.5	2767.1	3159.4
# 食品	425.98	464.26	484.47	551.2	629.9	770.7	835.4	967.6	1135.2
衣着	91.48	85.17	97.95	109.5	119.6	147.9	167.3	192.6	211.1

续表

项　　目	1999 年	2000 年	2001 年	2003 年	2004 年	2005 年	2006 年	2007 年	2008 年
居住	206.60	231.06	249.84	278.1	297.2	342.3	438.3	540.1	642.3
主要食品消费量（千克）									
粮食（原粮）	247.45	249.49	237.98	223.7	219.3	208.8	205.6	199.5	199.1
# 细粮	206.18	207.10	199.70	192.5	189.8	181.8	178.0	173.8	173.7
蔬菜	108.89	111.98	109.30	107.4	106.6	102.3	100.5	99.0	99.7
食油	6.17	7.06	7.03	6.3	5.3	8.0	5.8	6.0	6.2
猪牛羊肉	13.87	14.41	14.50	15.0	14.8	17.1	17.0	14.9	13.9
家禽	2.48	2.81	2.87	3.2	3.1	3.7	3.5	3.9	4.4
蛋及制品	4.28	4.77	4.72	4.8	4.6	4.7	5.0	4.7	5.4
水产品	3.82	3.92	4.12	4.7	4.5	4.9	5.0	5.4	5.2
食糖	1.46	1.28	1.43	1.3	1.1	1.1	1.1	1.1	1.1
酒	6.98	7.02	7.10	7.7	7.8	9.6	10.0	10.2	9.7

表 12　　农村居民家庭平均每百户年底耐用消费品拥有量

项　目	单位	2000 年	2001 年	2002 年	2003 年	2004 年	2005 年	2006 年	2007 年	2008 年
电视机	台	101.71	105.15	108.6	110.6	113.0	105.7	106.9	106.5	109.1
#彩　电	台	48.74	54.41	60.5	67.8	75.1	84.0	89.4	94.4	99.2
电冰箱	台	12.31	13.59	15.9	15.9	17.8	20.1	22.5	26.1	30.2
摩托车	辆	21.94	24.71	31.8	31.8	36.2	41.0	44.6	48.5	52.5
洗衣机	台	28.58	29.94	34.3	34.3	37.3	40.2	43.0	45.9	49.1
空调机	台	1.3	1.7	2.3	3.5	4.7	6.4	7.3	8.5	9.8
电话机	部	26.4	34.1	40.8	49.1	54.5	58.3	64.1	68.4	67.0
移动电话	部	4.3	8.1	13.7	23.7	34.7	50.2	62.1	77.8	96.1
家用计算机	台	0.5	0.7	1.1	1.4	1.9	2.1	2.7	3.7	5.4

表 13　　按五等份分组的农村居民人均纯收入　　单位：元

项　目	2001 年	2002 年	2003 年	2004 年	2005 年	2006 年	2007 年	2008 年
平均每人全部纯收入	2366	2476	2622	2936	3255	3587	4140	4761
低收入户	818	857	866	1007	1067	1182	1347	1500
中低收入户	1491	1548	1607	1842	2018	2222	2582	2935
中等收入户	2081	2164	2273	2578	2851	3149	3659	4203
中高收入户	2891	3031	3207	3608	4003	4447	5130	5929
高收入户	5534	5903	6347	6931	7747	8475	9791	11290

表 14　　各地区农村居民人均纯收入　　单位：元

地　区	1998年	1999年	2000年	2001年	2003年	2004年	2005年	2006年	2007年	2008年
全国总计	2161.98	2210.34	2253.42	2366.40	2622.2	2936.4	3254.9	3587.00	4140.4	4760.6
北　京	3952.30	4226.59	4604.55	5025.50	5601.6	6170.3	7346.3	8620.00	9439.6	10661.9
天　津	3395.70	3411.11	3622.39	3947.72	4566.0	5019.5	5579.9	7942.00	7010.1	7910.8
河　北	2405.30	2441.50	2478.86	2603.60	2853.0	3171.1	3481.6	3801.80	4293.4	4795.5
山　西	1858.60	1772.62	1905.61	1956.05	2299.2	2589.6	2890.7	3180.90	3665.7	4097.2
内蒙古	1981.50	2002.93	2038.21	1973.37	2267.7	2606.4	2988.9	3342.00	3953.1	4656.2
辽　宁	2479.80	2501.04	2355.58	2557.93	2934.2	3307.1	3690.2	4090.00	4773.4	5576.5
吉　林	2383.60	2260.59	2022.50	2182.22	2530.4	2999.6	3264.0	3641.13	4191.3	4932.7
黑龙江	2253.10	2165.93	2148.22	2280.28	2508.9	3005.2	3221.3	3552.00	4132.3	4855.6
上海	5406.80	5409.11	5596.37	5870.87	6653.9	7066.3	8247.8	9138.70	10144.6	11440.3
江苏	3376.80	3495.20	3595.09	3784.71	4239.3	4753.9	5276.3	5813.00	6561.0	7356.5
浙　江	3814.60	3948.39	4253.67	4582.34	5389.0	5944.1	6660.0	7334.80	8265.2	9257.9
安　徽	1862.90	1900.29	1934.57	2020.04	2127.5	2499.3	2641.0	2969.10	3556.3	4202.5
福　建	2946.40	3091.39	3230.49	3380.72	3733.9	4089.4	4450.4	4833.35	5467.1	6196.1
江　西	2048.00	2129.45	2135.30	2231.60	2457.5	2786.8	3128.9	3585.00	4044.7	4697.2
山　东	2452.80	2549.58	2659.20	2804.51	3150.5	3507.4	3930.5	4368.00	4985.3	5641.4
河　南	1864.10	1948.36	1985.82	2097.86	2235.7	2553.2	2870.6	3261.03	3851.6	4454.2
湖　北	2172.20	2217.00	2268.59	2352.16	2566.8	2890.0	3099.2	3419.35	3997.5	4656.4
湖　南	2064.90	2127.46	2197.16	2299.46	2532.9	2837.8	3117.7	3389.81	3904.2	4512.5
广　东	3527.10	3628.95	3654.48	3769.79	4054.6	4365.9	4690.5	5079.80	5624.0	6399.8
广　西	1971.80	2048.33	1864.51	1944.33	2094.5	2305.2	2494.7	2770.50	3224.1	3690.3
海　南	2018.30	2087.46	2182.26	2226.47	2588.1	2817.6	3004.0	3256.00	3791.4	4390.0
重　庆	1720.50	1736.63	1892.44	1971.18	2214.6	2510.4	2809.3	2874.00	3509.3	4126.2
四　川	1789.20	1843.47	1903.60	1986.99	2229.9	2518.9	2802.8	3013.00	3546.7	4121.2
贵　州	1334.50	1363.47	1374.16	1411.73	1564.7	1721.6	1877.0	1985.00	2374.0	2796.9
云　南	1387.30	1437.63	1478.60	1533.74	1697.1	1864.2	2041.8	2250.50	2634.1	3102.6
西　藏	1231.50	1309.46	1330.81	1404.01	1690.8	1861.3	2077.9	2435.00	2788.2	3175.8
陕　西	1405.60	1455.86	1443.86	1490.80	1675.7	1866.5	2052.6	2260.00	2644.7	3136.5
甘　肃	1393.10	1357.28	1428.68	1508.61	1673.0	1852.2	1979.9	2134.10	2328.9	2723.8
青　海	1424.80	1466.67	1490.49	1557.32	1794.1	1957.7	2151.5	2358.37	2683.8	3061.2
宁　夏	1721.20	1754.15	1724.30	1823.05	2043.3	2320.1	2508.9	2760.10	3180.8	3681.4
新　疆	1600.10	1473.17	1618.08	1710.44	2106.2	2244.9	2482.2	2737.00	3183.0	3502.9

表 15　　**2008 年各地区农村居民家庭收支情况**　　单位：元

地　区	总收入			总支出			恩格尔系数（%）
		#纯收入	#现金收入		#生活消费	#现金支出	
全国总计	6700.7	4760.6	5737.0	5915.7	3660.7	5257.9	43.7
北　京	12530.3	10661.9	12223.7	9732.7	7284.7	9641.9	33.9
天　津	10424.8	7910.8	9852.4	6579.5	3825.4	6458.4	41.0
河　北	6905.7	4795.5	5927.1	5480.5	3125.6	5101.1	38.2
山　西	5260.6	4097.2	4496.3	4609.3	3097.5	4280.9	39.0
内蒙古	8059.2	4656.2	6399.2	7520.9	3618.1	6399.8	41.0
辽　宁	9346.4	5576.5	8449.5	8289.7	3814.0	7626.5	40.6
吉　林	8322.5	4932.7	7415.9	7867.1	3443.2	7341.0	39.6
黑龙江	9545.5	4955.6	8419.6	9593.4	3844.7	8966.1	33.0
上　海	12292.9	11440.3	12131.5	10844.9	9119.7	10679.6	40.9
江　苏	9092.8	7356.5	8291.9	7484.3	5328.4	6933.8	41.3
浙　江	12260.0	9257.9	11947.8	11219.9	7534.1	10959.9	36.9
安　徽	5769.8	4202.5	4775.9	5048.3	3284.1	4556.5	44.3
福　建	7655.3	6196.1	6937.3	6440.4	4661.9	5837.9	46.4
江　西	6170.4	4697.2	5146.2	5040.6	3309.2	4410.0	49.4
山　东	8136.7	5641.4	7326.8	6697.4	4077.1	6317.4	38.1
河　南	5994.4	4454.2	4807.5	4832.4	3044.2	4404.7	38.3
湖　北	6266.3	4656.4	5256.3	5402.1	3652.6	4496.9	46.9
湖　南	6200.6	4512.5	5137.2	5695.0	3805.0	4825.6	51.2
广　东	7790.9	6399.8	7078.2	6458.3	4872.5	5844.7	49.0
广　西	5256.1	3690.3	4260.4	4734.6	2985.0	3931.7	53.4
海　南	5870.8	4390.0	4962.5	4438.9	2883.1	3764.3	53.3
重　庆	5443.7	4126.2	4173.8	4422.1	2884.9	3355.1	53.3
四　川	5903.3	4121.2	4534.2	5154.8	3127.9	4098.9	52.0
贵　州	3889.7	2796.9	3013.0	3590.5	2165.7	2701.8	51.7
云　南	4889.1	3102.6	3692.3	4923.2	2990.6	3737.4	49.6
西　藏	4085.8	3175.8	2983.5	2921.9	2199.6	2081.3	52.4
陕　西	4483.7	3136.5	3866.5	4629.9	2979.4	4213.8	37.4
甘　肃	3959.2	2723.8	2986.3	3784.8	2401.0	3003.4	47.2
青　海	4177.9	3061.2	3198.2	4307.6	2896.6	3457.4	42.1
宁　夏	6173.9	3681.4	5004.1	6095.0	3094.9	5114.5	41.6
新　疆	6688.7	3502.9	5657.7	6229.9	2691.8	5633.1	42.6

表 16 **国内贸易基本情况** 单位：亿元

指　标	1999 年	2000 年	2001 年	2003 年	2004 年	2005 年	2006 年	2007 年	2008 年
一、批发零售贸易业									
商品购销存总额									
商品购进总额	24580.8	29784.1	32489.0	45383.9		88163.0	102902.0	128913.0	
商品销售总额	58780.1	66359.5	72415.2	95507.0	114071.0	164033.0	197064.0	240004.0	
限额以上	27448.3	32265.5	32809.8	45323.0	55390.0	93796.0	109883.0	132741.0	
限额以下	31331.7	34094.0	37243.0	50184.0	58682.0	70237.0	87181.0	107263.0	
商品库存总额	3629.7	3327.2	4156.9	3148.0	3528.0	7072.0	7626.0	9193.0	
二、社会消费品零售总额	31134.7	34152.6	37595.2	45842.0	53950.0	67177.0	76410.0	89210.0	108488.0
按销售单位所在地分									
市	19091.6	21110.3	23543.4	29777.3	35573.0	45094.0	51543.0	60411.0	73735.0
县	3892.5	4217.2	4583.2	5247.8	6161.0	7485.0	8478.0	9944.0	12213.0
县以下	8150.6	8825.1	9468.6	10816.9	12216.0	14597.0	16390.0	18856.0	22540.0
按行业分									
批发零售贸易业	20551.8	23042.3	25510.8	37692.5	44840.0	56589.0	64326.0	75040.0	91199.0
餐饮业	3199.6	3752.6	4368.9	6065.7	7486.0	8887.0	10346.0	12352.0	15404.0
其他行业	7383.3	7357.7	7715.5	2083.8	1624.0	1701.0	1739.0	1818.0	1885.0
三、城乡消费品市场情况									
市场数（个）	88576	88811	86454	81017	71552	69520	67042	61913	61535
城　市	24983	26395	26699	27006	25404	25905	25237	24150	24945
乡　村	63593	62416	59755	54011	46148	43615	41805	37763	36590
成交额	21707.8	2427936	24949.4	26497.5					
城　市	13800.4	14319.7	14319.7	15447.5					
乡　村	9382.1	10479.2	10629.6	11050.0					
在成交额中									
# 粮油类	1591.1	1959.5	1868.5	2324.9					
肉禽蛋类	3802.1	4201.9	4185.3	4541.4					
水产品类	1800.7	2073.4	2076.8	2246.0					
蔬菜类	2425.5	2551.8	2695.2	2938.1					
干鲜果类	1398.2	1546.2	1584.4	1708.8					
工业品	8767.1	9559.34	10001.4	9927.0					

注：1998 年及以后批发零售贸易业商品购、存总额为限额以上批发零售贸易业数据。

表 17　　各地区社会消费品零售总额　　单位：亿元

地区	1999 年	2000 年	2001 年	2003 年	2004 年	2005 年	2006 年	2007 年	2008 年
全国总计	31134.7	34152.6	37595.2	45842.0	53950.1	67176.6	76410.0	89210.0	108487.7
北　京	1313.3	1443.3	1593.5	1916.7	2191.8	2902.8	3275.2	3800.2	4589.0
天　津	657.3	736.6	832.7	922.3	1052.7	1190.1	1356.8	1603.7	2000.3
河　北	1458.8	1613.9	832.7	2177.9	2522.9	2952.9	3397.4	3986.2	4880.4
山　西	587.1	629.1	679.9	729.3	884.8	1401.2	1613.4	1914.1	2356.5
内蒙古	437.4	484.0	537.3	726.8	892.0	1344.1	1595.3	1904.1	2363.3
辽　宁	1696.1	1847.6	2034.9	2330.8	2642.8	2999.0	3434.6	4030.1	4917.5
吉　林	734.0	810.9	909.1	1110.3	1252.6	1460.8	1675.8	1999.2	2484.3
黑龙江	1016.2	1094.0	1198.9	1376.5	1555.4	1760.1	1997.7	2331.1	2838.6
上　海	1590.4	1722.3	1861.3	2220.6	2454.6	2973.0	3360.4	3847.8	4537.1
江　苏	2394.1	2604.1	2869.0	3566.5	4159.7	5699.9	6623.2	7838.1	9661.4
浙　江	2075.8	2298.8	2555.5	3157.1	3645.4	4631.7	5325.3	6214.0	7441.7
安　徽	979.1	1054.3	1142.8	1331.2	1503.1	1765.0	2029.4	2403.7	2965.5
福　建	1246.3	1372.8	1499.5	1740.5	1995.8	2345.8	2704.2	3187.9	3828.0
江　西	650.5	704.9	763.3	923.2	1059.9	1236.2	1428.0	1683.1	2082.8
山　东	2310.1	2545.9	2834.9	3936.5	4483.4	6126.4	7122.5	8438.8	10381.2
河　南	1616.0	1786.7	1979.8	2426.4	2808.2	3358.4	3880.5	4597.5	5662.5
湖　北	1617.1	1789.4	1975.2	2358.7	2667.5	2964.6	3412.0	4028.5	4965.8
湖　南	1229.2	1364.7	1511.1	1816.3	2069.8	2459.1	2834.2	3356.5	4119.7
广　东	3656	4071.9	4515.3	5606.0	6370.4	7882.6	9118.1	10598.1	12772.2
广　西	791.3	859.2	935.9	857.7	973.4	1397.0	1600.8	1897.9	2338.4
海　南	157.7	172.5	187.5	191.6	220.2	268.6	308.3	362.0	448.4
重　庆	596.3	643.4	699.3	835.5	955.0	1215.8	1403.6	1661.2	2064.1
四　川	1382.6	1523.7	1680.4	2091.1	2384.0	2981.4	3421.6	4015.6	4800.8
贵　州	313.8	343.7	378.0	458.8	517.6	606.9	689.8	821.8	1014.9
云　南	539.0	583.2	655.4	782.5	884.6	1034.4	1188.9	1394.5	1718.5
西　藏	37.9	42.9	49.0	58.3	63.7	73.1	89.7	112.0	129.1
陕　西	557.1	607.6	665.1	853.2	966.5	1322.4	1522.0	1800.9	2256.1
甘　肃	331.6	362.7	395.4	474.6	535.8	632.8	717.5	833.3	990.1
青　海	75.2	82.1	90.4	102.7	115.6	160.5	180.1	208.3	252.8
宁　夏	82.7	90.2	98.9	120.8	137.8	174.3	199.0	233.3	285.2
新　疆	347.4	374.5	406.3	421.2	482.1	637.8	727.6	847.7	1025.7

注：1. 社会消费品零售额及增长速度均按当年价格计算。

2. 各地区相加不等于全国总计，原因是全国数据进行了修正（下表同）。

表18　　2007年各地区社会消费品零售总额　　单位：亿元

地　区	社会消费品零售总额	按销售单位所在地分			按行业分		
		市	县	县以下	#批发零售贸易业	#餐饮业	其他行业
全国总计	89210.0	60410.7	9943.8	18855.5	75040.3	12352.0	1817.7
北　京	3800.2	3300.3	31.7	468.2	3335.7	427.9	36.6
天　津	1603.7	1505.2	53.6	44.9	1350.6	249.0	4.2
河　北	3986.2	1909.3	802.4	1274.4	3413.0	503.6	69.6
山　西	1914.1	1256.1	348.1	309.9	1617.7	229.1	67.3
内蒙古	1904.1	1302.5	379.6	222.0	1503.6	357.5	43.0
辽　宁	4030.1	3372.0	194.5	463.6	3361.7	606.5	61.9
吉　林	1999.2	1568.5	148.8	281.9	1711.0	282.4	5.9
黑龙江	2331.1	1799.9	273.0	258.2	2008.5	284.4	38.2
上　海	3847.8	3379.8	26.6	441.3	3278.3	556.5	13.1
江　苏	7838.1	5751.1	494.3	1592.7	6875.7	893.0	69.4
浙　江	6214.0	4117.2	604.7	1492.1	5437.8	717.4	58.9
安　徽	2403.7	1325.0	478.6	600.1	2032.2	342.8	28.7
福　建	3187.9	2102.5	354.9	730.5	2733.7	398.2	55.9
江　西	1683.1	890.8	365.9	426.4	1485.9	179.6	17.5
山　东	8438.8	5416.7	946.8	2075.3	7092.7	1095.9	250.2
河　南	4597.5	2539.2	896.9	1161.4	3754.3	764.3	78.9
湖　北	4028.5	2827.8	385.0	815.7	3312.8	529.5	186.2
湖　南	3356.5	1942.5	577.0	836.9	2831.6	479.8	45.1
广　东	10598.1	7511.6	452.4	2634.2	8937.7	1544.3	116.2
广　西	1897.9	1125.9	330.4	441.5	1640.3	228.2	29.3
海　南	362.0	260.7	26.3	74.9	284.6	64.6	12.8
重　庆	1661.2	999.7	219.0	442.6	1386.2	235.7	39.3
四　川	4015.6	1977.1	716.6	1321.9	3126.9	761.6	127.1
贵　州	821.8	475.5	163.9	182.3	690.2	116.3	15.2
云　南	1394.5	771.3	318.3	304.9	1070.9	231.9	91.7
西　藏	112.0	56.4	44.0	11.7	88.6	18.8	4.6
陕　西	1800.9	1197.1	305.6	298.2	1566.5	200.3	34.1
甘　肃	833.3	539.1	132.5	161.8	671.9	136.7	24.6
青　海	208.3	146.2	40.8	21.3	170.4	34.1	3.8
宁　夏	233.3	175.0	30.4	28.0	190.9	39.6	2.8
新　疆	847.7	599.8	122.2	125.7	678.1	129.0	40.6

表 19　　**2008 年各地区社会消费品零售总额**　　单位：亿元

地　区	社会消费品零售总额	按销售单位所在地分			按行业分		
		市	县	县以下	#批发零售贸易业	#餐饮业	其他行业
全国总计	108487.7	73734.9	12212.8	22540.0	91198.5	15403.9	1885.3
北　京	4589.0	4000.3	38.1	550.7	4044.4	504.9	39.7
天　津	2000.3	1882.1	67.1	51.1	1690.4	305.5	4.5
河　北	4880.4	2335.7	997.5	1547.2	4175.4	628.2	76.8
山　西	2356.5	1536.1	435.3	385.1	1989.8	300.2	66.6
内蒙古	2363.3	1626.9	464.7	271.7	1849.1	462.2	52.0
辽　宁	4917.5	4106.1	244.0	567.5	4033.7	819.0	64.9
吉　林	2484.3	1939.4	196.7	348.2	2127.9	354.7	1.7
黑龙江	2838.6	2201.5	325.2	311.9	2445.7	351.4	41.5
上　海	4537.1	4004.5	30.2	502.5	3853.1	669.5	14.5
江　苏	9661.4	7117.3	627.3	1916.7	8360.2	1212.3	89.0
浙　江	7441.7	4960.4	727.0	1754.3	6521.5	869.4	50.9
安　徽	2965.5	1635.0	601.2	729.4	2497.6	433.3	34.6
福　建	3828.0	2581.1	393.5	853.5	3276.0	487.2	64.9
江　西	2082.8	1114.8	445.7	522.2	1835.9	227.1	19.8
山　东	10381.2	6728.7	1184.8	2467.7	8730.6	1370.6	280.0
河　南	5662.5	3140.1	1120.6	1401.9	4601.2	966.2	95.2
湖　北	4965.8	3486.5	477.6	1001.8	4075.3	661.9	228.6
湖　南	4119.7	2442.9	670.6	1006.2	3473.7	594.0	52.0
广　东	12772.2	9010.5	582.8	3178.9	10816.5	1882.5	73.3
广　西	2338.4	1383.6	410.5	544.3	2021.9	279.9	36.7
海　南	448.4	325.2	32.2	91.0	353.8	80.8	13.9
重　庆	2064.1	1266.1	269.7	528.3	1724.2	295.1	44.8
四　川	4800.8	2402.0	863.3	1535.4	3731.5	925.1	144.2
贵　州	1014.9	585.5	206.2	223.1	838.2	160.4	16.3
云　南	1718.5	959.7	391.0	367.8	1314.1	298.2	106.2
西　藏	129.1	64.3	51.0	13.8	104.6	19.5	5.0
陕　西	2256.1	1504.2	384.9	367.0	1960.6	256.0	39.5
甘　肃	990.1	638.9	158.6	192.7	804.6	163.8	21.7
青　海	252.8	179.9	48.1	24.8	207.6	41.0	4.3
宁　夏	285.2	212.7	41.5	31.0	234.0	48.4	2.8
新　疆	1025.7	729.6	148.5	147.6	828.9	154.1	42.7

表 20 **各地区最终消费** 单位：亿元

地 区	最终消费						
	2002年	2003年	2004年	2005年	2006年	2007年	2008年
全国总计	48135.9	52516.3	59501.0	67176.6	76410.0	89210.0	108487.7
北 京	1673.3	1916.7	2626.6	2902.8	3275.2	3800.2	4589.0
天 津	831.8	922.3	1044.8	1190.1	1356.8	1603.7	2000.3
河 北	1968.3	2177.9	2576.4	2952.9	3397.4	3986.2	4880.4
山 西	641.4	729.3	1219.1	1401.2	1613.4	1914.1	2356.5
内蒙古	599.0	726.8	1160.7	1357.7	1595.3	1904.1	2363.3
辽 宁	2074.9	2330.8	2642.8	2999.0	3434.6	4030.1	4917.5
吉 林	1008.1	1110.3	1286.9	1460.8	1675.8	1999.2	2484.3
黑龙江	1250.4	1376.5	1557.3	1860.1	1997.7	2331.1	2838.6
上 海	2035.2	2220.6	2656.9	2973.0	3360.4	3847.8	4537.1
江 苏	3138.1	3566.5	4892.2	5699.9	6623.2	7838.1	9661.4
浙 江	2847.7	3157.1	4055.5	4631.7	5325.3	6214.0	7441.7
安 徽	1212.4	1331.2	1557.4	1765.0	2029.4	2403.7	2965.5
福 建	1538.7	1740.4	2062.0	2345.8	2704.2	3187.9	3828.0
江 西	826.3	923.2	1074.5	1236.2	1428.0	1683.1	2082.8
山 东	3222.5	3936.5	5290.5	6126.4	7122.5	8438.8	10381.2
河 南	2189.8	2426.4	2938.3	3358.4	3880.5	4597.5	5662.5
湖 北	2129.4	2358.7	2619.5	2964.6	3412.0	4028.5	4965.8
湖 南	1638.6	1816.3	2149.6	2459.1	2834.2	3356.5	4119.7
广 东	5013.6	5606.0	6852.0	7882.6	9118.1	10598.1	12772.2
广 西	764.5	857.7	1222.2	1397.0	1600.8	1897.9	2338.4
海 南	172.8	191.6	236.8	286.6	308.3	362.0	448.4
重 庆	763.1	835.5	1068.3	1215.8	1403.6	1661.2	2064.1
四 川	1850.1	2091.1	2615.2	2981.4	3421.6	4015.6	4800.8
贵 州	416.2	458.8	535.3	606.9	689.8	821.8	1014.9
云 南	711.3	782.5	915.3	1034.4	1188.9	1394.5	1718.5
西 藏	53.4	58.3	63.2	73.1	89.7	112.0	129.1
陕 西	728.2	853.2	1162.8	1322.4	1522.0	1800.9	2256.1
甘 肃	433.5	474.6	560.6	632.8	717.5	833.3	990.1
青 海	92.1	102.7	141.2	160.5	180.1	208.3	252.8
宁 夏	104.9	120.8	153.5	174.3	199.0	233.3	285.2
新 疆	378.9	421.2	563.4	637.8	727.6	847.7	1025.7

注：本表按当年价格计算。

表 21　　**居民消费水平及指数**

年　份	绝对数（元）			指数（1978＝100）		
	全国居民	农村居民	城镇居民	全国居民	农村居民	城镇居民
1978	184	138	405	100.0	100.0	100.0
1980	236	178	496	115.8	115.5	111.9
1985	437	347	802	181.3	194.4	147.5
1990	803	571	1686	221.0	219.5	198.1
1991	896	621	1925	239.4	234.2	216.6
1992	1070	718	2356	270.3	257.2	249.9
1993	1331	855	3027	292.2	272.8	272.1
1994	1746	1118	3891	304.8	285.4	276.7
1995	2236	1434	4874	327.7	308.7	289.6
1996	2641	1768	5430	357.5	351.9	296.7
1997	2834	1876	5796	372.4	363.6	307.0
1998	2972	1895	6217	393.1	370.2	332.4
1999	3138	1927	6796	424.2	387.6	370.0
2000	3397	2037	7402	462.7	406.6	418.5
2001	3609	2156	7761	491.0	424.6	449.8
2002	3791	2259	7972	521.1	441.3	485.1
2003	4058	2399	8265	540.4	466.7	452.1
2004	4925	2301	8679	632.3	423.5	475.7
2005	5439	2531	9393	681.6	451.0	503.3
2006	6138	2847	10423	747.8	494.0	543.5
2007	7103	3265	11904	831.0	527.2	612.5
2008	8181	3730	13519	909.5	558.0	677.8
平均每年增长（%）						
1979—2003 年				7.0	6.4	6.2
“六五”时期				9.4	11.0	5.7
“七五”时期				4.0	2.5	6.1
“八五”时期				8.2	7.1	7.9
“九五”时期				7.0	5.6	7.1

注：本表绝对数按当年价格计算，指数按可比价格计算。

表 22　　**各种价格指数**

（上年＝100）

项　目	1990 年	1995 年	2000 年	2001 年	2003 年	2004 年	2005 年	2006 年	2007 年	2008 年
居民消费价格指数	103.1	117.1	100.4	100.7	101.2	103.9	101.8	101.5	104.8	105.9

续表

项　目	1990 年	1995 年	2000 年	2001 年	2003 年	2004 年	2005 年	2006 年	2007 年	2008 年
城市居民	101.3	116.8	100.8	100.7	100.9	103.3	101.6	101.5	104.5	105.6
农村居民	104.5	117.5	99.9	100.8	101.6	104.8	102.2	101.5	105.4	106.5
商品零售价格指数	102.1	114.8	98.5	99.2	99.9	102.8	100.8	101.0	103.8	105.9
工业品出厂价格指数	104.1	114.9	102.8	98.7	102.3	106.1	104.9	103.0	103.1	106.9
原材料、燃料、动力购进价格指数	105.6	115.3	105.1	99.8	104.8	111.4	108.3	106.0	104.4	110.5
固定资产投资价格指数		105.9	101.1	100.4	102.2	105.6	101.6	101.5	103.9	108.9

表 23　　居民消费价格指数

项　目	2006 年（上年 = 100）	2007 年（上年 = 100）	2008 年（上年 = 100）
	全　国	全　国	全　国
居民消费价格指数	101.5	104.8	105.9
一、食品	102.3	112.3	114.3
# 粮食	102.7	106.3	107.0
油　脂	98.6	126.7	125.4
肉禽及其制品	97.1	131.7	121.7
蛋	96.0	121.8	104.3
水产品	101.2	105.1	114.2
菜	108.2	107.9	111.0
糖	111.2	101.6	104.0
茶及饮料	101.0	101.5	103.7
干鲜瓜果	117.9	102.2	110.8
奶及奶制品	100.9	102.7	117.0
二、烟酒及用品	100.6	101.7	102.9
# 烟草	100.2	100.8	100.4
酒	101.2	103.5	107.5
三、衣着	99.4	99.4	98.5
# 服装	99.0	99.4	98.3
鞋帽袜	100.2	99.0	98.2
四、家庭设备用品及服务	101.2	101.9	102.8
# 耐用消费品	100.8	101.6	101.2
室内装饰品	100.0	100.3	100.2

续表

项　　目	2006 年（上年＝100）	2007 年（上年＝100）	2008 年（上年＝100）
	全　国	全　国	全　国
家庭服务及加工维修服务	105.8	107.2	109.0
五、医疗保健和个人用品	101.1	102.1	102.9
医疗保健	100.2	102.1	102.2
个人用品及服务费	103.2	102.1	104.4
六、交通和通信	99.9	99.1	99.1
交　通	103.2	100.8	102.2
通　信	96.4	97.1	95.6
七、娱乐教育文化	99.5	99.0	99.3
文娱耐用消费品及服务	94.2	93.1	92.3
教　育	100.0	99.6	100.5
文化娱乐用品	101.0	101.0	101.3
旅游及外出	103.1	102.3	101.1
八、居住	104.6	104.5	105.5
建房及装修材料	103.9	105.1	107.1
租　房	102.7	104.2	103.5
自有住房	103.7	107.0	102.8
九、水电燃料	105.9	103.0	106.4

注：从 2001 年起，国家统计局计算发布以 2000 年价格水平为固定对比基期的居民消费价格指数。

表 24　　2007 年各地区居民消费价格分类指数

（2007 年，上年＝100）

地　区	居民消费价格指数	食　品	烟酒及用　品	衣　着	家庭设备用品及服务	医疗保健和个人用品	交通和通　信	娱乐教育文化	居　住
全　国	104.8	112.3	101.7	99.4	101.9	102.1	99.1	99.0	104.5
北　京	102.4	109.2	101.8	100.0	100.4	100.3	95.7	99.2	103.5
天　津	104.2	111.6	102.7	98.9	102.1	100.0	97.5	98.6	103.5
河　北	104.7	112.8	101.6	98.8	100.8	100.8	99.8	100.1	105.2
山　西	104.6	113.1	103.8	97.7	102.5	100.8	99.8	99.8	104.5
内蒙古	104.6	113.3	100.9	99.9	100.7	100.8	99.3	100.7	104.4
辽　宁	105.1	112.8	100.7	98.5	101.3	101.9	99.3	99.9	104.8
吉　林	104.8	112.1	100.1	98.4	99.3	107.1	97.5	97.8	104.9
黑龙江	105.4	113.7	101.1	100.3	102.2	102.0	100.9	97.9	104.6
上　海	103.2	109.4	100.7	101.3	103.3	100.2	96.9	97.3	104.5

续表

地　区	居民消费价格指数	食　品	烟酒及用　品	衣　着	家庭设备用品及服务	医疗保健和个人用品	交通和通　信	娱乐教育文化	居　住
江　苏	104.3	111.4	101.4	101.3	102.2	101.4	98.5	97.1	104.3
浙　江	104.2	111.0	101.8	99.8	102.1	102.1	98.8	98.1	105.3
安　徽	105.3	112.5	101.4	100.5	101.9	100.8	99.1	100.8	103.4
福　建	105.2	112.2	101.0	100.6	101.6	102.7	100.0	99.1	104.2
江　西	104.8	111.9	100.8	97.9	102.2	101.6	99.1	99.7	104.6
山　东	104.4	113.6	102.7	97.3	102.3	101.6	98.6	99.6	103.8
河　南	105.4	114.8	101.7	99.5	102.5	101.1	98.9	100.7	104.4
湖　北	104.8	112.6	101.5	99.8	100.5	102.2	98.9	98.0	106.2
湖　南	105.6	113.7	103.8	100.1	101.7	102.2	99.6	100.7	104.9
广　东	103.7	109.1	100.7	98.6	102.0	104.0	100.0	96.9	103.3
广　西	106.1	114.1	101.1	102.7	101.4	103.0	99.9	100.1	105.6
海　南	105.0	110.9	101.1	97.2	103.0	99.7	99.9	98.9	105.4
重　庆	104.7	114.1	102.4	94.2	101.8	99.1	99.0	99.4	105.5
四　川	105.9	114.5	101.6	100.4	102.3	101.4	100.0	100.3	104.2
贵　州	106.4	116.7	102.2	97.8	101.8	100.6	100.3	101.3	104.9
云　南	105.9	114.1	102.9	97.8	101.7	105.9	98.6	100.0	104.2
西　藏	103.4	106.5	102.5	102.0	100.0	100.1	100.5	100.2	107.1
陕　西	105.1	112.9	101.6	101.9	102.5	103.0	98.4	98.2	104.5
甘　肃	105.5	112.1	101.8	98.5	102.9	107.0	98.7	99.7	107.0
青　海	106.6	114.8	102.6	103.7	102.2	104.5	99.7	99.8	106.9
宁　夏	105.4	113.9	100.9	102.9	102.3	100.3	98.0	99.0	105.1
新　疆	105.5	112.6	102.4	100.8	100.8	101.3	100.9	100.1	106.2

表25　　2008年各地区居民消费价格分类指数

（2008年，上年=100）

地　区	居民消费价格指数	食　品	烟酒及用　品	衣　着	家庭设备用品及服务	医疗保健和个人用品	交通和通　信	娱乐教育文化	居　住
全　国	105.9	114.3	102.9	98.5	102.8	102.9	99.1	99.3	105.5
北　京	105.1	116.1	106.0	99.1	104.4	102.0	97.6	98.0	103.0
天　津	105.4	112.1	108.0	99.9	106.8	102.3	97.8	97.6	105.3
河　北	106.2	114.4	104.2	98.2	102.4	103.4	100.4	99.3	107.6
山　西	107.2	117.9	102.6	98.8	103.2	101.9	99.5	100.4	108.4

续表

地　区	居民消费价格指数	食　品	烟酒及用　品	衣　着	家庭设备用品及服务	医疗保健和个人用品	交通和通　信	娱乐教育文化	居　住
内蒙古	105.7	114.7	102.2	100.3	100.8	101.9	99.4	99.8	106.3
辽　宁	104.6	112.3	103.1	93.1	103.6	103.1	97.7	99.1	104.1
吉　林	105.1	112.3	103.4	101.5	102.6	101.8	97.7	99.7	104.2
黑龙江	105.6	112.0	103.8	99.3	103.1	104.3	100.6	100.0	104.5
上　海	105.8	115.3	101.7	101.6	108.3	103.1	97.5	98.2	102.5
江　苏	105.4	113.0	102.9	100.5	104.1	102.5	98.6	99.0	104.2
浙　江	105.0	113.9	102.1	97.9	103.4	105.8	95.6	99.0	105.0
安　徽	106.2	114.3	103.3	98.9	102.2	102.2	99.7	100.1	104.5
福　建	104.6	113.3	102.9	94.8	103.2	102.8	98.6	92.6	105.5
江　西	106.0	113.9	102.0	95.7	102.8	103.1	99.9	100.5	105.9
山　东	105.3	113.0	104.3	97.9	102.0	102.2	99.9	100.3	107.3
河　南	107.0	116.3	103.0	101.2	103.1	103.6	100.1	100.9	106.3
湖　北	106.3	115.1	103.4	97.9	100.8	103.5	100.5	99.1	106.9
湖　南	106.0	114.9	101.6	97.3	99.8	101.5	99.2	100.9	107.6
广　东	105.6	113.2	101.4	98.4	102.0	102.9	99.7	99.4	104.8
广　西	107.8	120.0	103.2	99.2	103.1	103.2	99.2	98.5	106.1
海　南	106.9	113.7	101.3	98.3	101.9	101.6	101.3	100.4	106.6
重　庆	105.6	115.7	102.8	94.2	102.5	101.9	99.3	100.3	101.8
四　川	105.1	112.0	102.0	97.3	102.7	102.4	99.8	99.9	104.6
贵　州	107.6	117.3	104.0	97.8	103.5	100.7	100.7	101.6	107.5
云　南	105.7	115.4	102.4	92.5	100.3	104.9	99.2	98.5	104.8
西　藏	105.7	112.1	102.3	103.1	102.3	102.7	101.3	99.0	106.6
陕　西	106.4	115.3	102.2	100.0	102.3	102.7	98.9	98.9	106.8
甘　肃	108.2	116.2	104.4	100.6	103.1	103.5	99.6	100.5	111.3
青　海	110.1	119.0	105.6	104.4	102.9	106.1	99.8	101.0	115.8
宁　夏	108.5	118.0	102.3	103.4	104.2	102.6	100.5	99.2	109.9
新　疆	108.1	119.1	103.1	99.4	102.5	103.5	100.2	100.0	106.4

表 26　　**商品零售价格指数**

项　目	2006年（上年=100）	2007年（上年=100）			2008年（上年=100）		
	全　国	全　国	城　市	农　村	全　国	城　市	农　村
商品零售价格指数	101.0	103.8	103.3	104.9	105.9	105.5	106.7
一、食品	102.6	112.3	111.7	113.6	114.4	114.5	114.0
# 粮食	102.5	106.4	106.1	107.0	107.0	106.9	107.1
油脂	98.7	126.3	125.2	128.1	125.0	124.7	125.5
肉禽及其制品	97.3	131.0	130.8	131.5	121.7	122.7	119.9
蛋	96.3	121.8	122.1	121.4	104.3	104.3	104.4
水产品	101.6	105.3	104.7	106.9	114.5	114.0	115.9
菜	108.1	107.9	107.5	109.1	110.4	110.1	111.1
干鲜瓜果	117.0	102.5	102.6	102.2	111.3	111.3	111.1
奶及奶制品	101.0	102.9	103.1	102.3	117.4	118.5	112.7
二、饮料烟酒	100.7	101.8	101.8	101.7	103.4	103.8	102.8
三、服装鞋帽	99.8	99.4	99.2	99.8	98.4	98.0	99.2
四、纺织品	100.0	100.2	100.1	100.5	100.5	100.4	100.8
五、家用电器及音像器材	97.3	97.4	96.9	98.8	96.9	96.4	98.3
家庭设备	101.0	101.4	101.3	101.5	100.7	100.7	100.8
文娱用耐用消费品	92.5	92.0	90.2	95.7	91.6	90.0	95.1
音像器材类	96.7	97.5	97.5	97.9	97.2	96.9	98.9
六、文化办公用品	97.6	97.0	96.3	98.8	96.8	95.9	99.2
七、日用品	100.8	101.1	101.1	101.1	103.7	103.6	103.9
八、体育娱乐用品	98.5	97.4	96.8	99.6	97.7	96.7	100.1
体育用品	99.7	100.1	100.0	100.2	100.8	100.7	101.1
娱乐用品	97.6	95.5	94.8	99.0	95.4	94.1	99.2
九、交通、通信用品	92.3	92.7	91.9	94.9	93.2	92.6	94.8
交通运输机械	97.0	96.8	96.3	98.5	97.7	97.2	99.7
通讯机器类	84.5	85.0	82.8	89.9	84.4	82.9	87.9
十、家具	100.1	101.6	101.1	102.9	102.6	102.5	102.7
十一、化妆品	99.8	100.2	100.1	100.4	100.7	100.6	100.7
十二、金银珠宝	119.7	107.9	107.7	108.2	116.8	116.4	118.1
十三、中西药品及医疗保健用品	99.1	102.0	101.7	102.6	103.1	103.0	103.2
# 中药材及中成药	100.0	108.0	107.6	109.0	106.9	106.4	107.8
西药	98.4	99.0	98.8	99.4	101.3	101.5	100.9
十四、书报杂志及电子出版物	100.2	99.7	99.8	99.4	101.5	102.0	100.6
教材及参考书	100.1	98.7	99.1	98.0	100.7	101.1	100.0

续表

项　目	2006年（上年=100）	2007年（上年=100）			2008年（上年=100）		
	全　国	全　国	城　市	农　村	全　国	城　市	农　村
书报杂志	100.6	100.8	100.7	100.8	103.7	104.5	101.8
电子音像制品	99.5	99.4	99.2	99.8	98.1	97.6	99.4
十五、燃料	112.4	104.2	104.1	104.6	116.0	114.3	120.2
煤炭及制品类	107.2	104.9	105.1	104.8	127.0	124.9	129.2
石油及制品类	113.6	104.1	103.9	104.5	113.4	112.6	115.8
十六、建筑装潢材料	103.0	105.1	105.2	105.0	107.9	107.4	108.7
建筑装潢材料	102.8	105.6	105.7	105.6	109.5	109.1	110.0
五金电料类	103.6	103.4	103.7	102.7	102.9	102.3	104.1

表 27　　**各地区年底人口**　　单位：万人

地　区	1999年	2000年	2001年	2003年	2004年	2005年	2006年	2007年	2008年
全国总计	125786	126583	127627	129227	129988	130756	131448	132129	132802
北　京	1257	1357	1383	1456	1493	1538	1581	1633	1695
天　津	959	1001	1004	1011	1024	1043	1075	1115	1176
河　北	6614	6744	6699	6769	6809	6851	6897.8	6943	6989
山　西	3204	3297	3272	3314	3335	3355	3374.6	3393	3411
内蒙古	2362	2376	2377	2380	2384	2386	2392.35	2405	2414
辽　宁	4171	4238	4194	4210	4217	4221	4271	4298	4315
吉　林	2658	2728	2691	2704	2709	2716	2723	2730	2734
黑龙江	3792	3689	3811	3815	3817	3820	3823	3824	3825
上　海	1474	1674	1614	1711	1742	1778	1815	1858	1888
江　苏	7213	7438	7355	7406	7433	7475	7550	7625	7677
浙　江	4475	4677	4613	4680	4720	4898	4980	5060	5120
安　徽	6237	5986	6328	6410	6461	6120	6110	6118	6135
福　建	3316	3471	3440	3488	3511	3535	3558	3581	3604
江　西	4231	4140	4186	4254	4284	4311	4339	4368	4400
山　东	8883	9079	9041	9125	9180	9248	9309	9367	9417
河　南	9387	9256	9555	9667	9717	9380	9820	9360	9429
湖　北	5938	6028	5975	6002	6016	5710	6050	5699	5711
湖　南	6532	6440	6596	6663	6698	6326	6342	6355	6380
广　东	7270	8642	7783	7954	8304	9194	9304	9449	9544
广　西	4713	4489	4788	4857	4889	4660	4961	4768	4816

续表

地　区	1999 年	2000 年	2001 年	2003 年	2004 年	2005 年	2006 年	2007 年	2008 年
海　南	762	787	796	811	818	828	836	845	854
重　庆	3075	3090	3097	3130	3122	2798	2808	2816	2839
四　川	8550	8329	8640	8700	8725	8212	8169	8127	8138
贵　州	3710	3525	3799	3870	3904	3730	3757	3762	3793
云　南	4192	4288	4287	4376	4415	4450	4483	4514	4543
西　藏	256	262	263	270	274	277	281	284	287
陕　西	3618	3605	3659	3690	3705	3720	3735	3748	3762
甘　肃	2543	2562	2575	2603	2619	2594	2606	2617	2628
青　海	510	518	523	534	539	543	548	552	554
宁　夏	543	562	563	580	588	596	604	610	618
新　疆	1774	1925	1876	1934	1963	2010	2050	2095	2131

注：1. 全国数据包括中国人民解放军现役军人数，但不包括港、澳特别行政区和台湾省数据；分省数据中未包括中国人民解放军现役军人数。

2. 2002—2004 年部分地区数据不是常住人口口径。

2008 年中国连锁百强企业经营状况分析

根据中国连锁经营协会年度行业调查，2008 年中国连锁百强于2009 年3 月24 日正式对外发布。调查显示，2008 年，连锁百强销售规模达到 11999 亿元，同比增长 18.4%，占社会消费品零售总额的 11.1%。百强企业门店总数达到 120775 个，剔除特殊因素，门店总数增长 10.6%，是 10 年来增幅最低的一年。

国美电器集团以 1045.9 亿元的销售规模再次位居中国连锁百强榜首，苏宁电器集团、百联集团有限公司、华润万家有限公司、大商集团有限公司分别以 1023.4 亿元、943.3 亿元、638 亿元、625.5 亿元的销售业绩排名第二至第五位。

面对 2008 年剧烈变化的市场环境，连锁百强企业积极调整经营战略，保持稳健发展，为拉动内需、促进消费、稳定就业做出积极贡献，成为国家“促消费保增长”的关键力量。

2008 年中国连锁百强直接就业人数超过 200 万，新开店达到 23844 家，其中农家店 2 万家，成为“万村千乡”工程的主力军。其余 3844 家店平均单店投资超过 500 万元，完成直接投资近 200 亿元。

2008 年中国连锁百强具有以下几个突出特点：

一、食品零售企业构成百强主体，外资零售商在其中扮演重要角色

百强企业中，以经营超市为主的连锁企业共有 55 家，比 2007 年增加了 3 家。得益于快速消费品的刚性需求，食品零售企业也保持稳定的增长（2008 年“快速消费品连锁零售百强”的销售和店铺增幅分别为 17.1% 和 9.5%）。55 家超市企业中，本土企业 42 家，外资企业 13 家。本土企业中，以区域龙头企业为主，其新开门店有所放缓，但单店销售水平有显著增长。数据显示，百强企业中区域型企业店铺数量增长为 11%，销售增长为 20%。

2008 年，百强企业中的 19 家海外品牌企业店铺数量增长了 13.1%，达到 4613 家，占“百强”店铺数的 6%；销售额达到 2426 亿元，同比增长了 17.6%，占百强销售总额的 20%，比 2007 年提高了 2 个百分点。

13 家以大型超市为主的外资企业共经营大型超市 755 家，2008 年新开门店 91 家，店铺平均年销售额为 2.3 亿元，以家乐福、大润发、沃尔玛为代表的外资企业在食品零售市场的领先优势进一步凸显。

二、百货店在百强中的地位依然稳固，家电、家居建材连锁企业增长趋缓

2008 年连锁百强中，以经营百货为主的连锁企业占据 23 个百强席位（2007 年为 22 个），家电类和家居建材类连锁企业分别有 7 家和 4 家进入百强。受下半年宏观经济形势影响，百货、家电和家居建材连锁企业销售面临较大压力。通过加大促销力度、及时调整商品结构等措施，百货企业依然保持了较好的经营业绩，以 10% 的门店增幅带来 21% 的销售增长。

家电、家居建材连锁企业面临的市场环境更为严峻。调查显示，家电企业 2008 年的销售增幅和店铺增幅分别为 7.1% 和 10.8%，家居建材企业分别为 8.7% 和 14.1%，销售增长明显低于店铺增长。

三、百强企业销售增长水平整体放缓，不同区域表现出不同特点

从 2004 年到 2008 年的 5 年时间里，百强企业的销售增幅分别为 33%、32%、25%、21% 和 18%，增幅呈下降趋势。同时，2008 年百强中有 7 家企业销售出现零增长或负增长，比 2007 年增加了 2 家。

从区域分布看，二三线城市的销售增幅快于一线城市的情况较为普遍。2008 年，有 15 家百强企业的销售增幅超过 30%，其中 8 家总部在二三线城市，另有 5 家为海外品牌。

四、形势依然困难，拉动消费任重道远

2009 年，全球经济形势依然困难，我国经济增长能否完成预期目标，也存在很多不确定因素。连锁企业面临的主要困难包括消费信心不足、开支紧缩、CPI 下降、企业经营成本上升以及部分企业可能出现的资金紧张等。部分百强企业今年 1 ~2 月的销售额同比增长明显趋缓，预示着行业普遍担心的情势已开始显现。作为消费和流通的终端，连锁百强是国家拉动内需、扩大消费的中坚力量，连锁百强能否保持稳健的增长，不仅关系到企业自身的可持续发展，对国家经济增长目标的达成，也将产生深远影响。

此次调查，协会还对连锁百强 2009 年的发展计划和预期进行了专门的统计。2009 年，连锁百强预计新开店铺 7000 家，直接投资 250 亿元，直接创造就业岗位 30 万个。

2009 年，中国连锁业的竞争将更趋激烈，持续的打折销售给部分零售商的生存和盈利空间形成更大的压力。2008 年年底，国务院提出“关于搞活流通扩大消费”的 20 条意见。为了更好地推动行业发展，协会采取了一系列措施，引导企业优化管理、推动创新、规范行业竞争、保证行业安全。同时，协会通过配合主管部门的政策协调，也力求在资金扶持、减轻负担（包括用电、刷卡手续费、农产品税）等方面为连锁企业创造有利的发展环境。商务部也在陆续出台一系列促进流通业发展的扶持政策。协会认为，在各方的共同努力下，连锁经营有望保持 2008 年的发展水平，连锁百强企业在总体上也将依然保持其良好的发展态势。

（2008年中国连锁百强名单、2008年中国快速消费品连锁零售百强名单、2008年主要海外品牌经营情况，见第六部分“附录三”。）

（中国连锁经营协会）

2008 年中国特许经营连锁百强企业发展状况

——树立行业标杆　扩大加盟就业

以 1997 年我国第一个特许经营管理部颁规章——《商业特许经营管理办法》的出台为标志，特许经营在国内全面推广已近 12 年。2007 年，《商业特许经营管理条例》颁布施行，特许经营逐步走上规范健康发展之路，形成一批具有一定规模和实力、覆盖各个行业业态的知名特许连锁企业。

一、2008 年中国特许经营发展概况

2008 年是中国特许经营充满变化与活力的一年，也是特许经营走向更为规范与成熟的一年。据中国连锁经营协会调查统计，截至 2008 年底，我国的特许体系达到 3500 个，较上年度增长 25%，继续保持世界特许体系最多的国家。

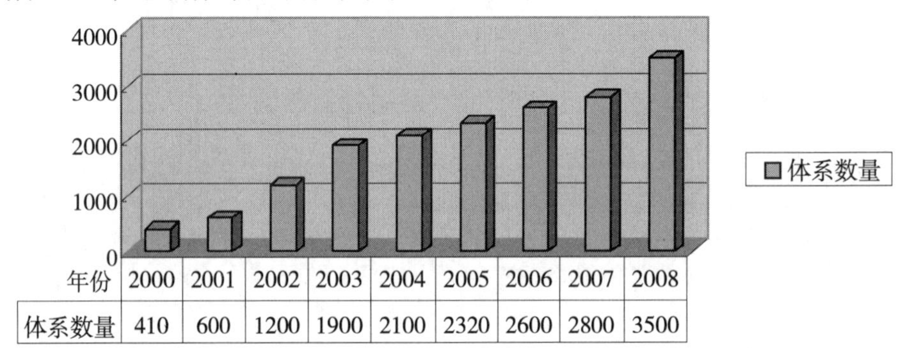

年份	2000	2001	2002	2003	2004	2005	2006	2007	2008
体系数量	410	600	1200	1900	2100	2320	2600	2800	3500

中国特许体系增长图（2000－2008 年）

特许企业覆盖的行业业态超过 60 个，按零售、餐饮和服务三大类来看，特许企业分别占比 42%、22% 和 36%。特许加盟企业店铺总数在 30 万以上，特许体系平均拥有加盟店数量约 86 个。特许加盟企业为社会提供的就业岗位超过 600 万。

二、2008 年中国特许经营连锁百强企业基本状况

为树立行业标杆、促进企业规范发展、维护投资者利益、遏制投机行为，中国连锁经营协会在年度行业调查基础上，首次推出“2008 年中国特许经营连锁百强”。

调查结果显示，2008 年中国特许经营连锁百强销售规模达到 2199 亿元，百强企业门

店总数为85316个，其中加盟店铺数69729个，占总店数的81.7%。特许百强企业的单店平均投资金额约78万元，直接带动社会投资额近200亿元。特许百强企业直接创造就业岗位数超过100万个。

根据特许经营模式在中国各行业与业态的发展程度不同，2008年中国特许经营连锁百强企业分为超市/便利店、服装、农资连锁、餐饮、培训教育、酒店、家装、干洗、美容健康、其他零售与其他服务等11个大类，共涉及54个行业与业态。

2008年中国特许经营连锁百强企业中，海外特许品牌不到10家，国内品牌占据绝对主导地位。

2008年度，百强企业销售收入平均增幅为32%，店铺的平均增幅为28%。其中，百强企业中的酒店与培训教育业的增幅最高，酒店企业的平均销售收入增幅为63%，门店增幅87%；培训教育企业的销售收入平均增幅52%，门店平均增幅43%。

2008年中国特许经营连锁百强调查的主要发现如下：

（一）特许经营模式对推进中国经济发展起到重要作用

1. 特许经营具有促创业带就业的功能

从百强企业直接带动的创业机会与就业岗位来看，特许经营具有显著的促创业带就业功能。2008年中国特许经营连锁百强企业给社会创造近70000个加盟创业机会，直接创造就业岗位100万个。特许加盟模式能够有效地激发企业家精神。同时，以特许经营（加盟连锁）方式和组织形式为代表的行业大都是劳动密集型，它们的快速发展可以有力地拉动投资需求、吸纳大量劳动力。随着体系规模的扩大和数量的增加，特许经营对增加创业与就业的贡献将进一步加大。

2. 特许经营提升国内服务业整体水平，作用明显

从百强企业覆盖的54个行业与业态来看，特许经营对提升国内服务业水平发挥了重要作用。近年，我国零售业、餐饮业以及包括儿童教育、技能培训、经济型酒店、汽车后市场服务、房地产中介咨询、洗衣、家装家居、休闲健身、体检等现代生活服务业和现代商务服务业的快速发展无不与特许经营的引入有关。从传统的服装服饰、食品、保健品、家用电器等零售企业到新兴的信息产品与电子商务等领域也都开始通过特许经营模式建立和整合自主的市场网络和终端。

3. 特许经营积极促进和扩大中小企业的发展与合作

从百强企业中全聚德、如家、小肥羊的上市来看，特许经营对促进和扩大中小企业的发展和合作具有积极作用。中小企业的发展过程中不仅存在着融资难等外部困难，同时还缺乏完善的公司治理结构和先进高效的组织形式等问题。特许经营倡导的“与人合作，与人分享”、“合作双赢”的理念，符合市场信用体制建立的要求。同时，“散、小、差”的中小企业通过特许经营方式加入到拥有先进经营技术和品牌的龙头企业的行列，利用总部的品牌、专利技术、管理诀窍等，有助于促进中小企业快速提升和提高。

（二）中国的特许经营模式正走向规范成熟

通过对百强企业的成立时间、注册资本、门店数量、员工总数、合同签订期与续约率等若干个指标的研究表明：特许经营在中国的发展已逐步走向规范成熟阶段。

1. 规模

百强企业平均成立时间为9年，其中达到10年及以上的企业数有47家。百强企业平均注册资本4526万元，相对比，中国全体特许企业中70%的注册资本不超过100万元。

百强企业2008年平均销售收入近22亿元，平均拥有门店总数853个，企业的平均员工总数10000人。

凭借品牌认知度和服务能力，百强企业的平均加盟费约61.2万元。

百强企业中有8家已上市，另外，有36家已拿到风险投资或私人资本并正在上市筹备期。

2. 规范

《商业特许经营管理条例》中规定特许人应当拥有至少2个直营店，特许合同期限不应少于3年，百强企业平均拥有直营店铺数156个，特许合同平均年限约6年。另外，加盟商的续约率能更好地体现特许总部的规范与诚信，百强企业中，97家企业的续约率超过70%，其中续约率超过90%的特许总部有45家。

3. 区域分布

北京、上海是中国特许加盟总部的摇篮，2008年中国特许经营百强企业总部设在北京、上海的有57家。除此之外，其他百强企业总部分布在广东、浙江、江苏、内蒙古、山东、重庆和陕西等全国各大区域。

（三）标准化、人才缺失与选址是百强企业发展中面临的最大挑战

调查显示，标准化是百强企业面临的最大挑战。标准化是特许连锁发展永恒的主题，体系的标准化内容与实施方式需要根据企业发展阶段与规模不同而进行修订。

人才缺失与选址并列为百强企业面临的第二大挑战。充足的人才储备才能确保体系持续发展。当体系店铺数发展到一定量，市场逐渐趋于饱合，再开新店越来越难，同时总部还要解决新开店铺与现有店铺的竞争问题。

百强企业面临的其他挑战依次为：商标侵权、加盟费收取、加盟商关系维护与投资意愿减弱。

三、2009年，抓住发展机遇，树立行业标杆，扩大加盟就业

2009年，特殊的经济环境将给中国特许经营市场的发展带来机遇。在与中国连锁经营协会部分会员企业的访谈中了解到，2009年第一季度，投资者对于特许品牌加盟的意向和成交率要远远高于去年第四季度，甚至高于2008年同期。但社会上仍然有不规范的特许加盟企业，甚至是不法分子借加盟模式进行欺诈，协会借助2008年中国特许经营百强的发布，树立行业标杆，帮助投资人提升辨别能力。同时，为推进中小特许经营企业的发展，协会通过配合政府相关部门的政策协调，力争政策、资金方面的扶持；通过调研、会议研讨，为企业提供行业动态、前沿管理，并搭建相互学习、交流的平台。

四、2008 中国特许经营连锁百强企业

（一）入榜标准

1. 规范

入选企业特许备案率达到 90% 以上，其余企业也在申请备案过程中；

特许总部成立时间至少 3 年以上。

2. 规模

门店总数 100 家以上；

销售规模 5000 万元以上；

加盟比例 50% 以上。

3. 行业覆盖（未达到规模的企业须满足以下两点）

所属行业或业态的代表性企业；

所属地域内的代表性企业。

（二）数据来源

以下表中数据，除带※的 3 家企业数据来源于上市公司年报外，其他数据均来源于企业填报的“2008 年度中国特许经营年度调查”。

（三）2008 中国特许经营连锁百强企业名单及行业状况简介

1. 零售

企业名称	品牌	总店数	加盟店数	总就业人数	销售规模（万元）	业态
联华超市股份有限公司	联华	3932	1119	48826	5004726	超市、便利店
东莞市糖酒集团美宜佳便利店有限公司	美宜佳	2000	1980	12302	141445	便利店
华联超市股份有限公司	华联	1946	1725	28951	1501219	便利店
浙江供销超市有限公司	浙江供销	1920	1820	4965	200000	超市、便利店、农家店
苏果超市有限公司	苏果	1802	1081	57000	3035800	超市、便利店、农家店
山西金虎便利连锁有限公司	金虎	832	385	3487	68824	便利店
东莞市星翰商贸有限公司	上好	813	807	3289	19739	便利店
河北国大连锁商业有限公司	国大 36524	600	576	3500	76350	便利店
天津劝宝超市有限责任公司	劝宝	503	489	2749	61000	超市、便利店
上海捷强烟草糖酒（集团）连锁公司	捷强	394	267	2134	102951	超市、便利店

便利店发展加盟店具有重要意义。如模式的快速复制、减少总部资金压力、便于调动经营者积极性等。“7－11”等国际知名连锁便利店加盟比例一般在90%以上。

便利店发展加盟必须具备的前提条件，包括：（1）强大的总部功能，及其对加盟店业务的培训和督导；（2）健全的信息系统，及时掌控门店销售情况；（3）完善的物流体系，保证对门店商品的配送服务。

企业多采取单店特许方式，要求加盟商提交保证金，合作期限长短不一（少则2年，多则5年或更长），培训督导也有不同（开业前培训，短的1周，长的2周；营业后，少的年训5次，多的10余次；总部多以网络、电话、会议等方式与加盟商沟通。投资回报期多为2~3年。

加盟店经营中的问题包括：（1）标准化实施难，特别是企业规范的管理体系在加盟店中贯彻执行有一定的难度；（2）督导体系不完善，受店址、交通、人员水平等方面的限制；（3）培训体系不完善，培训的时间、方式、内容、人员等还不能以制度的形式确定。从发展角度看，目前便利店企业最关注的问题是：加盟商的标准化执行、店铺扩张和开发新的服务项目，以及人员流动频繁、成本压力大（特别是租金）、新产品开发流程长等。

2. 服装

企业名称	品牌	总店数	加盟店数	总就业人数	销售规模（万元）	业态
李宁（中国）体育用品有限公司※	李宁	6917	6572	4001	669000	运动服装专卖店
中国动向（kappa）集团有限公司※	kappa	2808	2808	667	332200	运动服装专卖店
上海美特斯邦威服饰股份有限公司	美特斯邦威	2698	2300	1454	447368	休闲服装专卖店
佐丹奴国际有限公司※	佐丹奴	2000	500	8300	471000	休闲服装专卖店
山西百圆裤业有限公司	百圆	1278	1244	6903	59900	裤装专卖店
上海欧迪芬内衣精品有限公司	欧迪芬	925	518	2085	35750	内衣专卖店

在国际新锐时尚品牌如西班牙时装巨头ZARA、美国休闲时装品牌GAP、瑞典时装先锋H&M以及德国平价服装连锁店C&A聚齐中国市场，形成国际品牌、产品时尚、价格中等、供货迅速、货品丰富等特色背景下，受国际大牌的影响和下一轮竞争的驱动，本土品牌对服装品牌经营、运营模式和经营管理进行深入思考，发现在竞争拼杀中人们忽略了品牌个性的培养和塑造，产品尤其是男装产品同质化倾向严重。

服装连锁企业日益注重品牌产品的“品位”和“风格”，这种追求也表现在店面装修和广告等方面。

服装连锁企业在选址和业态上显得更加成熟，除传统的商业街、百货商场之外，机场、大型超市等人群密集、定位清晰的场所也成为服装连锁品牌构建网络的新选择。

产品风格在特许体系内被衍化成品牌风格和品牌文化，多数服装连锁企业注重对加盟体系的文化整合和文化控制。在争夺市场份额为主要目的的初级竞争过去之后，对品牌的精细化管理理念得以发展，服装连锁企业更加重视对连锁店形象的建设。

3. 农资连锁

企业名称	品牌	总店数	加盟店数	总就业人数	销售规模（万元）	业态
天盟农资连锁有限责任公司	天盟	7586	7586	22906	1200000	农资专卖店
江苏苏农农资连锁集团股份有限公司	苏农	1806	1737	5751	880605	农资专卖店
安徽徽商农家福有限公司	徽商农家福	1806	1700	5382	175930	农资专卖店
四川吉峰农机连锁有限公司	吉峰	548	15	730	79492	农机专卖店
北京雷力绿色肥业连锁经营有限公司	雷力	200	200	661	14000	有机化肥专卖店

改革创新使主渠道成效明显——随着农资市场的放开，供销社系统作为传统的农资供应主渠道，在广大农区通过对原企业产权制度重组改造，对经营机制进行转换，以创建放心农资连锁店为抓手，以发展连锁配送为支撑，通过整体加盟、一网多用等，初步构建起农资现代流通服务网络。

从起步阶段向快速发展阶段迈进——遍布各省际的农资连锁经营网络初步形成。一批农资连锁龙头企业、农技服务体系通过发展连锁不断壮大，农资连锁经营发展呈现良好势头，在一些地区，连锁经营市场占有率近70%，网点增幅超过100%，而投诉举报、农业生产事故数量显著下降，农资产品抽检合格率明显提高。

连锁网络越大，农民受益越深——大型龙头农资连锁企业大多初步建成了配送中心、直营店、加盟店“三位一体”的农资连锁配送服务体系。既保质保量保品种，又能使连锁网点的商品供应价格低于其他农资经营单位。同时，也推进了城乡一体化的进程。

大多数中小农资企业亟待扶持和发展——农资连锁企业大多规模小、竞争弱、产品和产量不能形成系列和规模，制约了行业的整体发展；加之农资企业人员流动大，尤其是销售、技术等关键职位流动性更大，亟待政策和资金支持，以加强企业实力和稳定性，增强经营风险和人才吸引力。同时，农资连锁行业发展空间很大：市场覆盖趋于扩大，政策倾斜趋向加大，连锁理念与意识得到普及，基础性建设加快实施，典范影响更受认可，潜在市场受到资本关注，更重要的是农民收入和消费能力加速提高。

（四）其他零售

企业名称	品牌	总店数	加盟店数	总就业人数	销售规模（万元）	业态
特百惠（中国）有限公司	特百惠	3000	3000	9020	50000	小商品
江西汪氏蜜蜂园有限公司	汪氏	3000	3000	6580	58000	营养保健

续表

企业名称	品牌	总店数	加盟店数	总就业人数	销售规模（万元）	业态
罗莱家纺股份有限公司	罗莱	1536	1398	5600	211200	家纺用品
好利来企业投资管理有限公司	好利来	800	480	10000	180000	烘焙食品
广州汇美舍天然用品连锁有限公司	汇美舍	740	700	3000	300000	香薰产品
重庆谭木匠工艺品有限公司	谭木匠	720	683	2000	24000	礼品
北京百花蜂产品科技发展有限公司	百花	560	560	1315	15000	营养保健
江苏汇银电器连锁有限公司	汇银	550	450	2262	165193	家电
北京金象大药房医药连锁有限责任公司	金象	320	104	965	68000	药店
广东缤果动漫连锁管理有限公司	缤果	316	316	1300	15200	动漫品
上海雷允上药品连锁经营有限公司	雷允上	290	258	1740	38779	药店
厦门市双丹马实业发展有限公司	燕之屋	203	190	1700	14320	营养保健
南京桂花鸭（集团）公司	桂花鸭	202	193	1098	91731	特色食品
北京吴裕泰茶业股份有限公司	吴裕泰	192	159	761	43225	茶叶
诸暨市中衡窗业有限公司	中衡窗业	170	168	1225	11000	门窗销售
中牧农业连锁发展有限公司	中牧	124	104	700	5000	兽药
北京张一元茶叶有限责任公司	张一元	110	86	500	40900	茶叶
五芳斋集团	五芳斋	108	44	3038	63417	特色食品
上海笛莎文化传播有限公司	笛莎	76	53	269	6200	女童生活馆
沈阳博宇有色金属炉料有限公司	博宇	60	33	400	111504	有色金属销售
浙江名庄传奇葡萄酒有限公司	名庄传奇	48	43	215	6500	酒类
厦门市光合作用文化传播有限公司	光合作用	29	5	497	6500	书店

（五）餐饮

企业名称	品牌	总店数	加盟店数	总就业人数	销售规模（万元）	业态
福成肥牛餐饮管理股份有限公司	福成	850	680	46750	310000	火锅
内蒙古小尾羊餐饮连锁有限公司	小尾羊	561	501	49050	507800	火锅
重庆德庄实业（集团）有限公司	德庄	467	439	14904	212952	火锅
重庆秦妈餐饮管理有限公司	秦妈	451	441	16943	122339	火锅
内蒙古小肥羊餐饮连锁有限公司	小肥羊	380	248	44525	608800	火锅
北京东来顺集团有限责任公司	东来顺	146	118	14000	90113	火锅
河南一尊实业有限公司	一尊皇牛	106	64	12000	61000	火锅
昆明大滇园美食有限公司	大滇园	73	68	5240	23594	火锅
咸阳阿瓦餐饮文化连锁有限公司	阿瓦山寨	328	325	16460	133444	中式正餐

续表

企业名称	品牌	总店数	加盟店数	总就业人数	销售规模（万元）	业态
中国全聚德（集团）股份有限公司	全聚德	80	60	9900	200150	中式正餐
上海世好餐饮管理有限公司	吉祥馄饨	840	749	5840	33210	中式快餐
马兰拉面快餐连锁有限责任公司	马兰	402	221	6470	55324	中式快餐
上海弘奇永和食品发展股份有限公司	永和	250	228	8100	75000	中式快餐
北京老家快餐有限责任公司	老家肉饼	130	80	3250	37960	中式快餐
广州市绿茵阁餐饮连锁有限公司	绿茵阁	66	40	4860	39109	西式正餐
天津德克士食品开发有限公司	德克士	908	822	26541	283298	西式快餐
苏州迪欧餐饮管理有限公司	迪欧	698	537	25200	157037	咖啡馆
青岛耶士咖啡有限公司	SPR	429	428	2800	7848	咖啡馆
上海街客餐饮管理有限公司	街客	870	795	3560	20880	饮品外卖店
上海仙踪林餐饮有限公司	仙踪林	160	160	4050	29145	休闲饮品
上海粮全其美食品有限公司	粮全其美	2680	2675	8000	33800	食品外卖店

2008 年，中国餐饮业收入达 1.5 万亿元人民币，较上年上涨 26%，延续了我国餐饮业产值连续 18 年实现两位数高速增长的纪录，保持高增长得益于行业元素的不断丰富。

随着我国居民消费水平的快速提高，人们追求品牌店、特色店和名牌餐饮店的势头更加明显，个性化特色经营突出的品牌、特色餐饮深受青睐。休闲餐饮、浪漫餐饮、沙龙餐饮、旅游餐饮、娱乐餐饮、会展餐饮、网络餐饮、邮递餐饮新形式的餐饮等更多地进入人们的生活，我国餐饮业的多元化发展、国际化进程不断加快。

资本运作活跃，风投青睐餐饮业。2008 年，处于资本运作阶段的餐饮连锁企业中，6% 的企业已引入资金或准备上市，有 72% 的企业已与多家投行洽谈，餐饮企业的现金快速回收、连锁化运作快速扩张都成为餐饮业吸引风险投资青睐的重要因素，经济不景气的大背景更加凸显餐饮业良好的抗风险性，餐饮业自然也成为私募股权、风险投资的青睐对象。

中国连锁经营协会发布的《2008 中国连锁餐饮业发展战略趋势调查报告》显示，人力资源匮乏、经营成本高涨、标准化难度高成为目前我国连锁餐饮企业发展的三大障碍。连锁餐饮业发展中面临的主要问题有人力资源匮乏、经营成本高涨、标准化难度高、行业内部恶性竞争、资金短缺及政策支持等问题。其中，人力资源匮乏比例最高（80%），其次为经营成本高涨（60%），标准化难度高（45%）。

值得注意的是，受金融危机及商业物业大幅增加的影响，商业物业租金下降的情况已在餐饮业得到体现，餐饮新开店面的租金目前已下降 5% ~30% 不等，更有开发商针对连锁餐饮门店实行套餐优惠。房租下降为餐饮企业抵御经济危机和菜肴降价提供了可能性。

（六）酒店

企业名称	品牌	总店数	加盟店数	总就业人数	销售规模（万元）	业态
上海如家酒店管理有限公司	如家	471	144	16975	259319	经济型酒店
锦江之星旅馆有限公司	锦江之星	361	246	10773	177174	经济型酒店
格林豪泰酒店（上海）有限公司	格林豪泰	338	240	13520	30000	经济型酒店
上海驿居酒店管理有限公司	莫泰	190	35	30000	159501	经济型酒店
万里路国际青年酒店连锁管理（北京）有限公司	青年旅舍	124	112	2240	15000	经济型酒店
速伯艾特（北京）国际酒店管理有限公司	速8	90	90	3531	25574	经济型酒店
辅特（上海）酒店管理有限公司	戴斯	58	13	5730	42824	星级酒店

金融危机对星级酒店造成冲击，出租率下降明显，而对经济型连锁酒店的影响相对较小。经济型连锁酒店出现的泡沫，主要源于投资人对经济型酒店盈利的期望过高，不惜重金投入，使得北京、上海、广东地区出现局部的投资泡沫，抬高了物业租赁成本。人工成本作为另一项成本支出也在大幅上涨。成本上升的同时，平均出租率却出现下降，热点区域北京、上海和整个华东区域在出租率上的降幅较大。

“百元酒店”成为经济型酒店投资新热点。继格林豪泰、汉庭、丽星邮轮相继推出各自品牌的“百元酒店”之后，锦江之星也开始着手打造“百元酒店”。经济型酒店打造“百元酒店”势必可以增加经济型酒店品牌的竞争实力。

经济危机为扩大加盟提供了机会。受全球金融危机影响，酒店业的出租率普遍下降，这成为经济型连锁酒店拉生意不景气的单体酒店加盟的好机会。连锁酒店也适时降低加盟费用，有的表示，加盟店在一定期限内未达到入住率和预期收益目标，总部将减免加盟管理费或全额退还加盟费，并给以经济补偿。

扩张转向二三线城市。经济型酒店在沿海及一线城市处于较饱和状态，所以目标开始转向中西部及二三线城市的市场。如家表示，将扩大在西北地区的投资力度，争取在2011年前在整个西北地区的数量超过100家。

（七）培训教育

企业名称	品牌	总店数	加盟店数	总就业人数	销售规模（万元）	业态
北京阿博泰克北大青鸟信息技术有限公司	北大青鸟	226	184	5500	214500	IT培训
上海昂立投资咨询有限公司	昂立	827	827	8610	32000	外语培训
北京环球天下教育科技有限公司	环球雅思	85	48	1200	35000	外语培训

续表

企业名称	品牌	总店数	加盟店数	总就业人数	销售规模（万元）	业态
北京市东方金子塔教育管理咨询有限公司	东方金子塔	307	292	4854	23000	儿童培训
北京市东方爱婴咨询有限公司	东方爱婴	306	239	2211	26469	儿童培训
北京红黄蓝儿童教育科技发展有限公司	红黄蓝	200	176	3057	30163	儿童培训
上海美邦教育信息咨询有限公司	新爱婴	148	131	2263	14292	儿童培训
上海金宝贝科教服务有限公司	金宝贝	140	91	2000	29000	儿童培训

根据中国连锁经营协会《2008－2009年中国特许经营年度报告》调查显示，在过去的几年中，中国教育培训行业整体表现良好，始终保持了两位数的增长速度。即使面对金融危机的冲击，整个行业在刚性需求的支持下仍然表现出良好的抗经济周期性。

2008年，中国教育培训市场总值约为6100亿元，预计到2012年这一数字将增加到9590亿元，每年的复合增长率将达到12%左右。其中，民办教育的年均复合增长率将达到16%，大于公办教育年均9%的增长率。而其在整个中国教育培训市场所占的比例也将从2008年的39%增加到45%。主要的细分市场包括学前教育、课外辅导、民办高校、网络教育、职业技能培训如IT、英语培训等。而学前教育和职业技能培训这两个细分子行业在此次金融危机中，充分体现出教育行业的“反周期”特征。

尽管实体经济在很大程度上受到金融危机的冲击和影响，然而根据此次调研所得到的信息可以看出，整个学前教育和职业培训行业依旧表现出良好的盈利能力，市场规模也延续了之前较快的增长。常见的企业扩张方式，包括直营、单店特许、区域特许以及二级特许。

学前教育和职业培训行业体现出良好的盈利能力。根据以往行业研究及此次访谈的结果，我们发现学前教育行业平均毛利率为30%左右，领军企业的毛利率更是可以达到40%～50%的水平。职业教育培训行业平均毛利率约为35%，受较高市场集中度的影响，领军企业的毛利率达到了50%～60%。激烈的社会竞争促使每一位家长都不希望自己的孩子输在起跑线上，致使此类需求趋于刚性化。与此同时，由于目前更多的接受学前教育服务的家庭收入状况普遍较好，顾客对于价格的敏感度也往往相对较低。对于职业培训而言，由于其培训的成果（如资格证书）与个人收入有着相对紧密的联系，从而也降低了此类顾客对于价格的敏感程度。

（八）干洗

企业名称	品牌	总店数	加盟店数	总就业人数	销售规模（万元）	业态
北京福奈特洗衣服务有限公司	福奈特	603	544	4700	35000	洗衣
北京布兰奇洗业服务有限公司	布兰奇	555	552	3000	16500	洗衣

续表

企业名称	品牌	总店数	加盟店数	总就业人数	销售规模（万元）	业态
荣昌·伊尔萨洗染连锁集团	荣昌	458	421	2100	19000	洗衣
郑州市康洁洗涤有限公司	康洁	415	410	1801	11531	洗衣
上海象王洗衣有限公司	象王	350	336	1950	16195	洗衣

连锁经营模式在洗衣行业仍然应用最为广泛，市场发展也较稳定。福奈特、布兰奇、荣昌·伊尔萨、康洁、象王等领导品牌基本形成，其管理体系趋于成熟。洗衣行业连锁发展速度放缓，但收益状况仍保持较高水平。

全国洗染业的市场总量近年来一直在逐步提升。上世纪 90 年代中后期，全国洗染业市场总量不到 200 亿元人民币。如今，洗染业市场总量可在 450 亿 ~ 500 亿元人民币，是发展比较迅速的行业之一。目前我国洗染行业中，洗衣工厂、宾馆、酒店洗衣房以及各种机关团体洗衣部的市场占有量大约为 40%，以生活服务为主的洗衣店约占洗染行业市场的 60%，其中多个连锁品牌洗衣店的市场占有率已超过后者总量的 50%。

2008 年，《服装水洗洗涤质量标准》、《服装干洗洗涤质量标准》和《服装熨烫质量标准》的制定为行业的规范发展起到积极作用。由商务部、国家工商行政管理总局和环保局联合发布的《洗染业管理办法》于 2008 年 7 月 1 日起执行，也将有利于行业形成规范发展的市场环境。

（九）家装

企业名称	品牌	总店数	加盟店数	总就业人数	销售规模（万元）	业态
北京业之峰装饰有限公司	业之峰	260	86	2800	33000	家装
北京东易日盛装饰股份有限公司	东易日盛	223	135	5512	160000	家装
北京元洲装饰有限责任公司	元洲装饰	188	158	3186	60800	家装
北京龙发建筑装饰工程有限公司	龙发	138	70	20000	100000	家装
深圳市居众装饰设计工程有限公司	居众装饰	44	24	68900	290500	家装

扩张速度减缓，主动推进行业产业升级——品牌化大型家装企业在快速拓展全国主要市场后，已放缓市场扩展，转而将提升管理、加强对加盟商的管控作为重点。同时，房地产精装时代的来临，促使大型家居连锁卖场成立自营家装公司推广家居产品、催生新概念家居体验、设计与生产配套等，使流水线式的生产与个性化需求相融合，并通过工业化的配套产品缩短施工周期、降低材料消耗，使企业在市场竞争中主动推进产业升级，以适应行业未来变革的发展趋势。

逐步介入资本市场——雄厚的资金是实现产业升级、市场整合的保障，借助外部资本来提升自身竞争力是家装企业发展的必然趋势，而家装行业巨大的市场发展空间与良好的发展前景必然吸引众多风险投资资本的主动关注和进入。

条例加速行业规范和洗牌——《商业特许经营管理条例》将不具备特许经营标准的家装企业逐出市场，并指导和推动品牌化家装企业更加规范地从事特许经营业务。

行业秩序仍待调整——产品特别是服务标准尚不完善，不正当手段牟取暴利时有发生，无照经营的“马路游击队”仍占据家装业很大市场份额，而在法律规范、消费环境和行业道德等方面也缺乏有效的行业引导，其导致社会各界对家装行业的认可程度较低。

精装时代加剧行业变革——《商品住宅装修一次到位实施细则》使家装行业的消费主体由单一消费者逐渐转向地产开发商，这在推进家装企业与地产开发商商业合作的同时，加速了家装行业的洗牌与整合。

（十）休闲健康

企业名称	品牌	总店数	加盟店数	总就业人数	销售规模（万元）	业态
南京足生堂保健有限公司	足生堂	515	481	21300	97390	足疗保健
重庆富侨保健服务有限公司	富侨	500	470	35000	120000	足疗保健
青岛英派斯大健康股份有限公司	英派斯	72	72	2450	16000	健身俱乐部

主要服务模式有——专业健身俱乐部、综合性商务会所、课程馆、非商业健身房等。虽然瑜伽健身馆、跆拳道馆等并存发展，但从发展趋势看，综合有氧运动、力量训练、身体检测、私教服务等综合项目的健身俱乐部是行业的主要方向。

投资规模——单店投资差异很大，标准健身中心至少投资100万元以上，标准美发或足浴中心投资50万元即可。

品牌与服务——企业多以单一品牌发展，但也有按照产品或服务所形成的不同效果而设立不同品牌进行特许经营，使终端顾客细分、市场份额延伸、盈利点扩大。

品牌集中于大城市——本行业的发展与城市经济规模、居民收入水平及受教育程度关联性较高。目前，国内外知名品牌的健身俱乐部主要集中于北京、上海、天津等大城市发展，这反映出健身俱乐部的特许加盟仍未在全国范围推开，品牌的区域特征和知名度较为明显。

与社区结合趋势明显——是否拥有健身俱乐部已成高端社区的新标尺，健身俱乐部与社区的关系越来越密不可分，使业主、俱乐部、物业和地产商都是赢家。

行业认可度仍低，但发展潜力大——与美国13%的人口已进入健身俱乐部相比，在中国即使在大城市也仅有不足3%的人在健身房健身，行业发展潜力巨大。

（十一）其他服务

企业名称	品牌	总店数	加盟店数	总就业人数	销售规模（万元）	业态
北京翰皇伟业皮革清洁养护连锁服务有限公司	翰皇	2383	2383	9582	35745	鞋护理

续表

企业名称	品牌	总店数	加盟店数	总就业人数	销售规模（万元）	业态
北京埃菲特国际特许经营咨询服务有限公司	21 世纪不动产	1180	1178	11752	125300	房屋中介
杭州小拇指汽车维修科技股份有限公司	小拇指	260	260	2500	18720	汽车美容
大连好月嫂家庭服务有限公司	好月嫂	138	105	100000	76580	家政服务
小鬼当佳国际贸易（北京）有限公司	小鬼当佳	48	18	576	11520	儿童摄影
北京艾普旧车经营有限公司	艾普	42	30	320	40000	二手车销售
北京华夏中青家政服务有限公司	华夏中青	36	4	174	2280	家政服务
贰仟家汽车服务股份有限公司	贰仟家	26	25	1362	17500	销售与维修

2008年中国超市食品安全调查报告

一、零售企业与供应链

事件： 2008年9月16日，包括蒙牛、伊利、雅士利等22种国产婴儿配方奶粉查出含有三聚氰胺。据卫生部通报，截止到11月27日，全国累计筛查婴幼儿2238.4万人次，泌尿系统出现异常的患儿达到29万余人。访谈中某位专家称，我国每年新生婴儿1600万，问题奶粉事件可能给这一代人带来健康隐患。

道德、监管与利益之外，问题奶粉事件暴露了供应链质量标准缺失的问题，从微观角度体现了添加剂的使用有待规范。产品标准是一环套一环，环环相扣的。奶牛的饲料标准，原奶的生产标准，原奶的采购标准，牛奶的生产标准，牛奶的运输标准，奶制品的采购标准，奶制品的生产标准，奶制品的贮藏标准等等，似乎每个环节都按照相关政府部门要求的标准进行把关，而实际上，各环节之间的衔接标准和供应链的监管存在漏洞，无论是政府还是供应链上各个环节都无法对供应链质量标准进行整体的控制。问题奶粉事件也体现了处于供应链末端的消费者和零售企业对商品质量不可控的无奈。

我国食品供应链较为复杂与分散。食品加工厂大约有448000家，99%的农民分布在1.5亿块农田上，零售企业要销售安全和新鲜的食品，需要投入大量的人力财力和精力。

零售商对生产商的质量无法进行控制，但是作为供应链上的一部分，零售商对供应链的健康有序发展起着重要作用。2008年的问题奶粉事件上，凸显了零售商与供应商之间良好合作的重要性。

9月，问题奶粉事件曝光初期，多个品牌婴儿奶粉被曝光出现质量问题，超市内不合格品牌商品下架，在公告栏进行公示，积极组织退换货；

紧接着，多个品牌液态奶被曝光出现质量问题，超市内几乎全部液态奶被涉及；

超市内经营的乳制品被曝光可能存在三聚氰胺；

国家质检总局陆续公布批次合格产品名单，合格商品上架销售；

目前，液态奶和奶粉的销售额正在持续回升。

整个事件期间，超市作为与消费者对接的窗口，为稳定市场情绪，进行了大量工作，各超市配合生产企业，进行了大量的不合格商品的消费者退货、供应商退货工作。我们无法设想以连锁企业为主的各超市如果都实施了全部清货、清退供应商等行为，将引起怎样的社会恐慌。

特别是以中国连锁经营协会食品安全委员会成员单位为主的各大型连锁超市，积极配合相关政府部门，在重大事件面前，采取灵活处理的方法，将负面影响降到最低，对任何可能引发过激行为进行阻止，对于少数门店阶段性全部液态奶的下架、清货的行为进行及时调整，并指导其进行合格产品的上架销售。

本报告第一部分将从超市食品安全管理角度，对食品供应链上，生产者与超市合作现状及存在的突出问题进行分析。

本次调查数据显示，一家 8000m^2 的超市门店平均拥有供应商 870 个，其中，生鲜食品供应商约占 12%，有 100 家左右。

（一）零售企业对包装食品生产企业的产品质量控制力有限

1. 零售企业对生产企业及产品进行以证照为主的审核

同 2007 年一样，100% 零售企业通过供应商管理制度对供应商进行管理，除了对部分高风险供应商进行现场审核外，大部分供应商以证照审核为主。

（1）对生产企业的审核

100% 的被调查零售企业实施供应商索证索票制度，并实施有效证件备案。各超市审查并存档供应商各项证书的比例同上年持平，都保持在较高的水平上，100% 被调查超市取得营业执照和卫生许可证；100% 取得税务登记证；97% 取得食品生产许可证；94% 取得组织机构代码；84% 为一般纳税人资格，并提供证书。

除证照审核外，零售企业会对部分供应商进行现场审核，这部分供应商集中在豆制品加工、熟食加工等高风险产品中。据统计，80% 的超市会定期对高风险供应商的生产加工现场进行审核，这一数值较 2007 年的 39% 有了较大提升。

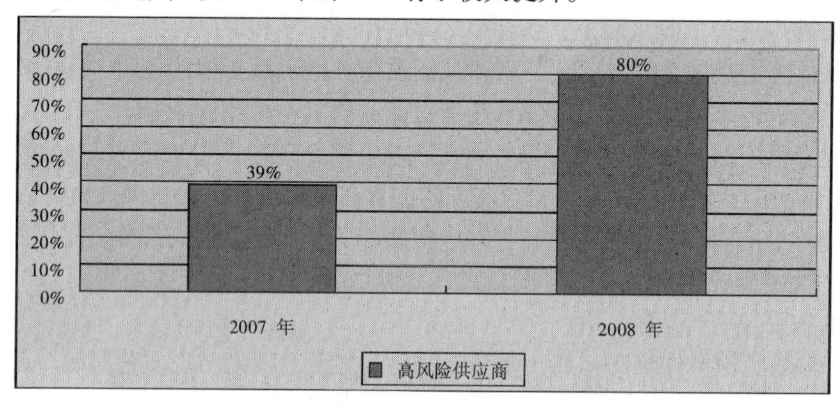

图 1　超市对高风险供应商进行现场审核的比例大幅提高

实施审核的主体，由超市采购人员、超市质检人员、专业检测机构三部分组成，各部分的占比分别是 25%、30% 和 55%。

由于各供应商经营的产品不同，进行审核的项目和指标也有所差异。由零售企业与生产企业制定审核标准的比例相当，各占 50%。制定标准的依据 30% 来自 HACCP；50% 依据我国质检总局实施 QS 的标准进行审核。

虽然超市会运用较为科学的方法进行供应商审核，但是，高风险供应商在全部供应商中的占比平均不超过 2%。

（2）对商品的审核

同 2007 年一样，100% 的超市实施商品索证索票制度。其中，索要商品的质检合格证明达 100%，同时，各超市根据经营的商品差异，对供应商提供票证的要求也有所不同，这些票证多达几十种。被调查企业要求必须提供多类有效证明的比例：

要求必须提供食品企业准入证明（QS）的超市占 87%；
肉类检疫证明 97%；
商品条码系统成员证书 80%；
保健食品批准证书 93%；
转基因农产品标识 77%；
进出口食品标签审核证书 83%；
活畜禽防疫证明 57%；
绿色食品证书 87%；
农业转基因生物标识审查认可批准文件 57%；
有机食品证书 80%；
无公害农产品产地认定证书 83%；
酒类批发许可证 73%；
酒类流通备案登记表 60%；
国产酒类专卖许可证 53%；
保健食品批准证书 80%；
商品进入该地区销售的许可证 40%；
属于专利性质商品的专利证书 63%。

2. 添加剂的快速增加加大了零售企业控制产品质量的难度

问题奶粉事件同 2006 年波及全球的苏丹红事件一样，都是添加剂惹的祸。针对于添加剂的使用，甚至是政府监管部门对此都很难进行控制，零售企业对此更是少有监管，这与添加剂发展迅速、检测手法有限、隐蔽性强等因素有关。

（1）添加剂的诞生与发展

1992 年我国还没有专门的食品添加剂工厂；90 年代末，添加剂开始大量应用于食品加工业，添加剂伴随着食品工业生产迅速发展。

目前，超市中，饼干、果汁、火腿肠、薯片、糖果等各类包装食品都使用了多种添加剂，同时，现场加工的面包、蛋糕、布丁等食品也都使用了食品添加剂。添加剂已经成为食品生产的灵魂。

（2）消费者需求加快了添加剂的发展步伐

在这个消费决定生产的时代，消费者的选择决定了生产者的行为。超市中，酸甜的糖果、香浓的零食、酥脆的饼干和柔软的蛋糕很受欢迎，这些食品满足了消费者感官上的需求；食用半成品、微波食品、速食食品备受青睐，满足了快节奏工作生活下的方便快捷要求。

消费者对食物提出的要求日渐苛刻，原材料价格高昂，生产商无法使用真材实料来生产，只有使用添加剂来降低原材料成本。

（3）伴随快速发展产生了问题与隐患

添加剂的标准体系不完善。目前，我国批准使用的添加剂品种已达 2300 多种，有国家标准和行业标准的品种不到 300 种。超市食品中常见的复合食品添加剂几乎都没有质量标准。

违规使用添加剂。访谈中多位专家称，已经出现的食品安全事件、事故中，都是违规使用添加剂造成的。2008 年 12 月 10 日起，卫生部、工商总局等 9 部门联合启动打击违法添加非食用物质和滥用食品添加剂专项整治行动，超市积极配合政府部门，第一时间下架各类不合格商品。

3. 销售规模和证书体系是无法有效控制食品安全的主要原因

现阶段，我国以超市为主的零售企业没有能力也没有意愿对供应链质量标准进行控制。它们无法对供应链上游的生产企业产品质量提出要求，更无法控制它们生产出来的产品品质。主要原因有三：

（1）现有证书体系无法保证被认证食品的安全可靠

95% 的零售企业质量负责人认为，我国正规的食品生产企业目前都经过了 HACCP、QS、ISO、国家免检等多项商品质量认证、质量证书和管理认证，这些证书都经过了相关政府部门的严格审查或专业认证公司的审查，在这些有效的专业认证以及质量报告面前，零售企业应检查生产商各种证照的有效性，而不应再对商品进行质量检测，以避免社会资源浪费；特别是，无法控制生产厂家原辅料的品质以及添加剂的使用。随着添加剂的大量使用和快速发展，需要进行的检测项目，发生了很大变化，政府部门的抽检或零售企业抽样送检，大多以致病菌的检测为主，或进行传统检测项目的指标检测，无法做到各类添加剂项目检测的全面覆盖。

（2）超市销售规模小，无力开展大范围的产品检验

现阶段我国超市企业总体销售规模偏小，规模优势不明显（结论来自 2008 年 3 月中国连锁经营协会发布的《中国连锁经营企业经营状况分析报告》），同欧美国家高度集中的零售业对生产企业提出的要求相比，还有很大差距。目前，我国零售企业仅在发展自有品牌时，针对指定的产品，对生产企业提出了要求。

（二）零售企业对生鲜农产品的质量和品质控制能力有限

1. 与供应商合作，定性抽检，了解农产品品质

（1）六成超市监控农产品品质

近六成超市配有检测实验室或检测中心每天抽检农产品。检测的品种从几个到几十个不等，大多使用快速检测方法实施定性检测。平均检测合格率在 95% 以上，这一数值同 2007 年的 98% 相比略有下降，考虑到检测项目增加、受访企业变化等因素，合格率基本持平。

问题奶粉事件证明，农副产品的安全问题非常重要，同样这个环节的危害有很强的隐蔽性，需要通过技术手段来实现。食品的危害性管理包括五个方面：食品添加剂、化学污染物、农药残留、兽药残留、生物性危害。我国政府对于添加剂的监管正在加强，对于沙门氏菌和李斯特菌等生物性危害的监管处于起步阶段。比较而言，化学污染物、农药残留、兽药残留的检测技术较为成熟，总体而言，零售企业在这三方面检测的实施情况也较好。

（2）质量监控主体多元化

各超市实施农产品监控的主体有门店进行（89%）、配送中心进行（8%），以及总部抽检（57%）、总部送检（60%）、第三方抽检（25%）、政府抽检（63%）等几种，采用单一方式进行质量监控的超市较少。另外，有 6% 的超市没有开展商品质量检查工作。

通过配送中心进行生鲜配送的超市（8%），它们在配送中心环节开展了质量检测工

作；另有，57%的超市总部质量部门会定期抽检工作；将近25%的超市委托第三方检测机构；最常见的是门店中专职工作人员进行检测，达87%；还有2%的超市由门店中非专职的工作人员开展检测工作。

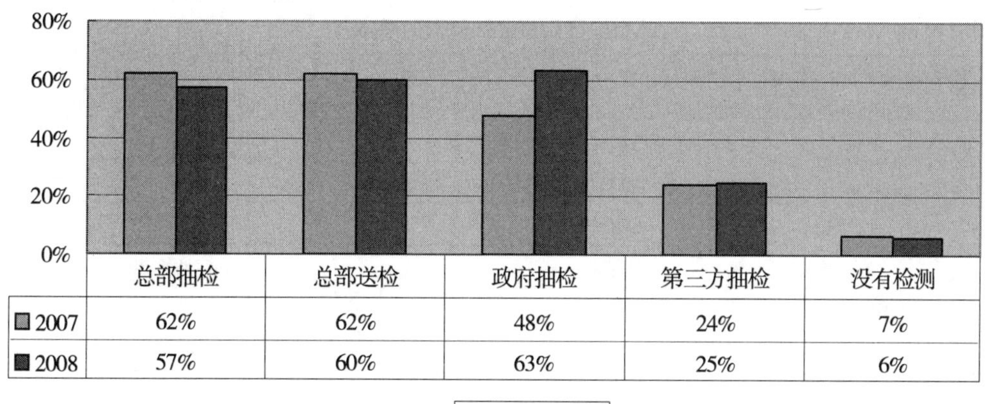

	总部抽检	总部送检	政府抽检	第三方抽检	没有检测
2007	62%	62%	48%	24%	7%
2008	57%	60%	63%	25%	6%

图2　多方实施质量监控与2007年相比变化不大

（3）检测项目繁多

前5位分别为甲醛、有机磷、注水肉、亚硝酸盐和吊白块。各超市已经涉及到的商品检测项目有不同侧重，有60%的企业进行过蔬菜有机磷检测（2007年为69%）；40%重金属（2007年为54%）；43%瘦肉精（2007年为54%）；36%肉类产品氯霉素（2007年为46%）；66%水产品甲醛（2007年为73%）；50%面食及豆制品吊白块（2007年为73%）；53%注水肉（2007年为69%）；43%熟食品色素（2007年为50%）；53%熟食品亚硝酸盐（2007年为73%）。本年度调查还增加三个项目，23%除草剂，30%杀虫剂，26%激素，以及一定比例的微生物检测等。

对比2007年检测内容，抽检项目的占比整体略有下降，考虑本年度调查样本调整等因素，实施检测的项目基本与2007年度没有明显的变化。

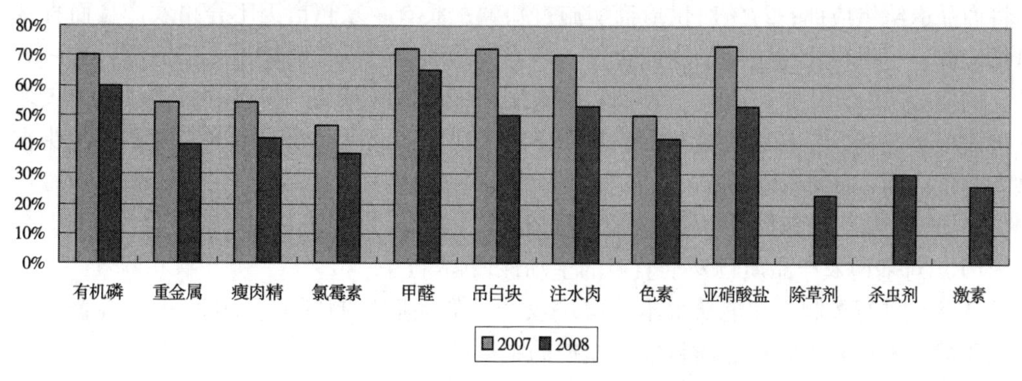

图3　超市实施各项检测内容的比例

（4）企业经营成本压力大，制约检测投入

在人力成本上升、水电费用上升的环境下，各超市在质量监控方面投入了一定的费用。据统计，8000 ㎡的超市每年进行检测的费用约为 10000 元。具体内容如下：

表 1　　超市进行质量监控所需的成本

序号	检测类别	实施频率	每年费用（元）
1	超市抽检	门店每天抽检 + 总部抽检 （或配送中心抽检 + 总部抽检）	8000
2	超市送检	不定期	供应商承担
3	政府抽检	不定期	供应商承担
4	第三方检测	每个季度一次	2000
合计			10000

其中，门店进行的抽检以快速检测设备为主进行。受各方面条件所限，门店内的快速检测设备以快速检测试纸为主，各类试纸的价格从几角到几十元不等。根据超市重点关注的商品不同，进行批次检测的费用不同，每年所需的费用在 4000 到 8000 元之间。

据了解，从 2007 年开始，在武汉上海等地区，超市门店内的农产品快速检测设施设备都得到了当地农委的支持和补贴。而有的地方政府提供快速检测车，进行流动办公，在各个流通场所进行免费的商品抽检工作。每年由超市承担的费用大幅度降低。

（5）对有问题供应商的处理保持着较大灵活性

调查数据表明，每个超市约有肉禽蛋蔬菜水果等生鲜类食品供应商 100 余家。随着各零售企业对生鲜商品的重视，生鲜供应商也逐渐增多，受零售企业自采会面临高额抵扣税等问题因素的影响，那些能够提供新鲜货品、保证货源充足、价格合理的供应商备受超市欢迎。

调查中，零售企业检测出来含有不安全隐患的食品，根据商品的不同采取不同的方式进行处理，60% 实施过协议销毁，同 2007 年 48% 的数据相比，这一数值有所增加。访谈中我们了解到，在实际操作中，进行协议销毁的商品数量和价值都非常小，部分超市为了与供应商保持良好的合作关系，会将抽检不合格的商品退给供应商，而不是销毁；56% 曾经将商品退给供应商；27% 对供应商实施过罚款；没有一家超市因不合格农产品而直接清退供应商。超市仍会与这些供应商合作，一方面是因为它们了解超市工作流程，另一方面是它们能够及时提供带来人气、利润和销售额的优质生鲜食品。但是，这些供应商大多是从批发市场进货，自身无法控制商品品质，更无法对商品品质负责。只有那些从田头直接供货的供应商才能够保证商品的品质。

2. 与农产品基地对接，从源头控制品质

（1）对基地农产品质量安全监控的主动性增强

从源头进行控制，才能从根本上解决农产品的品质控制问题。2008 年零售企业通过检测手段增强对基地农产品质量安全监控的主动性。

调查表明，从基地进行商品采购的供应商 100% 都制定了《基地采购协议》，其中，针对商品品质和质量有具体合同条款进行约定。

多家超市在基地采购模式中，提前请第三方公司对基地进行水、土壤等环境检测；在合作过程中，指导农民科学种植、采摘，并通过当地合作的公司进行管理，通过自行检测和第三方检测相结合，定期进行生产基地产品的质量检测；在采购时，除了对农产品的品质、品种有要求外，还对农药残留等指标有严格的控制。真正做到从源头控制质量。

（2）基地直采模式尚未成为主体

农产品基地能够保证品质，但在超市中的普及率有待提升。2008 年，多方都在继续探讨超市与基地的合作模式，但是，调查各企业采购模式占比的数据表明，超市采购农产品的模式总体状况与前两年相比，没有发生太大的变化，各种经营模式的占比基本持平。出租柜台（7%）和联营模式（6%）总体的比例比往年有所下降。虽然，部分超市的基地模式的占比达到 80% 以上，但从总体情况来看，通过批发市场和供应商进行农产品采购的超市仍是主流。

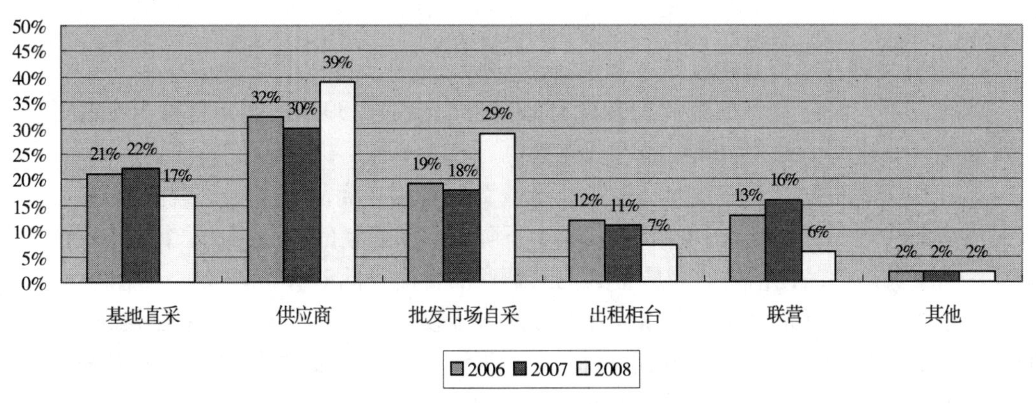

图 4　超市采购农产品的途径变化不大

（3）优势企业在导入基地采购模式方面处于领先地位

基地采购模式在超市中的占比有限，但是，连锁百强企业中，10% 的超市已经设立了自己的农产品生产基地。

家家悦集团，百强排名第 34，已经基本实现全部果蔬的基地采购。

家乐福中国，百强排名第 6，在福州等地设立了采购基地。

2008 年 12 月 16 日，沃尔玛集团有机水果直接采购基地在辽宁省东马屯村成立。这是沃尔玛中国在直采农场项目上的第 6 个合作项目。

3. 生鲜农产品的冷链建设尚未起步，制约品质保障

超市经营的食品中，有两类商品涉及到冷链问题：第一类是必须要进行冷冻或冷藏的食品，包括速冻食品、乳制品、豆制品等深加工食品；第二类是通过对温度的控制可以保证商品品质，延长保质期，包括水果蔬菜等初级农产品。对于第一类需要冷藏或冷冻的包装食品，超过 90% 的生产企业，已经随着其市场发展，自建或使用第三方物流服务供应商，建立了较为完善的冷链体系；而对于生鲜农产品的冷链建设仍处于尚未起步阶段。

（1）农产品冷链可以提高利润率

来自中国物流与采购协会发布的消息，目前，我国生鲜食品的腐坏率超过 35%，肉类和鱼类产品的腐坏率介于 10% 至 15% 之间。比较而言，大多数发达国家的平均食品腐坏率在 5% 左右，在美国，这一数字则不到 3%。通过对生鲜产品、特别是基地采购的生

鲜农产品，进行采后加工和温度控制，将降低食品腐坏率，我国每年将实现至少4000亿元的利润。

（2）超市对生鲜农产品的冷链投入及使用均处于较低水平

由于生鲜食品单价不高、流通速度较快，超市对保鲜的投入有限。随着经济的发展，消费者已不再满足于食用本地食品。冬天，新鲜的蔬菜和水果从南方运到北方，各种海鲜也走上内陆地区消费者的餐桌。据统计，我国易腐产品中只有15%是由冷藏车运输，而发达国家中这一比例将近90%。调查表明，几乎全部超市在收货时对水果、蔬菜的运输温度没有要求，仅有几家企业在销售过程中，会有选择性地控制部分果蔬的陈列温度，大部分超市的果蔬为常温销售。

（三）超市自有品牌开发及时，注重供应商质量控制

1. 自有品牌在零售业中已基本普及

调查表明，仅有20%的企业没有自有品牌概念商品。80%的超市已经开始销售自有品牌商品，并建立了自有品牌商品管理体系。

自有品牌商品无需支付品牌使用费、推销费等费用，商品下了生产线直接进入卖场，省去供应商代理等供应链的中间环节，成本下降，与同质量的产品相比，售价较低。调查统计，自有品牌商品比销售的同质量其他品牌商品价格要低15%～20%。

比较而言，外资超市在自有品牌开发方面起步较早，目前市场占有率也较高。沃尔玛的自有品牌包括十几个品牌的数千种商品，TESCO乐购和麦德龙的自有品牌商品也达1000多种，基本涵盖了食品、日用家居、厨房用品和办公用品等。内资超市近几年开始涉足自有品牌，但涉及的品类和数量较少，以毛巾、纸巾、塑料制品等非食品商品为主，对生产商提供的商品品质要求也没有形成体系，急需完善。

从总体的销售情况来看，自有品牌商品在超市中的销售额占比较低，平均销售额仍不到1%，消费者认可度有限，在过去一个月购买过自有品牌的消费者只有15%。

访谈中，多位业内专家表明，低价高质的自有品牌应成为超市核心竞争力。当前整体经济不景气，消费者购物花费会更加谨慎，对“低价高质”商品的关注度将更高，超市应加强在这方面的竞争力。而自有品牌的低价格、品质控制严格和超市本身的品牌效应，将使自有品牌成为超市的主打商品。

2. 超市仅对部分自有品牌供应商提出质量要求

自有品牌商品的品质直接影响超市品牌形象，超过50%的超市在合同中对这一类商品的供应商提出明确的质量要求，或制定了自有品牌生产商管理制度及商品规范管理制度。

自有品牌商品根据超市对商品品质控制分为以下几类：

（1）完全不进行质量控制

在生产商现有的商品和品牌基础上，与超市品牌进行合作，用成熟的商品开发的自有品牌商品。这类商品以保证品质为目的。例如专供武汉中百集团的茅台酒。对这一类自有品牌商品而言，超市不会对生产商的质量提过多的要求。

（2）在生产过程中进行严格的质量控制

超市对生产商生产加工过程有一定的要求，包括生产环境、技术指标、设施设备、人员卫生等，并将这些要求通过严格的合同或制度约束，让生产商加工生产满足其要求的指

定品牌商品。

（3）仅对生产成品进行抽检

受人力所限，超市对生产商生产出来的成品进行抽检，合格商品商家销售，不合格商品按照双方合作协议进行处理。

由于我国零售企业总体规模不大，集中度不高，所以大型的生产商不愿意舍弃自己的利润，跟超市合作生产自有品牌商品，因此，超市只能选择一些中小型的供应商进行合作生产。只有在这类合作过程中，超市针对商品的质量，给生产商提出相应的要求，质量要求成为超市与生产商合作的要点之一，而规模则是自有品牌发展的一个重要保障。

目前，自有品牌有的直接以超市名称本身命名，有的则另选商标命名。为降低自有品牌带来潜在的风险和危害，有5%的企业使用单一的自有品牌，其余都是多品牌经营。

二、超市食品安全内部管理水平明显提升

看某个企业的发展水平，要看企业硬件设备和软件管理如何。而管理的核心是通过制度将管理者思想在企业内部得以实现。因此，对2008年零售企业内部管理发展状况，我们从以下两方面进行分析。

（一）硬件设备

1. 具备较完善的硬件设备

在超市环节，保证食品安全的设备设施分为以下几部分：与卫生相关的，虫害控制、卫生清洁、垃圾处理等；与温度相关的，冷冻、冷藏、保温等；与质量相关的，快速检测等；与环境相关的，消毒杀菌设备等。

（1）对卫生相关设备的投入有一定程度提高

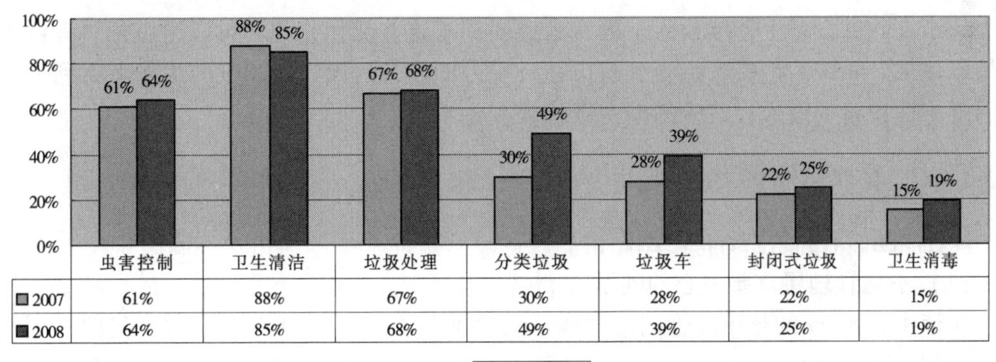

	虫害控制	卫生清洁	垃圾处理	分类垃圾	垃圾车	封闭式垃圾	卫生消毒
2007	61%	88%	67%	30%	28%	22%	15%
2008	64%	85%	68%	49%	39%	25%	19%

图5　设备投入整体提升

（2）温度控制设备是超市长期关注的重点

超市投资这些设备设施的情况，对比2007年相关数据对比，总体有所提升。

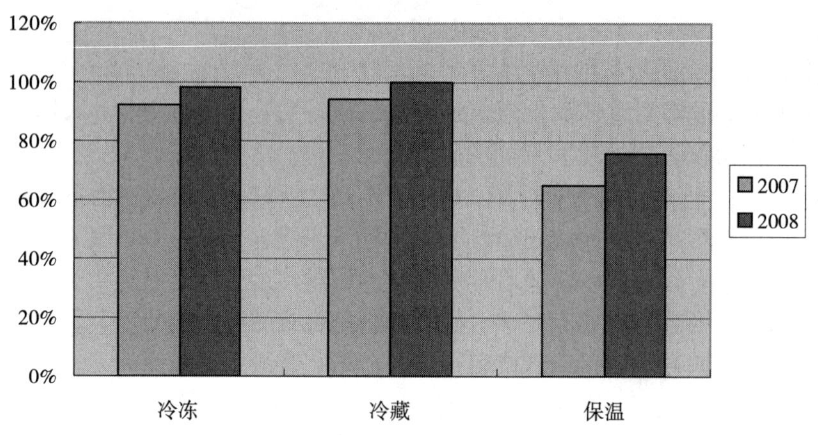

图 6 超市内各项硬件设备的拥有状况

（3）对质量设备和环境设备的关注度有所提高

2008 年，多家超市在门店中设立了实验室，加强了门店环节对食品质量控制的投入。

为了给消费者提供良好的购物环境，超市在消毒杀菌设备方面，也逐步重视起来。特别是对购物车和购物筐的定期清洗、消毒以及更换。如家乐福中国在 11 个城市中设立了快速检测室。

2. 内资企业费用投入低于外资企业

在取样的 62 家面积在 8000m^2 以上门店中，67% 的门店在虫害控制、质量抽检、专用清洁剂等方面每年都会有一定金额的费用额度。具体分析发现，全部外资零售企业都有相应的费用预算，初步调查，这笔费用支出每年在 15000 元以上。而内资零售企业的门店有费用预算的企业占比仅有 12%，费用的额度不详。

3. 完善的硬件设备提升消费者信心

超市在硬件设备上持续投入，消费者感受到了这些变化，我们可以通过消费者调查数据得以体现。40% 的消费者感受到超市在环境方面设备的投入；20% 的消费者看到了超市在温度方面设备的投入；27% 的消费者认为变化不大。

（二）管理水平的稳步提升

1. 管理层如何看待食品安全工作

（1）不是管理层首要关心的问题

访谈中，100% 的超市高管同意“食品安全非常重要”的观点。同时，我们看到，没有一家超市因为食品管理过程中出现问题而关业整顿。是各个超市完全不存在相关问题吗？肯定不是！

在竞争激烈的环境下，如何占有市场份额，如何赢得更多的消费者，远比食品安全问题更能够引起管理层的关注。有超市高管坦言，“超市提升食品安全意味着投入，包括人员、资金、设备等方面的投入，考虑到经营和发展，超市会逐步在食品安全方面进行投资。食品安全对提升业绩有一定促进作用，但直接的影响非常有限。最主要的问题是目前超市所遇到食品安全问题大都是由于上游生产商造成的，超市对此的掌控能力有限，所以，超市应当明确做好本环节工作，而不应当无止境地投入为生产商买单。”

遭质疑：各超市高管认为“食品安全”不是管理层第一位关心的问题，为了生存为发展，他们更关注业绩和利润，访谈专家提醒各企业总经理。我国《食品卫生法》中明确规定，企业总经理是食品安全“第一责任人”。各超市不能因为与其他流通渠道相比，食品安全整体水平较好而放松警惕，各位企业负责人更应当关注食品安全，在自身良性发展的同时，促进零售业管理水平的提升。

（2）政府管理政出多门增加了企业管理的复杂性

访谈中有专家认为，食品安全工作是超市企业积极配合政府工作的体现，更是企业社会责任的重要体现。

在我国政府对食品实行分段管理的环境下，超市成为各个政府部门发现问题的最好窗口，涉及工商、质检、检疫、环保、卫生、农业、商业等多个政府部门。为更好地配合政府部门开展工作，各超市都设有专人进行相关工作的接洽工作，及时将相关政策带回超市内部进行落实工作。

遇难题：在超市积极配合政府部门工作过程中，也会遇到难题。以塑料袋为例，质检总局在实施 QS 过程中，对生产企业生产的食品用塑料袋提出相应要求，零售企业进行及时调整，使用通过 QS 认证的产品；紧接着，卫生部、商务部在实施限塑令过程中，对流通企业使用的塑料袋提出了新的要求，各零售企业按照各规定要求使用标注“食品用”等字样的塑料袋；而地方工商部门在执法时，又出现过对标注字样过多，容易产生交叉污染的质疑。在这种多政府部门监管的环境下，零售企业期盼能够集中政府监管职能，实施统一的执行标准。

（3）通过认证解决食品安全任重道远

随着零售格局的发展和变化，零售企业管理层在更广阔的视野里加强“管理”和“品牌”的建设，部分超市有意愿通过专业认证提升企业管理水平. 调查显示，有三成企业希望能够通过进行专业的认证提升自身的管理水平；9% 的超市希望了解 HACCP 认证；15% 的超市希望能深入了解 ISO22000；6% 的企业有计划了解绿色市场认证的情况。

但访谈专家认为，超市通过认证来提升管理水平太理想化，较难实现，主要原因是针对零售企业的 HACCP 认证、ISO22000 认证都刚刚起步，急需进行完善。而且，消费者并不了解超市认证，27% 的人从没听说过超市认证，12% 的消费者认为现有的各类认证都是不可信的。比较而言，消费者对“绿色市场”认证表示认可，占比达 36%；对 HACCP 认证表示认可的消费者达 14%；还有 11% 的消费者认为，超市应进行其他认证。因此，如果超市开展认证，应当对消费者进行适当的宣传，将认证效益最大化。

2. 管理架构基本成型

受外部环境以及同业的影响，超市的食品安全内部管理体系正逐年完善。思想决定发展，因此，整个行业的管理水平提升缓慢。

食品安全管理部门设置，仅有 13% 的超市没有进行作答。这一数值的比例，对比往年有较大提升。

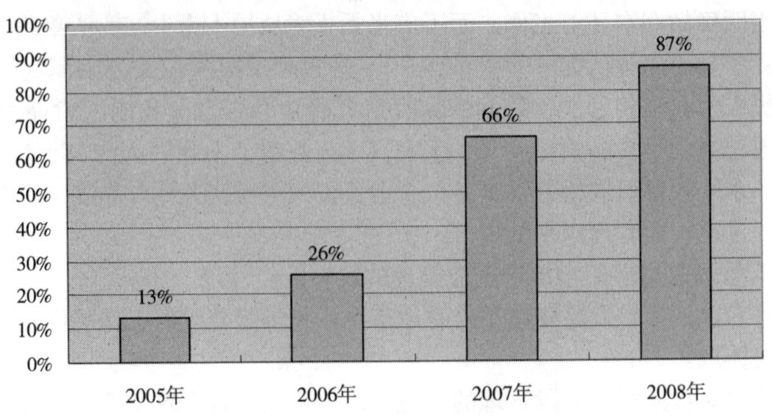

图 7　大部分超市设置了专门的管理部门

各超市集团食品安全管理部门配备的专职人员平均达 24 人，非专职人员 109 人。从管理架构和人员的配备上来看，超市为开展具体工作已经做好准备，超市食品安全管理部门基本搭建完成。

（1）包括安全方法的员工激励机制初步确定

食品安全管理能够体现细节管理水平和员工执行力。在整个食品安全管理过程中，包括清洁卫生、温度控制、现场加工、运输销售等各个环节，只有将对人员和过程的控制与技术设备有效结合，才能达到最佳的实践效果。因此，员工的管理非常重要，而且，科学有效地对员工进行管理，能够提升食品安全管理水平。

将监管工作和员工激励机制进行有效结合，能够提高员工的重视程度。在执行监管体系与激励机制时，44% 门店高层工作绩效与结果挂钩，2007 年这一比例为 40%；3% 的超市食品安全各项指标与个人职业发展没有任何联系，2007 年这一数值为 4%。

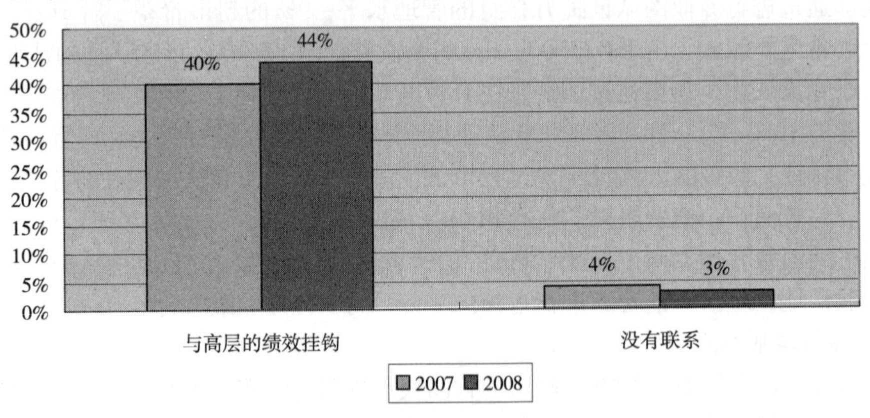

图 8　针对食品安全工作初步建立激励机制

（2）员工入职培训要讲解食品安全

调查表明，面积为 8000 ㎡的门店，平均正式员工总数为 260 人，其中管理人员 30 人。受业绩影响，每个店的促销人员数量差距较大，从几十人到三四百人不等。

在入职过程中，97% 的超市对正式员工进行食品卫生安全方面培训，这一数值较 2007 年 86% 有一定提升；同时，77% 的超市会对店内促销员进行食品安全培训，较 2007 年的 86% 有所下降。

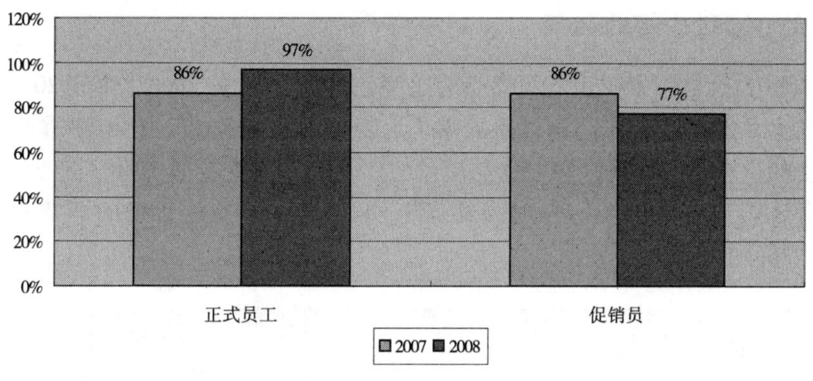

图 9　入职时进行食品安全培训的比例

（3）员工的食品安全和卫生意识是关键

对有些员工来说，卫生的概念是模糊不清的。访谈中，有超市管理人员称，部分员工在自己用餐前都不洗手。如果没有严格的规章制度，没有持续的强化培训，怎么能让他们在为消费者准备食物前洗手呢？因此，超市应对员工进行持续的食品质量安全知识培训。

据统计，以半年时间为周期，35% 的超市会进行至少一次食品安全知识培训，这一数值比 2007 年的 21% 有所提升。

3. 管理制度的有效实施

（1）100% 实施商品进销存（台账）管理制度

100% 的企业实施供应商档案管理制度；76% 的超市有明确的违规处罚和公开的供应商退出制度；60% 的企业还设有信用管理制度。

（2）九成企业设有商品质量管理制度

100% 的企业在消费者权益保护法基础上，对消费者有保证商品质量、问题商品退换货以及先行赔付商品质量承诺制度。

（3）九成企业能够对不合格食品严格执行相关制度

100% 的企业设有食品安全信息公示，在门店设置公告栏，及时传达相关信息。更有近 10% 的企业使用电子显示屏进行信息公示。

（4）强化制度的监督

77% 的超市自设督察员；更有部分企业聘请百姓监督员，实施监督自查管理工作。

4. 管理提升初见成效

近一年内，除问题奶粉事件外，60% 的超市没有发现严重的食品质量问题。这一数值，对比 2007 年的 55%，略有提升。

这些问题主要集中在虚假错误标签、农药残留超标以及过期食品等方面。其中，最主要的质量问题是农药残留超标，占比达 62%；其他问题包括虚假或错误标签标识、抽检微生物超标等问题，占比为 38%；没有发现一起食品假冒伪劣事件。

三、消费者面对食品安全

（一）从吃饱到吃好的转变

1. 消费者因为价格因素决定购买食品的比例，从 2005 年的 76% 下降到 2008 年的 4%

随着生活水平的提高，人们对食品的需求已经不满足于吃饱，开始注重对高品质生活、健康饮食的追求，具体反映在对食品质量的要求上。调查数据表明，将产品质量放在第一位的消费者比例从 2005 年 4% 提高到 2008 年 26%；只关注价格的消费者，已经从 2005 年 76% 下降到 2008 年 4%。

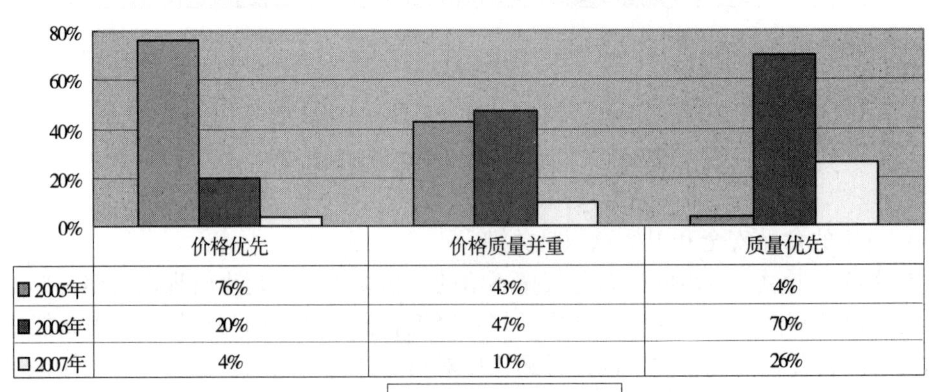

	价格优先	价格质量并重	质量优先
■2005年	76%	43%	4%
■2006年	20%	47%	70%
□2007年	4%	10%	26%

图 10　消费者决定购买的主要原因

2. 即使不了解，大多数消费者也有意愿选购那些通过认证的食品

有 85% 的消费者表示，他们愿意选择那些经过有机、绿色和无公害认证的产品，这一数值对比 2007 年的 70% 有所增加。同 2007 年调查数据一样，仅有 30% 的消费者了解这三种认证。相对于没有经过认证的食品，经过有机、绿色和无公害认证的产品要贵 10% ~200%。就是说，虽然消费者不了解各种认证是怎么回事，但还是有越来越多的消费者开始选择那些经过认证的、价格较高的食品。

约有 70% 的受访者愿意为食品安全支出更多的额外费用，他们平均愿意多支付的商品溢价为 11.9%，对比 2007 年的 8.5% 有所提升。另外，有 30% 的消费者不愿为食品安全支出更多的费用，他们认为，正规场所销售的食品就应当是符合国家规定、安全健康的，不应当由消费者为食品安全买单。

3. 消费者的实际行动表明其正在转向健康安全食品的购买

消费者选购健康食品已经不仅仅停留在意愿上，在实际生活中也开始选购通过认证的健康安全的食品。具体表现在两方面：一是超市销售的单品数；二是销售额。

为满足消费者需求，超市中认证的食品占比在缓步提升，同时，超市中实际销售数据表明，经过认证的无公害、绿色、有机三类食品销售同比也都有所上升。

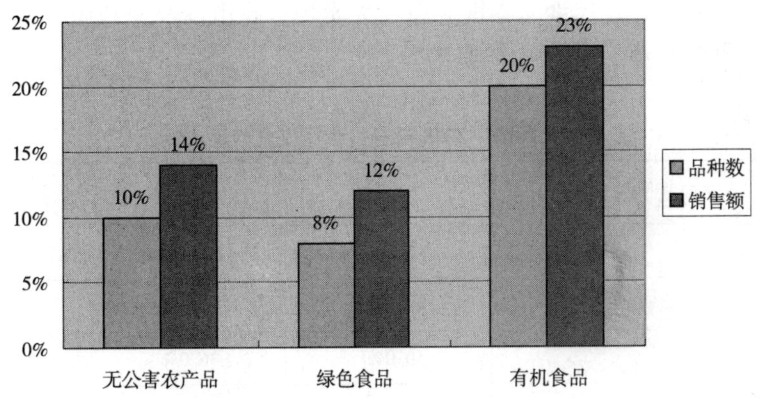

图 11　品类数和销售同比都有所提高

（二）消费者信心变化

1. 较高的关注度表明，消费者对食品安全的担忧有所加剧

2008 年，关注食品安全的消费者比例为97%，与2007 年的96%基本持平，除少数人员外，基本上全部消费者都非常关注食品安全问题。访谈中，多位专家认为，消费者关注食品安全与近年来媒体的曝光有关，应当说消费者对此警觉是件好事，这可以督促政府和企业，加强对此的管理，同时，消费者的这种高度关注，还说明食品当中确实存在问题，这是消费者信心不足的体现。

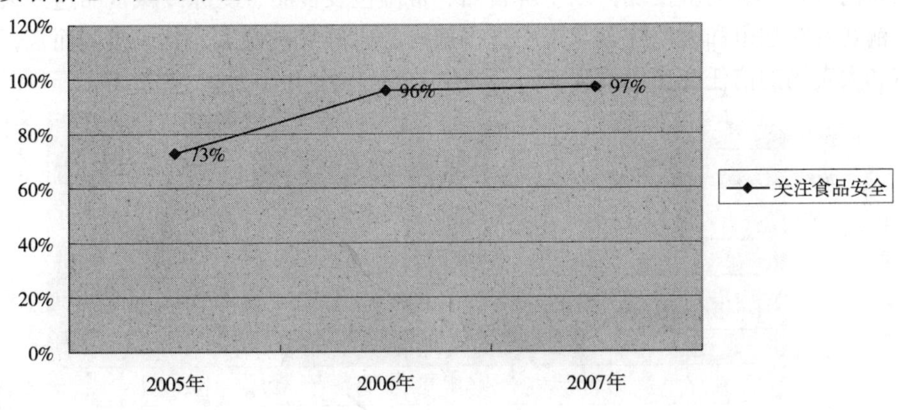

图 12　关注食品安全的消费者比例

2. 消费者评价下降

调查中，本年度消费者生活中遇到各类食品安全问题的比例，较2007 年有整体的下降。

在本年度消费者遇到的食品安全问题比例下降的情况下，消费者对我国食品安全状况的评分与2007 年相比，仍呈下降趋势。以城市消费者为主的调查显示，消费者心中，我国食品安全总体状况的平均得分仅为67 分（100 代表最好，0 代表最差），比2007 年的

69分还要低。消费者对现代食品零售业态（大卖场、超市以及便利店）的食品安全状况没有变化，平均仍为75分，高于平均水平。

表2　　对比2007－2008年各类食品安全问题占比

各类问题	2007年	2008年	同比
无	3.0%	7.2%	4.2%
注水肉	44.6%	26.3%	－18.3%
有害物超标	50.0%	36.0%	－14.0%
三无产品	61.9%	40.3%	－21.6%
过期食品	46.0%	52.1%	6.1%
虚假或错误标签标识	45.0%	35.6%	－9.4%
其他	38.0%	18.0%	－20.0%

就是说，消费者虽然没有遇到那么多问题，但对我国食品安全管理的大环境仍给出较低的分数，这凸显消费者对食品安全管理的信心不足。消费者对超市的信心远远好于整体大环境。

3. 对超市和大卖场的信任度变化不大

调查消费者选购场所发现，以生鲜食品、常温包装食品、冷冻冷藏食品这三大类食品为主，消费者在超市和大型综合超市中进行选购的比例没有太大变化，整体而言，消费者对超市和大卖场的信任度变化不大。

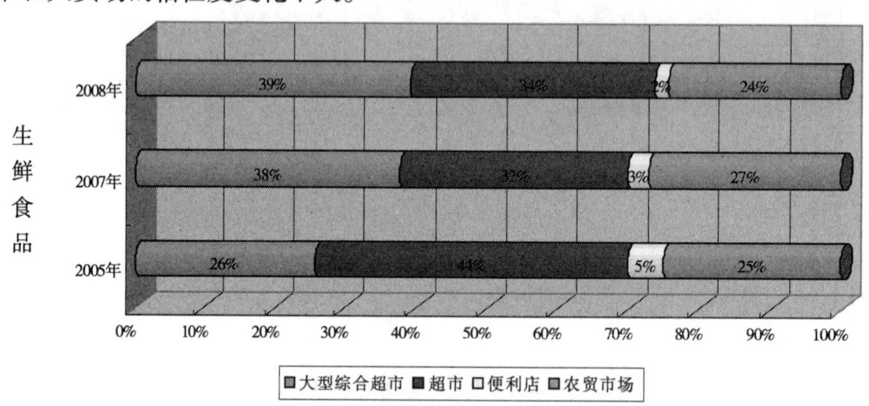

图13　消费者选购生鲜食品场所分布

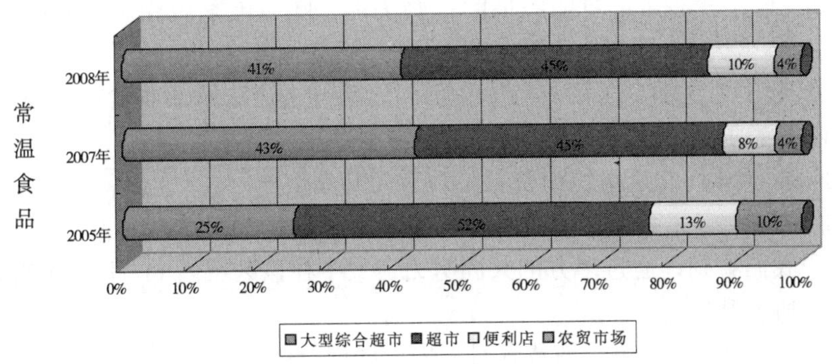

图 14　消费者选购常温食品场所分布

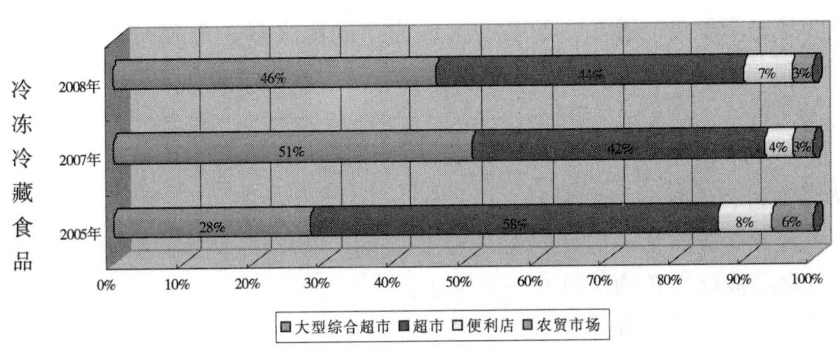

图 15　消费者选购冷冻冷藏食品场所分布

4. 各方努力恢复消费者信心

问题奶粉事件后，我国消费者对包括乳制品行业的整个食品行业出现信任危机，包括政府、生产企业、零售企业在内的多方积极行动，共同努力恢复消费者信心。

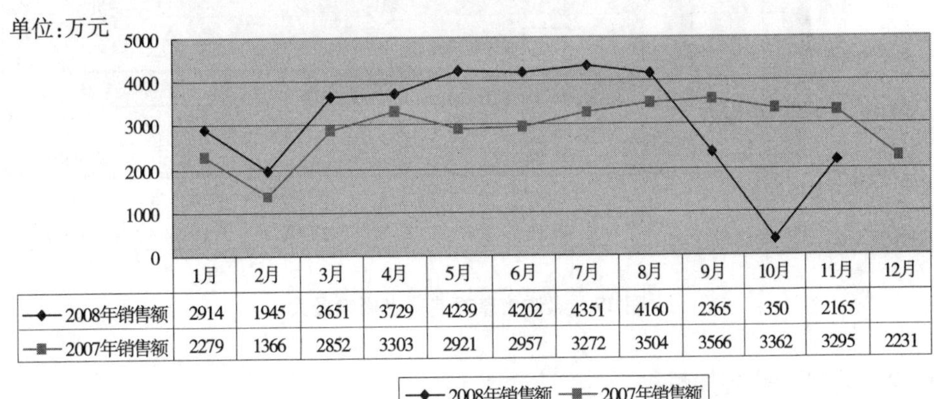

	1月	2月	3月	4月	5月	6月	7月	8月	9月	10月	11月	12月
2008年销售额	2914	1945	3651	3729	4239	4202	4351	4160	2365	350	2165	
2007年销售额	2279	1366	2852	3303	2921	2957	3272	3504	3566	3362	3295	2231

图 16　蒙牛乳制品某地区销售额变化

10月，国务院下令将全部可能污染的牛奶倒掉，随后国家质检总局陆续公布合格奶的批次名单；

12月10日起，卫生部、工商总局等9部门启动打击违法添加非食用物质和滥用食品添加剂专项整治行动；

12月，乐购TESCO北京组织消费者参观三元乳品生产厂；

12月，伊利联合多家零售企业，通过电视媒体宣传放心奶。

从图16中我们看到，通过多方的共同努力，蒙牛在该区域内11月份奶制品的销售额较10月已经有所上升。

5. 投诉能够得到有效解决，消费者对未来发展抱有信心

70%的消费者遇到食品安全问题后，会投诉到零售企业的服务台，有55%的消费者对商家投诉解决表示比较满意。14%的消费者从来不投诉，13%的消费者会到消协或其他部门进行投诉，另外，有3%的消费者不知道如何投诉。

对我国食品安全形势的看法，22%的人认为“问题太多，令人失望”，同时，74%的人认为“有些问题，但可以解决”。大多数消费者对未来发展持乐观态度。

（三）呼唤信息透明化

1. 消费者通过查看标签选购食品

44%的消费者在选购食品时，会查看标签说明；28%的人会特别关注营养成分的标注。消费者对食品能够传递的信息有一定需求。

2. 媒体信息对消费者有很大影响

在购物过程中，多种因素影响着消费者最终的购买，各商家也在寻找答案。在消费者调查中，88.6%的人认为自己受媒体资讯的影响最大，包括电视、报纸、杂志、网络多媒介下的新闻、广告、各类资讯等；33.5%的人会受店内宣传的影响选购商品。

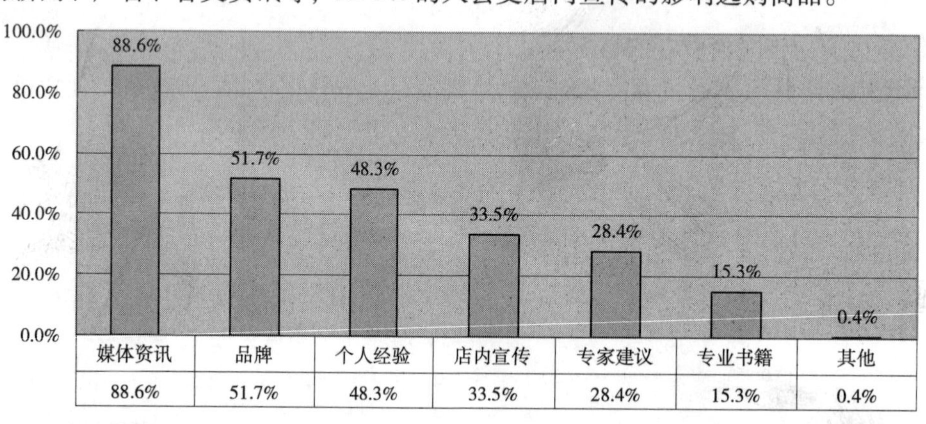

媒体资讯	品牌	个人经验	店内宣传	专家建议	专业书籍	其他
88.6%	51.7%	48.3%	33.5%	28.4%	15.3%	0.4%

图17　媒体信息对消费者影响最大

3. 消费者呼唤合理知情权

访谈中多位专家提到，消费者应有合理知情权。在选购食品时，消费者有权利对商品进行全面的了解。目前，对出现问题的食品，几乎100%的企业都贴出指示牌列出明细，将问题点传递给消费者。而对于日常销售中没有查出问题的食品，在某些方面存在信息传

递的盲点。例如：现场加工食品原辅料和添加剂的使用、包装食品营养含量、新鲜果蔬的产地等。

专家呼吁，零售企业应和供应商一起，完善商品标签，以便给消费者传递更多信息，保证消费者的知情权。

四、建议

结合2008年超市食品安全调查，我们建议从以下几方面开展工作：

（一）完善《超市食品安全操作规范（试行稿）》

2006年，以部颁文件下发的《超市食品安全操作规范（试行稿）》（以下简称“试行稿”）引起了业内广泛关注。多个地方政府以此为模板，制定了地方管理规范（或条例）；各超市以试行稿为模板，制定企业管理制度（或操作指南）。近几年，超市食品安全管理水平不断提高，试行稿也应及时进行修订工作，以便将最新的政策信息和管理模式进行推广。

（二）编撰出台《零售企业实施商品召回工作指引》

2007年，国家质检总局出台了《召回工作管理办法》（以下简称“管理办法”）。其中，对实施召回工作的定义和生产企业在召回过程中的主要工作内容进行了明确要求。在问题奶粉事件过程中，虽然有《管理办法》进行指导，但零售企业面对消费者、供应商、政府、媒体等多方，仍感到盲从。因此，建议编撰出台《零售企业实施商品召回工作手册》，总结超市在此次召回事件过程中的经验。

（三）开展自有品牌食品调研和标准制定工作

调查中发现，目前，超市会特别关注自有品牌食品质量，对供应商提出相应的质量要求。那么，我国自由品牌食品发展的前景如何呢？在发展过程又存在哪些问题和局限性？我们建议，应针对此专题开展深入的调研工作以及相关标准的制定工作。

（四）加快冷链基础建设

冷链在食品安全中的重要性和必要性显而易见。在目前该产业正艰难起步的情况下，国家应将冷链纳入到社会基础建设中，并对该产业进行投资建设工作，然后，由专业企业进行具体的管理工作，避免产业资源外流，以及重复投资引起的浪费。

（五）推动农产品基地建设

与生产基地对接，是控制农产品质量最直接、有效的方法。我们建议，通过税收等政策支持，推进超市与农产品基地的合作。

（六）推进一线员工培训工作

对零售企业来说，一线员工就是企业形象的一部分。通过持续的培训，加强员工食品安全意识和技能，做好一线员工的管理工作，将有效提升企业形象。

另外，零售企业作为劳动密集型产业，解决了部分城镇人口就业问题，在员工食品安全等理念和技能方面，应得到相关政府部门的大力支持。

（七）加强消费者宣传拉动消费

问题奶粉事件是我国食品产业的一次大地震，它严重打击了消费者对我国乳制品，甚至是整个食品行业的信任。在目前的经济环境下，我们建议，通过持续的有规模的活动，加强消费者食品安全知识的宣传，提升我国食品的整体形象，重建消费者信任的同时促进消费。

（八）强化食品供应链销售环节的检测力度

食品检测是目前提高超市食品经营安全水平的关键环节，但由于企业资金投入不足，也是相对薄弱的环节。调查中，武汉市商业主管部门会同当地发改委、财政等部门，通过政策以及财政的支持，引导核心零售企业加大检测设备和技术的投入，在改善超市食品检测方面取得较好成效。政府主管部门可借鉴武汉市经验，由公共财政购置检测设备，帮助零售企业全面推行快速检测，以此提高食品经营安全，提升消费信心，保证拉动消费的目标不受或少受食品安全问题的影响。

五、参与调研的企业基本情况

2008 年 7 ~ 12 月，针对此次调研工作，中国连锁经营协会开展调查问卷和访谈工作。回收有效问卷企业集团总部 30 份，门店问卷 90 份。访谈政府和企业专家 68 人。初步统计，此次调研共涉及到大型超市、超市门店 2326 家；便利店 2392 家，涉及的业态包括大型超市、超市、便利店以及百货等。

（一）企业类型

参与调研的企业中，合资企业占比为 20%；国有企业 3%；民营企业 34%；40% 的企业为有限公司、股份有限公司等。

（二）所在区域分布

此次调研中，重点访问的门店有 286 家，分布状况如下：

1. 华东地区（包括山东、江苏、安徽、浙江、福建、上海）：78 家；
2. 华南地区（包括广东、广西、海南）：23 家；
3. 华中地区（包括湖北、湖南、河南、江西）：48 家；
4. 华北地区（包括北京、天津、河北、山西、内蒙古）：101 家；
5. 西北地区（包括宁夏、新疆、青海、陕西、甘肃）：6 家；
6. 西南地区（包括四川、云南、贵州、西藏、重庆）：14 家；
7. 东北地区（包括辽宁、吉林、黑龙江）：16 家；
8. 台港澳地区（包括台湾、香港、澳门）：0 家。

（三）调查问卷有效性分析

1. 采样方式：调查问卷以企业自行报送为主，与实际情况有偏差的可能。

2. 采样范围：调查问卷的发放以中国连锁经营协会会员企业为主，单体店超市在本报告中的占比为零。

六、参与调查消费者状况分析

2008 年 7～11 月，中国连锁经营协会委托各超市企业，在门店内开展消费者调研工作，共回收有效问卷 286 份。

（一）性别分布

参与调查问卷以女性为主，有 161 人，男性为 125 人。

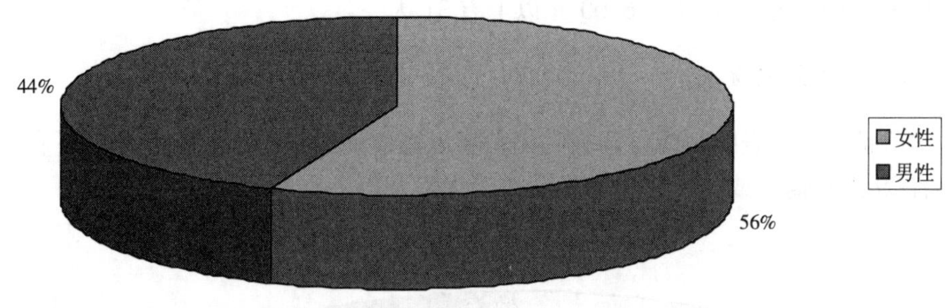

图 18 参与调查人员性别分析

（二）年龄分布

参与调查的消费者最小为 18 岁，最大为 78 岁，平均年龄为 32 岁。

18～29 岁有 145 人；30～39 岁有 74 人；40～49 岁有 34 人；50 岁以上有 33 人。

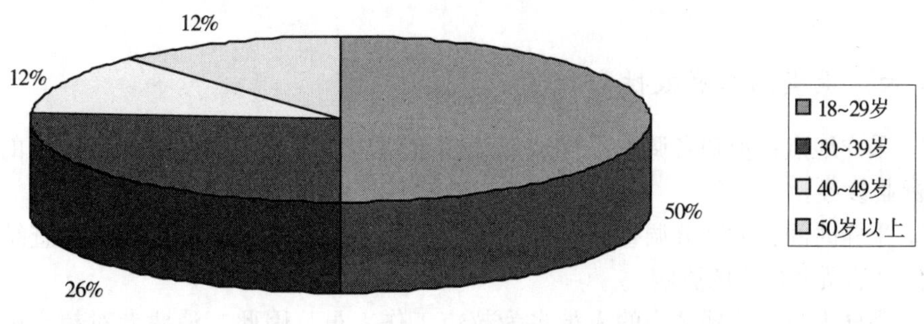

图 19 参与调查人员年龄分布

（三）所在地区分布

1. 华东地区（包括山东、江苏、安徽、浙江、福建、上海）：78 人；
2. 华南地区（包括广东、广西、海南）：23 人；
3. 华中地区（包括湖北、湖南、河南、江西）：48 人；
4. 华北地区（包括北京、天津、河北、山西、内蒙古）：101 人；
5. 西北地区（包括宁夏、新疆、青海、陕西、甘肃）：6 人；
6. 西南地区（包括四川、云南、贵州、西藏、重庆）：14 人；
7. 东北地区（包括辽宁、吉林、黑龙江）：16 人；
8. 台港澳地区（包括台湾、香港、澳门）：0 人。

（四）月收入状况

消费者收入状况调查情况如下，月收入 1500 元以下有 78 人；1500～3000 元有 115 人；3000～6000 元有 63 人；6000 元以上有 31 人。

（五）学历状况

学历状况统计表明，参与调查的消费者以高学历为主。小学毕业及以下有 5 人；初中毕业有 29 人；高中或技校毕业有 120 人；大学及以上有 132 人。

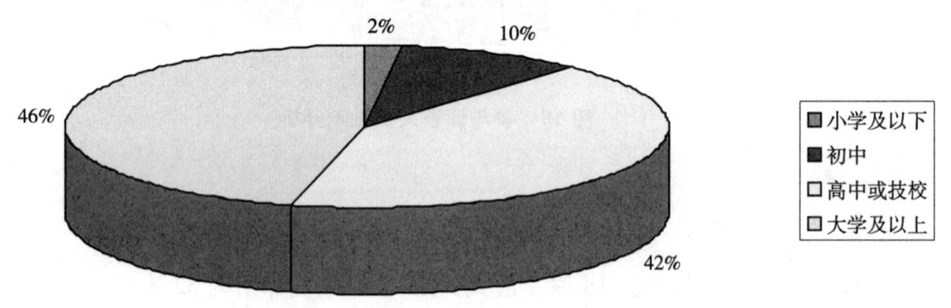

图 20　消费者学历状况

（六）调查问卷有效性分析

1. 采样地点：消费者调查采样地点为超市门店，因此，本调查中所涉及的数据，仅供本行业参考。

2. 采样时间：大部分调查问卷在“奶粉事件”发生前回收，因此，调查结论应排除该事件对消费者信心的影响。

3. 采样人员：开展调查的人员多为超市工作人员，因此，消费者对超市中存在的问题有含蓄表达的可能。

参考文献：

《2007 年中国连锁经营企业经营状况分析报告》，中国连锁经营协会，2008 年 6 月

《瞭望》（第 258 期），P13，《民以食为天》

《食品安全导刊》（第 5 期），P19，《食品冷链》

《食品安全》，Marion Nestle，社会科学文献出版社，2004 年 11 月

《中国食品安全战略研究》，陈锡文，邓楠主编，化学工业出版社，2004 年 10 月

《食物的背后》，Sam C，新星出版社，2005 年 5 月

《超市大战》，Judi Bevan，中国人民大学出版社，2006 年 6 月

2008 年中国连锁企业人力资源调查报告

为了进一步了解中国连锁企业人力资源现状，掌握连锁企业在人力资源方面所面临的共性问题，中国连锁经营协会于 2008 年 9 月至 2008 年 10 月，在全国范围针对连锁企业的人力资源管理人员、主管人力资源的副总进行了问卷调查。来自 24 个省的 93 家企业参与了本次调查活动。

一、参与调查企业基本情况

（一）企业所在的行业

93 家企业中，从事零售的企业 56 家（包括大卖场，超市，百货，便利店），从事餐饮及其他服务行业的企业 37 家（包括餐饮、洗衣洗染、房屋中介、装饰工程、儿童教育、培训教育、汽车养护等），具体情况见图 1。

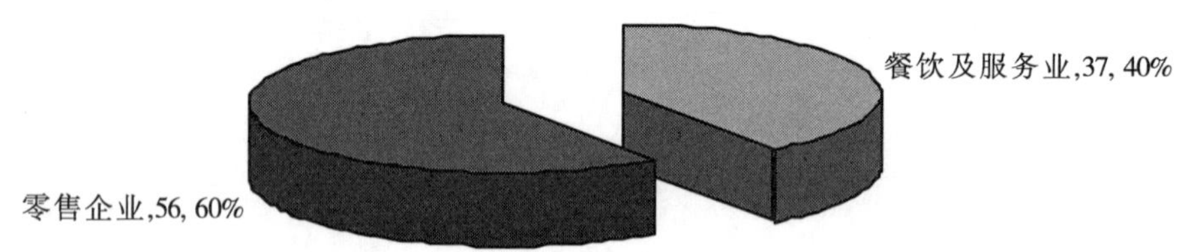

图 1　企业所在的行业

（二）参与调查企业门店的分布

93 家参与调查的企业中，在本省内发展为 39 家，占企业总数的 42%；在本省及周边两至三个省市发展的企业为 16 家，占企业总数的 17%。

全国多省市发展（3 个以上）的企业为 38 家，占企业总数的 41%。

详细情况见图 2。

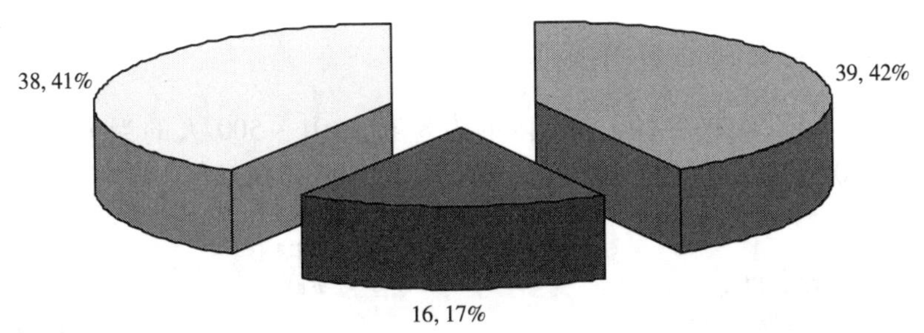

图 2 企业门店分布

（三）参与调查企业年销售额情况

参与调查的企业中，2007 年度销售额（人民币）在 5 亿元以下的为 42 家，占企业总数的 45%。

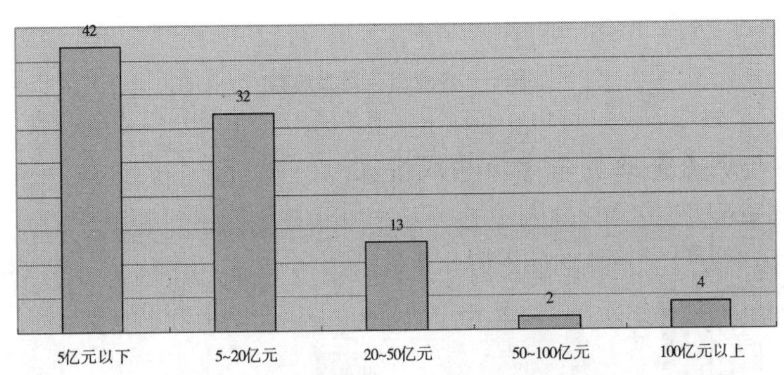

图 3 2007 年度销售额

（四）参与调查企业成立年限情况

参与调查的企业中，60 家企业成立年限在 10 年以上，占企业总数的 65%。

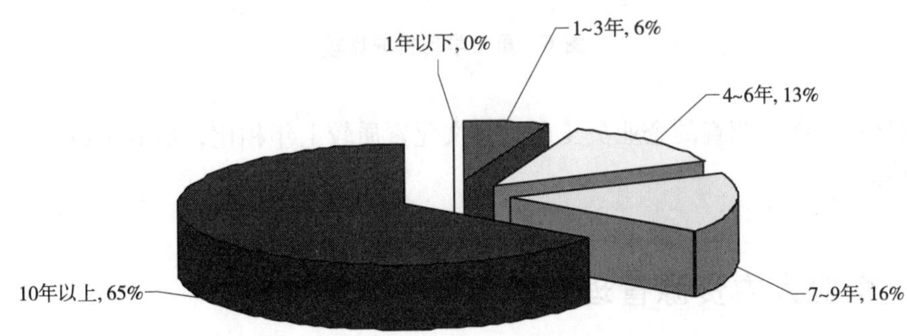

图 4 企业成立年限

（五）参与调查企业的自有员工情况

93 家企业中，员工人数在 100 人以内的为 8 家，101～500 人的为 19 家，501～1000 人的为 13 家，1001～5000 人的为 37 家，5000 人以上的为 16 家。

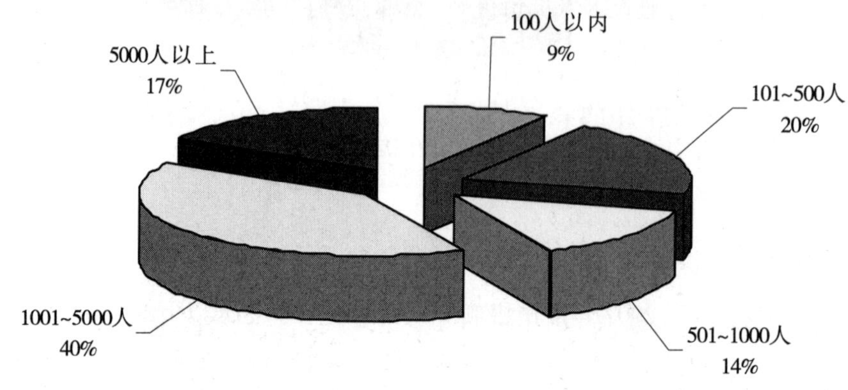

图 5　企业自有员工总数

（六）参与调查企业员工学历构成情况

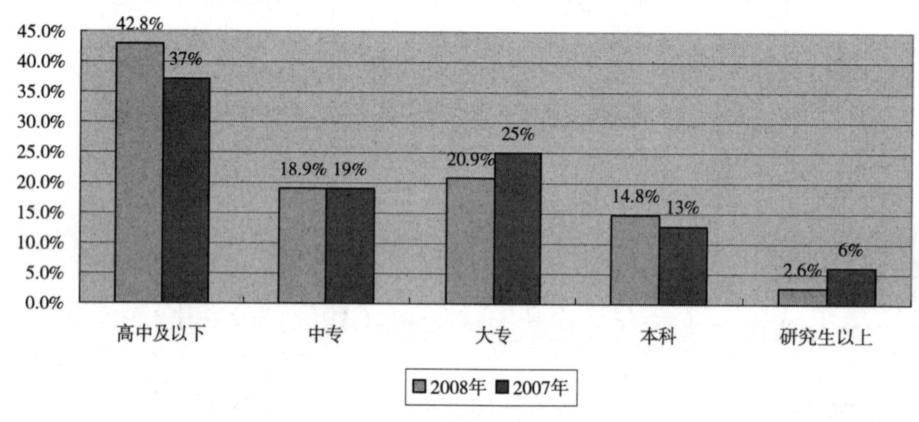

图 6　员工学历构成比较

数据显示，参与调查的企业员工的整体文化素质较上年相比，研究生以上学历的比重上有所下降。

二、企业人力资源管理组织架构情况

（一）参与调查企业人力资源部的组织架构

调查显示，75%的企业人力资源管理组织架构为：企业总经理——总部人力资源部

——基层人力资源部；9%的企业为：企业总经理——兼管部门——总部人力资源部——基层人力资源部；1%的企业为：门店店长——基层人力资源部。此外，还有15%的企业选择了其他方式，包括：企业总经理——总部人力资源部——各店人事文员；基层暂无人力资源部，由总部统一管理，部分区域找当地劳务派遣合作公司执行；企业总经理——人力资源部——门店店长（兼人事专员角色）；企业总经理——分管部门——总部人力资源部——门店店长——人事文员。

（二）企业人力资源部的独立性状况

调查显示，有71%的企业认为企业人力资源的独立性很强或较强。

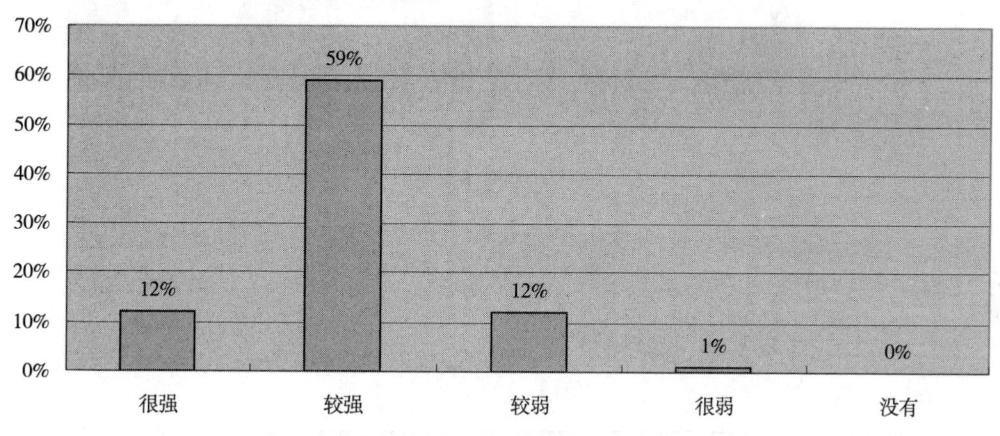

图7　企业人力资源的独立性

三、企业人力资源工作基本情况

以下调查数据涉及范围为上一计划年度或财政年度。

（一）参与调查企业总部上一年度招聘员工的次数

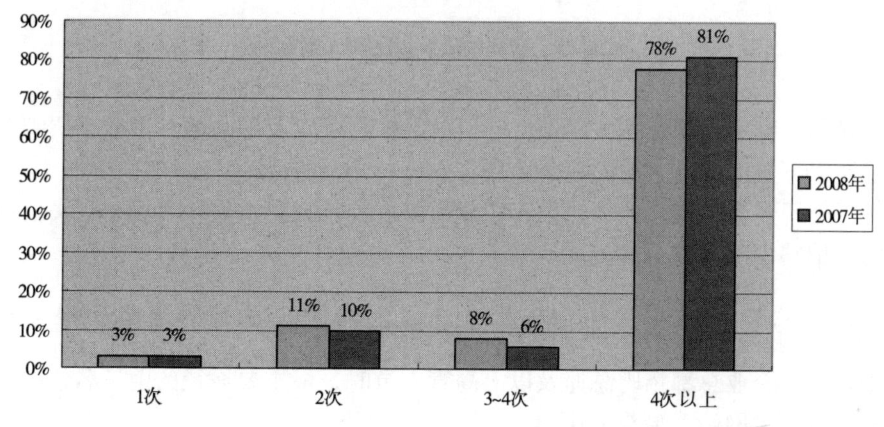

图8　总部招聘次数

数据显示，2008 年度，78%的企业总部招聘员工的次数在 4 次以上，2007 年的数字为 81%。

企业门店招聘员工的频率见图 9。

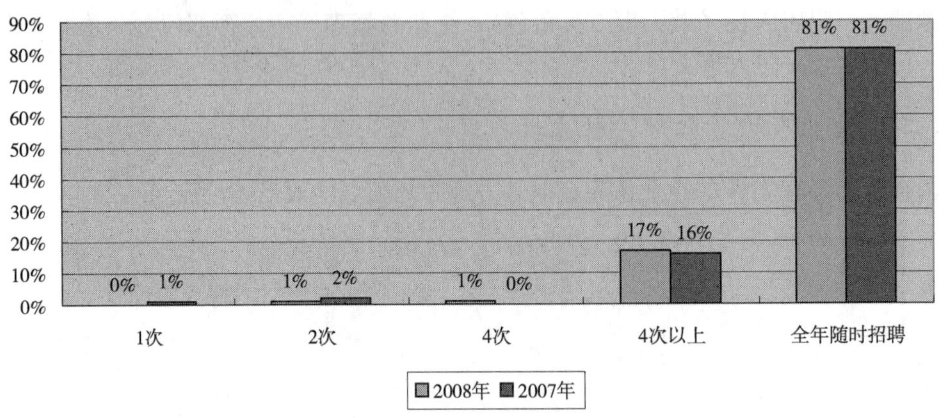

图 9　门店招聘频率

（二）参与调查企业总部招聘中层及以下员工时的主要途径

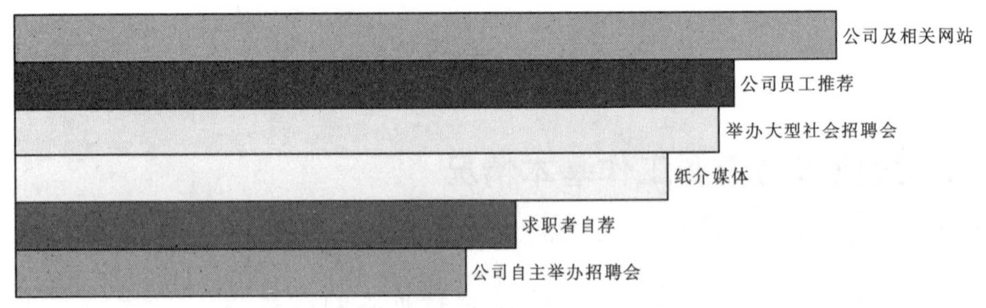

图 10　招聘中层及以下员工途径

调查显示，利用公司及相关网站，公司员工推荐，以及举办的大型社会招聘会是招收总部中层及以下员工的最主要的三个途径。

此外，公司还会采用：内部选拔、职业学校、校园招聘、人才市场、猎头公司、内部培养等方式招聘中层及以下员工。

（三）参与调查企业总部招聘总监及以上高管人员时的主要途径

调查显示，企业总部招聘总监及以上高管人员时，最主要途径的前三名依次是：同行推荐、公司及相关网站、猎头公司。

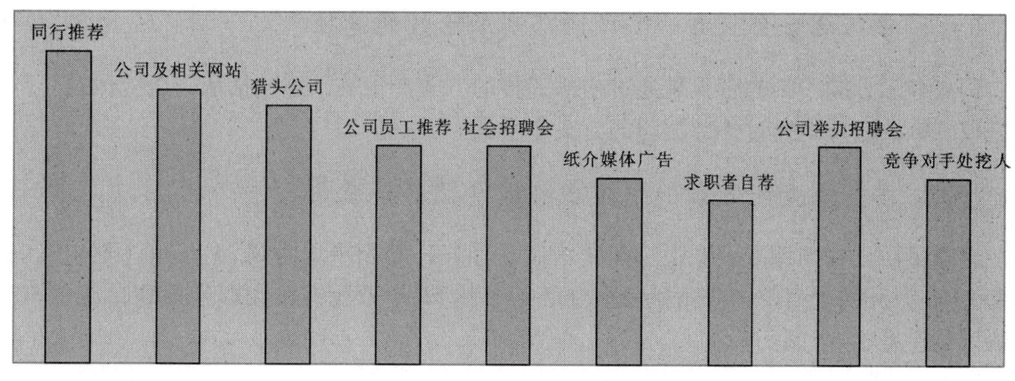

图 11　招聘总监及以上高管途径

而依据2007年的调查，公司相关网站、同行推荐、社会大型招聘排在前三名。

除以上的方式外，很多企业还通过内部选拔、公司委派、集团派驻的方式确定总监及以上高管人员。

（四）参与调查企业总部招聘中层及以下员工的主要考评依据

调查显示，个人综合素质，过去职业经历是总部招聘中层及以下员工的两个最主要考评判断依据。这和2007年的调查结果基本一致。

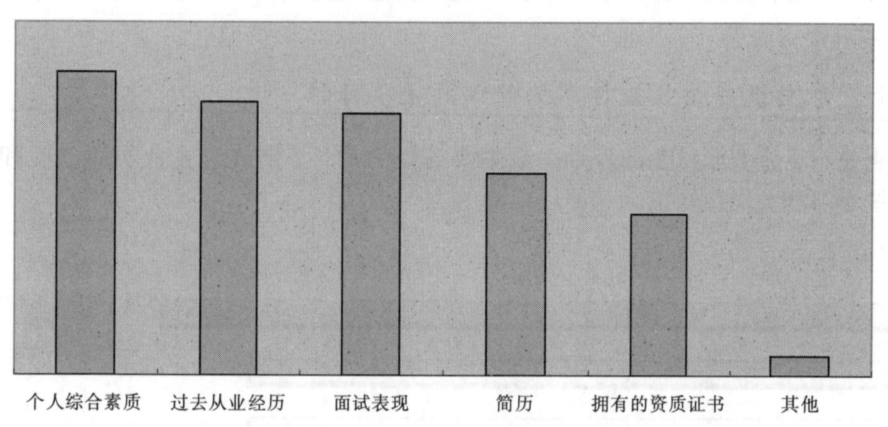

图 12　招聘中层及以下员工依据

（五）参与调查企业总部上一年度中高层管理人员晋升途径的比重

调查显示，公司总部上一年度直接从企业员工内部选拔中高层管理人员的数量占总数的76.3%，从外部招聘相关管理人员占总数的23.7%。

（六）参与调查企业上一年度门店店长选拔的途径

调查显示，82.9%的店长是通过内部提拔的方式产生的，这包括从门店提拔及总部派遣；17.1%的店长是通过外部招聘的方式产生的。

（七）参与调查企业上一年度的培训（预算）费用

调查显示，参与调查企业上一年度培训（预算）费用平均为87.4万元（不包含一家花费8400万元的大型跨国公司），比2007年平均56.6万元有较大幅度提高，花费50万元以下的企业为51家。

（八）上一年度参与调查企业总部培训中层管理人员的各项预算或实际费用占比

调查显示，就全行业平均水平而言，总部培训中层管理人员，按预算或实际花费金额折算的各项费用所占百分比计算，2008年内训花费占总额的56.8%，参加公开课培训花费占总额的43.2%。

（九）上一年度参与调查企业公司培训门店基层员工的各项预算或实际费用占比

调查显示，就全行业平均水平而言，培训门店基层员工，按预算或实际花费金额折算的各项费用所占百分比计算，2008年内训花费占总额的80.9%，参加公开课培训花费占总额的19.1%。

（十）参与调查企业派员参加外训的主要目的

调查显示，企业派员参加外训，最主要的目的是：了解先进企业实际经验和经营思路，系统学习相关岗位知识。

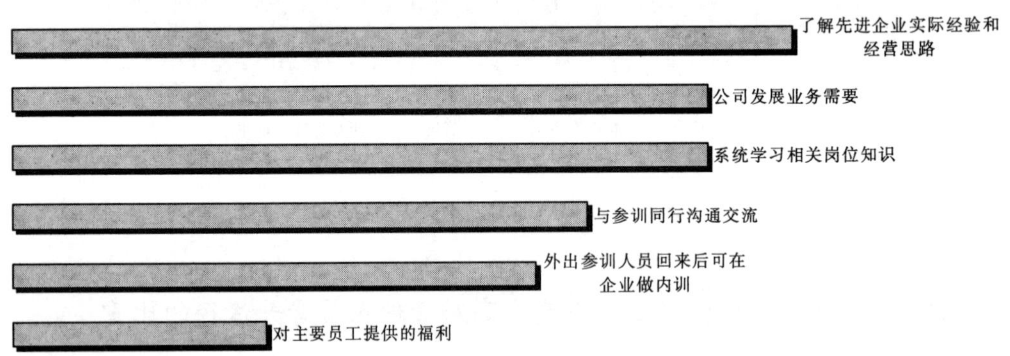

图 13　参加外训的主要目的

此外，部分企业还提到，派员参加外训，还有以下一些目的：提升受训人员专业性、开拓眼界，以及参加企业内部无法提供的高端培训等。

（十一）参与调查企业在培训中遇到的最大问题

调查显示，企业在培训中遇到的三个最大的问题依次是：无法评估培训效果；内部缺乏培训讲师；参加培训时有用，但在实际工作中用处不大。

图 14　培训中遇到的最大问题

企业在培训中遇到的其他问题还包括：员工参与积极性和认知程度不高，缺乏相关专业，培训内容与本企业业务发展的需求间差距较大，分店如何自我培训等。

（十二）参与调查企业留住人才的主要方式

调查显示，为员工提供良好的发展前景，通过企业文化吸引员工、让员工有归属感，是企业留住员工最常采用的方式，这和 2007 年的调查结果基本一致。

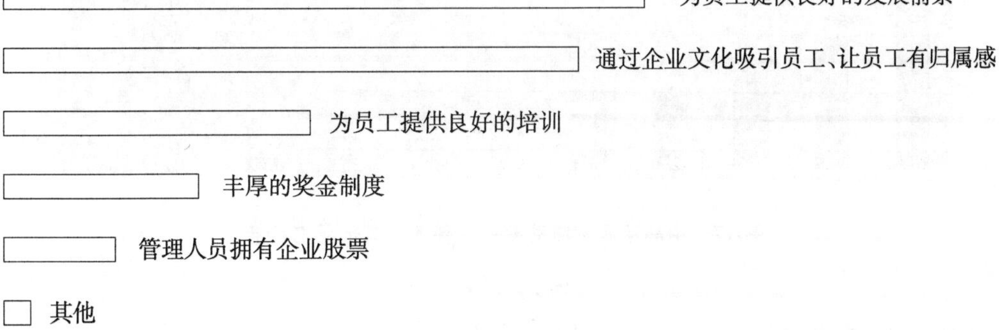

为员工提供良好的发展前景
通过企业文化吸引员工、让员工有归属感
为员工提供良好的培训
丰厚的奖金制度
管理人员拥有企业股票
其他

图 15　企业留住人才的方式

企业留住员工的其他方式还包括：公司领导细致的关怀和良好的员工关系、良好的福利待遇等。

（十三）参与调查企业中层管理人员（含店长）每年的流失率

调查显示，上一年度行业内企业中层管理人员的流失率为 5.4%。参与调查企业中流失率最高的是 30%。

（十四）参与调查企业中，零售企业流动率最高的职位

调查显示，店长和采购经理是零售企业中流失率最高的两个职位，而营运经理、市场开发经理的流失率比采购经理略低。后 2 个职位的流失率较 2007 年有明显上升。

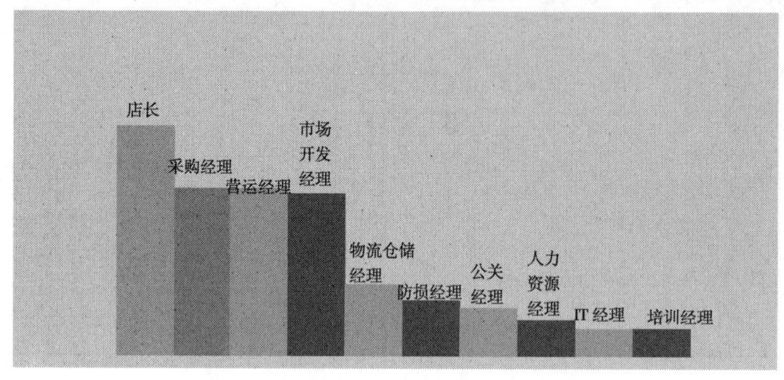

图 16　中高层职位流动率——零售行业

（十五）参与调查企业中，餐饮及其他服务类企业流动率最高的职位

调查显示，店长和营运经理是餐饮及其他服务类企业中流失率最高的职位。

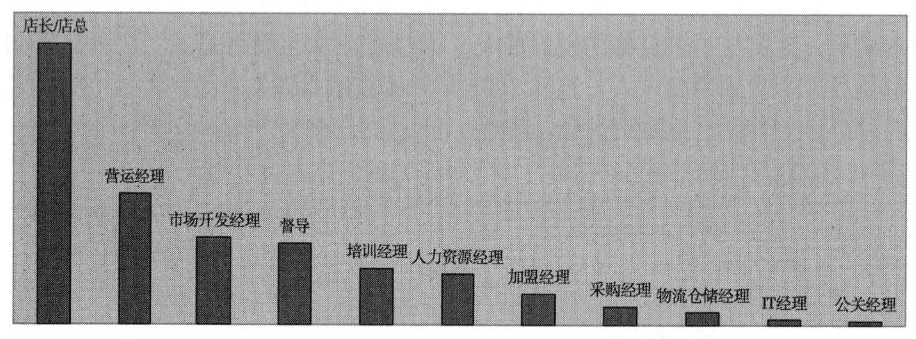

图 17　中高层职位流动率——餐饮及其他服务行业

（十六）参与调查企业基层工作人员每年的流失率

调查显示，上年度行业内企业基层管理人员的流失率为 18.65%。其中有 7 家企业的流失率超过 50%，最高的为 200%。

（十七）参与调查企业中，零售企业基层工作人员中流动率最高的职位

调查显示，零售企业基层工作人员中，收银员和理货员是流动率最高的职位，而防损员、保安员等防损、安全基层管理人员的岗位稳定性也不乐观。这与2007年的状况基本一致。

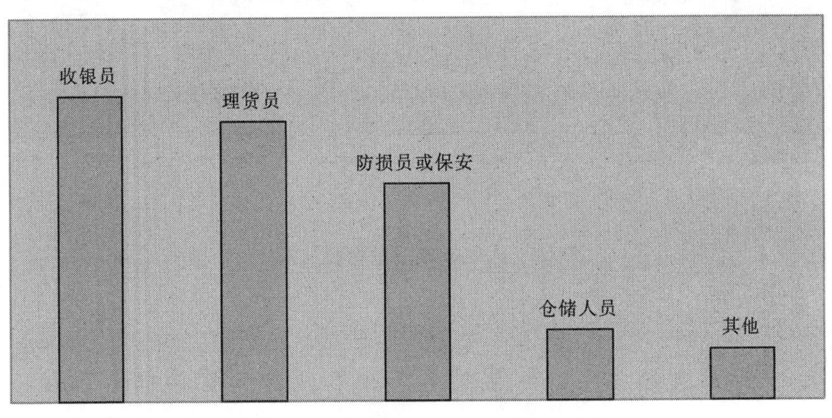

图18　基层职位流动率——零售行业

（十八）参与调查企业中，餐饮及其他服务类企业基层工作人员中流动率最高的职位

调查显示，餐饮及其他服务类企业基层职位中，店面服务人员是最容易流失的员工。

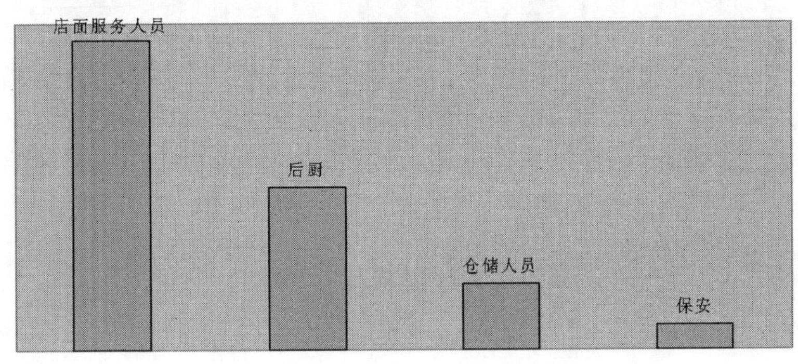

图19　基层职位流动率——餐饮及其他服务行业

（十九）参与调查的连锁企业中，人工成本占销售额的比重

调查发现，连锁企业中人工成本占销售额的比重，超过10%的有32家，占参与调查企业总数的35%。

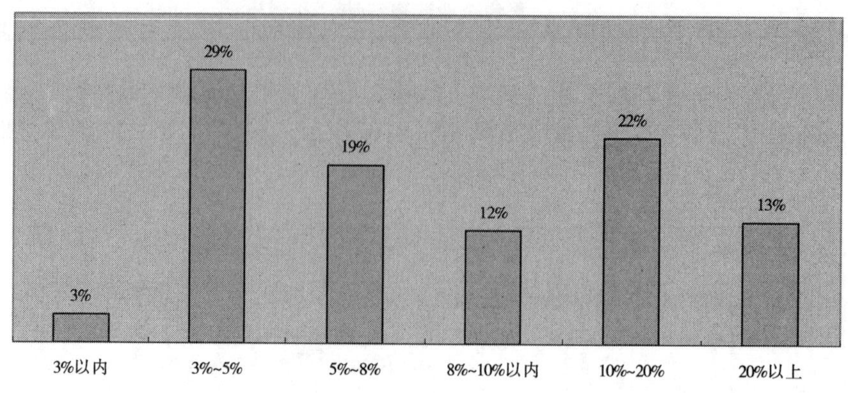

图 20　人工成本占销售额比重

（二十）参与调查企业中，同店铺人工成本（含工资和社保三险）情况

调查显示，除 10% 的企业表示同店铺人工成本与上年持平外，其他企业都有不同程度的上升。

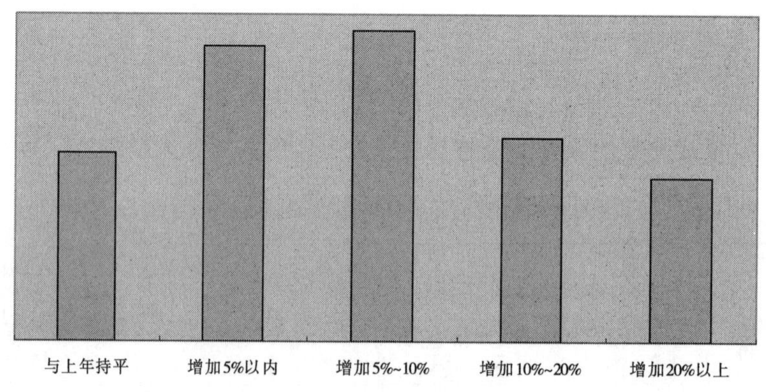

图 21　企业同店铺人工成本变化

（二十一）参与调查企业中，零售企业的薪资行情标准

调查说明：

1. 表 1 数据为企业的平均数，按年薪计，单位为万元；
2. 考虑到企业商业机密等因素，调查以薪金段来描述年薪额度。

表 1　零售企业薪资行情

职位	2008 年平均年薪（万元）	2007 年平均年薪（万元）	2006 年平均年薪（万元）
店长（1000 平方米以下）	2.7～4.5	2.8～4.1	2.7～3.8
店长（1000～3000 平方米）	4.0～5.6	4.2～5.5	3.9～5.9
店长（3000～5000 平方米）	5.6～8.4	5.2～7.6	6.1～8.6
店长（5000～10000 平方米）	7.7～9.5	7.6～9.1	8.3～12
店长（10000 以上）	11.7～12.75	10.4～13.3	8.7～13.1
部门经理级别管理人员	5.9～8.125	5.6～7.4	4.1～6.4
总监级别管理人员	11.3～16.5	9.5～13.4	6.3～8.1
副总经理级别管理人员	15.7～22.2	13.7～18.5	10.2～14.7

副总级别人员的年薪调查显示，该级别人员年薪不同企业有显著差异，有的企业年薪在百万元以上，也有部分企业副总级年薪仅 5 万元左右。

（二十二）参与调查企业中，餐饮及服务类企业的薪资行情标准

调查说明：

1. 表 2 数据为企业的平均数，按年薪计，单位为万元；
2. 考虑到企业商业机密等因素，调查以薪金段来描述年薪额度。

表 2　餐饮及服务类企业薪资行情

职位	2008 年平均年薪（万元）	2007 年平均年薪（万元）
店长（200 平方米以下）	4.7～6.3	4.1～5.6
店长（200～500 平方米）	4.7～7.4	4.2～5.9
店长（500～1000 平方米）	6.5～11.3	4.6～6.7
店长（1000～3000 平方米）	9.125～17.2	7.0～8.7
部门经理级别管理人员	7.2～10.6	5.0～8.6
总监级别管理人员	11.7～18.3	7.7～12.6
副总经理级别管理人员	16.7～26.56	10.5～15.8

(二十三)参与调查企业一线工作人员效益工资占工资总额的比重

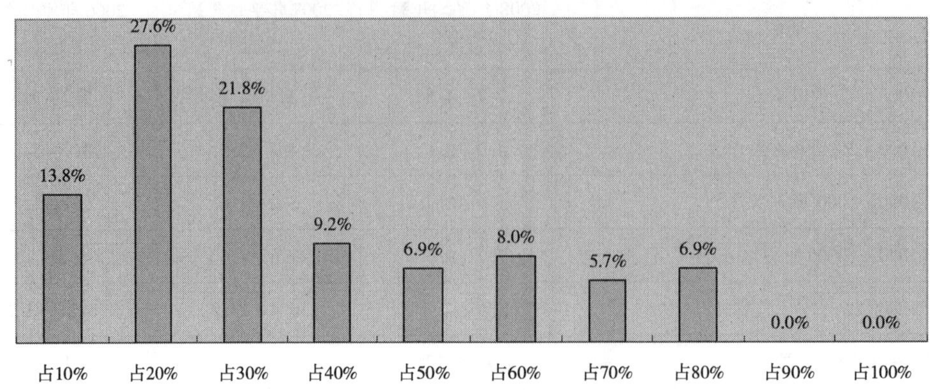

图22　一线员工效益工资占工资总额比

(二十四)参与调查企业对门店人员进行绩效考核时的主要考评指标

调查显示,企业对门店人员进行绩效考核时,销售量和毛利额是最主要的考评指标,其后依次是费用和毛利率。其他的考评指标还包括:净利润、基础管理指标、人员流失率、顾客满意度、团结合作精神、营运标准执行情况、周转天数、损耗、服务等。

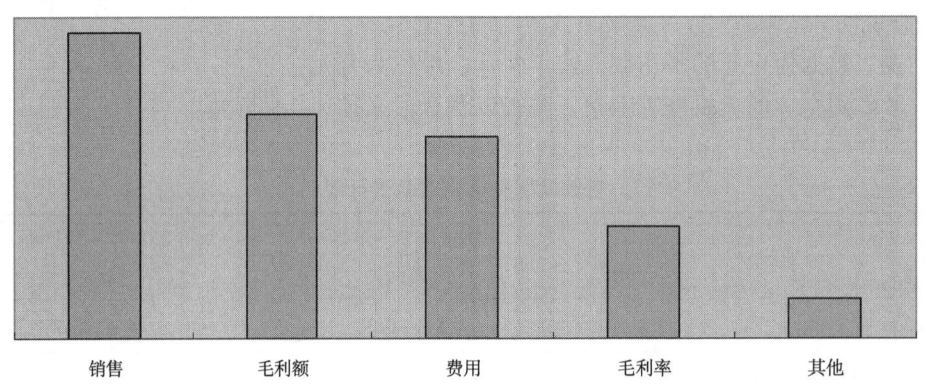

图23　对门店绩效考核时的考虑因素

(二十五)连锁企业在人力资源管理中遇到的最棘手问题

调查显示,连锁企业在人力资源中遇到的最棘手的三个问题依次是:缺乏管理人员;个人绩效考核难;人员流动大。

同时,部分企业提出的其他较为集中的棘手问题是:缺乏执行有力的中层管理人员;餐厅管理干部的培养及使用;管理基础弱、店员流失率大;公司发展快,人员招募困难;人员招聘数量不够;人员培养期长,成本大;培训效果不明显;缺乏优秀的店长;一线员工流失率高,管理人员综合能力提高慢;招聘难度增加;市场区域性差异导致的人力资源差异化较大；管理机构人力成本上升较快；公司快速发展与人才培养速度和效果存在差异，尤其是在二三线城市；OJT（在职培训）在实际工作中的开展与评估等。

（中国连锁经营协会）

2008 年中国零售商的绿色 IT 调查报告

2008 年 1 ~3 月，中国连锁经营协联合埃森哲公司对中国消费者就中国零售业绿色环保议题进行了专项调查。同时，在中国一、二和三级（3 类不同规模的）城市对消费者进行了问卷调查，并对国内一些主要的零售商进行了深入的走访调查。

本次调查的目标，一是了解中国消费者对绿色环保问题的态度和行为；二是将“碳含量测量框架”应用于零售商的经营中；三是了解如何将新框架嵌入核心 IT 应用软件，从而开启全新的经营方式；四是确定通过 IT 使零售商的运营更加绿色和高效的重点业务领域，并将新“绿色”标准与传统的企业经营财务指标相关联。

一、“绿色中国”——当前的现实

（一）中国零售市场增长面临的挑战

中国拥有一个巨大、蓬勃发展的零售市场

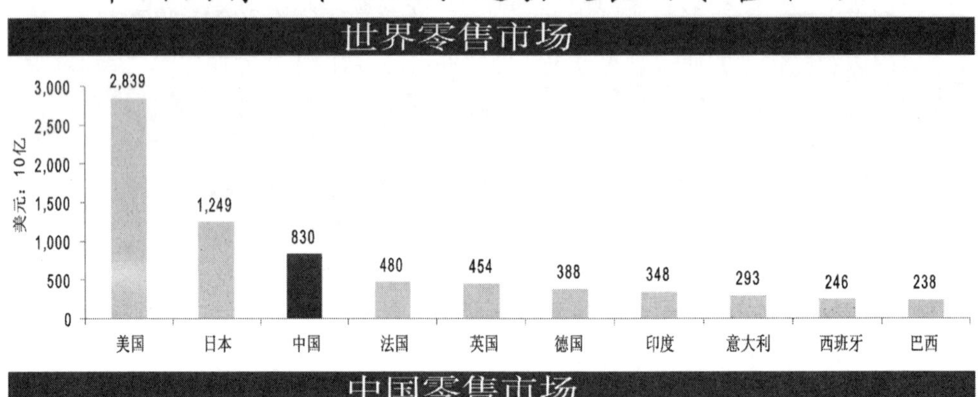

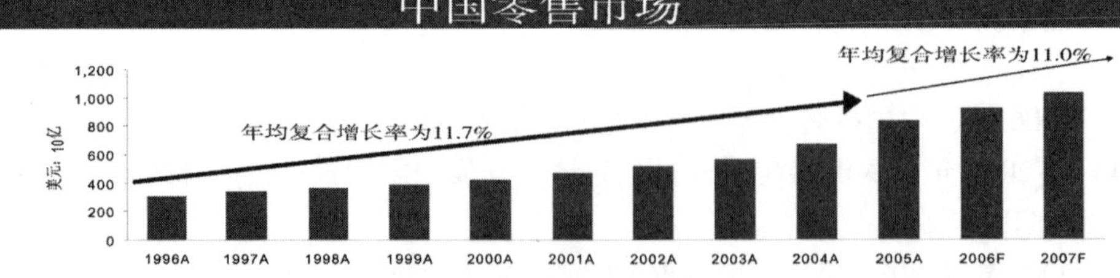

国家统计局 (2005)

图 1

（二）中国必须实现可持续发展

中国已经成为世界上多数商品的重要消费国。鉴于中国的消费规模和当前的增长速度，其需求将很快超出世界的生产能力——这就迫切地要求资源效率的显著提高。

如果中国的经济以当前的速度增长，并以与西方国家同样的方式使用资源，到2030年：

1. 中国将每天需要9900万桶石油——目前世界每天生产的石油是7900万桶。

2. 如果中国的燃煤消耗量达到目前美国的水平，即每人每年接近2吨的水平，则中国将每年使用28亿吨——超出目前世界产量3亿吨。

3. 中国将需要3.03亿吨纸，两倍于目前1.57亿吨的世界产量。

4. 中国的钢铁使用量将从2.58亿吨跃升至5.11亿吨，超出整个西方工业国家目前的消耗量。

5. 中国的汽车将达到11亿辆，远远超出世界目前7.99亿辆的汽车总量。

（三）哪个才是真正的中国

1. 2006年，中国的电网增加了900亿瓦的燃煤发电量——几乎等于德国装配发电总量。

2. 中国——喷火的巨龙……

（1）中国是世界上二氧化碳排放最多的国家（占全球总排放量的15%）；

（2）在世界20个污染最严重的城市中中国占了16个；

（3）每10天，中国就会有一家新燃煤电厂投入使用；

（4）燃煤占中国主要能源消耗的70%（注：大多数国家为30%～40%）；

（5）中国农民化肥的使用量超过400公斤/亩（发达国家化肥使用的“安全界限”为225公斤/亩）；

（6）世界70%的家电垃圾产于中国；

（7）单以深圳为例，几乎每年用掉20亿个塑料袋。

3. 到2010年，中国风力发电能力将从2004年的760兆瓦增加到5000兆瓦。

4. 中国——环保主义者……

（1）中国从1990到2004年期间二氧化碳排放量减少了50%（世界平均减少量仅为12%）；

（2）北京拥有世界上最庞大的清洁燃料公交大巴（大约1700辆液化气燃料大型客车）；

（3）2006年，中国排名世界风力发电能力第6（2004年的排名为第10）；

（4）到2010年，深圳将在20%的建筑楼顶安装太阳能板；上海将在2015年完成10万个楼顶太阳能板安装；

（5）2005年至2030年，中国可再生能源投资占全球的23%；

（6）2010年，中国将实现85%的公共场所照明使用节能设备；

（7）中国政府从2008年6月1日起禁止在零售店免费使用塑料袋。

（四）中国消费者的关注

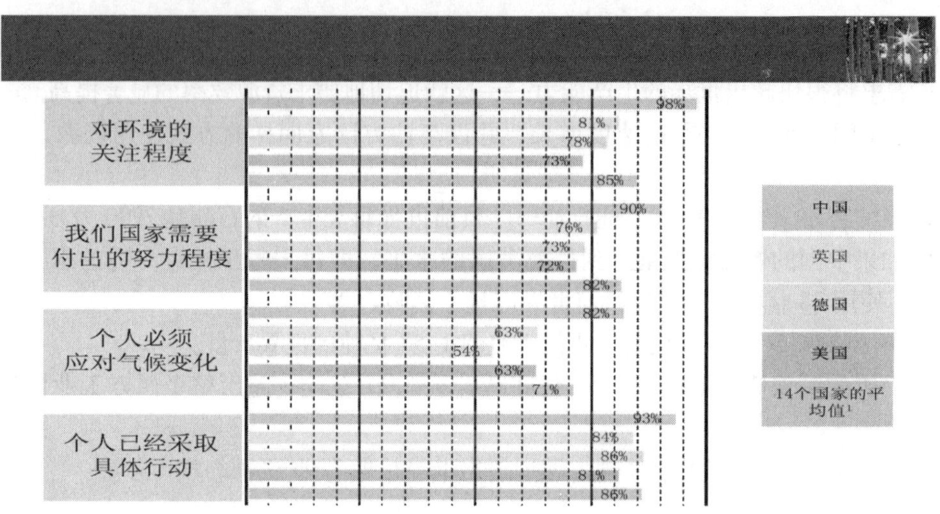

资料来源：埃森哲关于最终消费者对气候变化进行的调查问卷，2007 年。

注释 1：北欧、法国、德国、意大利、荷兰、西班牙、英国、加拿大、美国、日本、澳大利亚、巴西、印度、中国。

图 2

（五）中国消费者将采取的行动

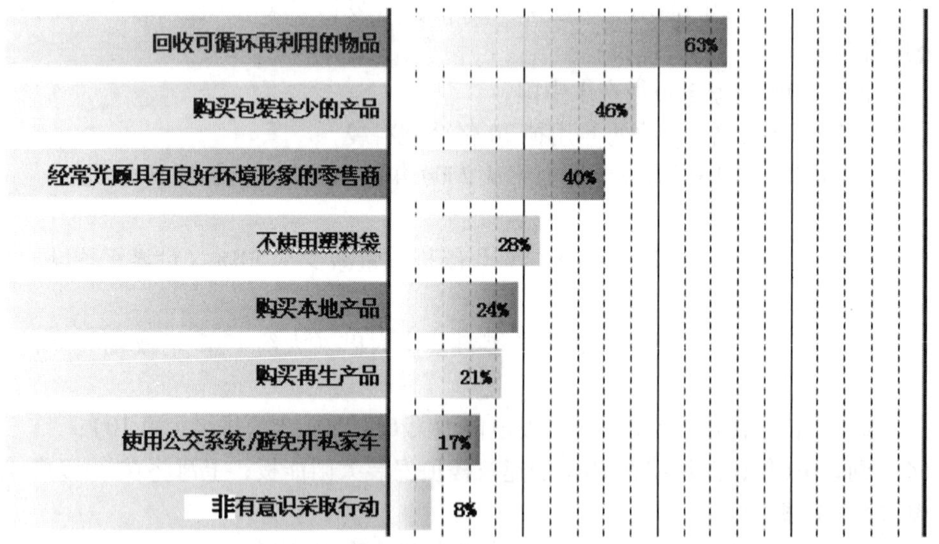

图 3

（六）大约45%的中国消费者“购买绿色产品”

“您在最近60天是否有意识地购买过更环保的产品？ 您购买了什么产品？”

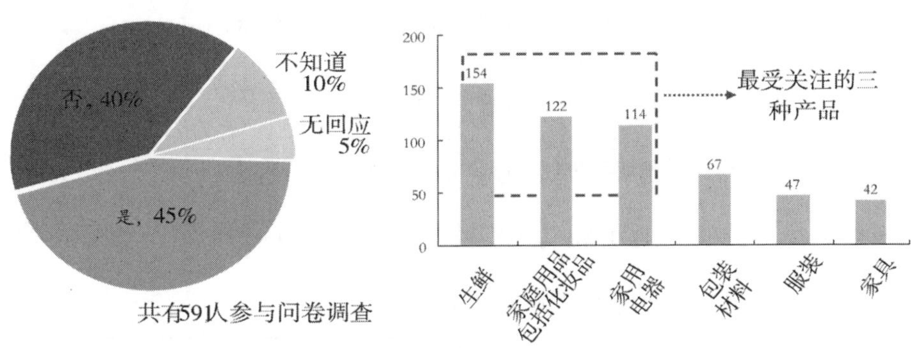

资料来源：埃森哲关于最终消费者对零售业中环境问题进行的调查问卷，2008 年 3 月。
（对北京、上海、广州、西安、长沙和武汉的 600 名顾客进行的调查问卷。）

图 4

（七）中国的消费者缺乏信息

对“为什么您没有购买比较环保的产品?”中国的消费者给出如下主要原因：

1. 零售商未提供相关“绿色”产品的信息。
2. 零售商承认，未获得供应商的可靠数据，以提供绿色声明。
3. 仅有 21% 的人认为由于环保产品太贵、超市未提供“绿色产品”。

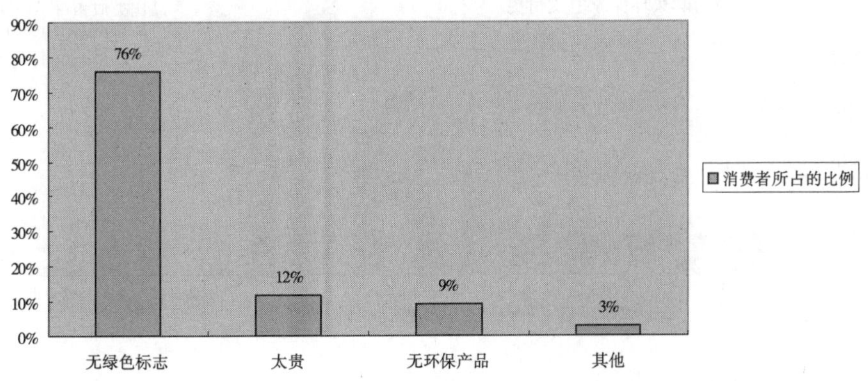

图 5

（八）多数消费者仍以价格为导向

"当您选择零售商时，下列因素的重要程度？"

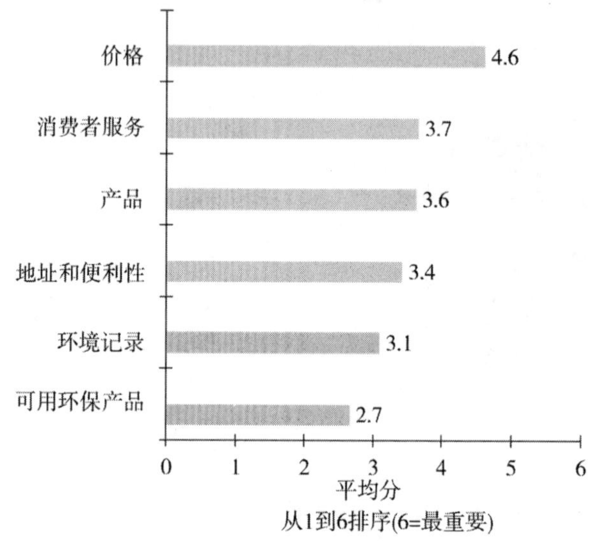

资料来源：埃森哲关于最终消费者对零售业中环境问题进行的调查问卷，2008 年 1 月。

（对北京、上海、广州、西安、长沙和武汉的 600 名顾客进行的调查问卷。）

图 6

（九）消费者愿意为环保产品多支付一些

"您愿意花多少钱购买更环保的产品（食品、服装和家电）？"

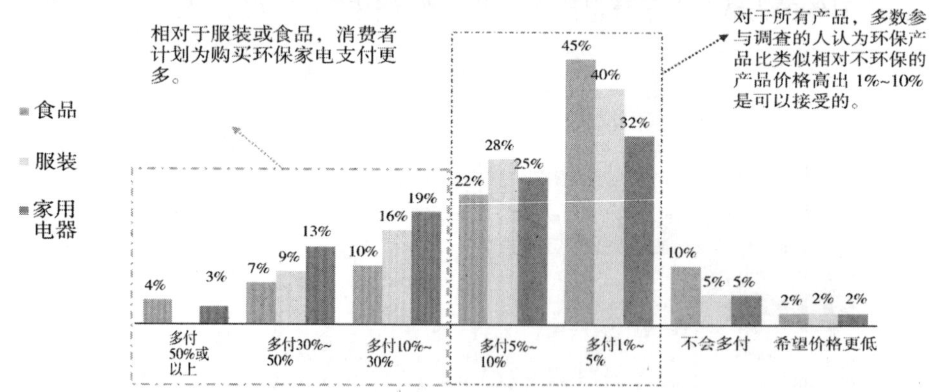

资料来源：埃森哲关于最终消费者对零售业中环境问题进行的调查问卷，2008 年 1 月。

（对北京、上海、广州、西安、长沙和武汉的 600 名顾客进行的调查问卷。）

图 7

（十）零售商执行政府规定

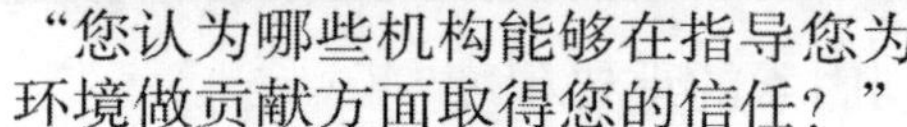

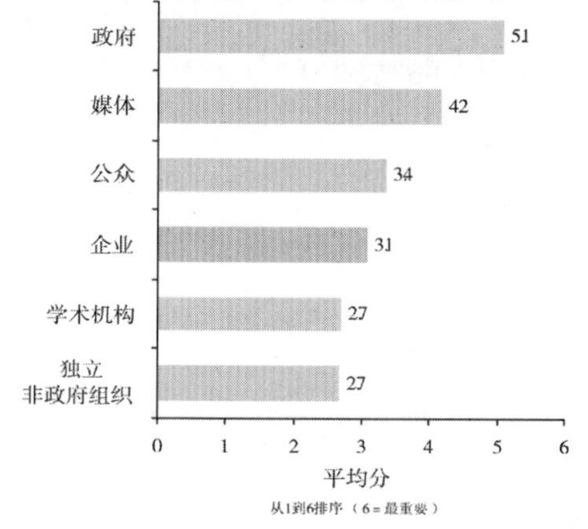

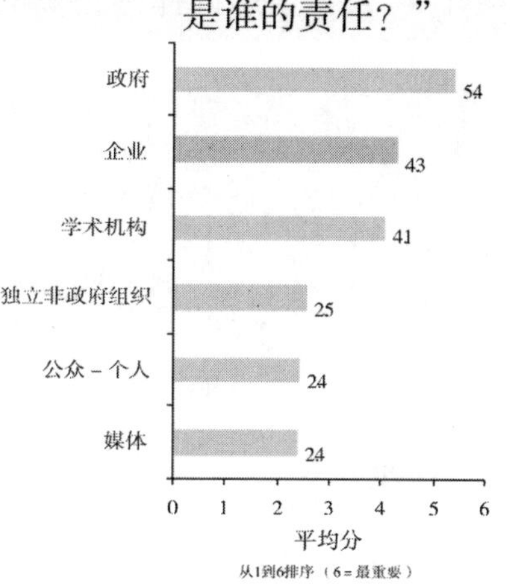

资料来源：埃森哲关于最终消费者对零售业中环境问题进行的调查问卷，2008 年 1 月。
（对北京、上海、广州、西安、长沙和武汉的 600 名顾客进行的调查问卷。）

图 8

（十一）中国企业反应较慢

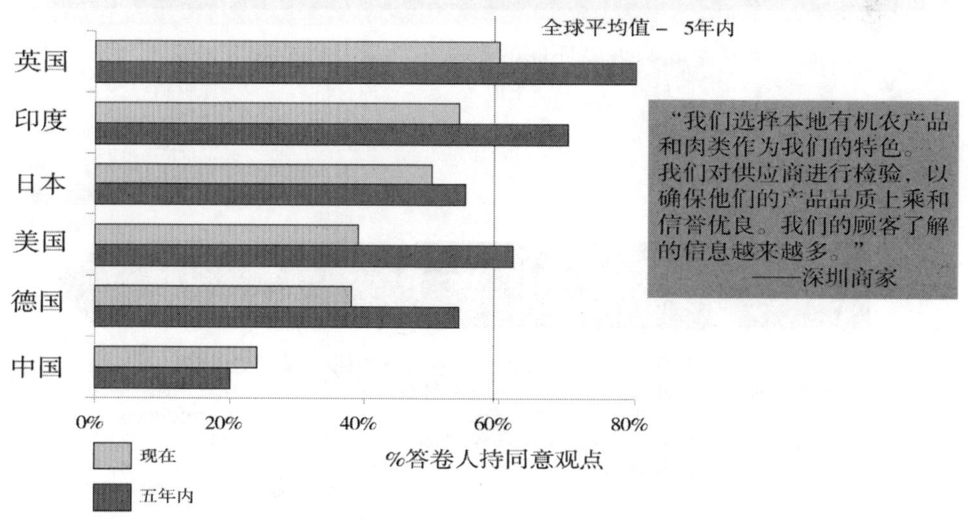

资料来源：埃森哲关于最终消费者对气候变化进行的调查问卷，2007 年。

图 9

二、碳排放计算器

（一）碳排放计算器简介

供应链碳排放计算器 ~ 一款用于确定产品（或企业）碳排放量的工具

- 可对整个或部分供应链的碳排放量进行计算。应用中的实例：
  - 英国运输＆配送网络
  - 食品零售商“从地头到餐桌”的碳排放量
  - 低成本承运人网络的全球入境运输
  - 以一国内零售商来料案例
- 我们已对碳排放计算器的使用制定了一整套标准方法论。
  - 确定计算范围
  - 了解主要标准
  - 收集数据
  - 创建一个现状（As-is）模型网络
  - 计算碳排放量
  - 运用环境诊断法

Supply Chain Carbon Calculator	
Total Warehousing (kg CO2)	8,329,633
Total Outbound Transport (kg CO2)	60,841,368
Total Inbound Transport (kg CO2)	60,841,368
Total Staff (kg CO2)	518
Total Energy Use	3,600,683
Total Travel	29,687,372
Total kg	**163,300,943**
Total tonnes (t)	163,301

图 10

（二）零售的绿色环保影响：哪些标准

	主要来源/增长	生产	流通	销售	使用＆处理
输入	原材料 　自然资源 土地 　农业 　畜牧	能源 原材料 水资源 土地	能源 土地	能源 原材料 　包装 　营销 　展示 土地 　商店	能源 原材料 　产品 　包装
输出	土地 　土壤侵蚀 　生物多样性缺失	损耗 　水资源 　有机废物 排放 　温室气体 　其他	损耗 　运输原材料 排放 　温室气体 　其他	损耗 　产品标志 　广告 　包装袋 排放 　温室气体 　其他	损耗 　产品 　包装 排放 　温室气体 　其他

图 11

（三）碳来自哪里

多数消费品中的碳在原材料和制造中产生，而不是流通过程。零售商必须全方面考虑供应链。

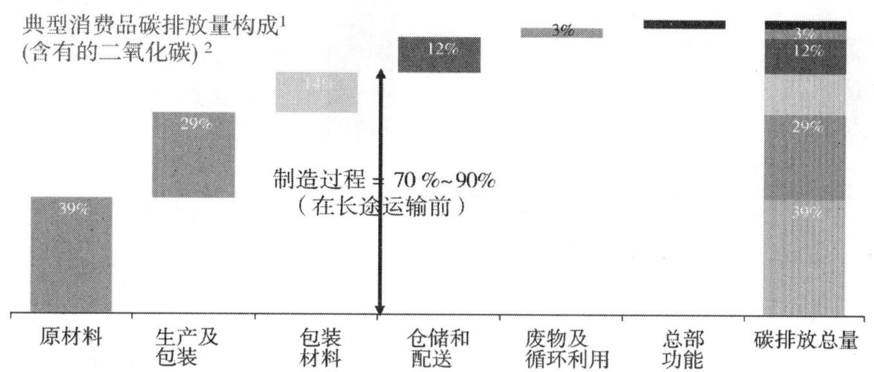

资料来源：英国环境、食品及农村事务部（Defra）2004 年；特易购（Tesco）公司网站，2007 年；碳基金（Carbon Trust）“气候变化和股东收益”（2004 年）。

注释：1. 来自于碳基金（TrustCarbon）分析报告。

2. 类似于许多其他环境影响（废物的产生、水的利用、噪声、空气污染等）。

图 12

（四）碳排放量计算方案

以湖南出售的两种米产品作为示例说明二氧化碳的计算过程

在湖南种植和加工的本地米：隆平米业一般米 10公斤 →

在泰国种植和加工的进口米：金轮王泰国香米 10公斤 →

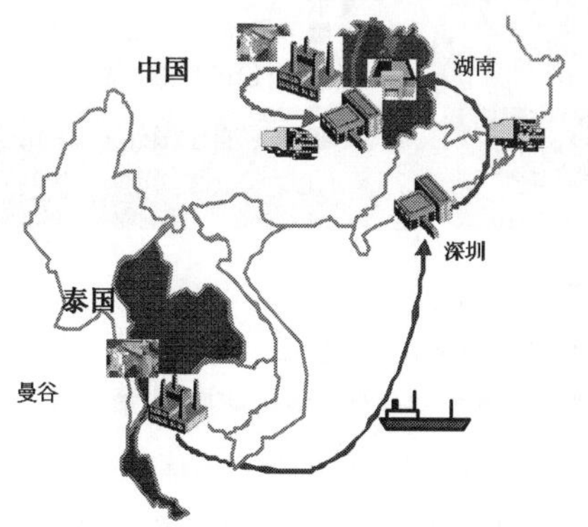

- **碳排放量计算方法：**
  - 确定每种米产品生命周期的流程
  - 采用生产、存储和配送中的操作数据、工业基准和二氧化碳转化因素计算二氧化碳排放

图 13

（五）碳排放计算器结果

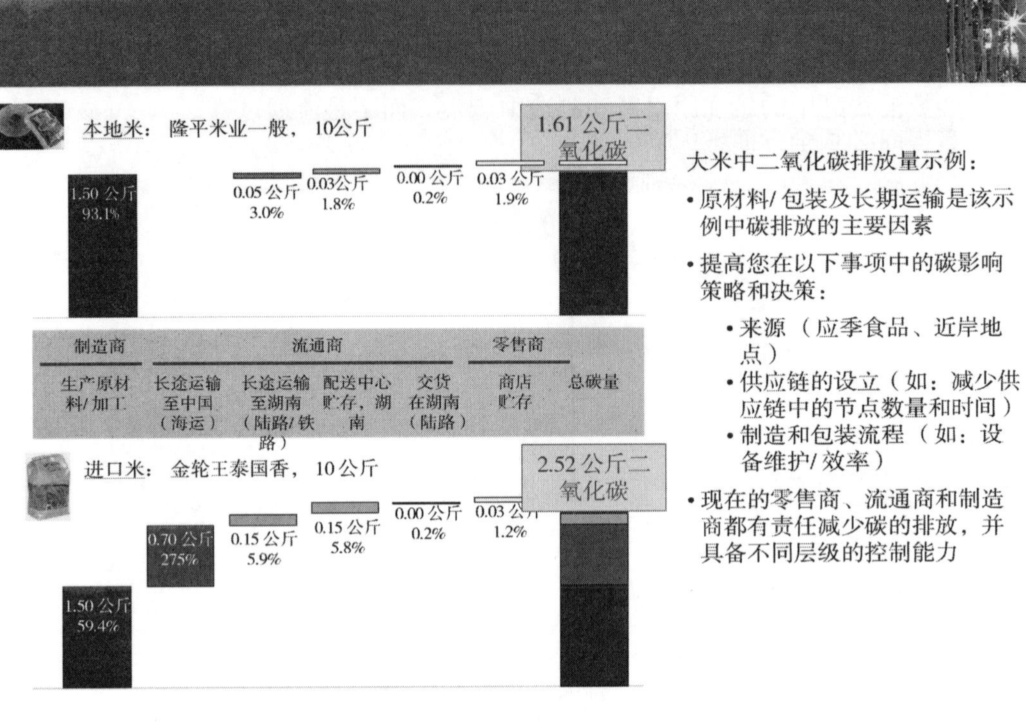

资料来源：埃森哲分析报告。

图 14

（六）原料来源组合随地点不同而不同

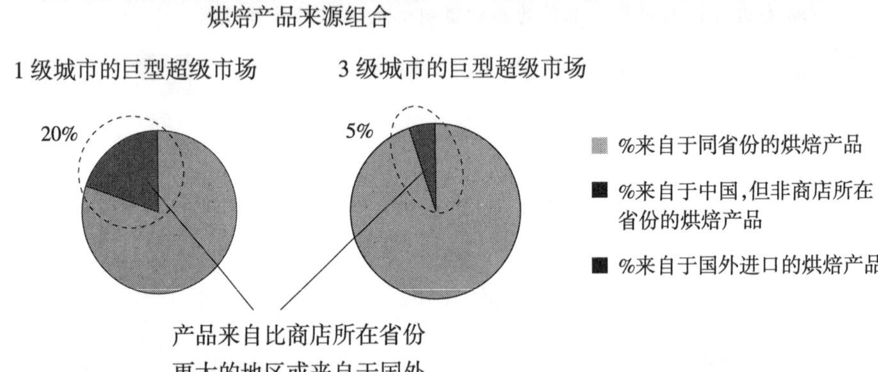

■ 产品来自距离较远、拥有先进管理设备和对产品种类有更高要求的零售商

■ 如零售商原料来源组合中的加工/种植产品距离远、供应链长则其碳排放量增加

资料来源：一国内零售商及供应商数据，埃森哲分析报告。

注释：欧睿（Euromonitor）信息咨询公司（中国）2007 年数据，商店调查和埃森哲分析报告。

图 15

三、绿色标准和零售 IT 系统

（一）碳排放所面临的数据挑战

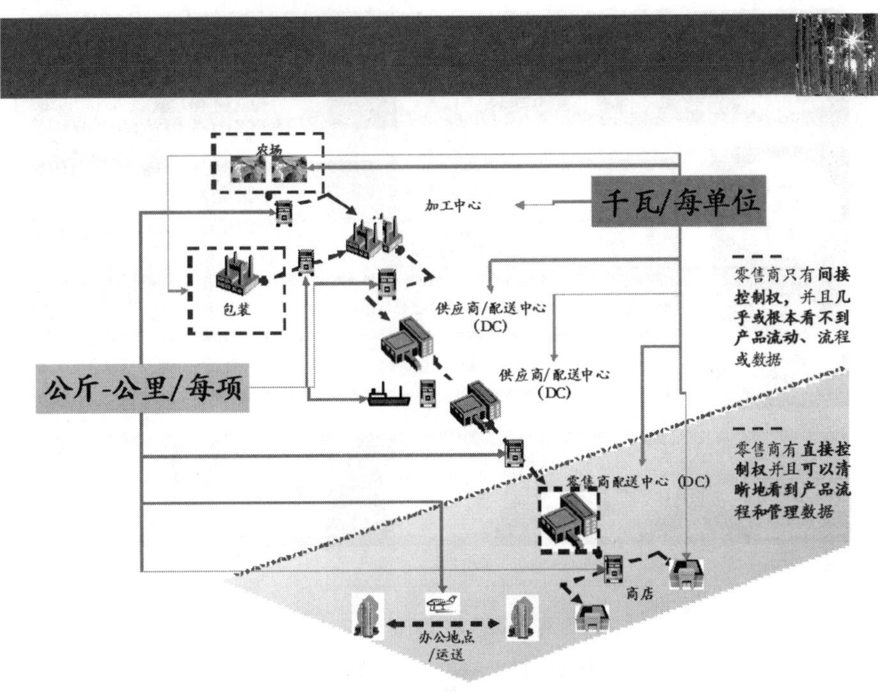

图 16

（二）碳排放所面临的数据挑战

在中国实现碳排放监测的后续措施包括：

1. 提高供应链的运作透明度，了解除流通终点之外的所有供应链参与者。

2. 通过公认的方法对产品二氧化碳排放水平进行计算。

3. 建立一套系统及流程，让供应商提供产品数据，及零售商贮存/更新核心管理数据。

4. 公认的中国工业基准（如：适应中国的基础设备/加工过程中的计算二氧化碳转化因子）。

5. 考虑除二氧化碳之外的环境影响——土地使用、废弃物、其他温室气体和水资源利用。这些对零售商也都是潜在的重要课题。

（三）零售应用软件模型

图 17

（四）利用信息技术“做好事”和“让事情做得好”

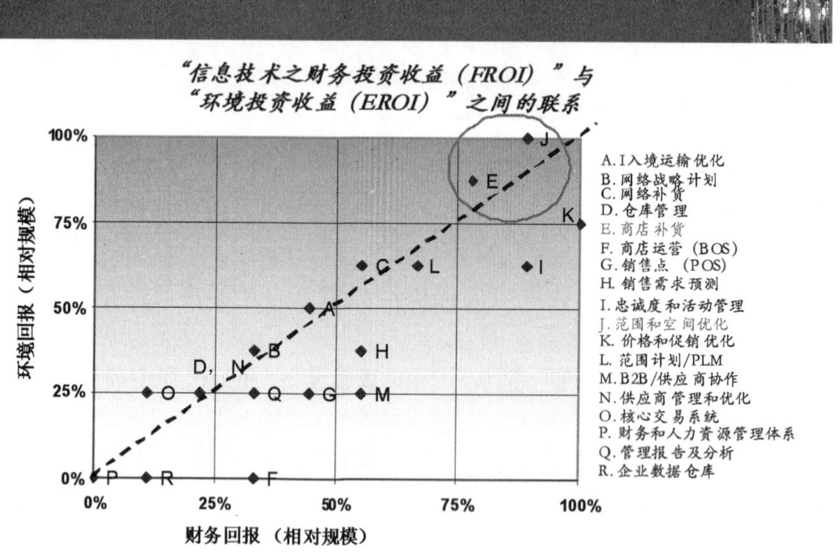

资料来源：埃森哲分析报告。

图 18

（五）信息技术可助“做好事”或“做坏事”

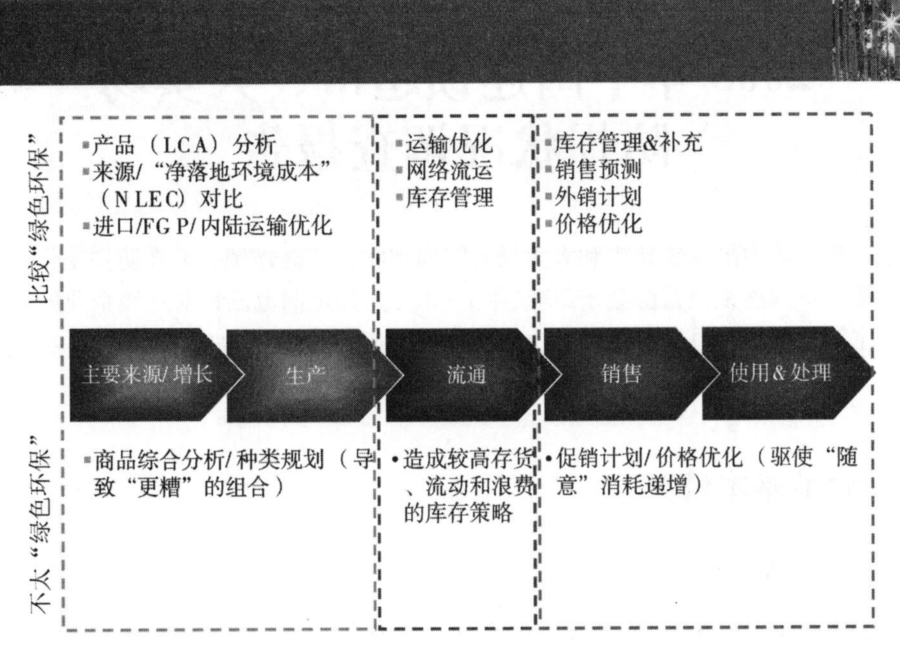

图 19

（六）主要观察与发现

1. 中国消费者理解并关心环境，但其购买行为却没有完全反映出对环境的关注。

2. 如同世界其他国家一样，碳排放量计算可在中国应用，但目前中国的供应链结构及供应商成熟度使数据的采集面临挑战，以致于阻碍了对零售业碳排放量的测量。

3. 一般通行的 IT 应用软件经过修改即可应用“绿色标准”，并无太多困难——面临的挑战是，如何改变业务流程与行为，并落实使用这些标准。

4. IT 可以帮助零售商实现绿色和高效。对于大多数通行的零售应用软件，“绿色标准”和传统财务指标关联密切。

2008 年中国连锁超市、大卖场防损状况调查报告

为进一步了解中国连锁超市和大卖场的防损现状，掌握连锁企业在防损工作中所面临的共性问题，中国连锁经营协会于 2009 年 1～3 月，在全国范围针对连锁企业的防损部管理人员、主管防损的副总进行了第五次问卷调查。来自全国各地的 63 家企业参与了本次调查。

一、企业基本情况

（一）企业业态情况

参与调查企业中，有大卖场业态的企业，平均每家拥有门店 29 家（2008 年为 21 家）；有超市业态的企业，平均每家拥有 95 家（2008 年为 157 家）。

在调查中，大卖场特指卖场面积在 3000 平方米以上，超市特指卖场面积在 500～3000 平方米之间。

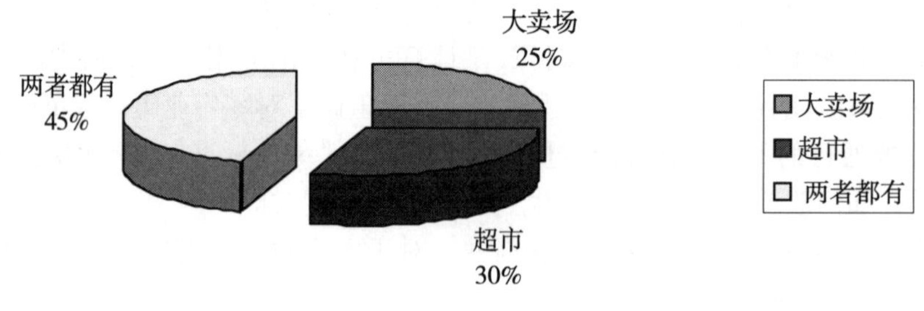

图 1　企业业态分布

（二）企业门店分布

参与调查的大部分企业都在本省或周边省市发展。

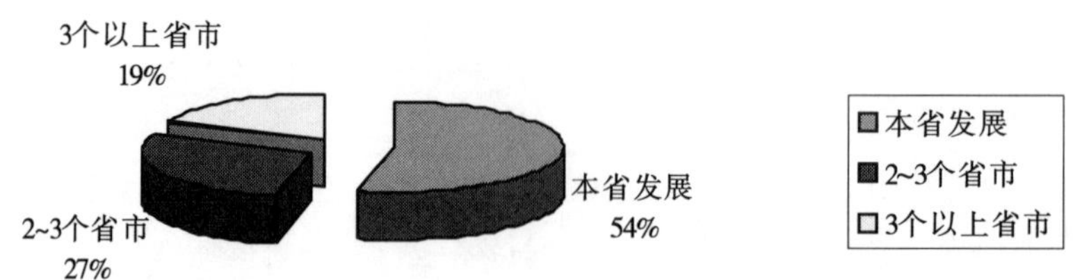

图 2　企业门店分布

（三）企业2008年度销售额

参与调查的企业销售额分布如下：

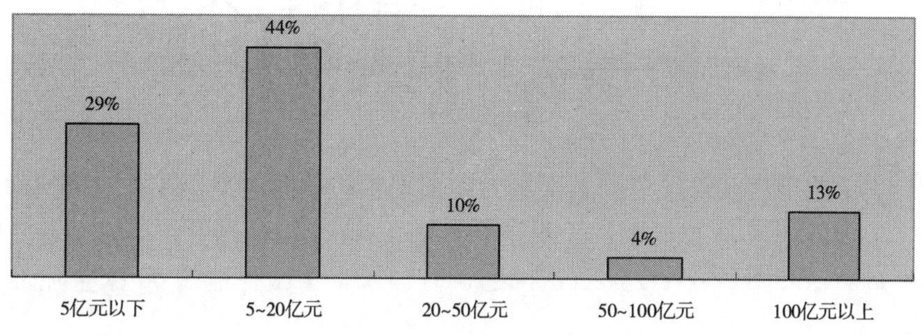

图3　2008年企业销售额分布

（四）企业成立的年限

参与调查的企业中，70%以上的企业成立年限在10年以上。

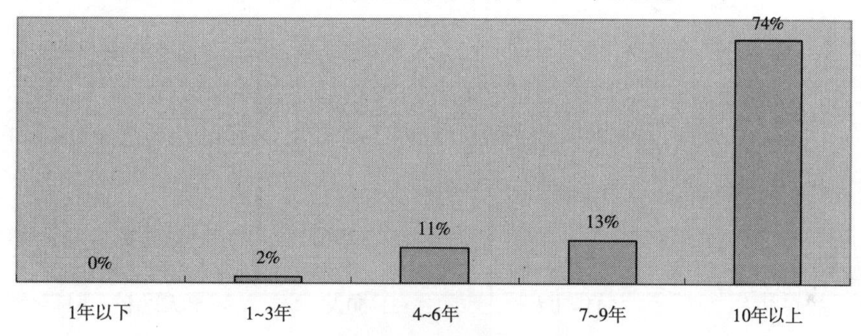

图4　企业成立年限

（五）企业防损部门的独立性

参与调查的企业中近一半的企业认为防损部门的独立性较强，但也有4%的企业选择“防损部门完全没有独立性”。

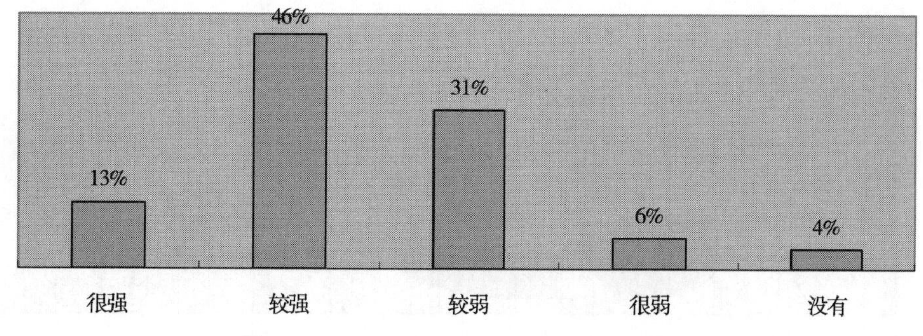

图5　企业防损部门独立性占比

（六）企业门店平均防损人数

参与调查的企业中，大卖场平均防损人数多为 11 ~ 30 人，超过 50% 以上。超市则 65% 以上的门店平均防损人员数为 0 ~ 10 人。具体情况如下图：

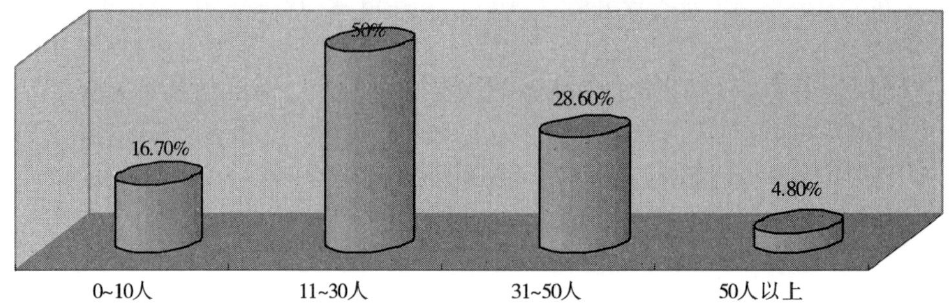

图 6　大卖场平均单店防损人员数

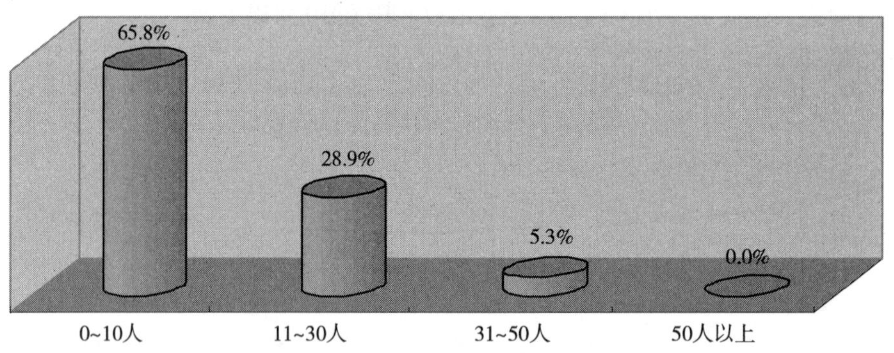

图 7　超市平均单店防损人员数

（七）企业防损部门主要职能

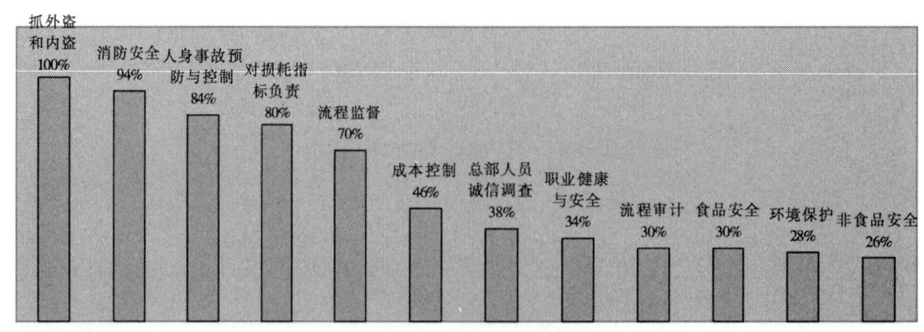

图 8　企业防损部门主要职能人员数占比

二、企业防损运作

（一）企业盘点情况

70%以上的企业每年盘点次数在3次以上，防损部门在盘点中承担了重要的角色，100%的企业防损部门都参与盘点工作，其中62%的企业防损部门在盘点中既是监督方，也是参与方，36%的企业防损部门作为监督方参与盘点，另外有2%的企业选择由防损部门作为盘点的实施方。

目前我国超市企业门店自行盘点和门店与总部相关部门配合盘点仍然是最主要的盘点方式，只有8%的企业采用了部分与第三方盘点公司合作。

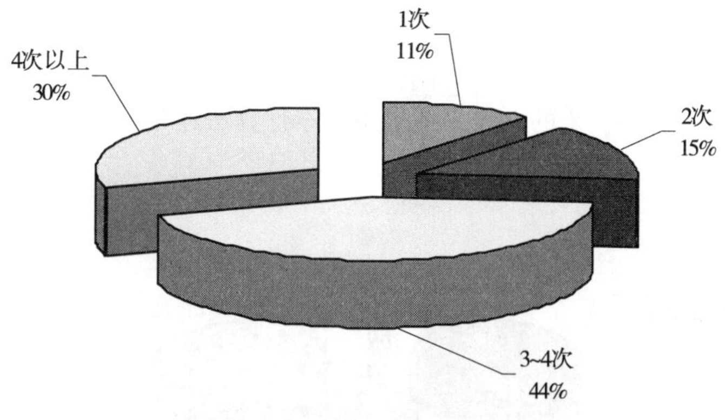

图9 门店每年盘点次数占比

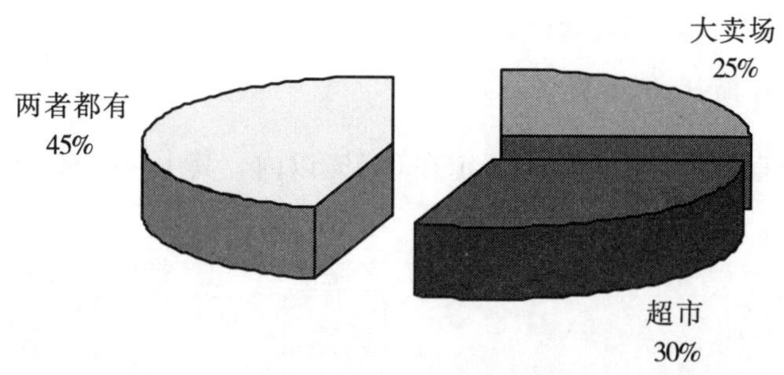

图10 门店盘点实施部门情况

（二）损耗范围

参与调查的企业中，92%的企业表示损耗包含丢失，80%的企业包含破损。同时，也有27.5%的企业损耗包含降价损失。

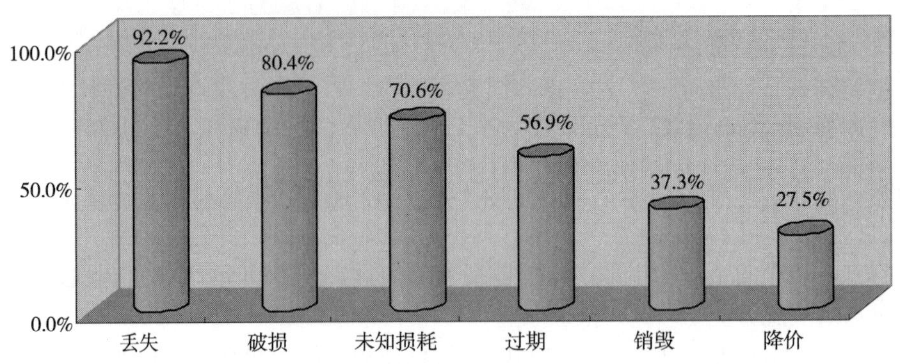

图 11　企业损耗范围及其占比

（三）企业损耗计算依据

参与调查企业中，58.8% 的企业损耗采用成本计算法计算，39.2% 采用零售价计算法计算。具体如图 12。

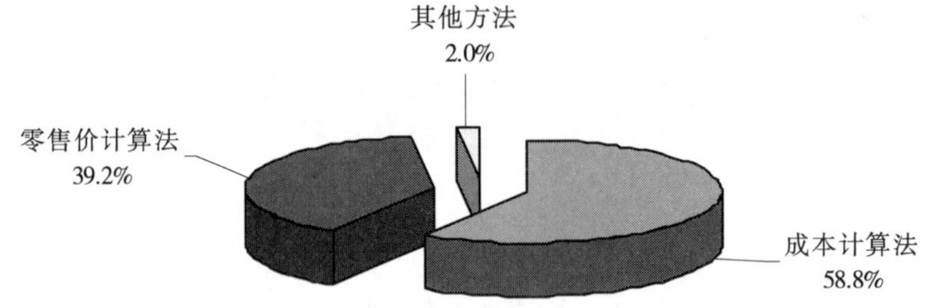

图 12　企业损耗计算方法及其占比

（四）企业规定的损耗率指标

86% 以上的参与调查的企业损耗指标规定在 0.5% 以内，其中 40.4% 的企业损耗率指标低于 0.3%。

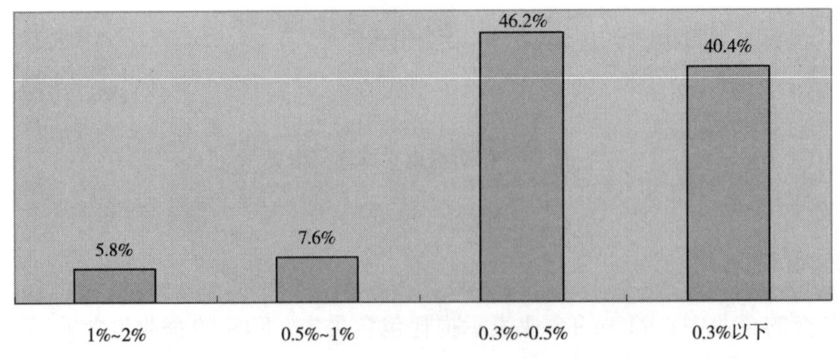

图 13　企业损耗率指标

（五）行业平均损耗率

依据所调查企业最近一次大盘点的损耗率，我们得出全行业的平均损耗率为 0.32%；其中，超市业态的平均损耗率为 0.27%，大卖场业态的平均损耗率为 0.35%。被调查企业中，损耗率最小的门店平均损耗率为 0.17%，损耗率最大的门店平均损耗率为 0.69%。

企业损耗率分布如下：

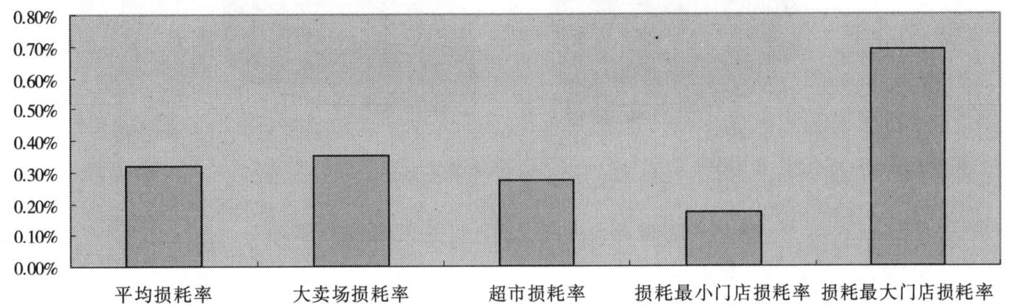

图 14 不同行业业态的平均损耗率

（六）企业对损耗的处理原则

2% 的企业为：全部让员工或供应商补偿；
26% 的企业为：超出规定部分让员工或供应商补偿；
28% 的企业为：自己承担（2008 年为 43%）；
43% 的企业为：超出规定部分让相关人员补偿，低于规定标准予以奖励（2008 年为 27%）。

（七）企业的实际损耗率

如果去除供应商和员工的补偿，企业真实的损耗率是：27% 的企业认为和实际盘点出的损耗率没有差异；65% 的企业认为和实际盘点出的损耗率有少许差异，但能达到损耗率指标；8% 的企业认为和实际盘点出的损耗率有很大差异，不能达到损耗率指标。以上比例与 2008 年调查完全相同。

（八）国内企业损耗的分布情况

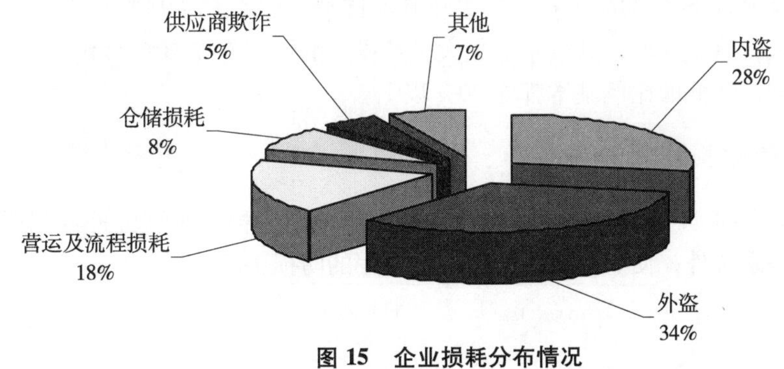

图 15 企业损耗分布情况

（九）国内零售企业2008年及2009年防损投入情况

2008年，企业在防损投入方面，人员开支与防损设备开支的占比如图16所示。

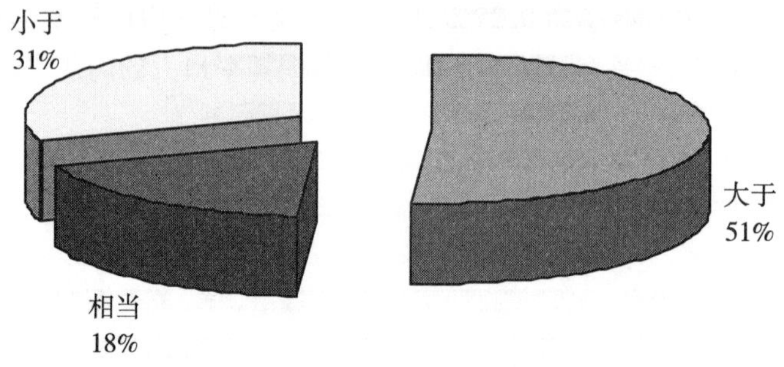

图16　2008年企业防损投入（人工/设备）情况

2008年，企业门店在防损设备方面的投入情况：以28家典型门店为例，如果按照投入金额算，防损投入金额占门店销售额平均为1.16%。其中有11家投入金额占销售额的1%以上（含1%），5家投入在3%以上（含3%）。就典型门店的单位面积投入而言，63%的企业典型门店每平方米投入在0~200元。具体如图17所示。

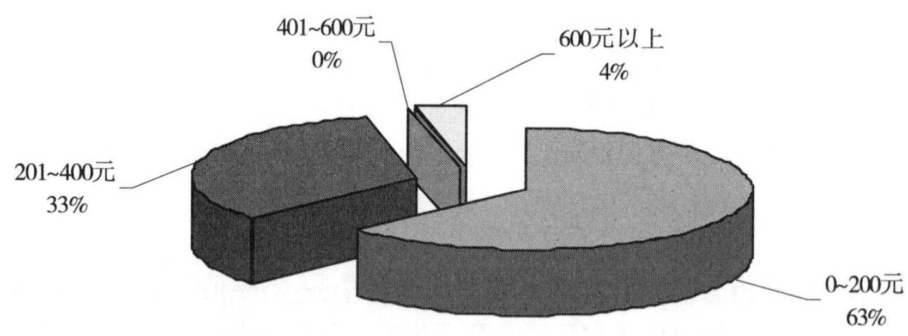

图17　2008年企业门店防损投入（单位面积投资额）情况

国内零售企业2009年防损投入情况：根据33家企业的有效调查数据显示，21家（占63%）企业表示2009年的防损投入与去年基本持平，8家（占24%）企业表示2009年将加大设备投入；除一家外，其余企业加大设备投入的幅度都在10%以内，4家企业表示将降低投入金额，降低的比例基本都在20%以上。

（十）使用的防损技术和手段

调查显示，与2008年的调查相比，除CCTV闭录电视监控系统、红外或门磁报警系统、EAS商品防盗系统外，便衣也成为企业最常采用的防损手段。

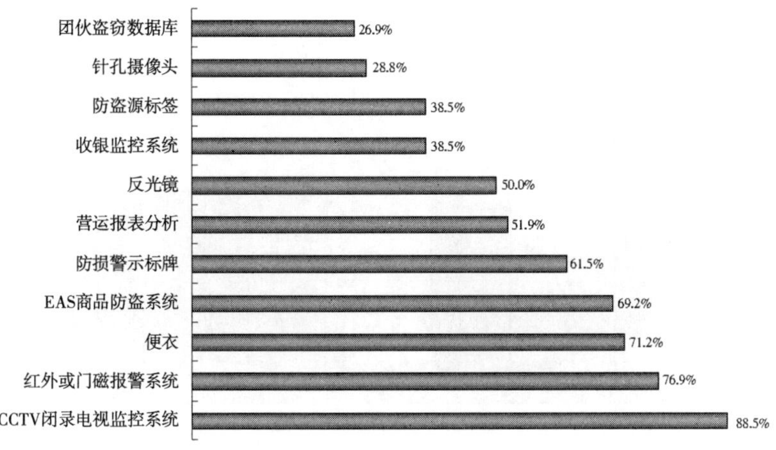

图 18 2009 年企业使用的防损技术及措施

（十一）企业平均每家门店每个月发现的外盗案件情况

大卖场：平均每月约 36 起（2008 年的调查为 108 起），其中人防抓获 25 起、设备抓获 11 起；平均金额为 501 元（2008 年的调查为 80 元）。

超市：平均每月约 33 起（2008 年的调查为 16. 5 起），其中人防抓获 27 起、设备抓获 6 起；平均金额为 160 元（2008 年的调查为 66 元）。

与 2008 年的调查相比，大卖场每月抓获的外盗案件数量明显降低，但是外盗金额明显提高；超市每月抓获的外盗案件次数和平均每次的金额均有较大幅度增加。

从全国情况看，分区域盗窃严重程度（排名）如图 19 所示。调查显示，华北地区偷盗程度最严重。

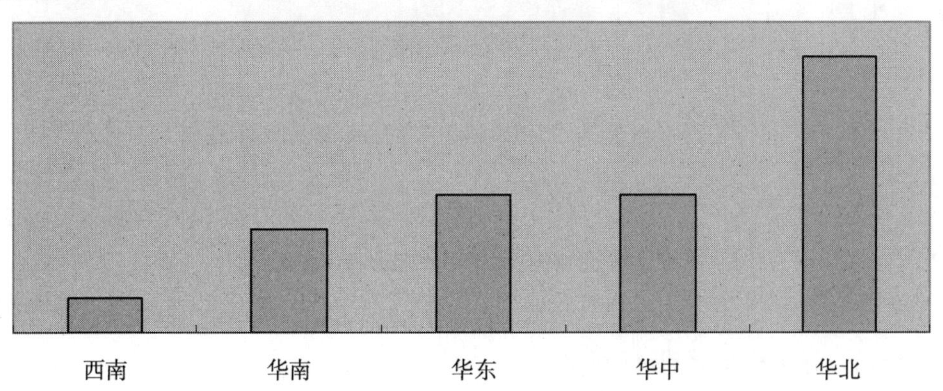

图 19 2009 年分区域盗窃严重程度排名

（十二）企业外盗性别比例

在企业抓获的外盗中，男性为 42%，女性为 58%，与 2008 年调查差别不大。

（十三）企业发生外盗最常见的手法

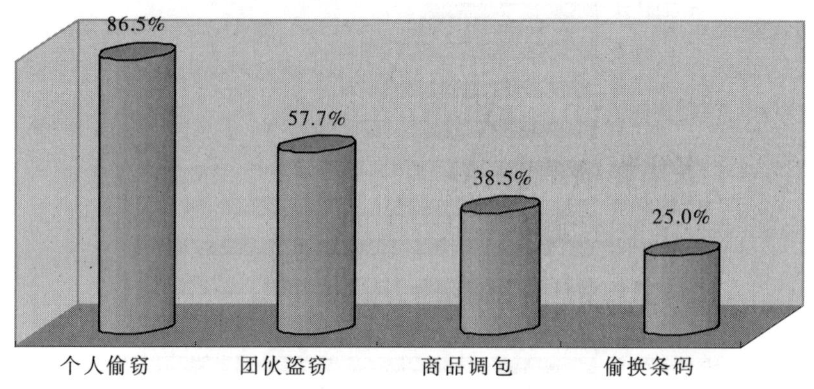

图20　企业外盗最常见的手法及其占比

（十四）企业平均单个商场遭遇团伙偷盗袭击情况

平均每个门店遭遇团伙袭击每月2次，团伙盗窃成功率37%；每次损失金额950元。

（十五）企业被盗机率最高的商品

调查显示，失盗几率最高的商品占比如图21所示。

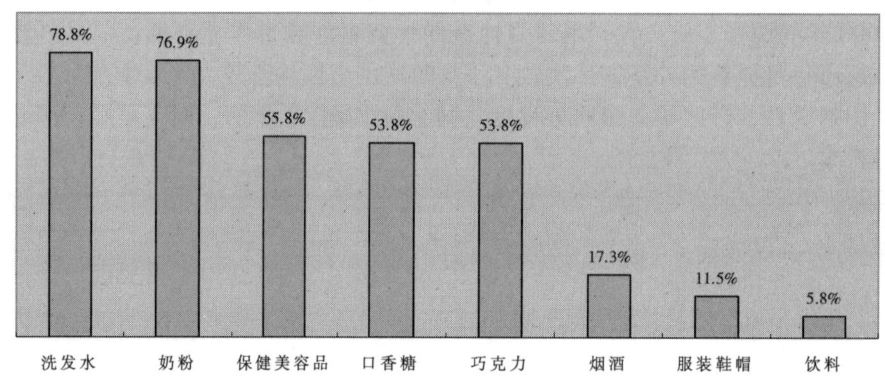

图21　企业失盗机率高的商品及其占比

（十六）企业框定高损耗商品

被调查的企业平均框定高损耗商品305种，受保护比例平均为72%。不同企业框定的高损耗商品种类差别很大，其中最多的为1000种，最少的为4种，主要依据门店经营面积及商品品类而定。

（十七）企业每家门店每月发生的内盗案件

大卖场：合计9次，平均金额210元。

超市：合计 3 次，平均金额 123 元。

（十八）企业收银员最常见的内盗手法

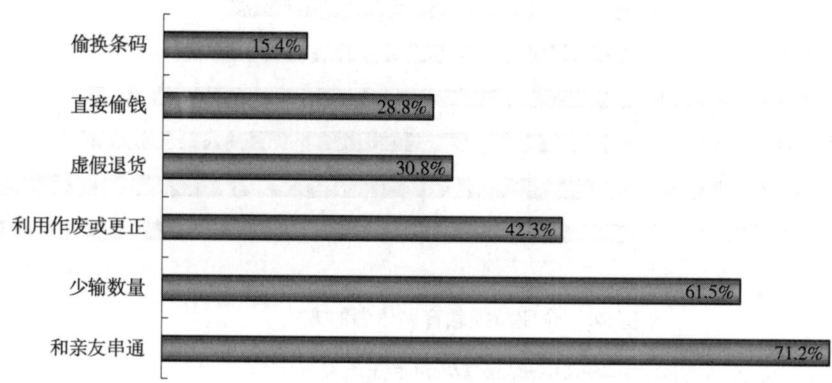

图 22 企业收银员的内盗手法及其占比

（十九）企业考察员工诚信度的方式

调查显示，企业考察员工时，行为描述、面谈和调查以前工作过的公司仍然是最主要的方式。

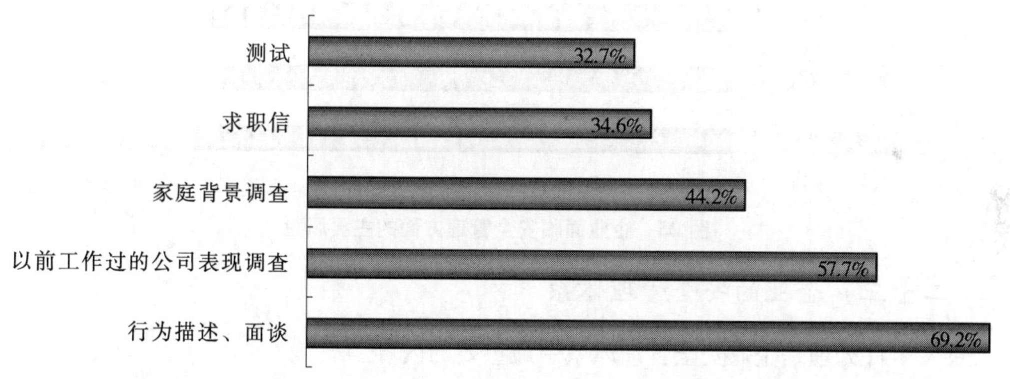

图 23 企业考察员工诚信度的方式及其占比

（二十）企业防损培训的次数

内训：平均 3 次/季度。
外训：平均 0. 8 次/季度。

（二十一）企业防损教育和培训的方式

新员工入职防损培训、员工行为准则或员工手册、防损人员防损专业培训以及管理人员的防损培训是最主要的四种方式。

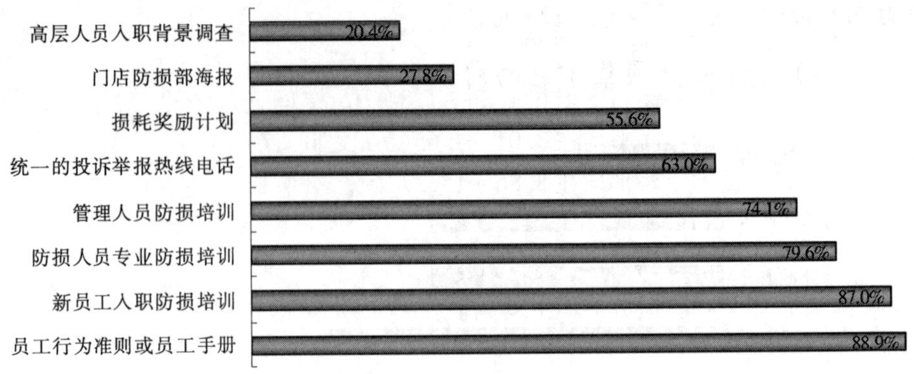

图24　企业防损教育和培训的方式

（二十二）企业在安全管理上面临的主要风险

火灾及明火事故、顾客事故及诉讼、财产损失是企业面临的三个最主要的风险。

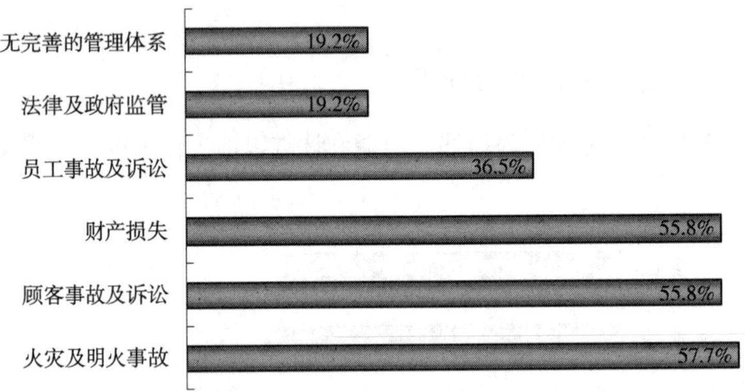

图25　企业面临安全管理方面的主要风险

（二十三）企业的安全管理体系

突发事件处理是企业安全管理体系中最重要的内容。

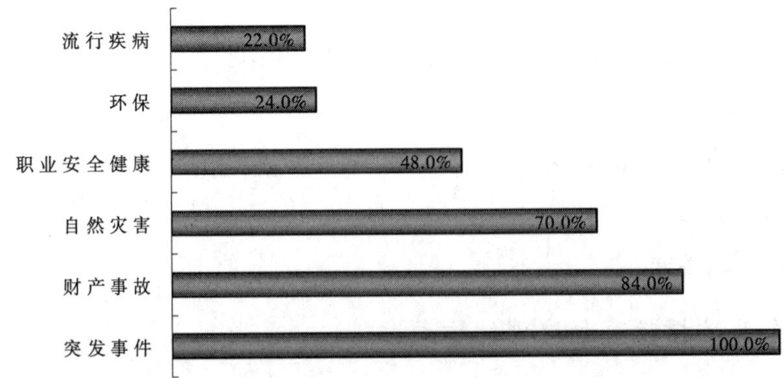

图26　企业安全管理体系的主要内容

（二十四）防损从业人员的薪酬状况

国内企业防损员的年薪平均在 1. 26 ~ 1. 84 万元之间（72 家企业情况）。

国内防损经理的年薪平均在 3. 01 ~ 4. 65 万元之间（67 家企业情况）。

国内防损总监的年薪平均在 8. 86 ~ 15. 37 万元之间（34 家企业情况）。

（二十五）企业防损员主动离职比例

被调查企业中，防损员平均主动离职比例 19%，其中最高的主动离职率为 80%，最低的为 1%。

（二十六）企业在防损中遇到的最棘手问题

与 2008 年的调查相同，缺乏相关法律指导与保护和人员培养仍然是企业面临的最大问题。

2008 年度“CCFA 金牌店长”评选分析报告

中国连锁经营协会（CCFA）已连续 2 年推出零售业“金牌店长”推选活动，共有 213 名店长当选。通过该活动，使众多优秀店长提高了对行业的整体认识，加强了专业知识学习，增进了店长之间、企业之间、国际之间的交流，“金牌店长”的荣誉称号也是对优秀店长工作成绩的表彰与肯定。为此，中国连锁经营协会继续推出 2008 年度“CCFA 金牌店长”推选活动，并有 117 位店长当选为 2008 年度的金牌店长。同时在“第十届中国连锁业会议”现场评选出“十佳金牌店长”（注：“2008 年度 CCFA 十佳金牌店长”名单见第六部分“附录一”）。

一、金牌店长基本情况

（一）“金牌店长”评选范围、基本条件及评选方式

1. “金牌店长”评选活动在中国连锁经营协会连锁零售企业会员中进行。

2. “金牌店长”基本条件包括：

（1）在本企业工作 3 年以上，从事店长工作 2 年以上。

（2）所在门店经营状况良好，业绩位于本企业前列，或所在门店业绩在其管理期间有显著改善和提高。

（3）门店员工对店长有较高满意度。

（4）所在门店 2007 年全年无商品质量、食品安全、服务等重大事故，且无负面新闻报道。

（5）有其他突出业绩。

3. “金牌店长”由各会员企业直接推选，由协会审核并最终评选。报送“金牌店长”基本数据包括：店长个人基本情况、所在店铺经营性指标、店长主要业绩和体会等。

（二）“金牌店长”基本状况

在对本年度金牌店长进行分析前，协会对 2006 年、2007 年当选金牌店长的情况进行了跟踪。有 32% 的店长在 2 年内获得进一步晋职。其中 50% 晋升为区域负责人，负责某区域所有门店的运作，23% 晋升为企业营运部门负责人，另有 27% 升为企业副总或部门负责人。有 65% 的店长仍担任店长职务，其中 22% 更换了门店，余者均仍在参评时所在门店。可见，金牌店长确实是各个企业的中坚力量，并对所在企业有很高的忠诚度。

1. 金牌店长总体分布及销售情况

117 位店长来自全国 86 个企业，其中有 93 位店长来自于 63 个连锁百强企业，占

80%。117 个门店业态包括大型超市、超市、便利店、百货店及各种专业店。86 家企业 2008 年上半年销售额同比增长 28%，平均单店销售额为 8350 万元。117 个金牌店长所在门店 2008 年上半年销售额 18282 万元，同比增长 31%。

2. 金牌店长业态分布

从业态看，117 名店长包括便利店店长 9 名，超市店长（500 ~ 6000 平方米）45 名，大型超市店长（6000 平方米以上，含少量会员店）34 名，百货店店长 12 名，专业店店长 17 名。

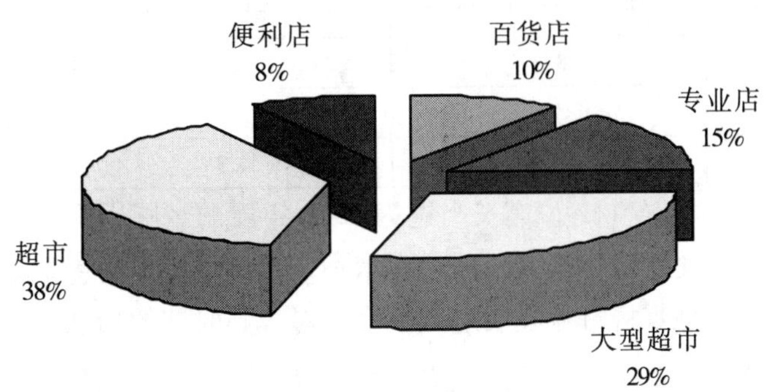

从连续三年金牌店长评选情况来看，专业店店长数量占比逐年提高，所涉及的范围也有所扩大。专业店中包括家居、家电、农资、汽车后市场、通讯器材、药店等多种业态。

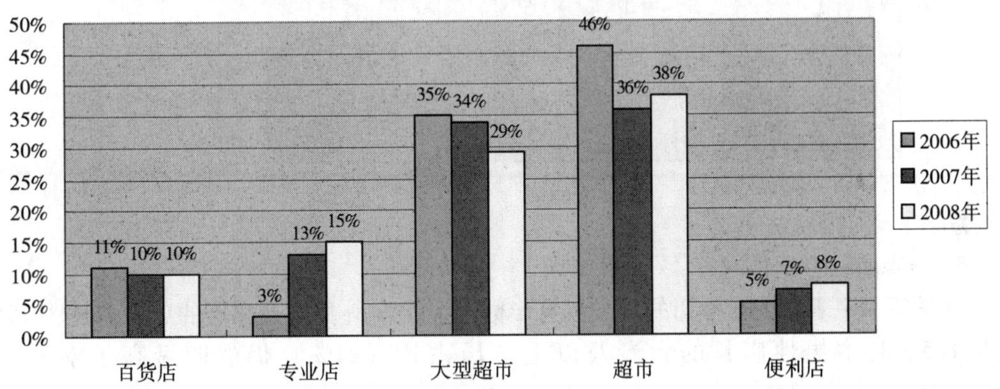

3. 金牌店长性别、年龄及工作时间情况

从店长性别看，自 2006 年首次进行金牌店长评选起，女性店长的占比以每年 5% 的速度逐年提升，至 2008 年男女店长各占半壁江山，分别为 59 人、58 人。但从店长所担任的门店实力和收入来看，男性店长所管理的门店的面积和销售能力以及店长的收入水平总体高于女性店长。

从年龄情况看，店长平均年龄为 39 岁，与 2007 年金牌店长平均年龄相同，高于 2006 年平均年龄 2 岁；其中男性店长的平均年龄为 37 岁，比女性店长平均年龄小 4 岁。

4. 金牌店长工作时间及稳定度情况

从店长的工作年限看，他们平均在所服务的企业持续工作 10.8 年，其中女性店长明显高于男性店长。根据他们的年龄和在本企业的工作年限，基本是在 28 岁进入企业，男性店长的成长速度高于女性店长。

从店长在本企业工作年限及担任店长年限看，14% 的店长为企业直接外聘，其他86% 的店长都是在本企业工作至少一年以后担任店长职务的，企业内部提升店长比例远高于外聘的店长。店长中 65% 担任店长职务的工作年限在 2～5 年之间，担任店长职务时间最长的为 11 年。

从本企业工作年限看，女性店长的稳定性高于男性店长。

性别	平均年龄	在本企业工作年限	担任店长工作年限	进入本企业年限
男	37	8.7	4.1	28
女	41	13	5.7	28
平均	39	10.8	4.9	28

从连续三年金牌店长工作年限看，店长在本企业平均工作年限逐年略有提升，店长流动的频率有所降低，也是零售行业发展进入一个相对成熟时期的标志。

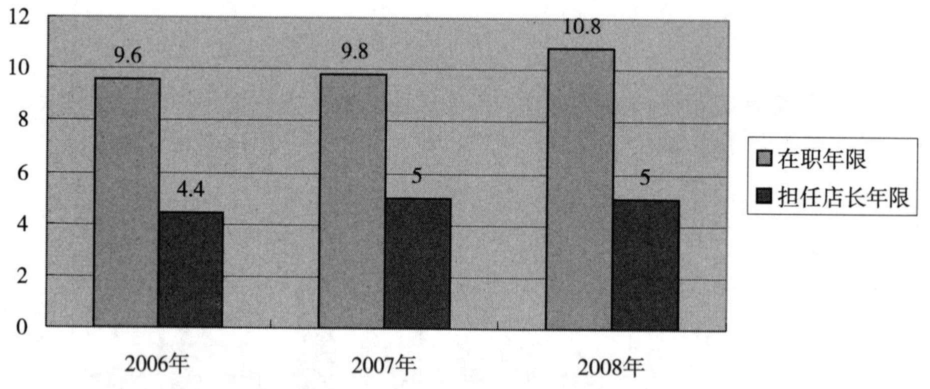

5. 金牌店长学历情况

从学历水平看，大专学历的店长占有半数以上，本科及以上学历的店长占比为 19%，不足 1/5。其中男性店长的大专及以上学历占比（81%）仍然明显高于女性店长（62%）。

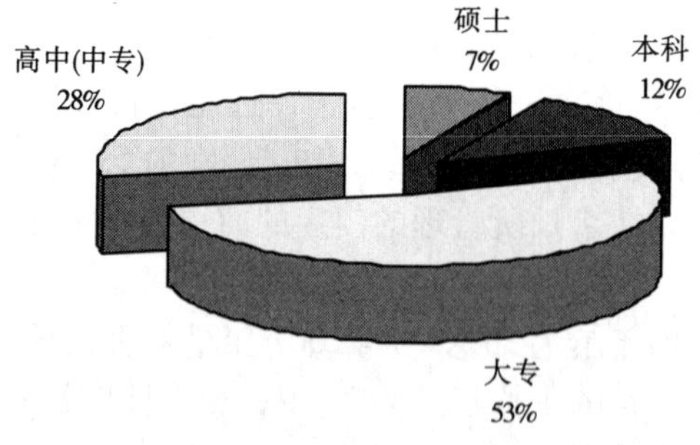

6. 金牌店长薪金情况

从收入水平看，年收入在 5～10 万元的店长占总数的一半以上。

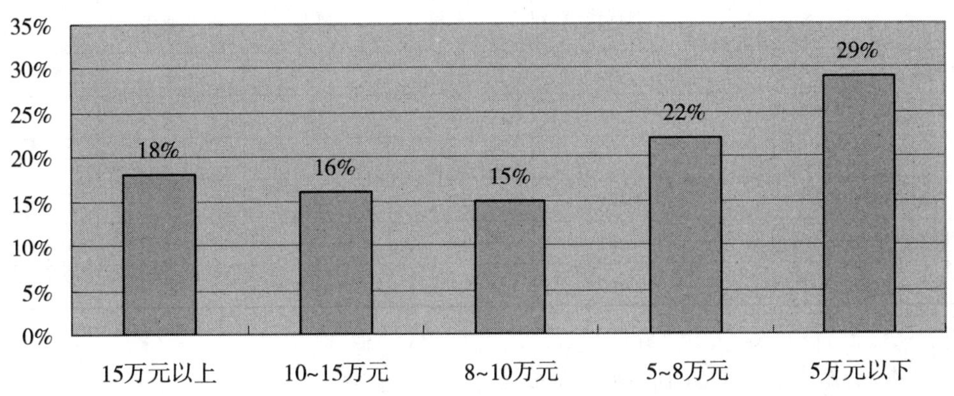

从连续三年金牌店长的收入情况看，收入水平集中在 5～10 万元区间，2007 和 2008 年与 2006 年相比，收入在 15 万元以上和 5 万元以下的店长数量占比都有较明显的下降。

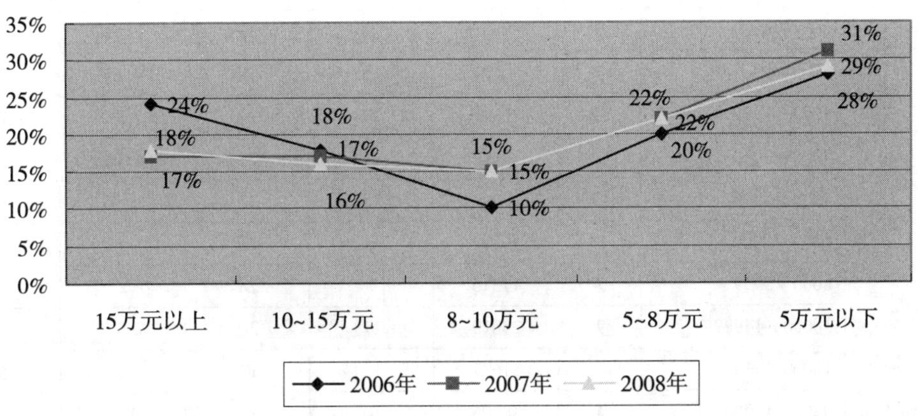

7. 分行业业态金牌店长薪金情况

从不同业态店长收入水平看，百货店和大型超市店长收入较高，1/4 百货和大型超市的店长收入超过 15 万元，仅有 5% 的超市店长收入超过 15 万元，且均为在本企业中工作年限在 10 年以上的老员工。百货店和超市分别仅有一位店长收入在 5 万元以下，便利店和营业面积在 2000 平方米以下门店店长占年收入 5 万元以下的 65%，便利店和 2000 平方米以下超市中，仅有 5 位店长收入在 5 万元以上。专业店根据经营商品及店铺情况差别店长收入参差不齐，18% 的专业店店长收入在 15 万元以上，也有 12% 的专业店店长收入在 5 万元以下。而相同业态店长收入性别差异不大。

8. 分行业业态金牌店长学历情况

从不同业态店长学历看，大卖场店长学历水平较高，具备大专以上学历的店长占总数的 94%；专业店和百货店店长的学历水平也比较高，大专以上学历的店长占比分别为 82% 和 75%。百货店和超市店长性别差异不大，但专业店和大卖场男性店长数量明显高于女性店长，男性店长占总数的 63%，而便利店则相反，女性店长占比达 67%。

9. 不同业态店长基本情况

	百货	大卖场	超市	专业店	便利店
平均年龄	43	39	38	38	39
平均在本企业工作年限	15	10	12	9	7
平均任店长职务年限	5	4	6	4	5
男性店长占比（%）	48	62	45	65	33
大专以上学历占比（%）	83	94	57	82	33
年收入8万元以上占比（%）	67	73	32	47	11

10. 不同业态店长所在门店基本情况

业态	面积范围（平方米）	门店数量	2007年平均销售额（万元）	2007年销售同比增幅%	2008年上半年销售同比增幅%	地效（万元/平方米）	劳效（万元/人）
便利店	80~499	9	447	22	32	2.51	45
超市	500~999	3	1060	15	10	1.85	48
	1000~1999	12	3319	17	24	2.14	47
	2000~3999	13	4883	19	23	1.83	42
	4000~5999	17	8453	18	23	1.76	34
大型超市	6000~7999	8	10582	21	21	1.63	43
	8000~9999	7	17315	7	28	2	51
	10000~14999	9	25019	27	26	2.16	65
	15000以上	6	41637	13	13	2.21	95
仓储会员店	9800~11000	4	38505	10	13	4.5	173
家电专业店	3000~10000	8	37563	40	26	5.19	106
百货店（含百货+超市）	5000~30000	12	59770	39	38	2.90	35.28
其他	—	11	—			—	—

注：1. 根据国家标准《零售业态分类》，营业面积6000平方米作为超市和大型超市的分隔线。
2. 超市+百货业态并入百货店计算。

二、分行业业态金牌店长及其门店基本情况

1. 便利店店长及门店基本情况

9家便利店均来自于有一定规模的便利店公司，所属企业平均拥有门店600家。

金牌店长所在便利店公司2008年上半年平均单店月销售额21.8万元，2008年上半年销售同比增长20%。9家金牌店长所在门店开业时间均在3年以上，经营状况稳定。2008年上半年月均销售额44万元，2008年上半年销售额同比增长32%，销售额和增幅都远高于平均水平。金牌店长中女性店长占总数的67%，学历大专及以上占33%，店长

平均年龄39岁，其中90%的店长在企业工作两年之内即担任店长。

9家便利店平均营业面积178平方米，2007年均销售额447万元，平均有员工10人，平均有收银机2台。

2007年平均费用率9.5%，其中工资和房租占总费用的62%。2008年上半年费用总额增加了15%，但相对于销售额32%的增幅，费用率减至8.6%。2008年上半年费用中增加最快的为工资，增幅为15%。

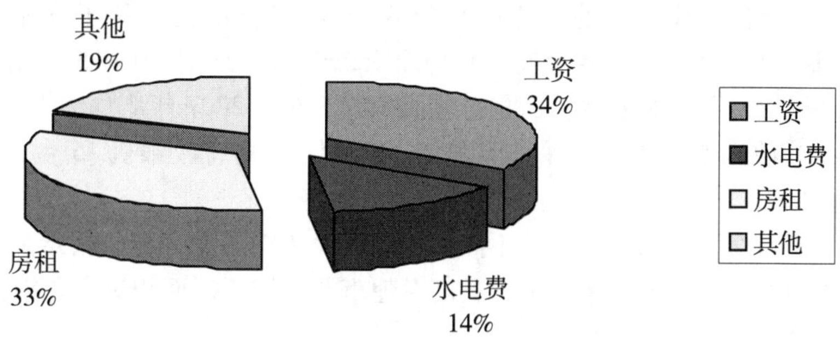

2007年店均经营单品3069个，最多为5908个，最少为2016个。每平方米经营单品数量最多为28种，最少为12种。56%的门店实现全部商品统一配送，统一配送率最低的为60%。80%以上的企业统一配送率在90%以上。44%的门店经营有自有品牌商品。

商品损耗率不同门店间差异较大，最高的达0.3%，最低的仅为0.05%，但2008年上半年比2007年损耗率都有所下降。

2008年上半年客单价和日交易次数都有所提高。

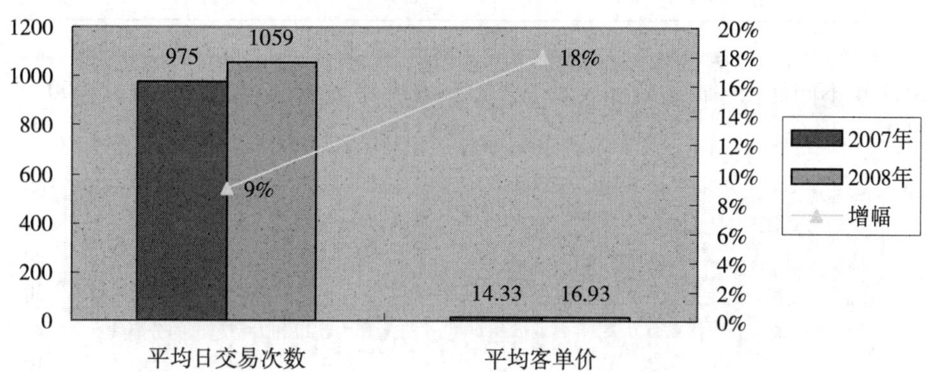

平均库存周转天数2008年上半年同比下降了5%，为21.6天，其中最快的14天，最慢的26天。

平均毛利率2007年为16.28%，2008年上半年为17.18%，同比2007年上半年增长3.2%。

平均利润率2007年为4.25%，2008年上半年为6.46%，同比2007年上半年增长87%。

2. 超市店长及门店基本情况

经营超市企业绝大部分都同时经营有多种业态，45个金牌店长来自38个企业，所在企业2008年上半年平均单店月销售额178万元，2008年上半年销售同比增长29%。44家金牌店长所在门店08年上半年月均销售额577万元，2008年上半年销售额同比增长23%，一家门店销售同比有所降低。

超市店长性别差异不大，但男性店长平均年龄（34岁）明显低于女性店长平均年龄（41.5岁），且男性店长的大专以上学历占比（64%）也高于女性店长（48%）。担任10年以上店长的收入均在8万元以上，占店长总数的20%。

超市门店位于住宅区的占总数的61%，另有9%的门店位于商业区和住宅区之间，30%的门店位于商业区。44个门店平均面积2994平方米，其中75%的门店有一定的面积用于对外租赁，平均对外租赁面积占总面积的14%。2007年店均销售额5494万元，同比2006年销售收入增长25%。平均有员工147人，平均有收银机15台，同比2006年没有太大变化。

由于超市门店面积跨度大，不同面积门店经营特点也有明显差异，为了能够更加清晰地展示不同面积业态的基本情况，我们对超市业态按不同面积进行了细分，共划分为四类分别进行分析。

业态	面积范围（平方米）	门店数量	2007年平均销售额（万元）	平均面积（平方米）	平均正式员工数（人）
超市	500~999	3	1060	573	22
	1000~1999	12	3319	1553	71
	2000~3999	13	4883	2668	116
	4000~5999	17	8453	4794	252

2007年不同面积超市地效和人效中，500~999平方米门店地效最高，1000~1999平方米门店人效最高。

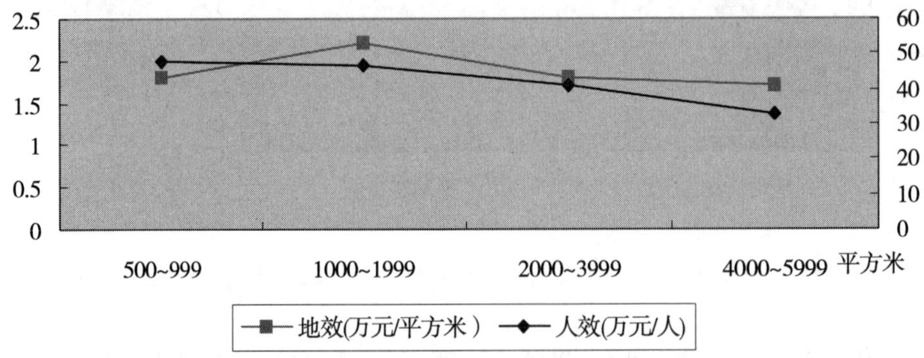

2008年上半年比2007年员工总人数第一组和第二组平均分别减少2人和1人，正式员工人数没有变化。而第三组和第四组平均员工总人数分别增加2人和3人，正式员工人数增加2和5人。

平均超市门店费用率为8%，其中工资和房租占总费用的60%以上。从费用构成来看，房租和工资成本在总费用占比增加。

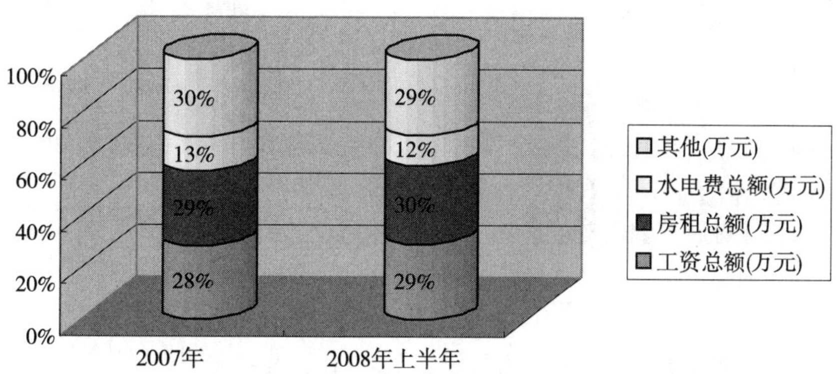

不同面积超市门店主要费用构成有所不同，1000 平方米以下超市三大主要费用占比最高。

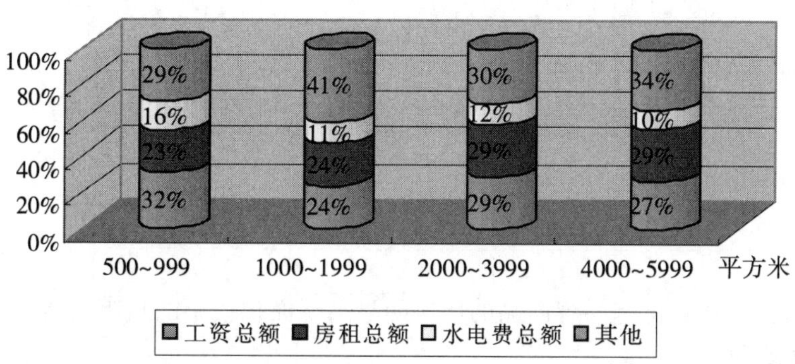

面积越大的超市门店，工资和水电费用占销售额的比重越低，但房租（折旧）占比则受门店位置等其他因素影响更多。

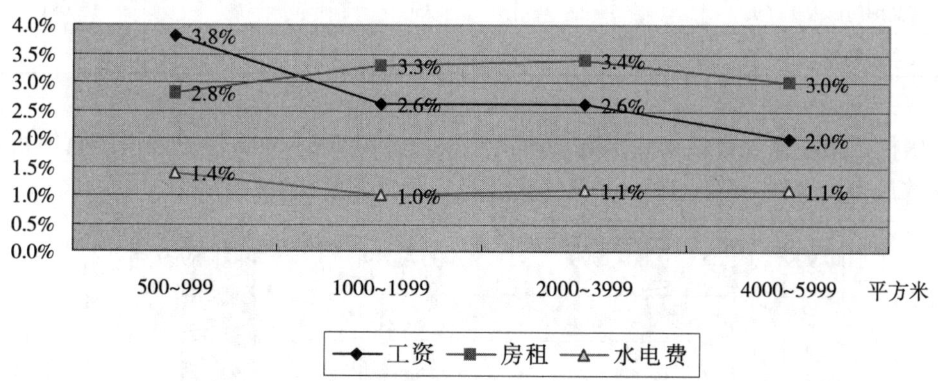

单品数量随门店面积增加而增加，4000 平方米以上超市门店自采商品比例明显高于 4000 平方米以下面积超市。

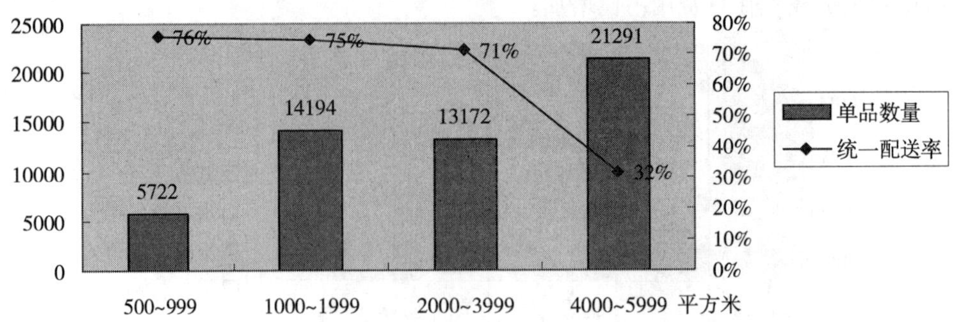

面积较小超市的单位面积陈列单品数高于面积较大超市。

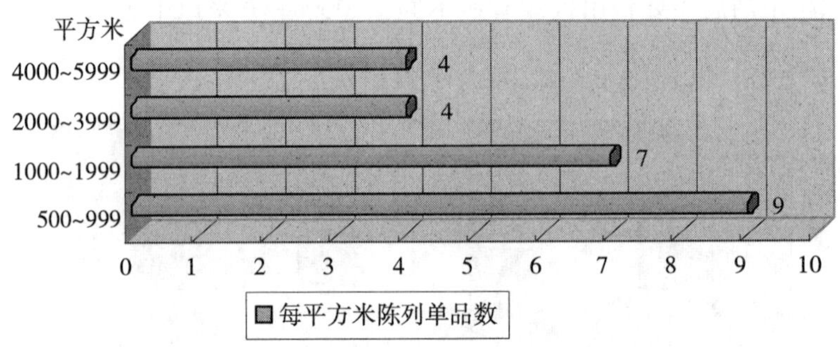

面积大的门店经营有自有品牌商品的比例明显高于面积较小的超市门店。面积大的门店商品损耗率也比较高。

分组（平方米）	500～999	1000～1999	2000～3999	4000～5999
经营自有品牌门店占比（%）	33	35	77	81
商品损耗率（‰）	2	4	4	5

收银机数量根据超市日交易次数及面积决定。面积 500～999 平方米门店收银机日均收款次数最多，面积 1000～1999 平方米门店日均收款额度最高。

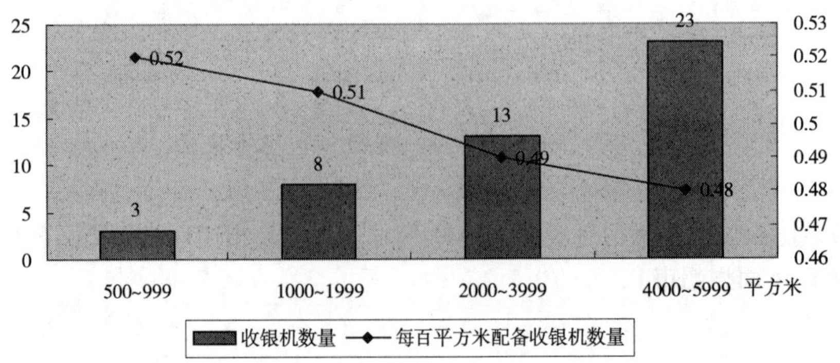

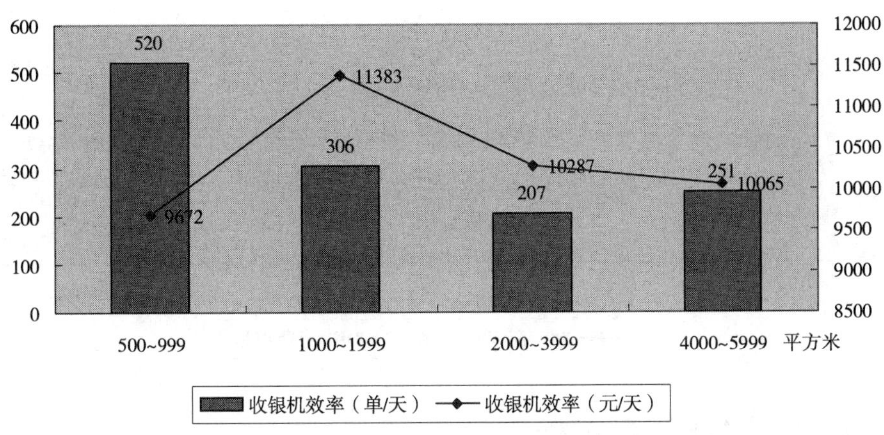

库存周转天数2008年上半年比2007年普遍有所提高，面积较大的门店周转速度相对小店要慢。

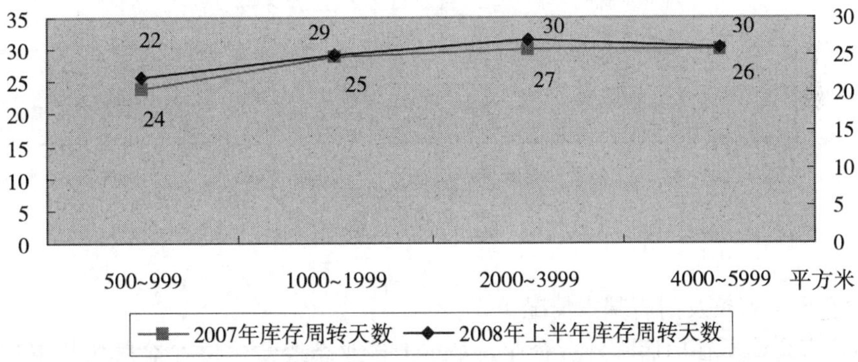

门店间毛利水平差距较大，毛利最高的为18%，最低的只有5%。

面积较大超市促销等活动比较多，毛利水平略低，2008年上半年毛利总体水平有所提高。

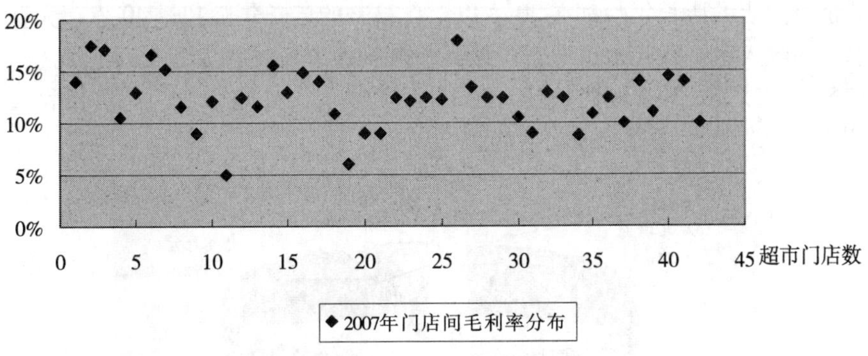

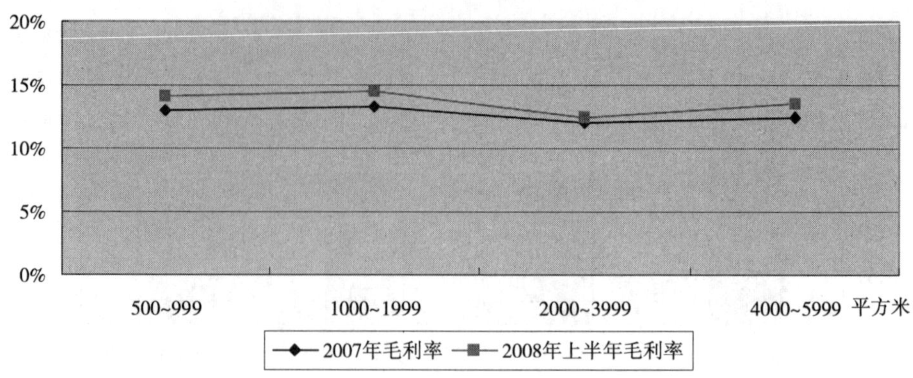

面积较大超市销售利润率也较高。

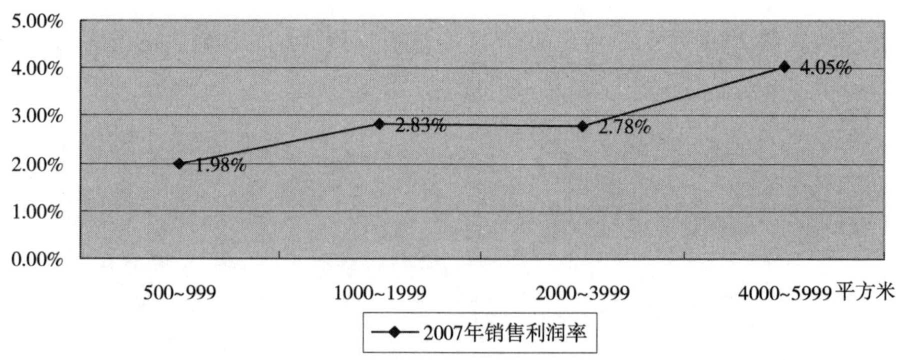

3. 大型超市店长及门店基本情况

大型超市企业所在门店除外资企业，基本上多业态经营。30 个金牌店长来自 25 个企业，所在企业 2008 年上半年平均单店月销售额 2583 万元，2008 年上半年销售同比增长 25%。30 家金牌店长所在门店 2008 年上半年月均销售额 2256 万元，2008 年上半年销售额同比增长 25%。

大型超市门店店长工作内容复杂，管理水平要求较高，承担的工作强度和压力也很大，大型超市门店的店长年龄都在 30 岁以上，23% 的店长年龄超过 40 岁。大型超市店长的学历水平和收入水平在几个也业态中最高，94% 的店长具备大专及以上学历；仅 1 位店长收入在 5 万元以下，30% 的店长收入在 15 万元以上，外资企业门店店长收入基本都在 15 万元以上，总体高于内资企业门店店长。

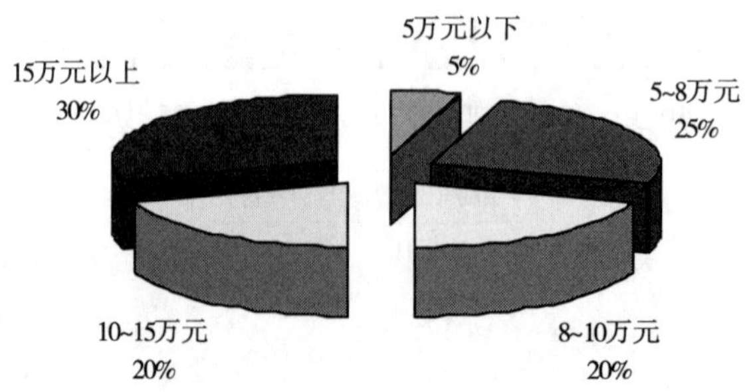

下面我们对数据完整的大型超市按不同面积进行分类分析。

面积范围（平方米）	门店数量	2006 年平均销售额（万元）	平均面积（平方米）	平均员工数（人）
6000 ~ 7999	8	10582	6489	246
8000 ~ 9999	7	17315	8662	341
10000 ~ 14999	9	25019	11564	386
15000 以上	6	41637	19866	437

大型超市的地效和人效随面积增加而增加，由于面积大的超市中厂家派驻的促销人员等数量也比较多，部分地承担了门店中的工作，因此面积大的大型超市的人效相对较高。

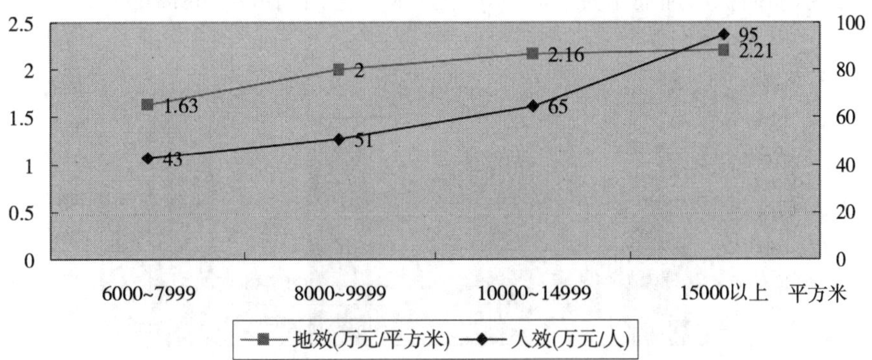

除 8000 ~ 9999 平方米组 2008 年上半年比 2007 年同比销售增幅有较大提高，其他组门店同比销售增幅没有太大变化。

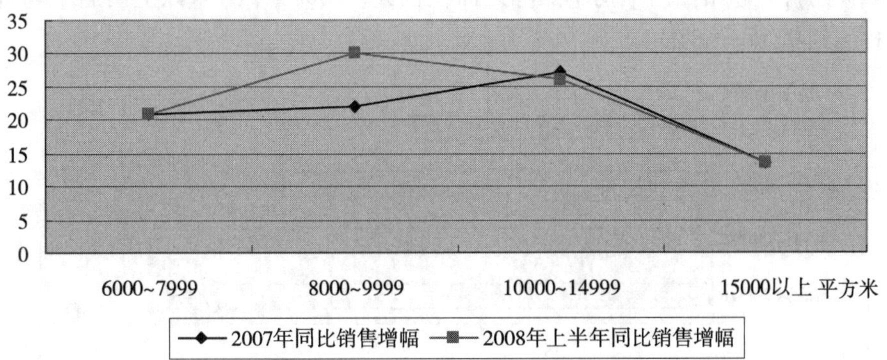

2007 年大型超市门店平均费用率为 9%，2008 年上半年费用增幅低于销售额增幅，费用率降低了一个百分点，为 8%。与超市类似，2007 年在各项费用构成中，工资和房租（门店自有计折旧费用）占总费用的一半以上，面积最大的一组门店工资占比越低，而水电费占比最高。

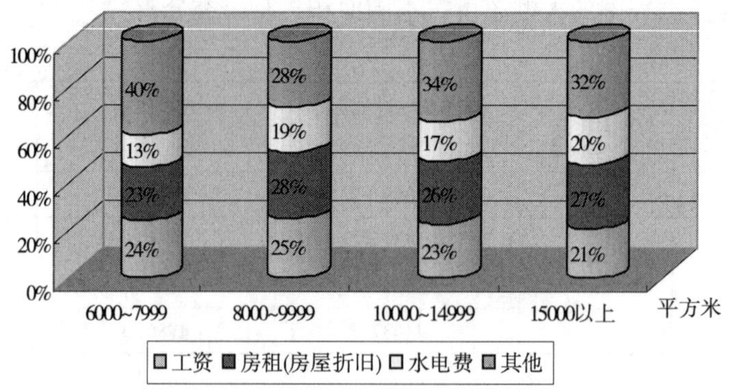

8000 平方米以上门店基本能够做到商品种类齐全丰富，单品数量增加不明显，单品平均陈列面积随面积增加而增加。15000 平方米以上门店 85% 的商品不通过总部统一配送。

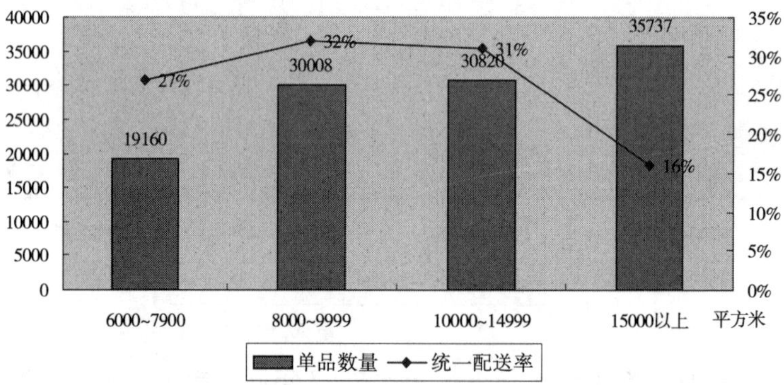

面积大的大型超市门店平均单品陈列面积也大，15000 平方米以上门店平均每种单品陈列面积达到 0.55 平方米。

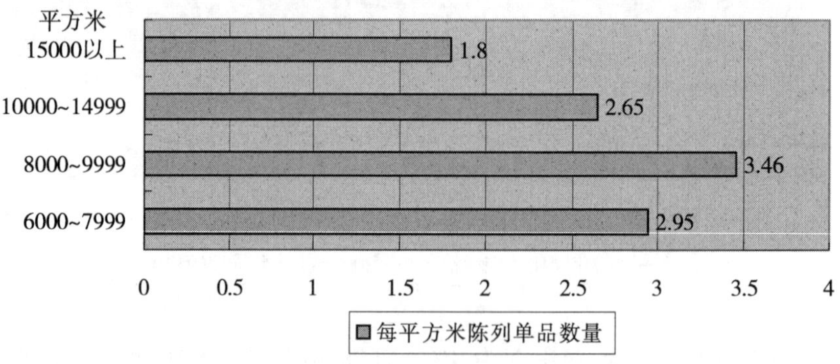

60% 以上的大型超市门店经营有自有品牌商品，且 2008 年上半年自有品牌商品单品数都有不同程度的提高。

后两组大型超市门店的库存周转天数低于前两组。2008 年上半年店均库存周转天数均比 2007 年有所减少，平均库存周转天数减少 2 天。

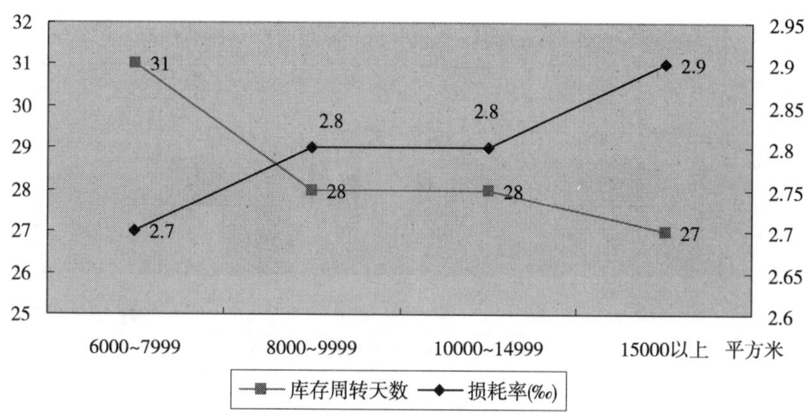

大型超市门店单位面积配备收银机数量低于超市门店，收银机效率高于超市门店。

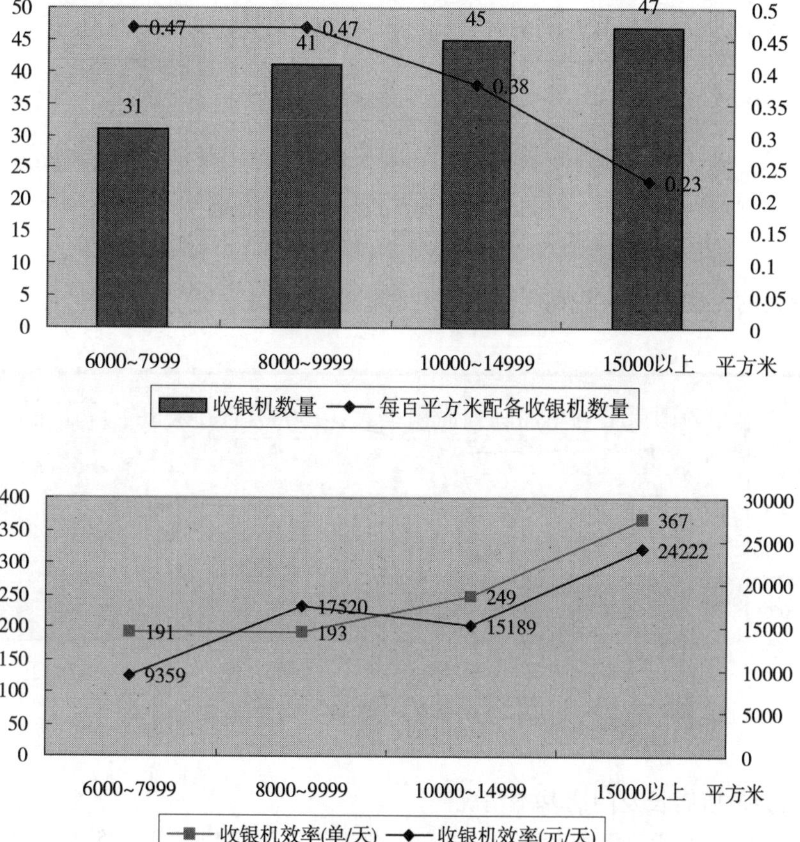

2007 年全部大型超市门店间的毛利率差距在 10 个百分点，最高的为 19.69%，最低的只有 8.66%。销售利润率最高为 8.17%，最低为 -6.53%（仅一家门店为负值，是 2007 年 1 月开业的）。

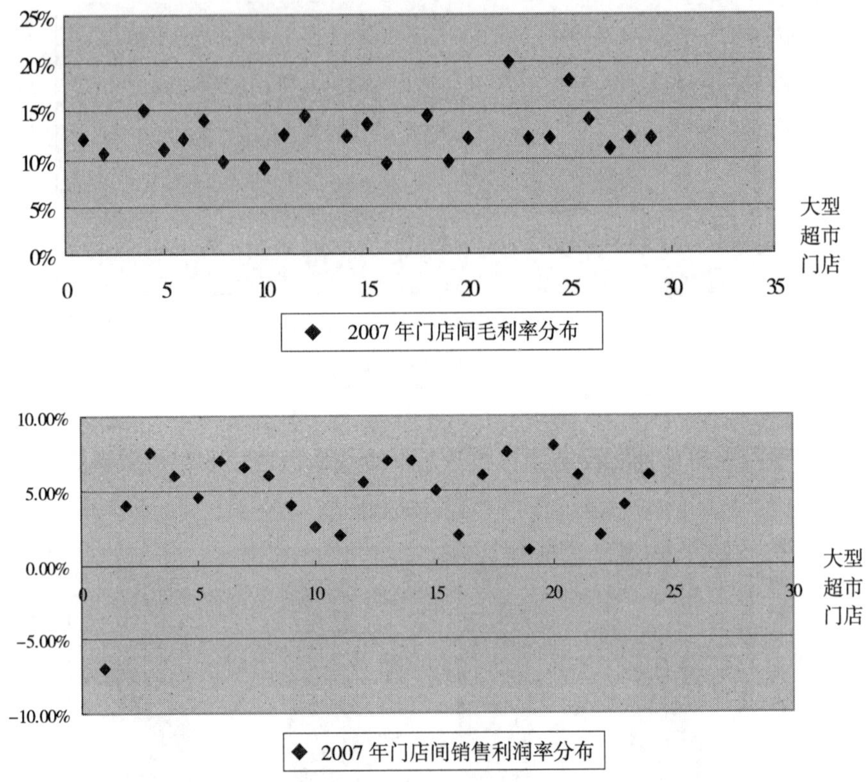

面积较大的大型超市的毛利率和销售利润率也比较高。

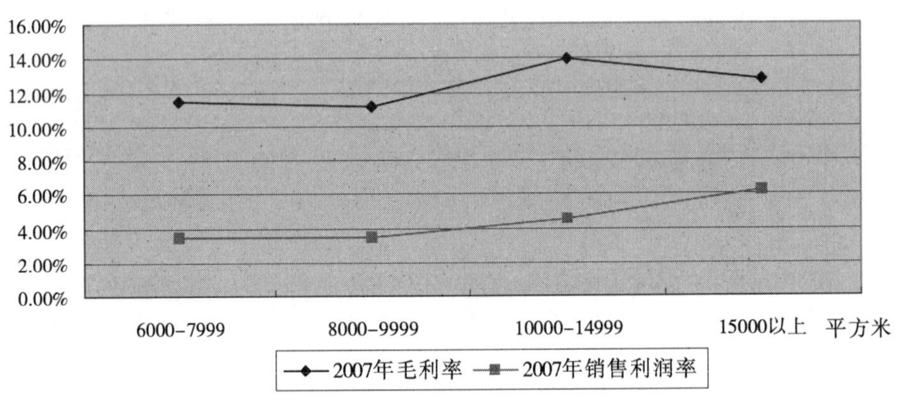

4. 仓储会员店店长及门店基本情况

仓储会员店平均营业面积 8558 平方米，2007 年店均销售额 38505 万元。2008 年上半年月均销售 3760 万元，同比销售增幅为 13%。店均员工人数为 223 人，收银机 34 台。

2007 年仓储会员店的店均地效为 4.5 万元/平方米，人效为 172.66 万元/人。费用率为 9.6%，费用中工资占比较高。仓储会员店一般位于城乡结合处等较偏僻位置，房租（折旧）费用相对比较低，占总费用比不超过 20%。

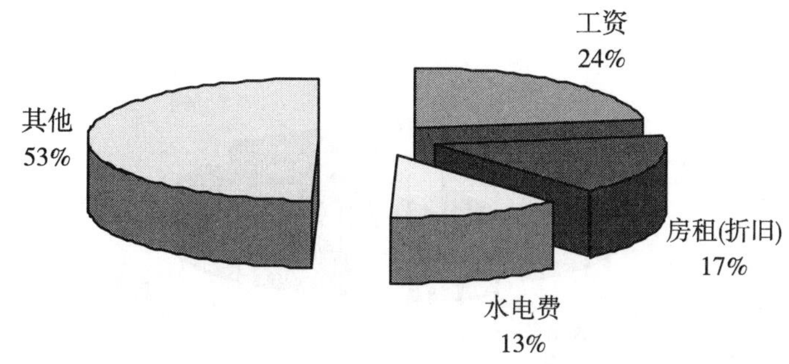

2008 年上半年店均单品数量为 26518 种，同比减少了 4%。

2008 年上半年日交易次数比 2007 年略有下降，但客单价增长较快。

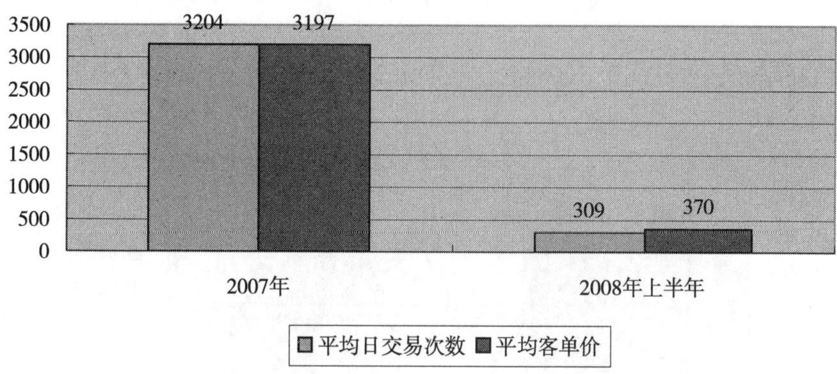

平均毛利率和销售利润率 2008 年上半年比 2007 年均有不同程度提高。

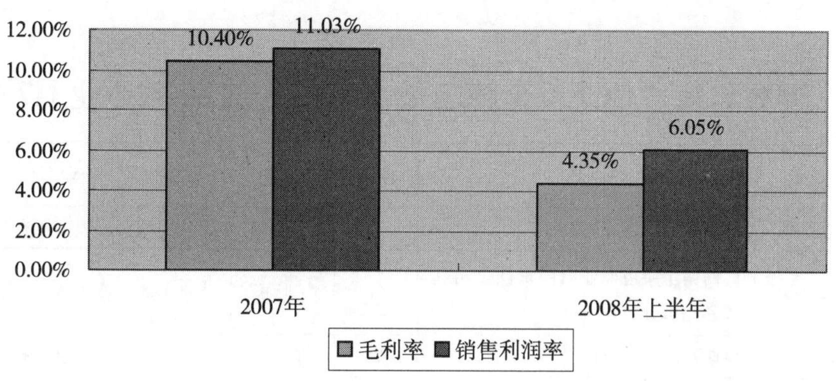

5. 家电专业店店长及门店基本情况

家电专业店平均营业面积 7225 平方米，2007 年店均销售额 37563 万元。2008 年上半年月均销售额 4106 万元，同比销售增幅为 26%。店均员工人数为 354 人，收银机 7 台。

2007 年仓储会员店的店均地效为 5. 19 万元/平方米，人效为 106 万元/人。费用率为 11. 8%，其中房租占比最高，达 34%。

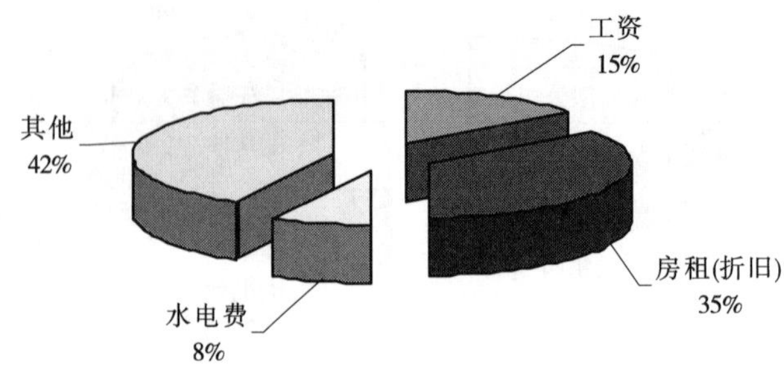

2008年上半年日交易次数839次，客单价1630元，客单价和日均销售额同比增长5%。

平均毛利率和销售利润率2008年上半年比2007年均有所提高。

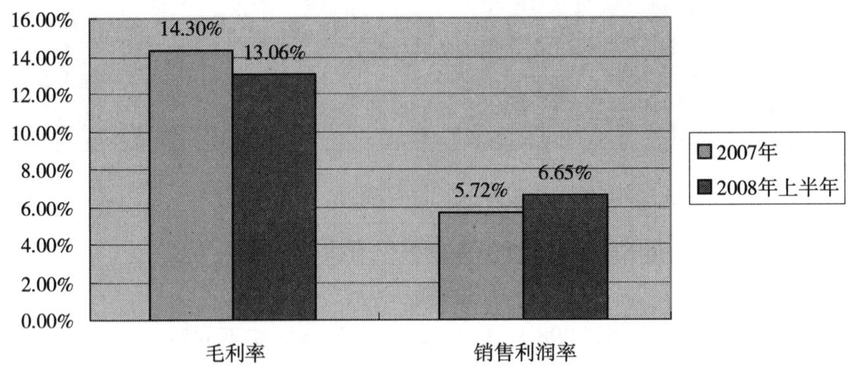

三、2008年度“CCFA金牌店长”名单（共86家企业117位店长）

序号	姓名	企业名称	序号	姓名	企业名称
1	李太勇	济南华联超市有限公司	60	李荫宏	北京美廉美连锁商业有限公司
2	朱建华	广西南宁康迈商业有限责任公司利客隆超市分公司	61	王咏梅	北京美廉美连锁商业有限公司
3	江　辉	阜阳华联超市有限公司	62	常志海	锦江麦德龙现购自运有限公司
4	陈志君	成都红旗连锁有限公司	63	成春晖	锦江麦德龙现购自运有限公司
5	李　萍	成都红旗连锁有限公司	64	林汉麟	锦江麦德龙现购自运有限公司
6	楼　荣	澳德巴克斯（中国）汽车用品商业有限公司	65	周　扬	锦江麦德龙现购自运有限公司
7	孙　萍	北京京客隆商业集团股份有限公司	66	黄映红	上海良友金伴便利连锁有限公司
8	胡建英	北京京客隆商业集团股份有限公司	67	刘培培	利群集团股份有限公司

续表

序号	姓名	企业名称	序号	姓名	企业名称
9	韩　琴	常州市信特超市有限公司	68	王金贵	利群集团股份有限公司
10	李玉荣	北京王府井百货（集团）股份有限公司	69	蒋　燊	上海雷允上药品连锁经营有限公司
11	周　晴	北京王府井百货（集团）股份有限公司	70	涂平如	江西洪客隆实业有限公司
12	张存义	江苏五星电器有限公司	71	郑义东	安徽徽商农家福有限公司
13	严　莉	江苏五星电器有限公司	72	唐丽艳	华糖洋华堂商业有限公司
14	肖继红	山东新星集团有限公司	73	杜劲戎	华润万家生活超市（浙江）有限公司
15	张乐云	山东新星集团有限公司	74	钱定峰	浙江华润慈客隆超市有限公司
16	徐银彪	辽宁兴隆百货集团	75	周小英	华润万家（苏州）超市有限公司
17	宋　茜	辽宁兴隆百货集团	76	王伟炎	宏图三胞高科技术股份有限公司
18	张　健	江苏雅家乐集团有限公司	77	赵克仁	宏图三胞高科技术股份有限公司
19	沈　建	浙江供销超市有限公司	78	王秋梅	河南思达连锁商业有限公司
20	汤日升	浙江人本超市有限公司	79	丁金荣	河北惠友商业连锁发展有限公司
21	雷红艳	武汉中百便民超市连锁有限公司	80	袁素芹	河北国大连锁商业有限公司
22	敖　翔	武汉中商集团股份有限公司平价连锁分公司	81	王景军	北京华润万家生活超市有限公司
23	胡　强	武汉中商集团股份有限公司平价连锁分公司	82	沈　刚	陕西华润万家生活超市有限公司
24	赵慧丽	山西省太原唐久超市有限公司	83	孙步明	安徽百大合家福连锁超市股份有限公司
25	凌　静	苏宁电器股份有限公司	84	张　烽	安徽百大合家福连锁超市股份有限公司
26	卢　云	苏宁电器股份有限公司	85	张　洪	安徽百大电器连锁有限公司
27	王义富	寿光百货大楼有限公司	86	陶　刚	合肥百货大楼集团股份有限公司
28	邱　红	武汉中百连锁仓储超市有限公司	87	张金华	好美家装潢建材有限公司
29	何　丹	武汉中百连锁仓储超市有限公司	88	朱　敏	好美家装潢建材有限公司
30	袁　军	重庆百货大楼股份有限公司超市分公司	89	杜宇光	邯郸市阳光超市有限公司
31	王佳景	华联超市股份有限公司	90	胡洁君	广州友谊集团股份有限公司
32	柏张娟	华联超市股份有限公司	91	衡秋叶	上海迪亚零售有限公司
33	童小凤	陕西新合作西果连锁超市有限公司	92	盛敏芳	江苏新合作常客隆连锁超市有限公司
34	王　刚	十堰市新合作鑫城超市有限公司	93	高凤平	长春欧亚卖场有限责任公司

续表

序号	姓名	企业名称	序号	姓名	企业名称
35	王　照	上海世纪联华超市发展有限公司	94	王佰杰	长春欧亚卖场有限责任公司
36	姚杨宏	杭州联华华商集团有限公司	95	周　辉	步步高商业连锁股份有限公司
37	段　炼	乐天超市有限公司	96	李爱莲	步步高商业连锁股份有限公司
38	陈光辉	新一佳超市有限公司	97	陈秀英	北京超市发连锁股份有限公司
39	郭万能	新一佳超市有限公司	98	安连清	北京超市发连锁股份有限公司
40	朱昆荣	青岛维客集团股份有限公司	99	王　仑	河北保龙仓商业连锁经营有限公司
41	赵艳菊	天盟农资连锁有限责任公司	100	郭　敏	西安爱家商贸有限公司
42	马加福	天盟农资连锁有限责任公司	101	孙　伟	陕西海星连锁超级市场有限责任公司
43	王海军	唐山市金客隆超市有限公司	102	陈伟强	浙江华之友商贸有限公司
44	周晓巧	苏果超市有限公司	103	张慧贤	唐山百货大楼集团八方购物广场有限责任公司
45	陆正华	苏果超市有限公司	104	刘光庆	百安居（中国）投资有限公司
46	任林娣	上海捷强烟草糖酒（集团）连锁公司	105	张英莉	百安居（中国）投资有限公司
47	常晓华	陕西三棵树超市商贸有限责任公司	106	隋高远	山东家家悦超市有限公司
48	李惠君	山西美特好连锁超市股份有限公司	107	于晓云	山东家家悦超市有限公司
49	王安平	人人乐连锁商业集团股份有限公司	108	李　瑛	胜利油田胜大超市
50	钱电熙	人人乐连锁商业集团股份有限公司	109	袁　勤	沃尔玛（中国）投资有限公司
51	崔绍东	天津劝宝超市有限责任公司	110	朱　峻	沃尔玛（中国）投资有限公司
52	朱佰松	大庆市庆客隆连锁商贸有限公司	111	李荆雁	武汉武商量贩连锁有限公司
53	李志辉	秦皇岛市广缘商厦有限公司	112	熊海云	武汉武商量贩连锁有限公司
54	梁国东	秦皇岛市艾欣商贸有限公司	113	方儒刚	东莞市糖酒集团美宜佳便利店有限公司
55	韩　敏	江苏千百美超市有限公司	114	王　伟	特易购中国
56	李幼龙	宁波三江购物俱乐部有限公司	115	黄瑞美	特易购中国
57	张狄焕	宁波三江购物俱乐部有限公司	116	边红霞	淄博东泰集团有限公司
58	刘晓宇	加贝物流股份有限公司	117	宋振宇	华普超市有限公司
59	张国有	南阳新合作商贸连锁有限公司			

（按报名时间先后顺序）

2008年中国连锁餐饮业发展战略趋势调查报告

2008年7～8月，中国连锁经营协会联合德勤华永会计师事务所共同对中国连锁餐饮业发展战略趋势进行调研。调研主要围绕三个课题：第一，目前中国连锁餐饮业发展中面临的主要问题；第二，针对上述问题公司对发展战略进行的调整；第三，当前中国经济发展态势对中国连锁餐饮业发展的影响。

此次调研分为两个阶段：第一阶段以电话访谈和面谈为主，选择在业态类型、所处地域等方面具有一定代表性的企业进行访谈，着重了解各类型企业所面临的问题及解决方案，采访了包括全聚德、西贝、俏江南、德庄、小天鹅、小肥羊、肯德基、吉野家、仙踪林等行业领先企业的董事长或总经理；第二阶段以问卷调查为主，根据第一阶段调研识别的信息设计问卷，在中国连锁经营协会举办的“第7届中国连锁餐饮业发展战略研讨会”上发放，回答者95%以上为企业董事长或总经理。

在此调研基础上形成中国连锁餐饮业发展战略趋势调查报告。报告分四个部分：第一部分，中国餐饮市场的发展趋势；第二部分，餐饮企业发展现状；第三部分，连锁餐饮业发展中面临的主要问题；第四部分，公司战略调整方案；第五部分，当前中国经济发展态势对连锁餐饮业发展的影响。

一、餐饮市场发展趋势

随着中国国民经济的迅猛发展，中国居民的可支配收入水平逐年增加。同时，人口增长和城市化进程的加快，以及政府越来越倾向将经济增长由以往的出口和投资驱动转向消费驱动，使得中国餐饮消费市场获得了前所未有的发展机遇，并且越来越成为拉动国内消费需求的重要力量。据商务部发布信息显示，2007年全国住宿与餐饮业零售额累计实现12352亿元，占全国GDP的5%，同比增长19.4%，比2006年同期增幅高出3个百分点。这已经是餐饮业连续17年保持两位数增长。伴随着这种快速发展，中国餐饮消费行业也呈现出一系列特征，包括：

（一）消费行为个性化

随着居民收入水平的提高和消费升级，餐饮消费已经明显由以往的品种和价格主导型向服务、品种、价格、氛围和品牌文化等综合型方向转变，消费者的需求呈现多样化趋势，消费行为的选择性和理性化日趋明显。品牌、特色、卫生、环境、服务等因素越来越影响消费者的抉择。伴随着这种趋势，个性化经营、特色经营和品牌、特色餐饮备受消费者的青睐。

（二）绿色餐饮流行化

餐饮市场的迅速发展也带来了诸多的问题，包括监管和规划问题、市场秩序缺乏规范、环保卫生问题以及食品安全问题。这些问题也使得绿色餐饮迎来了一个良好的发展契机，目前，推崇健康、绿色、环保和节能的绿色餐饮越来越引起大众的注意，开始流行并将成为未来餐饮业发展的趋势。

（三）市场业态多样化

随着资本市场对中国餐饮行业的关注日益增强以及国外管理和品牌的大举进入，中国餐饮市场的竞争日趋激烈，企业经营的多元化、细分化和个性化趋势增强，餐饮企业在品牌建设、服务特色、专业运营、业态创新、店面设计等方面越来越注重差异化，使得整个行业业态呈现多样化的趋势。

（四）连锁经营趋势化

经过数十年的发展和资本市场的介入，连锁经营已成为餐饮行业的整体趋势，并正在由区域性连锁经营向全国乃至跨国连锁经营转变。利用资本市场融资，或者采取并购迅速扩大企业连锁经营规模并抢占市场，已经成为餐饮市场的一个趋势，并对行业发展起着决定作用。

二、餐饮企业运营现状

经济的迅猛发展和行业变化为市场中的企业带来机遇的同时，也带来了系列挑战。为了更加深入地了解企业的运营现状，本次调查取样选择了具有行业代表性的企业进行了访谈和问卷调查，这些企业也表现出了一些共性的特征：

（一）大多数企业规模较小，发展迅速

从调查的情况看，绝大多数餐饮企业还处于规模比较小的阶段。被调查企业中，连锁店总数超过500家、销售额超过100亿元以上的只有肯德基。其2007年末连锁店达到2400家、销售额215亿元，远远超过其他餐饮企业。从调查情况分析，连锁店在100家以下（占66%），销售额10亿元以下（占80%）的企业经营规模为多数。

调查中的企业绝大多数发展极为迅速。从销售额增长比例情况分析，95%的企业都有两位数的增长，其中增长10%～20%区间的占42%，增长20%～30%区间的占31%，此两区间增长比例是被调查企业的主流，说明多数企业的发展符合良性运营的规律，依然可以保持较高的发展速度（如表1显示）。

表1　　被调查企业2007年销售额增长比例

2007年增长比例	10%以下	10%～20%	20%～30%	30%～40%	40%以上	合计
占被调查企业的比例	5%	42%	31%	11%	11%	100%

（二）盈利模式比较健康

盈利模式也是本次调查关注点之一，尤其是在目前经济前景不明朗的背景下。但调查的结果显示，被调查企业 2007 年不仅延续了以往年度的高增长速度，同时在营业成本日益高涨的前提下，仍然能够保持相当可观的毛利率。如图 1 所示，超过半数的被调查企业的毛利率达到 50% 以上。另外，毛利率在 30% ~50% 的占 32%，毛利率在 20% ~30% 的仅占 11%，毛利率在 10% ~20% 的为数更少，仅占 5%，而在被调查的企业中，毛利率没有低于 10% 的状况。相对而言，餐饮业仍保持着毛利率平稳且较高的行业特性。

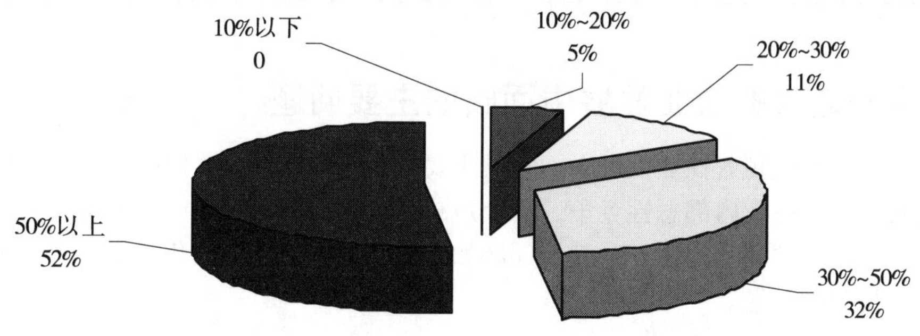

图 1　被调查企业 2007 年毛利率

表 2　被调查企业 2007 年毛利率变化比例

2007 年毛利变化	下降 5% 以上	下降 5% 以内	基本没变	增加 5% 以内	增加 5% 以上	合计
占被调查企业比例	0%	26%	47%	16%	11%	100%

如前所述，物价上涨等因素对餐饮行业的经营压力不断加大，但是有近半数的企业能够保持上年的毛利率（如表 2 所示），仅有 26% 被调查企业的毛利率下降 5% 内。可喜的是，面对新的挑战与压力，仍然有 27% 的被调查企业毛利率有所增长，其中增长 5% 以内的占 16%，而增长 5% 以上的占 11%。由此看出，在原材料、劳动力成本普遍增长的大环境下，多数企业仍能够保持稳定的毛利率，说明被调查企业连锁经营盈利模式比较健康，抗风险能力也较强。此外，反映出企业在开源增效方面做出了很多努力，还有可挖掘的空间。

（三）直营店 + 加盟店的经营模式为大多数企业所接受

调查发现，直营店 + 加盟店的经营模式占被调查企业的 75%，其中又以直营店经营为主的居多，占 40%，以加盟店经营为主的占 35%。另外，如吉野家、真功夫、西贝、麻辣诱惑等企业为充分保证品牌、品质统一，降低加盟店管理成本，运用良好的营运资金，全部采用直营店的经营模式，占被调查企业的 25%（如表 3 所示）。这也说明此种经营模式目前仍为大多数企业所接受。

需要注意的是，近年来，一些发展较快的企业为了融资或准备上市，正在逐渐改变经营模式战略，由以往的加盟为主向以直营为主，或通过收购控股加盟店的战略转变。这种转变背后更深层次的原因，是众多的企业发现对加盟店的管理尚存在系列问题，为了保证管理的有效性和品牌统一性，公司不得不减少加盟店的数量。

表3　被调查企业连锁经营发展模式状况

经营模式	全部直营店	直营店+加盟店以直营店为主	直营店+加盟店以加盟店为主	直营店+加盟店+合营店以加盟店为主	合计
占被调查企业的比例	25%	40%	20%	15%	100%

三、中国连锁餐饮业发展中面临的主要问题

调研显示，目前连锁餐饮业发展中面临的主要问题包括：人力资源匮乏、经营成本高涨、标准化难度大、行业内部恶性竞争、资金短缺及政策支持等。如图2所示，除了经营成本高涨为今年突出的新增内容外，其他问题如人力资源匮乏、标准化难度大等仍为制约餐饮业发展的历史性问题。

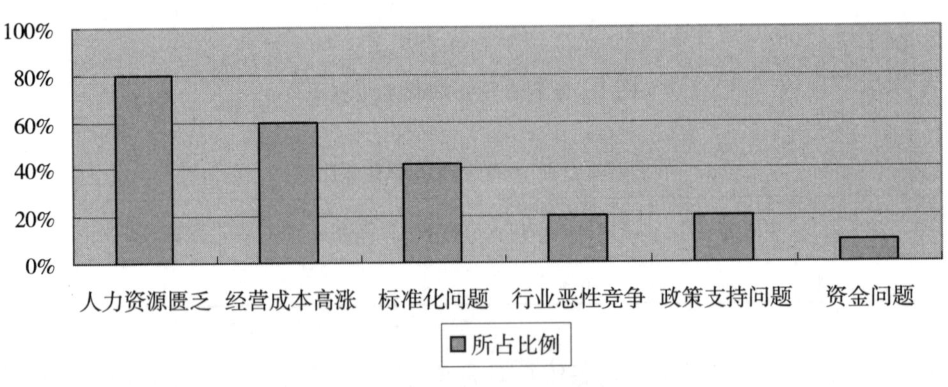

图2　企业发展面临的主要问题

（一）经营成本高涨

调查中60%的企业认为经营成本高涨仍为制约企业发展的普遍问题。经营成本高涨主要体现在：原材料、劳动力、房租和税收。由表4、表5统计分析，半数以上的企业（56%）原材料成本占营业成本的30%以上，83%的企业将劳动力和72%的企业将房租成本控制在10%～20%区间。从成本增长率来看，认为10%～20%区间最多，依次为劳动力、原材料、房租，比例分别为53%、52%和32%。

此外，随着国家相关法律政策的不断完善和执法力度的加强，企业照章纳税越来越规范。调查统计，逾4成的被调查企业2007年税收成本比2006年增长10%～20%，另各有近3成被调查企业税收成本比2006年增长10%或20%～30%。

表 4　　2007 年被调查企业原材料、劳动力、房租占营业成本的比例

占营业成本的比例	原材料	劳动力	房租
10%以内	0	17%	6%
10% ~20%	11%	83%	72%
20% ~30%	33%	0%	11%
30%以上	56%	0%	11%
合计	100%	100%	100%

表 5　　2007 年被调查企业原材料、劳动力、房租增长率

2007 年各项增长率	原材料	劳动力	房租
10%以下	32%	26%	42%
10% ~20%	52%	53%	32%
20% ~30%	16%	21%	16%
30%以上	0%	0%	10%
合计	100%	100%	100%

（二）人力资本匮乏

长期以来，人力资本匮乏一直是制约连锁餐饮业进一步发展的瓶颈。如前所述，根据调查结果，80%的被调查企业认为人力资源匮乏是当前制约企业发展的最重要问题。

餐饮企业人力资本一般分为 3 个部分：服务员、厨师、管理人员。调查结果显示，人力资本匮乏问题主要表现在：

1. 服务员离职率高。餐饮企业服务员由于待遇相对较低，导致稳定性较差，流失率较高；而招收新员工又需要企业提供相应的培训，这不仅增加了培训成本，同时也导致了时间成本，也使得新员工不能立即在岗位上发挥应有的作用。此外，由于在大城市几乎只能招聘到外地员工，致使员工离职率高的问题尤其严重。

2. 厨师的培养和流失。由于整个餐饮行业迅速增长，优秀厨师在市场中供不应求。企业不仅面临着培养厨师时间长、成本高的问题，如何留住企业辛苦培养出来的厨师也困扰着经营者。此外，厨师的培养和流失问题也直接影响到企业的产品差异化战略，因为不仅需要投入更多研发人员及其研究成本，更面临着被竞争对手直接获取企业的核心产品的威胁。

3. 管理人员匮乏。连锁餐饮企业规模扩大对管理人员的素质提出更高要求，但很多民营餐饮企业都是白手起家，面对现在的几十家乃至上百家连锁店，更需要运用现代化的管理方式。与之相对的是，目前管理人员在市场上十分匮乏，高素质的管理人才成为稀缺资源。

4. 新《劳动合同法》的影响。随着 2008 年新的《劳动合同法》开始实施，餐饮业作为劳动密集型产业已经受到很大影响。企业不仅要注意修订完善劳动合同，履行缴纳社会保险等义务，而且在新的劳动政策环境下劳资关系也变得比以前更复杂。居高的劳资成本和复杂的外部环境使企业的人力资源发展规划受到制约。

（三）标准化难度大

标准化难度大的问题一直是制约连锁餐饮业发展的瓶颈。调查结果显示，标准化问题主要体现在以下几个方面：

1. 餐饮行业产品标准化本身难度就很大。尤其是中餐，品种繁多、流程各异，产品体现色、香、味、营养俱全，而且注重烹饪技艺，很难实现标准化。

2. 标准化需要有成熟的物流业尤其是低温物流业的支持，而目前中国低温物流发展水平有限。为了配送产品，企业需要支付高昂的物流成本。

3. 加盟店业主最关注的往往是自身经营利润，而非整个品牌的未来发展，导致个体目标和整体目标经常发生冲突，标准化管理难以实施，增加了总部对加盟商的管理成本。

4. 实现标准化需要先进技术和设备的支持，连锁餐饮业在这方面的投入不如零售业。

标准化是连锁餐饮企业不断扩张的基础。连锁餐饮企业要做强做大，首先面临的问题就是如何在不同区域的不同店面为顾客提供相同品质的食物以满足快速扩张的需求，但标准程度较低是目前中国餐饮连锁企业普遍存在的问题。为了塑造公司品牌和保证产品品质，许多企业都在进行标准化方面的尝试，但也有部分企业开始反思中餐企业是否应该进行标准化，因为中餐本身就是以多样性闻名，标准化可能会降低企业的竞争优势，丧失中餐本身的特点。而更多的企业还是认为应该根据企业自身的特点决定是否应该标准化。

（四）行业内部恶性竞争

行业内部恶性竞争具体体现在：由于缺少有效的知识产权保护，造成市场上产品模仿泛滥，产品同质化导致企业缺乏核心竞争力；恶性价格战，以及不规范的小摊点、小饭店大量涌现挤占正规企业的市场份额。调研发现，75%的被调查企业认为行业内部恶性竞争主要由于产品模仿泛滥，其次是产品同质化及价格战，仅有少部分企业认为是不规范的小摊点、小饭店的大量涌现对恶性竞争有影响。

造成上述现象的原因包括：政府对餐饮行业经营的监督和管理不到位；行业协会对餐饮行业规范发展的引导作用亟待提升；餐饮行业内缺乏重量型的龙头企业，话语权不足，从而无法形成游说政府的力量；企业缺少自己的品牌，尚未形成品牌效应等。因此，改善行业的恶性竞争，需要政府更多地关心餐饮行业的发展，出台相应的法律、法规等政策，同时强化执法行为；行业协会也应为政府制定适合餐饮企业发展的政策和法规建言献策，并通过行业自律规范企业的经营行为；企业也需要形成自有品牌以消除模仿泛滥的影响。

（五）资金的短缺和使用问题

企业扩张需要雄厚的资金支持，对于资金的短缺问题，部分企业可以通过上市、与风险投资商合作等方式解决资金问题，但这也带来另一个问题，即如何更好地利用和使用资金。

调查发现，遇到资金短缺问题或资金使用问题的企业高达被调查企业的52%。其中，少数企业目前已完成融资计划，大部分企业融资计划尚在进行中，还有近半数的企业尚未开始考虑融资事宜。在计划融资事宜的企业中，选择将来上市或与风投合作的企业各占一半，还有个别企业选择寻找其他合作者作为融资途径。但各企业计划的融资金额均在人民币1亿元以内。

对于资金的未来使用方向，76%的被调查企业将扩展连锁店作为资金投向，48%的被调查企业选择将资金用于原材料基地建设或物流配送建设。另外，40%的被调查企业选择用于对现有分店提升改造，扩展新品牌。

对于与资本的合作，“一定要考虑企业本身的承受能力，不是越多越好。而且要关注风投的发展目标是否与公司同向”，多位有融资经验的企业老总持这样的观点。还有老总认为：“企业战略规划最终还是走向资本市场，这样的品牌才是大家的，才能吸引更多的优秀人才参与管理。作为一个成熟企业，未来不是资本选择我们，而是我们选择资本”。

（六）政策支持

被调查企业普遍认为，目前政府对连锁餐饮业的发展重视不足、支持不够，而且政府管理部门本身对连锁餐饮业缺乏深入的了解，在制定相应政策过程中没有充分考虑到行业自身的特点，也没有充分听取企业的意见，这些都给餐饮行业的健康快速发展带来很大的障碍。大部分企业希望，龙头企业及行业协会应尽量多地与政府进行沟通，以争取政府制定的相关政策是符合企业的发展需要和行业的发展状况。

四、公司战略调整

针对餐饮企业发展中面临的问题，本次调查还涉及了连锁餐饮企业的应对策略，在未来发展战略方面，企业的调整大致分为以下几种：

（一）调整直营店与加盟店的比例

根据调查结果，有75%的被调查企业将调整直营店与加盟店的比例作为公司发展的战略之一。关于直营店和加盟店之间的比例为多少比较合适，业界对此一直没有定论。设立直营店或加盟店的数量和比例需要综合考虑企业的发展战略和资金实力（包括自有资金利用率、银行贷款能力及偿还能力；如果是上市公司，还要考虑如何从资金市场融资，而且可以不影响企业的决策权）及对加盟店的管理能力。如果企业资金较为充裕，一般倾向于多开直营店；如果公司资金较紧张且具有较强的加盟店管理能力，一般倾向于多开加盟店。企业应根据自身的发展规模来调整直营店及加盟店的数量，以在保持和提升企业整体盈利水平的基础上实现规模效应。

在经营规模扩张的过程中，企业也可以通过并购其他企业的方式实现，这将有助于在较短时间内实现大规模扩张和抢占市场，还可以最大限度地利用和整合被并购企业原有的资源。

（二）提升现有品牌或建立新品牌

提升现有品牌或建立新品牌是很受餐饮企业重视的战略发展计划。被调查企业普遍认为，通过提升现有品牌，可以不断增强品牌吸引力，更多地利用品牌效应，从而提高公司的核心竞争力。此外，多品牌经营可以防范品牌老化，同时老品牌的影响力也有助于新品牌的发展。企业围绕核心竞争力细分品牌，不仅可以满足不同消费者的需求，而且可以实现经营风险的分散。

但大多数企业认为，建立多品牌经营需要考虑到企业自身的条件。如市场认可的现有品牌，若将其进一步细分建立新品牌，风险就相对比较低，投资成本也比较低。相反，若是现有品牌尚未得到市场认可，建立新品牌反而会进一步削弱现有品牌的影响力。有些企业已经拥有较多的现有品牌，那么可以考虑将新品牌定位在不同的消费层次上，如过往从事高档消费市场的企业可以考虑开发中档消费领域。

除了通过自身建立品牌外，企业也可以通过收购或资本运作等方式占有同一业态下的多种消费层次的品牌，用自有资金及先进的管理模式帮助被收购品牌的发展，以实现强强联合，支持企业的后续发展。但也要注意，很多企业在多品牌出现后，容易发展成为一种变相的品牌加盟经营，从而转变为一个通过品牌加盟的收钱机制，这样容易影响原有品牌的声誉。

（三）产品创新，实现差异化经营

被调查企业普遍认为，利用产品创新实现差异化经营将是企业未来的出路，也是应对越来越激烈的市场竞争的发展战略之一。通过产品创新，既可以吸引新客户，扩大消费群体，又有助于留住老客户，不断满足其消费偏好。产品差异化可以通过注入科技的力量并提升产品，使产品更健康。同时，可以提高消费者对品牌的认知及提升产品价格。如重庆德庄利用青辣椒油开发的绿色火锅，兼具特色和健康的特点，现已申请发明专利。绿色火锅便成为德庄火锅的一大特色，成功实现了差异化经营。

（四）建立原材料生产基地，整合供应链

在是否建立原材料生产基地和供应链方面，企业的意见有较大的分歧，而分歧的焦点就在于建立生产基地和供应链的投入成本较大，风险较高，但对公司收益的影响却存在一定的不确定性。大部分企业认可的一点是，一旦成功建立原材料生产基地和供应链，就可以集中供应原材料，以保质保量低价的供应原材料，减少外部采购的市场波动风险。因此，对于资金紧张的企业来说，不一定需要自己建立原材料生产基地和配送中心，而可以通过共享其他企业生产基地或供应链整合实现，这样不仅能够有效地降低成本和风险，更能够充分的发挥现有生产基地和供应链的作用。

（五）建立中央厨房

被调查企业普遍认可中央厨房的优点。因为建立中央厨房不仅可以集中生产、集中配送，有助于实现标准化，还可以通过规模效应降低营运成本和保证产品质量，维护企业品牌形象。但是多数企业也认为，是否建立中央厨房需要综合考虑企业规模、产品特点以及低温物流等多方面因素，也并不是所有企业都适合建立中央厨房。

（六）提升公司内部运营效率及单店盈利水平

面对日益高涨的成本压力，被调查企业普遍认为需要不断提升公司内部运营效率，通过高效管理降低成本和提高利润。如真功夫从 2006 年开始就做企业内部效率的研究，从而带动企业整体盈利水平的提高。在单店效益提升方面，很多企业也都作了调整，逐步实现标准化的管理目标，提升其盈利水平。

五、当前中国经济发展态势对连锁餐饮业发展的影响

对于中国连锁餐饮业的未来，90%以上被调查者表示持积极乐观的态度。大多数参与调研的企业认为，尽管CPI指数在短期内难以回落，给企业的经营压力也会持续增加，但从国家宏观经济的发展态势来看，餐饮行业发展仍会保持较高的增长幅度，企业的经营压力将得到逐步缓解。例如，全聚德董事长姜俊贤认为："从长远看，当前的经济形势对多数餐饮企业的影响不大，不仅因为外出就餐仍然是人们的选择之一，而且中国的市场非常大，足以支撑连锁餐饮企业的发展。"德克士董事长特别助理邓仁荣认为："CPI上涨不全是负面影响，也带动了很多城市消费水平提升，这使连锁企业有了更多的发展机会，我们会继续在三、四级城市开店。"持类似意见的还有吉野家总经理洪明基，他认为："随着GDP的增长，在外就餐的人会越来越多，过去单一的餐饮行业会出现不同的餐饮群，以价格、喜好、区域、驱动原因等分类，未来五年会比较鲜明。"同时，调查显示，相当多的企业如全聚德、肯德基、小肥羊、德克士等依然保持既定的开店计划。

餐饮企业对未来几年的挑战有着充分的认识，以仙踪林董事长吴伯超为代表的许多企业认为："对于赢利模式不成熟、管理上缺乏优势和能力的企业，很难应对人工、原材料等成本上涨所带来的经营压力，这是一个优胜劣汰的过程。"同时，一些企业也表示，未来几年可能会迎来行业的并购热潮。因此，这也将是企业做大做强的关键时期。

综上所述，在中国经济持续高速发展、餐饮市场继续活跃的大背景下，连锁餐饮企业将不断根据外部环境及自身条件调整公司发展战略，以逐步实现最优发展模式。

六、总结

2008年是中国经济充满不确定性的一年。国际上，美国次贷危机正在逐渐波及多国，全球性的通胀使得各国物价普遍上涨，国际能源和粮食价格飞升也势必影响中国经济；在国内，CPI居高不下，食品质量和安全问题不仅影响市场发展，更重创了消费者信心。此外，自然灾害也在相当大的程度上影响了经济发展。各种复杂不可测的因素接踵而至，都会影响人们对未来经济走势的判断。

正是在这种经济前景不明朗的前景下，中国连锁经营协会与德勤华永会计师事务所联合开展了此次调查，希望有助于企业预测经济发展趋势和未来市场走势。通过调查我们发现，连锁餐饮企业普遍面临人力资源匮乏、经营成本高涨、标准化难度大等三大挑战。其中，原材料、劳动力、房租等构成的经营成本压力严重影响了企业的盈利能力，尤其是原材料、劳动力成本增长较快。

尽管存在着诸多的挑战，我们可喜地看到，企业总体发展水平依然保持两位数增长，尤其需要指出的是，90%以上企业管理者对未来发展持积极乐观态度，认为行业发展仍会有较高的增长幅度，企业的经营压力将得到逐步缓解。对于中国餐饮行业的未来，我们仍然充满信心。

（中国连锁经营协会　德勤华永会计师事务所）

2008 年中国特许经营加盟商调查报告

2009 年 4 月，中国连锁经营协会（简称协会）联合德勤咨询有限公司（简称德勤）共同对特许加盟商进行了行业调研。调研主要围绕加盟商的现状与未来趋势展开。

本次调研分为两个阶段：第一阶段以问卷调查为主，问卷设计是基于协会与德勤以往的合作经验，以及德勤自身对于特许经营行业的了解；问卷通过网上电子邮件的方式分发给各企业的董事长、总经理等高级管理人员，以及各行业的加盟商和投资人。第二阶段主要以电话访谈为主，访谈对象的选择是基于在业态类型、所处地域等方面具有一定代表性的特许加盟商。

本报告由德勤专业人员在本次行业调研的基础上撰写。报告分四个部分：第一部分，加盟商的基本运营现状；第二部分，金融危机对加盟商的影响；第三部分，加盟商在特许经营发展中面临的主要问题；第四部分，未来发展趋势。

一、加盟商的基本运营现状

本次调查主要通过考察盈利状况、加盟模式、加盟费用收取方式、加盟门店数量占总门店数量比例及加盟商对品牌特许商的满意度五个方面来了解加盟商的基本运营状况。

（一）盈利状况

根据调查结果，各行业加盟商的平均盈利状况良好，2008 年平均毛利率约为 34%。其中值得关注的是，经济型酒店类加盟商的盈利水平在 2008 年出现明显下滑。数据显示，被访酒店在 2008 年的平均毛利率约为 37%，相比 2007 年下降了 28%。通过分析发现，运营成本上升、平均入住率下降和非理性投资为主要原因。

1. 成本上升：据中国饭店协会发布的《2008 中国经济型饭店调查报告》显示，2007 年新开业的经济型饭店的平均投资额比 2006 年增长 18%。与此同时，由于急剧扩张导致人才紧缺，店长平均年薪上涨 24%，企业的盈利空间被急剧压缩。

2. 平均入住率下降：由于经济型酒店数量快速增加，平均入住率出现下降。调查数据显示，热点区域北京、上海和整个华东地区在入住率上的降幅较大，达到 4% ~5%，平均年入住率低至 80%。

3. 非理性投资：近年来，经济型酒店在中国发展迅猛，造成投资人对经济型酒店盈利前景期望过高，不惜投入巨资，使得北京、上海、广东等地区出现局部的过度投资。

（二）加盟模式

调查数据显示，单店特许仍为主流加盟模式，约占所有加盟模式的 66%，区域特许次之，其占比约为 28%，而二级特许为 6%。

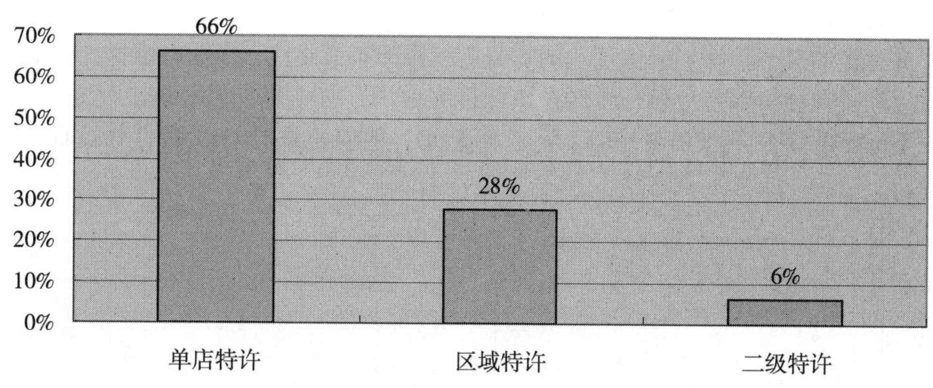

图 1　各种加盟模式比例比较

调查还发现，加盟模式占比因行业不同而有所差别。业务可复制性是造成该差异的一个主要原因。例如，在服装业特许经营中，由于产品及服务的标准化程度高，业务可复制性和可控性较强，因此品牌特许商通过单店特许方式来拓展市场的可行性更高。

（三）加盟费用收取方式

大多数被访加盟商表示，目前还是以初始加盟费加固定费率的月度（年度）管理费的方式向品牌特许商交纳加盟费用。其他方式还包括收入分成和利润分成。

（四）加盟店数量占总门店数量比例

调查显示，总体上，加盟店数量占总门店数量的比例高于直营店的占比。这主要是由于在过去的几年中，大多数品牌特许商处于快速发展阶段，因此更倾向于通过发展加盟商抢占市场，实现快速扩张。

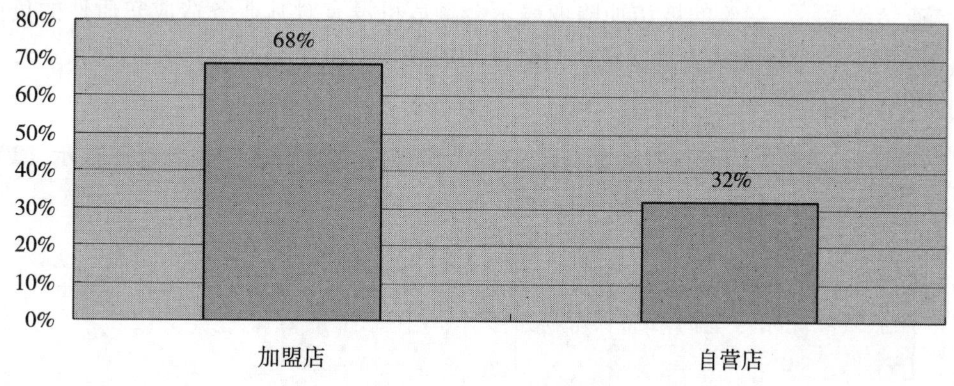

图 2　加盟店与自营店数量占总门店数量比例

（五）加盟商对品牌特许商的满意度

调查显示，被访加盟商对品牌特许商的满意度比较高。其中，27%的被访者表示对品牌商非常满意，48% 表示满意。大多数加盟商表示，他们看到也感受到品牌特许商为推动业务发展所作的努力。例如提供统一的加盟店装修和布局建议，发布标准操作手册，定期派出督导进行现场检查与指导，虽然在执行过程中仍存有不足，但总体上还是比较满意。而表示不满意的 24% 的被访者坦言，尽管不满意，他们还是看好品牌的发展前景，愿意继续经营。

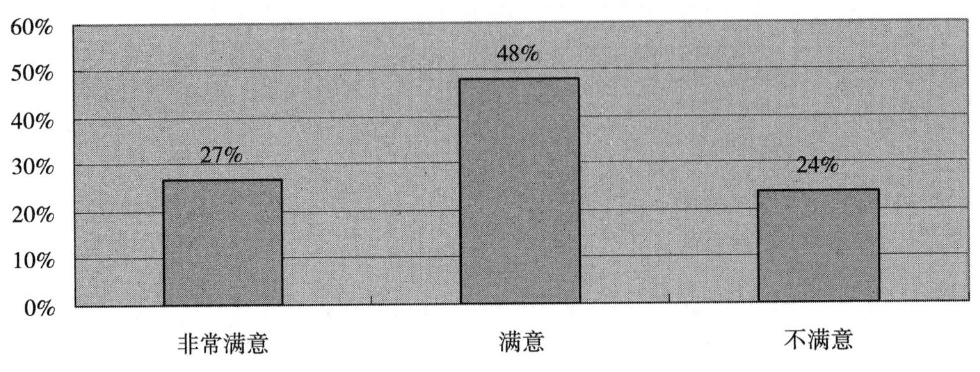

图 3　加盟商对品牌商的满意度

二、金融危机对加盟商的影响

2008 年的全球金融危机是大萧条以来最严重的一次，其波及面之广与影响程度之深也远远超过了以往几次危机。在中国，此次危机对各行业也形成不同程度的影响。为更好地了解金融危机对特许加盟商的影响，访谈和问卷调查都专门就此问题与被访者进行了探讨。

（一）金融危机对加盟商有所冲击，但总体影响较小

调查结果显示，44% 的被访加盟商表示金融危机没有对其业务造成实质性的负面影响，另有 41% 的被访者认为金融危机只是在短时期内对业务造成了一定的冲击，对其长期盈利影响不大。

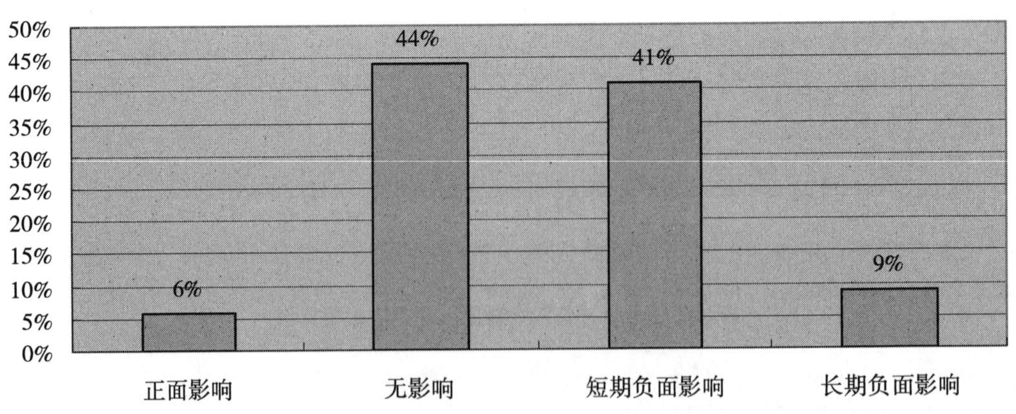

图 4　经济危机对运营状况造成的影响

调查还显示，加盟商在2008年的平均毛利率虽较2007年稍有下降，但仍可维持比较可观的水平，这也再次印证了金融危机对加盟商影响较小的观点。

2007年与2008年平均毛利率比较

2008年平均毛利率	2007年平均毛利率	毛利率变化
34%	37%	-3%

（二）服务于中低档市场的加盟商业绩不减反增

由于中低档品牌本来就定位于满足消费者的基本需求，而这部分需求也多为刚性，受外围经济影响较小，因此服务于中低档市场的零售加盟商的销售收入也相对稳定。

此外，受到对全球经济前景的悲观情绪以及媒体渲染的影响，中国消费者的消费趋于保守，部分消费者减少了在非必需品上的花费，如电子器材、珠宝首饰等。而一些过往偏向购买高端品牌的消费者也开始购买中低端品牌，以减少开支。

调查中有服装加盟商表示，金融危机不仅没有对其业务造成任何负面影响，反而刺激了销售增长，因为其加盟的品牌定位于中档男裤和女裤，金融危机爆发后，很多以前只购买高档裤的顾客都纷纷转向购买其加盟品牌的产品。

同样的情况也出现在经济型酒店业中。一些原本习惯入住豪华客房的顾客因预算降低而转而入住经济型酒店，特别是那些品牌知名度高、门店网络覆盖面广的经济型酒店，正日益得到企业和个人用户的追捧。这部分新增客户在一定程度上也抵消了由于门店密度增加而造成平均入住率下降所带来的影响。

（三）位于中西部城市的加盟商受危机影响不大

由于中西部城市的经济构成对出口市场的依赖程度相对较低，因此，由发达国家引发的金融危机对这些城市的影响有所滞后。就目前状况，尽管沿海城市因出口市场萎缩而出现经济发展减缓，大量中小企业倒闭，但内陆城市经济发展相对较为平稳，居民的消费水平及消费意愿也没有发生明显变化。

另外，随着中国经济的持续发展，内陆城市居民的购买力也日渐增强，与之相比的是这些地区的商业发展还很滞后。因此，即使未来消费需求有所下降，对加盟商的盈利水平仍不会有太明显的影响。

（四）加盟商普遍对2009年经营结果持乐观态度

调查发现，46%的加盟商认为其2009年毛利收入较2008年仍可保持可观的增长，而39%的加盟商相信至少能维持2008年的盈利水平。

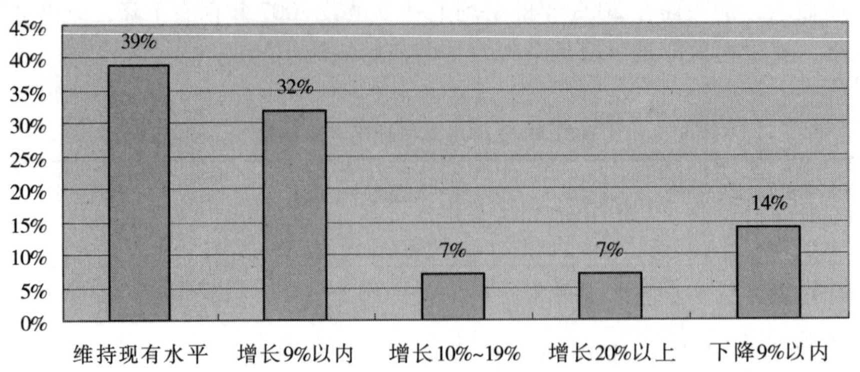

图 5　2009 年平均毛利增长预期

三、加盟商在特许经营发展中面临的主要问题

调查数据显示，加盟商当前面临的三大挑战分别为成本压力过大、管理人员匮乏以及同品牌的不当竞争。

（一）成本压力过大

被访者普遍认为加盟费过高是造成成本压力的主要原因，尤其是那些品牌知名度较高的品牌商，他们通常都会要求较高的加盟费用，这对加盟商的盈利水平造成了很大影响。此外，目前很多品牌商的加盟费主要是以固定费率的形式收取，与加盟商的经营业绩无关，意味着即使加盟商经营处于亏损状态，仍需按照营业额的固定费率上交加盟管理费用。

（二）管理人员匮乏

随着业务的快速发展，加盟商对管理人员的需求日益增加。然而，由于入行门槛比较低、工作辛苦，而薪资待遇与其他行业相比尚存在一定差距，所以很难吸引高素质人才。再者，目前中国没有针对零售业和服务业的系统化职业培训，造成管理人员严重短缺。而加盟商内部培养不仅花费时间长，而且远跟不上发展的需求。此外，加盟商还面临着管理人员流失的挑战。由于行业竞争激烈，管理人才供不应求，企业间互挖墙角的情况屡有发生。

部分被访者还表示，总部指派的管理人员通常都不具备充分的门店管理能力和经验，并普遍存在只重长期利益而轻短期收益的情况。

（三）同品牌不当竞争

有被访者认为，在某些区域加盟商密度过高，是导致不当竞争的主要原因之一。此外，部分加盟商不严格按照总部要求对门店进行陈列，甚至不惜牺牲产品和服务质量以压缩成本，这些不规范的行为会对其加盟品牌的形象造成不良影响，进而影响其他加盟商的正常运营。

除上述三方面问题外，品牌商支持力度不足也是被访者提及较多的问题。大多数加盟商希望品牌特许商加强品牌建设与推广，增加在培训方面的投入。其他提及的、希望得到改进的领域有：门店陈列指导、产品开发、门店选址、顾客会员计划等。

同时，多数加盟商还指出，尽管品牌商提供了标准化产品和详细的标准化操作指引，但各加盟商在实际操作中仍存在标准化实施水平参差不齐的情况，他们认为这将成为行业发展的主要瓶颈之一。

有酒店加盟商认为，由于品牌商在标准化操作指引中一般会设定最高标准的实施要求和基本的实施要求，这种制度上的宽松往往会造成部分加盟商只按基本要求执行，从而降低了总体的标准化水平。

另外，有服装加盟商认为，各加盟商的能力参差不齐，对业务长远发展目标的认识也有所不同，这些差异也会影响他们对标准化流程的理解与执行。也有被访者认为，同时经营多家同品牌门店的加盟商经营能力一般比较强，而且对业务的长远发展有更大的目标，对加盟品牌的认同度也更高，因此这类加盟商的标准化执行水平也往往高于只运营单家门店的加盟商。

类似的情况在教育培训特许经营中尤为突出。由于教育培训特许经营的核心是内容，内容的执行和内涵的表现需要通过老师来完成，而教师的理解力和表现力的差异性决定了教学水平必然会良莠不齐。其次，教育培训的行业特性决定了它比其他行业更难实现标准化，因为在整个服务过程中不仅包括老师授课，也包括学生听课，它是一个共同发生的过程，所以很难实现标准化。此外，不同区域的学校也必然会有一定的差异性，结果是加盟商很难实现标准化的管理。

四、未来发展趋势

（一）大多数加盟商预期未来三年销售收入可实现持续增长

调查显示，有81%的被访者预期未来三年销售收入可实现一定程度的增长，15%的被访者认为未来三年可维持现有收入水平。

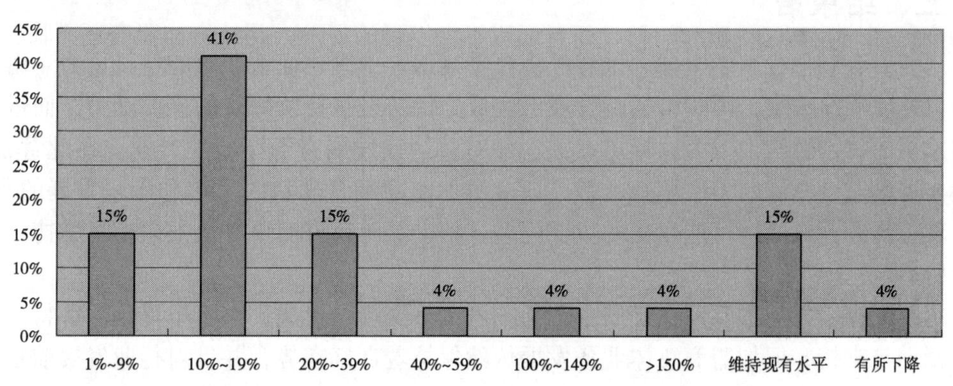

图6　加盟商对2009－2012年销售收入增长速度预期

值得关注的是，与其他行业加盟商比较，经济型酒店类加盟商对未来的发展预期较为保守，40%的被访者认为未来三年可能只会维持现有收入水平。普遍的观点是，经济型酒店已出现局部饱和和恶性竞争状况，行业的洗牌正在发生，因此很难维持以往的高速增长。

（二）加盟商业务占比可能会有所下降

调查显示，各行业品牌特许商在未来三年仍以增加门店数量为主要扩张方式。其中，51%的被访者认为会以增加直营店为主要扩张方式（包括开设直营店和收购现有门店），因此预计在未来三年中加盟店的数量占比会有所下降。

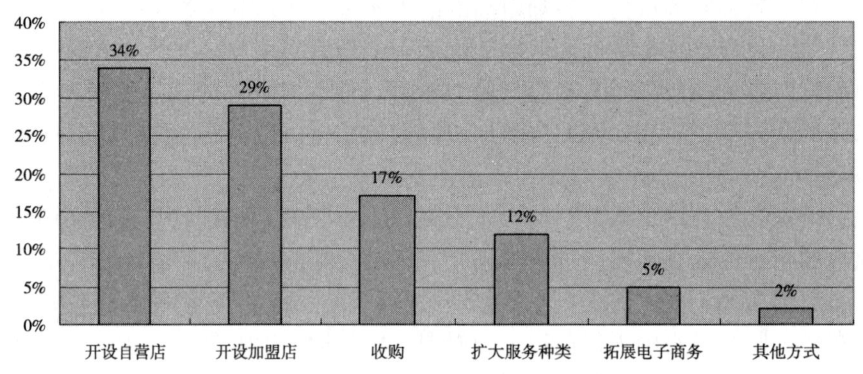

图7　2009－2012年品牌商计划的主要扩张方式

调查得知，一些有上市计划的品牌特许商已经或准备回购经营成熟的加盟门店，以成为加盟店的绝对控股股东，实现财务报表合并。然而，在对加盟商的调查中发现，大多数加盟商表示不知道或不了解品牌特许商有此计划，另有部分加盟商表示不会考虑出售股权，他们希望绝对控股，以分享更多的业务利润。

五、结束语

当前，金融危机席卷全球，世界经济严重衰退，中国也面临严峻的增长压力。由于中国出口速度明显放缓，消费市场的发展已经成为保持经济持续增长的主要动力，而近年来迅猛发展的特许经营也成为大家重点关注并对其持续发展寄予厚望的产业。在此背景下，协会与德勤联合开展的本次调查，旨在通过对加盟商经营现状的了解和未来发展的预期，来发现特许经营发展中可能存在的主要问题，帮助品牌特许商更好地把握市场脉搏，抓住发展机遇。

尽管调查中发现加盟商在发展中仍面临着诸多困难与挑战，也希望得到品牌特许商的更多帮助与支持，但加盟商总体业务发展依然保持着良好态势，并且对行业发展前景抱有积极、乐观的态度。因此，有理由相信，中国的特许经营仍将持续稳定的发展。

2008年中国连锁教育及培训行业调查报告

2009年4月，中国连锁经营协会（简称协会）联合德勤咨询有限公司（简称德勤）共同对中国教育培训行业的经营状况及发展趋势进行了调研。调研的主要内容包括：1. 当前中国教育培训行业的发展现状及特点；2. 金融危机对中国教育培训行业产生的影响；3. 教育培训行业发展中面临的主要问题及对策；4. 教育培训企业未来发展战略。

此次调研分为两个阶段：第一阶段以问卷调查为主，问卷设计是基于协会与德勤以往的合作经验，以及德勤自身对于教育培训行业的了解；问卷通过电子邮件的方式分发给各企业的董事长、总经理等高级管理人员。第二阶段主要以电话访谈为主，访谈对象的选择是基于在业态类型、所处地域等方面具有一定代表性的学前教育机构、语言培训机构，以及IT职业培训机构等；访谈内容主要着眼于教育培训行业所面临的问题、对策及战略调整等；还采访了包括东方爱婴、北京红黄蓝儿童教育科技发展有限公司、北京环球天下科技、北京阿博泰克北大青鸟等行业领军企业的董事长或总经理等高级管理人员；同时，对在第一阶段问卷调查过程中汇总统计出的一些初步结论和话题进行了进一步的探讨。

本报告由德勤专业人员在本次行业调研的基础上撰写。报告分四个部分：第一部分，中国教育培训行业的发展现状及特点；第二部分，金融危机对中国教育培训行业产生的影响；第三部分，中国教育培训行业发展中面临的主要问题及对策；第四部分，教育培训企业未来发展战略。

一、中国教育培训行业的发展现状及特点

在过去的几年中，中国教育培训行业整体表现良好，始终保持了两位数的增长速度。即使面对金融危机的冲击，整个行业在刚性需求的支持下仍然表现出良好的抗经济周期性。

2008年，中国教育培训市场总值约为6100亿元，预计到2012年这一数字将增加到9590亿元，每年的复合增长率将达到12%左右。其中，民办教育的年均复合增长率将达到16%，大于公办教育年均9%的增长率。而其在整个中国教育培训市场所占的比例也将从2008年的39%增加到45%（如图1所示）。

主要的细分市场包括学前教育、课外辅导、民办高校、网络教育、职业技能培训如IT、英语培训等。在此次调研中，主要研究的细分子行业是学前教育和职业技能培训。这两个细分子行业在此次金融危机中，充分体现出教育行业的“反周期”特征。（如图2所示）

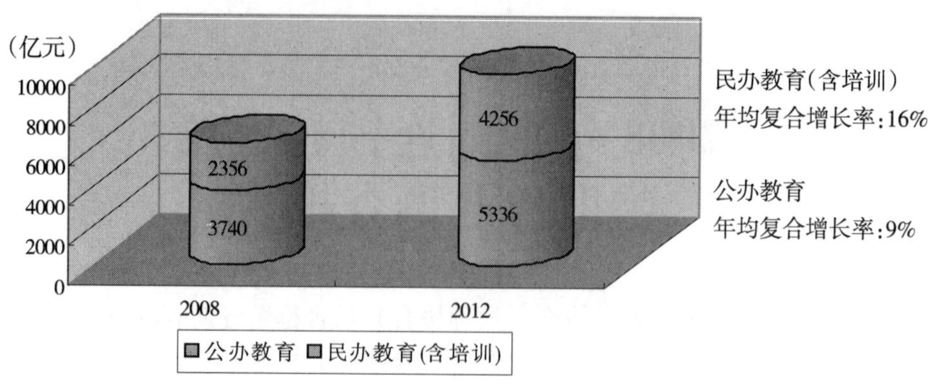

图1 2008-2012年中国教育培训市场规模

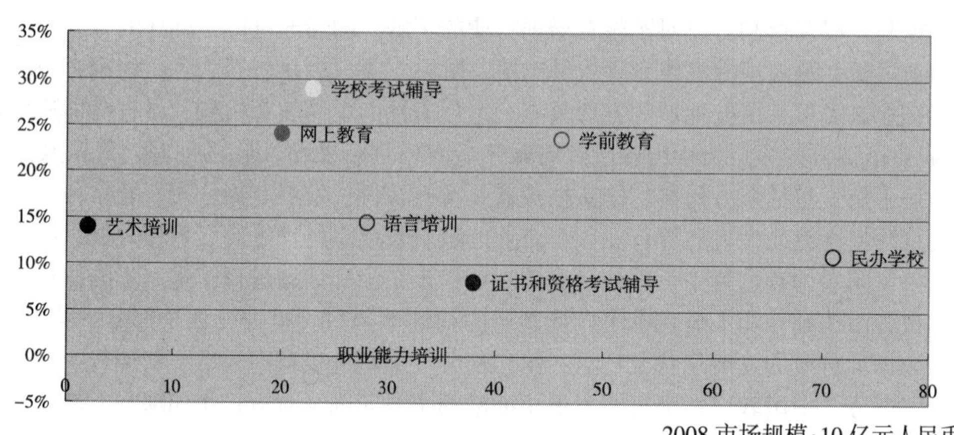

图2 中国教育行业各子行业规模与增长

推动此类行业在危机中仍有上佳表现的主要原因包括:日益提高的人民生活水平、不断加强的教育意识以及由金融危机引起的危机意识等。尽管实体经济在很大程度上受到金融危机的冲击和影响,然而根据此次调研所得到的信息可以看出,整个学前教育和职业培训行业依旧表现出良好的盈利能力,市场规模也延续了之前较快的增长。常见的企业扩张方式,包括直营、单店特许、区域特许以及二级特许①。

1. 学前教育和职业培训行业体现出良好的盈利能力

根据以往行业研究及此次访谈的结果,我们发现学前教育行业平均毛利率为30%左右,领军企业的毛利率更是可以达到40%~50%的水平。职业教育培训行业平均毛利率约为35%,受较高市场集中度的影响,领军企业的毛利率达到了50%~60%。人才选拔机制等形成的激烈的社会竞争使得每一位家长都不希望自己的孩子输在起跑线上,致使此类需求趋于刚性化。与此同时,由于目前更多的接受学前教育服务的家庭收入状况普遍较好,顾客对于

① 二级特许是指受许人在特许人规定区域、规定的时间内发展下级受许人的特许经营方式。

价格的敏感度也往往相对较低。对于职业培训而言，由于其培训的成果（如资格证书）与个人收入有着相对紧密的联系，从而也降低了此类顾客对于价格的敏感程度。

2. 市场所处发展阶段及发展速度

由于发展时间较长，中国的语言、资格认证培训市场已经发展到相对成熟的阶段，行业集中度大大增加。而学前教育由于起步较晚，仍处在较为初期的发展阶段，正因为如此，也受到更多资本投资者的关注，发展迅速（如图3所示）。

	幼儿教育	课外升学辅导	艺术体育等培训	民办高校	语言培训	资格认证	就业培训	网络教育
政策支持	M	L	L	M	L	L	H	M
市场需求	M	H	M	H	H	H	H	L
市场成熟度	L	M	M	M	H	H	L	L
进入门槛	M	L	L	H	L	M	M	H
资本关注	H	H	L	H	M	M	H	M

H=高　M=中　L=低

图3　教育行业细分子行业发展阶段

同时，日益改善的人民生活水平以及激烈的社会竞争为学前教育和职业培训行业创造了巨大的市场空间。2008年，学前教育和职业培训行业市场规模分别达到了460亿元人民币和240亿元人民币。在未来3~4年中，市场规模仍可维持较快增长。根据预测，学前教育市场规模将在2013年达到990亿元人民币，2008-2013年的年均复合增长率将达21%，而职业培训行业的市场规模有望在2012年达到650亿元人民币，2008-2012年的年均复合增长率将达29%。

3. 以直营、单店特许、区域特许和二级特许为主要扩张方式

目前中国教育培训行业所采取的扩张方式主要包括一线直营、单店特许、区域特许以及二级特许。在需求旺盛、对服务质量要求高的一线城市，企业多采用直营、单店特许以及区域特许的扩张方式，以帮助企业更好地控制当地的资源，充分满足当地的需求，同时可以通过有效的管理，保证服务质量，提高企业的行业知名度。而在收入和需求相对落后的二、三线城市则更多地采取二级特许的方式，通过迅速扩张来占领潜在的消费市场。由于二、三线城市普遍对服务的要求比一线城市低，加盟商通常多被赋予独立开发二级加盟商的权力，从而实现加快企业扩张的目的。

二、金融危机对中国教育培训行业产生的影响

尽管当前金融危机席卷全球，实体经济受其影响表现低迷，很多行业均不同程度地受

到负面影响。然而根据此次调研的结果不难发现，中国教育培训行业不但没出现业绩下滑，相反，相当数量的受访企业在接受访谈时均表示其 2009 年第一季度的销售业绩和去年同期相比出现了不同程度的增长。以下就需求、行业整合以及业内品牌商和加盟商的经营状况、金融危机对中国培训教育行业产生的影响进行进一步的分析和探讨。

（一）需求

日益提高的人民生活水平以及日益激烈的社会竞争促使广大家长对学前教育的重视程度也不断加强，并且逐渐显现出刚性需求的特征。接受访谈的学前教育机构对此表示出一致的看法。“没有家长愿意自己的孩子输在起跑线上，即使代价再大，家长也愿意在孩子的教育上进行投资。”某知名学前教育机构董事长的观点具普遍代表性。

而目前的金融危机促使专业技能培训（如英语培训和 IT 职业培训）的重要性再次被广大社会从业人员所认识。“只有那些没有技能的员工才会面对更大的就业风险，因此经济的下滑让失业人员更好地认识到提高职业技能的重要性。”某知名培训机构品牌总监的观点在行业内被普遍认同。

经济的萧条并没有改变培训机构对未来前景的乐观态度，稳定的外部需求使他们有足够的理由相信整个行业仍然有继续前行的动力。据调查，近 90% 的受访者表示，公司 2009 年的毛利率，以及 2009 - 2011 年的企业收入至少会维持原有水平，不会下降（如表 1 所示）。而超过 75% 的受访者表示，公司 2009 - 2011 年的销售收入至少增长 10% 左右（如表 2 所示）。

表 1　　行业代表企业对于 2009 年企业毛利率的预测

2009 年企业毛利率	保持不变	下降 9% 以内	增加 9% 以内	增加 10% ~19%
占被调查企业比例	45%	9%	18%	27%

表 2　　行业代表企业对于 2009 - 2011 年企业收入增长的预测

2009 - 2011 年企业收入增长	保持不变	增加 10% ~19%	增加 20% ~39%	增加 40% ~59%	增加 100% ~149%
占被调查企业比例	9%	28%	27%	27%	9%

实体经济的整体下滑对某些子行业还是带来一定程度的负面影响。比如，由于对未来经济发展不确定性的担忧，家长为了控制支出，纷纷减少在一些兴趣类培训如舞蹈、乐器等培训课程上的花费。

（二）行业整合

随着中国教育行业整体不断向着更为成熟的方向发展，行业的整合度也因此不断提高。而 2008 年的金融危机，从某种程度上更促进了行业的“洗牌”，推动了行业的整合。

行业的领军企业，凭借其企业规模、丰富多样的课程设置及广泛的客户群，在此次金融危机中体现出良好的风险抵御能力。同时，依靠良好的现金流，此类企业也得以在经济危机中继续扩张主营业务。“领军企业往往拥有针对不同客户群体的课程设置。我们公司在提供职业英语课程的同时，还提供留学、少儿英语等课程，有效地分散了风险，为企业提供了稳定的现金流。这使得我们在经济下滑的背景下，能迅速占领退出企业留下的市场空白，实现逆势扩张。”某知名语言培训机构加盟总经理道出其逆势发展的玄机。

相对规模较小，课程设置单一、目标客户单一的培训机构，在抵抗风险的能力上明显较弱，在由金融危机引发的全球性裁员减薪浪潮中，此类培训机构受到的冲击最大，出现资金链断裂，被迫缩减门店数量，甚至倒闭的现象。“一些小型语言培训机构的客户主要由外企员工组成，而往日风光无限的外企，在此次危机中深受打击，纷纷采取裁员减薪，从而导致这些以外企员工为主要客户来源的培训机构纷纷走向倒闭。”某知名语言培训机构加盟总经理不无遗憾地分析案例成因。

（三）品牌商、加盟商运营

房地产价格的下降以及租金的下调，在一定程度上降低了教育培训机构的运营成本。从访谈中得知，租金、装修、人员工资和营销费用构成了企业的主要营运成本。其中，租金往往可以占到总成本的30%左右。

越来越多的潜在加盟商被教育培训行业的“反周期”特性所吸引，表现出极大的兴趣。然而，由于当前一段时间内经济形势的不明朗以及不菲的启动投资（学前教育加盟的初期启动资金为30～70万元，IT、语言培训加盟的初期启动资金为40～150万元）使得广大加盟商在做最终决定时显得犹豫不决。“我们公司直营业务保持良好的增长，但是加盟业务却出现了轻微的下滑，主要是因为投资者需要用更长的时间来判断行业发展趋势才能做出决定。”某著名学前教育机构总经理分析认为。

三、教育培训行业发展中面临的主要问题及对策

本次调研发现，目前中国教育培训行业在发展中面临的主要问题包括：扩张过快、教育质量难以控制、标准化与个性化的矛盾、缺乏专业师资力量、缺少合格的管理人员、普通收入家庭对学前教育服务价值的认同度低、产品开发能力薄弱等。其中，尤以专业师资力量以及合格管理人员的稀缺更为突出。

（一）扩张过快、教育质量难以控制

在过去的几年，许多业内企业为了抢占市场，纷纷加快了特许经营的步伐，以扩大其市场份额。但同时，却疏忽了对加盟商的管理，导致各教学点教育质量参差不齐。为了更好地维护品牌声誉、保障教育质量，行业龙头企业纷纷强化了对加盟商的管理和考核：部分企业放弃了二级特许的扩张方式，以此加强企业对加盟商直接管理的力度；有些企业建立了更为严格的加盟商考核标准，用标准和惩罚对不合格的加盟商进行指导、教育和规范，对严重违规的不合格加盟商终止加盟合同，取消其加盟权。本次调研显示，更多的教育培训企业将在未来三年时间内，倾向于通过增加直营门店的方式进行扩张（如表3）。

表3　　行业代表企业对于2009－2011年企业扩张方式的选择

2009－2011年领先企业扩张方式	自建门店	并购	特许经营
占被调查企业比例	41%	23%	36%

（二）标准化和个性化的矛盾

教育行业通过连锁经营发展面临的最大问题是，如何保证其连锁机构能够保持与总店一致的师资力量？如何进行标准化授课？如何对师资、教学进行量化？在学前教育中，教师的个人风格往往是家长选择教师的重要标准之一，因此在确保师资授课水平的同时，企业需考虑如何才能使教师个人的风格有效地融入整个标准化体系。为此，一些行业领头企业更多地是在运营的标准化上下功夫（如标准化接待礼仪等），而同时给予教师更多的空间发挥其个人的风格（如活泼型、沉稳型等），从而满足不同类型顾客的需求。

（三）师资的稀缺

鉴于目前学前教育的师资多为直接从专业院校（如幼儿师范学院）招聘而来，而此类专业院校在中国的发展相对滞后，使得在师资的供应上难以满足来自学前教育产业迅速扩张的要求。企业只能更多地通过社会招聘，吸纳非专业人员，同时通过加大培训投入，使此类非专业人员能在较短时间内达到企业的要求和标准。“我们的每一位教师在上岗前都必须通过企业内部的培训和考核，拿到相应的上岗证，持证上岗。”某知名培训机构品牌总监道出解困玄机。

令人担忧的是，大量的培训投入，在一定程度上加重了企业的负担，直接影响了企业的发展速度。

（四）管理人员的不足

在中国，教育培训行业是新兴行业。行业的迅速扩张形成对专业管理人员的巨大需求，同时也对管理人员的素质提出了更高的标准和要求。由于行业发展时间较短，缺乏有效的人才社会培养支持体系，因此“挖墙角”现象频出。本次访谈得知，推行标准化规范操作，可在一定程度上减轻管理人员不足对企业发展造成的影响，而培训是保障标准化规范操作得以执行的有效方法之一。某知名培训机构品牌总监介绍：“我们制定的标准化手册，对于每一个岗位的职责、操作步骤以及相应的奖惩制度都做了明确的规定，员工必须严格遵守，接受日常培训和考核，这样可以比较有效地保证标准化的推行。”

（五）普通收入家庭对学前教育服务价值认同度低

目前，中国教育培训行业主流消费人群仍集中在中高收入家庭，普通收入家庭对学前教育重要性的认同度仍然停留在较为初级的阶段。某知名学前教育机构CEO透露的客户构成具代表性：“我们约60%的学生来自公务员、医生、教师等收入较高，文化素质较高的家庭。”

在二、三线城市，家长对学前教育重要性的认知严重落后于一线城市，从而导致业内企业更多地采用二级加盟授权的方式开发当地市场，而不是集中精力开展直营业务。同时，企业也加大了各自在营销上的投入，尽量使更多的人了解学前教育服务的价值，帮助企业打开市场，获得更好的发展。

（六）产品研发能力薄弱

良好的产品开发能力可有效促进一个产业的健康发展，帮助企业推陈出新，保持活力。然而，本次调查发现，教育培训企业的自主研发能力仍然薄弱，很多企业在很大程度上仍然依赖于引进国外相关教材。但值得欣喜的是，行业中的代表企业，如东方爱婴、红黄蓝以及阿博泰克北大青鸟等公司已在产品研发上投入了大量的人力、物力，建立了独立的研发团队，同时还与国内外知名研究机构合作，并已取得不菲的成果。

许多行业代表性企业在多媒体教学工具的开发上投入颇多。这主要是因为多媒体教学的开发可以帮助企业更好地实行标准化，使老师在授课过程中避免过多的个人发挥，同时可以在一个统一的平台上加入个性元素，从而既保障了课程的一致性，也很好地保留了教师的个性授课特点。

四、企业未来发展战略

调查发现，为了获得更好的发展前景，企业往往会通过以下几种战略调整来克服经营中所遇到的困难和挑战：

（一）调整直营店与加盟店的比例

75%的被调查企业，将调整直营店与加盟店数量的比例视为其未来的主要发展战略。有受访者认为，直营店与加盟店的最佳比例为20：80。不过业内并没有关于最佳比例的共识。对企业而言，更为普遍的做法是，在现金流充裕的时候，扩大直营店的比例，从而最大程度地从市场发展中获益；当企业现金流相对紧张，但企业本身拥有较强的加盟商管理经验和扩张能力，拓展加盟业务则成为首选，这样就可以最快的速度占领潜在市场，用最经济的方式扩大企业的知名度和影响力，为企业今后的发展奠定坚实的基础（如图4－1所示）。

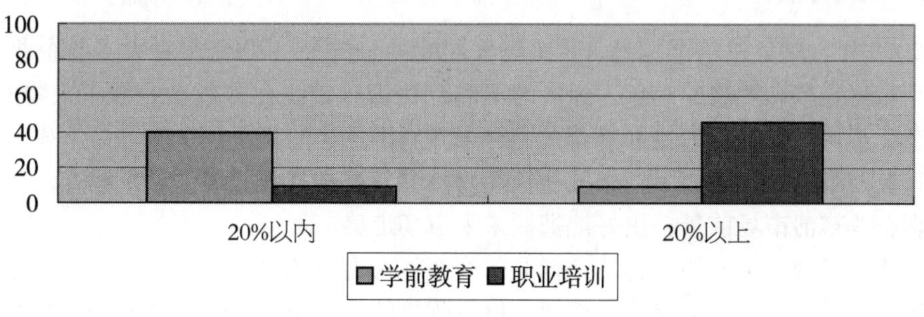

图4　自营店和加盟店的比例

一般地，企业会考虑先在某个中心市场设立直营店，在培育起一定的品牌知名度后，便以特许加盟的方式向周边市场扩张，占领更多的市场份额。最后，拟定上市的企业，会在上市前对一些效益较好的加盟商进行回购，从而帮助企业在上市前吸纳足够的优质资本。

（二）对优秀人才高薪挽留

由于师资、管理人员是教育培训行业的稀缺资源，因此行业中的优秀人才更显匮乏。为此，行业领军企业为留住优秀人才，往往提供高于行业平均水平的薪资和丰厚的在职培训机会，有些企业更是为那些顶尖人才提供期权等激励方式，以期避免优秀人才的流失。

（三）加大产品研发力度

约有80%的受访企业表示，产品研发是他们投入人力物力的主要领域。某知名培训机构品牌总监说："我们公司每年投入研发的经费将近2千万元。"

同时，所有的受访企业均拥有独立的研发团队，并且与国内外知名的研究机构建立了长期合作关系。某知名学前教育机构CEO介绍："我们的企业和中科院心理研究所在婴幼儿身心健康发展课题的研究上已有了6年的合作经验。"

（四）谨慎开发融资渠道

80%的受访企业均表示有融资需求，不过鉴于目前良好的盈利能力以及较为充足的现金流状况，这种需求并不紧迫。对于资金的用途，70%的受访企业表示会加大在产品研发上的投入力度，同时扩大直营店的规模，以保证企业长远的竞争力，为其日后的上市打下良好的基础。

有近50%的受访企业有上市计划，并一致倾向于在海外上市。然而，在目前经济形势不明朗的情况下，多数企业表示不会急于上市，而是期望选择在经济形势转好时。

几乎所有的企业均对私募股权基金的介入持较为谨慎的态度，主要是担心私募股权基金借入股名义，直接干预企业的日常经营管理，从而影响企业未来的发展。

五、结束语

在2008年金融危机给全球经济带来巨大影响的余波下，2009年对大多数企业来说都将是一个充满艰辛和挑战的一年。经济的不确定性仍然萦绕在多数企业领军人物的心头，各种复杂、不可预测的因素也影响着人们对未来经济走势的判断。

在行业前景尚不确定之际，中国连锁经营协会与德勤联合开展了本次调查，旨在帮助教育培训企业辨清市场前景，更好地把握未来市场走势。

本次调查发现，中国的教育培训行业普遍面临人力资源匮乏、产品研发能力薄弱、消费者意识落后等诸多困难与挑战。然而，值得欣喜的是，企业总体发展水平依然保持良好的态势，企业经营者都对行业发展前景抱有积极、乐观的态度。因此，有理由相信，中国教育培训行业的未来依然是光明的。

2008 年海外特许品牌进入中国的方式与发展状况

本报告由中国连锁经营协会和（美国）国际特许经营协会联合发起，由普华永道于2008 年 8 ~ 9 月进行统计及分析。

中国已然成为世界经济发展的新动力，今后仍然是一个重要的国际连锁市场。2008 年上半年中国对外支付的特许权使用费和许可费达 46 亿美元，比 2007 年增长了 15%①。这种上升的趋势表明，跨国特许经营活动正在持续增长。现有的及新的参与者了解国际连锁经营在中国的发展情况是十分重要的。通过对 25 家餐饮、服务、零售及酒店企业进行的小规模调查，本报告提供了国际连锁企业在中国开展特许经营业务的一些例子。

从司法角度来说，中国已经允许外国连锁企业通过跨国特许经营进入中国，而不必在中国建立子公司。然而，许多外国企业仍然选择建立自己的在华子公司，以便更好地控制其在华业务。调查结果显示，大多数（74% 的）受访者在中国建立了全资子公司。拥有在华子公司的这些国际连锁企业中，有一部分（15% 的）企业选择通过自营店扩张业务，但大多数（84% 的）企业选择开设特许经营店。

本土特许加盟商更熟悉当地风土人情并拥有当地丰富的人际关系，所以特许经营有助于连锁扩张。图 1 显示受访者在中国进行特许经营的原因。

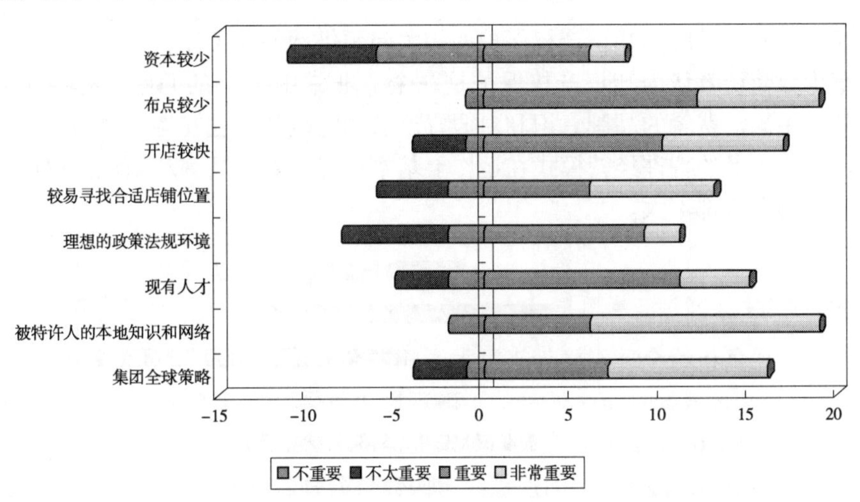

图 1　在中国发展特许经营的原因

过去 5 年（2003 - 2007 年）中国经济成两位数增长。2005 年至 2007 年，半数以上

---

① 来源：中华人民共和国商务部网站。

(63% 的) 受访企业平均年销售增长率超过 10%。然而，受目前全球经济危机的影响，预计增长将有所下滑。

除了应对不断变化的宏观经济环境，特许企业还面临着其他挑战。如图 2 所示，在发展过程中，处理好各种人际关系及资源问题仍是必须面临的挑战。几乎所有的受访者都表示，选定合适的特许加盟商，聘请和保留人才是他们重点考虑的问题。此外，寻找合适的店铺位置一直是十分重要的。另一方面，缺乏有效的物流配套设施和物流服务供应商不再被视为难题，这应归功于在过去的几年，中国物流及供应链服务体系的显著改善。

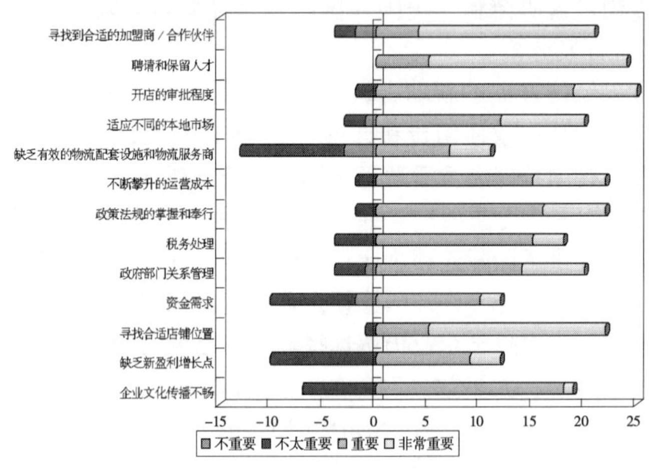

图 2　在华发展面临的挑战

除了上述的挑战，品牌和知识产权保护的相关问题仍然备受关注，如图 3 所示。但有趣的是，只有少数受访者认为知识产权保护是一个“非常困难”的问题，有些人甚至并不关心。此外，中国消费者的品牌意识和对假冒产品的防范意识也在逐渐增强。

图 3 显示，受访者的特许经营模式在运作上基本良好。除了品牌和知识产权保护，他们认为其他问题的困难都不大。

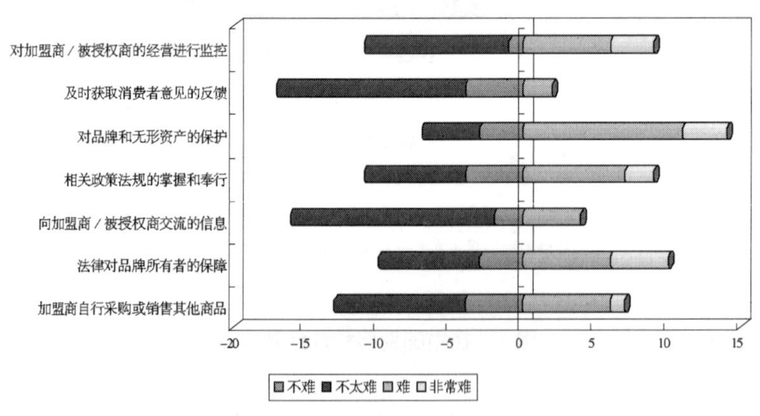

图 3　特许经营在华发展所面临的主要困难

为了缓和和解决在华发展的这些问题，受访者一致指出加强品牌推广和加强市场推广，同时改善经营才是有效扩展的关键。此外，调整开店的速度和加强加盟商的标准化执行也是在中国扩大特许经营的相关解决方案。如图 4 所示。

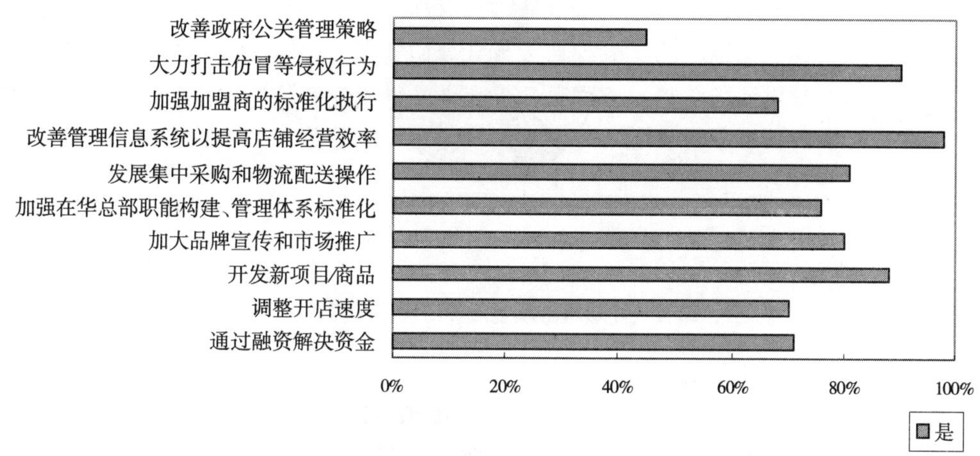

图 4　扩展在华特许经营的可行方案

管理和经营系统是所有特许经营成功的重要因素和特征，对于那些在中国发展的海外特许企业来说，这更是一项可以让企业获得快速增长的资产。正如预期的那样，大多数受访者利用它们的管理制度来协助其在中国的特许业务和市场营销。如图 5 所示。

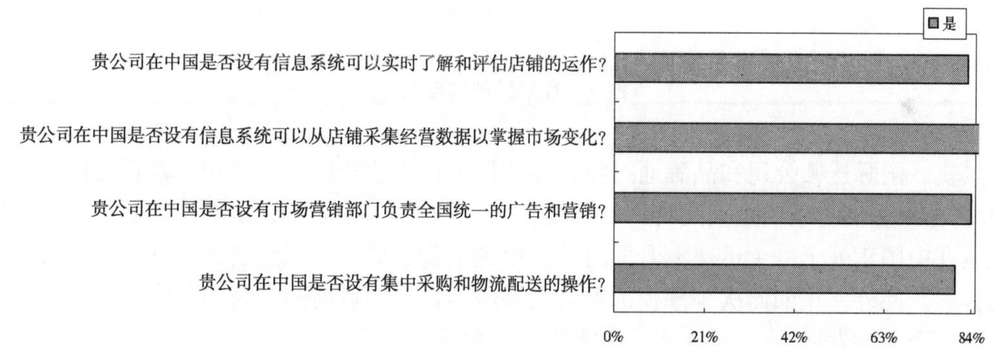

图 5　在华特许经营的管理系统

数据显示，大部分企业拥有管理系统和处理中心。

一半以上的受访者表示将于未来三年内在中国开设 100 个以上的店铺，因此特许经营的管理系统将是拓展过程中不容忽视的问题。在华特许扩展的推动因素包括中国经济的增长及企业对中国监管环境和市场需求的信心。然而，我们预计，鉴于目前经济的不确定性，这些扩展很可能不能如期实现。

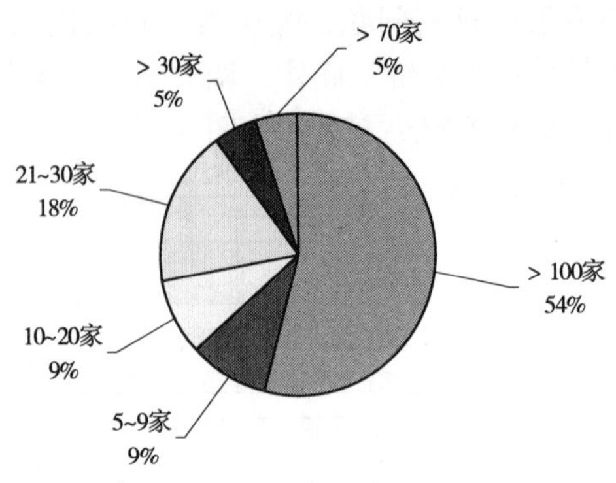

图 6　计划未来三年内将增设的店铺数目

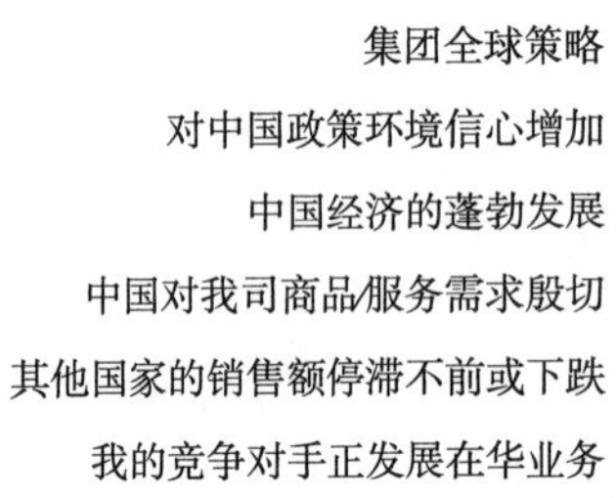

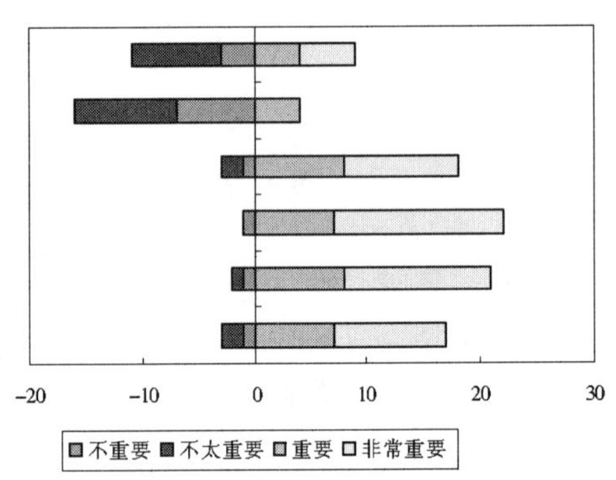

图 7　在华扩展的理由

其实，国际连锁公司和品牌通过特许经营扩大在华业务还是一种相对较新的模式。直到 2007 年，中国一系列重大的特许行业规范才一项接一项地得以发布并实施。现在，特许经营在中国正处于一个迅速上升的时期。中国消费者如今更愿意尝试新鲜事物和新奇的购物体验。此外，正如此次小规模的调查结果所示，中国目前的经营和监管环境大体上有利于特许企业的发展。

确实，想在中国大范围迅速扩张的国际公司和品牌可以考虑采取特许经营模式。在制定市场进入和扩张战略时，企业应该注意这些已进入中国市场的特许企业所指出的常见困难和挑战，并做好应对准备。其中，特许经营的标准化，加盟商的管理，人才的保留，市场的营销，对加盟商的培训及与加盟商的关系看起来都是成功的关键因素。与此同时，持续改进内部运作和管理系统，处理中心和 IT 系统也是至关重要的。

尽管面临着种种挑战，相对于那些较成熟的市场，中国无疑仍将是一个高速发展的市场，是国际公司和品牌进行特许业务扩张的理想之地。

注： 1. 本文的内容是根据截至2008年12月23日的资料以及于当时实施的法律而编制的。

2. 本文所载资料受调查时间及范围限制，仅作为一般参考之用，既不可视为详尽的说明也不构成法律或税务建议。普华永道没有责任就法律及常规的改变进行资料更新。至于法律法规的解释和影响则很大程度上取决于有关个案的事实。读者在未向普华永道客户服务组或其他顾问取得针对读者情况之专业意见前，请勿依据本文所载的资料采取或不采取任何行动。

2008 年连锁企业融资需求调查报告

为了解连锁及相关企业经营发展现状及在资本运作方面的需求、存在的问题，以便为会员企业的战略发展提供具有针对性的信息、服务和指导，2008 年 7～9 月，中国连锁经营协会与深圳证券交易所合作组织了“2008 连锁企业融资（股权私募、发行上市）需求调查”，并委托深圳市天图创业投资有限公司、安信证券股份有限公司进行调研、统计和分析。

本次调查数据以发放问卷形式采集。数据采集过程中得到广大会员的大力支持。在此，对会员的热情参与和支持表示衷心的感谢。

以下是根据回收的调查问卷，就连锁企业基本概况、经营、发展及资本运营等方面的统计数据得出的调查结论。

一、企业基本情况

（一）成立年限

被调查企业大部分已有十多年的发展历史。

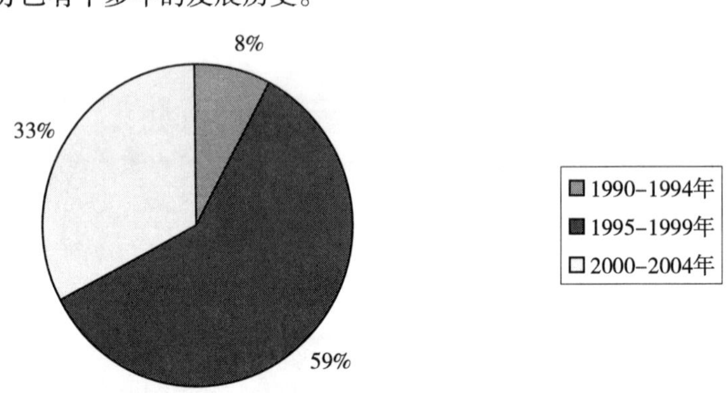

图 1　被调查企业成立时间占比

（二）资本规模

被调查企业资本规模大部分不够大。

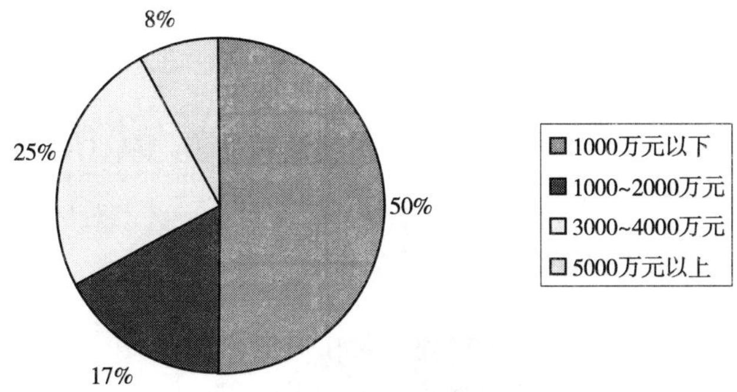

图 2　被调查企业资本规模占比

（三）资本构成

被调查企业中，大部分是民营企业。

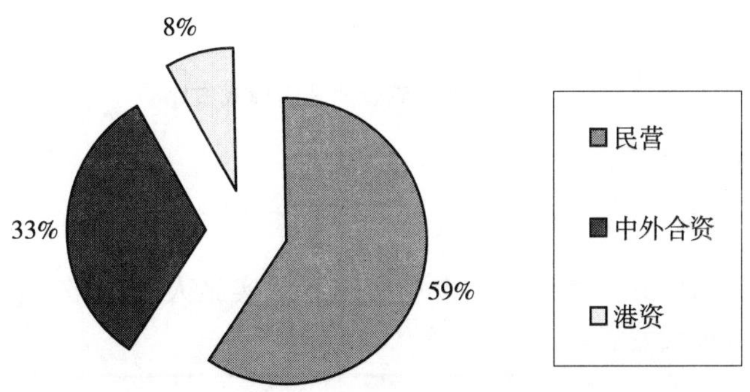

图 3　被调查企业资本构成占比

（四）经营业态

被调查企业遍及各种业态，其中餐饮、教育培训占比较高。

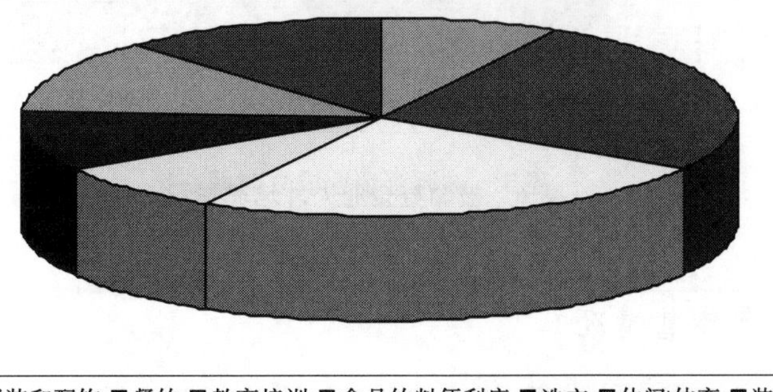

图 4　被调查企业经营业态构成占比

二、企业的经营

（一）扩张方式

被调查企业近年来主要依靠新开加盟店进行扩张。

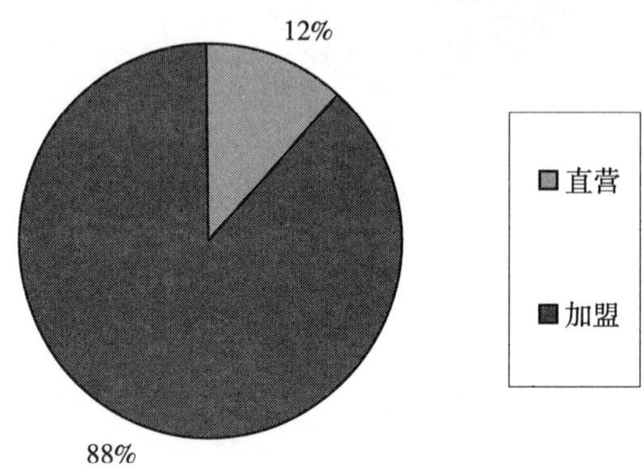

图 5　被调查企业开店模式占比

（二）人才培养

目前，企业普遍依靠自身培养、市场招聘方式实施人才战略，若能吸引外界优秀人才，将有利于企业更大发展。

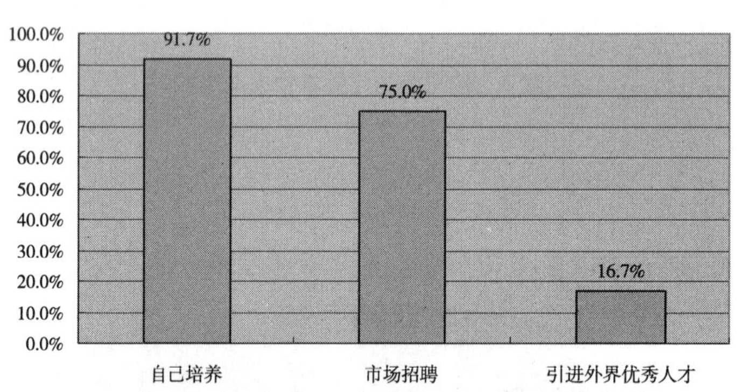

图 6　被调查企业人才培养情况

（三）2007 年销售情况

近几年，企业主要依靠自身发展，销售逐年增长，但规模普遍不大。将近 60% 的企业 2007 年度销售规模不足 1 亿元。

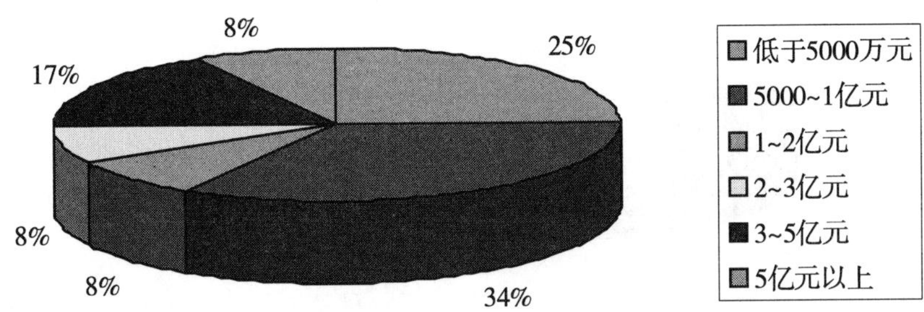

图 7　被调查企业 2007 年销售额占比

（四）2008 年销售预测

企业普遍预计未来有更大的发展。2008 年，60% 的企业销售收入将在 1 亿元以上。

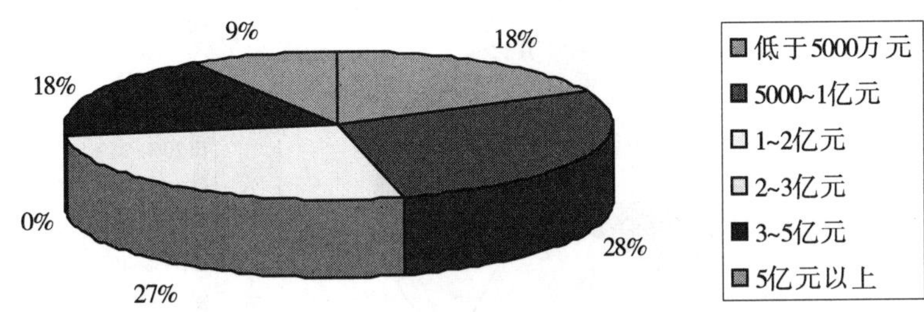

图 8　被调查企业预计 2008 年销售额占比

（五）企业年均净利润快速增长

企业净利润从 2005 年的不足 500 万元，将快速增长至 2008 年的 3000 万元以上。

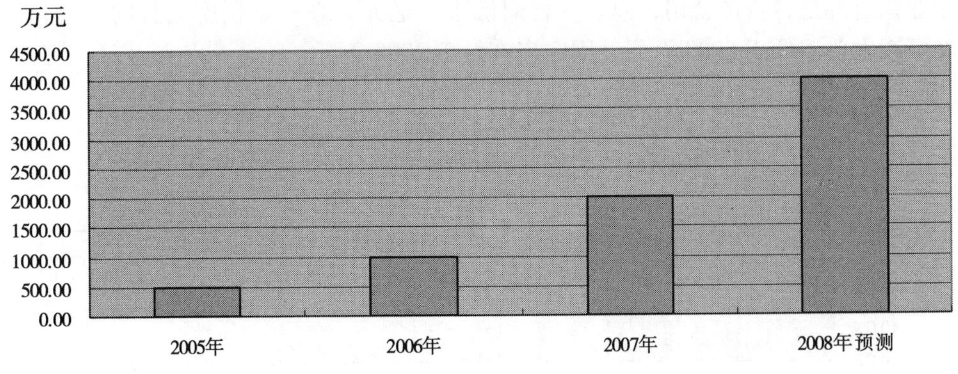

图 9　被调查企业年均净利润情况

而统计显示，2007 年企业净利润普遍在 1000 ~ 3000 万元左右。

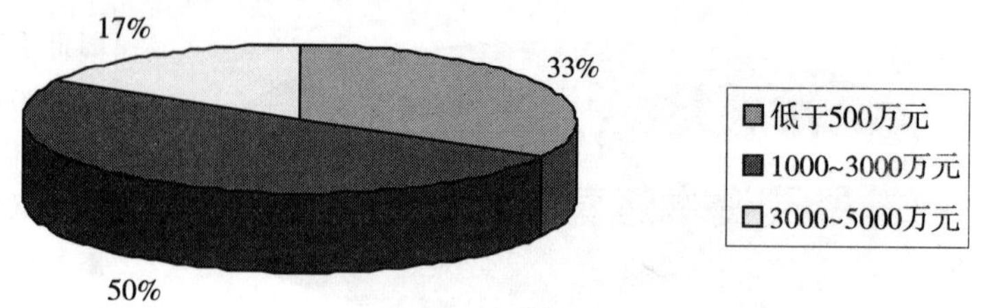

图 10　被调查企业 2007 年净利润情况

（六）企业毛利增长趋缓

在盈利能力方面，由于企业遍及各种业态，毛利率水平不尽相同，2007 年度大部分企业保持 25% 以上的水平，但呈现逐年下降态势。

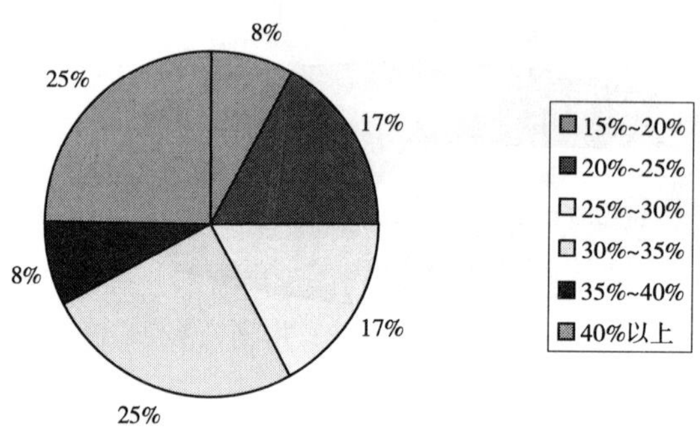

图 11　被调查企业 2007 年盈利能力情况

（七）资产情况

企业普遍都是轻资产公司，总资产普遍低于 1 亿元，在一定程度上有助于公司扩张。企业净资产也普遍低于 5000 万元，固定资产低于 2000 万元。

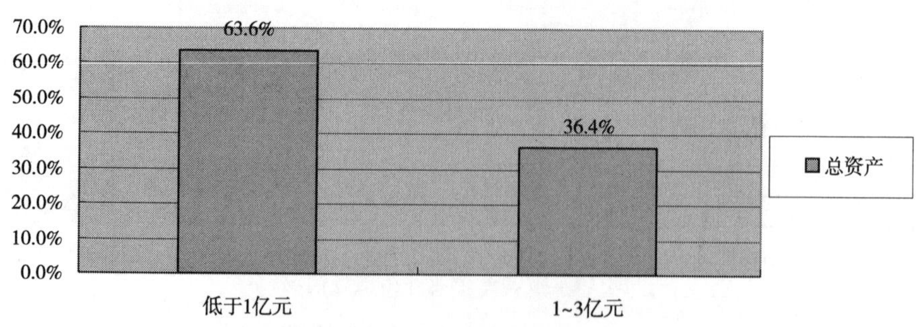

图 12　被调查企业资产情况

总的来说，大部分企业经营状况良好，盈利水平、资产状况尚可，通过努力，这些企业将会有较大的发展。

三、企业发展及资本运营

（一）未来发展方式

连锁企业今后还是以扩张为主，未来1~3年的扩张主要以特许加盟为主、直营为辅，并以托管、收购作为补充。

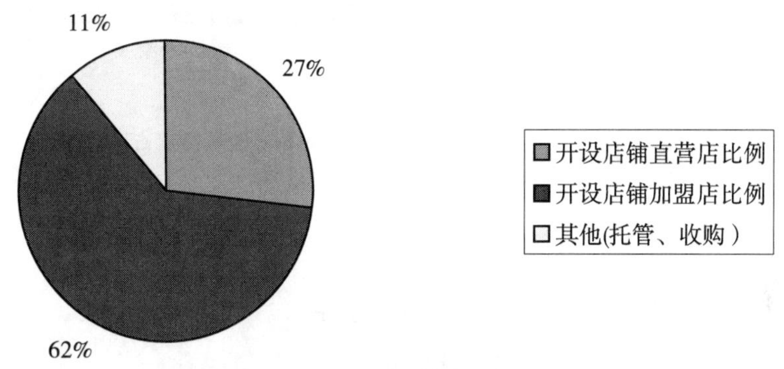

图13　被调查企业未来扩张模式情况

（二）市场开拓

为了有效地扩张连锁店，连锁企业未来1~3年将积极建设信息系统、开发新产品，并进行品牌市场推广。

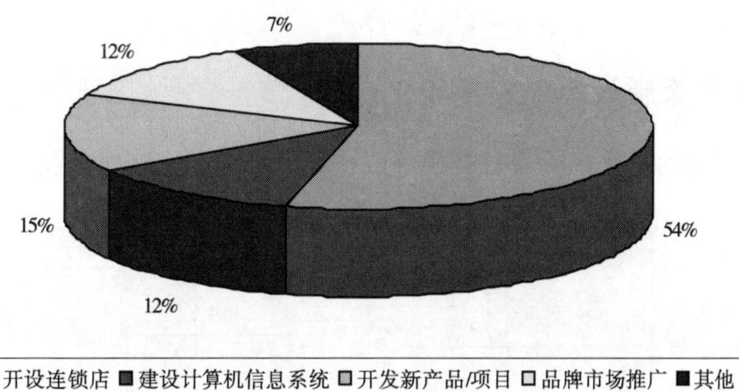

图14　被调查企业开拓市场情况

（三）私募股权需求情况

寻求资本支持是连锁企业扩张的重要基础。调查显示，绝大部分企业开始注重私募股权。

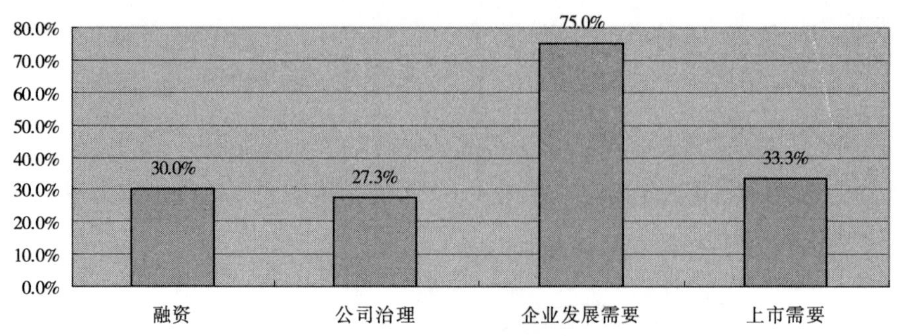

图 15　被调查企业私募股权需求占比

（四）私募股权现状

在私募股权方面，大部分企业尚未进行。

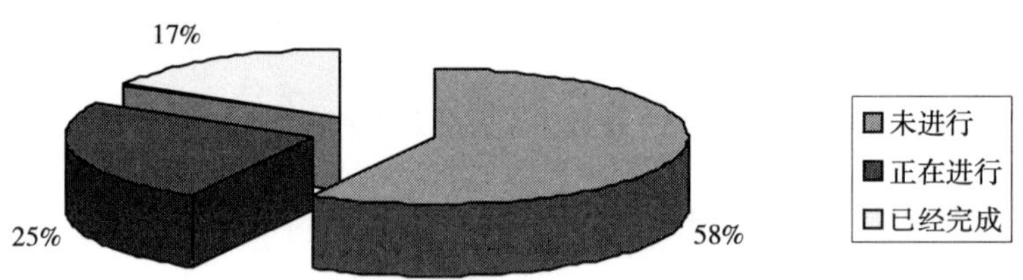

图 16　被调查企业私募股权状况

（五）需求私募股权融资额度情况

有私募股权需要的企业，所需融资额一般在 1 亿元以下，这与企业发展速度基本相符。

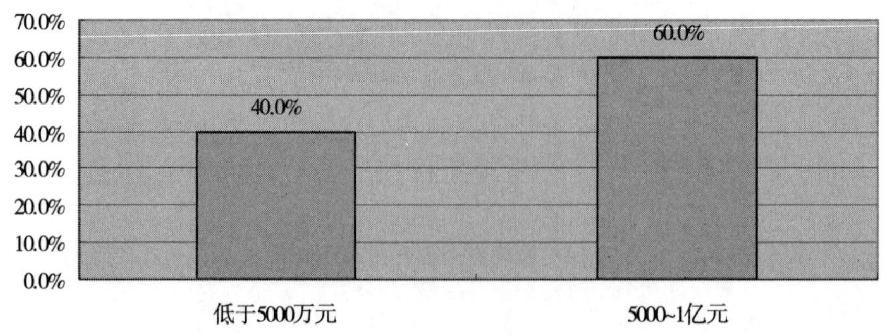

图 17　被调查企业私募股权融资额需求情况

（六）私募股权融资对象需求情况

连锁企业所选择的私募股权机构，大多数还是集中于本土机构，部分企业同时选择本土和外资机构。

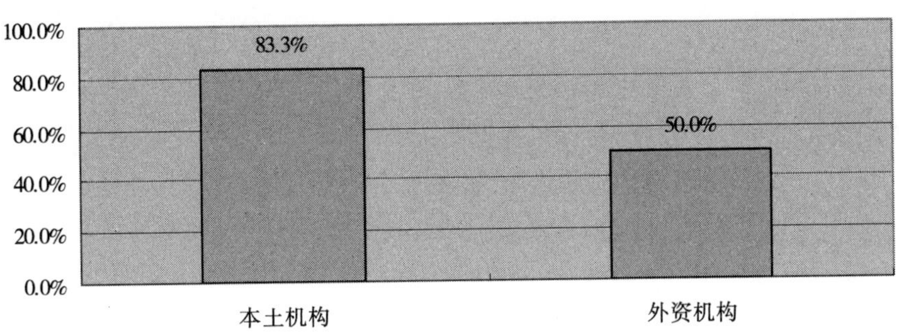

图 18　被调查企业私募股权融资对象需求情况

（七）企业内部股份制改造

超过一半的企业在考虑股份制改造，进行公司治理，提升管理水平，为今后股份发行上市做好准备。

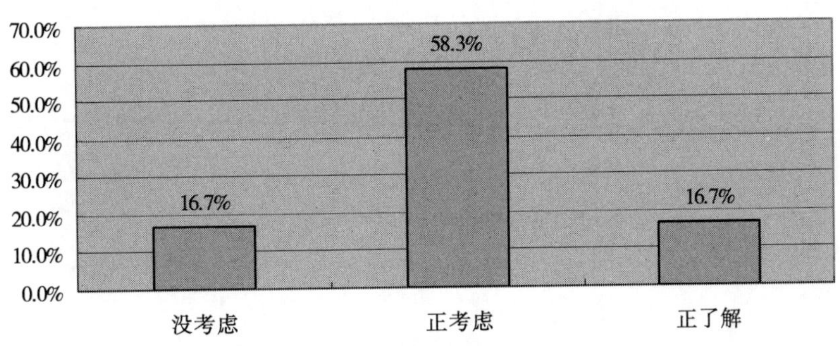

图 19　被调查企业股份制改造情况

四、结束语

总体而言，大部分连锁企业经营状况良好，盈利水平、资产状况尚可，通过努力，这些企业将会有较大发展。

部分企业在经营管理的同时，正在或开始进行资本运营，但大多数是不系统的。因此，中国连锁经营协会、深圳交易所、风险投资公司、证券公司有义务为广大会员企业做好这方面的服务。

（中国连锁经营协会）

第三部分　地方篇

2009 年北京市连锁经营发展状况

一、2008 年商务工作回顾

对全市商务领域来说，2008 年是极不寻常的一年。在市委、市政府的领导下，我们坚持一手抓服务奥运，一手抓促进发展，顺利闯过了“四关”。

（一）应急保障关

紧急救灾。面对突如其来的南方雨雪冰冻灾害和汶川地震，全市商务系统以高度的政治责任感，第一时间行动起来。在抗击冰冻灾害期间，深夜零点接到紧急命令后 10 小时内，按要求调运棉衣、棉被、蜡烛等急用物资支援灾区。汶川地震发生后，接到命令 3 小时内，第一批应急物资即发往灾区。同时启动“绿色通道”，为外籍人士来华抗震救灾快速办理邀请函。

通过动用政府储备、企业库存等多种途径组织货源，向冰雪灾区和地震灾区调拨雨衣 1 万件、雨鞋 1 万双、棉衣棉被 22 万件、蜡烛 290 万支。

应急保障。做到市场波动有监测、货源供应有保证、快速投放有渠道，实现了首都市场生活必需品不脱销、不断档。

——进一步完善市场监测体系。在对粮油、肉蛋、盐糖、蔬菜为主的生活必需品市场进行监测的基础上，进一步完善生猪屠宰监测制度和生活必需品储备的监测系统，建立奶制品市场应急监测体系。整合市场运行监测、信息快速沟通、突发事件应急处置等功能，建设开通全市奥运商业运行指挥系统，与各区县连通，监测近 200 家重点单位，有效地保障了奥运期间全市商业的平稳运行。

——进一步增强货源保障基础。依靠政府应急储备、商业企业库存、产地货源对接，构筑了货源保障的“三道防线”。一是增加政府应急储备数量，优化应急储备结构，大部分承储企业实际库存量已超过政府储备计划 20%，并增加了储备品种和小包装商品库存；二是充实商业企业库存，大米、面粉、食用油、方便面、清真熟食 5 类商品在日常周转库存的基础上，增加了 3～5 天的库存量；三是巩固货源保障，与周边省市加强产销衔接，建立大宗货源供销的长期合作关系。

——进一步优化应急投放渠道。形成有效覆盖全市的，由连锁配送中心、各区县应急投放 12 个集散点和 236 个网点组成的应急投放网络。

2008 年，我们充分发挥市场应急保障体系的作用，成功平抑因南方雨雪冰冻灾害、国际粮油价格上涨、特定时期车辆限行、奶制品事件引发的本地市场 4 次异常波动，有效保障了首都生活必需品的正常供应，达到了市政府主要领导提出的市场供应保障要得 100 分的要求。

（二）奥运服务关

努力做到商业消费“三个无障碍”。一是商业设施无障碍。经过3年努力，奥运场馆周边、主要商业街区的大中型商场超市无障碍设施改造率达90%。其中44家外围商业服务重点接待单位全部完成无障碍设施改造，为中外宾客的外围购物接待工作创造了良好的条件。当年还完成了城八区20家商场、8条特色商业街的停车引导系统改造，共改造车位1.3万多个。二是刷卡消费无障碍。通过积极有效的工作，全市银行卡特约商户覆盖率超过80%，刷卡消费额占比50%以上。三是服务交流无障碍。在各区县的共同努力下，出色完成商业服务业迎奥运培训工作，累计培训员工43.9万人次，其中英语培训13.3万人次，手语普及性培训6.6万人次，一线员工的服务技能普遍提高。此外，全市还规范了餐饮企业中英文标识和菜单英文译法，编印了介绍北京特色餐厅的中英文丛书8万册，在涉奥饭店和特色餐厅等场所免费发放。

奥运期间，奥运（残奥）村商业服务累计接待35万人次，实现销售额5800万元。全市60余家奥运会、残奥会外围商业服务重点接待单位共接待涉奥宾客50万人次，消费金额突破2亿元。全聚德、张一元等“老字号”企业和南锣鼓巷、烟袋斜街、秀水市场等8条特色商业街，在奥运（残奥）外围接待中发挥了独特作用，展示了中华传统文化的魅力。奥运期间来华的外国政要盛赞“红桥市场是世界上最好的市场”，称老舍茶馆是“中国文化最好的象征”。

奥运食品供应、餐饮服务和安全监管实现了“三个零”的目标。克服奥运食品原材料供应品种多、数量大、对象多的困难，通过拓展和挖掘企业生产能力、规范和简化供应程序、强化政府各部门的及时磋商机制、建立奥运餐饮原材料政府储备、组织紧急调运等措施，千方百计地确保了按时足量供应。奥运期间，共动用政府储备蔬菜60吨，组织紧急调运67次，二商集团、粮食集团、顺鑫农业等众多企业累计供应食品原材料20大类，1002个品种，5873吨。全市负责属地餐饮服务的9个区，克服场馆类型多样、地点分散的困难，为49个场馆累计供应工作餐116万份、运动员茶点10.3万人次。建立、落实餐饮服务企业从原材料采购到生产、送餐等五个环节的责任，确保奥运会、残奥会食品供应绝对安全。经过共同努力，实现了“供应零中断、运行零投诉、安全零事故”的奥运服务目标。

全市商务系统圆满完成奥运服务任务，集体荣获党中央、国务院的表彰。

（三）安全运行关

进一步加强生猪屠宰、食盐和酒类流通安全管理。全市生猪屠宰企业在全国率先达到三星级以上水平，肉品安全程度又有新的提高。强化食盐市场监管，合格碘盐食用率高于国家标准6个百分点，达96%。全年新增酒类经营者备案登记2.3万户、使用酒类流通随附单134万份，进一步落实酒类流通备案登记和溯源制度。

进一步提高商业和餐饮企业安全生产水平。在商业零售和餐饮经营单位两个安全生产规定的基础上，又在全国率先推出商业零售经营单位促销活动管理规定。奥运期间，各区县认真落实“平安奥运行动”各项工作部署，扎实做好涉奥场所周边2900多家商业单位的安全检查和隐患排查工作，“死看死守”，消除安全隐患。市、区（县）两级商务部门全年共出动安全执法人员 2.4 万人次，检查商业零售和餐饮经营单位 1.1 万家次。平均单个企业发现的安全隐患和问题，由 2007 年的 2.1 个减少为 2008 年的 0.9 个。流通领域食品安全、零售餐饮企业安全生产和商业零售单位规范促销工作扎实到位。全市商务系统荣获奥运安保先进集体称号。

（四）平稳发展关

精心组织，促消费增长。与有关部门联手组织购物季、拍卖季等活动，推出国际游客“消费伴旅”、“点击消费”等新举措，全力拉动消费。购物季期间的 10～12 月份，全市实现社会消费品零售额分别达 406.2 亿元、398.1 亿元和 428.6 亿元，是全年单月零售额最高的三个点。全市新批准外商投资零售店铺 528 家，新开业的外商投资零售店铺引进了更多的世界著名品牌，为消费者增加了新的选择。

以便利化促城乡商业协调发展。在城市社区推进连锁超市、便利店、规范化菜市场等便民商业设施建设。当年规范和新建社区超市便利店 200 多家，累计达到 1300 家，社区覆盖率达 95%。完成规范化建设改造社区菜市场 59 家，新发展便民菜店 57 家，其中丰台区完成 12 家，在各区县中排名第一。全市共创建 13 个国家级商业示范社区、100 个市级商业示范社区。郊区现代流通体系完成 169 个规范化店铺改造和 15 个二级分销站点建设，统一配送水平进一步提升。联合采购平台投入运行，联合采购商品 8 亿元。十个郊区县完成了 40 个农村集贸市场改造，“一乡一集市”覆盖率达到 63%，大兴区、密云县率先实现 100% 覆盖率。积极推进农资连锁经营，农资连锁门店达 900 余个，重点农资连锁企业统一配送率超过 70%。公共物流区加快了规划建设和项目引进的步伐。第三方物流企业进一步发展，又有 10 家企业纳入“税收试点企业”范围。

规范生活服务行业管理，促进行业提升水平。完成家政服务业、美容美发业、钟表修理业等 7 个地方标准的制定、修订工作。开展专项检查，督促服装干洗业减少挥发性有机污染物排放。餐饮业公共场所控制吸烟工作取得阶段性成果，全市已命名 258 家餐饮企业为“北京市无烟餐饮单位”；对餐饮业开展油烟治理检查，共检查餐饮单位 4745 家，督促其中未达标的餐饮单位在 2008 年 6 月前完成了治理任务。积极推进再生资源回收利用体系建设，初步形成产业化链条。全市 18 家试点商场超市节能改造节电率超过 30%；商业零售经营单位严格执行国家规定，塑料袋使用量减少了 80%。

全力服务，促进外经贸发展。针对国际金融危机影响，加强调研分析，加大政策宣传力度，帮助企业坚定信心、克服困难。及时与税务部门协调，落实相关政策，缩短出口退税周期。全市积极推进利用外资工作，新设投资性公司 5 家，全市累计达 159 家。世界 500 强在京新设企业 22 家，全市累计达 477 家。其中朝阳、海淀、西城实际利用外资占全市 67%。全市初步建立区域、产业利用外资评估体系，引导外商投资结构进一步优化，2008 年全市外资的 73% 投向服务业。组织企业申请对外经济技术合作资金，积极推介建筑施工等企业“走出去”，促进企业开展对外投资和对外承包工程。

搭建平台，帮助企业开拓市场。向国家成功报批天竺综合保税区，为我市继续扩大吸引总部经济规模、发展生产性服务业以及促进加工贸易转型升级拓展了空间。全年组织参加 78 项贸易促进活动，覆盖企业 6000 多家次，有力地支持了自主品牌自主知识产权产品出口、先进技术设备和资源性产品进口、高端产业功能区招商引资。完善信息、渠道、培训、宣传和政策五大平台，全方位促进中小企业出口。通过推进服务外包基地建设，加速我市服务外包产业聚集。昌平生命科学园、密云呼叫中心、经济技术开发区等 6 家获北京市“服务外包示范园区”称号。

2008 年，面对复杂艰巨的工作任务以及突如其来的挑战和压力，全市商务系统以最好的精神状态、最高的工作标准，努力拼搏，在连年刷新历史记录的基础上，推动各项商务指标再次迈上新的台阶。

——社会消费品零售额增长 20.8%，达 4589 亿元；市场规模首次跃居全国城市之首，消费拉动经济增长的作用更加突出，贡献率超过 50%。

——全市货物进出口增长 40.8%，达 2717.1 亿美元，创历史新高；其中出口在国际金融危机背景下，仍保持 17.4% 的增长，全国排位上升至第 6 位。

——实际利用外资在结构优化的基础上，增长 20.1%，跃上 60 亿美元新台阶。

——“走出去”迈出更大步伐，境外投资开办企业和机构突破百家，达 103 家，对外承包劳务新签合同额 55.9 亿美元，完成营业额 16.8 亿美元，分别增长 18.4%、1.36 倍和 79%，为我市企业闯出发展的新天地。

——口岸通关服务高效便捷，为近 10 万奥运大家庭成员、1200 人次副部级以上国际政要抵离与货物通达提供了保障。在圆满完成奥运服务任务的基础上，全年完成旅客吞吐量 5594 万人次、货邮运量 137 万吨。

——商务企业有力支撑了就业，对全市税收贡献达 1/4 以上，在首都经济社会发展中发挥出更加重要的作用。

二、2009 年商务工作总体安排

今年是新中国成立 60 周年，也是首都经济社会发展进入新阶段的第一年，面对特殊的外部环境，全市商务发展既有压力，也有机遇，事不避难，知难不难。我们要以邓小平理论和“三个代表”重要思想为指导，努力践行科学发展观，全面贯彻中央经济工作会、全国商务工作会、市委十届五次全会的精神，巩固奥运成果，围绕建设“人文北京、科技北京、绿色北京”的目标，全力服务企业，着力发展“特色商务、数字商务、生态商务”，坚定信心保增长、迎难而上促消费，努力为提高城乡居民生活品质做出新贡献。

一是以“特色商务”为重点推动发展。“人文北京”在商务领域的具体体现就是特色商务。特色就是魅力，特色就是财富，特色就是在高基数基础上实现首都商务持续发展的不竭动力。以老字号和特色商业街为代表的特色商业，由服装出口集散地、服务外包园区和外商投资企业产业配套园区形成的特色产业聚集区，是我市商务发展的重要载体和突出优势。要在现有基础上，进一步强化特色、增强优势，带动全市商务平稳较快发展。

二是以“数字商务”为手段提高效率。“数字商务”是“科技北京”在商务领域的重要体现，是改造和提升传统商务的重要手段，也是全市商务科学发展上水平的重要支撑。今后，要在电子政务、运行监测、政府储备、安全监管、行政执法、电子口岸等方面继续扩大信息技术的应用，提高政府商务部门管理效率和服务能力；继续促进电子商务、电子结算方式的发展，推动商务企业提高经营效率，提升标准化、组织化水平。

三是以“生态商务”为基础实现可持续发展。建设“生态商务”是“绿色北京”在商务领域的基本要求，是创新商务发展理念、实现商务全面协调可持续发展的重要举措。应树立节能意识、强化节能管理、推广节能技术，促进节约发展；应引导外商扩大增资、并购等非“绿地投资”，严控“两高一资”产品出口，推进再生资源回收利用产业化发展，促进集约发展；应在消费观念、产品消费、流通方式和消费方式等方面，倡导绿色消费。

综合考虑各方面因素，预期2009年全市商务发展的主要目标是：促进市场繁荣稳定，力争社会消费品零售额增长13%；优化贸易结构，力争实现进出口总额增长11%；继续提高利用外资质量，努力保持60亿美元的实际利用外资规模；稳步推进对外经济合作，对外承包工程劳务合作营业额增长10%以上。

要实现上述目标，必须充分发挥各方面的积极性与主动性，重点抓好以下工作：

（一）抓促进消费

当前，受外部经济环境制约，进一步扩大居民消费难度增大，我们要迎难而上，认真贯彻落实国务院办公厅《关于搞活流通扩大消费的意见》，积极营造消费亮点，保持首都消费品市场供应稳定；继续引导企业为消费者提供安全、规范、便利的消费环境，努力满足多方面、多层次的消费需求。

（二）抓对外开放

积极落实国家和本市应对国际金融危机、支持外经贸发展的各项政策措施，提高服务效率，促进企业增强活力、提高竞争力，不断提升首都开放型经济的发展水平。

（三）抓特色发展

研究制定支持特色商务发展的政策措施，引导更多的社会投资，促进特色街区、特色产业、特色企业在结构调整、产业升级中不断发展。

（四）抓平台建设

转变商务发展管理方式和促进方式，着力提升商务信息化、数字化水平。投入公共资源，搭建市场监测、商务信息服务、郊区流通网络、特种行业服务、展会活动五大平台，为企业自主创新、开拓市场服务。

（五）抓作风建设

提高商务部门服务效率。坚持依法行政，在严格执行行政许可法、落实执法责任制的前提下，进一步精简行政审批事项和审批环节、下放外商投资项目审批权限，改进执法方式，提高依法行政的质量和效率。加强对首都商务发展全局性、前瞻性问题的研究，优化配置全市商务领域的公共资源。加强上下之间、部门之间、区域之间的工作互动，提高工作效能。加强政务信息化建设，统筹安排会议、调研等，提高工作效率，减轻基层负担。加强商务部门机关工作作风建设。机关工作人员要牢固树立公仆意识，以良好的态度、快捷的效率、经得起时间检验的工作质量，为基层和企业提供高水平行政服务。

新春伊始，万象更新，奥运后的首都又站到了新的历史起点上。新的形势、新的任务，对首都商务工作提出了更高的要求。我们要在市委、市政府的领导下，坚定信心、奋发有为、迎难而上、埋头苦干，坚决完成各项任务，为提升城乡居民生活品质做出新的贡献，以首都商务科学发展的优异成绩迎接新中国成立 60 周年!

（摘编自：北京市商务局《2009 年商务工作会议报告》）

2008 年上海市连锁经营发展状况

2008 年是极不寻常的一年。从年初的冰雪灾害、5·12 汶川大地震，到百年难遇的全球金融风暴，给我国的经济发展带来了始料不及的困难。严峻的经济环境，也锻炼和磨练了上海连锁人，广大连锁企业和员工克服重重困难，采取各种有效应急措施，积极扩大营销、稳步提升效益，为扩大内需，保证增长做出了积极的贡献，交出了一份令人满意的答卷。一年来，上海连锁经营协会在会长们的带领下，认真执行国务院《限塑令》，促进商业特许经营备案，实施大型超市分等定级，建立猪肉信息追溯系统等一系列工作，紧密配合政府，发挥行业协会桥梁和纽带的作用，引领上海连锁业健康、有序、稳步地发展。

一、勇做商业发展的主力军

今年是中国改革开放 30 周年。17 年来，上海市的连锁超市、大卖场、便利店、折扣店、专业专卖店、餐饮、医药等连锁企业像雨后春笋一样蓬勃兴起，不断完善、不断创新、不断发展。

2008 年的统计显示，上海连锁业共实现销售 2336.40 亿元，同比增长 16%。其中，市内零售 1184.81 亿元，同比增长 15.36%；超市、大卖场、折扣店、家电、医药、咖啡等连锁业态的增长率都达到 15% 以上；市内连锁零售额占本市社会消费品零售总额的 26.11%，仍保持高位增长的水平。

2008 年分布在全国各省市的上海连锁门店已达 17900 个，同比增长 6.11%。新的业态、新的经营模式、新的购物环境在不断创新，已成为上海市民首选、放心的购物场所，为扩大内需、满足需求、确保安全、社会稳定提供了有效的保障。

（一）大型综合超市（大卖场）独占鳌头

由家乐福、沃尔玛、麦德龙、世纪联华、农工商等领衔的 14 个大卖场公司，市内共有大卖场门店 169 个，其中营业面积 6000 平方米以上的约 140 个，全年实现市内销售 360 亿元，占上海连锁业市内销售总额近三分之一的份额。

1. 外资大卖场仍是市场竞争的佼佼者

2008 年市内外资大卖场的门店数为 98 个，占市内大卖场门店总数的 56%，而全年外资大卖场市内销售实现 254 亿元，占市内大卖场销售总额的 70.3%。

2. “节能减排”挖潜增效

家乐福在上海的 14 家门店已全部完成节能改造，可通过中央监控中心进行 24 小时监控。改造以后，原有门店可节约能源 15%，新门店可节约 20%，平均每个门店每月可节电约 10 万度。目前上海 6000 平方米以上的大卖场已陆续开展节能技术改造，这对节能减排，降低企业运行成本是一个有效的举措。

表 1　　**2008 年外资大卖场门店发展一览表**

年份 省市 单位	2007			2008			同比（±%）
	上海	外省市	总计	上海	外省市	总计	
家乐福	12	92	104	19	113	132	26.92
麦德龙	4	33	37	4	35	39	5.41
易买得	8	2	10	10	8	18	80.00
沃尔玛	3	90	93	3	99	102	9.68
大润发	8	67	75	10	91	101	34.67
乐购	17	34	51	18	40	58	13.73
欧尚	6	14	20	5	26	31	55.00
好又多	9	92	101	9	94	103	1.98
易初莲花	20	55	75	20	56	76	1.33
总计	87	479	566	98	562	660	16.61

备注：其中市内增加 11 个门店，市外增加 83 个门店。

3. 小型卖场将成为市中心的主力

营业面积不到 5000 平方米的家乐福徐汇店年初开业，为应对上海目前大卖场选址难和市中心地区市民买菜难的矛盾，以生鲜食品为主体的小型化的卖场挺进市中心，在卖场内还增设了中西药、小修小补等社区便民利民的服务项目，这是一种新的创意和尝试。

（二）标准超市在调整中稳中有进

2008 年上海标准超市在农工商、联华、华联三巨头的引领下，销售额高达 517.89 亿元，同比增长 12.65%。以内资为主体的 10 个超市公司共有门店 4689 个，其中市外 2054 个，市内 2635 个。

农工商超市坚持以农兴店，坚持发挥自有农产品支撑优势，坚持品种、品质、品牌同步提升，坚持加强食品安全监测、监控，赢得了超市业态销售规模的半壁江山和同比增长 19.35% 的骄人业绩。

联华标超半数门店完成转型，业绩喜人，年内联华标超业态累计转型门店数 168 家，占标超总门店 320 家的 52.5%。2008 年 1 ~ 11 月，155 家转型门店共计实现销售 185630.25 万元，同比增长 7.84%；利润 2500.21 万元，同比增长 13.26%；人效 4.16 万元/人，同比增长 5.23%；坪效 0.2156 万元/平方米，同比增长 11.98%。在标超的转型中，把对外以客户为导向，对内以陈列空间优化、顾客购物体验优化为抓手作为实施转型的指导思想，在经营环境众多不利因素下，仍然取得了销售总额同比增长 8% 的好成绩。

华联超市积极贯彻“节能减排”精神，有步骤地对门店、卖场的照明用电系统进行了改造，经测试，新系统可节电 30%，大大地降低了企业的运行成本。

城市超市亮起一盏明灯。2008 年城市超市继市内拥有 8 家门店后，又进驻北京，这是城市超市走出上海的新起点。城市超市在上海、昆明、海南共开辟园艺场 6000 亩，自产绿色、有机、无公害的蔬菜120个品种。园艺场采取种养结合的方式，引进生态循环机制，按照农业规范（GAP）进行农产品生产，确保所有新鲜蔬果的品质尽在掌控之中，受到了市各级领导、同行和广大消费者的好评。城市蔬菜得到了市民的青睐，城市爱心面包、爱心蔬菜全年累计金额达35万元，送到更多困难群体，更多承担了社会的责任。

（三）便利店在逆境中前进

2008年上海便利店是遭受“三鹿”问题奶粉事件和全球金融危机冲击的重灾业态。上海便利店布局以上海、长三角和大连、北京为主，共有门店5831个，同比增加4.52%，其中市内4298个，市外1533个。2008年便利店销售实现91.56亿元，同比微增0.55%，停止了连续数年两位数增长的前进步伐。

1. 下滑的因素：既有以往连年高增长的调整，也有因烟草供量不足的影响，还有“三鹿”奶粉事件带来的奶制品销量锐减的原因，更有全球金融危机所导致主要销售对象——白领及商务楼办事员经济紧缩的恶果。

2. 联华快客便利有限公司与宁波银行上海分行签订战略合作协议，提升便利店增值服务项目的功能，并形成“支付中心”、“卡券超市”、“自助卖场”、“金融通道”和“预购驿站”等品牌标识，此项增值服务项目收益正在以超过50%的增长速度运作，为便利店开拓新的经济增长点探索新途径。

（四）专业专卖有喜有忧

据上海连锁商业协会2008年统计，眼镜、建材、医药、家电、服饰、通讯、书报、石化等8个业态，喜忧参半。

1. 医药、家电、服饰、石化业绩红火，同比增长分别达到16.96%、26.70%、27.75%和24.50%。其中家电连锁以245.35亿元的销售雄踞专业专卖业态之首，国美、苏宁、永乐2008年上半年的销售同比增长39%。

2. 眼镜、建材、通讯、书报四个专业专卖业态同比增幅下降8.2%、22.24%、25.50%以及59.68%。从另一个侧面也反映出受全球经济危机影响，房市、股市、车市下跌引起连锁的波及和影响。

3. 餐饮连锁业增幅趋缓。2008年上半年平均增幅16%，而下半年平均增幅不到10%，特别是8月份以后，部分正餐企业跌幅高达20%以上。2008年平均净利仅为5%～6%，其中50%餐饮企业的净利润更低到2%以下。但麦当劳、必胜客的增幅分别达到50.8%和43.9%，西餐和咖啡业态的销售增长分别达到12.48%和26.66%，反映出个别餐饮连锁业态的市场潜力。

（五）全球金融危机的影响

全球金融危机使市场震荡，自10月份起已明显影响上海连锁业，但以经营食品和快速消费品为主体的超市、大卖场及食品业态受冲击的影响较小，而其他业态如建材、汽销、仓储、眼镜、通讯、书报等都不同程度受到影响。

表2　　上海连锁超市、大卖场、便利店2008年市内零售情况

项目 时间 业态	1~9月增长（%）	10~12月增长（%）	备注
标超	22.98	11.49	
大卖场	14.54	10.20	
便利店	5.93	-1.25	

二、甘当社会和谐的“稳压器”

上海连锁商业协会是政府联系企业的桥梁和纽带，协会本着“市场所需，企业所求，政府所想，协会所能”的宗旨，以行业的“代表、服务、协调、自律”的四大职能，团结和带领广大会员企业，为社会的和谐、市场的稳定、食品的安全和企业的诚信做了许多有益的工作，成为社会和谐的“稳压器”。

（一）认真贯彻落实国务院关于《商品零售场所塑料购物袋有偿使用管理办法》

调查显示，上海超市卖场是上海地区商品零售场所执行《限塑令》最好的行业。据不完全统计，实行限塑令后，上海的超市、卖场、便利店的塑料袋使用量下降35%，为减少白色污染做出了示范和有益的贡献。

（二）全力以赴完成大型超市分等定级工作

根据商务部关于2008年零售企业分等定级工作的通知精神，协会集中精力联合各区委、政府相关职能部门，用3个月的时间，对本市14个大卖场公司所属的80家门店按照商务部的标准要求和评审程序进行了动员、申报、验收、评审，此项工作得到了众多大卖场公司总部和门店的重视和支持，影响和效果良好。

（三）实现“猪肉流通安全信息追溯系统”

涉及本市14家大卖场公司克服软件改造困难多、管理部门多、工作协调矛盾多，积极主动推进规范猪肉销售现场操作流程，逐一落实个性化的实施方案，年内本市133家大卖场实现了“猪肉流通安全信息追溯系统”，为保证市民的食品安全，为市府的实事工程做出了贡献。

三、展望2009年上海连锁业

（一）坚持上海连锁业创新的理念，不断开拓新的连锁业态

如类似上海格格屋租格寄售创意连锁店，作为一个低投入、小风险、快回报项目，更适合年轻人的租格寄售及创业，也符合提倡时尚、快乐、自我展示的新一代年轻人口味，

在特许经营的大家庭中散发着青春的活力。

（二）坚持上海连锁业创新的模式，不断与时俱进推进新的发展方式和途径

在全球经济危机的新形势下，尤其要勇于打破传统的思维定势，寻求新的发展方式和途径，适应上海多样化、多元化、多层化、个性化的消费市场需求。

（三）坚持上海连锁创新的视野，不断扩大服务的辐射范围和能级的提升，特别是在立足上海，服务长三角，辐射全国上多下功夫

盘点 2008 年的上海连锁业，有闪亮的欣喜，也有对 2009 年“危机”的焦虑。“冬”天已来临，严冬孕育着春天的气息，阳光明媚的春天一定会到来！上海连锁人信心依然，我们深信上海连锁的明天一定会更美好。

附：2008 年上海连锁商业协会大事记

1 月 16 日，由市环保局、市经委和协会联合召开了洗涤用品“禁磷”工作推介会，要求 2 月 1 日起不销售、不使用有磷洗涤用品。

2 月 22 日，协会召开了 2008 年统计工作会议。

2 月 21 ~ 27 日，协会组团赴台考察连锁市场。

3 月 7 ~ 9 日，第十三届上海连锁加盟展在上海展览中心举办。

3 月 7 日，协会召开了四届四次理事会，会议修改了章程，增补、调整了理事会人员。

3 月 12 日，召开了便利店专业委员会主任、副主任调整后的第 48 次例会。

3 月 15 日，协会参加了上海 23 家行业协会联合行动的“3 · 15”宣传活动。

4 月 24 日，由协会和部分企业联合发起了上海世博知识产权保护自律倡议书。

4 月 29 日，由协会组织的“上海连锁品牌吴江临沪 1 号商业街定向加盟拓展活动”在吴江市汾湖知音大酒店举行。

5 月 1 日，协会开展“五一”诚信服务督查活动。

5 月 15 日，由协会、上海工业设计协会、华东师大设计协会、上海设计创意中心联合主办的“人文生态迎奥运、迎世博”公益活动在大润发杨浦店举行。

5 月 26 ~ 28 日，协会召开超市（大卖场）有偿使用塑料购物袋专题会议。

6 月 18 日，会长王宗南到协会秘书处共商协会建设工作。

6 月 24 日，协会召开外资大卖场公司参与 2008 年上海购物节动员会。

7 月初，协会对部分超市、卖场奥运期间的安全防范工作进行了突击检查。

7 月 17 日，协会召开了四届二次常务理事会，会上作出《实行“限塑令”后，超市、卖场要强化服务工作》的决议。

7 月 21 日开始，协会对全市 14 家公司 80 家申报卖场开展了分等定级的评审验收，此项工作至 9 月底基本结束。

9 月 20 日，由协会、市商业联合会、上海商情信息中心和共同主办的，20 多家超市、卖场、便利店公司共同参加的“金品迎金秋，购物乐分享”主题推介展示活动在家乐福

万里店广场举行。

9月24~28日，协会组织联华超市、城市超市、世纪联华、沃尔玛等十几家超市、卖场公司和四川都江堰地区的有关企业进行对接洽谈。

10月24日，上海第三届连锁（零售）业大会召开，会上回顾了30年改革开放的成果，并向入选的2008市民最信任的连锁店和金牌店长进行了颁奖。

10月25日起，按照上海迎世博600天行动计划的要求，协会向全市超市、卖场、便利店公司发放了“迎世博”宣传品。

11月4日，价格诚信经营经验交流、观摩工作会议在大润发杨浦店召开。

12月初，猪肉信息追溯系统超目标完成，133家大卖场被覆盖。

（上海连锁商业协会）

2008 年浙江省连锁经营发展状况

被称为“现代流通革命”的连锁经营，是体现社会化大生产的现代流通方式，其本质是把现代化工业大生产的原理用于商业，它是推进流通现代化的有效途径之一。改革开放 30 年，中国零售业在变革中前进，经历了从小到大，从封闭到开放，从单一到多元，从传统到现代等一系列发展过程，形成了经营规模化、行业多元化、业态丰富化、地区差异化、跨区发展化及资本多元化等多种特点。浙江的连锁业，也在国内大环境的推动下不断前进。

近几年，随着社会经济的持续快速发展，居民消费水平和消费层次的不断提高，特别是近三年“千镇连锁超市、万村放心店”工程的开展，使连锁业很快成为浙江省流通业的发展主流，充分显示了连锁经营在扩大内需、拉动经济增长上的重要作用。从 2000 年到 2008 年，浙江连锁企业从总体上看，一直处于快速发展的态势。1999 年浙江全省限额以上连锁零售贸易、餐饮企业 55 家（不包括外省、外资连锁企业），连锁门店 466 个，零售额占当年社会消费品零售总额的 1.6%，至 2005 年底，全省限额以上规模连锁企业发展到 165 家，其中零售业 143 家、餐饮业 20 家、住宿业 2 家；连锁企业门店总数达 7052 家，实现零售额 451.6 亿元，占社会消费品零售总额的 12.8%。而 2007 年全省连锁经营销售总额为 1057 亿元，占社会消费品零售总额的 17.1%，其中 44 家规模连锁企业销售额为 740 亿元，占全省连锁经营销售总额的 70%，占全省社会消费品零售总额的 11.9%。2008 年全省社会消费品零售总额约 7441.7 亿元，实际增长 12.7%，其中连锁经营销售额占 20% 左右。

一、浙江省连锁经营发展的主要特点

（一）连锁经营向多业态发展

从最初的综合超市到餐饮，之后又涉足现代百货业、专业市场连锁、中介服务业等，通过不断的探索，连锁经营已覆盖零售业、餐饮业及服务业，在各业态都涌现出较有代表性的企业。

综合超市覆盖率大幅度提高，“供销超市”以农村便利连锁为主，始终坚持“农村包围城市”战略，稳扎稳打，步步为“赢”；而“台客隆”则以大卖场为连锁基础，在扩大经营规模的同时，不断拓宽经营区域。

近年来，餐饮连锁稳定健康发展，既有以传统餐饮发展模式为主的老字号企业知味观，也涌现出如外婆家等新型的特色类餐饮企业。

现代连锁百货业的快速发展，主要表现在以一线、二线城市为发展基点的银泰百货，和以二线、三线城市为基点的雄风百货为代表的两类百货连锁企业。

专营专卖连锁不断成长，涌现出以IT产业为核心，以IT数码连锁为统一发展模式的颐高集团；以手机业务为核心，立足浙江市场，做强数码专业连锁为目标的话机世界；以及以进口葡萄酒专卖为主的名庄传奇。

中介连锁服务业则迈出了可喜的一步，在短短几年内，既产生了诸如21世纪不动产之类的知名中介企业，也不断涌现出像佳优子足浴这类的新型服务类企业。

同时，一些工业企业也开始探索连锁之路，像洁丽雅、太子龙等企业都实现了产销一体，在全国开设专柜、专卖店，通过将生产与销售的结合，实现企业利润的最大化。

连锁业的多业态发展推动了整个行业的发展，也是其健康发展的标志。

（二）多元化经济成分交相发展

国有、民营、外资等多种经济成分，外资连锁、本土连锁、省内外连锁共同发展。作为全国市场经济最发达、人民生活水平最高、投资环境最好的省份之一，浙江也吸引了麦德龙、沃尔玛、家乐福、国美、苏宁等国际国内连锁业巨头的青睐和投资，近年来，越来越多的中外零售巨头看好并选择在浙江投资。这些零售业巨头的进驻，一方面促进和提升了浙江连锁业的发展，另一方面也给浙江省本土连锁企业的发展带来了新动力。

面对集中化程度越来越高的行业发展态势，省内部分连锁企业选择了立足浙江、面向全国，开始跨区域发展。同时，国内部分二线、三线城市目前还处于连锁经营的市场空白点，而且最重要的是外资尚无暇顾及这些区域，这也正是国内企业抢先机占领市场的大好时机。舟山民生商厦台客隆超市，在做强舟山连锁市场的基础上，迈出浙江市场，拓展安徽皖南市场，取得了很好的反响，为浙江连锁超市的跨省发展迈出了第一步；雄风集团在立足浙江市场的同时，也将重点落于发达地区的三线城市、中部地区的二线城市及欠发达地区的一线城市发展现代百货连锁，繁荣了区域商业，促进自身企业做大做强。

（三）连锁经营区域品牌效能突显

浙江是中国市场经济最发达的省份之一，商贸流通业也十分发达，浙江连锁业虽然暂未出现具备国际、国内影响力的大型连锁企业，但连锁经营科技含量和现代化水平不断提高，企业核心竞争力初步体现，在省内形成了一批优秀的区域品牌连锁企业。如宁波三江、浙江供销、雄风集团、舟山民生商厦、温州人本、宁海小小、嘉兴海港、丽水万客隆等等，它们都在各自的区域市场内表现出良好的成长性，以积极的发展态势茁壮成长。同时，省内一些区域品牌企业通过并购，实现新的发展。如浙江连锁业近几年出现了三次大并购，家友被上海联华、慈客隆被华润、浙江供销被物美并购。

（四）直营连锁与特许加盟结合发展

浙江连锁经营的快速发展，使“特许经营”这一商业模式也被大范围地运用。商业特许经营在浙江市场的发展已有近20年的历程，这期间，品牌不断涌现，产生了两岸咖啡、裕兴不动产、21世纪不动产、话机世界、小拇指等一系列较高知名度的品牌。随着商务部《商业特许经营管理条例》的出台，商业特许经营企业的备案工作也被提上了议程。备案工作的开展，不仅保护了加盟者的权益，也很大程度地规范了省内商业特许经营市场。

二、存在的主要问题

虽然浙江省连锁业在短短几年内取得了较大发展，但与国外经济发达地区和国内部分省、市相比，仍有较大差距，连锁经营总额在社会消费品零售总额中仅占20%左右，从总体上看，还存在以下一些问题：

（一）连锁经营企业规模不大

浙江连锁业发展在全国属于中上水平，仍落后于北京、上海、广东、江苏、山东，其主要原因，一是省内没有影响力较大、覆盖全国的规模化连锁企业，虽然各地市都有几家销售规模上亿元的中小型连锁企业，但销售规模在10亿元以上的大中型连锁企业屈指可数。2007年中国连锁百强企业中，浙江仅有4家（宁波三江，第59位；浙江人本，第73位；宁波北仑加贝，第94位；浙江供销超市，第98位）。

（二）连锁网点选址难、选址成本高

随着连锁业的不断发展，各连锁企业也在积极开拓市场，增设门店，但需求的雷同，开业时间的冲突，使得原本就是竞争焦点之一的选址问题显得更加突出。目前，选址队伍缺乏专业培训，再加上外地商业资本的涌入和本地商业资本的扩张，使得零售业的竞争越来越激烈，零售业对商铺的需求面积也不断增加，这些因素使得选址问题难上加难。由于连锁企业选址难及选址成本的攀升，制约了社区型便利店的发展，导致其发展缓慢，难以扭转亏损状况。

（三）企业管理仍属粗放型，缺少连锁经营中高级人才

粗放型管理追求由投资和需求所拉动的规模的增长。随着市场的逐渐饱和及市场竞争的日趋激烈，缺乏长期规划的粗放型管理，将给企业带来极大创伤。根据掌握的数据分析，浙江省连锁企业门店店长学历普遍偏低，中层管理人员专业知识掌握不够全面、扎实，这也使企业在战略决策及经营管理上受到了制约。2008年被表彰的124名浙江省连锁业优秀店长中，40岁以下占78.8%，大专以上学历仅占42.3%，甚至有不少高中以下学历。

（四）人力资源不足，员工招聘困难

由于连锁企业的扩张速度远远大于人力资源的增长速度，连锁行业的整体发展速度也高于人才的培育速度，并且由于企业自身培训、激励机制的不完善，使连锁企业员工招聘成为制约浙江省连锁业发展的一个重要问题。省内许多连锁企业反映，在向外扩张的同时，人力资源跟不上，员工紧缺，同时企业培训师成长不够迅速，培训体系不够系统，这也给企业带来了很大的困扰。

（五）信息化管理水平不高

随着国内外连锁巨头的进驻，市场竞争越来越激烈，要提高连锁企业的竞争力，就要对连锁企业各个职能部门和经营各环节进行有效控制和规范，利用科学、先进的信息管理

系统，打造现代连锁经营的管理平台，确保整个连锁企业有序发展，有效规避经营风险。省内很多连锁企业经营者对企业的信息化建设的认识还停留在比较原始的阶段，局限在货品和资金周转、运营成本、商品价格等传统业务流程应用方面，而对于建设动态的信息流，并没有真正进入实际运作日程。多数企业缺乏有效的 IT 规划，并在信息化运作上也存在较多问题，这些都成为制约企业发展的重要瓶颈。

三、发展建议

由美国次贷危机引发的世界金融危机已影响到中国，在工业经济、进出口企业受到首波冲击后，连锁业也开始受到冲击。可以预计，2009 年整体经济形势放缓，将为浙江连锁业发展带来巨大压力，我们将面临的是“挑战、压力、机遇”并存的局面，而且从景气指数看，连锁业仍将是经济严冬中的一抹春色。针对浙江省连锁业发展的特点及存在的主要问题，提出以下建议：

（一）政府要加大对大型规模连锁企业的培育、扶持，为中小企业发展创造环境

浙江省成规模的连锁企业较少，这在一定程度上限制了浙江连锁业的整体质量。要提升连锁业的总体水平，减小与北京、上海、广东等省市的差距，必须培育部分有潜力、有能力的规模企业。中小连锁企业在促进全省经济发展，增强经济活力，扩大就业等方面发挥了重要的作用，应该进一步加大对中小企业的扶持力度，优化其发展环境，引导、鼓励企业进行制度创新，促进中小连锁企业健康发展。

（二）要从粗放型的管理模式向精细化管理转变

连锁企业要建立科学、有效的管理流程，在迅速成长后，要认清现实，抓住机会加强对企业的管理，使管理更加精细化、集约化。要强调各类数据的数量化、精确化，关注企业的财务状况，尤其是成本和其他重要周转指标，要提高领导能力建设，加强领导自身能力、专业知识的提高与补充，要建立系统的培训体系，注重对员工的专业培训。

（三）要支持、关心零供合作、内外贸合作与农超对接

对零售商而言，目前零售企业之间的竞争已演变成供应链和供应链之间的竞争，谁掌握了供应链的主导权，谁就有可能在竞争中获胜。而对供应商而言，开辟新的供货渠道，不仅能开拓自身市场，而且能减少对既有零售商的依赖。因此零供合作是双赢的一种模式。要加强内外贸合作与农超对接，通过合作将供应商与零售商相结合，满足各自需求。

（四）要节能，降低成本

连锁企业的能耗直接关系到企业运营的成本和效益，随着能源与维护成本的持续增长，如果不进行节能降耗，零售企业面临的能耗成本压力将越来越大。同时随着社会大众环保意识的不断增强，节能降耗也逐渐被企业所关注。连锁企业应该努力在降低能耗、减少制冷剂等的排放、采用新兴蓄能技术及物品的包装等方面下功夫，在目前原材料成本不

断上升的形势下降低成本。

（五）政府部门、行业组织应给予更好的政策环境，搭建更好的服务平台

各级商贸主管部门要创造条件，组建各地市连锁经营协会，通过中介组织更好地为连锁企业提供服务。协会是企业与政府之间的沟通桥梁，有效发挥协会作用，不仅能为企业提供更多咨询、服务，也能为政府提供决策的依据。

受金融危机的影响，浙江省的经济也受到全面冲击，零售业在产业中虽属终端环节，影响相对滞后，但影响终将进一步显现。面对危机，连锁企业要有信心，“信心比黄金更重要”。我们相信浙江连锁业会在整体经济的严冬中寻找春天，拥抱春天。省连锁经营协会也将继续为广大连锁企业提供务实的服务，帮助连锁企业度过这一经济的“寒冬”，实现浙江省连锁业的第二次飞跃。

（浙江省连锁经营协会　王钧耀　宋可华）

2008年山西省连锁经营发展状况

一、概况

2008年，面对复杂多变的经济形势和国际金融危机的冲击，山西省深入贯彻科学发展观，认真落实中央一系列宏观调控政策，针对山西实际，采取有效举措积极应对和破解发展难题，着力推进转型发展、安全发展、和谐发展，加快新基地、新山西建设，全省国民经济保持了平稳较快发展，各项社会事业取得新的进步。全省社会消费品零售总额2356.5亿元，比上年增长23.1%，保持了平稳活跃的运行态势，增速比上年提高4.5个百分点，创下了1989年以来的新高。连锁企业蓬勃发展，一批资金雄厚、规模较大、管理规范、理念先进的连锁公司做强做大，一批富有特色、业种丰富的小型连锁企业脱颖而出，不同层次、不同业态、不同规模连锁企业协调发展的格局正在形成，以连锁经营为主导模式的服务业对经济的拉动作用日益增强，成为经济增长的领头羊。2008年，山西服务业增速首次超过工业增速，近4年首次超过GDP增速，成为自2002年以来产业结构升级的一大亮点。

二、优先发展战略，助推连锁经营发展

2008年，山西省充分利用国际金融危机带来的经济结构调整机会，把优先发展以连锁经营为主导模式的现代服务业发展上升到战略高度，趁势而上。更加注重“三驾马车”对经济的协调拉动，采取有力措施，加速由工业生产大省向消费服务型经济转型，以连锁经营为主导模式的现代服务业发展呈现异军突起、逆势崛起的好势头。

一是把加快连锁经营发展作为扩内需、促消费的重要突破口，着力促进产业结构调整和优化升级。省委、省政府专门出台了《关于加快服务业发展的实施意见》，明确了重点发展的行业和领域，全省以连锁经营模式为主导的服务业发展进一步升温。特别是针对当前经济发展新形势，山西在“三个发展”中将转型发展视为实现科学发展的关键，从政策层面出台和完善了一系列进一步引导、鼓励、支持、调控的办法和措施，实施“1+10”工程建设，即在18个重点领域中每个领域选择1个旗舰项目和10个示范项目，从税费、土地、价格、金融和产业政策等方面全方位扶持，为连锁经营发展注入更强的推动力，山西连锁业发展迎来了新的机遇。

二是抓住新农村建设这个重点，释放市场潜力。山西有近55%人口生活在农村，农村市场潜力巨大。山西大力推进“万村千乡”工程，加快农家店和便民店建设，大力扶持龙头企业发展。认真做好“家电下乡”、“汽车摩托下乡”，扩大“农机下乡”补贴范围，推动了山西连锁经营企业的发展壮大。

三是开拓城市消费领域，改善消费环境。目前，餐饮、住房、汽车成为山西主要城市

的消费热点，省政府大力扶持社区商业、家政业、旅游休闲、文化娱乐、体育健身、房地产、汽车销售等业态，大力发展连锁经营，着力提高服务质量和水平，推动全省连锁经营发展迈上了新台阶。

三、连锁经营发展的主要特点

一是连锁超市和便利店销售活跃，数量和规模日趋扩大。

华宇、美特好、万民药店、沃尔玛、华联等连锁企业店铺数量进一步扩张，卖场遍布省城和主要城市商业中心和居民聚集区，经营品种齐全，满足了居民大部分生活需求；百圆裤业、金虎便利、我爱我家等便利店遍布居民社区，主要经营副食品、服装、家政和日用小百货，快捷方便，满足居民日常生活需求。连锁超市和便利店成为消费者购买日常生活必需品的主要场所，销售持续活跃，店铺数量不断扩张，地域覆盖不断扩大，销售规模不断增长。金虎便利的门店数量比上年增长了30.61%，加盟合同续签率达到100%。

二是餐饮连锁方兴未艾，特色餐饮连锁快速发展。

在江南、广东酒家、外滩风尚等大型餐饮企业和麦当劳、肯德基等洋快餐以连锁模式快速发展的同时，一批富有特色的中小型餐饮企业也纷纷采用连锁经营模式加速扩张，山西会馆、芙蓉酒楼、平遥亲圪垯等富于山西特色、文化气息浓郁的餐饮企业得到消费者认可，在特色化、绿色化发展上取得显著进展。

三是连锁经营向更多行业和业态延伸。

目前，连锁经营的发展已从超市和便利店迅速扩展到其他业态，基本涵盖了商业和服务业的方方面面。由于消费需求的多样化和个性化，服装、药品、眼镜、汽车、电器、珠宝饰品、茶叶等专业连锁店得到较快发展，商品和服务更加体现专业化和人性化。小行业和细分市场连锁经营开始起步。比如美容美发、洗染、房屋置换等。太原亮靓皮具护理连锁加盟态势良好。

四是多元化、一体化发展趋势日益明显。

就一种业态来说，门店数量的增加受到市场容量的限制，发展多种业态可以延伸到多层次市场领域，相当于吸引了更多的顾客。华宇集团以商业零售为基础，在太原、大同、北京、三亚等地设有华宇购物中心、华宇购物广场、华宇国际精品商厦、华宇超市、华宇时尚购物中心、亚龙湾百花谷等大型公司，积极发展房地产业、高速客运业、广告业、旅游酒店业，同时涉足资产投资行业，发展成为一家多元化、跨地域，员工逾万人的大型企业集团。百圆裤业相继设立山西百缘物流配送有限公司、山西百之源餐饮有限公司，推进多元化发展。江南餐饮集团在做强做大酒店业的同时，积极发展生鲜食品连锁及快餐连锁，多元化发展势头良好。山西会馆整合餐饮业产业链，把产业链延伸到果蔬种植、畜禽养殖方面，既保证了原料的绿色天然和质量安全，又提高了企业的经济效益和抗风险能力。

五是山西本土连锁企业发展步伐进一步加快。

由华宇集团携手香港采蝶轩组建的采蝶轩全球第28家店——华宇精品店隆重开业；美特好成功携手全球最大的超市连锁体系——国际SPAR，成立美特好晋、蒙SPAR，全面启动卖场升级改造计划，美特好·SPAR山西旗舰店——平阳大卖场顺利开业；山西百圆裤业有限公司蝉联“中国优秀特许品牌”、“中国特许奖”，荣获“2008年度中国优秀诚信企业”荣誉称号，董事长杨建新荣获中国特许经营十年发展贡献奖，特许加盟网络覆盖全国28个省、市、自治区，并成功迈入国际市场；宝力金属、华宇集团、美特好蝉联“中国服务业企业500强”，分列248、334、402位。

六是积极推进资本市场运作和品牌培育，快速发展的能量正在积聚。

华宇、美特好的主板上市工作正在扎实推进，金虎便利、百圆裤业、万民药房列为山西冲击创业板的储备上市资源；美特好、金虎、新华书店等10余家企业进行了弛名商标的申报论证。为金融危机下山西连锁业的快速发展注入了新的活力。

七是关键时刻发挥行业组织的关键作用，积极为政府分忧。

国际金融危机不断加剧，给山西省经济和社会稳定发展造成严重影响。企业裁员、减薪风潮涌动。为了拉动内需、促进发展，2008年12月29日，由山西省、市连锁经营协会牵头，华宇集团承办，在华宇采蝶轩组织了“坚定信心、促进就业、扶危济困、维护稳定”主题活动，向全省连锁企业发出了“不裁员、不减薪、送温暖、做贡献”的倡议，59家连锁企业积极响应，纷纷加入到这次活动中，省、市领导出席会议并作了重要讲话，对企业能在困难时期勇担社会责任，顾大体、识大局的行为表示赞赏。华宇集团、山西会馆、江南餐饮有限公司等企业还在逆境中为员工加薪，稳定员工队伍，为政府分了忧，为百姓解了愁，为社会和谐稳定做出了积极贡献，突显了山西省连锁经营协会的凝聚力和山西连锁经营企业的责任心，弘扬了晋商文化，展示了新晋商的精神风貌。与此同时，山西省连锁经营协会在加大服务力度、提高服务水平、改善服务质量上下功夫，针对国际金融危机冲击，举办了专家讲座、专题论坛，剖析危机根源，分析危机影响，研究应对策略，帮助企业渡过难关，逆势发展；紧密结合中央和省市政策措施密集出台、政策和资金支持力度增大的态势，认真收集、深入研究中央和省市政府“保增长、促发展”的最新政策、投资趋向、资金分配信息，及时发现和捕捉难得的机遇，帮助会员单位最大限度地争取政府支持，用足、用活各项政策措施，及时调整战略规划、经营模式，加快多种经营和低成本扩张，变压力为动力，化挑战为机遇，积极探索企业发展的新途径，有力地推动了山西连锁经营的平稳、较快、健康发展。

（山西省连锁经营协会）

2008年河南省连锁经营发展状况

2008年，河南省经济社会发展遇到了前所未有的困难，面临巨大的挑战。全省人民在省委、省政府的带领下，深入贯彻学习科学发展观，齐心协力，积极应对，努力工作，较好地完成了各项目标任务，保持了经济平稳较快增长。全省国民生产总值18407.78亿元，比上年增长12.1%；粮食总产量1073.1亿斤，再创历史新高，连续三年突破1000亿斤；社会消费品零售总额5662.55亿元，增长23.2%。2008年河南省市场特点是：商品销售快速增长，城乡商品销售旺盛，连锁业发展迅猛。

一、搭建展会平台，促进河南省特许加盟规范快速发展

河南省商业行业协会根据郑州是中部经济中心、商业中心，覆盖、辐射能力强和特许经营行业较为成熟的特点，于2008年5月在郑州中原国际博览中心举办“2008河南特许连锁加盟展览会”。展会既展示了特许品牌企业的形象和规范运作，也为各连锁企业招募加盟商及投资者寻找加盟项目提供了接洽合作的平台，受到与会者及业界的欢迎和好评。

二、借中国连锁年度盛会，推动河南连锁加速发展

继在上海、北京、武汉、深圳等“一线城市”成功举办九届中国连锁店展会后，第十届中国连锁业会议2008年11月在郑州举行。这届会议立足河南农业大省的优势，重点邀请特色农产品及加工企业参会。展会期间，举办了“全国优质农产品及其加工制品进超市对接洽谈会”，河南省商务厅组织了河南省内主要农产品及食品生产加工企业参展，河南省商业行业协会组织当地特色产品参会，有力推动了河南省连锁企业的发展，加速了优质农产品及其加工制品进超市的步伐。同期，还举办了“中国商业地产与连锁商业高峰论坛”，“第三届中国连锁企业人力资源高峰论坛”等专项活动。

三、2008年河南连锁业十大新闻

1. 国美电器组建降价联盟拒绝涨价家电入场；
2. 世纪联华超市萝卜白菜分期付款；
3. 新家具建材商场推出先使用再付款；
4. 苏宁电器二七广场3G+旗舰店开业引爆淡季市场；
5. 永乐电器进军省会西南部；
6. 五星电器响应“限塑令”向消费者发放10万个环保袋；
7. 欧凯龙八一八重礼献给最可爱的人；

8. 欧凯龙金水路顶级家居馆开业，市中原地区有了顶级家居馆；
9. 鑫家园建材家居走上连锁经营之路；
10. 佳和家具家牵手奥运冠军。

（河南省商业行业协会）

2008年福建省连锁经营发展状况

连锁经营作为一种现代营销方式，是当今国际上通行的经营业态，它以独具的组织结构和经营方式在批发和零售业、餐饮业中迅速发展，对于刺激消费，扩大内需，促进商品流通方式的现代化起到了重要作用。福建自上世纪90年代初引入连锁经营以来，经过十几年的发展，连锁批发和零售、餐饮业不断向集约化、组织化、现代化方向发展，形成了多种所有制、多种业态、多种连锁方式并存的格局。

一、发展概况及主要特点

（一）连锁企业扩张迅速

自1992年麦当劳第一家店在福建厦门落户以来，福建连锁经营企业得到快速发展，到2008年末，全省已有限额以上连锁批发和零售、餐饮企业上百个。目前福建连锁企业已覆盖全国20多个省、直辖市，连锁批发零售餐饮业不断发展壮大，市场辐射力显著增强，成为开拓市场、扩大需求的新增长点。其中，永辉集团2008年签约达40家门店，在重庆开业10余家，实现区域销售总额近20亿元。作为永辉的最大竞争对手，新华都的全年销售额增速为45%～47%，2008年新开门店10余家，关闭了惟一一家位于福建省外的潮州门店，新开门店集中在11～12月份。2008年新华都发展呈现两点特征：其一，县城及以下门店开始爆发式增长，而且受经济萧条影响较小，销售额前10家门店中，县城门店占5家；其二，公司在泉州、漳州、龙岩的第一地位得到进一步加强；在三明地区上升为第一地位，厦门区域整体扭亏为盈。另外，东百、大洋也争相开业，使榕城百货从8家达到10家，作为购买力旺盛的“海西”省会中心城市，榕城百货业仍大有潜力可挖。

（二）大型百货、超市聚首商圈

2008年新年伊始，福州福新路商圈迎来新一轮扩容。继前两三年永乐、家乐福、苏宁、喜盈门、麦当劳等商业巨头进驻营业后，美国戴斯酒店、拓福建材超市和百安居今年都在福新路上开业。在厦门，天虹百货签约入驻中山路名汇广场，使得中山路这块不足2平方公里的地盘，集聚6家大型百货商场——2家来雅百货、1家巴黎春天、1家华联百货、1家老虎城，再加上刚入驻的名汇天虹。6家百货商场经营面积将近10万平方米，每天约需3万人以上的客流量才能满足正常营运，而中山商圈一带人群进入百货商场的入店率不足20%，如此估算，中山商圈每天至少要有15万以上的人流量，才能满足这6大百货商场的需求。就目前情况看，除了周末两天外，平时要想达到这个数字非常难。另外，超市方面，榕城商家“扎堆”进驻金山。6月20日，位于金山榕城广场的兴福兴川正购物广场开业，这是目前金山最大的一家超市。据了解，今明两年，永辉也将在金山开3家大型超市。至此，金山已聚集好日子超市、民乐超市、永辉滨江丽景店、永辉大学城店及刚开业的兴福兴川正店。除了超市，建材市场、家电卖场等也纷纷入驻金山。业内认为，商家“扎堆”进驻金山，主要看中的是金山的商业发展潜力。“金山将成为商家的角逐之地。”省企业评价中心主任陈体滇表示，随着金山入住率的逐渐提高，人口的增加，商业将逐步形成，从而达到一个良性循环的局面。省政府发展研究中心副主任杨益生也表示，金山将来有 30 万的生活人口。这个庞大的消费群体是商家无法忽视的。

（三）外商纷纷登陆福建

随着肯德基、麦当劳、沃尔玛、麦德龙等跨国连锁企业相继“登陆”福建，不仅提高了福建消费品连锁市场的国际化、现代化程度，而且推动内资连锁企业迅速发展，全省形成了以内资企业为主体的连锁格局。继沃尔玛、家乐福之后，又有一个重量级的跨国零售业巨头特易购入驻厦门，并计划未来一年之内在岛内开设 1 至 2 家门店。随后，台湾零售大鳄——大润发也入驻厦门。这就使厦门本土超市在外资零售品牌的夹击下面临更大的挑战，但这同时也给本土超市提供了借鉴、提高的好机会。

（四）福州社区便利店快速扩充

2008 年，福州便利店快速布点，大有逐渐取代食杂店之势，便利店布点之处，食杂店便悄然退出。与之前农贸市场逐渐被生鲜超市取代类似，随着便利店不断布点，福州超市业将有一轮新变革，这一回的主角由便利店演绎。截至 2008 年 7 月，福州已出现了一大批连锁便利店，其中两个品牌的便利店已经各发展了 100 多家连锁店，后期还将陆续布点。据了解，福州目前发展连锁便利店的品牌至少有 5 个，当前这 5 个品牌的便利店在市区交替布点，共发展了 300 多家便利店。除品牌连锁便利店之外，一些小规模连锁便利店也在市区布点。

（五）茶叶行业发展迅速

近年来，连锁加盟成了茶业较为流行的关键词汇，经营安溪铁观音的茶商们正频频向全国扩张。据不完全统计，2008 年至今年 3 月，福州已新增茶叶店 800 余家，厦门市区茶叶店从 6000 多家上升到 7000 多家，泉州市区也上升到万余家。新增茶叶店虽多以个体店为主，但品牌连锁店也在稳步扩张。在 2008 年全国茶业百强企业中，福建有 26 家企业榜上有名。然而，茶叶经营也同样讲究张弛有度。每一个连锁店的开张，都必须符合该企业的经营策略。例如，八马茶业重心逐步由深圳向福建过渡，逐渐形成深圳福建并重的双核心模式，在福建省内的 30 个连锁店分布相对均匀，可以看出八马茶业在福建市场稳扎稳打、逐步渗透的产品策略；安溪铁观音集团挟原安溪茶厂及凤山品牌优势，在短短两三年间，便在 26 个省份建立了 180 个销售网点，并将在 3 年内实现国内连锁店 500 家的目标；理想茶行也已经完成了 129 家连锁店的网点布局，并把目光投向了铁观音发展潜力巨大的省外市场；在鹭岛家喻户晓的华祥苑的市场布局已经成型，不管是省内各主要地市，还是省外市场，华祥苑都给消费者树立了高端的品牌形象。然而，撑起 103 个连锁店的华祥苑仍觉得意犹未尽，依托成功的品牌形象、成熟的市场经验，以及行之有效的管理模式，华祥苑仍在积极寻找有利网点；只有 33 家连锁店的中闽魏氏，虽然看起来规模会显得略小，但中闽魏氏一个店的营业额是其他品牌好几个店的总额。中闽魏氏一直认定，打好基础，修炼好内功再谋发展，才是正道。

（六）培育了一批龙头企业，超亿元的连锁、餐饮企业不断增加

近年来，各级政府和行业主管部门通过扶优助强，加大了资产经营的力度，通过联营、并购、加盟等方式，加速了连锁企业规模化发展的过程，加快了龙头企业的培育，使一些优势企业的销售规模迅速扩大。在国际金融危机影响日益加深和国内经济运行中出现新情况、新问题的情况下，省财政出台了六大措施增强闽企发展后劲，帮助企业抓住薄弱环节，突破发展瓶颈，促进企业健康发展和产业优化升级。

（七）三农连锁发展势头良好

农资连锁经营作为未来农资经营的一种趋势，已使许多实践者尝到苦头和甜头。福建三农在六年的连锁经营探索中，不断摸索出一套具有自我特色的经验，并上升为管理制度和管理方法，指导和推动了连锁经营朝着健康的轨道运行和发展。福建三农在明确走农资连锁经营路线的大前提下，为保证三农连锁的正常有序发展，从以下几个方面入手：首先，加大对硬件设施的投入，为每个直营连锁店配备一部一吨的小型送货车；其次，软件配套方面，采用了电子商务管理软件，实现了对连锁店各种信息的掌控，该软件的运用也使店员摆脱了日常繁琐的手工记账、汇总等工作，提高了工作效率；其三，人才建设方面，聘请高校农学、植保等相关专业的博士、专家上课，同时还建立了连锁经营人才储备机制；最后，品牌建设方面，福建三农在建店之初，就提出以“福建三农”品牌作为连锁经营的支撑点和基础面，在省内最大农药企业、省市知名品牌的号召下，大张旗鼓地开张自己的直营连锁店。

（八）试行水产品连锁经营

福建省采取扶持措施，注册“福建水产精品”商标，实行加盟连锁经营模式，计划在福州发展10家，全省发展100家连锁店。2009年1月12日，“福建水产精品”西营里、屏山两家无公害水产品连锁店同时开业，这是福建建立水产品质量安全长效机制的举措。连锁店由福建省水产加工流通协会定点，产品“准入”条件高：干品、冻品必须来自省级水产龙头企业、重点水产进出口加工企业及国家级知名企业，冰鲜产品定点挂钩捕捞渔船直接采购，或来自无公害养殖基地。目前已有大连獐子岛、江苏海达、福清东威、龙海奥瑞等10余家国内知名水产企业加盟，产品有130余种。

二、存在的主要问题及对策建议

（一）连锁企业的门店在县及县以下布点较少

随着连锁经营的发展，福建连锁批发和零售、餐饮业主要集中在城市及沿海地区发展，而农村网点数量少，发展滞后，福州、厦门、泉州、漳州等地发展规模和水平明显高于其他地区。对此，可从以下几方面统筹兼顾，构建和谐有序的连锁经营格局。一是，按

照建设社会主义新农村的要求和海峡西岸经济区战略布局，统筹城乡、点面结合，以方便人们生活、满足工农业生产为切入点，重新规划合理、有序、畅通、完善的新型连锁经营体系；二是，政府要改革现有税收和市场监管模式，加大在财政税收、资金融通、信息服务、技术应用等方面对连锁经营的扶持力度，并制定政策吸引国际国内优秀人才参与福建连锁企业的经营管理，努力营造良好和谐的经营环境；三是，树立连锁企业的整体形象，连锁总部要为加盟店提供全方位的服务，满足加盟店和顾客的需求，从而形成总部、加盟店和消费者“三赢”局面；四是，拓展新的市场空间，努力开拓农村市场。目前福建连锁门店有 76% 位于市区，农村网点缺乏，随着社会主义新农村建设的推进，连锁经营商圈必将从中心商店向城郊边缘地带扩散，从城市向农村转移，农村市场开始成为发展连锁商业的新亮点。福建连锁零售餐饮企业应抢先一步占领农村市场，以“万村千乡市场工程”为依托，以农村集镇为网点，以工业品、农业生产资料及 2009 年家电下乡和农副产品进城为主要任务的农村连锁网络布局。打破区间、行业间壁垒，组建产供销相结合的大型商贸集团，推动村镇级农家店建设，形成城乡联动规模优势，以对抗外来商业资本的竞争。

（二）连锁企业规模小，扩张力不强

美国的沃尔玛拥有 4000 多家门店，法国的家乐福有 9000 多家分店，德国的麦德龙有 2100 多家分店，上海的连锁总部平均每个企业拥有 60 多家门店，江苏的连锁总部平均每个企业拥有 30 多家门店，而 2008 年福建的连锁总部平均每个企业拥有 20 多家门店。跨省经营企业虽然逐步增加，但数量也还有限，且规模偏小。针对此问题，各连锁企业应制定长远发展目标，在稳固省内经营的基础上，把目光投向发展潜力巨大的省外市场。而政府部门，应支持发展龙头企业，提高竞争能力。按照建立现代企业制度的要求，比照国家对大集团试点的扶持政策，鼓励实力雄厚的企业以资金为纽带，运用兼并、联合、重组等方式建立直营连锁集团，或是运用商品、商号、配送、经营模式、管理技术等优势发展加盟连锁经营网络，形成实力强、管理规范的跨地区跨所有制的连锁集团，积极引导各种所有制的流通企业走以连锁为主要内容的新型业态之路，引导规模小、实力弱的连锁企业加盟大型连锁公司，发挥规模经营优势，增强市场竞争能力。

（三）市场定位不明确，“千店一面”的情况严重

许多连锁零售企业经营的商品、种类、价格及商店的布局、功能等缺乏特色，造成同地域、同档次、同类型的多家企业之间的竞争；不重视消费者利益的现象时有发生，而且连锁零售企业偏重眼前利益，竞争手段仍停留在价格的竞争上，没有建立起自身的经营特色。对此，企业应该对市场进行深入调研，制定差异化竞争策略，走特色发展之路，使企业能在百舸争流中占据一席之地。

（四）注重外表统一，忽视实质统一

许多加盟店、合资店为了赶时髦，追求店名、店貌、标识等形式的统一，忽视采购、配送、决策、管理的统一。据了解，有的门店有独立进货的权力，虽然表面上由总部配货，却实行少配多购的策略；有的门店虽然规定有正规的进货渠道，但由于管理不严格，

采购人员也可以从非正规、非主流进货渠道进货，这种现象造成价格难统一，也破坏了连锁超市企业的形象和信誉。对此，特许授权人应该加大对加盟商的监管力度，从采购、配送、决策、管理等各方面进行统一，使加盟店不脱离企业的运营。

（五）配送中心发展滞后，配送规模偏小

连锁配送中心是沟通总部和门店的桥梁，通过集中配送能够减少流通环节，降低交易成本，从而提高商品的社会化水平，实现规模经济，扩大销售利润。从福建连锁经营配送中心的情况看，2008 年全省上百个连锁总店的配送规模偏小，成本高，利润低。对此，应加快发展现代物流配送，降低连锁配送成本。福建连锁企业的配送大多采取自有物流形式，这种以自我服务为主的物流模式效率低、成本大，特别是在跨地区的连锁企业，问题更加突出。一些偏远的加盟连锁店，因配送成本高造成配送比例过低，降低了连锁经营的规范化，更不能起到连锁经营从根本上杜绝假冒伪劣源头的作用。因此加快现代物流发展，不仅能降低成本，提高企业效益，对连锁企业的规模扩张、提高配送比例、规范连锁经营、从源头上杜绝假冒伪劣产品都具有重大的意义。

附：福建省连锁经营相关政策

■　福建省经贸委关于调整《“福建老字号”认定规范（试行）》有关内容的通知（闽经贸商业【2009】53 号）2009 年 1 月 22 日

各设区市经贸委（贸发局、商贸办）：

经研究，决定将我委《关于开展“福建老字号”认定工作的通知》（闽经贸商业〔2006〕419 号）公布的《“福建老字号”认定规范（试行）》第四点认定条件中的第（一）项改为“拥有商标所有权或使用权，或者国家工商行政管理总局商标局已受理该单位提出的与申报字号一致的商标注册申请”。

特此通知。

■　福建省经贸委关于开展千家零售超市百家批发市场扩大卖难果蔬销售活动的通知（闽经贸明电【2008】159 号）2008 年 12 月 31 日

各设区市经贸委（贸发局、商贸办）：

根据《商务部关于组织开展“千家零售超市百家批发市场扩大卖难果蔬销售活动”的通知》（部委号 3634）要求，现就我省参加商务部于 2009 年 1 月 1 日至 2 月 15 日开展的“千家零售超市百家批发市场扩大卖难果蔬销售活动”有关事项通知如下：

一、加强组织领导

开展“千家零售超市百家批发市场扩大卖难果蔬销售活动”，目的是做好元旦、春节的果蔬市场供应，有效解决近期一些主产区出现脐橙、柑橘、苹果、马铃薯、大白菜等果蔬滞销问题，缓解主产区果蔬卖难压力，满足城市居民节日消费需求，促进经济社会健康和谐稳定发展。各设区市要高度重视，组成专门小组，明确专人负责，制定活动方案，切实抓好落实。

二、组织企业参与

各设区市要尽快落实参加开展“千家零售超市百家批发市场扩大卖难果蔬销售活动”

的企业，组织当地具有代表性的零售超市和果蔬批发市场积极参与。要求各设区市组织参加的企业具体数量：福州、厦门市各选择 5 ~ 10 家零售超市和 2 家批发市场，其他设区市各选择 3 ~ 5 家零售超市和 1 家批发市场。

三、开展活动方式

（一）设立专区专柜。安排专门区域或场所，设立果蔬销售专柜或专区。

（二）加大推介力度。采取加强导购、免费咨询、张贴海报等方式，配合主产区做好果蔬宣传推介工作，提高果蔬品牌知名度和影响力。

（三）举办特卖专场。会同主产区相关部门和企业，举办名特优新果蔬迎新春特卖专场活动，促进果蔬销售。

（四）降低经营成本。采取减免入场费、摊位费等措施，降低经营成本，促进卖难果蔬流通和销售。

（五）做好活动宣传。加强与媒体沟通，及时宣传报道活动进展情况及成效，扩大活动影响。

四、注意事项

（一）加强安全监管。加强对经营场所的安全管理，严防火灾、拥挤踩踏等重大安全事故发生。

（二）确保质量安全。认真落实市场准入、索证索票、购销台账等制度，确保上市销售果蔬质量安全。

（三）规范促销行为。加强对促销行为的规范，兼顾和维护好农户、经销商、消费者等各方面的权益。

■ 福建省经贸委关于继续开展“福建老字号”认定工作的通知（闽经贸商业【2008】357 号）2008 年 6 月 12 日

各设区市经贸委（贸发局）：

根据《商务部关于实施“振兴老字号工程”的通知》（商改发〔2006〕171 号）精神，我委于 2007 年 3 月认定了第一批 37 家“福建老字号”。为推动“振兴老字号工程”的深入开展，我委决定继续开展“福建老字号”认定工作。现就有关事项通知如下：

一、有针对性地做好宣传发动工作

各地要认真总结第一批“福建老字号”的工作经验，充分利用当地各种媒体，宣传老字号企业实施品牌战略、促进民族企业发展的重要性和老字号企业在弘扬民族商业文化、开展诚信兴商、推动特色经济发展中所起的重要作用，提升老字号企业的知名度和美誉度。

二、做好推荐指导，及时报送相关材料

各地要按照公开、公正、透明原则，根据《福建省经济贸易委员会关于开展“福建老字号”认定工作的通知》（闽经贸商业〔2006〕419 号），积极推荐老字号企业申报，指导有关单位据实填写申报材料，并做好资料审查和把关。

申报“福建老字号”，须经申报单位、县级经贸部门和设区市经贸委（贸发局）在申报书上盖章确认，并由设区市经贸委（贸发局）于 7 月 31 日前向我委报送正式申报公文、申报汇总表和逐件加盖申报单位公章的以下材料。（略）

三、注意事项

（一）设区市经贸委（贸发局）应将所有被推荐单位在当地媒体上提前进行公示（公示期不少于5个工作日），不符合认定规定或有争议的一律不得推荐。

（二）工商营业执照、法人代码证上的企业名称须与商标注册人或被授权使用人一致。

（三）所申报品牌创立于1966年以前须有地方志、历史档案材料等证明。

（四）有关表格可从省经贸委网站下载，并请在报送纸质文件的同时以电子邮件方式报送（申报表采用EXCEL格式、文字介绍材料采用WORD文档格式）省经贸委商业处。

（福建省连锁经营协会）

2008 年昆明市连锁经营发展状况

2008 年，在昆明市政府主管部门的政策引导下，在各连锁经营企业的积极努力下，全市连锁经营有了比较好的发展。

为配合政府将要出台的《昆明市关于促进连锁经营发展的意见》，昆明市连锁经营协会在 2008 年 9～10 月，对昆明市连锁经营企业（限额以上和昆明连锁经营协会会员企业）的连锁经营现状、存在问题、发展需求与目标、政府及有关部门可研究并提供的扶持政策等相关情况进行了调研。调研以抽样调查、座谈会、问卷调查等方式进行，调研范围涉及经营药品、餐饮、食品、百货、电器、图书、家具、建材等十几个行业、业态。

一、昆明市连锁经营企业发展概况

（一）基本情况

据不完全统计，昆明市现有（销售额 500 万元）限额以上的连锁经营企业 45 家，2007 年，年销售总额达 165.2 亿元，零售总额达 102.1 亿元，占全市社会消费品零售总额的 17.9%。距“十一五”期间商务发展规划中提出，限额以上连锁企业占全市社会消费品零售额 25% 的目标还差 7.1%。

对昆明市 20 家连锁企业的问卷调查显示，20 家企业共有从业人员 3.5 万人，连锁门店数达到 3232 个。其中，直营店 3058 家，加盟店 174 个；72% 的连锁店分布在昆明市主城区和县区，20% 的连锁店分布在省内地州市，8% 的连锁店分布在省外。

2006－2008 三年中，年销售额平均增长率为 10%～30% 的连锁企业占 48%，年销售额平均增长率在 30% 以上的连锁企业占 20%；年均销售总额在 5000 万元以下的连锁企业有 10 家，年均销售总额在 5000 万元～1 亿元的企业有 3 家，年均销售总额在 1 亿元以上的企业有 7 家。

年均缴税在 100 万元以下的连锁企业有 5 家，占 25%；年均缴税 100～500 万元的企业有 5 家，占 32%；年均缴税在 500～1000 万元的企业有 7 家，占 35%；年均缴税在 1000 万元以上的企业有 3 家，占 8%。

90% 的连锁企业采用电子信息管理，实行电子商务。其中，75% 采用内网，70% 没有实行网上购物（以药品经营为主），25% 采用外网，33% 实现网上购物。另有 82% 的企业希望政府扶持搭建“昆明市连锁经营企业电子商务信息平台”。

70% 的企业希望政府引导社会专业物流企业，组织提供对本地区连锁经营企业的购销商品统一配送。只有 20% 的连锁企业采用社会物流配送力量。

（二）昆明市连锁经营企业的发展历程

与其他行业一样，昆明市的商贸流通业也经历了20多年改革开放和市场经济的洗礼。特别是2004年底，中国加入WTO后，零售业开始了全面的对外开放。随着沃乐玛、家乐福、百盛、麦德龙、好又多、百安居、麦当劳、肯德基、国美、苏宁电器等国内外零售企业巨头立足中国和云南及昆明，在带来巨大的市场冲击和挑战的同时，也给昆明本土企业带来新的零售理念和管理技术。商品流通从原来的传统贸易向配送与代理发展，零售商店由单一的百货店向超市、便民店、专卖店、仓储式商场、购物中心等多种形式发展，昆明商品流通市场呈现国内外知名大企业与昆明本土中小企业激烈竞争的态势，市场竞争的结果极大满足、方便并丰富了群众消费的需求。

昆明的一些商业零售企业也经历了观望、尝试、初具规模地发展连锁经营的过程，因为连锁管理技术和水平低，市场商品（种类、价格、商店布局、功能）定位不明确、无特色，人云亦云的短期行为，甚至盲目扩张（内部资金链的失控）等原因，导致丰和粮油连锁、方华蔬菜连锁的收缩，以及佳信连锁药房、红联超市、普尔斯马特为代表的企业退出了市场。同时，也锻炼并崛起了一批有生机和活力的本土连锁企业。如昆百大、金龙（金格）、健之佳、一心堂、东骏药业、嘉华食品、建新园、伊天园、荣城房产、足达商贸、兰老鸭、黑鲨汽车服务等企业，都通过不同的连锁模式运营，实现了现代连锁规模化运营和管理。通过实行统一标识（品牌）、统一采购、统一配送、统一价格、统一核算、统一管理来推行规范化管理；通过供应链管理和完善物流建设，注重企业文化和诚信建设等，使企业快速稳定地发展。部份本土企业已逐步走向外市外省，甚或走向国外发展连锁。经市场重新洗牌后的连锁商家逐渐冷静成熟，深知比拼内功、市场定位准确的重要性。

目前，昆明市的连锁经营涵盖了百货、餐饮、医药、书籍、服装、电器、洗涤、建材、通讯、美容美发、中介服务等十多个行业，有效推动了昆明零售业和流通业的发展，对促进和引导商品生产与消费，繁荣市场经济做出了贡献。

（三）昆明市连锁经营企业存在的问题

1. 竞争实力有限

昆明本土连锁经营企业总体规模不大，开发投资不足，还不具备较强的国内外竞争实力，集约化和国际化程度低，降低成本和控制风险的能力有限。昆明连锁企业所开拓的连锁店仅有8%发展至省外，并以药品和餐饮为主。

2. 市场发展不平衡

昆明地区的连锁经营企业主要分布在城郊区，在县乡，受配送成本、购卖力等因素的制约，连锁经营企业发掘和开拓农村市场的积极性不大。在城区，受交通、配送、城建规划等限制，社区各类商贸服务业实现连锁经营程度不高。另外，因历史遗留下来的一些老字号商店，主要是传承了前辈老人的生产技艺和古老的（商标）品牌，对现代管理模式特别不熟悉，在销售网点的采购、配送、核算等方面并未采用先进、标准、规范的信息化管理。同时，昆明旧城改造及道路改扩建，老字号企业无力购置原址或同类地段的门店，城区老字号逐渐淡出。

3. 人才缺乏

昆明市的连锁经营企业人才瓶颈现象严重，面临中高端人才紧缺，中低端人才流动性大的问题。高教、职教对连锁经营、物流、HR 等各专业的职业经理人缺乏定向培训。

4. 融资困难

中小型连锁经营企业和商业贸易企业一样，因受流通企业基本无固定资产可作抵押的限制，流通企业向银行贷款较工业中小型企业更困难，基本无法实现。

5. 办证难

工商、质监、税务、卫生等部门，在办理登记、年检、延期、抽检连锁企业每一个连锁店的各种证照中，尚未对总公司在本市的连锁企业实行统一方便的办证管理。

6. 经营管理成本较大

因水电、房租、员工工资等费用在不断上涨，企业的经营成本也在增加，制约了昆明市连锁经营企业的市场发展。

二、促进昆明市连锁经营发展的措施和建议

鉴于调研及通过对连锁会员企业的服务合作中发现的问题和困难，昆明市连锁经营协会为政府决策提出了许多政策建议：

1. 大力发展连锁经营，简化手续，优化管理服务，以直营连锁为基础，规范发展特许经营，鼓励更多的流通企业向连锁经营发展，不断提高连锁经营在全市社会消费品零售总额中所占比重，促进昆明进入凭借流通创新来全面提升国民经济运行速度、质量、效率和综合竞争力的新阶段。

2. 制定以促进连锁经营、物流配送、电子商务为核心的现代服务业的地方扶持政策，加快培育市内商贸企业自主品牌。对限额以上连锁经营企业和为农村服务的配送中心建设，给予优化服务、信用担保、金融服务、引导资金、品牌评价宣传等方面的重点扶持。

3. 鼓励发展多样化的现代零售业经营形式，形成定位清晰、布局合理、错位经营、各具特色的零售市场格局。通过引入多元化投资主体、直接融资、兼并重组等途径发展直营连锁，实现连锁企业规模的迅速扩张；鼓励以商品品牌、商号管理为基础发展特许连锁和自由加盟连锁，吸收和整合分散的小型零售主体，提高企业的组织化水平和竞争力，按标准化、专业化、规模化的要求做大做强连锁经营。

4. 构建现代商贸物流体系，加强规划，整合物流资源。加强连锁企业内部物流配送中心建设和第三方物流建设，重点扶持县级农用物资及生活物资配送中心建设，扶持城市社区生鲜食品配送中心的建设，为连锁企业提供安全可靠、高效率的配送服务。与批发企业和储运企业改组、改造相结合，鼓励批发、储运企业延伸物流服务功能，发展社会化的“第三方物流”。

5. 扶持搭建昆明市连锁经营、物流配送、电子商务信息平台。发布连锁经营、物流配送的企业、商品等信息，鼓励电子商务与连锁经营、物流配送相结合。提高流通领域的信息化及电子商务应用水平。充分发挥电子商务对提高流通效率和降低交易成本的重要作用。

昆明市商贸流通业伴随着改革开放和市场经济发展的大潮，其现代化流通方式得到快

速发展，流通规模不断扩大；经营主体进一步多元化；长期形成的生活资料与生产资料、内贸与外贸分割的局面被打破；城乡流通一体化与内外贸一体化正在形成。采用现代流通方式的企业，特别是连锁经营企业在促进生产、引导消费、促进流通效率和消费总量增长方面的作用日益突出。政府和有关部门有必要关注和扶持现代流通方式及企业的发展，对增强昆明本土商贸企业的市场竞争力，提升昆明市在市场化转型后流通业的现代化发展水平，落实昆明市经济发展规划及商务发展规划，提高群众生活质量，快速健康地发展昆明地区现代服务业，最终为扩大内需和增加消费总额做出更大贡献。

昆明市的连锁经营虽然有了比较快的发展，但离社会经济发展的需求还有不小的差距。为引导昆明的连锁企业更加科学、规范、严格地运营和管理，促使企业更加健康、稳定地加速发展，昆明市连锁经营协会将加强与企业的联系，积极向政府争取优惠、扶持政策，充分发挥行业组织的优势，共同推动昆明市的连锁事业有更好、更快的发展。

（昆明市连锁经营协会）

2008 年沈阳市连锁经营发展状况

2008 年沈阳市连锁业继续保持健康发展的良好态势，全市运营和在建 5000 平方米以上大型超市已达 41 个，其中万米以上的达 29 个。连锁经营在沈阳商业中所占比重继续稳步扩大，全年新增连锁企业 29 家，新增店铺 619 个。连锁经营企业总数达到 398 家，店铺总数 5120 个。全年实现连锁企业销售额 360 亿元，占社会消费品零售额 1505.5 亿元的 23.9%。

一、总体发展状况

连锁经营领域继续不断拓宽，全市连锁经营门类已覆盖百货、超市、餐饮服务、汽车、家具、建材、医药、书刊、网吧、美容、美发、房产中介等 20 多个行业。同时，全年又新增了旅游、音像、教育、名品折扣店等行业。全市已有近 30 个行业引进连锁经营方式，并不断扩大企业的市场营销规模，无论在外延扩张上还是在内涵提升上，都取得了可喜的进步。

连锁经营继续向农村市场延伸，初步形成了农村连锁经营的网络基础，并且在国家商务部开展的“万村千乡市场工程”中，成为农村商业的新亮点。

从大型连锁超市来看，外商投资企业在沈领跑势头继续强劲。家乐福、沃尔玛、TESCO 乐购，以及大润发、华联、国美、苏宁、华润万家、兴隆大家庭等国内外知名大型连锁企业继续加快在沈开设分店的步伐。

沈阳本土连锁经营业态健康发展，中兴商业大厦、跳蚤市场、百家乐、时代超市经过几年的努力，都分别在辽宁省内和沈阳市开办了连锁超市，标志着沈阳连锁业进入了新的发展阶段。以每之购、联众为代表的连锁便利店经营；以百度烧烤为代表的餐饮连锁经营；以萃华金店为代表的金银珠宝连锁经营；以北方图书城为代表的文化商品连锁经营，继续成为行业的“领头羊”。这些连锁企业通过建立新的连锁经营管理模式，使老字号和知名品牌发扬光大，并取得明显的经济效益，大大提升了我市连锁商业的档次和水平。

沈阳市连锁经营协会成功举办了“第六届中国东北连锁经营及特许加盟展暨中小创业项目洽谈会”，从规模和品质上继续保持了区域同类展会的水平和权威地位。并将“创业”和“投资”相融合，与市劳动和社会保障局、市就业服务局联合推出了中小创业项目洽谈会，打造了展会新亮点。从优化创业环境和鼓励扶持自主创业的愿望出发，增设了商铺投资及专利技术转让展区，开辟商业投资渠道，建立投资信息平台，提供投资服务导向，为连锁业发展和投资者创业打造了一个全新的平台。

二、存在的主要问题

沈阳商业连锁经营的发展虽然取得了较大进展，取得了一定的成绩，但从总的发展状况看，全市连锁企业与国外先进水平及国内发达省市相比，还有较大差距。

一是，本市连锁经营企业规模不够大，网点发展速度与效益发展不够同步，连锁经营组织化程度不够高，缺乏具有区域影响力的大型连锁公司。

二是，企业体制结构与业态创新不相适应，规范化水平不高，经营特色不突出。营销方式仍较粗放，信息系统建设滞后，管理科技含量低，大多数连锁企业还没有形成比较完善的、规范化运作的经营管理体制。

三是，布局规划和科学管理跟不上新业态迅速发展的要求。连锁门店主要集中在市内中心区，新建居住区布点较少；市内门点较多，区、县（市）较少。大型综合超市、购物中心发展较快，便利店、专卖店、专业店等发展速度较慢。

四是，发展连锁经营的外部环境有待进一步改善。现代连锁经营发展的市场环境、法制环境尚需进一步整治，建立公开、公正、公平的市场环境，以及相关标准、信用评价体系等亟须完善。

五是，连锁经营企业和物流配送行业急需一大批高素质、复合型的电子信息、管理工程等方面的人才。

三、连锁行业未来发展的工作重点

2009 年乃至今后一个时期，要紧紧围绕加快发展沈阳现代商贸流通业和流通服务业这条主线为目标，以改革创新流通方式和组织形式为切入点，全力推进沈阳连锁经营做强做大，努力为沈阳经济发展和社会进步做出新的、更大的贡献。

（一）科学规划，促进业态结构的合理化和多元化

从沈阳市经济发展和社会消费水平的实际情况出发，区别不同地区、不同业态，促进连锁经营加速发展，积极提供规范有序的政策环境，制定并实施推进连锁经营发展规划，完善城市商业的结构功能。继续以“为民、便民、利民”为指导思想，积极推进与人民生活密切相关的食品连锁超市发展，加快提高生鲜食品经营比重。努力发展具有综合化、多功能服务的便利店，并积极探索便利店发展模式，在做好规划的基础上，合理发展符合沈阳实际的超级市场、大型综合超市、大型购物中心、仓储商店、专业店、专卖店、百货店、折扣店、商品直销中心、各类专业市场、特色商业街和家居休闲服务中心等 14 种业态建设。发挥连锁经营的优势，营造市场交易有序、企业竞争公平、网点布局合理、业态结构优化的环境，实现连锁经营与现代商业和社会经济的协调发展。

（二）抓好项目，积蓄连锁经营发展优势

要以连锁经营加速改造传统商业，扩大经营范围和规模，进而实现连锁经营发展“推动型”战略向“拉动型”战略转变。以超市、便利店为重点，面向其他零售业态、餐饮及各类服务行业推进连锁化经营。突破所有制和行政区划的束缚，扶持有条件的优势连锁企业向规模化方向发展。鼓励中小型店铺通过各种途径加盟连锁企业，积极推进超市和生活服务连锁企业向社区和农村居住点延伸。尽快出台支持连锁经营发展的政策，全市重点扶持发展大型便民连锁企业扩大规模，加速发展。进一步加大对传统社区商业服务业和

农村流通市场体系的改造力度，在城镇社区和村屯乡镇分别发展建设连锁便利店。

（三）扩大开放，增强连锁经营企业竞争实力

我国零售业全面放开的新形势，为沈阳市加快商业对外开放步伐创造了有利条件。政府及行业组织应继续坚持以市场为导向，企业为主体，加大对连锁经营的政策和宏观指导的力度，进一步扩大对外开放，把对外开放和合作的重点放在国际知名大型连锁企业。充分利用两种资源、两个市场，走出去，大力引进一批国际知名企业。通过各种措施，创造条件、提供支持，吸引国际著名商家、品牌旗舰店和跨国公司采购机构进驻沈阳，提高国际一流连锁经营企业的集聚比例，进一步提高对外合作的层次，从根本上提高沈阳市连锁经营企业利用外资的质量和水平。同时，要积极引进国际连锁经营人才和理念，吸收消化国际先进连锁经营管理理念和文化，促进本土连锁经营企业管理水平的提高。

（四）推广科技，提升连锁经营国际化水平

利用科技优势和信息网络，高起点地发展具有国际水准的现代连锁商业，加快对沈阳市连锁经营企业的信息化建设，促进沈阳连锁经营企业管理创新和技术创新，大力依托现代信息技术，尽快成为沈阳商贸流通业和流通服务业的中坚力量。沈阳市的大型连锁企业和连锁店，以及各类商服网点，都要建立管理信息系统。重点在连锁企业推广条码技术、品类管理、供应链管理及信息流服务，构筑全市现代连锁信息平台，提高连锁标准化、系列化、自动化水平。

（五）搞好服务，健全连锁经营诚信体系

按照把沈阳市建设成为“东北地区现代化商贸物流中心”的目标，全面建设以商业服务中心为主体的社区商业服务体系。鼓励各类投资者通过收购、兼并、特许加盟等多种形式，整合社区商业资源，开办社区购物中心，发展便民商业设施和各类现代生活服务业；积极引导有实力连锁公司和企业集团，对社区“夫妻店”、“食杂店”进行连锁化改造，开办居民生活必需的肉菜专业店、专卖店、生鲜超市、连锁便利店、早餐便利店和美容美发等各类服务业连锁店，实现社区商业与城市建设和整个商业的协调发展。

（六）创新业态，推动连锁经营延伸发展

坚持调整结构布局、拓宽行业领域、推进多业态连锁。在流通业态上要继续加大拓展连锁经营范围，加快发展新业态。同时，以改善居民购物环境、提高商业设施现代化水平为目标，认真按照《零售业态分类》国家标准的要求，坚持大中型与小型、新建与改造、集中与分散、综合经营与专业经营相结合，根据不同商业区域的特点，确定不同业态、类型的商业网点规模和数量。重点控制大型百货商场、商品批发市场的盲目发展，合理布局大型购物中心和大型综合超市的发展，积极引进无店铺业态和技术，大力发展便民、利民的连锁超市等新型商业组织形式，努力使商业业态与经济社会发展、居民消费变化趋势相一致，形成互相补充、协调有序发展的新局面。

（沈阳市连锁经营协会　田甲男）

2008年长沙市连锁经营发展状况

2008年初的冰雪灾害注定了长沙市的连锁经营发展要经历不同寻常的一年。

一、总体状况

2008年，长沙经济发展总体呈现出“总量做大、增速加快、结构优化、需求旺盛、物价平稳”的良好态势。年末GDP总量达到3001亿元，跃居全国省会城市第9位，比上年上升两位。2006－2008年，长沙市GDP年均增幅达15.3%，位居全国省会城市第6位、中部省会城市第2位。

消费品零售市场持续旺盛。2008年，长沙市实现社会消费品零售总额1273.87亿元，在省会城市中排名第8位，增速排名居第5位；全社会固定资产投资达1873亿元，总量稳居省会城市第8位；财政一般性预算收入连年保持高位增长，去年突破200亿元大关，达到205.57亿元，2006－2008年的年均增幅为23.9%，是长沙市财政增长最快时期之一。

二、各业态特点

（一）零售卖场发展趋稳

截至2008年末，长沙市共有大型百货店16家、大型卖场22家、生鲜标准超市45家、便利店180家。门店整体数量有所增加，但各卖场销售总额在长沙社会消费品零售总额中的占比变化不大。

（二）连锁餐饮业规模进一步扩大，增幅减缓

据统计，2008年长沙市餐饮业限额以上连锁零售餐饮法人企业32家，连锁门店918家，门店数增幅同比有所下降。限额以上连锁零售餐饮企业实现的零售额相当于长沙全部限额以上企业零售额的31.2%。

（三）专业专卖店发展迅速

随着长沙“两型社会”建设的深入，各行业专业、专卖店发展迅速。如服装行业，目前国内知名的时尚品牌基本都已进驻长沙，以“圣得西”、“忘不了”等为代表的本土成熟男装品牌也崭露头角；美容美发行业的“漂亮宝贝”已正式开展特许加盟；营业额过亿的“绝味鸭脖”正在寻求新的发展，长沙本土美食小吃经重新包装，也已上市同消费者见面。长沙强大的消费能力拉动了各行业连锁门店的发展。

三、连锁零售业发展的现状和特点

（一）在全省地位突显

长沙市作为湖南的省会，一直主导着湖南省连锁商业的发展。据长沙市连锁经营协会统计，2008 年长沙市连锁法人企业占全省的 60%，连锁门店数量占全省的 63%。数据充分表明，长沙连锁商业在全省的地位是非常突出的。

（二）本土专业连锁企业开始向全国拓展

长沙连锁企业已形成立足本市、辐射全省、面向全国的格局。除医药零售连锁的“老百姓”已经扩张到全国外，餐饮行业的“金牛角·王”、“秦皇食府”等品牌已经拓展到北京、新疆、广州、江西等省市。还有众多其他行业的品牌正蓄势待发。但是，2008 年底的金融危机延缓了这些企业对外扩张的步伐。

（三）加盟店快速发展

连锁加盟是连锁企业在较短的时间内低成本快速扩张的一种方式。据长沙市连锁经营协会统计，目前长沙的特许经营行业发展速度较快，已经有超过 30 个行业，加盟店数量增加较快，但是本土品牌的连锁加盟的品质还有待改善。

四、存在的问题

（一）企业规模偏小

长沙市的连锁经营经历了十几年的发展，行业总体规模逐年增大，但单个企业的规模仍然偏小。2008 年，长沙市年销售额超过 10 亿元的本土连锁零售企业只有 4 家，销售额与国际国内大型连锁企业的差距是很大的。2008 年，长沙市最大的连锁零售企业销售额，位列全国 50 名之后，显现出长沙连锁零售企业的规模明显偏小。

（二）发展速度缓慢

2008 年，长沙市连锁零售业发展不快，主要体现在两个方面：一是，连锁零售企业的数量出现萎缩，不但没有增加，反而减少了。同时，本土各品牌卖场基本没有开店动作。餐饮连锁业主要以肯德基、麦当劳等外资企业的经营状况为代表，而本土快餐品牌在经历前期的发展热度后也趋于疲软。二是，连锁零售企业销售额的增长速度趋缓。2008 年限额以上连锁零售企业销售额增长速度远低于社会消费品零售总额的增长速度。

（三）门店管理能力和技术相对落后

一是，大企业缺乏进一步扩张的动力。近一年，本土大卖场和集团百货都没有开设新店或进行区域拓展，也未能带领连锁业进一步快速扩大销售份额。二是，部分连锁企业销售出现下滑，特别是下半年销售下滑趋势明显。为了应对竞争，各大型百货商场纷纷推出折扣专卖业态，各中小连锁专卖店为应对生存压力，没能拿出充足的时间和资本对管理、技术进行有效投入。另外，长沙市缺少连锁经营专业咨询机构和培训机构，也是其中的一个原因。

五、发展对策和建议

（一）政府要重视连锁业的发展，加大扶持的力度

连锁经营是市场经济条件下商业企业的重要组织形式和经营方式，是企业规模化、集约化经营极具代表性的形式，是世界零售巨头扩张的主要模式，是商业企业特别是中小企业共享规模经济的主要途径。

在连锁零售业发展趋缓的时候，要推动其进一步发展，市场经济中政府职能如何转变显得尤为重要。转变政府职能不是片面地强调政府要退出市场，削弱甚至取消政府职能，而是要求政府根据市场运行的具体情况，运用宏观手段进行调控。即便在西方一些市场经济成熟的国家，其经济体制一般仍为“混合经济”，并不是纯粹的市场经济，政府越来越重视在经济活动中的管理作用。对商业中最为活跃的连锁零售业，政府该管的还是要管，该扶持的还要扶持，且力度要加大。这种扶持，不在于政府对企业的补贴，而体现在有关发展规划和政策措施的制定，对现代组织形式、经营方式、管理技术的推广应用等。而连锁经营的配套平台如物流园区、物流配送中心、公共信息网络平台等的建设，更需要政策的引导和倾斜，甚至需要政府进行适当的投入。

近年来，虽然长沙市连锁经营得到了一定的发展，但与上海、广州、深圳等发达城市相比，总体规模和水平还很低。如果长沙不注重连锁业的发展，外资连锁企业将大量占领长沙的零售市场，从而主导整个商业，不利于长沙国民经济的发展，本土有特色的中小连锁企业得不到政府的支持也会逐渐消亡。长沙连锁零售业已经显现发展趋缓的状况，更该引起政府职能部门的足够重视，加大对连锁经营的扶持力度，使长沙连锁零售业走上快速发展的轨道，充分发挥连锁经营对长沙商业的推动作用。

（二）加快连锁企业扩张的步伐

1. 灵活运用多种方式，实现连锁企业规模的扩张

实现规模经济，是连锁经营的最终目的，也是连锁经营的优势所在。要灵活运用多种方式，促进长沙连锁企业进行扩张。直营店是连锁经营的主要形式，通过加强对直营店的管理，提升核心企业的经营能力，实现市场份额的大幅增长，有利于连锁企业进行低成本快速扩张。连锁零售龙头企业，要实施资本运作，进行跨地区兼并重组，逐步由原来的区域性公司转变为全国性公司，尽快具备与外资企业竞争的规模优势。

2. 拓展连锁经营的新领域

从当前连锁经营行业结构看，目前比较集中的是百货零售、家用电器、药品、快餐等。应根据消费者不断增长和变化的消费需求，及时拓展新的服务领域。例如，目前长沙家用轿车消费需求急剧上升，可以积极发展此类商品的专业连锁店；目前长沙的快餐连锁

主要集中在肯德基、麦当劳等洋快餐上，中式快餐寥寥无几，中式早餐更是难以寻觅，而绝大多数消费者习惯于中式早餐，喜欢或必须户外就餐的消费者只好就餐于街头巷尾“脏、乱、差”的个体摊点。故此，可发展适合当地消费习惯的早餐品种，并实行统一采购原料、统一加工批发、统一卫生标准、统一零售操作流程、统一价格的连锁经营。

3. 积极发展特许经营模式

用特许加盟的新型模式推动连锁经营发展。目前，长沙有众多本土连锁专卖品牌处于单店经营、个体经营的状态，竞争能力和服务能力都比较弱，依靠自身力量很难发展成为具有较大规模的连锁企业。用特许加盟的方式，实际上是用最低的成本、最快的速度，推动本土品牌的改革与创新。可以依靠相关专业组织和协会开展培训和教育，提高连锁企业经营的标准化和规范化。

2009年湖南省政府提出了抓住机遇，实现湖南经济“弯道超车”的概念。长沙连锁零售必将在大好的环境下焕发新的生机。

（长沙市连锁经营协会　刘睿）

2008年广州市连锁经营特点及2009年预测

2008年，广州市实现社会消费品零售总额3140.13亿元，居全国主要城市第3位，增长21.0%。其中，批发和零售业连锁企业实现商品销售额增加值835.13亿元，增长14.9%；住宿和餐饮业连锁企业实现营业收入215.98亿元，增长14.3%。全市连锁经营以观念创新促发展方式的转变，以思路创新促产业升级，以工作创新强化企业服务，以机制创新营造良好的发展环境，收到显著效果。广州市连锁经营发展的领域越来越广，经营运作更加规范，连锁行业的发展更趋成熟。

一、2008年广州市连锁经营的主要特点

（一）连锁经营在城乡一体化建设中发挥积极作用

在改革开放的春风吹拂下，广州连锁经营在全国率先发展，如今在城乡一体化建设中，广州的连锁经营企业也发挥了应有的作用。在白云区、萝岗区、南沙区、番禺区、花都市、从化市、增城市等到处可见连锁经营企业的形象，它们为改变农村传统的购物方式，方便农民的日常购物，甚至改变农村消费习惯，都发挥了很好的引领作用。例如：

番禺的“菜篮子”食品超市，充分利用番禺食品集团良好形象的无形资产和可靠的商品渠道，开发系列食品、商品。如按不同季节配制不同的汤料、配菜，并洗净，消费者只要买回家就可以直接煮食，受到白领一族的追捧。

好当家、嘉福、荟翠坚持在城乡接合部开发商业网点，从开始的超市，向社区型购物中心发展，有的还融文化、休闲、服务等于一体，为当地的居民提供一条龙服务，不仅方便了消费者购物，而且借助连锁商家门前的广场，由经常性、形式多样的促销活动，演变成当地文化宣传的好场所，深受居民的喜爱。

美宜佳公司的便利店，许多是开设在城乡的结合部。它们调整了国外便利店业态经营时尚、高档商品的路线，坚持为大众服务，把便利店开进了城乡结合部，为周边居民提供良好、快捷的服务，深得消费者推崇和欢迎。目前，美宜佳便利店已在广州开设100多家门店，并将继续健康、快速发展。

（二）连锁超市、百货公司整体水平不断提高

经过多年的发展，有一定规模的本土超市，在追求数量扩张的同时，更加注重整体水平的提高。宏城、兴安、胜佳、好又多等超市，都聘请专业公司共同研究制定企业的发展规划，从摸着石头过河，发展到规划先行，有目的、有步骤地开拓市场，并逐步规范经营管理。同时，企业文化建设也得到进一步的加强和健全，受到市场的认同和消费者的欢

迎。

广州市的百货公司，有相当部分已经实行了连锁经营。如广百股份、友谊集团、新大新股份、摩登百货、东山百货大楼等，这些企业通过“分等定级”，整体管理水平有了明显提高，其中被商务部评为“金鼎百货”的企业数居全国各大城市之首。也有部分百货连锁企业瞄向海外，迈出向外发展的步伐。

（三）特许经营继续快速发展

近年，特许经营在广州持续快速发展。由广州市连锁经营协会与省连锁经营协会共同主办的广州特许加盟展，在业界引起热烈反响。从参展商与加盟商的反馈都能反映出：特许经营向着品牌效应发展的趋势日益明显；市场份额向着名牌企业倾斜；新兴行业采取特许经营方式发展的案例明显增加；国外、外地特许体系来穗发展继续增加。特许加盟展参展商中每年约有15%的新特许体系也反映了这一趋势。

（四）连锁经营企业越来越重视科技兴商

在市场竞争越来越激烈的情况下，连锁企业不断提高科技兴商的投入，越来越重视以科技来提高企业的竞争力。为适应连锁行业的快速发展，广州市连锁经营协会成立了行业研究部，帮助企业以现代理念、技术、手段来发展连锁经营。2008年，该会组织各种专业讲座、研讨会、论坛等活动，提供了1500人次左右的专业培训、研讨等服务。作为行业组织，积极引导企业重视学习，重视科技兴商。

二、2009年连锁经营发展趋势预测

基于广州市连锁经营协会对广州市连锁企业的了解，以及广东省连锁经营协会与部分超市、便利店的共同分析、探讨，2009年广州市连锁行业的发展特点将主要体现在：超市平稳推进，便利店快速发展，大卖场放缓扩张，百货业趋于精细化、主题化发展。

（一）便利店快速发展

一般认为，在人均GDP达到3000美元的国内城市，会形成便利店生长和发展的土壤，而2008年广东省人均GDP超过4000美元，市场的购买力足以支撑便利店的生存、发展。相对于国际上便利与时尚并重的便利店，广州的便利店更加注重便利性。因此，深得年轻消费群和社区消费者的青睐，也使得便利店的消费群年龄带大大加宽，这也是令广州便利店加快发展的一个动因。目前，广州市的便利店不再仅限于外资企业的健康发展，本土企业的发展也在悄悄地加快，良性和更具特色。例如，“8字”店借助粮油制品的优势，以突出“厨房”用品为特色，逐渐向标准便利店模式靠拢，走出独具特色的发展之路，目前已在全市开店100家；公司总部位于东莞的美宜佳便利店，目前在广州的发展也很迅速，开店数量已经超过100家。种种迹象表明，广州市的便利店发展正在加速。

同时，便利店企业普遍反映，近来深度渗透的金融海啸对便利店业态影响不大。从店铺分布来看，社区店影响最小，厂区店影响最大；从商品结构来看，日用品、方便食品影响不大，休闲食品用品影响相对较大。预计2009年便利店行业仍将有较大的发展，其发

展方向主要是社区、城乡结合部以及二三线城市。

（二）超市平稳推进

国家强力推进拉动内需，强调发展社区商业，使超市发展处于相对利好的时期，这将使受全球经济危机冲击的超市行业仍能保持平稳发展。商务部统计数字显示，国外社区消费通常占总消费的60%以上，但国内这一数字不足30%。目前，国内有6600万名老人整日生活在社区，5亿人长期居住在社区，如此巨大的市场需求，却面临远远滞后的供应，这也是对超市发展非常有利的空间。实际上，很多超市都在盼望国家扶持中小企业的政策能尽早落到实处，让他们有更好的发展环境和更大的获利机会。

（三）大卖场放缓扩张

抽样数据显示，2008年广东全省范围内因各种原因关闭的便利店、超市、大卖场中，大卖场占了36.8%。究其原因，金融海啸的影响最大。2008年，广东省大卖场的拓展速度已经放缓，广州市也同样。尤其是外资企业，开店更加谨慎，有些计划开设中的门店，也推迟了开业时间。这其中，还有国内消费市场趋冷的变化，也是影响其扩张步伐的因素。另外，一方面受到百货业精细化经营的影响，大卖场中百货类商品的深度远不及百货公司，价格差异不明显，专业服务水平、购物环境与百货公司相比也有差距，因此出现业绩下滑；另一方面受到社区超市、便利店的便利性影响，部分日用商品的业绩也出现下滑。再者，房地产市场的变化也影响到大卖场的拓展，因为大卖场往往依托楼盘的商业物业而开设，楼市不好，楼盘入住率低，没有足够的客流量支撑，也令大卖场不敢冒然开业。有业内人士分析认为，消费者对大卖场的疲劳症前两年已有苗头，这需要大卖场认真分析自己的商品结构和核心竞争力，以使自己早日走出“亚健康”状态，重新回到健康发展的轨道。因此预期2009年大卖场的发展将会在放缓扩张中呈平稳发展之势。

（四）百货业趋向精细化、主题化发展

多数百货企业都感受到金融危机带来的很大压力和广泛影响。但有业内专家学者认为：当消费水平随着经济的增长达到一个更高的阶段时，更高的消费水准一旦被消费者所适应，即使收入预期改变，消费者也不太可能回到原来的购买水平上。所以，金融危机对百货企业的影响主要体现在：对高档商品的影响大于普通商品，对可买可不买、价格弹性大的商品影响较大，对普通吃穿用的商品影响不大。由此推断，2009年百货业的发展将会朝着精细化方向发展——靠精细化管理提高经济效益，向主题化方向发展——向经营的深度要效益。

（广州市连锁经营协会）

2008年东莞市消费品市场运行状况

2008年，东莞市消费品市场稳定快速增长，社会消费品零售总额达838.23亿元，增长20.5%，增速比上年加快1.5个百分点，在珠三角主要城市中位居第4位。

一、2008年，消费品市场的主要特点

（一）消费品市场持续活跃，镇街市场稳中有升

随着“商贸东莞”工程的深入推进，东莞市城乡商业设施日益完善，商贸服务水平逐步提高，商品购销两旺，流通规模不断扩大，带动城乡和各行业社会消费品零售总额的不断攀升。2008年我市社会消费品零售总额838.23亿元，其中，区实现277.2亿元，增长16.5%；镇街实现561.03亿元，增长22.5%。从行业销售情况来看，批发零售贸易业实现725.32亿元，增长21.3%；住宿和餐饮业实现112.85亿元，增长15.5%。

（二）限额以上批发零售贸易企业拉动作用明显

2008年，大型批发零售企业凭借雄厚的资金实力，规范的经营管理和创新的营销方式，以连锁经营形式迅猛发展，销售规模快速扩大，销售业绩突出，实现零售额326.5亿元，占全市消费品零售总额的38.95%，比去年上升3个百分点，拉动作用明显。批发零售贸易业增长30.7%，增速居各行业之首。

（三）住宿和餐饮业消费继续保持较快增长

近年，随着假日旅游、休闲娱乐、商务活动的增加和消费观念的转变，为住宿和餐饮业迎来了良好的发展契机。同时，东莞市政府积极引导企业规范经营，推动国家级酒家和星级酒店发展，至2008年末，东莞市共有国家级酒家26家、星级酒店99家。2008年，全市住宿和餐饮业实现零售额112.85亿元，增长15.5%，其中限额以上企业（含星级酒店）累计实现零售额37.54亿元，增长8.2%。

（四）消费热点逐步升级，消费亮点日益突出

随着市民生活水平的不断提高，东莞市消费品市场的热点基本上以提升生活品质为主题，消费者对着装、电器、日用品等更新换代的频率加快，追求商品品质的要求不断提升，消费热情持续上升。2008年服装鞋帽和纺织品类增幅最大，销售额17.22亿元，增长68.6%；家用电器和音像器材类29.59亿元，增长59.4%；日用品类6.33亿元，增长43.3%；食品饮料烟酒类22.38亿元，增长35.3%。

二、消费品市场保持平稳较快发展的主要因素

2008年，东莞市消费品市场平稳较快发展，既有宏观经济层面的因素，也有行业发展和消费心理等多方面原因。主要有以下几方面：

（一）经济持续平稳增长，为消费品市场增长奠定基础

2008年，国家继续并加大实施扩大内需政策，宏观经济持续向好，东莞市经济呈现“又好又快”发展，全市生产总值3702.53.亿元，增长14%，为消费市场奠定物质基础，令消费信心逐步增强。与此同时，随着社会保障制度的不断完善和建立和谐社会各项政策措施的逐步出台和落实，城乡居民在医疗、养老等方面的“后顾之忧”有所改善，有助于即期消费的扩大。

（二）城乡居民收入增加，消费能力持续增强

2008年，东莞市居民收入稳步增长，城市居民人均可支配收入30268元，农村居民人均纯收入12328元，分别增长12%和6.2%。同时，居民注重生活享受，追求高品质的生活，有力推动了消费市场快速增长。城市居民人均消费性支出23208元，增长7.7%，其中医疗保健和居住支出增速明显，分别增长54.9%和35.8%。居民消费价格总指数上涨5.5%，消费购买力进一步增强。

（三）节日消费为商贸市场增添活力，拉动了消费品市场的增长

各大商家充分利用节假日营造气氛，结合传统节日春节、中秋和五一、十一等节假日，采取打折让利、抽奖、赠品等形式多样的促销活动，活跃了节假日市场。如十一黄金周和春节假期效应，服装类消费激增，10月、11月、12月累计同比增长分别是75.36%、72.06%、68.6%，家电类平均增幅达60%，餐饮营业额增幅为20%～30%，消费市场购销两旺。

（四）物价逐步下调，消费增速平稳

随着国家经济宏观调控，上半年物价过快上涨势头得到有效遏制。1～7月居民消费价格总水平（CPI）均超过6%。下半年，国际金融危机影响市场价格出现相应回落，CPI逐月下降，12月CPI下降至0.8%，物价涨幅收窄，市场物价水平呈现总体下降的趋势。在收入增长和物价下降的共同推动下，刺激消费意愿，各月消费保持稳定，均在68～70亿左右，各月累计增速均超过20%。

同时，金融危机对我市经济影响逐步显现，消费增速放缓。2008年8月开始，市场客流量和销售量逐渐萎缩，销售大幅下滑。第三季度80%的零售企业反映客流量和销售额明显下降，下降幅度大约在5%～30%。1～9月社会消费品零售总额单月增速同比均超过20%，但从10月开始，消费增速明显下降，10月、11月、12月同比增长仅为11.75%、12.79%、18.46%，消费增速放缓。

（东莞市零售行业协会）

第四部分　技术篇

基于流程化管理思想的一体化解决方案

近年来，随着市场竞争的加剧和顾客素质与需求的不断提高，如何向顾客提供更加灵活多样的服务方式，同时通过加强并细化内部管理以降低成本，提高效率和效益，已经成为零售企业持续发展的根本。

而当企业发展到一定规模，那种传统的“只要加强对人的管理即可”的办法就会失效，实际经营数据和经营情况将难以掌握。业务流程管理和数据的及时准确传递将变得至关重要，只有经系统设计的、严密周到的组织管理体系才能实施有效管理。如何保证业务流程的顺畅，有效地驾驭发展的方向，成为连锁发展的关键点。为此需要一套基于流程化管理思想的连锁经营一体化解决方案。

奥博克凭借其十余年的流通业系统服务经验和国际领先的 SOA 架构模型，为北京某知名母婴用品专卖企业，按其“目录直投——电话订购——送货上门”、“连锁直营店自选零售”、“网上商城在线订购”等多业态模式与服务形式进行整个信息系统的规划设计和选型，其业务流程涵盖进、销、调、存、结算等各个环节，尤其是充分考虑了妇婴用品专卖这一行业特征，重视其对客户提供长期可持续的服务，帮助企业提升持续盈利能力，支持开拓多种渠道营销模式，将传统零售业中成熟的管理技术和管理手段与新兴的业务模式相结合，利用全新技术打造真正随需而变的业务系统。

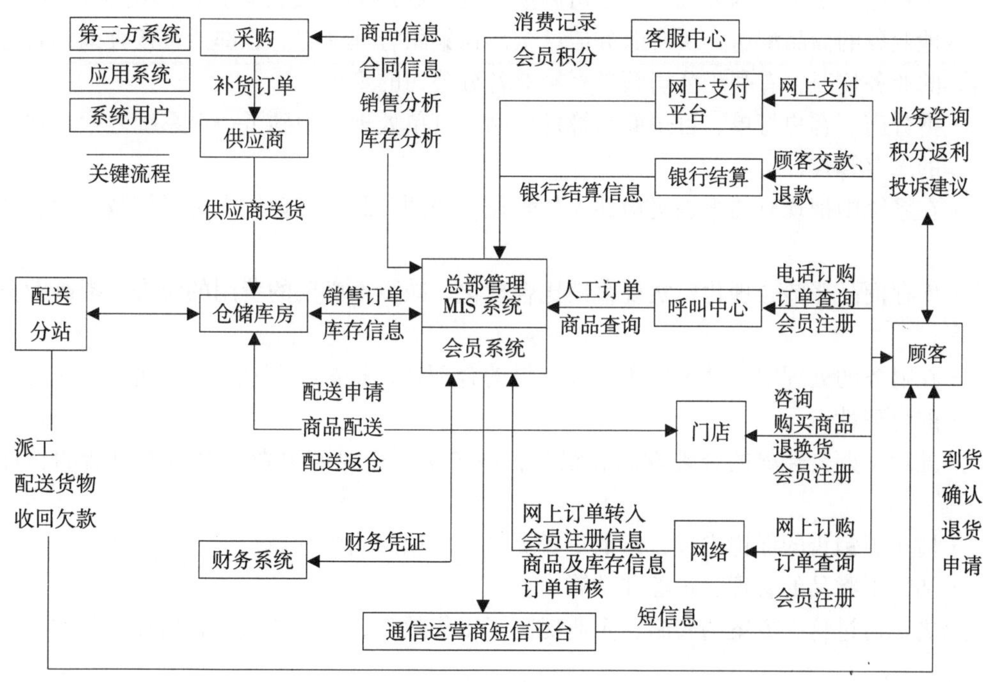

信息系统架构图

该系统结合了传统的连锁零售门店和网上购物、电话销售、目录销售等多渠道营销方式，其复杂的门店配送与顾客送货业务全线采用了灵活的 SOA 架构，使其传统营销模式与创新营销模式的结合获得有力支撑。通过该系统，顾客能实时掌握订单的执行情况，厂商能实时掌握自己商品的销售与库存情况，企业能实时掌握传统业务与新业务从明细到总体的整体运营情况。

同时，采用 SOA 架构，使整个系统在后续的应用、维护和二次开发中，具有以下优点：

客户端	应用与逻辑分离，只要客户端的界面与操作不变，客户端程序版本都不会变，能更快地适应客户需求的变化
易维护性	程序员接手快，只需要了解服务提供的进出，不需要了解整个服务的实现
二次开发	代码量小、效率高、不易错（几乎无相关影响）、不会影响原系统的运行与安全
系统升级与软件部署	变更量极小（不用更换客户端），变更速度快，零件式，可以清楚地了解到变化在哪里，作用是什么
物理位置相关性	按需均衡负载，服务的提供与物理地点无关
平台相关性	中间件采用 J2EE、支持各类语言的客户端（不通过 IE）、平台无关性
数据应用	低耦合、高内聚的设计原则，服务的抽取和替换容易，数据应用提取容易

经基于流程化管理思想的一体化系统设计，企业的组织管理体系更加有效，业务流程更加顺畅，市场驾驭能力进一步提升，该解决方案也为企业带来多重收益：

· 实行通采统配采购方式，分公司调拨处理，各地同时要设置自己的配送物流中心，只管本地业务的商品配送，所有账务信息全部在集团管理中心。总部能直接查询到各分公司当天的业务情况，有利于公司领导直接对各分公司的管控；

· 把分店、客户订单、目录商品管理、网上订单处理集中到了一个系统之中，保证公司整体的库存管控；

· 在系统中把现有的组织机构和人员管控结合到一起，实现了人员考核数字化，合理化；

· 库存商品账龄合理化，实现存销比合理化，减少不必要的费用的流失，提高业务工作效率；

· 在财务的处理中，处理好了应收应付的合理性，提高了门店资源（堆头，广告位）的利用的合理性；

· 处理了办公耗材的合理发放和跟踪，减少了不必要的浪费，提高了门店的整体效益；

· 增多了销售的促销方式，给消费者提供了多项的购买选择；

· 加强了赠品的管理、跟踪和结算。

总之，通过这一方案的实施，企业提高了工作效率，降低了成本，增加了收益。

融合应用使决策更快更准

——H3C 助某集团构建视讯、语音、监控融合的视频会议系统

某大型集团集商业地产、高级酒店、文化产业、连锁百货四大支柱产业为一体，在集团化、跨地域运营中，保证了沟通效率和沟通效果，对企业的发展起到至关的重要作用。

吐故纳新，提升集团运营水平

在集团快速发展过程中，原有的视频会议系统从布局到应用都已存在较大的局限性，已无法满足集团全国性会议的需求。并且，原租用运营商线路，借助 VoIP 进行互联的应用迅速增长，凸显带宽受限，成本攀升，无法满足更多的集团成员通过 VoIP 实现语音连接的需求，网络改造势在必行。同时，为确保全国各地在建工程安全施工，为集团决策层远程监督及时提供依据，还需要建设高效的视频监控系统。

集团的发展对 IT 系统提出了建设以集团总部为核心，辐射全国各地分公司的集团广域专网，并在专网上运行集团的各类业务应用系统、IP 电话系统、视频会议系统、远程监控系统等各类业务软件的实际需求。其中，视频会议系统要求高稳定、高可靠、高质量图像，覆盖总部和各省市分会场，同时还要充分利用原有的专网和互联网资源，实现总部与分支机构（集团所属各地公司）间的远程视频会议，保证一定的扩展能力，以满足企业发展对视频会议的需求增长，并实现系统的无缝连接。

同时，其视频系统、语音系统、监控系统间在部署和应用方面具有相关性，因此在视频会议系统的升级过程中，应将视频会议、VoIP 语音系统、监控系统进行全面融合，实现互通性应用，从整体上提升集团网络应用效率。

解决方案——IP 网络带来融合应用

H3C 是目前 IP 领域多媒体产品积累最丰富的厂家之一，拥有视频会议、视频监控、VoIP 全系列产品，能够为客户提供完整的多媒体融合解决方案，其雄厚的技术实力赢得该集团的高度认可。

接入灵活，方便快捷，节约成本

H3C 解决方案中采用业界领先的视频设备，可靠、实用、易维护。其视频会议和语音系统的融合主要表现在三个方面：通过部署语音网关，连接企业办公和虚拟电话程控交换系统，使得桌面办公电话也能通过 VoIP 接入视频会议系统，介入更加灵活；通过语音网关的部署，用户可以通过公共电话网络接入系统，即出差人员可以通过手机或固定电话

接入视频会议，不受地域限制，接入更加方便；灵活部署的 IP 语音终端，可以为硬件视频会议系统提供备份，信息传递更快捷。

而且，解决方案将传统电话网络纳入统一管理，充分利用已有资源，实现语音视频网络的一体化应用。同时，新系统支持纯语音终端的接入，即视频会议终端、IP 电话或传统电话都可以接入到视频会议系统，大大降低了视频会议系统的建设成本，而应用更加简便。

三网融合，决策更快更准确

H3C IP 网络视频监控系统作为一个开放、标准、高质量的视频监控基础平台，提供了完善的应用级安防系统整体解决方案。该方案充分考虑到原有专网的合理利用，将视频会议系统与专网上运行的 IP 智能监控系统、IP 语音系统进行无缝接合，实现了多媒体融合通信。

监控系统与语音系统互相融合中，解决方案提供了视频会议终端和监控系统的融合，将会议视角延伸至工地现场，实现了有效的生产调度，也实现了视频会议语音接入的综合应用。这样，多系统的融合使得决策和现场实际情况形成互动，在会议现场调用施工现场监控视频，便于决策层作出各种决策，尤其是在出现紧急状况时，通过系统联动，管理层能够迅速组织会议，分析现场实时状况，开展应急指挥，保障工程顺利进行。同时，该系统支持监控图像实时调阅、查询回放、监控系统图像接入视频会议系统等操作，使得视频监控系统既能充分发挥举证功用，又能使视频会议中的决策表决更具实际效应。

融合应用，企业 IT 应用新趋势

目前，集团可随时召开从总部到各分支机构的视频会议，集团整体业务效率大大提升。

从成本角度看，充分利用已有企业专网，桌面终端可以直接接入视频会议系统，既能提高视频会议的覆盖面，又降低了大规模建设视讯系统的成本，一举多得。

从应用角度看，新的视频会议系统，便于集团和分支机构间开展各种培训和讲座，增强了集团内部之间的互动交流，视频会议进行时可调用监控现场图像，并能通过语音接入会议，不仅提高决策效率，还能保障决策的准确传达。

从管理角度看，基于 IP 网络技术的解决方案，具有十分强大的管理功能，保障了各种视频终端设备的混合接入，并且能够对所有接入设备实施统一管理，这种高可管理性保障了集团视频会议系统的整体稳定运行。

通过融合应用，成功建设视频、语音、监控三网合一的视频会议系统，实现了企业视频、语音资源的高效整合，保障新增和已有网络的投资效果。更为重要的是，视频会议系统运行中实现的多方式灵活接入和通过监控图像调用等提高决策效率和效果，对于公司集团化运营中准确把握市场时机，不断提升集团市场业绩具有十分重要的作用。

H3C 提供的视频会议融合解决方案基于 IP 理念和架构，通过先进的技术手段帮助用户实现视频系统建设和应用目标，代表了业界应用趋势，为企业级用户建设高效率、规模化视频会议系统提供了最佳选择。

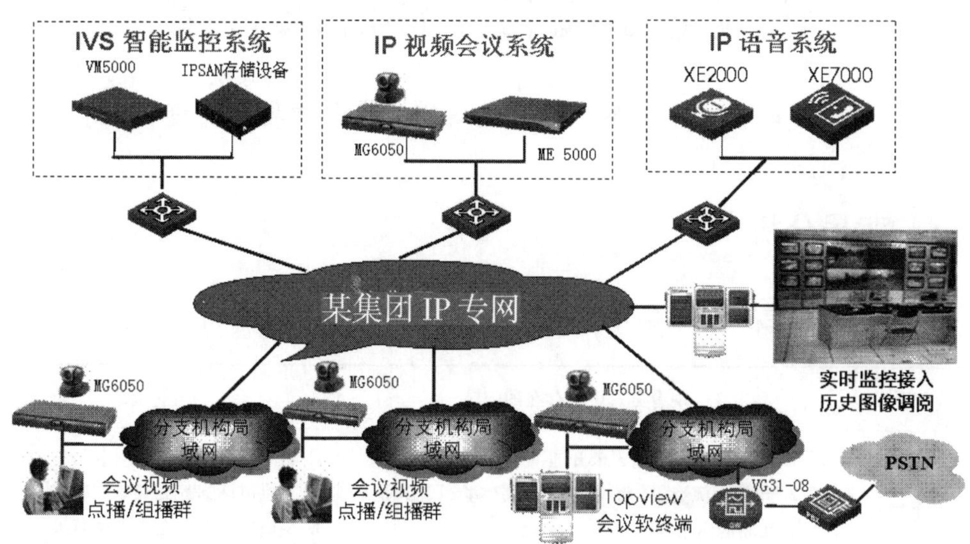

集团视频、语音、监控融合方案

快钱电子支付整体解决方案

——帮助企业开发客户、突破瓶颈、提升管理、促进合作

一、背景分析

（一）某企业电子支付需求分析

业务模式	现有方式可能存在的问题	支付需求
在线业务 （网销、电销）	1. 顾客信用卡普遍因未开通网银，在线支付受限 2. 单笔大额受限，影响用户购买体验，尤其是单价较高的商品	1. 希望覆盖更多的信用卡用户 2. 提供电话远程无卡支付通道 3. 突破单笔大额在线支付瓶颈
直营连锁店	1. 跨区域门店资金回笼周期长 2. 销售订单跟收款不能一一匹配，需要人工对账，工作量很大	1. 希望能加速资金归集速度 2. 通过刷卡和现金管理，实现订单跟支付一一匹配
会员卡管理	1. 现有会员卡只是银行联名卡，资金沉淀在银行，会员粘性不强 2. 会员信息没有电子化，没有分类和升级、缺乏系统的精准会员营销	1. 希望发行企业专属会员卡，享受资金沉淀收益 2. 希望建立会员电子化档案，并针对会员开展关系营销和数据库营销
加盟商及供货商结算	1. 结算银行单一，跨行跨区域打款成本高，加盟商不愿去柜台办理货款，汇款不能与订单匹配 2. 加盟商及供货商资金往来频繁，多套账目，财务手工对账、工作量很大 3. 代理商很多，返点计算和兑现繁琐	1. 需要支持多家银行网银收款，及时到账，与订单一一匹配，可实时查询，节省成本 2. 自动对账，自动计算返点，批量付款，统一账户管理，统一资金调拨，提高资金利用率和财务效率

（二）信用卡用户分析

1. 覆盖信用卡人群意味着覆盖了未来主流的消费群体。

截至 2008 年年底，中国信用卡发卡量超过 1.3 亿，信用卡用户的市场渗透率已达 36.9%，活跃用户已达 5000 万。信用卡用户数以每年 70% 的速度增长，预计 2010 年信用卡发卡量将超过 7 亿。

目前，主流的信用卡发卡行有：招行、工行、建行、交行、农行，占所有银行发卡量的 70%。

73% 的持卡人年龄在 26 ~ 45 岁区间，月均收入超过 4500 元，年富力强，消费能力旺盛；

72% 的持卡人大专以上学历，品牌敏感度高，是主流消费群体；

开通网银的信用卡用户仅占信用卡持卡人群的5%。

2. 根据招行提供的数字，信用卡持卡人群中只有5%的用户开通了网银。

3. 从企业目前网上支付方式来看，仅覆盖了5%开通网银的信用卡用户。

如何覆盖更为广泛的信用卡用户对提高企业网上销售至关重要。

二、“快钱”协助企业覆盖信用卡人群

覆盖渠道		覆盖方式	目前支持信用卡支付的银行	即将增加的银行
网上支付	人民币网关	开通了网银的信用卡用户通过企业网店的快钱人民币网关完成支付	招行、工行、建行、浦发、民生	中行、广发、农行、兴业
	信用卡网关（毋需开通网银）	所有主流信用卡用户毋需开通网银，即可通过企业网店的快钱信用卡网关完成支付	招行、中行、建行、工行、兴业、民行、浦发、广发、华夏、上海	农行、浦发等
电话支付	电话无卡支付	用户通过企业的IVR电话系统完成支付	招行、中行、建行、工行、兴业、民行、浦发、广发、华夏、上海	农行、浦发等

（一）“快钱网上信用卡支付”——帮助企业覆盖网上信用卡支付人群

1. 人民币网关：企业在自己的网站接入快钱的人民币网关，除了能使用借记卡支付外，开通网银的信用卡用户也可完成支付。

2. 信用卡网关：企业在自己的网站接入快钱的信用卡支付网关，信用卡持卡人（毋需开通网银的信用卡用户）自行在页面上输入信用卡号、有效期和CVV2码，完成收款后快钱自动通知商家提供产品或服务，目前支持招行、建行、工行等10家主流银行信用卡。

3. “快钱网上信用卡支付”的优势：

（1）操作简单方便，便于具有高消费能力的信用卡用户使用。

（2）通过快钱信用卡网关，消费者毋需开通网银，信用卡限额即为网上支付限额。

（二）“快钱电话无卡支付”——帮助企业利用Call Center覆盖广泛的信用卡人群

1. 客户致电企业Call Center，根据IVR系统中语音提示输入信用卡号、有效期和CVV2码，即可支付成功。支持招行、工行、建行等10家主流银行信用卡。

2. “快钱电话无卡支付”的优势：

（1）商务人士由于购买机票等应用，已习惯于直接使用信用卡卡号和有效期即可支付这一简单的付款方式。

（2）50%的信用卡用户在30岁以上，对开通网银、使用证书等复杂操作接受程度较低，尤其是高端信用卡客户，更倾向于通过电话无卡支付。

三、“快钱”大额支付——帮助企业突破大额支付瓶颈

（一）普通网银用户的大额瓶颈

银行出于风险控制的原因，对普通网银用户的网上支付做了一定的限制。如果顾客购买高额产品或者团购企业产品，普通网银用户无法一次性完成支付。

（二）快钱大额网关支持的银行

目前，快钱大额网关支持招行、工行、建行、农行、广发，即将开通交行、民生、浦发等银行，可以覆盖70%以上的银行卡用户，使普通网银用户即可支付，大大提高网上支付成功率。

（三）快钱大额网关与众不同

1. 快钱大额网关与普通网关的区别：

银行	普通网关	快钱大额网关
工商银行	2006 年 9 月 1 日前注册的非签约无证书、无口令卡客户，限额：累计 300 元 2006 年 9 月 1 日后注册的无证书、无口令卡客户，不能支付签约用户占比不足 20%，口令卡单笔 1000 元，日累计 5000 元 卡种：借记卡、信用卡	网银用户（包含非签约和签约用户），单笔 2 万元，日累计 2 万元，历史卡累计 10 万元，U 盾用户不限 卡种：借记卡、信用卡
农业银行	非签约用户不能支付，签约用户占比 10% 左右 卡种：借记卡	网银用户（非签约、签约用户）都可支付，无限额；非签约用户在网上申请电子支付卡后可以支付，且无限额 卡种：借记卡
建设银行	非签约用户、文件证书用户不能支付，签约用户占比 10% 左右 口令卡和 Ukey 用户单笔 1 万元，日累计 3 万元 信用卡：单笔、日累计 500 元	非签约、文件证书用户不能支付 口令卡和 Ukey 用户单笔 10 万元，日累计 15 万元 信用卡：单笔、日累计 500 元
招商银行	借记卡：大众版单笔和日累计限额 5000 元（交易金额超过 1000 元，须进行电话或手机验证）；网银用户占比 5% 左右 信用卡：单笔 497 元	借记卡：大众版单笔和日累计限额 5000 元（交易毋需身份验证），专业版不限额 信用卡：不限额
广发银行	非签约用户，单笔限额 500 元，日限额 1500 元；签约用户占比 10% 左右，单笔限额 5000 元 卡种：借记卡、信用卡	签约用户可以支付，单笔限额 5000 元，无日限额 卡种：借记卡、信用卡

2. 快钱大额网关与支付宝、银联“大额”的区别：

目前某企业产品单价在1～8000元之间，以非签约用户通过招行信用卡来支付2000元购买企业产品为例：

支付平台	大额实现方式
支付宝	1. 需要先充值到支付宝账号 2. 每次充值限额497元 3. 重复充值次数5次
银联	没有账户充值功能，大部分银行不开通专业版，不能完成支付，如有的银行单笔最高限额是497元
快钱	用户无论是否开通专业版，均可通过快钱大额网关一次性支付2000元，让用户成功享受畅快的网上购物体验，也提高了企业支付成功率

四、快钱直营连锁店方案给企业带来便利

通过POS刷卡和现金管理，加速跨区域直营店的资金回笼，降低了企业运营风险，提高了资金利用率。

可实现订单与收款一一匹配，使每笔交易都能实时可查，提高了财务对账效率。

实现POS与ERP系统的整合，方便企业实时掌握会员消费情况，从而为精准营销管理提供数据和便利。

（一）快钱POS机优势

传统POS机存在问题	快钱POS机	快钱POS机优势
只能消费	消费、撤消、退货、预授权、预授权完成等	交易类型丰富
不能查询	可查询两年内的记录	具有查询功能
必须每天手工结算	系统自动结算	具有自动结算功能
跟银行固定结算时间	当天结算	到账时间快
没有后台管理功能	实时交易监控、日交易汇总、入账对账、交易统计分析等	商户可进行后台管理
独立机具，无法跟商户整合	可与商户系统整合	信息可实时对接
逐笔收，每拨一次收一次钱（一次1.2元）	固定POS机：与其他设备一起用 移动POS机：按流量计费	费用经济
需培训才会使用	易操作	界面友好
不能对账	系统自动对账	对账方便

（二）集团账户管理

1. 集团账户管理是快钱为用户提供的，对委托或授权的快钱账户进行明细和余额查询的服务；如经特殊授权，还可以实时划拨集团内相关成员在快钱账户内的资金，提高企业管理水平与资金使用效率。

2. 使用前提：需申请开通，且需提供子账户授权书（书面）。

3. 快钱集团账户管理适用于：对连锁直营店财务进行管理，对代理商财务状况进行管理，网上多店管理平台，以及其他具有上下级关系的企业。

4. 集团账户管理应用。

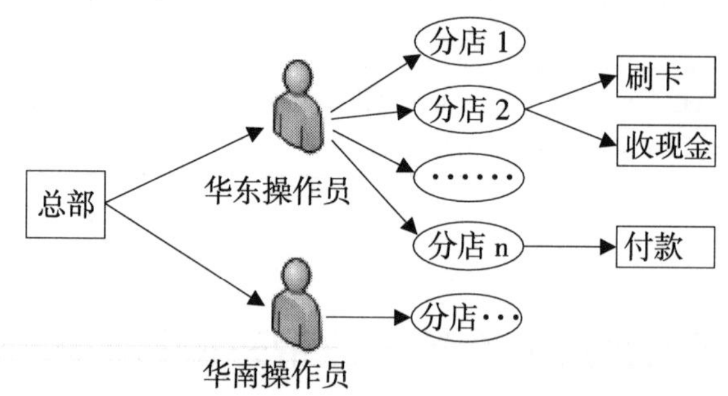

使用功能：

1. 资金归集：分店通过 POS 或收现金等收款工具收取资金，总部归集资金。
2. 资金下拨：分店有成本支出需求，申请拨款，总部下拨资金到分店。
3. 交易复核：分店发起付款请求，总部复核之后再出款。
4. 查询：总部查看分店的交易明细和收支情况，各分店依然是独立核算。
5. 子账户授权管理：总部的管理中心可以把分部的管理权限分给各分公司操作员，例如把华东区的分店都分归华东操作员管理。

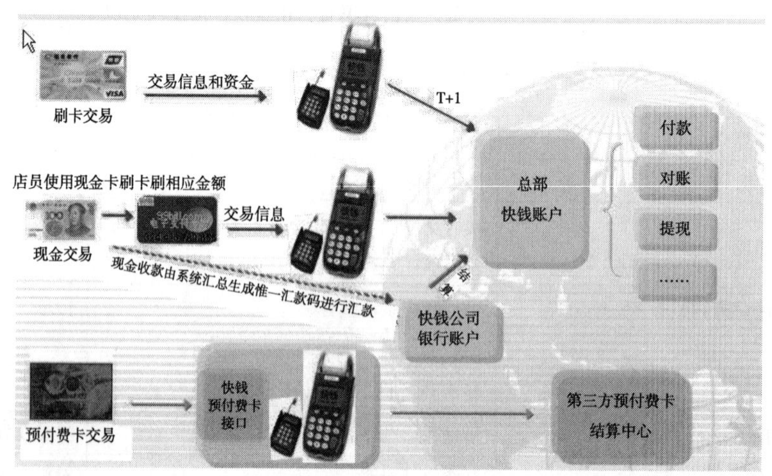

五、企业会员卡管理方案

（一）合作模式

企业自行管理会员卡相关所有资金，“快钱”提供会员卡发行与运营交易处理和对账，会员持卡可在企业门店和网上商城进行支付。

（二）企业收益

资金沉淀；扩大交易量；客户资源锁定，方便开展精准的数据库营销等。

（三）发卡流程

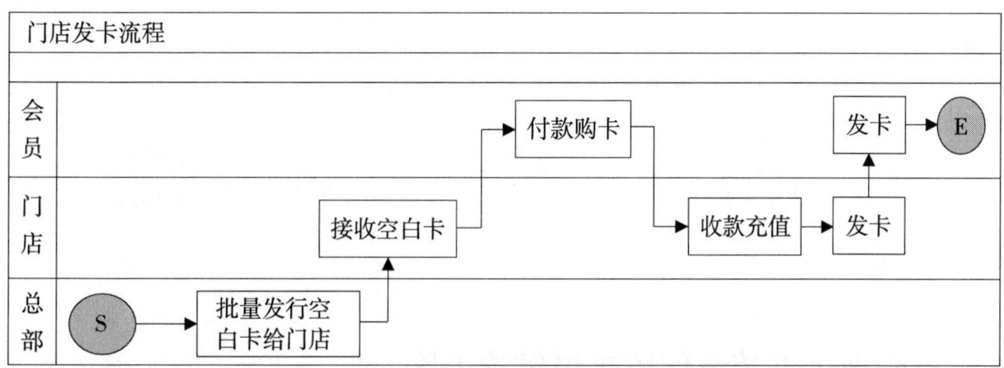

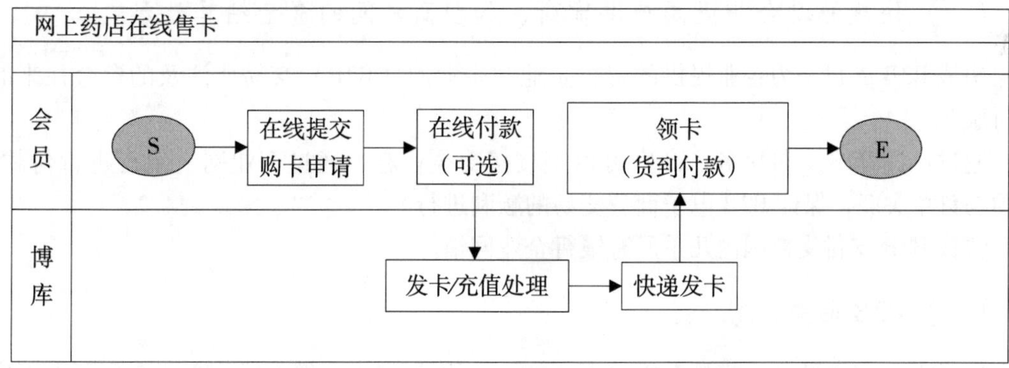

（四）会员卡主要功能

1. 充值：在线自助充值；门店 POS 充值。
2. 消费：在线购物——输入卡号/密码；门店消费——在快钱 POS 上刷会员卡支付。

（五）会员卡辅助功能

1. 余额查询、交易查询、修改密码——快钱提供在线操作平台供会员自助操作。

2. 实名卡、匿名卡——系统同时支持实名卡和匿名卡。匿名卡不能挂失，不能补卡。
3. 匿名卡转实名卡——快钱提供在线操作平台供会员自助操作。
4. 挂失、解除挂失、补卡——挂失处理仅限于实名卡。
5. 销卡、退款——因涉嫌洗钱风险，不予提供。

（六）资金清算流程

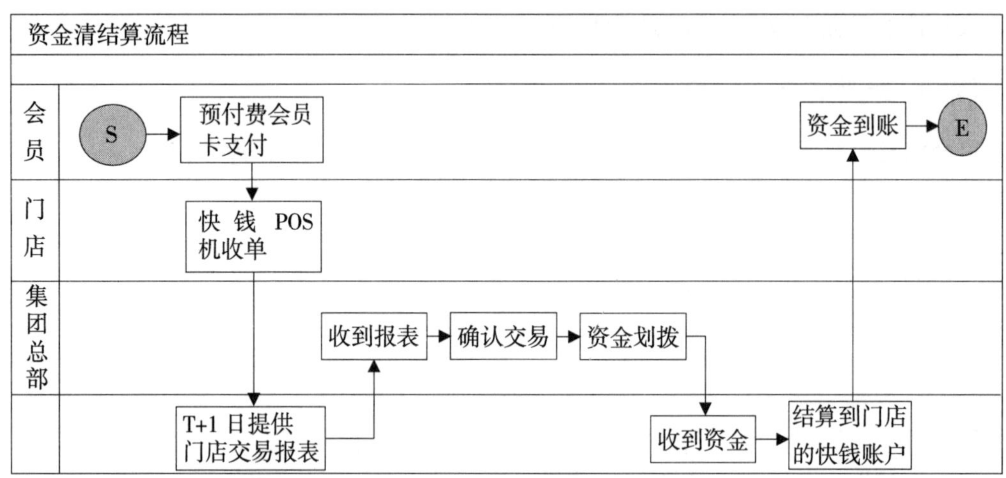

六、企业上下游合作商支付解决方案

（一）快钱协助企业提高与供货商、加盟商之间的资金结算效率

快钱 B2B 支付是为企业提供的解决企业与企业间（B2B）交易所涉及的资金往来的支付服务。

通过快钱 B2B 支付服务，商家可以直接接受企业客户通过企业网上银行进行付款，款项与订单关联，保证 B2B 电子商务交易的顺利进行。

快钱 B2B 支付支持国内几乎所有银行企业网银。

（二）B2B 网关优势

1. 收款与订单结合，交易笔笔清晰——接入快钱 B2B 支付以后，企业客户可在下完订单后，直接通过企业网银付款，款项与订单相结合，笔笔清晰，实时可查，查询及对账方便，提高财务效率。

2. 支持多家银行，满足企业需求——接入快钱 B2B 支付后，企业客户所开通的企业网银均可在线支付，不受开户行局限。快钱支持多家银行的企业网银，覆盖最广泛的企业用户，给企业带来更多的潜在客户和交易量。

3. 实时收款，加速企业资金回笼——快钱 B2B 支付可以对企业客户实时收款，款项实时到账，资金迅速回笼。

（三）快钱批量付款协助企业提高财务效率

1. 批量付款，是快钱提供的可帮助企业用户同时处理多笔付款的支付服务。使用该服务的企业用户只需下载 Excel 模版文件并按照操作指导填写相关内容，将该文件上传后，就可以一次性完成多笔付款操作。

2. 快钱批量付款包括两种方式：批量付款到快钱账户和批量付款到银行账户。

（1）批量付款到快钱账户：是商家一次性将多笔款项支付到多个收款方的快钱账户的支付方式。

（2）批量付款到银行账户：是商家一次性将多笔款项直接支付到多个收款方的银行账户的支付方式。

上述操作可同时对 2000 家商户付款，尤其用在员工普发工资、加盟商返点结算和兑现方面，可以帮助企业财务大大节省时间。

（四）快钱协助企业财务统一账户管理

1. 查询——以人性化的查询界面，将交易对象、交易金额、交易状态等信息呈现出来，为财务人员进行财务对账和业务人员进行相关业务查询提供了很大的便利。

2. 对账——企业财务人员可通过快钱提供的下列两种途径获取所需对账服务：

（1）手工对账：登陆快钱平台进入商家在快钱的账户获得对账信息（订单号、交易状态、金额等），并且提供本地下载服务。

（2）自动对账：在商家平台接入快钱提供的自动对账接口，商家无需登陆快钱账户，只要在自己的平台就可以根据订单号和交易的时间段进行对账。

3. 使用快钱查询、对账为企业带来的好处——提供便捷的在线查询、对账服务。

（1）基于清算账户的资金往来记录查询；

（2）跨越多种支付产品的交易查询；

（3）可附加相关订单信息，简化对账匹配操作；

（4）支持 API 接口，无缝集成到客户的财务系统，完成自动查询、对账。

综上所述，快钱电子支付整体解决方案所提供的服务能给商户带来如下支持：

快钱信用卡产品帮助企业全方位覆盖信用卡人群，使 95% 未开通网银的持卡人也能在线支付或电话远程支付。

快钱大额网关帮助企业突破大额支付瓶颈，使得客户对超过银行单笔额度限制的产品也能一次性成功完成支付。

快钱加速企业资金归集，并能对现金有效管理，实现每笔订单与收款一一匹配，大大提高财务工作效率。

快钱账户管理实现商户所有资金往来在同一平台进行管理和调配，提高财务效率。

快钱提供更为便捷的退款通道，节省工作量。

（呙道合）

制冷、通风及空调系统节能方案关键点分析及技术应用

目前，零售企业在空调节能技术的应用上主要围绕新建系统和改造系统而进行。具体涵盖：新建系统的整体设计（包括水侧系统、空气侧系统）；新建系统空调设备的选择及新建系统控制系统与能耗监视系统的设计。对于改造系统，可根据当地的气象、能源价格、法规政策和门店使用状况、能耗数据等，详细分析研究，对空调系统进行节能诊断，对现有的监测与控制系统进行相应的诊断。在节能诊断的基础上，对有潜力的现有系统设计实施改造措施和方案，改造后的控制系统与能耗监控系统应符合新建系统的相关要求。通过空调系统的技术改造，可以减少企业的能耗和运行成本，进而为企业创造收益。

据调查，大部分超市现阶段采用中央空调系统控制店内温度，中央空调设计时是按天气最热、负荷最大时设计的，并且留有 10% ~20% 设计余量。而实际上绝大部分时间空调是不会运行在满负荷状态下，存在较大的富余，所以节能的潜力较大。

零售企业采用的空调系统节能技术主要包括：

（一）变频调速控制技术

该技术是通过集中优化控制系统，集中对主机、水泵、风柜、冷却塔的控制，实现根据空调负荷的变化，各设备运行参数匹配，减少设备运行冗余，达到节能的目的，节电空间在 20% ~50% 之间。调查显示，一个每月用电量约为 15 万元的中型超市，如果采用变频节能改造后中央空调机组每月最少可节约电费 1.2 万元，每年可节约 14.4 万元。

（二）冷凝器自动清洗技术

中央空调系统设备除了电机耗能外，热交换设备的换热效率的高低直接影响了用电量的多少。中央空调系统设备的热交换设备包括：主机的冷凝器、蒸发器，风柜的表冷器、冷却塔。这些设备的热交换效率除了设备本身外，影响其热交换效率主要就是表面洁净度。冷凝器里流的是冷却水，冷却水经过冷却塔时是开放的，与外界环境接触。水里含有粘泥、藻类、细菌，由于冷却水的水温较高（30℃ ~40℃），易在冷凝器的铜管中形成水垢和污垢，会降低冷凝器的换热效率。自动清洗设备通过计算机智能控制系统定时发射和回收海棉橡胶小球，用物理的方法清洁冷凝器铜管内壁，使铜管表面始终保持清洁状态，提高换热效率。一般节电在 8% ~20% （对不同的空调主机）。

（三）空调末端风柜清洗消毒技术

在中央空调运行及维保过程中，往往忽视末端风柜的清洁。空调风柜在长期运行过程中，空气中的灰尘积聚在过滤网和表冷器翅片上，阻塞风道，风速降低，出风量减少，换热效率降低，造成空调耗能。据估算，采用空调末端风柜清洗消毒技术系统节能在 10%

左右。

（四）使用布袋风管代替传统的镀锌风管

作为空调系统的送风管网，在材料的使用上减少建筑物资源的使用，利用低温送风技术配合布袋风管达到低速、舒适、低能耗送风，提高能源的传输效率。

（五）过渡季节的全新风引入（Free Cooling）

利用过渡季节的自然冷源代替人工冷源，引入室外较低温的空气与室内的空气进行热交换，达到降温的目的。

（六）采用大温差冷水机组

加大冷水机组的冷冻及冷却水供回水温差，从而降低水泵的能耗，达到节能的目的。

（七）采用大量自控元件

利用电动控制元件进行系统能量的自动调节，节约运行成本。

（八）冷凝水回收系统

将空调设备产生的低温冷凝水回收利用，提高冷水机组的换热效率，降低冷水机组能耗。

（九）根据产品、卖场布局的不同，合理选择水冷系统或风冷系统

不同营业面积对空调系统配置的需要、资金投入及节电效益情况是不同的。一般而言，卖场的空调冷负荷大约为200W/平方米，如果以该数据为基础，则1万平方米营业面积的卖场，空调系统的设计负荷约为2000KW，即569冷吨。对于该类型的卖场，建议采用水冷系统而不是风冷系统，因为大体量系统，水冷冷水机组的效率更高，系统优势更大，如同时采用合理的系统整体优化设计，则相对于风冷机组系统，至少可达到20%～40%的空调机房系统节能效果。

跨区域发展的零售企业要针对门店的不同区域、气候差异等具体情况，进行空调系统设计。

（十）根据地区、季节和自然资源的不同，科学设计空调系统

对于北方地区，由于空调系统的供冷与采暖系统的供暖运行时间都较长，因此，在系统设计时必须同时考虑两个系统的初投资及运行费用。

由于过渡季及冬季室外气温较低，无论对于机房系统还是空气侧系统，都可以充分考虑“免费取冷”的应用，比如：“对冬季或过渡季存在一定量供冷需求的建筑，经技术经济分析合理时应利用冷却塔提供空气调节冷水”，或者“过渡季节建议采用全新风引入（Free Cooling）方式：利用过渡季节的自然冷源代替人工冷源，引入室外较低温的空气与室内的空气进行热交换，达到降温的目的”。

由于供冷系统及采暖系统运行时空气侧系统均需运行，因此，北方系统设计中，要充

分考虑空气侧系统的节能系统设计及节能设备的选择。

对于南方地区，由于供冷时间远远大于采暖时间，供冷系统的运行具有长期性，无论新建还是改造系统，都必须充分考虑机房系统的节能设计及设备的高效性，尽可能地提高机房系统的整体效率值；同时由于室外空气的湿度较大，在空气侧系统设计及节能改造优化中，对于空气侧设备的除湿及室内温湿度的设定，必须进行合理的设计和设定。

照明节能方案关键点及设备技术应用

一、照明设计

各零售企业为降低商业运营过程中的照明能耗，研究分析商业照明设计的理念和趋势，寻求既能突出经营者需求、又能满足消费者舒适度与节约能源的平衡点。

（一）超市照明设计方面

超市照明设计的基本要求是，满足卖场各个空间的照度，照度越高照明耗能也就越大，所以降低照度是降低照明耗能的方法之一。例如：

· TESCO（天津福州道店）为减少电能损耗将生鲜区局部重点照明由原来的 70 瓦调整为合适的 35 瓦。

· 家乐福所有新店中的设计都要求降低少许照度。初始照度由原来 1200 lux 降低至 1000 lux，6 个月后的稳定照度由 1000 lux 降低至 800 lux。

（二）百货照明设计方面

照明设计除了满足空间的照度需要，还需对卖场氛围起到烘托作用。所以既满足商业经营的需求、又最大限度地实现节能目标的双重要求就需要更加细化的照明规划。例如：

· 王府井百货集团长安商场在“营造突出展示商品、弱化周围环境的设计理念”指导下，进行节能改造，根据长安商场实际经营的情况，对基本的设计需求进行了细致分析。例如，对商场标准层动线上方的照度，把原来平均照度参考标准从 900 lux 调整到 400 lux。减少了动线上方灯具和光源的数量，直接降低了商场经营中的能耗，同时强化了商品区域的亮度。

（三）严格控制对商业经营影响不大的能耗

例如，在商场中岛区域的灯具布置方式上，摒弃传统的平均布灯方式，采用呼应商品柜位的布置方式。

二、照明设备

随着各类高效照明设备不断涌现，LED、无极灯、T5、T8 高频荧光灯、感应器等陆续在市面上推广，各零售企业在实际中率先广泛使用这些高效照明设备在其照明节能改造过程中。例如：

· 在商场的普通照明、冷冻柜、化妆品区域等广泛采用 LED 代替传统荧光灯具；

· 在果蔬、肉类、面包区，导入无极灯代替金卤灯；

· 在人流量低的地方安装定时器、动态感应器等设备，有效减少低人流区域的照明能耗。

但值得关注的是，对于超市的基础照明区域，目前大部分零售企业仍选用T5、T8高频荧光灯替代传统T8荧光灯，尤其是T8高频荧光灯，优势在于其具有世界最高光效(110lux/W)、18000h超长额定寿命以及稳定的使用性能。另外，新一代照明智能控制系统也正在研发试用中，例如，松下电工与国美电器合作，在其部分门店应用Full—2way智能控制系统，根据客流规律自动调节灯具的开关、亮度，更科学地进行节电。

对于百货店来说，由于装饰氛围的需要经常会使用卤素灯或金卤筒灯。如长安商场在首层的照明上，采用了代表当今金卤光源界最高技术的CDM陶瓷金卤灯，该光源采用高效率的发光材料，大大降低了电耗，比普通卤素灯节能4~6倍，光通维持率高。

三、照明管理

在进行了细致的照明规划，选用高效、节能照明系统后，零售企业仍需要对照明开关时间、区域进行控制。增加或细分回路设计，根据不同日期、不同时段的要求，对不同区域整体或是部分灯具的开关进行控制，从而为经营中的节电提供必要的条件。例如：

·家乐福和TESCO等很多零售企业，都选择安装时间继电器或照明控制系统实现智能化控制，把照明进行时间和区域上的合理化分配。比如，根据卖场运行状况和营业习惯，早上6点到开业前，只启动10%的应急照明；早上8点左右，启动40%的照明；正式营业后启动100%的照明。

·在不同区域安装感应控制器，也是进行有效照明控制的一种方法。如在办公区安装移动传感器，通过红外线传感器对人的感应，来控制办公区的照明和空调；在停车场和店招安装照度传感器，停车场和店招的照明根据照度自动开启，根据时间设定自动关闭。

四、照明系统节能原则

(一) 正确选择照度标准

参照国家相关标准，根据实际需要选取适当的照明标准，灵活掌握选择提高一级或降低一级的规定，贯彻该高则高、该低则低的原则。

(二) 合理选择照明方式——混合照明、分区一般照明、加强照明、就近设备装灯等。

(三) 使用高光效照明设备

商业空间中可选的光源光效由高到低顺序为金属卤化物灯、T8高频荧光灯、三基色荧光灯、T5高频荧光灯、普通荧光灯、紧凑型荧光灯、LED、卤钨灯、普通白炽灯。

除光效外，还要考虑显色性、色温、使用寿命、性能价格等综合指标。

(四) 照明配电及控制节能

照明回路宜采用集中控制，并按照使用条件和需求分区、分时控制。

防损定位与跨国零售企业防损体系

据中国连锁经营协会发布的《2009 年中国连锁超市、大卖场防损状况调查》显示，外部顾客盗窃和内部员工盗窃所造成的损耗占国内连锁企业损耗的 62%。防范和打击内外部盗窃、减少企业损耗，是零售企业防损部门的重要职责和使命。但是，一家上万个 SKU、数万件商品的卖场内，哪些是盗窃目标？每天光顾卖场的数万名顾客中，哪些人是防范目标？防损员在明处，盗窃者在暗处；况且不是所有的高损耗商品都能装防盗标签，CCTV 最多只能覆盖卖场 50% 的区域；防损人员定编太少，每班只有 3 ~5 名便衣在卖场巡查，防不胜防，成本太高；“道高一尺、魔高一丈”，防损便衣再厉害也有失手的时候，总是抓住的少，被盗的多；团伙惯盗千方百计腐蚀拉拢企业内部的防损和营运同事。加之“限塑令”导致顾客大肆使用免费连卷袋形成的费用增加，管理不善导致的各类损耗……国内零售企业的防损面临新的巨大挑战。

一、防损定位

（一）防损理念陈旧，缺乏清晰定位

以外资大卖场为代表的现代零售业已在中国发展了十多年，极大地提高了中国的零售业水平，这期间在营运、采购、IT、物流等领域涌现出大量的优秀经理人，他们成为零售企业的中流砥柱。可我们却遗憾地看到，作为零售企业利润的“守门员”——防损，在这十年间发展有限、人才匮乏，仍然停留在传统的保安水平，令人感到惋惜。

探索这一问题的根源在于多数零售企业没有给防损一个清晰的定位，过去企业的防损部只有基本的防盗职能，现在企业的防损部虽然增加了流程稽核的职能，但都没有通过从点到线再到面的体系化管理，把防损提升到战略的地位。

美国的大型零售企业一般都会设置防损副总裁的职位，他们负责全公司的风险管理、资产安全、企业内部诚信调查、流程检查等职能。其中，沃尔玛把它的防损体系成功带到了中国，而华润万家借鉴沃尔玛的防损理念，结合国内企业的实际，成功构建起适合企业自身的防损体系，取得了很好的效果。

（二）防损部门职能定位

1. 防损部门是诚信的维护者

诚信文化必须成为零售企业文化的基石，仅仅依靠绩效文化，将难于避免店长独权、数据造假、采购腐败，最终给高速扩张的企业造成失控或难于挽回的局面。“千里之堤，溃于蚁穴”，防损部门的独特作用成为企业诚信文化的维护者。

2. 防损部门是政策的监督者

防损部门除了负责控制存货损耗，更要渗透到各个营运环节，防止任何侵害企业利润的问题发生。要做到这一点，就需要构建专业化的防损团队，需要构建系统的防损培训体

系来培养多元化的防损通才。

3. 防损部门是事实的发现者

防损部门是企业惟一被赋予进行内部调查的部门，因为它从一开始就代表了正直和公正。要做到这一点，防损管理人员就要接受专业的调查技能训练，如此才能应对无孔不入的内外盗问题。

4. 防损部门是风险的预警者

一是要制定严格的消防管理制度，确保消防安全；二是要建立严格的安全运营操作体系，确保顾客和员工的人身安全；三是制定完善的危机事件处理流程，作为食品超市还要具备专业的食品安全知识并参与日常的食品安全管理。总之，防损部门要参与除了财务风险以外的一切风险的控制和预防。

5. 防损部门是利润的补偿者

防损部门通过降低损耗直接提高 EBIT，通过审核损益表中的异常可控费用并对其调查，通过成本调查渗透到新店建设、旧店改造、设备采购、设备维保、耗用品费用、促销费用、租赁招商、物流成本等领域，通过商品成本的调查确定供应商欺诈和采购诚信问题，改善毛利率并提高采购收入。最终，防损部门将成为利润部门而不是成本部门。

企业只有明确了防损在企业整体运营中的定位，清晰其职能，才能设置一个以总部防损部门为核心，对门店防损机构进行直线管理的组织架构，建立起一个独立、专业和充满活力的防损团队。

二、美国零售企业防损体系列举

美国零售企业经过几十年的发展，市场和业态不断细分，凭借强大的零售技术和创新，不断带给顾客便利、快捷、愉悦的购物体验。但是在这些企业卓越的管理和运营背后，一个强有力的专业部门——防损部，在无形地支持和保护着企业的每一个角落。近几年来，美国零售企业的防损部门正被赋予更丰富的职能，向资产保护部演变。下面列举其防损体系的一些最佳实践，用以拓展国内零售企业新的视野。

（一）JCPenney：极有创意的损耗宣传计划（Shrinkage Awareness Program）

JCPenney1902年创建于美国怀俄明州，创始人 James Cash Penney，开办的首家商场名为“黄金规则”（Golden Rule），现已发展成全美国最大的百货公司。截至2006年拥有店铺1067家，员工15.5万人，营业额199亿美元。JCPenney倡导“共赢”的企业文化，涵盖“发展激励员工、诚信、教练式领导、庆祝成功、团队合作、高品质、创新和回馈社区”八个方面。

JCPenney 防损部对员工的损耗宣教可谓煞费苦心。2006年，其防损部与 Punch Communication 外部广告公司合作，设计推出一系列的宣传活动，包括制作海报、管理层讲话传播、标识等，并给每家商场每月发送两张海报。一张是“防止内盗”的宣传，包括介绍公司诚信、正直和责任文化，公司对内盗的态度和处理政策，并提出“做正直的人，不偷窃”

(Keep it Real, Just don't steal!) 的口号；另一张是“防止外盗”的宣传，包括教育员工如何防范小偷和职业团伙盗窃。在防损部门推出这些作品前，他们也比较紧张，担心商场的员工能否接受这些大胆的设计和文字，但结果出乎意料，这些海报受到员工们的热烈欢迎，产生了非常好的效果。

接下来，防损部再接再厉，他们构思出一个防损代言人“SKIP”，由 SKIP 代表 JCPenney 员工的形象，拍摄很多视频短片。在里面，SKIP 扮演各种角色，从供应商欺诈控制，到高损耗商品控制等覆盖了内盗和外盗的各种环节。在其中还设计一些损耗控制的试题和猜谜让员工参与，优胜者都有机会参加抽奖并赢取假期的奖励。这些活动让 JCPenney 的员工为之疯狂。同时，这些短片每月录制一个，内容包括内盗控制宣传点和外盗控制宣传点，使商场管理人员借助这些短片和员工分享。SKIP 成了明星，无论是新员工还是老员工都喜欢他，他的行为已成为 JCPenney 年轻人的样板。在 2007 年，随着信息技术的发展，JCPenney 把宣传短片加进了 POS 系统，收银员和商场员工在每天开业前或没有顾客的时候都可以在 POS 机上播放这些宣传片。

JCPenney 带来的启示：面对“80 后”、“90 后”等新新人类，零售企业如何建立更加有效的培训体系如 E – LEARNING，让培训简单、标准、快乐、易于复制，这些值得我们思考。

上页图为 SKIP 扮演的诚信宣传海报“偷还是不偷?”：面对魔鬼的诱惑和天使的劝告，他选择了后者。海报右下角有防损部的诚信举报热线号码。

（二）Best Buy（百思买）：用谦逊和尊重的文化防止损耗

Best Buy 是美国也是全球最大的电子产品零售商，成立于 1966 年，现在全球拥有 1200 多家门店，2007 年营业额 359 亿美元。Best Buy 的企业文化以顾客价值为核心，倡导让员工充分发挥自己的能力，尊重、谦逊和正直，从挑战和变革中学习，快乐工作、努力做到最好。

Best Buy 的全球资产保护部和风险控制副总裁 Paul Stone 介绍了其防损体系的亮点：

1. 以人为本

以人为本是公司的核心企业文化之一，这一点在防损部有很好的体现。防损部也积极参与销售活动。走进 Best Buy，你会看到出入口身穿鲜艳黄色制服的防损员，他们除了友好地和顾客问好、核查小票外，还提醒顾客是否有忘记购买的商品，如电池、胶卷等，以提升顾客的购物体验。

2. 防损营运无界限

虽然防损部自身有很好的职业生涯规划，但防损和营运之间没有界限。很多防损部的同事加入其他部门发展，有些发展成为店长甚至是区域经理。防损部参与营运的每一个环节，公司设立损耗奖励计划，鼓励全员防损。

3. 以防为主的防损理念

Best Buy 的防损理念是“以防为主”，而不是“以抓为主”，其次是建立开放式的全员防损计划。这种理念建立在尊重和谦逊的企业文化基础上，要以信任的态度对待顾客和员工，如果 100 个顾客里有 1 个是行窃者，绝不能为了制止 1 个行窃者而影响了其他 99 个顾客的感受。走进 Best Buy，你会看到几乎所有的电子产品都是开放式陈列，带给顾客全新的购物感受和热情，而这些开放陈列的背后，Best Buy 投资了大量高科技的防盗设施和陈列道具，因为卖得更多，才能丢得更少。

4. 防损关注的四个领域

损耗控制计划。Best Buy 在上世纪 90 年代中期开始重视对损耗的控制，随着防损部对公司业务各个层面的渗透，他们的损耗控制计划也日趋成熟。

门店店长每天都和员工谈论损耗的话题，防损是管理人员职责的一部分。

周期性盘点。在实施损耗控制计划之后，公司才开始实行周期性盘点，只有每天或每周对不同品类的商品进行盘点，才能快速了解损耗的信息。

损耗的承诺。如果门店的损耗超出公司标准，门店将召开高损耗会议，店长将分析损耗的原因并制定改进方案。

Best Buy 带来的启示：国内的零售企业通常在营运和防损的关系上界限分明，营运是营运，防损是防损，而 Best Buy 做到了营运和防损的完美结合，这些值得我们思考。

（三）ACE Hardware（ACE 五金工具连锁店）：以服务为导向的防损体系

ACE 1924 年创立于美国的芝加哥，它从一个小五金店发展到现今的全美国前 25 大零售商之一，在美国和 70 多个国家拥有 4600 多家商场，2005 年的营业额超过 130 亿美元。ACE 倡导“赢在零售”（Win at Retail），成为自己动手（DIY）类型的顾客服务。ACE 的防损团队也紧紧围绕这一原则，建立了以服务为导向的防损体系。

1. 愿景与使命

ACE 防损部的愿景是：在资产保护方面成为高瞻远瞩的生意伙伴。

ACE 防损部的使命是：我们识别和降低企业风险，我们为维护公司利益和内部与外部顾客保持良好合作，诚实和信任是防损一切行动的基石。

ACE 防损部的职能包含内部调查、生意永续和灾难恢复计划、供应链安全和零售防损各个层面。

2. 防损服务公司（LPS）

由于 ACE 的门店包含很多加盟店，为满足这些加盟店防损工作的需要，ACE 在 1994 年成立了防损服务公司（LPS），为这些门店提供防损审计、调查和培训服务。ACE 的紧密加盟模式让加盟店得到了来自总部的资源共享，包括零售培训、广告资源、设备资源、顾客忠诚计划、购物卡计划、品类管理计划等，防损服务也是其中一部分。

3. 出售服务

防损服务公司每次服务都是收费的，他们 365 天、每周 7 天、每天 24 小时随叫随到。但是 LPS 并不对加盟店的损耗指标负责，这样的问题是：加盟商为什么会愿意付费给防损服务公司呢？这完全凭借 LPS 团队专业的技能和良好的沟通，赢得了加盟商的信任，并让加盟商取得了较好的投资回报。

LPS 的服务菜单包括从培训到调查到审计到提供安防产品的一系列活动。其中培训课程包括针对基层员工的损耗认知计划、培训员工如何防范外盗、防范前台各种现金诈骗、防范打劫、防范内盗等；管理人员的损耗认知计划包括招聘技巧、调查技巧、如何建立成功的防损体系等。

防损审计服务包括损耗测试计划，LPS 将从营运的各个环节如收货、前台、安全、现金、商品等各方面测试门店抗欺诈、损耗和盗窃的能力，损耗测试通常要进行6~10个小时。防损审计还包括财务审计，由注册会计师参与核实加盟商财务数据的真实性。

加盟商还可以共享总部的防损设备资源，包括CCTV系统、门禁系统、红外报警系统、EAS系统、保险柜、防盗镜、毒品测试服务、员工入职背景调查等，尽管这些产品市场上有很多品牌，但加盟商信任防损服务公司的推荐，因为全国性的采购合同可以让加盟商得到更优惠的价格。

4. 创造利润

ACE防损服务公司以其专业的表现不断赢得加盟商的赞赏，逐渐地他们由一个成本中心转为利润中心，成为优秀的防损咨询公司，开始为企业创造利润！

ACE带来的启示：国内很多零售企业都发展加盟店，但大多是松散型加盟，最多只做到了商品的统一采购，但在防损领域如何对加盟店进行控制呢？ACE为我们做出了非常好的典范。

（注：美国零售企业防损体系列举摘自“Loss Prevention”期刊）

（华润万家防损部　臧游）

如何构建企业防腐败机制

任何企业在经营运作中定将面临各种风险，而任何风险，都将对企业的运作产生程度不同的影响。当然，企业所处的行业、环境不同，面临的风险程度也不同。但有一种风险，却是当前所有企业所共同面临的、也是最难避免的风险，这就是员工的不诚信行为。

多数的不诚信行为不会对企业带来致命的影响，所以并不为一些企业所重视。然而，一旦企业忽视甚至放纵员工的不诚信行为，无疑于自掘坟墓。极端的案例从巴林银行、安然公司、世界通信、三鹿奶粉等就可以看出不诚信行为具有的杀伤力，其实这种不诚信的行为已经成为一种违法行为。但一般的不诚信行为无疑也会使企业的利润降低或效率降低，进而失去市场竞争力。

很难用具体的尺度来衡量不诚信行为，尤其在当前，一些行业内部的“潜规则”已经被许多人视为一种正常的竞争手段，如现金回扣、礼品馈赠、有价证券、免费旅游、持有干股、吃喝玩乐等等。虽然绝大多数的人对不诚实等行为深恶痛绝，但苦于这些行为无孔不入、防不胜防而深感无奈。

如果企业着眼于长远发展或需要在竞争日益激烈的市场中提升竞争力，诚信问题就不容小觑。借鉴一些国际性大企业的经验，建立一套完整的诚信机制来约束员工的日常行为，不但可以减少企业利润流失，而且可以提升管理效力，促进企业长期健康发展。

许多知名企业都设立有调查部、合规部、内审部或法律部等部门，承担维护企业诚信的职能。

大多数情况下，这类部门以独立运作来保证其公正性。通常，这类机构承担着三方面的重要职能：一是制定诚信制度，二是进行诚信调查，三是宣传诚信文化。

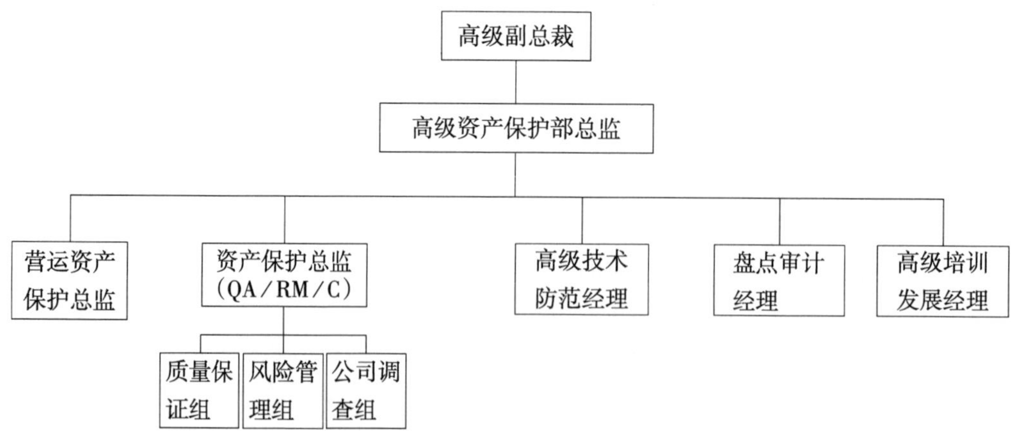

一、制定诚信制度

这是构建诚信机制的基础。完善的诚信制度可以让员工清楚地界定哪些行为是企业所允许的，哪些是企业所不允许的，只有划出一条明显的界线，员工才有可能对自己的行为做出约束，在其经济活动中对一些做法保持谨慎态度。当然，这个界线需要企业在不违反法律的情况下根据企业的实际情况来确定。比如，如果接受一定金额的礼品是公司所允许的，那么就直接在制度中明确下来。同时，需要明确告诉员工，如果超出此金额的礼品应按何种方式处理，如果没有按这种方式处理，需要承担的后果是什么。也就是，“丑话”说在前头，避免事发后再行“丑话”，于事晚矣。

当然，多数的不诚信行为都不是独立完成的，所以，企业的诚信制度应尽可能地让与企业有经济往来的客户、供应商所熟悉。同时，要让客户、供应商也了解违反诚信制度给他们带来的后果。这样，即使客户、供应商有一些“想法”的时候，他们也会平衡得失，妥善选择。

越来越多的企业已经认识到建设企业文化的重要性，如果企业能将诚信标准作为企业文化的组成部分，无疑会使诚信具有无形的约束力而时刻铭记在每位员工心中。如果企业的高层领导能做出诚信的倡导，那么诚信的影响力会更大。

二、进行诚信调查

没有监督的制度不是完整的制度。仅有完善的诚信制度还不够，没有严格的惩戒，再好的制度也会形同虚设。因此，诚信调查是构建诚信机制最重要的组成部分。

调查是一项复杂的取证过程，调查的目的是还原事实的真相，在调查结论出来之前，所有的员工都是诚信的。

诚信调查是惩戒不诚信员工的基础工作。随着员工法律意识的不断加强，对公司流程漏洞的了解，加上不诚信行为的隐蔽性，决定了调查的艰难性，这对调查员来讲是一种挑战。出色的调查员会利用各种资源寻找自己想要证实的东西，利用各种技巧查明事情真相。当然，所有的调查行为一定要在法律许可的范围内进行。对企业来讲，给调查员充分的授权，允许使用各种资源和工具会使调查的效率大大提高。然而，充分的授权是柄双刃剑，如何保证调查员不滥用调查权，则是个管理问题。

如何对违反诚信制度的员工进行惩戒处理，也是许多管理者的一道难题。一是自己的员工出现了问题，说明自己的管理出了问题，也是很没面子的事情；二是朝夕相处的员工出了问题，从情感上无法接受，也怕处理后影响员工未来的发展。在处理这类问题时往往大事化小、小事化了。该送司法机关的，解聘了事；该解聘的，给个处分；该处分的，批评一下。这实际上是管理人员不遵守公司制度的表现，是失职行为，这也成为许多企业的败笔。岂不知这种“人性化”的处理方法会降低员工违反诚信制度的成本，纵容更多的员工去效仿。同时，对那些遵守诚信制度的员工明显不公。久而久之，不但管理人员在员工心中的威信降低，也影响了员工对企业的忠诚度。

优秀的管理人员在对待诚信问题上有两种方法：一是不会让团队中的成员出现违反诚信制度的行为；二是一旦出现不诚信行为一定会按诚信制度处理。

三、宣传诚信文化

如果说制定诚信制度让那些有“想法”的员工不能做，进行诚信调查让那些有“想法”的员工不敢做，那么宣传诚信文化则可以让那些员工不想做，这当然是理想的效果。

人之初，性本善，没有员工天生就想做“不诚信”的事，往往一念之差，迈出了第一步，就为未来埋下了苦果的种子。而那“一念”，是员工对既得利益和机会成本的平衡。如果员工能够看到更加长远，清楚知道自己行为所带来的后果，那么即使出现“念头”的时候，也会再三考虑之后才会付诸行动。

诚信的宣传，不是一场运动，也不是一次活动，它属于管理人员的一项日常工作，通过对遵守诚信制度员工的表扬，通过对不诚信员工的处理来加深员工对诚信文化的理解。如果将员工的不诚信行为归于员工的个人行为，这是管理人员不负责任表现，管理人员一项重要的工作就是减少员工犯错误的机会。

也许，诚信问题将长期存在，但是，着眼于企业的长远发展，诚信问题需要得到足够的重视。构建企业的诚信机制，可以让企业高效运作并更具竞争优势，从这方面来讲，诚信也是企业的无形资产。

（沃尔玛（中国）投资有限公司高级资产保护总监　王玉雄）

安防技术在家电连锁零售企业中的应用

走进任何一间百思买中国门店，都会感受到顾客体验至上的理念。从宽敞明亮的店铺设计，到舒适的卖场硬件安排；从天花板上柔和的灯光，到地面踏上去厚厚的地毯；从时尚舒服的各处主题环境，再到随手触及和体验的商品。你会发现很多顾客不仅在百思买享受高质量的产品和高档的硬件环境，更多的是以顾客为中心的真实顾客体验。

而实现如此的顾客体验源于一套行之有效的防损机制在运行，其中安防技术的广泛成熟运用，则在为顾客提供最佳服务中起到了关键作用。在百思买的所有卖场，任何一位顾客都可以轻易地接触、把玩商品，从小到 IT 的配件商品，大到单价较高的笔记本电脑、手机、数码相机等产品。而在百思买卖场中所有的商品全部都开放式陈列，这不但在国内家电行业创造了先河，在所有连锁零售企业中也是一个大胆的开端。当然这背后除了百思买在美洲市场几十年的管理积淀所致，更重要的是有一批性能稳定、使用方便、与百思买经营理念一脉相承的安防产品在提供着坚实可靠的保障。大家知道，传统家电和 3C 产品一般都具有相同的特点，体积小、价值高、易损耗、易被偷盗、保管难等，这也是国内许多同行企业对该类产品一直进行封闭式专柜专人销售的出发点，传统的方法虽然对产品管理很安全，但是却对产品的销售和顾客的体验带来极大的影响。

一、隐形的盾牌——商品保护系统

在百思买的卖场中，从几百元到上千元的商品，都在货架上进行正常陈列，顾客可以直接接触商品，了解商品的基本属性，触摸商品实物，使用各种功能。如笔记本电脑的陈列、数码产品的陈列、手机的陈列等。但是细心的顾客会发现这些产品虽然可以轻易被拿去，但是如果想拿走，商品保护系统将及时发出报警信号给销售人员，防止商品被盗。当然，在百思买强调的顾客为主的体验中，员工不能怀疑顾客，他们只是为顾客体验提供更好的方案，让顾客在更舒适的门店购物过程中，感觉被信任和尊重。此外，安防产品在此环境中，不仅仅承担了保护商品的责任，同时顾客触及商品后的信息，也将传输到后台被记录到电脑中，每天什么商品被顾客触及更多，什么样的商品在顾客触摸体验后被有效购买，这些分析数据将被后台系统采集，并加以分析后提供给商品采购部门和供应商，这对商品销售和顾客行为分析有非常大的帮助，从而也使安防系统从单纯为安全需要，提升为安防产品为销售分析提供帮助，这是百思买安防系统延伸应用中的一个最佳实践案例。

二、聪明的伙伴——闭路监控系统

在百思买的卖场中，虽然能方便地看到防损人员，但他们并未将主要时间花在关注被怀疑顾客的诚信行为方面，而是在忙于接触顾客、提供正面的顾客服务中。日常安全检查和记录工作，更多的是交给了聪明的伙伴——闭路监控系统。闭路监控系统除做好基本门店日常安全实况的记录外，还很好地支持到门店例行的安全检查工作中。如检查收货区域、收银区域、各个仓库、受理顾客投诉区域等门店易发生损耗的高风险区域等。闭路监控系统提供了全天候实时的客观情况记录。而门店的防损人员只是通过适当的抽查，了解和监督门店主要高风险点是否规范操作。此外，闭路监控系统还提供客流统计、特殊销售区域的客户行为的采集和分析工作，同样为安防系统的增值服务提供了最好的注解。诸如POS－DVR技术、远程监控技术等也在百思买的门店中被广泛成熟运用。

三、事半功倍的典范——源标签的应用

传统超市中商品丢失是非常头疼的事，在百思买也面临同样的挑战。一方面需要优化设备的使用，另一方面需要尝试更直接、更有效的办法。例如源标签的推广，就是结合百思买中国全球采办和零售系统融合的优势，在产品生产的源头将防盗措施加到商品内部，从而根本上改变了商品外置防盗装置带来的各种不便和风险。源标签的使用也大大降低了后期安防投入的成本，比如在其他卖场丢失率非常高的打印机墨盒、移动硬盘等小件电子产品，在百思买的卖场中却在裸卖，其实是秀外惠中、内藏玄妙。在产品的内部装有防盗标签，就能从根本上解决防盗问题。类似的案例还包括利用设在中国的百思买全球采购基地，在出口国外百思买的商品中也加入防盗标签，这在全球百思买门店销售体系中的防盗作用，意义非凡。

四、勇于尝试新科技

在最近流行的3G概念中，当顾客在百思买的任何门店中拿起任何一款3G手机时，相关产品的性能介绍会立即出现在背景的电脑展示中。这是百思买应用的一项新的安防技术，配合3G新概念一起推出，进一步展示了百思买的科技和时尚潮流的先锋形象。

五、突破固有模式大胆创新

目前，在百思买中国区运营的9家直属百思买品牌门店中，业态各异，包括有百思买全球系统的第一店、旗舰店、店中店、联营店等。而在安防方面的尝试除了突出科技含量，也在设置上突破以往防损固有模式理念，技防、人防、制度防范相互组合，收效显著。

安防技术的新趋势，已经成为防损行业新的职能发展趋势，使用更多的高科技含量的安防手段代替传统的人防模式；增加传统安防系统的附加值，一机多用，集合数据分析为销售服务；转变安防设备从单纯投入到投资，从投资到产出；用安防模式改变防损模式和提升防损职能已经成为近几年连锁零售防损业界共同探讨的话题。正像我们身处的时代，在可以预见的将来，随着科技的飞速发展，被改变的不仅仅是我们的生活。

（百思买中国资产保护总监　高彦辉）

第五部分　政策法规篇

商务部部长陈德铭同志在2008年全国商务工作会议上的讲话（摘要）

——深入贯彻党的十七大精神 全面开创商务工作新局面

（2008年1月17日）

同志们：

这次全国商务工作会议的主要任务是，贯彻落实党的十七大和中央经济工作会议精神，总结五年来各项商务工作，分析形势、研究和部署今年的商务工作。会前，吴副总理亲切会见了全国商务系统劳动模范和先进工作者，并主持召开了商务工作座谈会，发表了重要讲话。我们一定要认真学习，深刻领会。

下面，我代表商务部向大会做工作报告。

一、五年来的主要工作回顾

过去五年，在党中央、国务院的正确领导下，我们深入贯彻落实科学发展观，按照统筹国内发展和对外开放的要求，成功应对了加入世贸组织的各种挑战，抓住经济全球化和国际产业加快转移的历史性机遇，坚定不移地扩大对外开放，推动建立现代市场体系，开放型经济迈上新台阶，商务工作形成新格局。

——国内市场规模稳步扩大。社会消费品零售总额从2002年的4.8万亿元增加到2007年的8.9万亿元，年均增长13.1%，比同期GDP增幅高2.5个百分点；生产资料销售总额从2002年的7.1万亿元增加到2007年的22万亿元，年均增长25%。

——对外贸易持续快速发展。进出口总额从2002年的6208亿美元增加到2007年的21738亿美元，年均增长28.5%，是改革开放以来增长周期最长、速度最快、增速最稳定的时期。在世界的排名由2002年的第六位跃至第三位，其中出口跃居第二位。外贸占全球比重从2002年的3%提高到现在的近8%。

——吸收外资和对外投资合作取得新进展。吸收外资从2002年的527亿美元增加到2007年的747亿美元，连续15年位居发展中国家首位。对外投资从2002年的25亿美元上升到2007年的预计200亿美元，增长7倍，从世界第26位上升到第13位，居发展中国家首位。

——对经济和社会发展贡献增强。目前国内流通服务业吸纳就业8000多万人，外贸、外资和劳务输出等涉及直接就业人口达到1亿人。海关税收从2002年的2591亿元增加到2007年的7585亿元，外商投资企业缴纳税收超过9900亿元，分别占全国税收收入的

15%和20%。

五年来，我们主要做了四个方面的工作。

(一) 努力发展大市场、大流通，积极推进现代市场体系建设

构筑市场运行监测和调控体系。全国城乡市场信息监测体系初步形成，涉及22个流通行业、600种消费品和300种生产资料，样本企业超过2万家。建立了生活必需品市场应急管理系统，确定应急商品44种。完善肉、糖等重要商品的中央和地方储备制度，23个省（市、区）建立了22个品种的储备。积极应对严重自然灾害和重大动物疫情引发的市场波动，先后19次投放国家储备糖、9次投放储备肉。

加强农村市场体系建设。我们高度重视培育农村市场体系，安排10.9亿元组织实施“万村千乡”市场工程，共新建和改造农家店26万余家，31个省、自治区、直辖市及计划单列市安排了5.15亿元配套资金。为推进农产品流通体系建设，安排8亿元实施了“双百市场”工程，支持309家市场和企业，开展了709个冷链、质量安全可追溯系统等建设项目，16个省、自治区、直辖市安排了2.3亿元配套资金。国内大型批发市场和流通企业的功能与水平显著提升。开展农村商务信息服务工程，免费赠送《新农村商报》，建设新农村商网，举办了5届农产品网上购销对接会。

推进现代流通业发展。2005年，国务院召开了全国流通工作会议，对新时期做好流通工作进行了全面部署。从2003年起全面部署开展城市商业网点规划，全国38个重点城市已完成编制，279个地级城市中已有261个完成编制，完成率达93.5%。现代物流、连锁经营、电子商务等现代流通方式得到新的发展。开展了社区商业“双进”工程，提升城市居民消费的便利化程度，已建立全国商业示范社区143个，省级商业示范社区600多个，覆盖80多个大中城市。在项目贷款、进口资质、股权转让和经营权等方面加强协调，支持国内20家大型流通企业做大做强。实施“减债脱困”工程，在全国25个试点省市处置410多亿元的历史债务，盘活350亿元存量资产，为国有流通企业改制发展、职工再就业创造了有利条件。

整顿和规范市场秩序。协调有关部门，组织开展了保护知识产权等专项整治。实施了“知识产权保护网工程”，在全国建立了50个综合性的举报投诉服务中心。查处各类侵权知识产权案件16万多起，立案侦办8400多起，审结7300多起。各地围绕猪肉、农资、烟酒等产品进行了重点整治。开通了中国反商业欺诈网，商务领域信用体系建设取得新进展。

(二) 加快转变对外经贸增长方式，开放型经济取得重大进展

优化进出口结构。一是坚决控制“两高一资”产品出口。会同有关部门10批次取消了1115个“两高一资”产品的出口退税，4批次对300多个商品开征出口关税。二是鼓励自有品牌、自主知识产权和高附加值产品出口。25个省、自治区、直辖市建立了38个科技兴贸创新基地，加大对技术更新改造和研发的支持力度，机电产品和高新技术产品出口占比分别提高了9.2和7.7个百分点。三是积极扩大进口。会同有关部门，主动对354种国内亟须的能源、资源、先进技术设备和日用消费品，降低或取消进口关税；启动政策性进口信贷。取消883个商品的自动进口许可管理。广交会自101届起更名为中国进出口

商品交易会，并设立进口展区。四是加强大宗商品进出口协调和管理。规范汽车、摩托车出口秩序，建立铁矿石、钾肥进口协调机制。五是推动加工贸易转型升级。会同有关部门发布5批共1729个商品加工贸易禁止类目录，出台1853个商品的新一批加工贸易限制类目录。确定中部地区9个城市作为加工贸易梯度转移重点承接地。六是积极探索发展服务贸易。会同有关部门制定了文化产品和服务出口指导目录，促进服务贸易出口。

提高利用外资质量和水平。一是优化外资结构。两次修订外商投资产业指导目录，发布鼓励外商投资高新技术产品目录，鼓励先进制造业、节能环保产业和现代服务业利用外资。严格控制外商投资“两高一资”领域。2003年以来，全国水泥行业新设立外资企业数年均降幅近20%，2004年以来，全国未新设立电解铝外资企业。二是鼓励外商到中西部地区和东北老工业基地投资。会同有关部门，2004年修订中西部地区外商投资优势产业目录，拓展了鼓励外商投资范围，2005年、2006年相继出台了进一步扩大开放、促进东北老工业基地振兴和中部崛起的政策措施。实施“万商西进”工程，分别在湖南长沙和河南郑州举办了两届中部投资贸易博览会，为产业梯度转移搭建了新平台。三是推动国家级经济技术开发区进一步提高水平。加强综合投资环境评价工作，将高新技术产业密集程度、环境保护、土地集约利用、农民安置情况等指标纳入国家级经济技术开发区综合投资环境评价范畴。四是支持发展服务外包。实施服务外包“千百十”工程，制定了相关政策，在17个省、自治区、直辖市认定了14个服务外包基地城市、4个国家级示范园区和1个服务外包培训中心。

加快推动企业“走出去”。在中央对“走出去”加大投入的同时，地方也相应增加了投入。我们简化了对外投资的核准手续，推进了对外投资便利化。目前，经商务部核准或备案的境外中资企业达到1.2万家，比2002年增长近1倍。制定对外投资国别产业导向目录，出台财政、金融、保险、外汇、人员出入境等支持政策。提供110亿美元优惠出口买方信贷。对外承包工程累计完成营业额1276亿美元。对外劳务合作累计完成营业额238亿美元，累计外派劳务人员146万人。

（三）抓住加入世贸组织的历史机遇，积极实施互利共赢的开放战略

做好加入世贸组织的应对。我们成功应对了加入世贸组织过渡期的各种挑战，抓住了加快发展的宝贵机遇，为我国发展赢得了更大的空间。共清理各种法律法规和部门规章2300多件，将关税水平从入世时的15.3%降为目前的9.8%，取消了进口配额和许可证等非关税措施。扩大了服务贸易的开放领域，运输、电信、分销、保险、证券等行业开放程度大幅提升。统筹开展综合应对，培训各级干部。建立应对WTO争端解决的部际联合工作机制，充分利用WTO规则维护我国权益。入世以来，轻工、纺织等传统优势产业加快发展，装备制造业、现代服务业等产业在参与国际竞争中发展壮大。

深化多边和区域经贸合作。2005年在大连成功举办WTO小型部长会议，并推动香港部长级会议取得成功。稳步推进自贸区谈判，已同中国香港、中国澳门、智利、东盟、巴基斯坦等签署实施了6个自贸协定，已完成谈判和在谈的自贸区12个，涉及29个国家和地区，涵盖我国外贸总额1/4。与东盟签署并实施了自贸区货物和服务贸易协议，促进了10+1、10+3机制的深化。CEPA及四个补充协议的实施，推动了港澳经济的发展，促进了内地开放。近年来，我国与129个国家和地区、13个国际组织建立了多双边联委会机

制 180 多个。我国已与 123 个国家签订了双边投资保护协定，对加强多双边经贸合作发挥了重要作用。

加强与发达国家和发展中国家的经贸合作。通过中美战略经济对话、中日经济高层对话，加强了与主要经贸伙伴的协调与沟通。在中俄互办“国家年”期间，成功举办了 65 项经贸活动。不断丰富上海合作组织经贸合作内容。参与筹备中非合作论坛北京峰会，积极落实 8 项对非经贸合作举措。建立了“中国—加勒比经贸合作论坛”、“中国—太平洋岛国经济论坛”两个机制，并成功举办部长级论坛及系列多双边活动。

化解贸易争端。我们积极应对反倾销、反补贴等各类贸易摩擦。通过建立“四体联动”工作机制、指导企业应诉、加强法律抗辩等措施，应对工作取得了明显成效。加强了产业损害预警机制建设，将产业安全数据库的监测范围扩大到石化、机械、轻工等 15 个重点行业的 8000 家企业。推动 76 个国家承认中国市场经济地位。

（四）加强自身建设，初步形成了统筹内外贸的商务管理体制

推进商务法律法规和标准体系建设。针对国内市场和流通法律法规相对薄弱的情况，加强了法律法规的起草和部门规章的制定发布工作。《反垄断法》、《直销管理条例》、《商业特许经营管理条例》已颁布，并制定了典当、汽车品牌销售、零售商促销行为等 31 件部门规章。出台了餐饮企业经营规范、超市购物环境等 95 项流通行业标准和零售业态分类等 23 项国家标准。修订了《对外贸易法》，还先后制定出台了货物贸易、服务贸易、知识产权和贸易救济等方面的 29 件规章。针对外资并购等新情况不断完善部门规章，对外投资合作法制化进程逐步加快，内贸领域法律法规缺失状况明显改观。

切实转变职能转变作风。2003 年以来，按照国务院行政审批改革要求，将审批项目从 82 项减少至 53 项。2006 年，设立政务大厅，统一办理 100 项行政管理事项。各地商务部门也建立了面向企业的投诉、服务、促进机构。增强服务意识，积极为基层办实事。安排专项资金，支持中西部和东北地区的商务工作。办好政府网站，向公众公开征求对调整法律法规和重大政策等方面的意见，及时发布市场和政策信息，共发布各类商务信息 552 万条。各特派员办事处切实加强为地方和企业服务，各驻外经商机构在加强多双边经贸关系、支持企业开展对外经贸合作中发挥了积极作用。

加强商务干部队伍建设。我部党组在全系统倡导建设学习型机关。每年坚持举办夏季研讨会，就商务领域重大问题进行深入研究。面向商务干部组织编写了现代经济知识简明读本。实施了“人才强商”工程，依托南昌等 7 个区域性培训基地，开展了省市县三级商务部门大规模培训，结合出口产品质量安全、特许经营条例、加工贸易等热点问题，面向基层、面向企业开展业务培训。共举办培训班 385 期，培训 3.5 万人次。

上述成绩的取得，是党中央、国务院正确领导的结果，是各地方、各部门大力支持的结果，也是全国商务系统广大干部职工共同努力的结果。在看到成绩的同时，我们也要居安思危，保持清醒和冷静，看到商务工作中存在的增长方式比较粗放，结构不尽合理，秩序有待规范，机制有待完善等不足和问题。

二、当前商务工作面临的形势

准确把握形势，是制定政策、做好工作的重要前提。当前，国民经济将继续保持平稳较快的发展势头，世界经济有望持续增长，形势对做好商务工作整体有利。同时还须看到，当前商务工作面临的困难和风险增加，我们必须增强忧患意识，积极主动应对，切实做到未雨绸缪，不断增强工作的主动性、预见性和针对性。

一是国民经济持续稳定发展，但预防通胀和稳定出口的压力增大。党中央、国务院加强和改善宏观调控，有利于避免经济大起大落。“十一五”期间，预计经济增长仍将保持在8%以上，消费品和生产资料市场需求旺盛。更加注重民生和构建和谐社会，不断加大惠民政策，调整收入分配结构，有利于扩大消费需求。但是，当前物价上涨压力明显加大，受能源资源与运输价格上升、资金供应偏紧、劳动成本增加、出口政策调整等因素的后续影响，企业出口面临新的压力。因此，防止通胀、保障供应、稳定出口的任务十分繁重。

二是世界经济保持增长，但国际市场波动风险增加。世界经济仍将保持增长，但增势趋缓。据国际货币基金组织预测，2008 年全球经济增长 4.8%，低于去年 5% 的水平。全球经济增长动力更趋多元，主要经济体基本面依然较好，发展中国家成为增长亮点，但是，世界经济的不确定性明显增加。美元持续贬值，美国次贷危机仍在发展，国际能源、粮食等价格上涨，对世界经济的影响存在很大变数。

三是经济全球化深入发展，但贸易和投资保护主义升温。IMF 预计，今年世界贸易将增长 6.9%。国际投资更加活跃，联合国贸发会议调查，70% 的跨国公司在未来几年将继续增加投资。服务外包蓬勃发展，国际产业转移趋向高端，跨国公司地区总部、研发中心和先进技术转移加快。区域和次区域合作不断深入，贸易投资便利化程度总体上提高。但在当前国际贸易增长趋缓、美元贬值和通胀压力上升的情况下，国际经贸摩擦增多。经贸摩擦领域不断延伸，从反倾销、知识产权等向产品质量、气候环境、反补贴等新领域扩展。投资保护增多，不少经济体都对一些领域进行了投资限制。联合国贸发会议认为，各国政策调整中有利于 FDI 的比例降至 80%，比几年前低了 15 个百分点。

同志们！我们正处在深刻变革的时代。党的十七大提出的中国特色社会主义道路，是当代中国发展进步的总道路。站在新的历史起点上，我们抓住发展机遇，应对风险挑战，实现又好又快发展，最根本的是要高举中国特色社会主义伟大旗帜，从我国基本国情出发，走出一条中国特色商务发展道路。在商务实践中丰富和发展这条道路，要突出把握好以下方面：

第一，必须坚持从基本国情出发。基本国情是走中国特色商务发展道路的根本出发点。我国仍处于并将长期处于社会主义初级阶段，这就是当前中国的基本国情。城乡二元结构的状况没有根本改变，农村市场体系建设滞后，流通基础设施薄弱，消费水平低，这就要求我们在谋划商务工作全局时，必须把完善农村市场体系作为工作重点。我国人口多、农村人口占比高，商务工作必须在发展外向型劳动密集产业、农业走出去、劳务输出等方面下功夫。我国人均资源少、需求增长快，这要求我们必须树立战略思维，要在转变发展方式、节能减排上想办法，在建立多元稳定可靠的资源保障体系上找出路。从国际上看，欧美等发达经济体与我国国情不同、发展阶段不同、商务运行模式也不同，作为社会主义国家，我们不能照抄照搬发达国家现成的商务发展模式。而作为发展中大国，作为脱胎于计划体制的后发国家，我国又必须积极吸收先进文明成果，不断推进管理和制度创新。走中国特色商务发展道路，关键是要把国情意识和世界眼光结合起来，因地制宜，因势利导，在实践中摸索出一条立足基本国情，发展统一大市场、积极参与全球竞争、完善开放型经济体系的有效途径来，这是每一位商务工作者肩负的光荣使命和历史责任。

第二，必须坚持科学发展。科学发展是走中国特色商务发展道路的基本要求，是商务领域贯彻落实科学发展观的具体体现。商务工作的首要任务是发展。解决当前商务运行中的各种深层次矛盾和问题，必须依靠发展。但新的历史起点上的发展，要注重结构调整和发展方式转变，注重资源节约和环境保护，注重好字当头、又好又快。坚持以人为本，必须把民生问题放在首位，确保市场食品安全，改善消费环境，保障市场供应。坚持全面协调可持续，必须实现结构质量效益相统一，资源环境人口相协调，推动经济社会协调发展。坚持统筹兼顾，必须把市场自发调节与政府主动调控、“引进来”与“走出去”、对内开放与对外开放、贸易投资与产业发展有机结合起来，妥善处理好中国特色商务发展中的各种重大关系，不断丰富中国特色商务发展道路的内涵。

第三，必须坚持改革开放。改革开放是走中国特色商务发展道路的根本动力。30年实践证明，商务工作取得的一切成就靠的是改革开放。完成党的十七大提出的重大战略任务，开创商务工作新局面，必须坚持改革开放不动摇。我国已经初步建立社会主义市场经济体制，但完善这一体制的任务依然十分艰巨。进一步深化改革，关键是要体现转变经济发展方式的新要求，体现提高开放型经济水平的新任务，着力突破体制机制障碍，消除不必要的行政干预，打破市场分割，促进公平竞争，加快形成统一开放竞争有序的现代市场体系。要以服务业开放为突破口，以加快“走出去”为重头戏，以扩大中西部开放为主抓手，创新对外开放工作思路，优化开放结构，提高开放质量，以开放促改革促发展。通过全面改革开放，不断促进商务管理体制同国内外市场运行相适应，促进贸易、投资、产业各个环节相衔接，促进东部与中西部、沿边与内陆相协调。

第四，必须坚持内外统筹。内外统筹是走中国特色商务发展道路的客观需要。我国对外开放正在进入商品和要素双向流动的新阶段，内外经济联系日益紧密，相互影响不断加深，经济利益相互交织。在这种新形势下做好商务工作，必须树立全球视野，加强战略思维，注重全局谋划，统筹利用好两个市场两种资源，统筹把握好国内产业发展和全球国际分工，统筹处理好完善社会主义市场经济体制和参与国际经贸规则制定，在国际国内市场相互补充中拓展发展空间，在国际国内资源相互流动中实现优势互补，为国民经济发展提供坚实的内外保障。通过统筹国内国际要素资源，保障国内资源稳定供应，满足经济发展的需要。通过统筹国内国际商品供求，增加国内短缺商品供给，保障市场平稳运行。通过统筹“引进来”和“走出去”，拓展国内外就业渠道，缓解我国就业压力。通过统筹国内国际资本流动，加快对外投资步伐，促进国际收支渐趋平衡。

只要我们高举中国特色社会主义伟大旗帜，坚持从基本国情出发，坚持科学发展，坚持改革开放，坚持内外统筹，锐意进取，开拓创新，中国特色商务发展道路一定会越走越宽广。

三、2008 年主要工作任务

2008 年是全面贯彻党的十七大精神的第一年，也是改革开放三十周年。做好今年的商务工作，具有重要意义。商务工作的总体要求是：全面贯彻党的十七大和中央经济工作会议精神，高举中国特色社会主义伟大旗帜，以邓小平理论和“三个代表”重要思想为指导，深入贯彻落实科学发展观，积极实施互利共赢的开放战略，坚持深化改革和自主创新，统筹两个市场、两种资源，积极扩大居民消费，保障国内市场平稳运行，着力转变外贸发展方式，提高利用外资质量，创新对外投资与合作方式，实现商务事业又好又快发展。

根据国家宏观调控目标和商务工作的形势与要求，今年要着力抓好以下八个方面的工作：

（一）切实保障市场平稳运行

保持市场稳定关系宏观经济大局，关系老百姓切身利益。稳定物价是今年宏观调控的重要任务，中央关心、社会关注。各级商务部门一定要高度重视，把保证市场供应作为头等大事来抓，特别是保障粮油肉等重要商品的供给，确保不断档、不脱销。

一是突出保障重点。保障市场供应，要突出重点商品，注意防范少数商品的市场异常波动向更大范围传导。对关系国计民生的重要商品，要根据产销特点和可替代程度，划分为重点管理、适度管理和市场调节三大类，实行分类管理。各级商务部门都要制定重要商品供应的专项预案，确保春节、国庆等节假日及奥运会等重大活动期间市场供应，保障低收入居民、大专院校学生等特殊群体的消费需求。

二是加强市场监测和信息引导。各级商务部门要进一步完善城乡市场信息服务体系，加强监测和预警，准确判断市场走势，及早发现市场波动苗头，真正做到对市场动态心中有数，提高工作前瞻性和主动性。完善市场分析制度，及时发布市场信息，引导供给和需求，稳定居民消费预期。

三是完善产销衔接和区域调剂机制。要巩固和完善生猪主产、主销区合作机制，其他生活必需品和紧缺商品也要加强产销衔接。要健全应急商品数据库，及时掌握生产、库存、地域分布、运销能力等情况，提高区域调剂的快速反应能力。扶持建设一批重要农产品生产基地。引导重点流通企业组织重要商品货源，有序增加市场供应，市场出现波动时，要确保调得出、运得到、用得上。

四是提高储备商品调控能力，发挥进出口调节功能。

（二）着力扩大城乡居民消费

扩大消费，商务部门大有可为。要通过完善市场体系、改善消费环境，引导消费、扩大消费、创造消费。

一是完善农村流通体系。贯彻落实 2008 年中央 1 号文件关于加强农村市场体系建设部署，巩固和提高“万村千乡市场工程”成果，今年将覆盖面扩大到 80% 的县市，提高统一配送率，拓展农家店经营范围，增加药品、邮政、电信等经营功能，实现“一网多用”。在山东、河南、四川三省开展“家电下乡”试点，对农民购买彩电、冰箱、手机三大类家电给予直接补贴。深入实施“双百市场工程”，继续扶持一批大型农产品批发市场和流通企业。冷链系统投资规模大，回收周期长，具有一定的公益性特征，是鲜活农产品流通的薄弱环节，要力争用3~5年的时间，使进入冷链系统的鲜活农产品比例明显提高。推进农村商务信息服务体系建设。深入实施“东桑西移”工程，力争在全国建设10个科技创新中心，培育20家茧丝绸农工贸联合的大型龙头企业。

二是大力发展城镇居民生活服务业。做好商业网点规划工作，有利于优化网点布局，便利居民消费，今年要全面启动县级城市商业网点规划编制工作。以改善民生为着力点，实施放心菜工程，在城市社区建设和改造一批标准化菜市场。以建设主食加工配送中心和早餐网点为重点，加快发展大众化餐饮，推进餐饮业连锁经营。总结宁波、天津等地的经验，建立健全家政服务网络，开展服务平台建设试点。加强部门规章和行业标准建设，促进经济型酒店、沐浴、洗染、维修等居民生活服务业规范发展，完善典当、拍卖、旧货、租赁等特殊行业监管机制。

三是促进生产资料市场稳定发展。推进生产资料批发市场改造升级，提高仓储、运输、加工等综合配套功能，不断优化市场布局。加快现代物流体系建设，推广供应链管理，降低物流成本。贯彻落实再生资源回收管理办法，推动摊群式集散市场向环保的分拣中心转变。积极引导流通企业节能降耗，提高水泥散装率。

四是提高流通企业竞争力。我国流通企业数量多，但规模普遍偏小，组织化程度偏低，缺乏核心竞争力。要推动落实国家开发银行政策性贷款，培育一批竞争力强的大型流通企业集团，建立中小流通企业促进体系。加快发展连锁经营、物流配送、特许经营、电子商务等现代流通方式。开展“超市加基地”试点，支持大型连锁企业建立农产品采购基地，发展产销联盟。

五是加大市场秩序整顿和知识产权保护力度。要围绕人民群众最关心、最直接、最现实的利益问题，深入开展专项整治。切实抓好商务领域产品质量和食品安全监管，打击囤积居奇、哄抬物价、商业欺诈等扰乱市场秩序的行为。加强屠宰企业证章台账管理，落实病害猪无害化处理补贴政策，协调有关部门减免屠宰环节税费，建立猪肉市场整治常态化机制。加强成品油、酒类等重要商品市场管理。发挥好50个知识产权举报投诉中心的作用，进一步完善机制、拓展功能、突出服务。深入推进商务领域信用建设，建立商务信用分类管理制度。

（三）促进对外贸易协调发展

要加快转变外贸发展方式，在着力优化进出口结构的基础上，保持出口稳定增长，更加重视扩大进口。

一是优化出口商品结构。要坚持以质取胜，着力提高出口产品质量。推进科技兴贸创新基地建设。以信息技术、生物医药、新材料等领域为重点，培育一批具有自主知识产权、自主品牌的出口拳头产品。制定品牌发展规划，确定重点培育对象，整合扶持政策。综合运用多种措施，有效控制“两高一资”产品出口。推动企业切实履行社会责任，严格执行劳动、安全、环保等法律法规和标准。

二是积极扩大进口。鼓励企业进口先进技术设备、节能环保设备、关键零部件和重要原材料。支持公共信息服务和进口展会，组织境外采购。依托国家重大装备自主化工程招标采购，提高先进技术装备引进效益。实施便利化措施，简化手续，减少限制进口的措施，进一步提高市场开放水平。

三是促进加工贸易转型升级和梯度转移。完善加工贸易产品分类管理制度，按照国家产业政策，对禁止类目录和限制类目录进行动态调整，控制低层次加工贸易发展规模，引导加工贸易向产业链高端发展。鼓励和引导加工贸易企业增加研发投入，逐步从代加工向代设计和自创品牌发展。鼓励发展本地配套产业，增强技术学习和自主创新能力。支持中西部承接东部加工贸易转移，在中西部再确定一批重点承接地。毗邻珠三角和长三角的安徽、湖南、湖北、江西等中部省份，要发挥地缘优势，积极创造条件，争取走在前列。

四是大力发展服务贸易。要完善管理体制，形成各地区、各部门共同促进服务贸易发展的工作格局。在发展基础较好、条件更为成熟的长三角、珠三角、环渤海地区探索建立服务贸易示范区。落实服务贸易“十一五”规划，研究制定服务贸易出口指导目录和加快服务贸易发展的政策措施。积极发展旅游、运输、建筑、金融、保险、会计等服务出口。抓好服务贸易统计制度的贯彻实施。

（四）切实提高利用外资质量

在资源、环境等瓶颈约束日益明显的条件下，要从我国经济社会发展的需要出发，把握经济全球化和资本跨国流动的新趋势，创新利用外资方式、优化利用外资结构，实现利用外资稳定健康发展。

一是充分发挥外资在自主创新中的积极作用。落实新修订的外商投资产业指导目录，进一步鼓励外商投资高新技术、节能环保产业和高端制造环节。引导外资研发中心在信息技术、新材料、生物科技等高新技术领域开展原始创新；外企与所在地高校、科研院所和企业联合进行集成创新；国企、民企“走出去”、“引进来”相结合，实行引进、消化、吸收的再创新。提高知识产权本地化比例。鼓励跨国公司与我国企业和科研院所建立技术合作战略联盟。鼓励外商投资现代农业，研究利用外资促进社会事业发展的政策措施。

二是优化外资区域布局。务实推动“万商西进”工程，加快修订中西部地区外商投资优势产业目录，在广东、上海、江苏等东部地区建立产业转移促进中心，在中西部地区建立承接产业转移示范园区。鼓励东部地区利用好新一轮国际产业转移机遇，加快体制机制创新，提高产业技术水平和集约化程度。

三是吸收外资促进现代服务业发展。积极稳妥扩大金融、保险、电信等服务业对外开放，拓展利用外资的新领域。引导跨国公司在华设立地区总部和采购、物流中心。大力推动服务外包产业发展，鼓励外商投资服务外包产业，积极承接离岸服务外包业务。支持服务外包的人才培训和国际认证，加强公共技术和公共信息服务平台建设。总结推广苏州工业园区服务外包政策试点经验，稳步扩大先进技术型服务产业政策试点范围。

四是创新利用外资方式。鼓励外商投资设立创业投资基金，完善创业投资退出机制，支持国内中小高新技术企业发展壮大。与有关部门共同做好新所得税法实施工作，及时发现和解决政策实施中可能出现的新问题，确保平稳过渡。进一步优化投资环境，完善外商投资投诉管理办法，依法保护境内外投资者的合法权益。

五是争创国家级经济技术开发区新优势。发挥国家级开发区精简高效的管委会体制优势，支持国家级开发区产业集聚和升级。大力推进和谐开发区、生态开发区的建设。采取有效措施，加大对中西部国家级开发区基础设施建设的支持力度。强化东部与中西部开发区的合作交流机制，促进产业梯度转移。

（五）加快对外投资合作步伐

当前我国的对外投资正在进入一个较快增长的阶段。对外投资合作是今年及今后一个时期对外开放的重点。要创新对外投资合作方式，完善促进政策，提高对外投资便利化水平，加强引导、协调和规范。

一是积极探索农业走出去的有效途径。要发挥我国农业技术优势，推动农业走出去，鼓励具备条件的企业通过兴办农场和农业综合开发，建立农产品加工基地和营销网络。

二是大力发展对外承包工程与劳务合作。支持企业以BOT/PPP（建设—经营—转让/公私合营）等方式，参与境外基础设施建设。推动境外示范住宅小区建设。实行对外承包工程企业分类指导和管理，完善投议标许可管理办法。建立权责清晰的外派劳务管理机制，各地要加强外派劳务基地建设。

三是创新对外投资合作方式。积极推动重化工业、电信运营业、咨询业等有比较优势的产业“走出去”，学习运用股权投资和跨国并购等新的对外投资方式。完善优惠出口买方信贷管理办法，尝试将政策性出口信贷与商业信贷、国际金融机构资金结合使用。加强境外中资商会建设，发挥协调自律作用，引导境外投资合作企业和人员遵守当地法律，履行社会责任。

（六）营造良好的国际经贸环境

作为一个全面开放、快速成长的发展中大国，我国经济与世界经济的相互依赖进一步加深，面临的国际经贸关系更加复杂。我们必须统筹考虑维护我国发展利益和促进各国共同发展的要求，努力扩大同各方利益的汇合点，为国内发展创造良好外部环境。

一是发展好双边经贸关系。要充分利用各种层次、各种形式的双边经济贸易对话机制，加强沟通与协商，发展好与主要经济体的经贸关系。全面深化与发展中国家和周边国家的互利合作。

二是推进多边和区域经济合作。积极推动在谈自贸区取得新进展，落实好已签自贸协定。积极参与完善多边贸易体制，推动多哈回合谈判。今年世贸组织要对我国贸易政策进行第二次审议，各级商务主管部门对现有经贸政策要组织清理规范，新出台经贸政策要符合世贸组织规则要求。

三是促进两岸四地经贸合作。务实推动海峡两岸直接通商，在一国的原则下逐步构建两岸经济合作机制，依法保护台商合法权益。落实内地与香港、澳门更紧密经贸关系安排，完善CEPA机制，扩大服务业开放领域，提升内地与港澳经贸合作与交流水平，促进港澳长期繁荣稳定。

四是提升沿边开放水平。加快沿边开放是缩小东西部开放差距、促进区域协调发展的重要举措，区域次区域合作是沿边开放的重要抓手。要积极推动大湄公河次区域贸易投资便利化，推动中越“两廊一圈”和泛北部湾经济合作。强化上海合作组织区域经济合作机制，推动中哈霍尔果斯国际边境合作中心建设。稳妥推进东北亚合作和图们江次区域合作。整合沿边经贸合作区功能，在双边联委会/混委会机制下加强合作，积极予以推进。

（七）妥善处理贸易摩擦

面对日益增多的贸易摩擦，我们要高度重视，积极应对，同时，依法运用贸易救济措施，争取我企业合法权益，维护国内产业安全，提高国际竞争力。

一是善于运用多边规则处理贸易争端。加入世贸组织，为我国在多边框架下化解贸易争端、稳定双边经贸关系创造了条件。要加强与利益相关方的协调与配合，争取更多支持。认真抓好世贸组织争端案件的应诉工作，争取对我最有利的结果。对其他成员损害我利益的行为，也要善于运用世贸组织争端解决机制。

二是抓好双边贸易摩擦大要案应对。进一步完善贸易摩擦的预警监控机制，密切跟踪贸易摩擦最新动向，把握发展趋势，增强应对工作的预见性和主动性。要指导重点敏感行业与国外建立对话机制，尽量避免摩擦的发生。继续推动有关国家承认我市场经济地位，为企业反倾销应诉创造良好条件。

三是依法运用贸易救济措施保护国内产业。进一步完善产业损害预警机制，抓好产业安全数据库扩容，深入开展产业竞争力调查与评估。

（八）加强商务系统能力建设

在我国经济社会发展大局中，商务部门的责任越来越大、任务越来越重。要完成好党中央、国务院交给我们的任务，履行好自己的职责，必须加强自身能力建设。

一是提高依法行政能力。要坚持依法办事，规范行政行为，各级商务部门都要严格按照法定权限和程序行使权力、履行职责。无论是市场运行调控、现代流通发展、进出口结构调整，还是外商投资管理、促进对外投资合作，都要尽可能地运用经济手段和法律手段。要健全科学民主决策机制，完善行政决策程序，建立决策跟踪反馈和责任追究制度。加强商务领域法治基础建设，完善商务领域法律法规体系，深入开展“五五”普法。结合《反垄断法》实施，探索建立反垄断调查和裁决机制。

二是提高科学管理能力。要进一步转变职能，按照政企分开、政资分开、政事分开、政府与中介组织分开的原则，深化行政审批制度改革。要以实施政府信息公开条例为契机，大力推进政务公开，提高工作的透明度。推进电子政务建设，加快推进行政审批事项在线办理，大力推动商务公共信息服务。特办、驻外经商机构要紧紧围绕商务中心工作，不断拓宽工作领域。各级商务部门的政策执行机构、商协会等中介组织，也要切实转变职能，发挥更大作用。开展商务发展“十一五”规划中期评估，着手“十二五”规划前期调研工作。加强制度建设，治理商业贿赂，强化对资金、配额、项目等重点领域的管理和监督，从源头上预防和惩治腐败。

三是提高服务大局能力。商务发展是经济社会发展的有机组成部分，我们既要从自身职能出发，为经济又好又快发展做出自己的贡献，又要按照经济发展大局的要求，加强和改进我们的工作。当前要特别注意服务和服从宏观调控的大局，注意帮助和推进地区发展的大局。要深刻认识国情、世情，把握国内外形势变化和发展趋势，善于从全局出发，研究和思考商务领域的新情况、新问题。要认真落实好中央决策部署，坚持部门利益、地方利益服从全局利益和国家利益。要创新工作思路，积极主动地为各级党委和政府建言献策，当好参谋和助手。

提高以上三个方面的能力，必须加强学习和调研，加强队伍建设，切实转变工作作风。当前要把学习贯彻党的十七大精神作为重中之重，紧密结合商务工作实际，做到学以致用、以用促学。要主动学习业务理论，不断更新知识，完善知识结构。要继续推进人才强商战略，开展人才培训工作，全面提高商务系统干部队伍素质。要建立调研制度，深入基层、深入第一线，掌握更多的第一手材料，加强商务理论研究，提高决策的科学性、针对性和有效性。要把调查研究作为转变工作作风、改进工作方法的重要手段，使我们的政策和工作部署更加符合客观实际，体现群众意愿。

同志们，今年的商务工作任务十分繁重。我们要更加紧密地团结在以胡锦涛同志为总书记的党中央周围，高举中国特色社会主义伟大旗帜，以邓小平理论和“三个代表”重要思想为指导，深入贯彻落实科学发展观，解放思想，求真务实，齐心协力，开拓进取，努力开创商务工作新局面，为夺取全面建设小康社会新胜利做出新的贡献。

（商务部新闻办公室）

国家发改委2008年六项政策措施推进服务业发展

（2008年1月28日）

（一）进一步提高对加快发展服务业重要性的认识。服务业是国民经济的重要组成部分，服务业的发展水平是衡量现代社会经济发达程度的重要标志。加快发展服务业，尽快使服务业成为国民经济的主导产业，是推进经济结构调整、加快转变经济增长方式的必由之路，是提高自主创新能力、建立现代产业体系的客观要求。要从全局和战略高度认识服务业发展的重要意义，开拓性地做好服务业工作。

（二）加强服务业发展规划和产业政策引导。根据7号文件确定的主要目标和任务，要坚持区别对待、分类指导，抓紧完善、细化服务业发展指导目录，明确支持方向，突出发展重点，并制定相应配套政策措施。鼓励生产制造企业细化深化专业分工，改造业务流程，推进业务外包，推动服务业与农业、制造业有机融合，全面提高服务业发展水平。

（三）深化服务业体制改革。要深化电信、铁路、邮政、民航等服务行业改革，放宽市场准入，引入竞争机制，推进国有资产重组，实现投资主体多元化。积极推进国有服务企业改革，对竞争性领域的国有服务企业实行股份制改造，建立现代企业制度。

（四）着力提高服务业对外开放水平。继续推进服务领域对外开放，着力提高利用外资的质量和水平。按照加入世界贸易组织服务贸易领域开放的各项承诺，积极引进国外先进技术、人才和管理经验，鼓励外商投资服务业。

（五）加大政策和投入支持力度。从财税、信贷、土地和价格等方面进一步完善促进服务业发展政策体系。积极支持符合条件的服务企业进入境内外资本市场融资。

（六）大力培育服务行业领军企业和知名品牌。大力促进服务业规模化、网络化、品牌化经营，形成一批拥有自主知识产权和知名品牌、具有较强竞争力。

（国家发改委）

商务部关于做好 2008 年“万村千乡市场工程”工作的通知

（2008 年 2 月 22 日）

各省、自治区、直辖市、计划单列市及新疆生产建设兵团商务主管部门：

为贯彻落实《中共中央国务院关于加强农业基础建设进一步促进农业发展农民增收的若干意见》（中发〔2008〕1 号）精神，推进农村现代流通网络建设，建立健全适应现代农业发展要求的大市场、大流通，促进农业发展农民增收，现就做好 2008 年“万村千乡市场工程”的相关工作通知如下：

一、做好建设规划工作

各地商务主管部门要在总结前三年工作的基础上，按照本地区农村市场整体发展规划要求，认真制定 2008 年“万村千乡市场工程”实施规划，继续在具备条件的县（市）推进“万村千乡市场工程”。同时，要采取积极措施鼓励承办企业到偏远地区建设农家店。对农家店已经覆盖的地区，工作重点应放在提高商品配送率和网络的信息化建设上，不断巩固和提高网络建设水平。

二、做好承办企业审核工作

各地商务主管部门要严把新增企业的准入资格，将有实力、有能力、有责任感的流通企业纳入 2008 年“万村千乡市场工程”。承办企业的准入条件及“万村千乡市场工程”工作程序按 2007 年文件规定执行，延续企业不需备案，新增企业须按照《商务部关于做好 2007 年“万村千乡市场工程”工作的通知》（商建发［2007］32 号）的要求和程序向商务部备案。

各省级商务主管部门会同当地财政部门本着公开、公正、透明的原则，组织审定拟新增和撤消的承办企业资格，连同本地区 2008 年“万村千乡市场工程”发展规划一起，于 2008 年 4 月 31 日前将材料报送商务部（市场建设司），将电子邮件发送至 jsnongcunchu@mofcom.gov.cn，并在《商务部“万村千乡市场工程”信息服务系统》中完整填报。内容包括：（1）2008 年本地区“万村千乡市场工程”实施规划汇总表（附件 1）。（2）2008 年度“万村千乡市场工程”新增承办企业申请表》（附件 2）。其中，对以前年度已备案核准、2008 年退出的企业应单独列出说明。各省级商务主管部门可制定本地区的实施工作程序。

三、做好“一网多用”工作

2008 年“万村千乡市场工程”按照“巩固成果，扩大范围、提高质量、提升水平”的思路，进一步巩固农村现代流通网络建设成果。因农业生产资料经营网络初步建成，从 2008 年开始，局部地区的农资农家店建设由当地采取促进政策进行扶持建设。在继续提高连锁经营覆盖率和农村商品统一配送率的同时，推动统一结算系统等硬件升级。“万村千乡市场工程”建设主要包括：农家店（不包括农资农家店）、农村商品（包括农村日用品和农资）配送中心和 POS 机等信息化设施建设。

各地商务主管部门一定要主动加强同当地财政、发改、税务、工商、金融、质监、食品药品监管、农业、邮政、烟草、供销等有关部门沟通与合作，用好用足已有的促进政策，研究出台新政策，促进“一网多用”，形成农村流通的良性发展机制，共同推动“万村千乡市场工程”持续健康发展。

四、做好项目质量管理工作

各省级商务主管部门要制定质量抽查验收整改制度，加强对已验收农家店的管理，完善“万村千乡市场工程”质量监管长效机制，采取切实有效措施确保已验收的农家店管理不放松不滑坡、商品配送率不降低不回落。

要严格执行《商务部关于“万村千乡市场工程”项目验收的通知》（商建发〔2005〕533 号）、《商务部关于加强“万村千乡市场工程”项目建设质量的通知》（商建发〔2006〕600 号）、《商务部办公厅关于做好“万村千乡市场工程”项目复查工作的通知》（商办建函〔2006〕129 号）和《商务部办公厅关于进一步做好“万村千乡市场工程”项目验收工作的通知》（商办建函〔2007〕120 号）的有关规定，各省级商务主管部门要积极组织市、县级商务主管部门进行项目验收，督促和检查各地承办企业及时在《商务部“万村千乡市场工程”信息服务系统》上填报相关信息。

五、做好调研培训工作

开展“万村千乡市场工程”，企业是实施主体，其作用直接影响整个工程的质量和效果。各地商务主管部门要指导承办企业做好市场调研，对经营业态、经营模式、经营规模、市场定位等进行充分论证，防止企业盲目扩张。加强对承办企业的日常监管工作，注意掌握承办企业的经营状况，发现异常情况，要会同有关部门及时采取措施。

各地商务主管部门要深入基层企业认真开展调查研究，及时发现“万村千乡市场工程”建设中的各种新情况、新问题，提出有效的解决措施和建议，并及时沟通。在巩固农家店发展的基础上，继续完善“万村千乡市场工程”统计制度，定期向社会发布农村市场有关信息，促进科学决策。各地要积极通过各种有效形式，开展对农家店店长培训，提升农家店的经营理念，掌握基本的商品知识，提高经营管理技能，增强综合素质，更好地为当地农民开展服务。

特此通知

国家开发银行评审一局
关于转发《商务部办公厅关于推荐
2008 年重点流通项目的函》的通知

开行评一［2008］2 号

总行营业部、各分行、代表处：

2007 年 8 月 3 日，商务部与我行联合下发了《关于进一步推进开发性金融支持流通业发展的通知》。2007 年 9 月 10 日，商务部与我行联合召开了“开发性金融支持流通业发展视频会议”，姚中民副行长和商务部姜增伟副部长发表了重要讲话。

为落实联合通知和视频会议精神，商务部要求各省（市）商务主管部门积极向开发银行推荐重点流通项目，并配合开发银行各分行进行初步筛选，由商务部商业改革发展司汇总形成重点项目初选名单，在征求我行总行有关部门的意见后正式推荐。我局于 2007 年 12 月将商务部商业改革发展司提供的重点流通项目初选名单下发各分行征求意见，并反馈商务部商业改革发展司。

2008 年 1 月 28 日，商务部办公厅以《关于推荐 2008 年重点流通项目的函》（商办改函（2008）1 号）向我行正式推荐了 83 个重点流通项目，拟申请贷款 212 亿元，具体项目见《2008 年重点流通项目表》。为做好 2008 年重点流通项目的开发评审工作，现将商办改函（2008）1 号转发给你们，并通知如下：

1. 抓紧开展商务部推荐的 2008 年重点流通项目评审工作。凡是符合条件的项目，争取在今年年底前完成评审工作。对商务部尚未推荐的流通项目，也应积极开展开发评审工作。

2. 对于申请贷款金额超过 5 亿元的项目，原则上以总行评审部门为主、分行配合开展评审工作。其他项目的评审以分行为主，总行评审部门根据分行的要求给予指导。

3. 各分行与省（市）商务主管部门建立协调机制，积极争取地方政府对流通项目的政策支持。

4. 各分行在今年 6 月 30 日和 12 月 30 日前向我局上报开发评审工作进展情况。对因不具备条件而未能开展评审工作的项目，要说明原因，由我局向商务部商业改革发展司反馈。

5. 我局与商务部商业改革发展司将组成联合工作组，共同促进我行分行与地方商务主管部门的合作，推动和指导重点流通项目的评审工作。

联系人：李旗生　68306478

附件：1. 商务部办公厅关于推荐 2008 年重点流通项目的函

2. 2008 年重点流通项目表

二〇〇八年二月二十五日

附件 1：

商务部办公厅关于推荐 2008 年重点流通项目的函

商办改函［2008］1 号

国家开发银行办公厅：

根据商务部、国家开发银行《关于进一步推进开发性金融支持流通业发展的通知》（商改发［2007］313 号）要求，我们审核汇总了各地商务主管部门商开发银行各地分行上报的 83 个重点流通贷款项目（详见附表），贷款金额 212 亿元。现将这些项目推荐给你们，请协调各地分行予以落实。

二〇〇八年一月二十八日

附件 2：

2008 年重点流通项目表

省市	序号	贷款单位	项目名称	项目内容	拟申贷额（亿元）
天津	1	天津津沽粮食工业有限公司	津沽米业多功能小站稻米生产线及原料库项目	多功能小站稻米生产线、万吨原料库工程	0.1
	2	宝坻区供销社	劝宝购物广场项目	主体四层广场建设	0.3
		小计			0.4
河北	3	河北唐山冀东物贸集团公司	汽车专卖店、铁路、汽车物流中心和境外项目	1. 建设 56 家汽车专营店；2. 建设唐山乐业铁路综合物流中心；3. 建设汽车物流中心；4. 建设越南华重商用车有限公司	13.42
	4	石家庄北国人百集团有限公司	重组、控股河北北国开元广场有限公司	以增资方式进行重组、控股	6

续表

省市	序号	贷款单位	项目名称	项目内容	拟申贷额（亿元）
河北	5	保龙仓商业连锁经营有限公司	石家庄远洋城商业广场	建设保龙仓石家庄远洋城店	2
	6	邯郸新世纪商业广场有限公司	邯山商场改造	将原商场改造成集购物、娱乐、餐饮、住宿、商务办公、公寓式写字楼为一体的现代化商城	2
	7	唐山北方物流有限公司	唐山北方物流中心	建设以唐山及周边地区工商企业为主要服务对象的第三方物流中心	1.5
	8	安国市彤济中药材有限公司	安国市医药物流配送中心	建设仓储设施，医药销售展示厅，包装车间，综合服务楼，电子商务网络及银行结算系统等	1
	9	秦皇岛正大有限公司	食品物流、养殖深加工	各种场所及配套设施建设	1.36
		小计			27.28
山西	10	太原市六味斋实业有限公司	连锁专卖店网络工程	开设专卖店200个，建设3万平方米的生产基地	0.4
	11	山西江南餐饮集团	节能配送中心建设	建设节能冷库和购置采用新型蓄冷材料的冷藏车	0.5
	12	太原市金虎连锁超市配送有限公司	物流配送中心及便利连锁工程项目	建设生鲜产品生产基地0.5万平方米，物流配送中心3万平方米，配套公建0.1万平方米。总投资0.9亿元	0.65
		小计			1.55
辽宁	13	辽宁省服务学校	校区建设	0.9万平方米教学楼、0.47万平方米实训楼、0.47万平方米学生宿舍附属用房	0.3
	14	沈阳二手车交易市场有限公司	二手车交易市场	2.6万平方米交易大厅、3.3万平方米汽车交易场、机动车检测线、汽车维修中心等	0.3
	15	辽宁民生康大医药有限公司	现代医药物流建设	物流配送中心仓库、附属设施、仓储作业设备、计算机信息系统、药品质量检测仪器设备等	0.5
		小计			1.1
吉林	16	长春蔬菜中心批发市场集团公司	新建大型综合农产品批发市场项目	修建库房及相关设施	1.5
	17	长春陆捷物流有限公司	仓储项目	扩建储运设施、购置设备	1.45

续表

省市	序号	贷款单位	项目名称	项目内容	拟申贷额（亿元）
吉林	18	吉林省物资集团有限责任公司	吉林省现代物流基地项目	建设汽车物流配送中心、钢材物流加工配送中心、报废汽车回收拆解中心等	1.34
		小计			4.29
黑龙江	19	哈尔滨大众肉联集团有限公司	南极国际贸易城	1. 食品展示中心；2. 肉类水产品展示中心；3. 茶叶展示中心；4. 物流园	4
	20	黑龙江农垦北大荒商贸集团有限责任公司	北大荒粮食现代物流体系建设项目	散粮接收发放设施建设、散粮中转库建设、粮食电子交易平台建设	1
		小计			5
上海	21	上海好德物流有限公司	好德物流中心项目	仓储建设、配套设备购置等	1.5
	22	农工商超市（集团）有限公司	网络建设	新开超市门店50家	1
	23	上海蔬菜（集团）有限公司	江楠农产品物流中心	收购资产，土地163亩、房屋20633平方米，新建或改建综合楼、加工配送车间、仓库、停车场、电脑结算系统及安全检测系统	1
	24	上海化学工业区金山分区发展有限公司	上海化学工业区物流产业园基础设施及配套设施建设	物流园区内道路基础设施及相关公建配套设施建设	3
	25	上海农产品中心批发市场经营管理有限公司	上海农产品中心批发市场二期工程	土建工程、计算机管理与信息系统、电子交易结算系统、市场信息平台系统、农产品电子商务平台系统等	2.5
	26	上海金枫酿酒有限公司	年新增10万千升新型高品质营养黄酒技术改造	新型高品质营养黄酒酿造基地仓储	4.03
	27	上海都市营销管理有限公司	“都市菜园”生鲜连锁专卖项目	生鲜连锁终端、冷链、配送中心	0.6
	28	上海交运国际物流有限公司	陆港航空货物物流基地	基地面积9.35万平方米，仓库3.7万平方米，货物加工0.2万平方米，理货作业区0.5万平方米，停车场2万平方米，综合办公楼0.45万平方米	0.7
		小计			14.33

续表

省市	序号	贷款单位	项目名称	项目内容	拟申贷额（亿元）
江苏	29	南京中央商场股份有限公司	连锁百货收购发展项目	连锁百货收购发展	5
	30	江苏苏农农资连锁集团股份有限公司	苏农连锁“四个一”网络配送及信息化电子商务系统	网络配送及信息化电子商务系统建设	3.7
	31	石林集团	连锁网点与物流信息配送项目	连锁网点与物流信息配送建设	5
		小计			13.7
浙江	32	浙江国大集团有限责任公司	国大城市广场（商场）	对现有国际大厦酒店和国大商场拆除重建，重建后的商场建设面积约5.2万平方米，营业面积3.52万平方米	6.58
	33	雄风集团有限公司	大型百货商场建设	建设诸暨市最大的百货商场，打造诸暨的CBD。贷款主要用于百货商场的土地购置及建筑和装修	3
	34	温州百一超市有限公司	超市建设项目	1. 龙翔店拆扩建项目：土建、设备、装修等0.05亿元；2. 百一商厦拆扩建项目：收购房产、土建、设备维修等0.2亿元；3. 千镇连锁超市配送中心项目：征用土地、土建、设备等0.46亿元；4. 县城大超市项目：购买店面、设备、装修等0.3亿元；5. 新增20个乡村连锁超市项目	0.58
	35	浙江物产国际贸易有限公司	收购皓友造船公司控股权	收购皓友造船55%股权，并进行技术改造	1
		小计			11.16
安徽	36	安徽徽商集团有限公司	安徽省名优特农副产品批发市场池州分市场项目	项目为农副产品的精深加工和批发外销。占地495亩，建筑总面积38.6万平方米，其中专业市场区6.2万平方米，仓储物流区16.8平方米，配套商务区15.7万平方米。计划投资4.5亿元	2
	37	安徽亚夏实业股份有限公司	宣城亚夏国际汽车商城项目	建立20家品牌汽车2S专营店，15家品牌汽车4S专营店的销售功能区；汽车装潢、美容，配件，二手车交易市场的配套销售服务区，以及汽车俱乐部、金融保险的服务功能区	0.95

续表

省市	序号	贷款单位	项目名称	项目内容	拟申贷额（亿元）
安徽	38	安徽华夏集团	综合物流配送基地及连锁经营项目	建商业街、商场超市、大型物流配送中心及办公、停车等配套设施	1.5
		小计			4.45
福建	39	福建永辉集团	农改超及配送中心建设项目	建设大型生鲜超市20家（农改超），大型综合交易中心、现代工业园、大学城商业中心及福州、闽北配送中心，南平畜牧、农业园、南平商业项目	3.4
	40	宁德市南阳实业有限公司	肉食品加工、屠宰、连锁	扩建年产20万头商品猪订单养殖基地	1
		小计			4.4
江西	41	江西万宜经贸有限公司	物流配送中心	建设物流配送中心，占地85亩，仓储及配套设施	0.12
	42	江西黄金客商贸公司	商品配送中心	征地15亩，建筑0.9万平方米，购配送车辆30台，建设冷库1个及配套设施	0.3
	43	九江联盛实业集团有限公司	庐山商贸城	占地100亩，规划建成商、旅、娱为一体的商贸城	0.8
	44	江西九江梁义隆食品公司	中华老字号——九江市清真梁义隆技改扩建项目	总投资0.17亿元。其中土建工程0.1亿元，设备购置0.03亿元，流动资金0.04亿元	0.1
		小计			1.32
山东	45	山东家家悦超市有限公司	物流配送中心建设项目	项目总投资1.63亿元	1
	46	山东德州扒鸡集团有限公司	生产基地及生产线建设项目	项目总投资0.82亿元	0.3
		小计			1.3
河南	47	河南思达连锁商业有限公司	河南思达连锁商业有限公司配送中心项目	建设4万平方米日用品配送中心，1万平方米生鲜配送中心，1万平米熟食配送中心	1.1
	48	河南正道实业有限公司	郑州正道花园广场项目	占地1.5万平方米，规划总建面10万平方米，定位为高档百货购物中心．预计总投资5.36亿元	2.60
		小计			3.7

续表

省市	序号	贷款单位	项目名称	项目内容	拟申贷额（亿元）
湖南	49	湖南省京阳物流有限公司	京阳物流中心	物流仓储	3
	50	达华工程管理（集团）有限公司	邵东星沙物流园建设	仓储、配送、信息中心	1.5
	51	步步高商业连锁股份有限公司	物流配送中心扩建	配送中心	1.8
		小计			6.3
广东	52	广东鱼珠物流基地有限公司	鱼珠现代物流基地升级改造	进行码头改造，新建加工配送中心和保税仓库，购置机械设备，构建大型钢材物流电子商务平台，新建商务中心大楼	3
	53	广州市广百股份有限公司	清远锦绣清城	项目占地2.7万平方米，建筑面积7万平方米。拟整体租赁该项目，以广百百货为主力店组合超市、电器、餐饮、服饰等，统一策划、招商、管理，打造为清远市最时尚的一站式购物中心	0.85
	54	广州江南果菜批发市场有限公司	江南市场水果新区建设项目	1. 三座钢结构交易大棚建设工程，工程造价622万元；2. 水果新区道路、给排水、桩基础等，工程造价1562.6万元；3. 水果新区大门建设工程，工程造价36.8万元；4. 新区商铺H栋工程，工程造价2000万元	0.3
		小计			4.15
广西	55	广西物资集团	南宁市再生资源回收网络及再生资源集散市场	1. 建设350个再生资源回收站点，形成一个有效的回收网络；2. 建设1个再生资源集中处理中心和集散交易市场，占地面积500亩，市场内分报废车船、废旧机械设备、废旧机电产品、废旧家电回收处理及综合再利用，废旧金属集中存储及物流配送以及二手机动车维修交易等5个专业区，以及配套的2个商务信息服务区和生活服务区。市场建成后具有回收拆解、加工处理、储存集散、销售交易及信息发布的综合功能。总投资5亿元，回收期8年	3.2

续表

省市	序号	贷款单位	项目名称	项目内容	拟申贷额（亿元）
海南	56	海南厚水湾投资管理有限公司	国际渔业物流中心项目	物流中心建设	0.5
重庆	57	重庆港务物流集团	双建工程项目	建设物流配送中心、船舶基地、工业园区等项目	9.02
四川	58	成都市人民商场（集团）股份有限公司	改扩建项目	二期工程、成都九眼桥新商场建设	9.80
	59	四川哦哦超市连锁管理有限公司	物流配送中心及连锁便利店建设项目	配送中心及网络建设	0.3
		小计			10.10
贵州	60	贵州红华物流有限公司	阳关红华商贸物流园区	建筑面积47万平方米，总投资4亿元	1
	61	贵州省医药（集团）有限责任公司	配送中心和零售网点的自建和并购	配送中心和零售网点的自建和并购	1.5
	62	贵阳友谊集团股份有限公司	时代广场北楼	建筑面积1.4万平方米，总投资0.9亿元	0.8
		小计			3.3
西藏	63	拉萨市圣祥物资贸易有限责任公司	拉萨市二手车交易市场	拉萨市二手车交易市场建设	0.22
	64	拉萨仁鑫贸易发展有限公司	拉萨农贸综合市场建设	拉萨农贸综合市场升级改造	0.15
		小计			0.37
陕西	65	西安饮食股份公司	食品工业园、桃李烹饪学院、老孙家饭庄、招商局西安饭庄北郊富力大厦	饮食、教学	1.55
	66	陕西三愚煤炭集运股份有限公司	榆林能源化工物流中心	建设专业化物流服务的现代物流中心	1.2
	67	陕西西北棉花交易市场有限公司	陕西西北棉花交易市场	棉花交易市场	1.18
		小计			3.93
青海	68	青海朝阳物流园区开发建设有限公司	园区项目开发建设	物流园区开发	10

续表

省市	序号	贷款单位	项目名称	项目内容	拟申贷额（亿元）
宁夏	69	银川新华百货连锁超市有限公司	吴忠市、银川市新一中、石嘴山市惠农区、陕西靖边县四地区连锁超市流通项目	吴忠店租赁面积 0.18 万平方米用于经营超市，前期预计投资 700 万元；银川一中店租赁面积 0.28 万平方米，预计投资 700 万元；惠农店租赁面积 0.75 平方米，预计投资 1150 万元；靖边店租赁面积 0.73 平方米，前期预计投资 1150 万元	0.2
新疆	70	新疆麦趣尔连锁经营有限公司	商品流通建设项目	配送中心、冷链系统、仓储设施	1.36
	71	新疆华凌工贸（集团）有限公司	华凌陶瓷城	陶瓷洁具城基建及配套设施	5
	72	新疆乌苏市兴业农资有限公司	农资配送中心及农家店建设	配送中心、农家店建设、仓储设施	0.12
			农副产品中转库		0.2
		小计			6.68
大连	73	大连和平商业广场有限公司	和平商业广场	大型购物中心扩建改造	1
	74	大连民勇集团股份有限公司	社区超市、生态物流园区、批发市场	在市区建 20 个经营面积 0.1 万平方米以上的社区超市，在周边建占地基 200 亩绿色生态园区	1.54
	75	大连熟食品交易中心	冷链设施、质量安全追朔系统、污水处理及摊位改造	冷库改造，增设冷藏柜、检验检测设备、监控系统、污水处理、中水回用等	0.2
	76	福佳集团有限公司	大连福佳新天地广场	店铺建设改造，商场经营	12
			金州福佳新天地广场		
	77	大商集团股份有限公司	股权收购、资产收购	对南昌洪城大厦、南宁百货大楼、天津一商友谊、唐山百货大楼、兰州国芳园百盛购物广场进行股权收购；对庄河新天地购物广场、大连凯旋广场、朝阳商业广场、吉林新时代广场、美罗大药房进行资产收购	37.65
		小计			52.39

续表

省市	序号	贷款单位	项目名称	项目内容	拟申贷额（亿元）
青岛	78	利群集团	网点开发项目	新建以经营百货为主的5万平方米以上的购物广场和0.8万平方米以上的超级市场6个，总投资9亿元	3
	79	利群集团	物流中心仓储设施及冷链建设项目	在文登市建设物流中心，仓储面积5万平方米。在山东的中西部地区建设一座新的物流中心，仓储面积8万平方米。建设生鲜产品的冷链配送系统。总投资5亿元	2
		小计			5
宁波	80	余姚市农副产品批发市场有限公司	农副产品批发市场改造	农副产品批发市场改造	1
深圳	81	新一佳超市有限公司	配送中心项目	建设配送中心	0.7
	82	深圳市南山农产品批发配送有限公司	南山农产品配送中心建设	主要用于农产品配货间、农药监测中心、中央监控系统等配套设施建设	0.5
		小计			1.2
厦门	83	厦门夏商农产品集团有限公司	台湾农产品中转集散分拨中心	仓储信息楼，建筑面积3.6万平方米；8000吨级低温冷库，建筑面积0.8万平方米；加工贸易区，单层钢架大棚，建筑面积0.5万平方米	1
		合计			212.32

（商务部商业改革发展司）

商务部关于 2008 年服务贸易工作的意见

（2008 年 3 月 24 日）

大力发展服务贸易，对转变外贸增长方式、促进中国经济和社会协调发展具有重要意义。党中央、国务院高度重视发展服务贸易，胡锦涛总书记在党的十七大和中央经济工作会议上明确要求“大力发展服务贸易”，温家宝总理在中央经济工作会议上提出“努力扩大服务出口”。为促进服务贸易的发展，做好 2008 年的服务贸易工作，现提出指导意见如下：

一、充分认识发展服务贸易的重要意义

（一）服务贸易工作的总体要求是：全面贯彻党的十七大和中央经济工作会议精神，贯彻落实科学发展观，以《服务贸易发展“十一五”规划纲要》为指导，深入开展调查研究，不断创新工作方法，积极推进统计分析工作，加快建设促进体系，大力促进重点行业出口，实施品牌战略，推动服务贸易更好更快的发展，努力实现 2008 年全国服务贸易总额增长 20% 的目标。

（二）提高全社会对发展服务贸易重要意义的认识。深入贯彻落实党中央、国务院关于大力发展服务贸易的一系列指示精神，大力宣传发展服务贸易对于实现国民经济又好又快发展的重要意义，充分认识发展服务贸易对提升当地服务业发展水平的重大作用，提高各地区、各部门对发展服务贸易重要性和紧迫性的认识，把发展服务贸易作为商务工作的重点，形成共同关注服务贸易发展、大力支持服务贸易发展的良好氛围，推动中国服务贸易实现跨越式发展。

二、提高服务贸易促进协调水平

（三）充分发挥服务贸易跨部门联系机制的作用。发展服务贸易涉及国民经济的各个部门，必须按照科学发展观的要求，加强统筹协调。要加强服务贸易各相关部门的交流与合作，推动贯彻落实《服务贸易发展“十一五”规划纲要》。共同就服务贸易发展过程中出现的重大问题组织调研，推动落实各项扶持鼓励政策。要切实发挥各部门在中国服务贸易协会指导委员会中的作用，支持中国服务贸易协会发展壮大。在“中国服务贸易指南网”的建设中，要充分集成整合各部门的资源，实现各部门信息共享。

（四）健全地方服务贸易促进协调机制。地方各级商务主管部门要根据自身实际情况，在现有基础上，继续大力充实服务贸易工作机构的人员和工作职责。要加大工作力度，牵头成立由相关管理部门参加的服务贸易发展跨部门协调机制，加强各部门的协调沟

通，形成各部门密切配合、政府和企业紧密联系的服务贸易促进协调机制和工作体系。

（五）充分发挥服务贸易发达地区的示范带动作用。在基础较好、条件成熟的长三角、珠三角、环渤海地区探索建立服务贸易示范区。

（六）提高服务贸易调查研究工作的水平。加强服务贸易理论研究，以及建立专业性研究机构的研究，与国际组织和国外服务贸易中介机构广泛建立联系，掌握国际国内服务贸易发展动态和趋势，为各级政府决策提供政策依据，为企业制定发展战略提供参考和帮助。商务部将就促进重点行业出口开展调研工作，请各地商务主管部门配合做好有关工作。

（七）加强服务贸易人才建设。落实和完善各项培养服务贸易人才的政策。加强职业培训和岗位技能培训，提高从业人员素质。积极实施“人才强商”工程，开展服务贸易人才培训，举办服务贸易综合知识、服务贸易统计等培训班，提高全国商务系统服务贸易工作人员和企业骨干的理论水平和业务工作能力。

三、完善服务贸易扶持政策措施

（八）研究制定服务贸易中长期发展规划。广泛调研，深入分析我国服务贸易的行业、区域特点，尤其是地方特色和比较优势，制定《服务贸易发展中长期规划》。各地要结合本地实际情况研究制定本地的服务贸易发展中长期规划。

（九）研究制定扶持服务贸易发展的政策措施。会同有关部门研究制定加快发展我国服务贸易的若干意见，出台财税、金融、外汇、通关、商检、人员出入境等方面的支持政策，简化工作程序，为服务贸易企业发展创造条件。各地要研究出台适合本地服务贸易发展的政策措施，引导各类资源向有优势的服务贸易出口行业集中。

（十）培育重点出口企业。扶持服务贸易出口企业，培育出口品牌，根据不同行业和不同目标市场国家（地区）的特点，重点分析有比较优势行业的自主出口品牌现状，研究制定扶持和推介措施，提升服务层次和水平。打造一批主业突出、具有核心竞争力、能够发挥龙头骨干作用和参与国际竞争的服务贸易企业和企业集团。保护我国知名品牌在海外的合法权益，为自主出口品牌“走出去”提供法律和政策保障。

（十一）促进专业人士服务出口。研究制定政策措施，推动我国具有优势的行业发展专业人士服务出口。逐步放宽对服务贸易从业人员出入境管理，鼓励符合条件的人员到境外开拓市场，从事相关服务，尤其是为中国在境外公司及其分支机构、华人提供服务。

四、促进重点行业服务贸易发展

（十二）研究制定服务贸易出口指导目录。积极与有关部门合作，在制定技术进出口目录、文化出口重点企业和项目目录的基础上，有重点、分阶段、多形式地制定服务贸易重点行业出口目录。在继续扩大文化、技术贸易、软件和服务外包、旅游、运输服务、建筑服务等领域出口的同时，积极开拓金融保险、体育、广告、咨询等领域的出口，推动落实相关政策措施，培育服务贸易出口新的增长点。各地要结合本地的实际情况，研究制定本地的服务贸易出口指导目录，突出重点行业，抓住关键环节，促进服务贸易的发展。

（十三）开拓对外文化贸易。贯彻落实鼓励和支持文化产品和服务出口的若干政策，会同有关部门对列入国家文化出口重点企业和项目目录的企业给予扶持。集成各地文化优势资源和政策优势，建设若干个中国文化出口基地。鼓励和支持各地文化类骨干企业参加中外大型国际展会，组织有国际竞争力和出口潜力的文化企业和项目赴海外推介，促进企业开展国际交流与合作。

（十四）发展注册会计师服务出口。贯彻落实《关于支持会计师事务所扩大服务出口的若干意见》（商服贸发〔2007〕507号）。推动有关国家和地区的会计市场开放。鼓励和支持会计师事务所为中国各类型企业“走出去”提供专业服务。在中国香港服务贸易洽谈会上举办“会计服务合作圆桌会议”。在第二届中国服务贸易大会上举办会计师服务出口对口洽谈会。组织会计师事务所赴北非和西亚国家和地区开展宣传推介活动，积极开拓市场。

（十五）促进软件出口及服务外包。软件出口是服务外包发展的方向，要探索鼓励软件出口的政策措施，发展以软件为基础的信息服务出口和服务外包。进一步完善国家级软件出口基地建设，定期召开基地工作会议，增强中央与地方的沟通与交流，建立基地发展评估体系，指导基地做好软件出口和服务外包的促进工作，研究扶持基地发展的政策措施。资助软件及相关信息服务出口企业赴海外参展。积极促进动漫产品出口，对我国动漫产品出口进行全面研究，制定扶持动漫企业走出去的政策措施。

（十六）推动运输服务出口。深入研究中国运输服务贸易的现状和存在的问题，探索中国运输服务的发展方向，制定发展运输服务贸易的政策措施。鼓励中国企业更多地承运中国出口货物，提高运输服务能力和水平，减少运输服务逆差。通过谈判，为企业争取有利的运输服务市场准入条件。

（十七）开展中医药服务贸易试点建设工作。加快制定出台《关于促进落实中医药国际服务贸易发展的若干意见》，营造加快中医药国际服务贸易发展的宏观环境，建立符合国际规范的中医药服务贸易促进体系，推动中医药服务贸易健康发展。会同国家中医药管理局在国内设立中医药服务贸易试点基地，在试点经验成熟后逐步推广。

（十八）大力促进技术出口。研究技术出口促进政策，出台切实可行的技术出口鼓励措施，加强多双边技术交流和合作，推动优势技术出口。

五、加强服务贸易统计工作

（十九）健全服务贸易统计体系。贯彻落实《国际服务贸易统计制度》，结合国际服务贸易统计的最新进展与实践经验，在深入调研的基础上，不断完善中国服务贸易统计制度，适时出台《国际服务贸易统计管理办法》。加强与国际组织的联系，提高中国服务贸易统计的水平。加强与各部门在统计方面的合作，探索实施科学、规范的服务贸易统计调查方法。

（二十）开展重点行业和省市统计。强化分行业统计分析，完善文化贸易等专项统计，统筹技术进出口、软件出口和服务外包统计，定期发布软件出口、技术进出口和服务外包统计数据。开展分省市统计，定期向地方商务主管部门反馈服务贸易统计数据。各地商务主管部门要根据《国际服务贸易统计制度》报送附属机构服务贸易统计有关数据，加强统计分析，把握本地服务贸易发展动态，研究服务贸易发展对当地经济的影响。

（二十一）建立统计分析体系。开展服务贸易运行监测与分析，完善统计分析指标，把握服务贸易总体动态，关注附属机构服务贸易发展状况，研究服务贸易发展对国民经济的影响以及与相关产业的互动效应；开展双边服务贸易统计比较分析，把握国别（地区）市场状况。完善服务贸易统计数据库。做好《中国服务贸易发展报告》、《中国服务贸易统计》、《文化贸易统计快报》等的编撰工作，不定期发布服务贸易进出口分析报告、行业分析报告和国别（地区）市场分析报告等。

六、推进技术引进消化吸收再创新

（二十二）研究制定鼓励技术引进消化吸收再创新的政策措施。提高技术引进消化吸收再创新能力是增强我国自主创新能力，建设创新型国家的重要方面。要落实《关于鼓励技术引进和创新，促进转变外贸增长方式的若干意见》（商服贸发［2006］13 号）。加强国内外调研，完善并落实《进口贴息资金管理暂行办法》，做好技术进口贴息项目的审核工作；推动《鼓励进口技术和产品目录》的调整和细化，提高目录的可操作性。给予国家鼓励的进口商品信贷支持，推动重点技术进口企业利用优惠贷款进口先进技术。研究建立消化吸收再创新专项资金，鼓励金融机构向企业提供优惠贷款。研究制定相关税收优惠政策，推荐消化吸收再创新项目参加科学技术奖励评审。建立技术引进消化吸收再创新公共信息服务平台。

（二十三）完善技术贸易管理。推动修订《中华人民共和国技术进出口管理条例》。抓紧修订《禁止进口限制进口技术管理办法》、《禁止出口限制出口技术管理办法》和《技术进出口合同登记管理办法》，下放限制进出口技术的核准权限，建立监督检查机制，完善自由进口技术合同的登记程序。根据《中韩技术交流合作谅解备忘录》，办好“第五届中韩技术展示暨洽谈会”。

七、健全服务贸易促进体系

（二十四）完善“中国服务贸易指南网”。丰富网站内容，完善项目和企业数据库，实现网上项目对接；增加网站语言，进行网络互动，实现与相关国际组织和机构的合作和交流。充实各地“服务贸易指南网”子站的内容，加快信息更新，完成地方专栏建设，实现网站互动交流。力争在较短的时间内把“中国服务贸易指南网”建成较为成熟的服务贸易公众信息服务平台。

（二十五）举办第二届中国服务贸易大会。在第一届中国服务贸易大会成功举办国际论坛、研讨会的基础上，进一步丰富大会内容，增加企业对口洽谈会，组织项目对接，举办服务贸易专业性展览展示。加强与世界贸易组织等国际组织的合作，扩大与国外服务贸易中介机构的联系，扩大大会的影响，逐步将中国服务贸易大会打造成在国际上有重大影响的中国服务贸易品牌展会。

（二十六）提升中国（深圳）国际文化产业博览交易会国际化水平。协助指导文博会国际文化馆的招商招展工作，努力吸引欧美客户参展参观。与相关国际组织合作，组织高峰论坛，扩大文博会国际影响力。加强与香港特区政府的合作，帮助办好香港展区，借助香港的优势共同推动中国文化走出去。各地要积极组织本地企业参展，参加高峰论坛，组织项目参加对口洽谈会。各驻外经商机构要帮助文博会开展海外招商推介工作，协助邀请海外客商参加文博会。

（二十七）继续办好大连软件交易会。借助大连的区位优势和服务业国际化优势，积极开展国际推介，树立国际声誉和影响力，为中国企业开拓国际服务贸易市场牵线搭桥。

（二十八）办好第二届中国香港国际服务贸易洽谈会。洽谈会采取展示、论坛（圆桌会议）和对口洽谈相结合等多种方式，包括服务贸易发展论坛、行业合作分论坛（圆桌会议）、地方重点领域分论坛（圆桌会议）以及企业对口洽谈等，涉及中医药服务贸易、会计服务、动漫产品和服务、文化贸易、工业设计、软件出口、服务外包、品牌设计和推广等多个领域。

（二十九）创新服务贸易促进方式。探讨设立服务贸易促进机构从事服务贸易推广和促进工作。促进机构应密切与企业和各服务业行业的联系，选择重点行业成立专家咨询委员会，在行业专家的指导下，依据不同行业特点，研究制定推广方案并组织实施。

八、加强服务贸易的国际交流与合作

（三十）加大服务贸易领域的开放力度。把握新一轮国际产业转移机遇，积极稳妥地扩大服务业开放，承接服务业转移，促进中国服务业产业结构调整和升级。引导外资合理有序流向服务贸易领域。着眼于提升我国服务业发展水平，分阶段、有重点地扩大服务贸易进口。着重引进境外先进的经营方式、先进适用技术、管理理念和经验。

（三十一）利用多边和区域渠道加强对重大问题的谈判和磋商。紧密结合我国服务业发展现状和实力，在多边贸易体制和区域贸易安排（特别是自由贸易区）谈判中，有针对性地制定“要价—出价”方案，全力争取我方权益，适当照顾对方关切。通过国际谈判，推动建立平等、自由的国际服务贸易体系。推动世界各国逐步放宽对服务贸易从业人员出入境限制。

（三十二）将服务贸易纳入双边经贸重点促进工作的范畴。对重点国别的服务贸易市场进行调研，拓展服务贸易促进渠道，深化服务贸易推广和促进工作，通报双边情况，为企业走出去提供服务。与美国、英国、日本等重点国家的服务贸易管理机构建立联系，组织好中国与欧盟在服务贸易领域的司级定期联系机制的相关工作，促进双方企业交流合作。

（三十三）深化内地与香港在服务贸易领域的合作。充分利用香港的优势，提升内地服务贸易的国际竞争力。实施与香港贸发局签署的服务贸易合作框架协议，在建立合作对话机制、实现信息共享、合作举办推广活动、从事专题政策研究和共同培养推广人才等方面加强与香港贸发局的合作。

九、充分发挥中国服务贸易协会作用

（三十四）扶持中国服务贸易协会发展壮大。充分发挥中国服务贸易协会作用，支持协会的工作。按照市场经济要求，整合行业资源，加强对外宣传，提升行业整体形象。积极扩大协会的影响，完善协会职能，加强协会和政府、协会和企业的联系，切实帮助企业解决面临的实际问题。依据服务贸易行业发展情况，选择条件成熟的行业，组建专业委员会。

（三十五）坚持协会市场化运作。塑造、推广中国服务贸易品牌形象，根据各地区位和行业优势，指导建立健全地方服务贸易民间自律、协调机制，与地方协会建立多种形式的联系，实现地区间资源共享、相互融合。承办好美国 Gartner 展会和第二届中国香港国际服务贸易洽谈会，以展会为契机，扩大协会影响，做好与国际知名服务贸易企业和组织的联系工作。

（三十六）积极为中国服务贸易企业提供服务。加强服务贸易培训工作，不定期举办服务贸易知识专题讲座，增强协会成员对发展服务贸易的认识，提高协会成员政策建议的水平，积极为我国参与多双边服务贸易谈判出谋划策。

（商务部服务贸易司）

商务部等 14 部门关于印发《关于保护和促进老字号发展的若干意见》的通知

商改发〔2008〕104 号

各省、自治区、直辖市、计划单列市及新疆生产建设兵团商务主管部门、发展改革委、教育厅（教委、教育局）、财政厅（局）、建设厅（建委、建设局、规划局、房地局）、文化厅（局）、国家税务局、地方税务局、工商局、质量技术监督局、知识产权局、旅游局、银监局、证监局、文物局（文管会）：

为贯彻落实党的十七大关于加快培育我国知名品牌，加强对民族文化的挖掘和保护的精神，引导具有自主知识产权、传承民族传统文化和技艺的老字号企业加快创新发展，进一步发挥老字号企业在经济和社会发展中的重要作用，现将《关于保护和促进老字号发展的若干意见》印发你们，请认真贯彻执行。

商务部
发展改革委
教育部
财政部
住房和城乡建设部
文化部
税务总局
工商总局
质检总局
知识产权局
旅游局
银监会
证监会
文物局

二〇〇八年三月三十一日

关于保护和促进老字号发展的若干意见

为贯彻落实党的十七大关于加快培育我国的国际知名品牌，加强对民族文化的挖掘和保护的有关精神，引导具有自主知识产权、传承民族传统文化和技艺的老字号企业加快创新发展，发挥老字号企业在经济和社会发展中的重要作用，现提出以下意见。

一、充分认识保护和促进老字号发展的重要性和紧迫性

老字号是指历史悠久，拥有世代传承的产品、技艺或服务，具有鲜明的中华民族传统文化背景和深厚的文化底蕴，取得社会广泛认同，形成良好信誉的品牌。我国是一个历史悠久的文明古国，千百年的社会经济发展，孕育了众多具有浓郁民族特色、匠心独具、享誉国内外的老字号。据了解，建国初期我国约有老字号 1 万多家，分布在餐饮、零售、食品、酿造、医药、居民服务等众多行业，在满足消费需求、丰富人民生活、倡导诚信经营、延伸服务内涵、传承和展现民族文化等方面发挥了重要作用，在全国人民、海外华人和国际友人当中具有深远影响。

老字号所传承的独特产品、精湛技艺和经营理念，具有不可估量的品牌价值、经济价值和文化价值。老字号承载着优秀的中华民族文化，是新时期开展诚信兴商、弘扬商业文明的核心内涵和宝贵财富。扶持老字号传承和发展信誉好、质量优的产品和服务，是扩大消费、满足居民消费需求、促进社会和谐、培育自主品牌的有效途径。引导老字号利用品牌优势做精做强，不断发展壮大，是走自主创新道路、实施名牌战略的重要任务。

由于历史原因和体制转换的影响，我国老字号企业在发展中遇到许多新情况和新问题。部分老字号企业组织化程度低，体制、技术、管理落后，市场开拓能力较弱，发展后劲不足。特别是长期以来，由于对老字号的重视和支持力度不够，缺乏合理的发展规划，保护措施不到位，继承和发展老字号传统特色技艺和文化方面缺少必要的政策支持，制约了老字号的发展。提高全社会对老字号振兴发展的重视程度，切实做好保护和促进老字号发展工作，已经成为当前一项十分重要和紧迫的任务。

二、指导思想和工作目标

指导思想：以科学发展观为指导，以市场为导向、企业为主体，坚持保护与发展并重、继承与创新并举的原则，为老字号发展营造有利的政策环境，保护老字号传统文化遗产，支持老字号企业体制、技术和经营管理创新，传承和弘扬老字号优秀文化，促进老字号在振兴发展中创造更多的社会、经济和文化价值。

工作目标：通过全社会的努力，建立保护和促进老字号发展的支持体系，挖掘整理传

统产品和技艺，增强老字号企业自主创新和市场竞争能力，培育一批发展潜力大、竞争能力强、社会影响广、文化特色浓的知名老字号。

一是做精做强一批。合理运用各种资源和手段，支持一批优势明显、具有发展潜力的老字号企业，整合市场资源，优化企业结构，通过采用现代经营管理方式和实施“走出去”战略，成为具有较强竞争能力的著名自主品牌。

二是改造提升一批。支持一批具有一定品牌影响力和市场认知度，但在发展中有困难的老字号企业，进行技术改造，挖掘文化内涵，以体制、经营、技艺创新为重点，吸收各方资源参与，培育新的增长点。

三是恢复发展一批。对具有优秀文化传统，能够体现中华民族文化特色，但活力不足、困难较大或濒临破产的老字号，通过引进战略投资者等途径实施改组改制，使之重获新生，实现有效的保护和发展。

三、建立保护体系，优化老字号的发展环境

（一）将老字号发展纳入城市规划及城市商业网点规划。在制定城市规划中充分考虑对老字号原址原貌的保护。在老字号门店较集中的地区，要划定保护范围，制定专门的保护规划，进行重点保护，严格控制。有条件的城市要集中建设老字号特色商业街，汇聚各类老字号店铺，增加城市人文景观和商业功能，完善旅游服务功能，弘扬民族商业文化，促进旅游消费增长和特色经济繁荣。

（二）保护老字号在拆迁改造中的利益。旧城拆迁改造中要尽可能保留老字号原有风貌，涉及老字号原址的拆迁方案要建立听证制度，征求社会各界意见。涉及国家重点建设工程和重要市政工程，确需对老字号实施拆迁的，要尽可能安排回迁；无法回迁的，应按照有利于老字号经营和保持店铺原有风貌的原则就近安置；无法就近安置的，要依法给予货币补偿。对被拆迁老字号的补偿要及时足额到位，尽量缩短老字号因拆迁造成的歇业时间。

（三）开展老字号知识产权保护。引导和支持老字号企业进行商标注册、专利申请工作，依法加强对老字号企业商标的保护，依法严厉打击侵犯老字号商标权、专利权、著作权及企业名称、商业秘密的行为。引导和支持老字号企业加快在境外商标注册，向老字号企业境外维权活动提供支持。通过各种形式向老字号企业介绍知识产权保护知识，提高保护自主知识产权的自觉性和主动性。

（四）加大对老字号文化遗产的保护力度。将符合条件的老字号技艺优先纳入非物质文化遗产体系，将老字号传统建筑、老字号集中的商业街区纳入物质文化遗产体系。对纳入物质文化遗产保护的老字号建筑、历史文化街区要严格按照有关规定做好保护工作。涉及已纳入文化遗产保护体系的老字号的相关重大建设项目，必须建立公示制度，广泛征求社会各界意见。

四、建立促进体系，推动老字号增强市场竞争能力

（一）加快推进老字号企业改革。鼓励和引导老字号企业建立健全现代企业制度，根

据市场变化选择发展战略，增强企业活力，提高赢利能力。支持老字号企业进行资产重组，依法确认老字号企业无形资产的价值和权属，鼓励各种资本参与老字号企业改组改制，特别是对劣势老字号企业实施战略重组。鼓励具有竞争优势的老字号企业通过市场运作，控股、收购、兼并同行业其他老字号，组建和发展老字号企业集团，提高老字号整体市场竞争能力。

（二）鼓励老字号创新经营方式和技术工艺。鼓励和支持老字号企业运用连锁经营等现代流通方式，健全营销网络，拓展业务领域。鼓励和支持老字号企业挖掘文化内涵，加快技术改造，确保产品质量和安全，大力开发特色突出、质量上乘、符合消费者需求的产品和服务。

（三）协助解决老字号融资信贷问题。鼓励和引导有关金融机构对老字号企业创新发展所需的贷款给予支持，鼓励和引导信用担保机构对老字号的创新发展给予担保方面的支持。鼓励发展较好的老字号企业开展资本运作，支持符合条件的老字号企业上市。加大老字号企业招商引资力度，拓宽老字号企业的融资渠道。

（四）运用财政资金支持老字号创新发展。支持老字号企业继承、挖掘优秀传统工艺、技术，加强市场营销，深度培育自主品牌。支持构建面向老字号企业的公共服务平台和服务体系，在经营管理咨询、人才培训及拓展国内外市场的宣传、项目推介等方面提供服务。凡符合规定条件的老字号企业，均可按规定申请国家有关品牌发展资金、促进中小企业发展专项资金、中小企业国际市场开拓资金等政策的扶持。地方各级商务主管部门和财政部门可结合实际，视本地财力情况，采取有效措施，加强对老字号企业的资金支持。

（五）支持老字号开拓市场。在政府采购和援外物资采购方面，同等条件下优先考虑老字号产品。在进出口配额分配和特许经营许可方面，在法律法规许可范围内优先考虑老字号产品和企业。有关政府部门组织的各类经贸洽谈、展示交易活动，要为老字号企业和产品优先提供展示摊位，并对企业参展过程中遇到的困难予以支持。支持老字号企业采取组团参展、单独设展、考察交流等方式了解国际市场，寻找商机。加大老字号纪念品的开发力度，积极推广老字号旅游产品，在外事接待、纪念品采购中优先选择老字号产品。充分发挥各驻外机构的力量，为老字号企业到国外招商引资、开拓国际市场提供便利。

（六）完善老字号人才发展机制。鼓励老字号企业开展人才培训和技艺交流，对老字号传人、技术骨干、经营管理人员的培训予以支持。开展对掌握主要传统手工技艺的老字号代表性传承人的确认，支持传承人授徒传艺，并为其提供必要的传习活动场所以及开展展示、研讨和宣传活动的条件。鼓励有关机构和专家为老字号发展提供智力支持。鼓励高校和中等职业学校毕业生到老字号企业就业，为职业经理人参与老字号企业经营管理提供便利。

五、挖掘老字号内涵，传承发展老字号特色

（一）建立老字号名录体系。认真开展老字号普查工作，全面了解和掌握老字号的发展现状及存在问题。运用文字、录音、录像、数字化多媒体等各种方式，对老字号发展史料进行真实、系统和全面的记录，建立健全老字号档案。建立老字号的统计监测制度，通过对关键指标的动态监测，及时掌握老字号发展动态。

（二）加强对老字号的宣传。鼓励新闻出版机构制作、出版宣传老字号的电视专题片、纪录片、书籍和画册，发行老字号消费指南、手册和地图，营造有利于老字号发展的消费环境和社会氛围。政府部门组织的有关宣传、交流活动要尽可能安排和增加老字号内容。支持举办老字号展会，通过多种形式组织老字号企业进行跨地区和跨国界的交流、宣传，不断创新宣传方式和手段。各级各类学校要逐步将优秀的、体现民族精神与民间特色的老字号内容渗透到学校教育活动中。鼓励旅游企业积极开发老字号旅游产品，打造老字号特色旅游线路，提高游客对老字号的保护意识。

（三）加强老字号文化和技艺的研究、保护和传承工作。加强老字号自身对技艺、服务、经营管理、文化等特色的挖掘、研究、保护和传承工作。鼓励有条件的老字号和相关单位收集、整理、保管、展示老字号史料，积极整合开发其旅游功能。对传统文化特色鲜明、具有广泛群众基础的老字号传统产品、技艺和品牌，要创新经营机制，吸引社会资本参与，不断创新发展。

六、加强领导，形成多方协调的有效工作机制

（一）发挥政府部门的主导作用。由商务主管部门牵头，联合发展改革、教育、财政、建设、文化、税务、工商、质检、知识产权、旅游、银监、证监、文物等部门，建立协调高效的工作领导机制，明确任务，各有侧重，形成合力，共同做好保护和促进老字号发展的各项工作。

（二）加大地方政府的支持力度。地方各级商务、发展改革、教育、财政、建设、文化、税务、工商、质检、知识产权、旅游、银监、证监、文物等部门要密切联系，加强协调，将有关工作积极向当地政府汇报，争取将保护和促进老字号发展工作列入重要工作议程，纳入当地经济和社会发展整体规划。要协调制定促进老字号振兴发展规划，明确工作目标、任务和措施。

（三）鼓励社会各界参与。要广泛吸纳有关学术研究机构、大专院校、企事业单位、行业协会、社会团体等各方面力量的参与，共同为促进老字号振兴发展提供支持和保障。充分发挥专家的作用，建立促进老字号振兴发展的专家咨询机制和检查监督制度。指导有关协会组织老字号开展交流合作，鼓励专业的管理咨询、法律事务机构对老字号企业在经营管理和法律等方面存在的问题进行诊断和辅导。积极引导新闻出版、广播电视、互联网等媒体对促进老字号振兴发展工作进行宣传报道，营造促进老字号振兴发展的良好氛围，赢得全社会对老字号的重视和支持。

（四）充分调动老字号企业的积极性。要做好对老字号企业的宣传和引导，充分调动老字号企业振兴发展的积极性和潜能。通过建立重点企业联系制度，组织老字号创新与发展论坛，召开老字号企业座谈会等形式，及时掌握老字号企业的经营发展状况，分析研究老字号企业面临的问题，着力解决老字号企业在改革、发展、创新中的各种困难，促进老字号企业为经济发展与社会和谐做出更大贡献。

商务部　发改委　工商总局《商品零售场所塑料购物袋有偿使用管理办法》

（《商品零售场所塑料购物袋有偿使用管理办法》已经 2008 年 4 月 16 日商务部第五次部务会议审议通过，并经发展改革委、工商总局同意，自 2008 年 6 月 1 日起施行。2008 年 5 月 15 日商务部、发展改革委、工商总局令 2008 年第 8 号公布）

第一条　为节约资源、保护生态环境，引导消费者减少使用塑料购物袋，制定本办法。

第二条　本办法所称商品零售场所是指向消费者提供零售服务的各类超市、商场、集贸市场。

本办法所称塑料购物袋是指由商品零售场所提供的，用于装盛消费者所购商品，具有提携功能的塑料袋。但不包括商品零售场所基于卫生及食品安全目的，用于装盛散装生鲜食品、熟食、面食等商品的塑料预包装袋。

塑料购物袋的材质及技术要求由国家相关标准予以规范。

第三条　商品零售场所应当依据本办法向消费者有偿提供塑料购物袋。

第四条　商务主管部门、价格主管部门、工商行政管理部门依照有关法律法规，在各自职责范围内对商品零售场所塑料购物袋有偿使用过程中的经营行为进行监督管理。

第五条　商品零售场所对塑料购物袋应当依法明码标价。

第六条　商品零售场所可自主制定塑料购物袋价格，但不得有下列行为：

（一）低于经营成本销售塑料购物袋；

（二）不标明价格或不按规定的内容方式标明价格销售塑料购物袋；

（三）采取打折或其他方式不按标示的价格向消费者销售塑料购物袋；

（四）向消费者无偿或变相无偿提供塑料购物袋。

第七条　商品零售场所应当在销售凭证上单独列示消费者购买塑料购物袋的数量、单价和款项。

以出租摊位形式经营的集贸市场对消费者开具销售凭证确有困难的除外。

第八条　商品零售场所应向依法设立的塑料购物袋生产厂家、批发商或进口商采购塑料购物袋，并索取相关证照，建立塑料购物袋购销台账，以备查验。

第九条　商品零售场所不得销售不符合国家相关标准的塑料购物袋。

第十条 商品零售场所应采取措施，为消费者自带购物袋、购物篮购物提供便利。

第十一条 鼓励商品零售场所提供符合相关质量标准和环保要求的塑料购物袋替代品。

第十二条 以出租摊位形式经营的集贸市场，可以由开办单位或经其批准在市场内设立的专营（或兼营）塑料购物袋经营摊位实行塑料购物袋统一采购、销售。

第十三条 商品零售场所的经营者对违反本办法有关规定的行为承担相应责任。

下列商品零售场所，由开办单位或出租单位对违反本办法有关规定的行为承担相应责任：

（一）以出租摊位形式经营的集贸市场；

（二）场内外租超市、柜台；

（三）大型超市、商场引厂进店的经营摊位。

第十四条 商品零售场所的经营者、开办单位或出租单位违反本办法第六条有关价格行为和明码标价规定的，由价格主管部门责令改正，并可视情节处以 5000 元以下罚款。

第十五条 商品零售场所的经营者、开办单位或出租单位违反本办法第六条有关竞争行为和第七条规定的，由工商行政管理部门责令改正，并可视情节处以 10000 元以下罚款。

第十六条 商品零售场所经营者、开办单位或出租单位违反本办法第八条规定的，由工商行政管理部门责令改正，并可视情节处以 20000 元以下罚款。

第十七条 商品零售场所经营者、开办单位或出租单位违反本办法第九条规定的，由工商行政管理部门依据《中华人民共和国产品质量法》等法律法规予以处罚。

第十八条 商品零售场所经营者、开办单位或出租单位因违反本办法相关规定受到处罚的，商务主管部门、价格主管部门和工商行政管理部门可将处罚情况向社会公告。

第十九条 鼓励新闻媒体对违反本办法规定的行为进行舆论监督。

任何单位或个人可向当地商务主管部门、价格主管部门和工商行政管理部门举报违反本办法规定的行为。

第二十条 各省、自治区、直辖市人民政府商务主管部门可会同同级价格主管、工商行政管理部门依据本办法制定实施细则，经同级人民政府批准后实施，并报商务部、国家发展和改革委员会、国家工商行政管理总局备案。

第二十一条 本办法由商务部、国家发展和改革委员会、国家工商行政管理总局负责解释。

第二十二条 本办法自 2008 年 6 月 1 日起实施。

商务部商改司
关于对特许经营企业备案
有关事项的通知

各省级商务主管部门、有关企业及代理机构：

根据《商业特许经营管理条例》（中华人民共和国国务院令第 485 号）规定，对于在 2007 年 5 月 1 日以前从事特许经营活动的企业，应该在 2008 年 5 月 1 日以前办理备案，逾期没有备案的，应该由商务主管部门责令限期备案，并处以罚款。据此，现将有关事项通知如下：

2008 年 5 月 1 日以后，备案机关不再直接受理 2007 年 5 月 1 日以前从事特许经营活动的企业的备案申请。上述企业如需备案，须向备案机关提交“逾期备案的情况说明”，并按照备案机关提出的处理意见执行后，经备案机关同意，方能继续申请备案。

已经向备案机关递交申请材料，因材料不全没有领取登录号或者已领取登录号，但尚未核准备案的特许经营企业，不在本通知范围之列。

特此通知！

二〇〇八年五月十九日

商务部办公厅关于
做好 2008 年扩大消费工作的通知

商运字［2008］63 号

各省、自治区、直辖市、计划单列市及新疆生产建设兵团商务主管部门：

2007 年 4 月《商务部关于“促消费”的若干意见》（商运发［2007］120 号）下发后，各地采取积极措施，扩大消费工作取得明显成效。2007 年社会消费品零售总额比上年实际增长 12.5%，消费对经济增长的贡献率七年来首次超过投资。今年一季度实际增长 12.3%，高于经济增长近 2 个百分点，继续保持快速发展势头。当前，我国经济面临物价上涨、出口需求减缓等新情况、新问题，扩大消费的任务依然十分艰巨。为贯彻落实中央提出的“坚持扩大国内需求方针，促进经济增长由主要依靠投资、出口拉动向依靠消费、投资出口协调拉动转变”的精神，进一步发挥商贸流通在扩大消费需求中的作用，现就做好 2008 年扩大消费重点工作的有关事项通知如下：

一、保障市场供给，满足消费需求

加强市场监测，做好预测预警。继续完善和发挥城乡市场信息服务体系功能，增加监测样本数量，扩大监测范围，调整样本结构；加强对消费问题的调研，跟踪监测本地区居民消费变化及政策调整、市场供求和价格对消费的影响，及时发布权威信息，加强对生产和消费的正确引导；提高预测预警能力，加大对猪肉、油料、粮食等大宗商品以及重要和敏感商品市场预测预警力度，尤其要着力做好“两油（食用油、成品油）”、“两米（大米、玉米）”、“两肉（牛肉、羊肉）”、“两色（有色、黑色金属）”、“一肥（化肥）”商品的预测预警工作，对市场运行中趋势性、苗头性问题，做到早发现、早预防、早准备、早解决，保持市场供应基本稳定，满足市场消费需求。

抓好产需衔接，增加有效供给。充分利用“商务预报”、“新农村商网”等网络平台，做好农产品产销对接，解决好农产品“买难”和“卖难”问题；组织协调生产流通企业，建立肉类、食用油、粮食等重要生活必需品的产销衔接机制；发挥重点流通企业和大中型批发市场的主渠道作用，确保市场不脱销、不断档。

建立和完善地方储备制度。积极落实中央关于建立地方储备制度的相关规定，增加储备品种，扩大储备规模；建立健全收储投放机制，充分发挥储备稳定供应、平抑价格功能；引导大型流通企业增加商业储备，增强市场调节能力。

统筹国内外市场，做好进出口调节。及时掌握本地重要商品生产、供应、需求、进出口等情况，制定完善重要生活必需品紧急进口工作预案，重点做好猪肉、食用油、粮食等重要生活必需品和部分高档消费品的进口组织协调工作，充分利用“两种资源”平衡国内市场，满足不同消费需求。

二、拓宽服务领域，扩大服务消费

认真贯彻落实国务院办公厅《关于加快发展服务业若干政策措施的实施意见》（国办发［2008］11号），制定修订本地区居民服务业发展规划，细化发展指导目录，制定并落实具体政策措施，采取有效措施，积极培育和发展居民服务业知名品牌，促进本地区居民服务业的健康发展，满足和扩大服务消费需求。积极推进社区商业“双进”工程。鼓励和支持购物、餐饮、家庭服务和再生资源回收等与居民生活密切相关的企业，以连锁经营方式进入社区；加大对“中华老字号”企业的政策扶持和工作指导，建立健全保护和促进体系；引导和支持餐饮龙头企业开展主食加工配送中心建设或升级改造，促进大众化餐饮连锁化、规范化发展。

三、开展特色商务活动，促进奥运和节日消费

积极扩大奥运消费。各地商务主管部门特别是奥运会主办协办城市商务主管部门要以奥运会举办为契机，检查督促商业流通企业加强内部管理，提升服务质量，组织开展以“迎奥运、促消费”为主题的消费文化购物节活动，营造良好的奥运消费氛围；加强银行卡支付环境建设，改善银行卡受理环境，提升银行卡应用水平，为消费者提供快捷、便利的消费结算服务。

大力促进节假日消费。抓住休假制度调整的商机，突出“清明祭祖”、“端午纪念”、“中秋团圆”特色，组织商业流通企业开展民族风俗消费节等形式多样的创意商务活动，做好节假日特色商品市场供应工作，促进节日和休闲消费。

全力保障猪肉消费安全。贯彻新修订的《生猪屠宰管理条例》，加强生猪定点屠宰管理，完善证章台账管理制度，落实病害猪无害化处理政策，建立健全猪肉市场监管常态机制。联合有关部门组织开展专项整治，确保以奥运会及节假日为重点的猪肉市场安全。

四、搞活农产品流通，扩大农村消费

大力实施“双百市场”工程，进一步加强鲜活农产品批发市场改造，采取贴息和直补等方式，重点支持农产品冷链、质量安全可追溯两大系统，以及检验检测、结算、信息、监控、废弃物处理五大中心建设。积极培育农产品流通企业，重点支持配送中心和冷链系统建设。着力解决鲜活农产品运输、储存、加工等环节存在的突出问题，促进农产品高效率、低成本流通。认真组织农产品“农超对接”，引导大型连锁超市直接到生产基地采购，与农民或农民合作组织建立长期的产销联盟，稳定农产品销售，提高农产品质量安全水平，促进农民增收。

推进现代物流业发展，加强统筹规划，合理布局，积极引导规划区域物流发展，加快具有区域集散功能的鲜活农副产品现代物流中心建设，降低农产品流通成本。加强连锁经营企业配送中心建设，提高配送能力。鼓励大型流通企业采用现代物流新技术，推进冷链

技术在鲜活农产品流通中的应用，减少运输损耗。

加快农村流通网络建设，深入实施“万村千乡市场工程”，到今年年底，建设和改造农家店的覆盖率达到80%以上县市。在继续提高配送率的基础上，发挥“一网多用”功能，重点推进农产品进城和农业生产资料下乡，形成生产资料统一配送销售平台；采取通俗易懂、灵活多样方式，向农村居民宣传科学生产和安全消费知识，不断提高连锁农家店的服务质量。

继续推进“家电下乡”，扎实做好试点工作。总结试点经验，完善操作办法，做好扩大试点的基础调研和准备。进一步研究解决制约农村家电消费的问题，努力提高农村家电消费普及率。

五、规范市场秩序，构建安全和谐消费环境

切实贯彻落实《零售商促销行为管理办法》和《零售商供应商公平交易管理办法》，规范促销行为，重点加强敏感商品的促销管理。加大市场秩序监管力度，协调组织有关部门，规范零供交易秩序，严厉打击市场上串通定价、囤积居奇、哄抬物价、以次充好等各类违法违规行为，维护正常的市场流通秩序。积极鼓励和扶持中小零售企业参与市场竞争，打破存在于行业、企业和市场的垄断及地区封锁，创造充分、公平、规范的市场竞争环境，切实维护消费者权益。

积极培育和发展二手车市场，进一步规范市场准入和经营秩序，促进二手车市场健康快速发展。

请各地按通知要求，抓紧落实部署，并及时将本地区扩大消费工作进展情况报送我部（市场运行司）。

商务部

二〇〇八年五月二十九日

早餐经营规范

（2008 年 6 月 13 日）

1　范围

本标准规定了开展早餐经营活动应满足的基本要求和早餐店、早餐亭、早餐车、早餐经营供应单位、食品供应商等的具体要求。

本标准适用于早餐店、早餐亭、早餐车、早餐经营供应单位、食品供应商。

2　规范性引用文件

下列文件中的条款通过本标准的引用而成为本标准的条款。凡是注日期的引用文件，其随后所有的修改单（不包括勘误的内容）或修订版均不适用于本标准。然而，鼓励根据本标准达成协议的各方研究是否可使用这些文件的最新版本。凡是不注日期的引用文件，其最新版本适用于本标准。

GB2760 食品添加剂使用卫生标准

GB5749 生活饮用水卫生标准

GB7718 预包装食品标签通则

GB8978 污水综合排放标准

GB14881 食品企业通用卫生规范

GB14930.1 食品工具、设备用洗涤剂卫生标准

GB14930.2 食品工具、设备用洗涤消毒剂卫生标准

GB14934 食（饮）具消毒卫生标准

GB16153 饭馆（餐厅）卫生标准

GB18483 饮食业油烟排放标准

SB/T10426 餐饮企业经营规范

餐饮业和集体用餐配送单位卫生规范

3　术语和定义

下列术语和定义适用于本标准。

3.1　早餐店 Breakfast Store

有固定的营业场所，现场加工制作或采用统一配送的方式供应早餐食品，并提供就餐场所、餐饮用具等消费设施的早餐营业网点。

3.2　早餐亭 Breakfast Kiosk

以亭体形式存在，摆放地点相对固定，在早餐营业时间销售食品的餐饮营业网点。

3.3 早餐车 Breakfast Cart

车（箱）体可以移动，只在早餐营业时间销售食品的餐饮营业网点。

3.4 早餐经营供应单位 Breakfast Products Logistics Supplier

依法设立，以集中生产或委托加工、统一配送、连锁经营等方式从事早餐食品销售服务的企业。企业应有统一的加工配送中心，并主要依靠早餐营业网点（早餐店、早餐亭、早餐车）进行销售。

3.5 食品供应商 Foodand Beverage Supplier

生产加工可供早餐经营供应单位选择的产品，或以接受早餐经营供应单位的委托、根据订单为其集中生产加工指定早餐品种的食品企业。

4 基本要求

4.1 早餐店、早餐经营供应单位、食品供应商应依法办理营业执照和卫生许可证。早餐亭、早餐车应依法办理卫生许可证并按当地政府相关部门的规定取得经营许可。

4.2 经营网点应将营业时间、供应品种、服务项目、收费标准及其他特殊规定等进行明示，并严格按明码标价销售食品。

4.3 从事食品采购、保存、加工、供餐服务等工作的从业人员，每年应至少进行一次健康检查，取得健康合格证明后方可参加工作。

4.4 严格遵守国家有关食品、卫生、防疫、环保、节约、消防、安全、规划等有关法律法规要求。

4.5 采购并使用节能设施设备和用品，降低能源与物品消耗，保证各种设施设备符合国家有关规定。

4.6 符合所在城市餐饮网点规划要求。

4.7 早餐店、早餐经营供应单位、食品供应商应建立与生产规模相适应的岗位职责、操作规范、卫生制度。

5 具体要求

5.1 早餐店

5.1.1 按照 SB/T10426 经营。

5.1.2 卫生条件符合 GB16153 和卫生部的规定。

5.1.3 用水应符合 GB5749 的规定。

5.1.4 根据当地群众的饮食习惯加工食品，也可从本地早餐经营供应单位或其他食品机构采购食品。

5.1.5 加工食品的工具、器具等设备设施齐全。

5.1.6 加工食品使用添加剂要符合 GB2760 的规定。

5.1.7 制作煎炸食品应避免高温或长时间加热。

5.1.8 油脂需连续加热使用时，应及时添加新油或定期更换，防止产生对人体健康的有害物质。

5.1.9　保质期内的待售食品应作保鲜处理，不得销售过期食品或变质食品。

5.1.10　有供客人就餐的设施，应与早餐店规模相配套，餐厅宜提供醋、酱油、辣椒油等调味品。

5.1.11　减少提供一次性筷子。

5.1.12　有专人负责餐具的清洗和消毒，并符合 GB14934 的规定。

5.1.13　有专用的清洗、消毒设备，选用的洗涤剂、消毒剂要符合 GB14930.1 和 GB14930.2 的规定。

5.1.14　有防蝇、防鼠、防虫、防潮以及处理垃圾的设施和措施，垃圾桶要设盖。

5.1.15　周围 25 米范围内不得有垃圾站、污水池、旱厕等污染源。

5.2　早餐亭

5.2.1　亭体应坚固密闭，主体部分宜采用塑钢铝合金或不锈钢等建筑材料，内壁四周及天花板应光洁平整，亭内地面使用易清洗的防滑材料铺设。

5.2.2　地面干爽整洁、无水迹、无污渍；操作台面使用无毒无害材质制作，做到整洁无杂物，无污渍、无灰尘，玻璃罩具光洁明亮。

5.2.3　内壁无任何不洁，亭内角落无尘土、无任何杂物及垃圾堆放。

5.2.4　所销售食品应配有包装。

5.2.5　所销售食品包装材料应符合卫生要求，包装标识应符合 GB7718 的规定。

5.2.6　根据食品经营品种配备必要的食品加热设备，其加热、销售的设施与设备应符合卫生、安全和环保的有关规定要求。

5.2.7　保质期内的待售食品应作保鲜处理，不得销售过期食品或变质食品。

5.2.8　使用专用的食品销售工具或一次性手套。

5.2.9　在销售过程中应做到食品与杂物、钱币分开存放，不得用接触钱币的手直接接触食品。

5.2.10　周围 25 米范围内不得有垃圾站、污水池、旱厕等污染源。

5.3　早餐车

5.3.1　早餐车应具有加热、防尘、防雨、防蝇、防虫功能。

5.3.2　早餐车操作台面使用无毒无害材质制作，做到无尘土和污渍，餐车罩、展示架光洁、透亮，无尘土及不洁物。

5.3.3　托盘、夹具应保持干净卫生，停用时用保鲜膜包裹分隔。

5.3.4　早餐车应每天进行清洗和消毒处理。

5.3.5　早餐车的营业时间符合当地政府相关部门规定的要求。

5.3.6　所销售食品应配有包装，包装材料应符合卫生要求。

5.3.7　所销售食品包装标识应符合 GB7718 的规定。

5.3.8　在销售过程中应做到食品与杂物、钱币分开存放，不得用接触钱币的手直接接触食品。

5.3.9　保质期内的待售食品应作保鲜处理，不得销售过期食品或变质食品。

5.3.10　早餐车服务人员在岗期间应着工装、戴工帽；个人仪容仪表整洁规范，符合标准。

5.3.11　周围 25 米范围内不得有垃圾站、污水池、旱厕等污染源。

5.4 早餐经营供应单位

5.4.1 具有法人资格。

5.4.2 取得《食品卫生许可证》。

5.4.3 具有早餐连锁经营管理能力，并有完善的管理制度，对属于其所有的早餐店、早餐亭、早餐车等经营网点实行统一品牌、统一形象、统一产品、统一服务等连锁管理模式。

5.4.4 对从业人员进行岗前培训和定期的在岗培训，使员工不断满足本岗位的服务技能要求，信守职业道德。

5.4.5 有面积不低于300平方米的配送中心，分拣配送环境应符合GB14881和卫生部《餐饮业和集体用餐配送单位卫生规范》的规定。

5.4.6 企业自行加工早餐食品，应符合5.5条中的相关要求。

5.4.7 应配有与生产能力相适应的食品保温专用车辆，贮存、运输和装卸食品的容器、包装、工具应安全无害，定期清洗消毒，保持清洁，防止食品污染。

5.4.8 配送的食品属于委托加工或集中采购的成品，对所选择的食品供应商应按相关程序进行严格的考察、评估和资格认定，并实行食品进货检查验收、索证索票、进货台账制度。

5.4.9 所有配送食品应留样，留样食品应按品种分别盛放于清洗消毒后的密闭专用容器内，在冷藏条件下存放48小时以上。

5.4.10 根据当地具体情况适当安排清真早餐车。

5.5 食品供应商

5.5.1 具有法人资格。

5.5.2 取得《食品卫生许可证》。

5.5.3 取得食品卫生等级评定A级以上资质。

5.5.4 有面积不低于500平方米的生产加工中心，生产加工场地的布局、环境、设施等均应符合GB14881和卫生部《餐饮业和集体用餐配送单位卫生规范》的规定。

5.5.5 生产加工的食品应依据批次留样，留样食品应按品种分别盛放于清洗消毒后的密闭专用容器内，在冷藏条件下存放48小时以上。

5.5.6 生产加工食品所使用的原材料均应从正规渠道获得，并实行食品原材料进货检查验收制度。

5.5.7 使用食品添加剂时应符合GB2760的规定。

5.5.8 生产过程中污水的排放应符合GB8978的规定。

5.5.9 生产过程中油烟的排放应符合GB18483的规定。

5.5.10 生产加工的食品应密封包装。

5.5.11 食品采用的包装材料应符合卫生要求，包装标识应符合GB7718的规定。

5.5.12 有专人负责加工器具的洗刷和消毒，应符合GB14934的规定。

5.5.13 有专用的洗刷、消毒设备，洗刷消毒用的洗涤剂、消毒剂要符合GB14930.1和GB14930.2的规定。

5.5.14 具备对早餐食品的卫生指标进行检测的能力或与具有资质的机构签订有长期的委托检测协议。

商务部办公厅关于切实解决农产品“卖难”问题的通知

各省、自治区、直辖市、计划单列市及新疆生产建设兵团商务主管部门：

今年以来，受雨雪冰冻灾害等因素影响，不少地区相继出现部分农副产品“卖难”问题。在地方各级商务主管部门的共同努力和各类企业的支持配合下，这些“卖难”问题大多已得到妥善解决。对此，中央领导给予了充分肯定，社会各界给予了普遍好评，但受生产方式、自然灾害、流通成本等因素影响，我国季节性、区域性、结构性的农产品滞销卖难问题仍时有发生。为下大力气切实解决好农产品“卖难”问题，现就有关事项通知如下：

一、加强组织领导，健全工作机制

各地商务主管部门要充分认识搞活农产品流通、防止和及时解决农产品“卖难”，对促进农业发展、增加农民收入、推进社会主义新农村建设具有的重要战略意义；充分认识加强农产品产需衔接、降低农产品流通成本，对应对当前国内外形势变化、确保商品市场供应不脱销不断档、抑制居民消费价格过快过急上涨具有重要作用；充分认识加强农产品市场体系建设，拓宽农产品销售渠道，认真解决农产品“卖难”问题，是地方各级商务主管部门和各类流通企业应该切实履行的重要职责。

各地商务主管部门要高度重视并切实加强对解决农产品“卖难”工作的组织领导，在总结经验的基础上，完善工作制度，明确工作责任。牢固树立全国一盘棋思想，大力弘扬一方有难、八方支援的优良传统，密切主销区与主产区之间的沟通与合作。加强同农林牧渔、交通运输、财税金融、工商、统计、供销等部门的工作会商，建立与农产品生产流通中介组织、重点企业和新闻媒体的工作联系，进一步健全工作机制，采取切实有效措施，形成促进农产品流通的整体合力。

二、加大预测预警力度，提高信息服务水平

信息不对称，是造成农产品“卖难”的重要原因。各地商务主管部门要结合本地区实际情况，加强重要农产品生产、供应、销售、运输、消费、进出口、政策等方面的信息采集、整理、加工和分析，充分利用城乡市场信息服务体系和农村商务信息服务体系以及其他有效途径，采取灵活多样方式，为农产品生产流通提供便捷、高效、优质的信息服务。

深入产区开展调查研究，针对不同农产品的生产经销特点，做好预测预警工作。对本地区重点鲜活农产品种植养殖规模扩张过快、市场购销价格持续走低、进口国贸易政策发

生重大变化、主销区市场需求出现急剧萎缩等容易引发滞销“卖难”的苗头性、倾向性、趋势性问题，要加强动态跟踪和会商分析，做好及时预警，做到尽早预报。

三、搭建产销衔接平台，拓宽农产品购销渠道

密切产销衔接，深化农商合作，是从根本上解决农产品“卖难”的重要抓手。各地商务主管部门要充分发挥“双百市场工程”承办企业的骨干作用，组织产销对接；利用“商务预报”、“新农村商网”等媒介，开设产销对接平台，帮助企业和农户发布购销信息，寻求产品销路；积极主动协助主产区地方政府和有关部门做好相关订货会、推介会、文化节等组织工作，扩大特色产品影响力，拓宽销售渠道；指导经销企业、生产大户和经纪人加强客户资源管理，更新市场营销理念，按需组织生产。引导和鼓励农产品经营企业和销售大户以参股、投资、协议、订单等灵活多样的方式加强货源基地建设，推行“生产基地—配送中心—连锁超市”流通模式，实行标准化、网络化、品牌化经营。

大中城市商务主管部门要对本地市场米面油、肉禽蛋、瓜果菜等重要农副产品的需求数量进行调查测算，通过签订合作、协作意向书等方式，建立相对固定的生产基地和供货渠道。支持主产区通过开设展示厅、配送中心、专卖店、销售专柜、订货服务热线等方式，扩大产品的地区销售规模。对本地应季大宗鲜活农产品，要加强同工商、城管等部门的协调，具备条件的要明确时段、划定区域、增设网点、发放临时执照，允许农户进城摆摊直销。

四、加强基础设施建设，健全农产品流通网络

加强基础设施建设，健全农产品流通网络，既是“三农”问题，也是民生问题，是搞活农产品流通、丰富居民家庭生活的重要前提条件。各地商务主管部门要对农产品批发市场、配送（集散）中心、菜市场、冷藏库、冷链运输等流通基础设施进行一次摸底调查，会同有关部门提出建设改造规划。按照“市场主导、企业运作、政府支持”原则，争取当地政府和有关部门出台配套扶持政策，鼓励和引导社会资源加大投资力度。同时根据《商务部关于实施“双百市场工程”的通知》（商建发［2006］42 号）等有关文件的要求，进一步完善农产品批发市场发展规划，加快培育面向国内外市场的大型农产品批发市场和经销企业，增强农产品批发市场的服务功能和集散作用，延长流通半径，扩大辐射范围，提高流通效率。会同有关部门认真落实鲜活农产品“绿色通道”政策，有条件的地区要积极扩大“绿色通道”范围。

五、完善工作预案，建立报告制度

主产区商务主管部门要对本地区近年来发生的“卖难”现象进行总结分析，结合本地区实际，拟定应对农产品“卖难”的工作预案。增强政府储备和商业储备调节市场供需的功能，积极发挥储备在解决农产品“卖难”中的作用。创新工作方式，创造工作条件，采取切实有效措施，帮助本地企业和农户解决好出现的“卖难”问题，尽最大努力

减少农户和企业的损失。工作情况及取得的成效，要及时报商务部。

需要商务部协助解决的农产品“卖难”问题，要及时向我部报告，并提供相关的信息材料，包括品种、数量、滞销原因、产地、价格、用途、主销市场以及联系人、联系方式等。“卖难”问题解决进展情况按时上报我部。

请各地商务主管部门于7月5日前将本地区分管该项工作的负责人、联系人及联系方式报商务部（市场运行调节司）。联系人：宋松，电话：010－85093850，传真：010－85093846，电子邮箱：songsong@ mofcom. gov. cn。

特此通知

二〇〇八年六月十九日

商务部办公厅关于进一步做好餐饮业有关工作的通知

各省、自治区、直辖市、计划单列市及新疆生产建设兵团商务主管部门：

为贯彻党中央、国务院关于加快服务业发展的要求和部署，促进餐饮业又好又快发展，充分发挥餐饮业在改善民生、扩大消费、增加就业中的作用，现就进一步做好餐饮业工作通知如下：

一、加快法制建设，制定餐饮业发展规划

商务部正在加快研究制定《餐饮业管理条例》，规范餐饮业有序发展；制定《全国餐饮业发展规划纲要》，明确餐饮业发展方向，完善餐饮业促进体系。各地商务主管部门要加快制定地方性法规，结合当地餐饮资源和餐饮文化特点，制定本地区餐饮业发展规划，明确发展目标、发展重点和保障措施。要将早餐等大众化餐饮网点纳入城市商业网点规划，特别要结合社区服务需求，完善社区餐饮网点设置和服务设施。

二、开展主食加工配送中心建设试点，加快发展大众化餐饮

进一步发挥主食加工配送中心在带动主食（早餐）工业化生产、保障餐饮消费安全、促进大众化餐饮发展等方面的积极作用。商务部拟会同有关部门选择部分中心城市开展主食加工配送中心建设试点，支持带动和辐射作用强的优势企业加快建设和完善主食加工配送中心。各地商务主管部门要结合实际相应开展本地区的主食加工配送中心建设试点，并在建设用地、配套资金、减免税费、保障配送等方面制定配套政策。要针对大众化餐饮企业发展中面临的困难，重点协调解决餐饮网点用地难和租费高等问题，并依托优势企业大力发展连锁经营，鼓励发展店铺式经营，特别是要通过特许经营方式增加和规范餐饮网点，多途径建设大众化餐饮网络。要大力宣传发展大众化餐饮的成功典型，努力营造重视和支持发展大众化餐饮的良好环境和氛围。

三、推进餐饮企业品牌化发展，支持餐饮企业“走出去”

加大餐饮品牌培育力度，扶持塑造一批新兴优秀餐饮品牌。要进一步扶持餐饮业中华老字号企业发展。各地商务主管部门要深入挖掘当地餐饮文化内涵，培育体现地方特色的菜系，鼓励企业开展产品研发和菜品创新。要在总结酒家酒店分等定级工作经验的基础上，将酒家酒店分等定级工作与餐饮企业品牌建设相结合，促进国家级酒家酒店的品牌化发展。

在鼓励“中餐”走出去方面，商务部将利用境外经贸合作区建设的有利条件和有关政策，根据合作区功能配套的需要，采取有效措施鼓励具备条件的餐饮企业到境外经贸合作区内建店设点，在为园区服务和累积经验的基础上，进一步拓展所在国餐饮服务市场。各地也要采取具体措施，为餐饮企业“走出去”创造良好条件，为中餐等专业人才“走出去”提供帮助。一些餐饮业国际化发展已经起步的重点地区，要在总结经验的基础上组织力量进行深入研讨，明确餐饮国际化发展的模式、重点和路径，提出促进支持餐饮企业“走出去”的政策建议。

四、挖掘餐饮业节能减排潜力，探索餐饮废油回收利用的有效途径

积极引导社会公众科学消费，倡导勤俭节约的消费方式，减少各类餐饮物品的不合理消耗，充分挖掘餐饮业节能减排的潜力。积极引导企业按照国家节能管理规定和节能设计标准开展节能改造，实施“绿色照明”工程，加强餐饮场所室内温度控制，逐步减少一次性筷子使用，并注意总结推广先进企业典型经验和有效方式。餐饮废油回收利用是餐饮业节能减排的一项重要内容，各地商务主管部门要探索建立餐饮废油回收利用的工作机制，制定出台地方性管理办法，提高餐饮废油资源利用率。

五、完善餐饮业统计制度，做好餐饮市场运行分析工作

商务部将会同统计局加快建立餐饮业统计调查和信息管理制度，建立政府统计和行业统计互为补充的餐饮业统计调查体系，健全餐饮业信息发布制度。同时，建立餐饮业重点联系制度，选择若干中心城市和餐饮企业进行重点联系，跟踪分析餐饮市场运行情况。各地商务主管部门要建立本地重点企业联系制度，通过月度分析、季度分析、年度分析相结合的餐饮市场运行分析体系，整合规范餐饮业数据采集渠道，扩大餐饮业分析覆盖面，定期提出市场分析报告，为行业发展提供决策依据。

六、健全标准化体系，进一步规范餐饮服务

加快建立健全餐饮业标准体系，抓紧制定餐饮业态分类、食品安全、服务规范等标准，鼓励和支持行业协会、餐饮企业参与标准化工作。各地商务主管部门要认真抓好《餐饮企业经营规范》、《早餐经营规范》、《餐饮业连锁经营规范》等标准的实施，同时，结合餐饮业国家标准体系，有针对性、有重点地制定出台一些地方性标准和实施细则，依托协会组织大力引导餐饮企业开展规范化服务，不断提高经营管理和服务水平。

七、重视餐饮企业人才培训，建立行业发展长效机制

调整完善和规范餐饮职业资格和职称体系，设置统一规范的餐饮业职业资格和职称。引导高等院校、职业院校、科研院所与有条件的餐饮企业建立实习实训基地，加强餐饮人

才培养。各地商务主管部门要进一步重视餐饮企业专业人才和职业技能培训，通过开展各种行之有效的技能和经验交流，切实加强餐饮业管理人员和服务人员队伍建设。此外，要组织加强餐饮工业化生产技术的研发和应用，稳步提高行业信息化管理水平，为餐饮业持续科学发展奠定坚实基础。

二〇〇八年六月二十三日

发改委等 11 部门关于贯彻实施《中华人民共和国节约能源法》的通知

发改环资［2008］2306 号

各省、自治区、直辖市及计划单列市、副省级省会城市、新疆生产建设兵团发展改革委、经贸委（经委）、科技厅（委、局）、信息产业厅（局、办）、财政厅、建设厅、交通厅、商务主管部门、国家税务局、地方税务局、质量技术监督局、机关事务管理局、法制办、各直属出入境检验检疫局，国务院有关部门，解放军总后勤部：

新修订的《中华人民共和国节约能源法》（以下简称《节约能源法》）已于今年 4 月 1 日起正式施行。为进一步做好《节约能源法》的贯彻实施，现就有关事项通知如下：

一、充分认识贯彻实施《节约能源法》的重要性和紧迫性

“十一五”规划《纲要》提出了“十一五”单位 GDP 能耗降低 20% 左右的约束性指标，这是贯彻落实科学发展观，加快建设资源节约型、环境友好型社会的重大举措。两年来，各地区、各部门认真落实党中央、国务院的决策和部署，把节能作为调整经济结构、转变发展方式的重要抓手和突破口，放在更加突出的位置，推动力度进一步加大，从认识到实践都发生了重要转变。

“十一五”节能目标是具有法律效力的约束性指标，是政府对人民的庄严承诺，必须通过合理配置公共资源，有效运用经济、法律和行政手段，确保实现。从目前工作进展情况看，实现“十一五”节能目标任务十分艰巨。在一些地方节能工作还存在认识不到位、责任不明确、措施不配套、政策不完善、投入不落实、协调不得力等问题，有法不依、执法不严的现象较为突出。这种状况如不及时扭转，“十一五”节能目标将难以实现。在有效发挥经济和行政手段推进节能的同时，运用法律手段实现依法节能，是当前节能工作面临的重要课题。新修订的《节约能源法》进一步突出了节能在我国经济社会发展中的战略地位，扩大了法律调整范围，健全了管理制度，完善了激励机制，明确了节能管理和监督主体，强化了有关各方的法律责任，增强了法律的针对性和可操作性，为节能工作提供了法律保障。深入贯彻实施《节约能源法》，是当前节能工作一项十分重要而紧迫的任务。各级政府有关部门要充分认识贯彻实施《节约能源法》对于实现“十一五”节能目标的重大意义，充分认识贯彻实施《节约能源法》的重要性和紧迫性，采取有效措施，确保《节约能源法》顺利施行。

二、抓紧完善《节约能源法》配套法规和标准

各级政府有关部门要根据《节约能源法》的有关要求，抓紧研究制定配套法规和标准。积极做好《民用建筑节能条例》、《公共机构节能条例》的宣传贯彻工作，抓紧研究制（修）订《固定资产投资项目节能评估和审查条例》、《重点用能单位节能管理办法》（修订）、《节能监察管理办法》、《国家机关办公建筑和大型公共建筑室内温度控制办法》、《高耗能特种设备节能监督管理办法》、《节能表彰奖励办法》、《能源计量监督管理办法》、《能效标识管理办法》（修订）等配套法律规范，并加快建立和完善节能产品认证管理制度。各地区要抓紧对原有的地方性节能法规进行修订完善，原来没有制定实施条例（办法）的地方，要根据实际需要抓紧制定地方性节能法规。进一步完善节能标准体系。制定《2008－2010 年资源节约与综合利用标准发展规划》，制定煤炭、石油、有色、化工、建材等高耗能行业能耗限额标准，以及电力变压器、高效节能电机等产品能效标准。今年启动 12 个用能产品能效标准、8 个高耗能产品能耗限额标准、4 个重点耗能行业能源计量器具配备和管理标准的制（修）定工作。各省、自治区、直辖市制定严于国家标准的产品能耗限额和产品能效强制性地方标准，应按程序报经国务院批准。

三、加强重点工程、重点企业和重点领域节能管理

加大重点节能工程实施力度。各地区要按照《节约能源法》要求，设立节能专项资金，切实加大节能资金投入，引导企业开展节能技术研发与改造，形成稳定可靠的工程技术节能能力。中央财政要继续加大资金投入，支持燃煤工业锅炉（窑炉）改造、余热余压利用、电机系统改造、节约和替代石油等十大重点节能工程，今年力争形成 3500 万吨标准煤的节能能力。

加强重点企业节能管理。深入推进重点耗能企业对标活动，研究制定部分重点耗能行业对标指标体系和指导手册。组织开展重点用能单位节能降耗服务活动，提高用能单位计量检测能力和水平。积极推行能源管理人员职业水平评价试点。做好千家企业节能目标责任评价考核工作，对评价考核结果为超额完成和完成任务的企业，予以表扬和奖励；对未完成任务的，停止核准和审批高耗能投资项目。开展重点用能单位能源计量装置检定和能源计量数据核查。组织能源利用状况报告培训；重点用能单位要按要求定期报送能源利用状况报告；国家和地方节能主管部门要依法对报告内容进行审查，定期发布《重点用能单位能源利用状况公报》。

在工业领域，要加快推进钢铁、有色、化工、建材等重点用能行业结构调整和节能技术进步，落实淘汰落后产能计划，建立落后产能退出机制，建立和完善行业准入标准，坚决遏制“两高”行业过快增长，严格限制外商投资“两高”项目，严格控制“两高一资”产品投资、生产、消费和出口，采取进口促进措施鼓励国外先进节能技术、材料和设备进口，推动相关节能新产品、新技术、新设备、新材料的推广使用。在建筑节能方面，要编制建筑节能规划，积极推广节能省地环保型建筑和绿色建筑，强化新建建筑执行节能标准的监管，大力推进可再生能源在建筑中规模化应用，加大既有建筑节能改造力度，推进城镇供热体制改革，实行供热分户计量、按照用热量收费的制度，严格执行公共

建筑室内温度控制制度，切实加强房地产开发领域节能监管，鼓励省级人民政府建设主管部门根据本地实际情况，制定严于国家标准或者行业标准的地方建筑节能标准等。在交通运输领域，要推动实施交通节能规划，建设节能型综合运输体系，引导道路、水路、航空运输企业提高运输组织化程度和集约化水平，严格执行老旧交通运输工具的报废、更新制度，积极推广清洁燃料、石油替代燃料、节能与新能源汽车，制定实施交通运输营运车船的燃料消耗量限值标准，加强对运营车船燃料消耗检测的监督管理等。在公共机构节能方面，要制定实施节能规划和能源消耗定额，加强能源消费计量和监测管理，建立能源消费统计、监测、考核体系，按规定进行能源审计，优先采购节能产品、设备等。

四、实施有利于节能的经济政策

各级发展改革、工业、财政、税务、质检等部门，要按照《节约能源法》有关要求，综合运用价格、财政、税收、市场准入、政府采购、信贷等经济政策，努力构建引导和推动节能的政策框架。要积极稳妥地推进能源价格改革，逐步理顺能源价格形成机制。认真落实差别电价政策，督促有关地方取消对高耗能企业实行电价优惠。支持推广使用节能灯、节能空调、高效电动机等节能产品。落实节能专用设备投资抵免企业所得税以及对节能减排设备给予增值税进项税抵扣的政策，完善资源税，研究开征环境税，择机出台燃油税。对工业、民用能源的大宗贸易、交接开展公证计量。继续发布节能产品政府采购清单，扩大政府强制性采购节能产品范围。继续加大对节能技术改造项目的信贷支持，支持符合条件的企业发行节能方面的企业债券。

五、切实做好《节约能源法》贯彻落实情况的监督检查

县级以上各级政府管理节能工作的部门及有关部门要切实履行监管职责，加强对《节约能源法》贯彻落实情况的监督检查，坚决查处各种违反《节约能源法》的行为，重点查处违规建设高耗能项目，违反能源统计制度，违反能效标识制度，违反重点用能单位能源利用状况报告制度，违反计量器具配备和能源计量数据使用制度，以及生产、进口、销售和使用国家明令淘汰的用能产品、设备等问题。要加大对违法违规行为处罚力度，对有关责任人进行责任追究。要发挥人民群众的监督作用，各地方节能主管部门要积极创造条件，开设节能违法行为和事件举报电话和网站，方便群众举报。加强节能监察队伍建设，切实强化依法监管。各级节能监察机构要不断加强自身队伍建设，加强教育、培训和管理，切实提高执法能力和水平。

六、进一步加大《节约能源法》宣传和培训的力度

今年节能宣传要以《节约能源法》为重点，充分利用电视、报纸、网络、杂志等媒介，采取新闻报道、专家访谈、专题报道、公益广告、知识竞赛、宣传挂图等群众喜闻乐见、易于接受的形式，加大宣传力度，促进《节约能源法》宣传进机关、进企业、进学校、进社区、进家庭，做到家喻户晓，人人皆知。各级政府有关部门要将学习宣传《节

约能源法》纳入本部门普法工作计划。要组织开展《节约能源法》培训，重点加大对各级政府节能管理人员、重点用能单位负责人和能源管理负责人的培训力度。要树立先进典型，对贯彻落实《节约能源法》作出突出贡献的单位和个人，进行表彰和奖励，在全社会营造良好的舆论氛围。

七、加强组织领导

各级政府管理节能工作的部门要认真履行《节约能源法》赋予的职责，加强本行政辖区内的节能监督管理工作。要加强对贯彻实施《节约能源法》的组织指导，确定工作目标，制定工作计划，明确工作重点，积极督促各项工作落实，及时向政府报告贯彻落实情况；要充分发挥各相关部门的作用，加强沟通和协调，齐心协力做好各项工作。其他相关部门要按照《节约能源法》有关要求，在各自职责范围内依法履行与节能有关的管理职责，并接受管理节能工作的部门的指导。今年下半年，各省（区、市）管理节能工作的部门要会同有关部门对《节约能源法》贯彻实施情况进行检查，并将有关情况报国家发展改革委。国家发展改革委将会同有关部门，根据实际情况对各地贯彻实施《节约能源法》情况进行抽查，抽查结果将作为各地节能评价考核的重要内容。

国家发展改革委
科　　技　　部
工业和信息化部
财　　政　　部
住房城乡建设部
交 通 运 输 部
商　　务　　部
税 务 总 局
质 检 总 局
国　　管　　局
国务院法制办

二〇〇八年八月二十五日

财政部　商务部关于印发《家电下乡推广工作方案》的通知

财建［2008］680 号

内蒙古、辽宁、大连、黑龙江、安徽、山东、青岛、河南、湖北、湖南、广西、重庆、四川、陕西省、自治区、直辖市及计划单列市人民政府：

党的十七大报告明确提出，要“坚持扩大国内需求特别是消费需求的方针，促进经济增长由主要依靠投资、出口拉动向依靠消费、投资、出口协调拉动转变”。扩大消费特别是农村消费，是当前我国经济工作中的一项重要任务。财政补贴家电下乡政策，有利于调动农民购买家电积极性，改善农民生活条件，也有利于引导企业建立适合农村消费特点的生产和流通体系，扩大内需并改善农村消费环境，是建设社会主义新农村的一项重要惠农措施。为充分发挥财政补贴家电下乡政策的效用，财政部、商务部在试点工作基础上，考虑部分地区开展家电下乡工作的要求，研究制定了《家电下乡推广工作方案》，并已报经国务院批准。现印发给你们，请事先做好公告，认真贯彻执行。

财政部
商务部

二〇〇八年十月十三日

附件：

家电下乡推广工作方案

为发挥财政政策对扩大农村消费的职能作用，从 2007 年 12 月开始，财政部、商务部在山东、河南、四川三省开展了财政补贴家电下乡产品的试点工作。试点实践证明，成效明显。为进一步发挥财政补贴家电下乡产品政策效用，有必要加快推进这项工作。为此，制定如下方案。

一、纳入家电下乡的产品与价格

根据试点及调查情况，将四类农民欢迎、市场潜力大的产品纳入家电下乡推广范围，具体包括：彩电、电冰箱（含冷柜）、手机、洗衣机。今后可以根据农民需求情况，对家电下乡推广产品进行适当补充和调整，具体由财政部、商务部负责组织实施。

为确保家电下乡产品符合农村消费特点、切实维护农民利益，商务部、财政部将制定相关产品标准，并通过招标方式确定具体补贴产品型号及销售最高限价。中标的家电下乡产品应满足以下要求：（1）在全国有较高知名度和影响力，市场占有率较高；（2）节能及安全设计、模式、效果等具有较高水平；（3）符合国家环保标准；（4）适应农村消费环境；（5）质量和功能适合农民使用；（6）维修网点多，能够满足农民对售后服务的要求。具体办法由商务部、财政部另行研究制定。

二、承担家电下乡任务的销售企业

商务部、财政部通过招标方式选择承担家电下乡任务的销售企业，并向社会公布。承担家电下乡任务的销售企业应具有较强实力、信誉好、农村市场网络健全，可以是零售企业，也可以是生产企业设立的经销公司或省级代理商。鼓励工商联手，引导企业建立面向农村的家电生产流通体系。具体招标工作由商务部、财政部负责组织实施。

三、实施家电下乡的地区及时间

在山东（含青岛）、河南、四川三个试点省份继续实施的同时，将内蒙古、辽宁（含大连）、黑龙江、安徽、湖北、湖南、广西、重庆、陕西纳入推广地区范围，共计 14 个省、自治区、直辖市及计划单列市。未纳入推广范围的地区如有意愿开展这项工作，可向财政部、商务部提出申请，由财政部、商务部根据预算安排及宏观经济状况等因素研究确定具体实施时间。

为保持政策公平，家电下乡在各地区实施的时间统一暂定为 4 年。山东（含青岛）、河南、四川等省和计划单列市可以执行到 2011 年 11 月底。内蒙古、辽宁（含大连）、黑龙江、安徽、湖北、湖南、广西、重庆、陕西等省、自治区、直辖市和计划单列市从 2008 年 12 月 1 日开始，到 2012 年 11 月底止。

四、财政补贴政策及补贴资金的负担

对实施地区农民购买财政补贴家电下乡产品，国家财政比照出口退税率，直接补贴农民消费者。彩电、冰箱（含冰柜）、洗衣机、手机均按产品销售价格的 13% 给予补贴。补贴资金由中央财政和省级财政共同负担，其中，中央财政负担 80%，省级财政负担 20%。实施地区农民每户每类产品最多可购买一台（件）。补贴资金具体办法由财政部另行研究制定。

五、组织实施工作要求

（一）加强领导和组织工作。有关省、自治区、直辖市及计划单列市人民政府要指定一名负责同志挂帅，成立由财政、商务等相关部门参加的财政补贴家电下乡产品工作领导小组，建立工作责任制，责任落实到人。实施工作要抓细抓实，统筹协调好各个环节。要落实好地方配套资金，并督促将补贴资金及时拨付到农民手中。要设立举报投诉电话和信箱，及时受理农民及企业投诉，及时改进工作，严肃查处发现的问题。

（二）抓紧制定实施方案。有关省、自治区、直辖市及计划单列市人民政府要尽快明确牵头部门，抓紧制定本地区财政补贴家电下乡产品实施方案。实施方案要根据本地区农村家电普及情况、流通及服务网络状况、存在的主要问题，明确工作思路，对各项工作作出具体部署。实施方案制定后，要报财政部、商务部备案。

（三）加大宣传力度。财政补贴家电下乡产品是一项惠农政策，真正落实好需要调动农民积极性，首先要做到让农民家喻户晓，因此宣传工作是家电下乡的重要环节。各地要加大家电下乡政策宣传力度，通过报纸、广播、电视等多种形式进行广泛宣传，充分调动农民的积极性。

商务部　财政部关于做好家电下乡推广工作有关问题的通知

商综发［2008］426号

为做好家电下乡推广工作，根据《财政部商务部关于印发家电下乡推广工作方案的通知》（财建［2008］680号），现将有关问题通知如下：

一、产品招标及时间安排

纳入补贴范围的产品包括彩电、冰箱（含冰柜）、手机、洗衣机四类，最高限价分别为2000元、2500元、1000元、2000元。商务部、财政部将招标确定家电下乡产品具体型号。产品招标暂定一年一次，也可根据农民需求和市场变化情况进行适当调整。

山东（含青岛）、河南、四川三省试点时的中标产品的产品标识卡发放截止到2008年11月30日，销售截止到2009年4月30日，之后不再享受补贴政策。

二、抓紧做好销售企业的推荐和网点备案工作

家电下乡销售企业由省级商务部门会同财政部门推荐，商务部、财政部通过招标方式在推荐企业中确定。销售企业的基本条件是：（1）具备合法家电流通经营资格及独立承担民事责任，可以是家电零售企业、生产企业或其设立的经销公司或省级代理商、通信运营商；（2）资信状况良好；（3）年家电产品销售额位居本省（区、市）前列，一般在3亿元以上；（4）配送能力覆盖本省（区、市）所有县（市）；（5）销售服务网点原则上覆盖本省（区、市）所有县（市），且网点规模、服务水平等处当地前列。省级商务部门要会同财政部门，公平、公正地对本地区提出申请的销售企业进行资格审核，同时考虑本地区不同家电产品销售渠道的不同特点，确定推荐企业，并于2008年10月29日之前将推荐企业资料上报商务部（计划单列市并入所在省一同上报）。原试点三省此次推荐企业的数量不超过10家，其余省（区、市）不超过20家。

中标企业的销售网点需持网点营业执照、税务登记证以及与中标企业签订的协议等相关证明材料，向所在地县级商务部门备案。销售网点备案的基本条件是：（1）必须是中标销售企业的直营、加盟或授权的网点；（2）销售规模及服务水平居所在地区前列，具备送货、安装调试、维修保养等服务能力；（3）必须具备开具税务发票的条件；（4）必须配备计算机及联网设备和相关操作人员。省级商务部门要研究制定本地区销售网点的具体标准和备案程序。县级商务部门要严格按照标准进行备案，不得放松标准，不得以备案为条件向企业收费，同一网点不得重复备案。原试点三省省级商务部门要按照新标准，组

织对本地区已备案的网点进行清理，对目前仍不能开具税务发票、无销售业绩、不履行服务及维修承诺或出现其他重大问题的，应取消其家电下乡销售网点资格。网点清理工作要在2008年11月25日前完成。

三、尽快研究制定实施方案

各地要按照《家电下乡工作推广方案》的要求，尽快成立推广工作领导小组，并抓紧制定操作性强的工作实施方案，包括农村家电普及和流通服务网络状况、推广工作的思路和重点、具体操作方法、配套资金、保障措施等。各省（区、市）要于2008年11月30日前将本地区工作领导小组情况及实施方案一并报财政部、商务部备案。中标企业要认真研究制定切合本企业实际的工作方案，包括领导班子组成、市场测算和预期目标、农村网络建设计划、保障和应急措施等，2008年11月30日前报省级商务、财政部门，并报商务部、财政部备案。

地方各级商务、财政部门以及中标企业要针对偏远地区、山区、少数民族地区等家电流通服务网络较差的地区，研究相应配套措施，保证家电下乡政策能够惠及农村最基层。充分考虑可能出现的问题，包括抢购、脱销、断档、不正当竞争以及农民未能及时领到补贴等，事先制定有针对性的预防措施和应急预案。同级财政部门要安排必要的工作经费，为家电下乡推广工作提供保障。

四、加强组织实施力度

各地要将家电下乡政策内容、补贴产品及流程、销售企业及网点等，通过网络、报刊、广播电视等媒体进行公告。要制定本地区统一的宣传计划和宣传内容。采取多种方式进行广泛宣传，要宣传到村、宣传到户。中标企业要制定本企业的宣传计划，统一宣传内容和形式，不得虚假宣传，误导农民。组织重大活动特别是大型促销活动，要提前向所在地县级以上商务部门报告。

地方各级商务部门要组织好产销衔接，在认真调研的基础上，根据本地区农村消费特点，向中标企业提出生产和销售建议，保障家电下乡产品适销对路。协调好企业及销售网点间的关系，在督促企业做好工作的同时，及时帮助中标企业解决工作中的具体问题。省级商务部门要与本地区中标销售企业签订责任书，要求其在产品质量、销售价格、网络建设、诚信和服务等方面做出明确承诺，并作为检查、考核的依据。

为进一步提升家电下乡信息管理系统的安全性、稳定性和可靠性，商务部、财政部已对原试点使用的系统进行了调整，改进了功能，增加了客户端及密钥等安全保障。地方各级商务、财政部门以及中标企业要抓紧时间完成新系统的培训工作，保证最基层的县、乡管理部门以及销售网点相关人员都能够学会用熟。中标企业及销售网点要严格遵守家电下乡信息管理系统的密钥等安全管理规定，及时、真实、完整的填报有关生产、发货和销售信息。

五、认真履行投标承诺

生产企业要对每个家电下乡产品加制统一的产品标识卡及号码，保证产品与标识卡一一对应，并根据要求在产品说明书及产品外包装上进行标注。合理确定不同型号产品的生产规模，保证及时充足供应，产品不断档、不脱销。严格控制生产流程，把好产品质量关，不得通过使用次等材料或简化工艺等手段来降低成本，保证产品货真价实，从原材料采购、生产、检验等各环节都要完善制度。

销售企业要加强渠道建设，完善农村家电销售及服务网络。组织好货源，保证及时将中标产品送到农民手中，不以任何方式限制或禁止中标产品进入其流通网络。产品的市场价格不得高于中标价格。严把销售渠道进入关，杜绝假冒伪劣、以次充好的产品进入家电下乡流通体系。不搞市场垄断、相互压价等不正当竞争。

销售企业要制定对销售网点统一的工作要求，包括设立专柜、统一价格、统一标识、统一服务标准等。销售网点要在明显位置悬挂统一的家电下乡指定店标识，张贴统一的家电下乡产品公示栏和农民购买须知。要为农民提供送货上门、安装调试、使用辅导、上门维修等服务，并向用户详细讲解安全使用常识，使农民买得方便、用得安心。要做好销售信息的登记工作，产品售出后三个工作日内须将销售信息录入到家电下乡信息管理系统。

六、强化监督管理

地方各级商务、财政部门要与工商、质检、公安、金融等其他部门，乡镇村基层组织，以及承担家电下乡任务的企业和基层网点，建立紧密的联系协调机制和信息渠道，及时发现并有效解决实施过程中出现的问题。

各省（区、市）要建立本地区统一的家电下乡监督管理制度，地方各级商务、财政部门要建立相应的实时监控机制，及时准确掌握工作动态。建立专门的工作档案，定期对本地区家电下乡推广情况和效果进行评价，并向上级主管部门反馈。地方各级财政部门要加强对补贴资金的监管，确保补贴资金及时、足额发放到农民手中。承担家电下乡任务的企业要派专门人员负责监控产品的生产、流通以及网点的销售、服务等情况，定期向所在省级商务、财政部门报告。

地方各级商务部门要加强对销售企业、销售及维修服务网点的考核，特别是要加大对产品质量和价格、宣传和促销活动、销售服务及维修标准、退换货处理、信息系统及发票使用等方面的检查力度。商务部、财政部将组织有关部门、协会以及企业代表等成立督查组，进行实地检查。

地方各级商务、财政部门均要设立相应的投诉电话和信箱，受理社会各界的举报和投诉。接到举报、投诉后，通过实地调查、电话调查、现场办公等方式认真进行核实，经查属实的要及时进行处理。有违反政策规定、不履行投标承诺及中标协议、骗取补贴资金、坑农害农以及扰乱市场秩序等行为的，商务部、财政部将给予扣缴保证金直至取消家电下乡产品及中标企业资格的处罚。地方各级商务、财政部门要根据实际情况制定详细、有针对性的处罚措施。

特此通知

商务部

财政部

二〇〇八年十月二十三日

国务院办公厅关于
搞活流通扩大消费的意见

各省、自治区、直辖市人民政府，国务院各部委、各直属机构：

为贯彻落实中央经济工作会议精神，经国务院批准，现就搞活流通、扩大消费提出如下意见：

一、健全农村流通网络，拉动农村消费

（一）继续推进“万村千乡”市场工程。进一步扩大“万村千乡”市场工程农家店覆盖面，2009年、2010年再新建和改造一批农家店和农村商品配送中心。强化农村商品配送中心的商品采购、储存、加工、编配、调运、信息等功能，增加统一配送的商品品种，降低经营成本。推进“万村千乡”网络与供销、邮政、电信等网络的结合，提高农家店的综合服务功能。引导生产企业开发符合农民消费特点的产品，增加简包装、低成本、质量好的商品供给，进一步扩大农村消费。

（二）加快完善农产品流通网络。健全农业市场信息服务体系，强化信息引导和产销衔接，完善农产品运输绿色通道政策，降低农产品流通成本和损耗，着力解决农产品“卖难”问题，促进农民增收。继续实施“双百”市场工程和农产品批发市场升级改造工程，在重点销区和产区再新建或改造一批农产品批发市场和农贸市场，加强冷藏保鲜、卫生、质量安全可追溯、检验检测、物流等设施建设。积极推动“农超对接”，支持大型连锁超市、农产品流通企业与农产品专业合作社建立农产品直接采购基地，培育自有品牌，促进产销衔接。建设从鲜活农产品生产基地到超市的冷链系统、物流配送系统和快速检测系统，提高流通效率，保证产品质量和安全。

（三）完善农业生产资料流通体系。继续推进农业生产资料连锁经营，重点培育大型农业生产资料流通企业，加强农业生产资料现代物流设施建设，保障市场供应。加强农业生产资料市场调控和监管，促进市场竞争，降低流通成本，切实减轻农民负担。引导和鼓励农业生产资料流通企业为农民提供技术、农机具租赁等多样化服务。

（四）全面推进家电下乡工作。从2009年2月1日起，将家电下乡从12个省（区、市）推广到全国。同时，把摩托车、电脑、热水器（含太阳能、燃气、电力类）和空调等产品列入家电下乡政策补贴范围，由各省（区、市）根据当地需求从中选择增加部分补贴品种。地方人民政府要加强领导，精心组织，强化监管，确保下乡家电产品质量，搞好售后服务，严厉打击借家电下乡名义销售假冒伪劣产品行为，切实把家电下乡工作抓实抓好，扩大农民家电产品消费。

二、增强社区服务功能，扩大城市消费

（五）进一步完善城市社区便民服务设施。积极推进家政服务网络建设，鼓励大中城市依托大型服务企业建设家政服务网络中心，整合资源，提供安全便利的家政服务。实施标准化菜市场示范工程，在地级以上城市选择一批菜市场进行标准化改造，让城市居民便利消费、放心消费。倡导餐饮企业承担社会责任，开办早餐服务。鼓励餐饮龙头企业在地级以上城市发展主食加工配送中心，推进早餐经营规模化、规范化，为居民提供价廉物美、方便快捷、安全卫生的早餐服务。

（六）促进城市耐用品消费升级换代。正确处理扩大消费与可持续消费的关系，引导社会形成科学消费、循环消费的模式。健全旧货流通网络，在城市社区建立旧货收购点和慈善捐助站，在大中城市及城乡结合部建立旧货交易市场，满足低收入家庭和贫困群体消费需要。支持龙头企业通过连锁经营等形式，新建和改造一批统一规范的社区废旧物品回收站点、专业化分拣中心和跨区域集散市场。鼓励生产和零售企业开展“收旧售新”、“以旧换新”业务，带动新产品销售和资源节约。

（七）积极促进汽车消费。完善汽车品牌销售管理办法，促进汽车消费稳定增长。支持二手车市场改造，倡导汽车品牌经销商开展新旧汽车置换业务，建立二手车信息平台，升级改造二手车交易市场。加大对汽车报废更新的资金扶持，提高补贴标准，增加补贴范围，加快淘汰“黄标车”，促进汽车更新换代。对报废汽车回收拆解企业升级改造给予必要的支持，提高回收的技术水平。

三、提高市场调控能力，维护市场稳定

（八）健全居民生活必需品储备机制。尚未建立生活必需品地方储备的地区要尽快建立，已经建立的要增加品种扩大规模。加快完善地方成品粮油储备体系，地方政府特别是36个大中城市及粮油价格易波动地区，要建立地方成品粮油（含小包装粮油）应急储备制度，并确保10天以上的市场供应量。在加快中央储备糖库和储备冷库建设的同时，各地也要加快地方储备糖库和储备冷库的建设进度。探索建立商业代储制度，引导和鼓励企业保持适当库存水平。

（九）切实增强市场应急调控能力。完善城乡市场信息服务体系，加强市场监测，提高预测预警水平，增强调控的预见性。继续完善产销衔接、跨区调运、储备投放、进出口调剂等机制，增强应急保供的时效性和针对性。

四、促进流通企业发展，降低消费成本

（十）培育大型流通企业集团。通过股权置换、资产收购等方式，支持流通企业跨区域兼并重组，做大做强，尽快形成若干家有较强竞争力的大型流通企业和企业集团。支持流通企业加快创立自主品牌，发展销售和物流网络。鼓励流通企业发展连锁经营和电子商务等现代流通方式，形成统一规范管理、批量集中采购和及时快速配货的经营优势，降低企业经营成本和销售价格，让利于消费者，促进居民消费。

（十一）支持中小商贸企业发展。扶持和促进中小商贸企业发展，充分发挥其便利消费、稳定市场的作用。推动金融机构产品和服务方式创新，加大对符合条件的中小商贸企业融资支持力度。金融机构要根据商贸流通企业特点，制定差别化的授信条件，创新担保方式，通过动产、应收账款、仓单质押等方式，解决中小商贸企业贷款抵押问题；安排专项资金，支持符合条件的中小商贸企业发展。

（十二）实行商业与工业用电、用水同价政策。尽快落实对列入国家鼓励类的商业用电与工业用电同价政策，有条件的省份要在 2009 年内落实对列入国家鼓励类的商业用水与工业用水同价政策，切实减轻企业负担。

五、发展新型消费模式，促进消费升级

（十三）积极培育和发展新的消费热点。及时发布市场供求信息，引导企业调整产品结构，开发适销对路商品和服务，引导消费结构升级。拓展电子信息、通信产品、教育培训、家政服务、文化娱乐、体育健身、休闲旅游等消费。引导个性化、时尚化、品牌化消费，培育和发展定制类消费。开展“名品进名店”、“品牌产品下乡”等活动。推动特色商业街建设，扶持“老字号”的创新发展。配合安居工程建设，扩大和带动家具、家电、家纺、家饰等消费。

（十四）大力促进节假日和会展消费。利用节假日闲暇时间多、喜庆气氛浓、群众购买欲望强的特点，积极开展各类营销活动，扩大市场销售。2009 年元旦、春节期间，在全国大中城市组织零售和服务企业开展“佳节购物季”活动。整合社会资源，因地制宜开展形式多样、内容丰富的消费促进活动。促进会展业发展，带动相关的住宿、餐饮、交通、通信等消费。

（十五）进一步促进银行卡使用。加强银商合作，提升电子结算水平，扩大银行卡使用范围，方便刷卡消费。完善对银行卡刷卡的配套支持政策，引导经营者采用银行卡结算，方便消费者使用银行卡支付。鼓励竞争，改善电子支付环境，进一步提高金融服务效率。

（十六）大力发展信用销售。积极推动国内贸易信用保险业务发展，促进和规范商业信用服务的发展，支持建立信用风险分担机制，有效防范信用风险，促进信用销售发展，缓解企业资金周转压力。

六、切实改善市场环境，促进安全消费

（十七）狠抓流通企业食品安全。完善流通领域市场信息系统和监管公共服务平台，加强对流通企业食品质量安全的监管。加快“放心肉”监管体系建设，严厉打击私屠滥宰；加强对定点屠宰企业无害化处理的监控，建立肉品质量信息可追溯体系；选择 50 家大型、1000 家左右中小型肉类生产企业进行标准化改造，切实提高肉品安全保障水平。各地也要加大投入力度，加快食品安全的监管体系建设。

（十八）加强市场监管，改善交易环境。积极推动市场诚信体系建设，严厉打击销售假冒伪劣商品、商业欺诈等各类违法违规行为，维护良好的市场秩序和交易环境，提振消

费信心，促进安全消费。

（十九）加快建立统一开放竞争有序的市场体系。打破地区封锁，维护公平竞争，保障商品自由流通。规范零售企业经营行为，加快制定零售商供应商公平交易管理法规，推广商品购销合同示范文本，取消对供应商的不合理收费。引导零售企业规范促销行为。

七、加大财政资金投入，支持流通业发展

（二十）加大财政资金投入。中央财政 2009 年要增加农村物流服务体系发展专项资金和促进服务业发展专项资金规模，以后年度要继续加大投入。采取以奖代补和贴息方式，调动地方和社会投入积极性，支持农村流通体系和城市服务体系发展。具体由商务部会同财政部落实。

（国务院办公厅）

第六部分　附　录

附录一

CCFA2008 年度中国连锁年度人物

王　填　步步高商业连锁股份有限公司　　董事长

获奖理由：王填率领步步高公司在湖南、江西两省不断扩大和巩固现有区域的市场占有率，增强区域市场的品牌影响力；致力打造和谐零供关系，发展双业态，并形成业态－区域最佳组合；2008 年 6 月在深交所上市，成为中国民营超市上市的第一股。

卢文兵　内蒙古小肥羊餐饮连锁有限公司　　总裁

获奖理由：2008 年 6 月，作为中国首家在香港上市的品牌餐饮企业，小肥羊向国际化中餐企业迈出关键一步，使企业又一次实现战略性转变和提升。最近公布的中期业绩显示，公司上半年净利润达 4220 万元，同比增长 81.9%，总收入 5.3 亿元，同比增长 48.2%。10 月，小肥羊品牌获得新加坡 2008’FLA 国际特许经营最高奖。

于东来　河南许昌胖东来集团有限公司　　董事长

获奖理由：四川大地震后，于东来第一时间亲率企业员工 130 人奔赴灾区，不惧危险，现场救援，累计捐款捐物近千万元，充分彰显一个具有强烈社会责任感企业家的大义与大爱。他在四方联采力推的理念与薪酬改革等取得良好的经济效益与社会效益，引起社会与业界的广泛关注与热评。

陈耀昌　沃尔玛（中国）投资有限公司　　中国区总裁兼首席执行官

获奖理由：陈耀昌接任沃尔玛中国区 CEO 近两年，一方面推动沃尔玛快速扩大规模，加大布局力度，大刀阔斧进行内部改革；另一方面也试图在坚持沃尔玛“尊重个人、服务顾客”核心文化的同时，注入更多的中国元素。这些举措都为沃尔玛在中国区未来更好发展夯实了基础。

李燕川　北京超市发连锁股份有限公司　　总裁

获奖理由：李燕川率领的超市发针对北京区域市场特点，开展差异化经营，从创新早市突出生鲜经营、贴近顾客主打亲情营销、强化特色形成竞争优势等多方面找突破，逐渐形成自己鲜明的经营特色，在与外资零售商的竞争中取得了优势。

CCFA2008 中国连锁年度人物提名奖

包乾申	江苏新合作常客隆连锁超市有限公司	总经理
郑晓燕	合肥百货大楼集团股份有限公司	党委书记、董事长
曹和平	长春欧亚集团股份有限公司	董事长
程　军	武汉中百连锁仓储超市有限公司	总经理
潘世伟	四川省互惠商业有限责任公司	董事长

CCFA 2008 年度最佳雇主

苏果超市有限公司

获奖理由：从 50 万元开设第一家 60 平方米的小型店铺起，到今天拥有 1806 家各类型的购物广场、社区店、平价店、生活超市及便利店业态，苏果超市走过了苏果人最最难忘的创业发展阶段。12 年来，苏果累计上缴国家税收近 10 亿元，为社会解决各类就业岗位近 10 万个，为股东直接创效超过 10 亿元，苏果的销售和利润每年都呈几何式增长，苏果店铺更遍及苏、皖、鲁、豫、赣等地区。

作为民族零售企业之一，苏果超市始终以高度的社会责任感严格要求自己，积极投身社会公益事业，尽最大努力为社会排忧解难，累计向各级组织捐款捐物达数千万余元，在社会上产生了积极影响。

同样，苏果超市始终把干部员工的职业发展和个人价值作为企业最重要的资源，致力倡导“苏果事业发展无止境、业绩提升无止境、人的价值发挥无止境”的用人理念，始终营造“业兴店旺，业旺家乐”的和谐氛围。在企业内部，员工敬业度、忠诚度和团队创新精神不断得到提升，“有付出必有回报，有辛劳必有幸福”已蔚然成风。2006 年，苏果 CEO 马嘉樑先生公开向全体员工承诺：致力走全员共同富裕的道路，让员工平均收入达到苏皖地区同行最高水平。

锦江麦德龙现购自运有限公司

获奖理由：树立最佳雇主品牌，是企业保持竞争力、实现可持续发展的关键。作为全球自助式批发业务的领导者，麦德龙一贯重视雇主品牌建设，努力打造优秀的企业文化，秉承做一个有社会责任感的企业，并将这些理念贯穿于公司的做事原则上。

如何吸引、保留和激励优秀人才，从而在竞争日益激烈、人员流动日趋频繁的商业环境中保持更强的实力也一直是麦德龙关注的热点问题。长期以来，麦德龙本着以人为本的理念，不断建立完善的员工沟通制度，知法守法，并长期关注环境保护。作为中国专业批发领域的领头羊，麦德龙领导着行业内食品质量安全，于 2007 年 8 月率先获得 HACCP 认证，并作为 2008 北京奥运会和残奥会中国零售行业惟一一家定点供应商，圆满完成在北京、上海、青岛、天津、沈阳、大连、秦皇岛七个城市的供货任务。

员工是公司最宝贵的财富，因此，麦德龙建立了完备且富于竞争力的全方位薪酬福利理念，并鼓励员工学习，提供完善的人才培训体系。自公司 2004 年成立麦德龙中国培训学院以来，已经系统培训了 12981 名员工，并将校区扩大到全国 6 个城市。另外，公司从 2003 年以来，每年均派遣十余名优秀的潜力员工赴欧洲，进行为期 3 个月的培训，如今学成归来的员工已成为公司营运及商品部门的主干。通过以上举措，以及公司面向全员实行的绩效考核制度和“麦德龙管理发展规划”，使得公司 80% 的晋升得以在公司内部实现，并源源不断地提供公司快速发展所需的人才。

此外，麦德龙还致力于构建和谐的劳动关系。2003 年在第一届公司职代会上，公司总裁与工会主席签署了集体合同。2005 年又制定了《关于建立公司行政与工会互动机制、构建和谐的劳动关系》的规定。2007 年《劳动合同法》颁布后，公司保证了全体员工按规定签订劳动合同，整个过程没发生一起劳资纠纷。2008 年初，公司与工会建立了工资集体协商机制，并取得了比较好的效果。2008 年员工工资平均增长幅度达到 9.6%，创近年来公司历史新高。

江苏五星电器有限公司

获奖理由：五星电器成立于 1998 年 12 月 18 日，是中国专业从事家用电器经营的全国性家电零售连锁企业。截至目前，五星电器已成功在江苏、安徽、浙江、山东、河南、四川、云南七个省份，开设专业化连锁卖场 250 余家，遍布全国 50 余个大中城市，主要经营彩电、空调、冰箱等家用电器以及手机、数码等现代 3C 类商品。五星电器 2007 年度销售超过百亿，是中国商业连锁前二十强企业，亦名列中国家电连锁前三强。

目前，五星电器拥有自有员工 12000 名，加上厂家促销员，全部工作人员达 32000 名。十年来，五星累计培训了超过 20000 名现代家电销售和服务人员。五星电器率先打破行业加班潜规则，采取每周 40 小时工作制和弹性工作制相结合方式，是南京第一家实行“错峰”上班时间的零售企业；同时积极落实国家带薪休假制度，是家电连锁企业第一个实行员工带薪休假的企业。五星电器还经常举办员工企业文化培训，建立有效的员工激励机制，组织丰富多彩的员工活动等，不断增强员工对企业的归属感和认同感。

2008－2009 年度中国特许经营年度奖项说明

——社会责任、可持续、创新、竞争力

中国连锁经营协会通过组织专业的评审委员会，每年对特许企业的品牌维护、体系建设，对加盟商的支持等多项指标进行考核，评选出年度中国优秀特许加盟品牌。其目的是宣传优秀特许企业及加盟商的创新意识和敬业精神，倡导诚信、自律、合作、双赢的理念，同时为广大投资者选择理想加盟项目提供资讯和借鉴。

中国特许经营年度大奖

恪守诚信精神和双赢理念，勇于创新，特许体系的建设和运营日臻成熟，对加盟商的支持和管理更加到位，积极承担社会责任，品牌和企业文化优势不断提升。

年度人物

作为特许企业的主要领导或行业专业人士，积极探索，勇于创新，热心公益，为企业和行业的发展做出突出贡献。

加盟商满意奖

紧紧围绕加盟商需求，在过去一年中，通过产品研发、模式调整、营销攻势和强有力的人力支持，帮助加盟商应对竞争挑战，得到加盟商的普遍赞誉和褒奖。

最具成长力奖

在新兴市场较早导入特许加盟模式，也是所在行业的领导品牌。注重团队建设和体系构建，具有较强的学习和创新能力，形成良好的拓展基础和成长潜力。

管理创新奖

过去一年中，在品牌维护、体系建设、系统运营、加盟商支持、新技术应用的某个或几个方面有重要创新并取得显著成效，为行业发展提供了有益经验。

社会公益奖

在连锁体系内倡导诚信经营，社会责任的价值理念；倡导服务社会，回报社会的企业文化，所属加盟商和员工能够自发参与公益活动；响应政府号召，在解决就业，和谐关系，促进社会稳定等方面有突出贡献。

优秀加盟商奖（单店）

对特许经营有正确理解，在规范执行总部标准，维护品牌形象的同时，发挥主观能动性，积极面对竞争，以诚信、勤奋与智慧，赢得生意的成功和大家的尊重。

优秀加盟商奖（区域）

以优秀的管理才能和强烈的进取精神，成功开发区域市场，加盟事业取得耀眼成就。与此同时，在维护区域系统稳定、给予其他加盟商支持方面发挥重要作用。

2008－2009 年度中国特许经营年度大奖

Annual Outstanding Franchise Brand 2008－2009

序号	品牌	企业名称	业态
1	肯德基	百胜餐饮集团中国事业部	西式快餐
2	北大青鸟	北京阿博泰克北大青鸟信息技术有限公司	IT 培训
3	小肥羊	内蒙古小肥羊餐饮连锁有限公司	火锅
4	国大 36524	河北国大连锁商业有限公司	便利店
5	桂花鸭	南京桂花鸭（集团）有限公司	食品专卖

肯德基（百胜餐饮集团中国事业部）

根据肯德基公司提供的材料和答辩说明，评委一致认为肯德基品牌定位明确、商业模式创新独特、制度体系和对加盟商的支持体系健全完善，特推荐为 2008 年度特许大奖。肯德基品牌特点主要包括：

1. 独特的商业模式，肯德基采用“不从零开始”的加盟方式，最大限度地降低了加盟风险，使加盟变得更为简单有效。

2. 品牌宣传特色，在品牌定位和宣传方面定位于对食品健康和安全的承诺，以及对社会公益事业的发展贡献，有效维护和提升了品牌价值，这是值得推广的经验。

3. 完善的加盟商支持系统，具体包括专业的危机事件处理、营运团队的支持、全方位的培训课程等 12 个方面，并得到了加盟商认可，其满意度较高。

4. 肯德基 2008 年开始完善加盟店的工作体系，在制度建设和特许关系方面做了大量富有成效和创新的举措，例如，创建了加盟商营运表现评估的流程和工具、肯德基加盟热线，进一步完善了培训课程，以及持续性的新产品开发等，都强化和提升了品牌竞争优势。

北大青鸟（北京阿博泰克北大青鸟信息技术有限公司）

根据企业申报材料和对评委质疑的答辩，评委认为，北大青鸟 2008 年度在教育服务业内成绩突出，对于引领特许企业朝向健康有序发展具有示范和推动作用，该企业主要特点表现在：

1. 企业定位明确，经营思路清晰；商业模式设计符合教育行业发展规律，具备较强盈利能力。

2. 特许经营体系发展较为完善，尤其在特许体系标准化和规范化方面成绩突出，例如，把对加盟商的培训改为“训练”是其一大特色，有利于总部发展的持续性；但这种改变要得到加盟商的接受还需要做大量的说服与解释工作。同时，该体系在人力资源配备上也较为合理有效。

3. 在品牌维护和宣传方面加强了通过神秘顾客和突击检查等方式，以及加大了对违规行为的处罚力度等，有效维护了加盟商利益，同时在广告、新闻和公关方面的有效工作，维护了品牌价值的稳定，得到加盟商的认同。

4. 在维护加盟商关系方面有新举措，例如，加盟商争议解决机制——自律公会的建立为解决加盟关系提供了有效路径；但教育行业加盟商关系有特殊性，建议企业进一步加强加盟商关系的维护手段的创新工作，同时逐步完善法律制度体系。

小肥羊（内蒙古小肥羊餐饮连锁有限公司）

小肥羊 2008 年 6 月 12 日在香港上市，是中国首家在香港上市的连锁餐饮企业（股份代号 968），被誉为中华火锅第一股。2004 年，“小肥羊 LITTLESHEEP 及图”商标被国家工商行政管理总局商标局认定为“中国驰名商标”。我们认为，小肥羊是以下面一些特色确立了其品牌的基础优势：

一是绿色健康。“小肥羊火锅”将延续了千百年的蘸着小料涮羊肉的食法，改革为“不蘸小料涮羊肉”的新食法。锅底料采用几十种上乘滋补调味品；羊肉精选来自纯天然、无污染的锡林郭勒大草原六个月的“乌珠穆沁羊”为原料，由此，形成了“肉品鲜嫩、香辣适口、回味悠长，久涮汤不淡、肉不老”，具有浓郁蒙古民族餐饮文化特色的小肥羊火锅品牌特色，建立了备受欢迎的独特火锅以及创新经营模式。

二是重视基础。小肥羊建立了比较完善的连锁经营业务支持链条，现代化的羊肉加工基地、调味品基地及完善的物流配送体系，细分的终端店铺业务模式，比较完备的信息化财务管理系统，创新的加盟服务体系及收费方式，丰富、多层次的培训体系，垂直一体化的业务模式等。

三是与强手联合。小肥羊引入外资 3i 集团和普凯基金，同时积极和全球及国内知名企业合作，如可口可乐、蒙牛集团、国美电器等。小肥羊深谙合作共赢的力量。

四是店铺分布广泛。自 2001 年开展特许加盟以来，小肥羊连锁店已遍布全国 28 个省 186 个城市，共 379 家，其中直营店 129 家，加盟店 250 家。在海外开店数十家，分布在美国、加拿大、日本、印尼、阿联酋及港澳台等地区。

五是品牌营销。小肥羊在品牌营销和宣传方面做得比较成功，在央视，央视网站、百度、搜狐等门户网站都能感受到小肥羊的品牌影响力。

国大 36524（河北国大连锁商业有限公司）

一年 365 天，一天 24 小时，河北国大人在 12 年里用数百项便民服务项目和独创的“电话网、互联网、店铺网、人力营销网”四网并行生活服务模式诠释了“方便的好邻居，生活的好帮手”的经营理念，打造了纯商品销售以外的全天候品质生活和便利服务的价值体验，为顾客提供涵盖衣、食、住、行全方位的便利性服务，让顾客享受时间的便利、距离的便利、商品的便利和服务的便利等多重 36524 便利的真正内涵。

真正立足市场的商业项目才能获得投资者青睐，国大 36524 藉助“内外整合”多样化特许模式取得了大幅增长，2008 年已达到了 600 家的规模，这一年里，特许商销售业绩增加了 20%，加盟店同比增加了 16.8%，公司实现了三天开一店的发展战略。但国大人并未因此止步。“万村千乡市场工程”的成功试点使得河北国大人形成了城乡一体的发展网络；而面对不断成长的社区消费需求，国大人又开始了社区型店铺的探索发展，并由此展开了自有商品、增容服务、速食开发和社区信息服务平台等的研发。不断的拓展更好地便利和服务了更广泛的消费者，但也使得国大愈发感受到了肩上的重任。所以，2008年也成为了国大朝向内涵化、精细化、价值化发展的年份，以“产品、成本、方便、沟通”为核心的新4P创新运营、内控管理四个100%、“四个百分之一”的企业利润增长等等都显现了国大人迈向更宽广舞台的决心和实力。

桂花鸭（南京桂花鸭（集团）有限公司）

在参选企业中，她的规模和名气不算大，她的员工年龄和文化结构不尽理想。但是，她的团队执着实干，她的市场定位准确，她的特许体系标准化、简单化、专业化以及全流程信息化管理，有效管控着整条产业链，业绩逐年持续增长。难能可贵的是，加盟店比重高达88%的她，在入围企业的加盟商调查结果中，获得总分最高分，尤其在大多数企业最薄弱的“投资回报预期能否实现”、“品牌维护和宣传力度”这两项上，都获得最高分。她，就是南京桂花鸭（集团）公司。可以说，桂花鸭为消费者提供一份放心美味食品的同时，也为加盟伙伴带来良好的收益，体现了优秀特许品牌的特质和魅力。

桂花鸭公司成立27年，1985年始开展特许经营，如今在全国120余个城市发展加盟店232家，直营店28家，2008年销售额近8亿元。

桂花鸭二十几年来坚持以绿色产业链为支撑，保证食品安全，带动就业，履行社会责任。2008年实现市场、销售、制造、采购全流程信息化管理，在禽流感时有发生的今天，桂花鸭成为消费者最信赖的食品之一。

桂花鸭将一个传统的卤菜开发出六大系列182个品种，2008年创新产品“完美食速”调理类食品和冰鲜冻品赢得市场青睐。

桂花鸭确立了品牌店、社区店、模范店“三位一体”的连锁经营模式。2008年推出了桂花鸭生活馆，开通了网络订购，实现本市客户半小时送货到家。为弥补18～25岁的消费断层，2008年启动专项营销方式。

桂花鸭在海外开店的计划正在实施中。

2008 - 2009 年度中国特许经营加盟商满意奖

Highly Appraised Franchisor Award 2008 - 2009

序号	品牌	企业名称	业态
1	迪欧	苏州迪欧餐饮管理有限公司	咖啡馆
2	21 世纪不动产	北京埃菲特国际特许经营咨询服务有限公司	房屋中介
3	东易日盛	北京东易日盛装饰股份有限公司	家居装饰
4	百圆	山西百圆裤业有限公司	服装专卖
5	阿瓦山寨	咸阳阿瓦餐饮文化连锁有限公司	中式正餐
6	德庄	重庆德庄实业（集团）有限公司	火锅

加盟商满意奖——1000 位加盟商推选的奖项

2008 - 2009 年度的加盟商满意奖是在对申请该奖项的 34 家企业的 1020 位加盟商进行电话调查的基础上产生的。每位加盟商要从 20 个方面对总部的表现做出评价。具体内容包括加盟商的投资回报、总部提供的开业支持、日常服务和督导、商圈保护等方面。34 家企业的平均得分为 4. 18 分，其中最高为 4. 64 分，最低为 3. 62 分，17 家企业的得分在平均分以上。分行业看，餐饮业的满意度水平最高，在平均分以上的占 63%，服务业次之，54%，零售业为 38%。在 20 个评价项目中，加盟商满意度水平最低的是投资回报，总部的品牌宣传以及对加盟店促销活动提供支持的得分也比较低，此外，加盟商对商圈保护、总部听取加盟商意见以及提高消费者满意度所作的努力等方面的评价也偏低。加盟者满意度高的项目集中在开业支持、督导、配送、信息服务等方面。迪欧、21 世纪不动产、东易日盛、百圆、阿瓦山寨、德庄等企业，加盟商满意度均居于所在行业的领先地位，赢得惟一一个完全由加盟商投票决定的奖项。

2008－2009年度中国特许经营最具成长力奖

Best Growing Competence Award 2008－2009

序号	品牌	企业名称	业态
1	吉祥馄饨	上海世好餐饮管理有限公司	中式快餐
2	金虎	山西金虎便利连锁有限公司	便利店
3	植秀堂	青岛植秀堂养生养颜连锁有限公司	美容美体
4	特百惠	特百惠（中国）有限公司	家居用品
5	燕之屋	厦门市双丹马实业发展有限公司	营养品专卖
6	华夏五千年	华夏五千年（北京）葡萄酒股份有限公司	红酒专卖
7	汇银	江苏汇银电器连锁有限公司	电器专卖
8	培正逗点	上海培正信息咨询有限公司	儿童教育培训

最具成长力奖——开拓蓝海和利基市场

获得最具成长力奖的企业，有的来自竞争相对激烈但市场空间较大的市场，如中式快餐中的吉祥馄饨、便利店的金虎、美容行业的植秀堂、家居用品行业的特百惠；有的来自方兴未艾的新市场，如农村家电市场的汇银、儿童教育行业的培正逗点；此外，还有开拓利基市场的佼佼者，如以销售燕窝制品为主的燕之屋和以销售红葡萄酒为主的华夏五千年。成熟市场找蓝海，利基市场抓机遇。只要建立具有独特优势和良好盈利模式的特许加盟体系，任何市场都存在无限的发展空间。中国这个巨大的内需市场，使任何行业都可以培育出世界级的连锁品牌。

2008－2009 年度中国特许经营管理创新奖

Franchise Innovation Award 2008－2009

序号	品牌	企业名称	业态
1	华联	华联超市股份有限公司	超市
2	美宜佳	东莞市糖酒集团美宜佳便利店有限公司	便利店
3	农家福	安徽徽商农家福有限公司	农资连锁
4	小拇指	杭州小拇指汽车维修科技股份有限公司	汽车维修
5	如家	上海如家酒店管理有限公司	经济型酒店
6	业之峰	北京业之峰装饰有限公司	家居装饰
7	中百便利	山东潍坊百货集团股份有限公司中百连锁超市	便利店
8	东方爱婴	北京市东方爱婴咨询有限公司	儿童教育培训
9	红黄蓝	北京红黄蓝儿童教育科技发展有限公司	儿童教育培训
10	博宇	沈阳博宇有色金属炉料有限公司	工业炉料

管理创新奖——创新促增长

受宏观经济形势的影响，特许企业普遍面临销售、成本、利润等诸多方面的压力，在这种形势下，总部和加盟商更需精诚合作，共谋发展对策。华联超市通过对原有加盟管理模式的审视和反思，克服阻力，打破原有的加盟商商品供应体系，探索建立独立于总部采购系统的重点商品厂家直采模式，扩大采购规模，降低进货成本，让利于加盟商，并借助厂家资源提高配货服务质量，目前与伊利等厂家的合作已初见成效，加盟商由直采体系进货的比例大幅度提高。在上海零售业普遍下滑的不利形势下，通过不断摸索与创新，华联2008 年实现利润超过 5000 万元。小拇指为改善总部对加盟商的服务质量和效率，尝试引进积分制管理，加盟商向总部缴纳的费用以及从总部采购物品的货款，均按照一定比例折合为积分，加盟商寻求总部支援，都要用积分支付，总部服务人员的业绩，也要按其获得积分的情况进行评价。积分制大大提高了总部对加盟商的服务和支持效率。美宜家为解决好 2000 家加盟店的人员培训，开发了网上加盟店学习培训系统，克服了加盟店点多、人员流动快、人员培训不及时等方面的问题。此外，农家福 5.7 万户农家之星的培育、中百便利的“信用额度监控体系”等，都是特许企业管理创新的经典案例。正是依靠不懈的创新，特许企业在危机中赢得了增长，我们将把这些宝贵的经验在业内进行推广。

2008 - 2009 年度中国特许经营社会公益奖

Corporate Social Responsibility Award 2008 - 2009

序号	品牌	企业名称	业态
1	德克士	天津德克士食品开发有限公司	西式快餐
2	福奈特	北京福奈特洗衣服务有限公司	洗衣
3	翰皇	北京翰皇伟业皮革清洁养护连锁服务有限公司	皮革清洗
4	速 8	速伯艾特（北京）国际酒店管理有限公司	经济型酒店
5	科威国际不动产	科威房产管理咨询（上海）有限公司	房屋中介

社会公益奖——情系汶川，心系奥运

虽然大多数特许企业都还不能列入大企业之列，但在履行企业公民的社会责任时，却表现出其博大而热忱的赤子之心。此次获得社会公益奖的 5 家企业，是广大特许企业积极投身公益事业的生动写照。德克士及顶新集团在汶川地震抗震救灾中，共筹集善款 1259 万元，其中员工捐款 259 万元。他们向灾民实施的“热食计划”让所有人感同身受。灾后重建中，他们除了援建 2 所学校，在 2008 年年底还进行了冬令物资的发放和书籍捐赠，对灾区人民的关怀将一直进行下去。速 8 受托作为奥运村住宿管理单位，为确保世界各地参会者安全舒适参加奥运，付出巨大的艰辛和努力，出色完成任务，得到普遍赞誉和褒奖。福奈特、翰皇、科威不动产，在地震发生的第一时间立即行动，捐钱捐物，组织人员赶赴灾区参与救援，并全力支持处于灾区的加盟商。抗震救灾、支持奥运是企业践行社会责任的一个缩影，对社会、对员工、对消费者、对加盟商，每一个强调社会公益精神的特许企业，都表现出高度的使命感和责任感。

2008 – 2009 年度中国特许经营年度人物

Franchise Entrepreneur Of The Year 2008 – 2009

序号	获奖者	职务	所在企业	品牌
1	杨　明	北大青鸟 IT 教育 CEO	北京阿博泰克北大青鸟信息技术有限公司	北大青鸟
2	黄进能	董事长	上海象王洗衣有限公司	象王
3	柏　力	首席执行官	速伯艾特（北京）国际酒店管理有限公司	速 8
4	史浩刚	副总经理	华联超市股份有限公司	华联

企业成功不是个性化的结果

——杨明　北京阿博泰克北大青鸟信息技术有限公司 CEO

杨明，率先将特许经营模式引入职业教育培训领域，运用特许加盟与院校合作并用的业务模式，成功将 2000 年只有 14 名员工、负债 210 万元的北大青鸟 IT 教育打造成目前全体系 1 万余名员工、240 余家授权培训中心、450 余所合作院校，覆盖全国 90 余座城市、年收入 21.4 亿元、占据 40% 市场份额的中国最大 IT 职业教育机构。

“每年有二十多万人次走进北大青鸟课堂，又从这里走上工作岗位。”

教育这件事情，大家都忘了结果是什么。北大青鸟 IT 教育成功的原因在于把最传统的教育回归到它的本质，追求它真正的结果——就业。

我们的客户是几十万的培训学生，他们中的很多人是被学历教育淘汰下来的，我们帮助他们从需要工作的人变成工作需要的人。教育改变了他们的生活！

“不执行公司标准化的人就是公司的敌人，不认同公司标准化的人就是公司的绊脚石。”

我们把标准化放到战略的高度。我们完全依靠自己的业务人员撰写并出版了国内目前惟一一套《计算机职业培训标准》。内容涉及 107 个工作岗位，2714 个业务事件，394 个工作流程，1400 余项质量标准，总计五百余万字。

企业在建立质量管理体系的同时，更重要的是要树立一些坚定不移执行的原则性东西。在我看来，标准化是一种简化做事的重要方法。所有成功的企业，能够长期坚持下去，并且保证质量不降低，它一定是标准化的结果，而不是个性化的结果。标准化推行的起始阶段一定是强制性的，最后形成习惯了，固化下来的就是能力。

做踏实人办规矩事

——黄进能　上海象王洗衣有限公司董事长

黄进能，1956 年生于台湾嘉义县，13 岁离开家乡到台北做学徒，19 岁创办了象王洗衣连锁。几年后，象王洗衣连锁成为台湾知名的洗化品牌集团。1998 年，他来到上海开始第二次创业，现在“洗不掉，找象王”已家喻户晓，全国拥有350家店铺，其中96%是加盟店，2008年销售额1.6亿元。

“三本主义。”

“一个人一辈子如果可以把一件事做好，就已经很好了。我来大陆后总结了中小企业的‘三本主义’——本金要有，本人要来，本行深做。现在，很多台商朋友纷纷借鉴。”

“做本行才会游刃有余，做本行才更有能力为合作者带来利益。我们成功地推出了‘象王’IC卡全国洗衣一卡通，使消费者根据存入的不同金额，在各地门店享受不同的优惠，加盟店因此而又有了盈利保障，这在中国是首创。目前，象王洗衣店96%的加盟商都赢利良好。”

“做海峡两岸交流的使者，我乐此不疲。”

长期以来，参与各项社会公益活动已经成为黄进能生活中重要的组成部分。

2008年，组织两批国内洗涤业的相关人士赴台考察，促进两岸洗涤事业的交流和发展。

在上海有关部门的关心支持下，黄进能积极组建成立了“海峡两岸连锁服务中心”，为两岸连锁业的发展搭建了一个沟通、交流的平台，拉开了海峡两岸连锁业共同寻求发展的序幕。

四川汶川大地震发生后，黄进能代表中国光彩事业促进会台商委员会向四川灾区人民捐款50万元人民币。

“速8爱中国”的忠实实践者

——柏力　速伯艾特（北京）国际酒店管理有限公司CEO

柏力，速伯艾特（北京）国际酒店管理有限公司的董事长和首席执行官，在中国大陆和香港有着18年的品牌发展经验。柏力的目标是要“在中国运营最佳且赢利最高的经济型酒店”。柏力十分注重“国际化品牌思维和本土化运作方式”的结合，在速8的发展中能够灵活处理中西方文化差异，充分发挥中国管理人员和加盟商的作用；速8进入中国五年的时间里得到了飞速的发展；目前在全国已经有170多家速8酒店，其中94家已经开业。对中国经济型酒店业、特别是酒店特许连锁市场起到了积极的示范和推动作用。

“作为一名美国人，我倡导速8人全力支持北京奥运会，因为‘速8爱中国’。”

2008速8奥运片段最精彩。在柏力的支持下，速8奥运管理团队作为惟一的经济型酒店品牌，成为北京奥运村（残奥村）住宿管理合同商，圆满完成北京奥运村（残奥村）9栋公寓楼、1个超级居民服务中心、2个居民服务中心和12个库房的管理任务和20多个国家和地区奥运代表团接待任务，工作量占整个北京奥运村住宿的23.66%，荣获北京市旅游局和北京奥组委奥运村部颁发的“服务奥运贡献突出”奖牌，北京奥运村（残奥村）运行团队颁发的“第29届奥林匹克运动会奥运村和第13届残疾人奥林匹克运动会残奥村服务纪念”铭牌。2008年11月，中国饭店协会授予柏力“改革开放30年功勋人物”并颁发“中国饭店与餐饮业突出贡献奖”。

顺应市场创新求变

——史浩刚　华联超市股份有限公司副总经理

史浩刚，作为一名伴随着“华联”一起成长的高层主管，自2003年全面负责华联超市加盟管理工作以来，带领管理团队不断求创新、求发展，使“华联”品牌始终在市场上保持着优势地位。2008年“华联”逆势上扬，实现销售29.58亿元，利润4827万元，同比增长30.2%和382.6%的优异业绩。

“创新需要胆略，顺应市场变化，不怕冲击观念、机制和体制。”

曾经历快速扩张期的“华联”，有许多明显难以适应市场变化的结症。“品牌维护，业务模式转型”是管理团队紧扣的一条主线。

建立访销员队伍，细分督导职能。把营运监管与销售管理体系拆分，打造督导员和访销员两支团队，提高专业职能，使专项工作更深入具体，提升加盟商的满意度。

调整传统采购方式，引入代理商、批零结合机制。为了更适应加盟商的商品结构、商品价格等需求，探索引入新机制，让更多利益体现给加盟店，提升门店的竞争力。

“加盟商是企业品牌生命的延长线，练内功与增效益缺一不可。”

推行加盟店“ABC”管理考评机制，细分等级，使监管、指导、提升更具个性化。具体实施：A类门店注重销售业绩的提升；B类门店注重综合素质的提高；C类门店注重基础营运监管，使公司的资源配置更合理，督导、加盟店的目标管理更清晰。

华联屡次刷新加盟订货会的销售记录。2008年12月加盟订货会5天时间销售突破8000万元，这是加盟店和公司沟通共赢的平台，也是核心竞争力的内涵体现。

2008－2009年度中国优秀加盟商（单店）

China Outstanding Unit Franchisee 2008－2009

行业	序号	单店加盟商	加盟品牌	加盟企业名称
零售业	1	朱丽华	华联	华联超市股份有限公司
	2	王岳宇	华联	华联超市股份有限公司
	3	程桂深	上好	东莞市星瀚商贸有限公司
	4	卢　民	上好	东莞市星瀚商贸有限公司
	5	纪建生	金虎	山西金虎便利连锁有限公司
	6	冯　渊	金虎	山西金虎便利连锁有限公司
	7	高　亮	唐久	山西省太原唐久超市有限公司
	8	傅其元	农家福	安徽徽商农家福有限公司
	9	桑桂春	农家福	安徽徽商农家福有限公司
	10	肖　红	特百惠	特百惠（中国）有限公司
	11	樊　正	特百惠	特百惠（中国）有限公司
	12	崔宝新	安芙兰	青岛安芙兰芳香制品有限公司
	13	王益春	百花	北京百花蜂产品科技发展有限公司
	14	徐跃胜	百圆	山西百圆裤业有限公司
	15	刘　冰	博宇	沈阳博宇有色金属炉料有限公司
	16	谢建敏	名庄传奇	浙江名庄传奇葡萄酒有限公司
餐饮与酒店业	17	余小明	迪欧	苏州迪欧餐饮管理有限公司
	18	姜维东	小肥羊	内蒙古小肥羊餐饮连锁有限公司
	19	王　斌	秦妈	重庆秦妈餐饮管理有限公司
	20	童嘉涛	阿瓦山寨	咸阳阿瓦餐饮文化连锁有限公司
	21	赵　伟	阿瓦山寨	咸阳阿瓦餐饮文化连锁有限公司
	22	张　然	比格	北京比格餐饮管理有限责任公司
	23	杨　帆	比格	北京比格餐饮管理有限责任公司
	24	张　竞	肯德基	百胜餐饮集团中国事业部
	25	孙　冰	肯德基	百胜餐饮集团中国事业部
	26	崔　晔	绿茵阁	广州市绿茵阁餐饮连锁有限公司
	27	王晓玲	绿茵阁	广州市绿茵阁餐饮连锁有限公司
	28	李晓斌	马兰	马兰拉面快餐连锁有限责任公司
	29	邹　鹏	亿百度	沈阳亿百度餐饮管理有限公司
	30	芦　萍	亿百度	沈阳亿百度餐饮管理有限公司

续表

行业	序号	单店加盟商	加盟品牌	加盟企业名称
餐饮与酒店业	31	牛永刚	德克士	天津德克士食品开发有限公司
	32	王　青	速8	速伯艾特（北京）国际酒店管理有限公司
服务业	33	冯运锦	业之峰	北京业之峰装饰有限公司
	34	刘权平	居众	深圳市居众装饰设计工程有限公司
	35	龚海腾	居众	深圳市居众装饰设计工程有限公司
	36	陈玲玲	红黄蓝	北京红黄蓝儿童教育科技发展有限公司
	37	邓宝珍	东方爱婴	北京市东方爱婴咨询有限公司
	38	姜　新	植秀堂	青岛植秀堂养生养颜连锁有限公司
	39	马　杰	若石	长春市若石足道健康技术有限公司
	40	赵佃忠	若石	长春市若石足道健康技术有限公司
	41	陈汝珊	福奈特	北京福奈特洗衣服务有限公司
	42	周　丽	福奈特	北京福奈特洗衣服务有限公司
	43	张园媛	伊尔萨	北京荣昌科技服务有限责任公司
	44	杨　琨	尤萨	北京尤萨洗涤设备有限公司
	45	金　霞	康洁	郑州市康洁洗涤有限公司
	46	王克刚	翰皇	北京翰皇伟业皮革清洁养护连锁服务有限公司
	47	刘云锦	翰皇	北京翰皇伟业皮革清洁养护连锁服务有限公司
	48	徐国荣	小拇指	杭州小拇指汽车维修科技股份有限公司

2008－2009年度中国优秀加盟商（区域）

China Outstanding Multi－unit Franchisee 2008－2009

行业	序号	单店加盟商	加盟品牌	加盟企业名称
零售业	1	时同安	百圆	山西百圆裤业有限公司
	2	陈明永	雷力	北京雷力绿色肥业连锁经营有限公司
	3	郑翠芬	雷力	北京雷力绿色肥业连锁经营有限公司
	4	绍明利	安芙兰	青岛安芙兰芳香制品有限公司
	5	孙丽清	百花	北京百花蜂产品科技发展有限公司
	6	王彦华	博宇	沈阳博宇有色金属炉料有限公司
	7	邹文刚	燕之屋	厦门市双丹马实业发展有限公司
餐饮与酒店业	8	冯学良	德庄	重庆德庄实业（集团）有限公司
	9	孙海庆	德庄	重庆德庄实业（集团）有限公司
	10	吴　斌	小肥羊	内蒙古小肥羊餐饮连锁有限公司
	11	姜志勇	吉祥馄饨	上海世好餐饮管理有限公司
	12	孙旭东	吉祥馄饨	上海世好餐饮管理有限公司
	13	贾雪绪	永和	上海弘奇永和食品发展股份有限公司
	14	李　杰	永和	上海弘奇永和食品发展股份有限公司
	15	袁晓辉	摸错门	青岛摸错门饮食文化有限公司
	16	黄　洋	德克士	天津德克士食品开发有限公司
	17	赵庆春	速8	速伯艾特（北京）国际酒店管理有限公司
服务业	18	黄建昌	东易日盛	北京东易日盛装饰股份有限公司
	19	林帝兵	东易日盛	北京东易日盛装饰股份有限公司
	20	刘希保	业之峰	北京业之峰装饰有限公司
	21	徐惠仙	红黄蓝	北京红黄蓝儿童教育科技发展有限公司
	22	薛裕会	东方爱婴	北京市东方爱婴咨询有限公司
	23	高永福	环球雅思	北京环球天下教育科技有限公司
	24	王　军	环球雅思	北京环球天下教育科技有限公司
	25	王梦华	植秀堂	青岛植秀堂养生养颜连锁有限公司
	26	赵杭生	21世纪不动产	北京埃菲特国际特许经营咨询服务有限公司
	27	张玉红	能量娃	北京能量娃教育科技有限公司
	28	杨　玲	能量娃	北京能量娃教育科技有限公司
	29	王宝红	尤萨	北京尤萨洗涤设备有限公司
	30	薛世兴	康洁	郑州市康洁洗涤有限公司
	31	利达池	小拇指	杭州小拇指汽车维修科技股份有限公司

2008 年度"CCFA 十佳金牌店长"

（排名不分先后）

姓名	所在企业	所在门店
李荆雁	武汉武商量贩连锁有限公司	黄陂量贩店
陈秀英	北京超市发连锁股份有限公司	学院路店
周晓巧	苏果超市有限公司	溧水通济平价店
王佰杰	长春欧亚集团股份有限公司	欧亚超市连锁车百店
王　伟	特易购中国	上海金山乐购生活购物有限公司
袁　勤	沃尔玛（中国）投资有限公司	深圳山姆会员商店
成春晖	锦江麦德龙现购自运有限公司	长沙开福商场
胡洁君	广州友谊集团股份有限公司	广州友谊环市东商店
崔绍东	天津劝宝超市有限责任公司	宝鑫小区店
张存义	江苏五星电器有限公司	江阴大卖场

2008 年中国零售业优秀 CIO 名单

（第 5 届中国零售业 CIO 峰会公布，2008 年 6 月 26 日北京颁奖）

序号	姓名	职务	单位
1	孙能亮	信息总监	山东新星集团有限公司
2	于剑波	副总裁	北京物美商业集团股份有限公司
3	吴光旺	信息总监	福建永辉集团有限公司
4	张忠华	电脑部总监	上海金瑶贸易有限公司
5	彭　雄	信息总监	步步高商业连锁股份有限公司
6	唐振华	信息部部长	长沙通程控股股份有限公司
7	高　凯	计算机中心主任	南京中央商场股份有限公司
8	梁　渝	信息管理部经理	昆明百货大楼集团（股份）有限公司

附：1. 2008 中国零售业优秀 CIO 评选说明

2. 2005－2007 中国零售业优秀 CIO 名单

附 1：

2008 中国零售业优秀 CIO 评选说明

一、评选原则

1. 从事零售行业信息化工作 3 年以上，在信息化部门规划、建立、管理、运营各方面探索出有效的方法。

2. 主持过企业信息化项目的具体实施，包括：

·在系统选型和实施方面有成功案例；

·在数据（内部或外部）挖掘、分析、利用方面有所成就；

·在企业流程再造方面取得一定成绩。

3. 具有创新思维和前沿理念，对零售商业模式、运营、组织和决策的创新和卓越管理起到领导和推动作用。

4. 在 IT 部门的组织建设（IT 部门的业务绩效管理、人员培养、IT 治理）上，成绩和进步显著。

5. 对零售业信息化有深入认识，发表相关文章。

6. 2007 年当选的优秀 CIO 今年不连续评选。

二、评选组织

由中国连锁经营协会信息技术应用委员会发起，组织专家评审委员会按评选原则严格实施。至2008年，已连续进行了四届。

附2：

2005－2007中国零售业优秀CIO名单

2007中国零售业优秀CIO名单

（第4届中国零售业CIO峰会公布，2007年6月14日长沙颁奖）

序号	姓名	职务	单位
1	毛祖铁	信息总监	广州市广百股份有限公司
2	王　进	信息部部长	北京庄胜崇光百货商场
3	王　沅	副总经理	武商集团股份有限公司
4	牛文甫	电脑部经理	广东吉之岛天贸百货有限公司
5	白　虹	信息中心副总监	国美电器集团
6	董　伟	信息部经理	浙江供销超市有限公司
7	林海辉	信息部副总监	南京侨鸿国际集团有限公司
8	蓝哲然	信息总监	美特斯邦威集团
9	王建梅	信息部部长	重庆商社集团有限公司

2006中国零售业优秀CIO名单

（第3届中国零售业CIO峰会公布，2006年6月22日成都颁奖）

序号	姓名	现任职务	单位
1	任　峻	副总裁兼信息总监	苏宁电器股份有限公司
2	赵映强	副总裁	东方家园有限公司
3	孙学敢	CFO兼CIO	北京新燕莎铜锣湾商业有限公司
4	陈士明	CIO	武汉中商集团股份有限公司
5	夏剑彪	计算机中心主任	湖南友谊阿波罗股份有限公司
6	孙显春	信息部总工	长春卓展百货时代广场百货有限公司
7	李　炮	应用系统部经理	深圳市家福特建材超市有限公司
8	唐心社	信息部经理	山东家家悦超市有限公司
9	刘瑞琦	副总经理	安徽省阜阳国贸商城有限公司
10	魏　冰	信息总监	宏图三胞高科技术股份有限公司

2005 中国零售业优秀 CIO 名单

（第 2 届中国零售业 CIO 峰会公布，2005 年 6 月 24 日南京颁奖）

序号	姓名	职务	单位
1	张艳存	信息总监	金海马集团
2	冯　牧	CIO 兼数据分析室主任	上海可的便利店有限公司
3	王红海	信息部部长	广州友谊商店股份有限公司
4	韩劲松	信息总监	天津家世界连锁超市有限公司
5	马爱杰	信息中心主任	北京燕莎友谊商城有限公司
6	狄同伟	集团董事、总工程师	利群集团股份有限公司
7	谢　丹	信息总监	北京华联
8	熊　杰	IT 高级总监	华润万家有限公司
9	张红波	信息技术总监	北京京客隆超市连锁集团有限公司
10	陈　爽	信息总监	联华超市股份有限公司

2009 年第二届 CCFA 零售业防损之星

为表彰在连锁零售企业中做出突出贡献的优秀防损人员，推进中国零售业防损水平的不断提高，中国连锁经营协会资产保护（防损）委员会组织开展了第二届“CCFA 零售业防损之星”评选活动。

按照评奖程序和原则，2009 年第二届“CCFA 零售业防损之星”由资产保护（防损）委员会委员和首届获奖代表共同投票推选产生。获奖名单如下：

程堂根	沃尔玛（中国）投资有限公司	资产保护营运总监
杨文军	华润万家有限公司	深圳区域经理
郎建文	武汉中百连锁仓储超市有限公司	防损部长
窦　勇	山西美特好连锁超市股份有限公司	防损总监
高小燕	北京超市发连锁股份有限公司	营运总监
丁　坤	百思买（上海）商业有限公司	零售经理
兰　向	武商量贩连锁有限公司黄陂量贩店	防损主管
刘永盛	心连心集团有限公司	资深防损部长
邓秀全	步步高商业连锁股份有限公司	防损经理
刘　垒	湖北省十堰市寿康永乐有限公司	防损部长

2008年度“CCFA金牌店长”名单

序号	姓名	企业名称
1	李太勇	济南华联超市有限公司
2	朱建华	广西南宁康迈商业有限责任公司利客隆超市分公司
3	江 辉	阜阳华联超市有限公司
4	陈志君	成都红旗连锁有限公司
5	李 萍	成都红旗连锁有限公司
6	楼 荣	澳德巴克斯（中国）汽车用品商业有限公司
7	孙 萍	北京京客隆商业集团股份有限公司
8	胡建英	北京京客隆商业集团股份有限公司
9	韩 琴	常州市信特超市有限公司
10	李玉荣	北京王府井百货（集团）股份有限公司
11	周 晴	北京王府井百货（集团）股份有限公司
12	张存义	江苏五星电器有限公司
13	严 莉	江苏五星电器有限公司
14	肖继红	山东新星集团有限公司
15	张乐云	山东新星集团有限公司
16	徐银彪	辽宁兴隆百货集团
17	宋 茜	辽宁兴隆百货集团
18	张 健	江苏雅家乐集团有限公司
19	沈 建	浙江供销超市有限公司
20	汤日升	浙江人本超市有限公司
21	雷红艳	武汉中百便民超市连锁有限公司
22	敖 翔	武汉中商集团股份有限公司平价连锁分公司
23	胡 强	武汉中商集团股份有限公司平价连锁分公司
24	赵慧丽	山西省太原唐久超市有限公司
25	凌 静	苏宁电器股份有限公司
26	卢 云	苏宁电器股份有限公司
27	王义富	寿光百货大楼有限公司
28	邱 红	武汉中百连锁仓储超市有限公司
29	何 丹	武汉中百连锁仓储超市有限公司
30	袁 军	重庆百货大楼股份有限公司超市分公司

续表

序号	姓名	企业名称
31	王佳景	华联超市股份有限公司
32	柏张娟	华联超市股份有限公司
33	童小凤	陕西新合作西果连锁超市有限公司
34	王 刚	十堰市新合作鑫城超市有限公司
35	王 照	上海世纪联华超市发展有限公司
36	姚杨宏	杭州联华华商集团有限公司
37	段 炼	乐天超市有限公司
38	陈光辉	新一佳超市有限公司
39	郭万能	新一佳超市有限公司
40	朱昆荣	青岛维客集团股份有限公司
41	赵艳菊	天盟农资连锁有限责任公司
42	马加福	天盟农资连锁有限责任公司
43	王海军	唐山市金客隆超市有限公司
44	周晓巧	苏果超市有限公司
45	陆正华	苏果超市有限公司
46	任林娣	上海捷强烟草糖酒（集团）连锁公司
47	常晓华	陕西三棵树超市商贸有限责任公司
48	李惠君	山西美特好连锁超市股份有限公司
49	王安平	人人乐连锁商业集团股份有限公司
50	钱电熙	人人乐连锁商业集团股份有限公司
51	崔绍东	天津劝宝超市有限责任公司
52	朱佰松	大庆市庆客隆连锁商贸有限公司
53	李志辉	秦皇岛市广缘商厦有限公司
54	梁国东	秦皇岛市艾欣商贸有限公司
55	韩 敏	江苏千百美超市有限公司
56	李幼龙	宁波三江购物俱乐部有限公司
57	张狄焕	宁波三江购物俱乐部有限公司
58	刘晓宇	加贝物流股份有限公司
59	张国有	南阳新合作商贸连锁有限公司
60	李荫宏	北京美廉美连锁商业有限公司
61	王咏梅	北京美廉美连锁商业有限公司
62	常志海	锦江麦德龙现购自运有限公司
63	成春晖	锦江麦德龙现购自运有限公司
64	林汉麟	锦江麦德龙现购自运有限公司
65	周 扬	锦江麦德龙现购自运有限公司

续表

序号	姓名	企业名称
66	黄映红	上海良友金伴便利连锁有限公司
67	刘培培	利群集团股份有限公司
68	王金贵	利群集团股份有限公司
69	蒋 燊	上海雷允上药品连锁经营有限公司
70	涂平如	江西洪客隆实业有限公司
71	郑义东	安徽徽商农家福有限公司
72	唐丽艳	华糖洋华堂商业有限公司
73	杜劲戎	华润万家生活超市（浙江）有限公司
74	钱定峰	浙江华润慈客隆超市有限公司
75	周小英	华润万家（苏州）超市有限公司
76	王伟炎	宏图三胞高科技术股份有限公司
77	赵克仁	宏图三胞高科技术股份有限公司
78	王秋梅	河南思达连锁商业有限公司
79	丁金荣	河北惠友商业连锁发展有限公司
80	袁素芹	河北国大连锁商业有限公司
81	王景军	北京华润万家生活超市有限公司
82	沈 刚	陕西华润万家生活超市有限公司
83	孙步明	安徽百大合家福连锁超市股份有限公司
84	张 烽	安徽百大合家福连锁超市股份有限公司
85	张 洪	安徽百大电器连锁有限公司
86	陶 刚	合肥百货大楼集团股份有限公司
87	张金华	好美家装潢建材有限公司
88	朱 敏	好美家装潢建材有限公司
89	杜宇光	邯郸市阳光超市有限公司
90	胡洁君	广州友谊集团股份有限公司
91	衡秋叶	上海迪亚零售有限公司
92	盛敏芳	江苏新合作常客隆连锁超市有限公司
93	高凤平	长春欧亚卖场有限责任公司
94	王佰杰	长春欧亚卖场有限责任公司
95	周 辉	步步高商业连锁股份有限公司
96	李爱莲	步步高商业连锁股份有限公司
97	陈秀英	北京超市发连锁股份有限公司
98	安连清	北京超市发连锁股份有限公司
99	王 仑	河北保龙仓商业连锁经营有限公司
100	郭 敏	西安爱家商贸有限公司

续表

序号	姓名	企业名称
101	孙　伟	陕西海星连锁超级市场有限责任公司
102	陈伟强	浙江华之友商贸有限公司
103	张慧贤	唐山百货大楼集团八方购物广场有限责任公司
104	刘光庆	百安居（中国）投资有限公司
105	张英莉	百安居（中国）投资有限公司
106	隋高远	山东家家悦超市有限公司
107	于晓云	山东家家悦超市有限公司
108	李　瑛	胜利油田胜大超市
109	袁　勤	沃尔玛（中国）投资有限公司
110	朱　峻	沃尔玛（中国）投资有限公司
111	李荆雁	武汉武商量贩连锁有限公司
112	熊海云	武汉武商量贩连锁有限公司
113	方儒刚	东莞市糖酒集团美宜佳便利店有限公司
114	王　伟	特易购中国
115	黄瑞美	特易购中国
116	边红霞	淄博东泰集团有限公司
117	宋振宇	华普超市有限公司
共86家企业117位金牌店长		

附录二

2008 年中国连锁业十大事件

中国零售商大灾显大义

2 月，湖南、四川、贵州等南方省份遭遇 50 年一遇的罕见冰冻灾害。零售企业冰雪中扛起社会责任，通过让利促销、承诺商品不涨价、给被困群众送去生活用品等各种方式，全力支持抗冰救灾，确保了今年春节物资供应和防冻抗灾物资的储备供应。

5 月 12 日，汶川发生里氏 8 级地震，7 万余人遇难，举国同泣。灾难发生后，众多零售企业第一时间行动起来，纷纷向地震灾区捐款捐物，200 余家连锁零售企业捐款捐物价值近 10 亿元。目前，许多零售企业仍在源源不断地将“爱心”送往灾区。

——面对灾害，面对生命的呼唤，连锁企业用自己最朴素、最无华的行动，将中华民族扶危济困的传统美德诠释得淋漓尽致。一笔笔捐款，一份份爱心；每一份爱心都包含着沉甸甸的社会责任，放射出人性的光芒。有人说，再大的困难，除以 13 亿，都会变得渺小；再小的爱心，乘以 13 亿，都会变成爱的海洋。连锁零售企业用实际行动彰显了现代企业良好的公众形象，体现了优秀企业的社会关注与人文关怀。在他们身上，我们看到了血浓于水、义大于利的家国情怀。

《反垄断法》正式施行

8 月 1 日，《反垄断法》正式实施，该法旨在预防和制止垄断行为，保护市场公平竞争，提高经济运行效率，维护消费者利益和社会公共利益，促进社会主义市场经济健康发展。

与此同时，国家发改委设立价格监督检查司、国家工商总局成立反垄断与不正当竞争执法局、商务部特别设立了反垄断局——在国务院反垄断委员会协调下具体开展反垄断工作的“三驾马车”并驾齐驱的组织模式正式亮相。

——历经 14 年打磨、素有“经济宪法”之称的《反垄断法》的出台是中国市场经济前进道路上的重要里程碑，也是政府下决心保护公平竞争市场秩序的有力体现。它的正式实施，意味着今后企业利用市场垄断地位操纵价格，经营者集中、滥用市场支配地位等行为都将被视为违法。这将大大促进零售业整体的健康、有序发展，进一步破除市场竞争中的不公平现象。同时，外资并购也将受到更为严格的审查，将不再享受“超国民待遇”，中国本土零售企业迎来了真正的法律保护时代。

中国告别免费塑料袋

国务院办公厅于 2007 年底发布的《关于限制生产销售使用塑料购物袋的通知》（限塑令）于今年 6 月 1 日起正式施行。4 月 16 日，商务部、国家发改委、国家工商总局联合发布了《商品零售场所塑料购物袋有偿使用管理办法》。也是从今年 6 月 1 日起，商品零售场所有不标明塑料购物袋价格，向消费者无偿或变相无偿提供塑料袋等行为之一的，将受到最高 1 万元的罚款。中国自此告别了免费塑料袋时代。

——能源紧缺和环境恶化已严重制约了经济的可持续发展，节约能源，保护生态环境是当前政府的一项重要工作。塑料购物袋有偿使用是一场消费革命，目的是为了减少塑料袋的使用，鼓励使用竹篮子、布袋子等替代品，节约资源，保护环境。限制塑料购物袋生产、销售和使用，不可避免地会给消费者带来一定的不便，但这对环保和经济的可持续发展将起到重大作用，消费者对此给予了充分的理解与配合。而对使用大户零售企业来讲，塑料袋收费后，减少的使用数量不仅能够为环保做出自己的贡献，向消费者推广环保的消费理念和习惯，同时也为企业自身节约了成本。需要注意的是，商家切忌莫以此变相牟利，导致限塑令走入误区。

步步高成为民营超市第一股

6 月 19 日，步步高商业连锁股份有限公司在深交所上市，成为中国民营超市第一股，也是自 2004 年家电连锁企业苏宁电器上市之后的首家以连锁百货零售业为主体的上市公司。

步步高是一家立足于中小城市，以密集式开店、双业态、跨区域为发展模式的湖南连锁零售龙头地位。截至 2007 年 12 月 31 日，共有 47 家控股子公司、44 家分公司及 2 家参股子公司，营业收入居湖南零售业榜首。步步高方面表示，2009 年门店将达到 134 家，营业收入接近 100 亿元，净利润 2. 52 亿元。

——步步高的成功上市得益于差异化战略，那就是坚定立足中小城市。在 13 年的成长过程中，步步高从湘潭起步，逐步巩固周边的县（市）、区，并向相邻的株洲、娄底等二、三线城市发展，渐进式扩张。这种农村包围城市的布局战略，避开了大城市惨烈的商业竞争，集中兵力将周边市场各个击破，稳打营盘，步步推进，保持了持续快速的发展。步步高的成功上市，一方面充分证明了区域为王战略的成效；另一方面也为民营超市企业进军资本市场树立了一个样板。今年也有新华都等零售企业相继登陆资本市场。目前，包括美特好、人人乐、家润多都在运作上市，相信零售企业包括民营企业在资本市场上将有更大作为。

专业服饰连锁美特斯邦威上市

8 月 28 日，上海美特斯邦威服饰股份有限公司在深圳证券交易所中小板正式挂牌上市，公司董事长周成建父女身价超过 160 亿元，而在 10 月 16 日发布的《2008 胡润服装富豪榜》上，周成建家族以财富 170 亿元，成为服装富豪榜首富。

——作为一位没有背景的温州民营企业家，周成建最初是温州农村的一位裁缝，经过多年的打拼，他用 13 年的专注最终完成了上市。有人说，周成建的今天，是他与生存抗争的结果。正如美特斯邦威的广告语“不走寻常路”，或许这才是其真正成功的关键所在。美特斯邦威用“虚拟经营”的特许模式取得了极大的成功，这给了专业连锁一条生存与扩张的新路。然而，同样是服装连锁，ITAT 却因盲目扩张，上市聆讯几番被否，企业经营陷入危机。这两个企业的发展路径与不同结果，值得业界深入探讨。当然，无论是对于美特斯邦威和 ITAT，还是整个专业连锁，未来前行之路都不会太平坦。

乳业“三聚氰胺”事件拷问食品安全

9 月 10 日，媒体报道甘肃部分婴幼儿患肾结石，怀疑与食用三鹿奶粉有关。

9 月 11 日，三鹿奶粉承认奶源污染。

9 月 16 日，国家质检总局通报了奶粉三聚氰胺专项检查结果。专项检查显示，三鹿、熊猫、圣元、蒙牛、雅士利等 22 家企业 69 批次产品检出了含量不同的三聚氰胺。

9 月 18 日，液态奶三聚氰胺专项检查结果公布，确认蒙牛、伊利、光明等品牌企业生产的液态奶含有三聚氰胺。一时间，消费者人心惶惶，闻“奶”色变，国产奶业濒临崩溃边缘。

针对乳业三聚氰胺事件，全国人大对《食品安全法》（草案）重点做了 8 个方面的修改，从法律制度上预防和处置这类重大食品安全事故。

——乳品行业的“三聚氰氨”事件再次造成了食品行业的大地震，再一次考验了政府的社会公共食品安全危机处理能力，也给我们的食品安全问题敲响了警钟。由此引发的退货潮，使零售企业、供应商及生产厂家均深受其害。事实上，食品安全事件近几年频频发生，监管部门的缺位值得反省与警惕。同时，正如温家宝总理所说，企业应该要有良心。企业必须时刻牢记自己所承担的责任。零售企业更要以此为鉴，因为，作为面向消费者的最后一道关口，如果在食品安全问题上把关不严，那就是害人亦害己。

沃尔玛中国门店全部签集体合同

7 月 14 日，经过 5 小时 45 分的协商谈判，沈阳沃尔玛百货有限公司工会与沃尔玛行政方签订了集体合同，这是沃尔玛在中国与员工签订的首个集体合同。

9 月 19 日，中华全国总工会在京召开新闻发布会，宣布沃尔玛在中国的 108 家店全部与其工会签订集体合同，其中明确规定每年 12 月公司与工会协商下一年度的工资增长幅度。

——平等协商集体合同制度是协调劳动关系的重要制度，由于部分企业缺失这一制度，用人单位与劳动者的地位严重失衡，造成劳动者合法权益不同程度地受到用人单位的损害。全总树立集体合同“沃尔玛”样板的标杆及示范意义是毋庸置疑的，其依法规范的协商程序和有实质内容的集体合同文本，为集体合同制度建设起到了很好的带头和示范作用。作为全球 500 强之首，沃尔玛此举将产生重要影响。在为全总和沃尔玛的这一举措叫好的同时，我们更希望把“集体合同”模式推广、落实到国内广大的中小民营企业。

全球经济下滑或致零售业“入冬”

9 月 15 日，继美国第五大投行贝尔斯登被兼并之后不足数月，华尔街第四大投行

——雷曼兄弟控股公司破产，成为美国有史以来倒闭的最大金融公司。

短短数月，华尔街全面洗牌，五大投行格局彻底改变，金融危机呼啸席卷全球。全球经济增长下滑，倒闭、裁员、利润减少……

尽管中国暂时受此影响还不太大，但专家认为，持续低迷的全球经济，再加上中国面临的持续通胀压力等各种不利因素，可能导致人们收入下降，这将直接影响到消费。目前，一些外资零售企业在华扩张已有减速势头，包括国美在内的一些本土连锁企业也明确表示开店速度要减缓。

——从公布的数据看，中国零售业今年受益于温和的通胀，利润有所增长。但目前，受累于全球经济环境，百货和超市业态的增长趋势已经减速。众多专家和老总表示，零售企业将在此轮经济调整中经历前所未有的阵痛。面对挑战，零售企业该如何面对？市场变幻莫测，竞争也日趋激烈，创新还是守旧？这是零售业发展中所要面临的难题，或许惟有不断创新，苦练内功才能安全“过冬”。至少，零售企业要做好勒紧腰带过苦日子的准备。

外资商业企业审批权下放到省

9月，商务部发出通知，将外商投资商业企业的审批权下放到省级商务主管部门，自9月12日起执行。通知规定，外商投资设立商业企业，及已设立的外商投资商业企业的变更，由省级商务主管部门审核。省级商务主管部门的有关批复应报商务部备案。此前，营业面积超过3000平方米的大型超市的审批权直接归属商务部。

——专家认为，这一通知的出台将大幅简化大型超市和其他外商投资商业企业的审批过程，同时也将给本土零售企业带来新的挑战。不过，地方商业主管部门更了解本地商业格局，审批权下放也有利于当地的商业规划。但是，在各地商业竞争本就凸显无序、外资企业凭借各种优惠条件大肆扩张，且《城市商业网点规划条例》尚未出台的情况下，如何规范并妥善地处理好审批权下放与保护地区商业良性竞争格局的问题，值得政府有关部门和业界高度重视。

零售业并购整合趋势依旧

4月，原家得利超市第一大股东上海信盟投资有限公司以3.062亿元的价格，拿下上海城开集团挂牌出让的上海家得利超市有限公司45.67%股权，从而控股家得利97%。

6月，华润收购西安爱家超市有限公司100%股权，并完成股权变更及工商登记等手续。

8月，在并购道路上沉寂了两年的北京物美集团再次出手，以1.51亿元收购浙江供销超市约54%的股权。物美控股浙江供销超市后保持“三不变”：名称不变、经营理念不变、管理团队不变。

——在经历了前几年的大规模的扩张、并购、重组与整合后，零售企业在2008年驶入相对平稳的发展轨道。但事实表明，零售业并购趋势仍在继续，其中，二、三线城市的区域企业被大型企业整合的趋势愈加明显。对于这些中小零售企业来说，在依靠自身做大的瓶颈难以突破的现实面前，选择被收购整合也许更利于长远发展，毕竟，“死扛”未必就是企业之福。而大型零售企业只要能够正确把握战略决策，适度并购能够提升行业集中度，有利于行业与企业的健康发展。值得重视的是，企业在并购后基本保持原有经营管理团队，这一方面体现了并购方尊重原有企业文化及保持经营稳定的考虑，另一方面也显示并购后的整合仍然是行业难题。

（《超市周刊》、联商网）

附录三

2008 年中国连锁百强名单

（2009 年 3 月 24 日中国连锁经营协会发布）

会员	序号	企业名称	销售规模（万元）	增幅（%）	门店总数（个）	增幅（%）
★	1	国美电器有限公司	10459378	2.2	1362	33.5
★	2	苏宁电器集团	10234242	19.7	812	28.5
☆	3	百联集团有限公司	9432939	8.3	6418	-0.6
★		其中：联华超市股份有限公司	5004726	8.2	3932	4.2
★		华联超市股份有限公司	1501219	-3.9	1946	-7.7
★		华联集团吉买盛购物中心有限公司	404380	8	20	0
★		好美家装潢建材有限公司	253000	-17.9	25	-10.7
★	4	华润万家有限公司	6380000	26.8	2698	10.1
		其中：苏果超市有限公司	3035800	15.1	1802	2.5
★	5	大商集团有限公司	6255500	24.6	150	3.4
★	6	家乐福（中国）管理咨询服务有限公司	3381912	14.1	134	19.6
★	7	康成投资（中国）有限公司（大润发）	3356700	31.1	101	18.8
★	8	物美控股集团有限公司	3020002	8.1	2010	6.6
		其中：北京美廉美连锁商业有限公司	409427	32.8	32	3.2
		银川新华百货商店股份有限公司	330477	12.1	58	7.4
		浙江供销超市有限公司	200000	25	1920	6.7
★	9	沃尔玛（中国）投资有限公司	2782197	30.6	123	20.6
★	10	农工商超市（集团）有限公司	2667544	20.7	3330	3.2
★	11	重庆商社（集团）有限公司	2625481	18.4	294	11.8
		其中：重庆百货大楼股份有限公司	823600	18.3	115	16.2
★	12	百胜餐饮集团中国事业部	2620000	21.9	2700	12.5
★	13	江苏五星电器有限公司	*2300000	6.7	256	2.8
★	14	合肥百货大楼集团股份有限公司	1940000	23.8	125	26.3
		其中：合肥百大合家福连锁超市有限责任公司	172075	36.7	88	225.9
☆	15	山东省商业集团总公司（银座集团）	1871594	34.8	164	69.1
★	16	宏图三胞高科技术有限公司	1795432	17.9	195	25.8
★	17	新一佳超市有限公司	1749260	4.4	105	5

续表

会员	序号	企业名称	销售规模（万元）	增幅（%）	门店总数（个）	增幅（%）
★	18	新合作商贸连锁集团有限公司	1700000	41.3	71061	36.7
		其中：江苏新合作常客隆连锁超市有限公司	151800	49.1	666	29.3
★	19	好又多管理咨询服务（上海）有限公司	1640000	17.1	104	3
	20	新世界百货中国有限公司	*1480000	5.7	33	6.5
★	21	武汉中百集团股份有限公司	1424000	25.1	630	10.5
		其中：武汉中百连锁仓储超市有限公司	1123442	16.8	626	10.6
★	22	文峰大世界连锁发展股份有限公司	1410139	4.4	913	7.3
★	23	利群集团股份有限公司	1386877	13.3	866	3.1
★	24	上海康诚仓储有限公司（TESCO 乐购）	*1350000	8	61	10.9
★	25	易初莲花	*1300000	10.2	76	8.6
★	26	锦江麦德龙现购自运有限公司	1264631	14.4	38	2.7
★	27	长春欧亚集团股份有限公司	1213044	21.3	18	63.6
★	28	北京王府井百货（集团）股份有限公司	*1200000	13.2	17	6.3
★	29	武汉武商集团股份有限公司	1150000	24.4	59	22.9
		其中：武汉武商量贩连锁有限公司	590309	34.3	53	35.9
★	30	百盛商业集团有限公司	1069110	18.7	40	-2.4
★	31	人人乐连锁商业集团股份有限公司	1050000	27.5	73	28.1
★	32	北京京客隆商业集团股份有限公司	986400	31.5	243	31.4
★	33	安徽省徽商集团有限公司	985484	7	3125	28.3
		其中：安徽商之都股份有限公司	633662	5.8	650	82.6
		安徽徽商农家福有限公司	175930	8.8	1806	4.7
		安徽省徽商集团食品有限公司	175892	9.4	669	89
★	34	天虹商场股份有限公司	946650	26.7	32	10.3
★	35	江苏时代超市有限公司	904378	18.6	67	11.7
★	36	北京华联综合超市股份有限公司	861845	16.4	65	14
	37	银泰百货（集团）有限公司	857300	79.7	18	125
★	38	山东家家悦集团有限公司	853150	17.7	456	10.9
★	39	山东新星集团有限公司	839824	39.5	470	21.4
★	40	山东潍坊百货集团股份有限公司	835332	15.6	317	15.7
★	41	欧尚（中国）投资有限公司	815200	24.7	31	55
★	42	武汉中商集团股份有限公司	770861	11.9	41	-18
		其中：武汉中商集团股份有限公司——平价连锁分公司	409300	15.5	31	19.2
★	43	永辉集团有限公司	701576	37.7	205	18.5

续表

会员	序号	企业名称	销售规模（万元）	增幅（%）	门店总数（个）	增幅（%）
★	44	百安居（中国）投资有限公司	*700000	0	67	6.3
★	45	北京迪信通商贸有限公司	660762	17	1284	16.6
	46	郑州丹尼斯百货有限公司	611000	44.4	46	17.9
★	47	麦当劳（中国）有限公司	*610000	10.9	1000	14.9
★	48	内蒙古小肥羊餐饮连锁有限公司	608800	19.8	380	6.4
	49	北京新燕莎控股（集团）有限责任公司	553738	17.1	10	11.1
★	50	辽宁兴隆大家庭商业集团	547956	27.6	11	37.5
★	51	福建新华都购物广场股份有限公司	537739	35.4	52	36.8
★	52	步步高商业连锁股份有限公司	520135	24.3	110	4.8
★	53	金鹰商贸集团有限公司	*500000	20.6	14	27.3
★	54	永旺（中国）	464236	8.4	18	28.6
☆	55	广州市广百股份有限公司	453420	17.4	11	0
★	56	成都红旗连锁有限公司	452128	12.8	858	0.7
★	57	三江购物俱乐部股份有限公司	449577	24.5	106	9.3
★	58	四川省互惠商业有限责任公司	420000	10.5	800	23.1
★	59	百佳超市（不包含香港）	396001	-8.3	43	-2.3
	60	南京中央商场股份有限公司	*380000	5.4	11	0
★	61	海航商业控股有限公司	327288	20.9	56	16.7
		其中：西安民生集团股份有限公司	143672	27	4	0
		宝鸡商场（集团）股份有限公司	92958	12	27	22.7
		陕西民生家乐商业连锁有限责任公司	71554	21	20	11.1
★	62	湖南友谊阿波罗股份有限公司	321244	36.6	13	-13.3
		其中：湖南家润多超市有限公司	136000	7.9	13	0
	63	易买得	*320000	52.4	18	80
★	64	北京翠微大厦股份有限公司	312421	24	3	0
★	65	青岛维客集团股份有限公司	308182	7.9	840	-5.3
★	66	广州友谊集团股份有限公司	300000	13	4	0
★	67	东方家园家居建材商业有限公司	287850	0	25	0
★	68	华糖洋华堂商业有限公司	285000	12	8	14.3
★	69	深圳市海王星辰医药有限公司	280000	8.1	2709	23
★	70	北京西单友谊集团	277700	8.1	191	11
	71	宜家家居	270000	28.6	6	50
★	72	山西美特好连锁超市股份有限公司	268538	16.9	21	10.5
★	73	河北保龙仓商业连锁经营有限公司	263000	14.9	13	8.3

续表

会员	序号	企业名称	销售规模（万元）	增幅（%）	门店总数（个）	增幅（%）
★	74	上海如家酒店管理有限公司	259319	87.5	471	77.1
★	75	湖南老百姓医药连锁有限公司	255000	6.1	210	62.8
★	76	湖南佳惠百货有限责任公司	254600	2.3	192	4.9
★	77	北京市顺义国泰商业大厦	252600	27	10	25
★	78	话机世界数码连锁集团股份有限公司	250300	-8.9	209	-31.5
★	79	加贝物流股份有限公司	250000	51.5	313	21.8
★	80	北京超市发连锁股份有限公司	230945	20.3	66	15.8
★	81	浙江人本超市有限公司	228230	11.3	387	33.9
★	82	山西省太原唐久超市有限公司	226000	-1.6	909	13.2
★	83	邯郸市阳光百货集团总公司	223428	35.5	37	32.1
★	84	江西洪客隆实业有限公司	223150	22.6	21	50
★	85	漯河双汇商业连锁有限公司	221575	13.2	4019	8
★	86	北京阿博泰克北大青鸟信息技术有限公司	214500	5.2	226	-3.4
	87	浙江华联商厦有限公司	214000	13.2	233	0.9
★	88	中国全聚德（集团）股份有限公司	200150	18.9	80	6.7
★	89	寿光百货大楼有限公司	192015	20.4	62	10.7
★	90	三联商社股份有限公司	189162	-4.7	8	0
★	91	阜阳华联超市有限公司	176000	-2.2	471	-1.5
	92	重庆和平药房连锁有限责任公司	172000	15.4	2440	4.5
★	93	华普超市有限公司	161363	2	19	-5
★	94	青岛利客来商贸集团股份有限公司	153635	22.1	288	12.9
★	95	家得宝（天津）商业有限公司	153436	6.1	12	0
★	96	哈尔滨中央红集团股份有限公司	150338	5.5	147	-1.3
	97	深圳市百佳华百货有限公司	149537	9.8	15	15.4
★	98	淄博东泰集团	146000	17	55	57.1
★	99	上海良友金伴便利连锁有限公司	143779	1.3	560	-2.3
★	100	上海华氏大药房有限公司	141158	20.2	551	24.9
合　计			119986917	18.4	120775	24.6

注：1. ★表示为中国连锁经营协会会员企业，☆表示其下属公司为协会会员企业。

2. 数字前面带 * 为估计值。

3. 表中所指销售规模包括直营店、加盟店、输出管理等以公司品牌经营的连锁店销售额。

4. 销售规模或门店数量以特许加盟为主的企业不列入本榜单，将被纳入“2008 年特许百强”榜。

5. 北京华联综合超市股份有限公司为北京华联集团所属公司，其销售额为集团销售的一部分。

6. 东方家园家居建材商业有限公司为东方家园所属公司，其销售额为公司销售一部分。

2008年中国快速消费品连锁零售百强名单

（2009年3月24日中国连锁经营协会发布）

会员	序号	企业名称	销售规模（万元）	增幅（%）	门店总数（个）	增幅（%）
★	1	联华超市股份有限公司	5004726	8.2	3932	4.2
★	2	家乐福（中国）管理咨询服务有限公司	3381912	14.1	134	19.6
★	3	康成投资（中国）有限公司（大润发）	3356700	31.1	101	18.8
★	4	华润万家有限公司	3344200	39.8	2698	10.1
★	5	苏果超市有限公司	3035800	15.1	1802	2.5
★	6	沃尔玛（中国）投资有限公司	2782197	30.6	123	20.6
★	7	农工商超市（集团）有限公司	2667544	20.7	3330	3.2
★	8	物美控股集团有限公司	2080098	9.7	726	1.1
★	9	新一佳超市有限公司	1749260	4.4	105	5
★	10	好又多管理咨询服务（上海）有限公司	1640000	17.1	104	3
★	11	华联超市股份有限公司	1501219	-3.9	1946	-7.7
★	12	文峰大世界连锁发展股份有限公司	1410139	4.4	913	7.3
★	13	利群集团股份有限公司	1386877	13.3	866	3.1
★	14	上海康诚仓储有限公司（TESCO乐购）	*1350000	8	61	10.9
★	15	易初莲花	*1300000	10	76	8.6
★	16	锦江麦德龙现购自运有限公司	1264631	14.4	38	2.7
★	17	武汉中百连锁仓储超市有限公司	1123442	16.8	626	10.6
★	18	人人乐连锁商业集团股份有限公司	1050000	27.5	73	28.1
★	19	北京京客隆商业集团股份有限公司	986400	31.5	243	31.4
★	20	江苏时代超市有限公司	904378	18.6	67	11.7
★	21	北京华联综合超市股份有限公司	861845	16.4	65	14
★	22	山东家家悦集团有限公司	853150	17.7	456	10.9
★	23	山东新星集团有限公司	839824	39.5	470	21.4
★	24	山东潍坊百货集团股份有限公司	835332	15.6	317	15.7
★	25	欧尚（中国）投资有限公司	815200	24.7	31	55
★	26	永辉集团有限公司	701576	37.7	205	18.5
★	27	武汉武商量贩连锁有限公司	590309	34.3	53	35.9
★	28	福建新华都购物广场股份有限公司	537739	35.4	52	36.8
★	29	步步高商业连锁股份有限公司	520135	24.3	110	4.8
★	30	永旺（中国）	464236	8.4	18	28.6

续表

会员	序号	企业名称	销售规模（万元）	增幅（%）	门店总数（个）	增幅（%）
★	31	成都红旗连锁有限公司	452128	12.8	858	0.7
★	32	三江购物俱乐部股份有限公司	449577	24.5	106	9.3
★	33	四川省互惠商业有限责任公司	420000	10.5	800	23.1
★	34	北京美廉美连锁商业有限公司	409427	32.8	32	3.2
★	35	武汉中商集团股份有限公司——平价连锁分公司	409300	15.5	31	19.2
★	36	华联集团吉买盛购物中心有限公司	404380	8	20	0
★	37	百佳超市（不包含香港）	396001	-8.3	43	-2.3
	38	易买得	*320000	52.4	18	80
★	39	青岛维客集团股份有限公司	308182	7.9	840	-5.3
★	40	山西美特好连锁超市股份有限公司	268538	16.9	21	10.5
★	41	河北保龙仓商业连锁经营有限公司	263000	14.9	13	8.3
★	42	加贝物流股份有限公司	250000	51.5	313	21.8
★	43	北京超市发连锁股份有限公司	230945	20.3	66	15.8
★	44	浙江人本超市有限公司	228230	11.3	387	33.9
★	45	山西省太原唐久超市有限公司	226000	-1.6	909	13.2
★	46	江西洪客隆实业有限公司	223150	22.6	21	50
★	47	漯河双汇商业连锁有限公司	221575	13.2	4019	8
	48	浙江华联商厦有限公司	214000	13.2	233	0.9
★	49	浙江供销超市有限公司	200000	25	1920	6.7
★	50	阜阳华联超市有限公司	176000	-2.2	471	-1.5
★	51	安徽省徽商集团食品有限公司	175892	9.4	669	89
★	52	合肥百大合家福连锁超市有限责任公司	172075	36.7	88	225.9
★	53	华普超市有限公司	161363	2	19	-5
★	54	青岛利客来商贸集团股份有限公司	153635	22.1	288	12.9
★	55	江苏新合作常客隆连锁超市有限公司	151800	49.1	666	29.3
★	56	哈尔滨中央红集团股份有限公司	150338	5.5	147	-1.3
★	57	淄博东泰集团	146000	17	55	57.1
★	58	上海良友金伴便利连锁有限公司	143779	1.3	560	-2.3
★	59	东莞市糖酒集团美宜佳便利店有限公司	141445	30	2000	66.7
★	60	北京华冠商贸有限公司	140000	27.3	376	3.6
★	61	山东九州商业集团有限公司	139000	1.8	75	5.6
★	62	湖南家润多超市有限公司	136000	7.9	13	0
★	63	哈尔滨联强商业发展有限公司	130725	5	38	5.6
	64	深圳市民润农产品配送连锁商业有限公司	121500	-16.1	97	-5.8

续表

会员	序号	企业名称	销售规模（万元）	增幅（%）	门店总数（个）	增幅（%）
	65	江苏超越超市连锁发展有限公司	104700	2.6	167	57.5
★	66	唐山华盛超市有限公司	103451	0.8	35	-12.5
★	67	上海捷强烟草糖酒（集团）连锁有限公司	102951	-31.8	394	2.3
★	68	天津市津工超市有限责任公司	102767	21.8	328	26.6
★	69	济南华联超市有限公司	100063	29	12	50
	70	佛山市顺德区乐从供销集团顺客隆商场有限公司	97659	36	208	33.3
★	71	唐山瑞莎实业集团有限公司	95073	47.9	50	11.1
★	72	广西南宁康迈商业有限责任公司利客隆超市	85456	18.5	272	1.1
★	73	浙江华之友商贸有限公司	85000	21.4	13	8.3
★	74	新疆好家乡超市有限公司	82000	32.3	6	20
★	75	河北国大连锁商业有限公司	76350	22.6	600	25
★	76	河北惠友商业连锁发展有限公司	75430	64.7	40	11.1
★	77	唐山市金客隆超市有限公司	75157	43.9	29	45
★	78	山东胜利油田胜大超市	73078	16	43	19.4
★	79	北京首航国力商贸有限公司	71906	11.6	34	3
★	80	陕西民生家乐商业连锁有限责任公司	71554	21	20	11.1
★	81	山西金虎便利连锁有限公司	68824	18.4	832	30.6
★	82	天津劝宝超市有限责任公司	61000	37.5	503	2.9
	83	安庆金华联有限公司	60800	16.9	20	33.3
★	84	河南思达连锁商业有限公司	*60000	-41.5	248	1.2
★	85	江苏雅家乐集团有限公司	55100	32.1	54	5.9
★	86	无锡天惠超市股份有限公司	53715	9.7	68	1.5
	87	宁波新江厦连锁超市有限公司	51103	9.3	26	30
★	88	大庆市庆客隆连锁商贸有限公司	50974	24.6	27	42.1
	89	江苏家得福投资集团股份有限公司	49400	142	56	229.4
★	90	安徽省台客隆连锁超市有限责任公司	48667	36.6	568	8.4
★	91	河南大张实业有限公司	48249	7.2	27	-15.6
★	92	襄樊仟吉连锁超市有限公司	46000	31.4	47	23.7
★	93	江苏千百美超市有限公司	45000	7.1	36	100
★	94	中兴沈阳商业大厦（集团）股份有限公司连锁超市总部	39392	-24.7	6	-14.3
	95	胶南市糖酒副食品总公司	36000	12.5	308	-59.3
★	96	大同市华林有限责任公司	34159	9	6	50
★	97	襄樊家万福超市有限公司	23328	50	36	50

续表

会员	序号	企业名称	销售规模（万元）	增幅（%）	门店总数（个）	增幅（%）
★	98	淄博政通超市有限公司	22000	10	46	15
	99	东莞市喜洋洋便利店有限公司	20520	90	380	90
★	100	东莞市星瀚商贸有限公司	19739	8.2	813	63.3
合　计			58769419	17.1	41498	9.5

注：1. ★表示为中国连锁经营协会会员企业。
2. 本榜单主要以连锁企业的品牌销售规模为排名依据。

2008 年中国特许经营连锁百强名单

行业	企业名称	品牌	总店数	加盟店数	总就业人数	销售规模（万元）	业态
零售	联华超市股份有限公司	联华	3932	1119	48826	5004726	超市、便利店
	东莞市糖酒集团美宜佳便利店有限公司	美宜佳	2000	1980	12302	141445	便利店
	华联超市股份有限公司	华联	1946	1725	28951	1501219	便利店
	浙江供销超市有限公司	浙江供销	1920	1820	4965	200000	超市、便利店、农家店
	苏果超市有限公司	苏果	1802	1081	57000	3035800	超市、便利店、农家店
	山西金虎便利连锁有限公司	金虎	832	385	3487	68824	便利店
	东莞市星翰商贸有限公司	上好	813	807	3289	19739	便利店
	河北国大连锁商业有限公司	国大 36524	600	576	3500	76350	便利店
	天津劝宝超市有限责任公司	劝宝	503	489	2749	61000	超市、便利店
	上海捷强烟草糖酒（集团）连锁公司	捷强	394	267	2134	102951	超市、便利店
服装	李宁（中国）体育用品有限公司※	李宁	6917	6572	4001	669000	运动服装专卖店
	中国动向（kappa）集团有限公司※	kappa	2808	2808	667	332200	运动服装专卖店
	上海美特斯邦威服饰股份有限公司	美特斯邦威	2698	2300	1454	447368	休闲服装专卖店
	佐丹奴国际有限公司※	佐丹奴	2000	500	8300	471000	休闲服装专卖店
	山西百圆裤业有限公司	百圆	1278	1244	6903	59900	裤装专卖店
	上海欧迪芬内衣精品有限公司	欧迪芬	925	518	2085	35750	内衣专卖店
农资连锁	天盟农资连锁有限责任公司	天盟	7586	7586	22906	1200000	农资专卖店
	江苏苏农农资连锁集团股份有限公司	苏农	1806	1737	5751	880605	农资专卖店
	安徽徽商农家福有限公司	徽商农家福	1806	1700	5382	175930	农资专卖店
	四川吉峰农机连锁有限公司	吉峰	548	15	730	79492	农机专卖店
	北京雷力绿色肥业连锁经营有限公司	雷力	200	200	661	14000	有机化肥专卖店

续表

行业	企业名称	品牌	总店数	加盟店数	总就业人数	销售规模（万元）	业态
其他零售	特百惠（中国）有限公司	特百惠	3000	3000	9020	50000	小商品
	江西汪氏蜜蜂园有限公司	汪氏	3000	3000	6580	58000	营养保健
	罗莱家纺股份有限公司	罗莱	1536	1398	5600	211200	家纺用品
	好利来企业投资管理有限公司	好利来	800	480	10000	180000	烘焙食品
	广州汇美舍天然用品连锁有限公司	汇美舍	740	700	3000	300000	香薰产品
	重庆谭木匠工艺品有限公司	谭木匠	720	683	2000	24000	礼品
	北京百花蜂产品科技发展有限公司	百花	560	560	1315	15000	营养保健
	江苏汇银电器连锁有限公司	汇银	550	450	2262	165193	家电
	北京金象大药房医药连锁有限责任公司	金象	320	104	965	68000	药店
	广东缤果动漫连锁管理有限公司	缤果	316	316	1300	15200	动漫品
	上海雷允上药品连锁经营有限公司	雷允上	290	258	1740	38779	药店
	厦门市双丹马实业发展有限公司	燕之屋	203	190	1700	14320	营养保健
	南京桂花鸭（集团）公司	桂花鸭	202	193	1098	91731	特色食品
	北京吴裕泰茶业股份有限公司	吴裕泰	192	159	761	43225	茶叶
	诸暨市中衡窗业有限公司	中衡窗业	170	168	1225	11000	门窗销售
	中牧农业连锁发展有限公司	中牧	124	104	700	5000	兽药
	北京张一元茶叶有限责任公司	张一元	110	86	500	40900	茶叶
	五芳斋集团	五芳斋	108	44	3038	63417	特色食品
	上海笛莎文化传播有限公司	笛莎	76	53	269	6200	女童生活馆
	沈阳博宇有色金属炉料有限公司	博宇	60	33	400	111504	有色金属销售
	浙江名庄传奇葡萄酒有限公司	名庄传奇	48	43	215	6500	酒类
	厦门市光合作用文化传播有限公司	光合作用	29	5	497	6500	书店
餐饮	福成肥牛餐饮管理股份有限公司	福成	850	680	46750	310000	火锅
	内蒙古小尾羊餐饮连锁有限公司	小尾羊	561	501	49050	507800	火锅
	重庆德庄实业（集团）有限公司	德庄	467	439	14904	212952	火锅
	重庆秦妈餐饮管理有限公司	秦妈	451	441	16943	122339	火锅
	内蒙古小肥羊餐饮连锁有限公司	小肥羊	380	248	44525	608800	火锅
	北京东来顺集团有限责任公司	东来顺	146	118	14000	90113	火锅
	河南一尊实业有限公司	一尊皇牛	106	64	12000	61000	火锅
	昆明大滇园美食有限公司	大滇园	73	68	5240	23594	火锅
	咸阳阿瓦餐饮文化连锁有限公司	阿瓦山寨	328	325	16460	133444	中式正餐
	中国全聚德（集团）股份有限公司	全聚德	80	60	9900	200150	中式正餐
	上海世好餐饮管理有限公司	吉祥馄饨	840	749	5840	33210	中式快餐
	马兰拉面快餐连锁有限责任公司	马兰	402	221	6470	55324	中式快餐

续表

行业	企业名称	品牌	总店数	加盟店数	总就业人数	销售规模（万元）	业态
	上海弘奇永和食品发展股份有限公司	永和	250	228	8100	75000	中式快餐
	北京老家快餐有限责任公司	老家肉饼	130	80	3250	37960	中式快餐
	广州市绿茵阁餐饮连锁有限公司	绿茵阁	66	40	4860	39109	西式正餐
	天津德克士食品开发有限公司	德克士	908	822	26541	283298	西式快餐
	苏州迪欧餐饮管理有限公司	迪欧	698	537	25200	157037	咖啡馆
	青岛耶士咖啡有限公司	SPR	429	428	2800	7848	咖啡馆
	上海街客餐饮管理有限公司	街客	870	795	3560	20880	饮品外卖店
	上海仙踪林餐饮有限公司	仙踪林	160	160	4050	29145	休闲饮品
	上海粮全其美食品有限公司	粮全其美	2680	2675	8000	33800	食品外卖店
酒店	上海如家酒店管理有限公司	如家	471	144	16975	259319	经济型酒店
	锦江之星旅馆有限公司	锦江之星	361	246	10773	177174	经济型酒店
	格林豪泰酒店（上海）有限公司	格林豪泰	338	240	13520	30000	经济型酒店
	上海驿居酒店管理有限公司	莫泰	190	35	30000	159501	经济型酒店
	万里路国际青年酒店连锁管理（北京）有限公司	青年旅舍	124	112	2240	15000	经济型酒店
	速伯艾特（北京）国际酒店管理有限公司	速 8	90	90	3531	25574	经济型酒店
	辅特（上海）酒店管理有限公司	戴斯	58	13	5730	42824	星级酒店
培训教育	北京阿博泰克北大青鸟信息技术有限公司	北大青鸟	226	184	5500	214500	IT 培训
	上海昂立投资咨询有限公司	昂立	827	827	8610	32000	外语培训
	北京环球天下教育科技有限公司	环球雅思	85	48	1200	35000	外语培训
	北京市东方金子塔教育管理咨询有限公司	东方金子塔	307	292	4854	23000	儿童培训
	北京市东方爱婴咨询有限公司	东方爱婴	306	239	2211	26469	儿童培训
	北京红黄蓝儿童教育科技发展有限公司	红黄蓝	200	176	3057	30163	儿童培训
	上海美邦教育信息咨询有限公司	新爱婴	148	131	2263	14292	儿童培训
	上海金宝贝科教服务有限公司	金宝贝	140	91	2000	29000	儿童培训
干洗	北京福奈特洗衣服务有限公司	福奈特	603	544	4700	35000	洗衣
	北京布兰奇洗业服务有限公司	布兰奇	555	552	3000	16500	洗衣
	荣昌·伊尔萨洗染连锁集团	荣昌	458	421	2100	19000	洗衣
	郑州市康洁洗涤有限公司	康洁	415	410	1801	11531	洗衣
	上海象王洗衣有限公司	象王	350	336	1950	16195	洗衣

续表

行业	企业名称	品牌	总店数	加盟店数	总就业人数	销售规模（万元）	业态
家装	北京业之峰装饰有限公司	业之峰	260	86	2800	33000	家装
	北京东易日盛装饰股份有限公司	东易日盛	223	135	5512	160000	家装
	北京元洲装饰有限责任公司	元洲装饰	188	158	3186	60800	家装
	北京龙发建筑装饰工程有限公司	龙发	138	70	20000	100000	家装
	深圳市居众装饰设计工程有限公司	居众装饰	44	24	68900	290500	家装
休闲健康	南京足生堂保健有限公司	足生堂	515	481	21300	97390	足疗保健
	重庆富侨保健服务有限公司	富侨	500	470	35000	120000	足疗保健
	青岛英派斯大健康股份有限公司	英派斯	72	72	2450	16000	健身俱乐部
其他服务	北京翰皇伟业皮革清洁养护连锁服务有限公司	翰皇	2383	2383	9582	35745	鞋护理
	北京埃菲特国际特许经营咨询服务有限公司	21 世纪不动产	1180	1178	11752	125300	房屋中介
	杭州小拇指汽车维修科技股份有限公司	小拇指	260	260	2500	18720	汽车美容
	大连好月嫂家庭服务有限公司	好月嫂	138	105	100000	76580	家政服务
	小鬼当佳国际贸易（北京）有限公司	小鬼当佳	48	18	576	11520	儿童摄影
	北京艾普旧车经营有限公司	艾普	42	30	320	40000	二手车销售
	北京华夏中青家政服务有限公司	华夏中青	36	4	174	2280	家政服务
	贰仟家汽车服务股份有限公司	贰仟家	26	25	1362	17500	销售与维修

说明：1. 数据来源：

除带※三家企业数据来源于上市公司年报以外，其他数据均来源于企业填报的“2008 年度中国特许经营年度”调查。

2. 入榜标准：

规范：（1）入选企业备案率达到 90% 以上，其他企业也在申请备案过程中；

（2）特许总部成立时间至少 3 年时间以上。

规模：（1）门店总数 100 家以上；

（2）销售规模 5000 万元以上；

（3）加盟比例 50% 以上。

行业覆盖（未达到规模的企业须满足以下两点）：

（1）所属行业或业态的代表性企业；

（2）所属地域内的代表性企业。

2008 年世界零售百强排名

2007 财年零售排行	公司名称	所属国家/地区	2007 年集团销售(美元:百万)	2007 年零售销售(美元:百万)	2007 年集团收益(美元:百万)	是否已进入中国
1	沃尔玛(Wal - Mart Stores, Inc.)	美国	378799	374526	13137	是
2	家乐福(Carrefour S. A.)	法国	114177	112604	3398	是
3	乐购(Tescoplc)	英国	94740	94740	4266	是
4	麦德龙(Metro AG)	德国	88189	87586	1347	是
5	家得宝(TheHome Depot, Inc.)	美国	77349	77349	4395	是
6	克罗格(The Kroger Co.)	美国	70235	70235	1181	否
7	Schwarz Unternehmens Treuhand KG	德国	69346e	69346e		否
8	塔基特(Target Corp.)	美国	63367	63367	2849	否
9	好市多(Costco Wholesale Corp.)	美国	64400	63088	1083	否
10	Aldi Gmb H & Co. o HG	德国	58487e	58487e		否
11	Walgreen Co.	美国	53762	53762	2041	否
12	Rewe - Zentral AG	德国	61820	51929e		否
13	西尔斯(Sears Holdings Corp.)	美国	50703	50703	902	否
14	欧尚(Groupe Auchan SA)	法国	50327	49295	1339	是
15	Lowe's Companies, Inc.	美国	48283	48283	2809	否
16	Seven&I 控股公司(Seven & I Holdings Co. , Ltd.)	日本	49816	47891	1205	是
17	CVS Caremark Corp	美国	76330	45087	2637	否
18	Centres Distributeurs E. Leclerc	法国	44686	44686		否
19	Edeka Zentrale AG & Co. KG	德国	46468e	46468e		否
20	Safeway, Inc.	美国	42286	42286	888	否
21	永旺(AEON Company Limited)	日本	44749	41339	589	是
22	Woolworths Ltd.	澳大利亚	42275	41021	1481	否
23	ITM Développement International (Intermarché)	法国	41103e	40692e		否
24	百思买(Best Buy Co. , Inc.)	美国	40023	40023	1410	是
25	皇家阿霍得(Konink lijke AholdN. V)	荷兰	38589	38589	4037	否
26	赛思斯伯里(J Sainsbury Plc)	英国	35809	35809	660	否
27	Super ValuInc.	美国	44048	34341	593	否
28	Casino Guichard - Perrachon S. A.	法国	34622	32159	1261	否
29	科尔斯(Coles Group Ltd.)	澳大利亚	27700	27599	595	否
30	腾格尔曼(The Tenge lmann Group)	德国	27135	27135		否

续表

2007财年零售排行	公司名称	所属国家/地区	2007年集团销售(美元:百万)	2007年零售销售(美元:百万)	2007年集团收益(美元:百万)	是否已进入中国
31	梅西(Macy's, Inc.(Formerly Federated Department Stores, Inc.))	美国	26313	26313	893	否
32	宜家(TheI KEA Group)	瑞典	26161	26161		是
33	Delhaize Group	比利时	25985	25985	582	否
34	莫里森(WM Morrison Supermarkets Plc)	英国	25974	25800	1110	否
35	RiteAid Corporation	美国	24327	24229	(1079)	否
36	韦斯法玛斯(Wesfarmers Limited)	澳大利亚	30107	24007	941	否
37	Publix Super Markets, Inc.	美国	23194	23017	1184	否
38	Loblaw Companies Limited	加拿大	27493	21114e	313	否
39	SystèmeU, Centrale Nationale	法国	21068e	21068e		否
40	萨尔瓦多科尔特英语(El CorteInglés, S. A.)	西班牙	25023	20339	1041	否
41	彭尼(J. C. Penney Co., Inc.)	美国	19860	19860	1111	否
42	投影寻踪回归(PPRS. A.)	法国	27087	19351e	1427	是
43	翠丰(Kingfisherplc)	英国	18754	18754	545	是
44	The TJX Companies, Inc.	美国	18647	18647	772	否
45	马莎(Marks & Spencer Plc)	英国	18112	18112	1648	否
46	Mercadona, S. A.	西班牙	17799	17799	461	是
47	Baugur Grouphf.	冰岛	18027e	17487e		是
48	科尔的公司(Kohl's Corporation)	美国	16474	16474	1084	否
49	DSG Internationalplc	英国	17155	16358	(521)	否
50	The Gap, Inc.	美国	15763	15763	833	否
51	山田电器有限公司(Yamada Denki Co., Ltd)	日本	15521	15521	434	否
52	合作(CoopItalia)	意大利	15410e	15410e		否
53	营养 Couche - Tard 公司(Alimentation Couche - TardInc.)	加拿大	15370	15370	198	否
54	路易 Delhaize 集团(Louis Delhaize S. A.)	比利时	14653e	14653e		否
55	亚马逊(Amazon. com, Inc.)	美国	14835	14452	476	是
56	屈臣氏(AS Watson & Company, Ltd.)	香港特别行政区	14101	14101		是
57	梅耶尔(Meijer, Inc.)	美国	13877e	13877e		否
58	米格罗(Migros - Genossenschafts Bund)	瑞士	18934	13816e	668	否
59	玩具"反"斗(Toys"R"Us, Inc.)	美国	13794	13794	155	是
60	联盟靴(Alliance Boots)	英国	30724	13748		否

续表

2007财年零售排行	公司名称	所属国家/地区	2007年集团销售（美元：百万）	2007年零售销售（美元：百万）	2007年集团收益（美元：百万）	是否已进入中国
61	阁下巴特杂货公司（H. E. Butt Grocery Company）	美国	13500e	13500e		否
62	帝国有限公司（Empire Company Ltd.）	加拿大	13778	13487	322	否
63	国美电器（Gome Home Appliance Group）	中国	13476	13476		是
64	北欧合作社（Coop Norden AB）	瑞典	13389e	13389e		否
65	Inditex S. A.	西班牙	13069	12929	1742	是
66	奥托集团（Otto Group）	德国	16097	12763	387	是
67	斯特普尔斯公司（Staples, Inc.）	美国	19373	12758e	996	是
68	路易威登（LVMH）	法国	22591	12651e	3195	否
69	合作（Coop）	瑞士	13191	12136e	292	否
70	约翰·刘易斯（John Lewis Partnership Plc）	英国	12121	12121	261	否
71	国际合作社联盟集团（ICAAB）	瑞典	12205	12019e	321	否
72	首页零售集团（Home Retail Groupplc）	英国	11988	11988	590	否
73	Circuit City Stores, Inc.	美国	11744	11744	（320）	否
74	乐华梅兰集团（Groupe Adeo（formerly Leroy Merlin Groupe））	法国	11651e	11651e		是
75	H & M Hennes & Mauritz AB	瑞典	11559	11559	2005	是
76	Arcandor AG（formerly Karstadt Quelle AG）	德国	25009	11545		否
77	Conad Consorzio Nazionale, Dettag lianti Soc. Coop. a. r. l.	意大利	11246	11246		否
78	新世界有限公司（Shinsegae Co., Ltd.）	韩国	11213	11213	563	是
79	办公室仓库（Office Depot, Inc.）	美国	15528	11009e	396	否
80	Kesko Corporation	芬兰	13069	10992	421	否
81	S集团（S Group）	芬兰	14453	10630	436	否
82	晶石奥地利Warenhandels股份公司（SPAR – sterreichische Warenhandels – AG）	澳大利亚	10570e	10570e		否
83	Dansk Supermarked A/S	丹麦	10374e	10374e		否
84	乐天购物有限公司（Lotte Shopping Co., Ltd.）	韩国	10550	10339e	745	否
85	Uny有限公事（Uny Co., Ltd.）	日本	10533	10217e	（15）	是
86	戴尔（DellInc.）	美国	61133	10182e	2947	否
87	有限品牌（Limited Brands, Inc.）	美国	10134	10134	740	否
88	地铁公司（MetroInc.）	加拿大	9578	9578	246	否
89	美元一般（Dollar General Corporation）	美国	9495	9495（13）		否

续表

2007财年零售排行	公司名称	所属国家/地区	2007年集团销售(美元:百万)	2007年零售销售(美元:百万)	2007年集团收益(美元:百万)	是否已进入中国
90	Eroski 集团(Grupo Eroski)	西班牙	9473e	9166e	302	否
91	百联集团(Bailian Group)	中国	11474	8926e		是
92	诺德斯特龙(Nordstrom, Inc.)	美国	8828	8828	715	否
93	BJ's Wholesale Club, Inc.	美国	9005	8815	123	否
94	共同执行(Co-operative GroupLtd.)	英国	12919	8789	227	否
95	安东(Fa. Anton Schlecker)	德国	8704e	8704e		否
96	KESA 电气(Kesa Electricalsplc)	英国	8641	8641	160	否
97	C & A Europe	比利时	8528	8528		否
98	高岛屋(Takashimaya Company, Limited)	日本	9030	8479	164	否
99	Somerfield Group	英国	8431	8431		否
100	大荣公司(The Daiei, Inc.)	日本	10357	8420e	271	否

注:1. *集团销售额与净收入/亏损可能包括非零售项目,部分零售商名称斜线后所列的是母公司的名称。

2. e 为估计值。

2008 年美国零售百强排名

美国 STORES 杂志搜集了美国零售公司公布的年度表现数据（截至 2008 年 7 月）并列出了 2008 年美国国内零售百强企业名单。

排名	公司	2007 财年收入（美元）	2007 财年盈利（美元）	店面数目
1	沃尔玛(Wal – Mart)	378799000	12731000	7262
2	家得宝(Home Depot)	77349000	4395000	2234
3	CVS Caremark	76329500	2622800	6301
4	克罗格(Kroger)	70235000	1180500	3662
5	Costco	64400155	1082772	520
6	目标(Target)	63367000	2849000	1591
7	Walgreen	53762000	2041300	5997
8	西尔斯控股(Sears Holdings)	50703000	826000	3800
9	路易的(Lowe's)	48283000	2809000	1525
10	SUPERVALU	44048000	593000	2474
11	塞夫威(Safeway)	42286000	888400	1743
12	百思买(Best Buy)	40023000	1407000	1314
13	梅西百货(Macy's)	26313000	893000	853
14	Rite Aid	24326846	(1078990)	5029
15	Publix	23000000	1200000	928
16	麦当劳(Mc Donald's)	22786600	2395100	31377
17	阿霍德美国(Ahold USA(e))	21000000		830
18	彭尼(J C Penney)	19860000	1111000	1067
19	斯特普尔斯(Staples)	19372682	995670	2000
20	TJX	18647126	771750	2563
21	Delhaize America(e)	18200000		1585
22	科尔的(Kohl's)	16473700	1083900	929
23	Gap	15763000	833000	3167
24	Office Depot	15527537	395615	1600
25	亚马逊(Amazon. com)	14835000	476000	0
26	玩具反斗(Toys"R"Us(e))	13794000	153000	1553
27	H. E. B. (e)	13400000		310
28	梅耶尔(Meijer(e))	13300000		183
29	7 – 11(7 – Eleven(e))	13000000		6100
30	太平洋(PTC(e))	12500000		323

续表

排名	公司	2007 财年收入（美元）	2007 财年盈利（美元）	店面数目
31	Alimentation Couche Tarde(e)	12087400	196400	5513
32	Circuit City	11743691		1472
33	百胜(Yum Brands)	10416000	909000	35000
34	有限(Limited Brands)	10134205	717972	2926
35	美元一般(Dollar General)	9495246	(12816)	8222
36	星巴克(Starbucks)	9411497	672638	15011
37	Office Max	9081962	207373	976
38	BJ's Wholesale Club	9005002	122861	177
39	瓦莱罗(Valero)	8884000		953
40	诺德斯特龙(Nordstrom)	8828000	715000	157
41	陆军和空军交易服务(Army Air Force Exchange)	8700000	426600	3100
42	巨鹰(Giant Eagle(e))	7400000		223
43	QVC	7397000		0
44	迪拉德的(Dillard's)	7370800	53800	326
45	默纳德(Menard(e))	7300000		215
46	温迪克斯(Winn - Dixie)	7201161	300594	520
47	Game Stop	7093962	288291	5264
48	床浴 & 超越(Bed Bath & Beyond)	7048942	562808	971
49	Love's(e)	7000000		200
50	在茶水(The Pantry)	6911163	26732	1644
51	家庭币(Family Dollar)	6834305	242854	6400
52	苹果(Apple Stores/i Tunes)	6611000		197
53	Whole Foods Markets	6591773	182740	269
54	商人乔(Trader Joe's(e))	6500000		280
55	A&P	6401130		447
56	戴尔零售(Dell Retail)	6224000		0
57	Auto Zone	6169804	595672	4056
58	美国旅游中心(Travel Centers of America)	6166157	123356	189
59	阿尔伯森(Albertsons(e))	6000000		325
60	罗斯(Ross Stores)	5975212	261051	838
61	Verizon Wireless	5866000		2400
62	超 V 型(Hy - Vee(e))	5600000		222
63	达登餐厅(Darden Restaurants)	5567100	201400	1397
64	Blockbuster	5542400	(85100)	7800
65	Foot Locker	5437000	53000	3785

续表

排名	公司	2007 财年收入（美元）	2007 财年盈利（美元）	店面数目
66	Barnes & Noble	5410828	13579	798
67	朗思制药(Longs Drug Stores)	5262565	96201	510
68	Race Trac Petroleum(e)	5000000		525
69	推进汽车零部件(Advance Auto Parts)	4844404	238317	3261
70	凯西的一般用品公司(Casey's General Stores)	4827087	84891	1468
71	Luxottica Retail(e)	4700000		5700
72	智能宠物(Pet Smart)	4672656	258684	1008
73	BigLots	4656302	15846	1353
74	保存沃尔玛(Save Mart(e))	4550000		248
75	QT 离散度(Quik Trip(e))	4500000		480
76	奈曼马库斯(Neiman Marcus Group)	4390076	111932	62
77	布林克尔国际(Brinker International)	4376904	230049	1801
78	Wegman's(e)	4300000		72
79	原坦迪公司(Radio Shack)	4251700	236800	6150
80	美元树公司(Dollar Tree Stores)	4242600	201300	3411
81	AT & T 公司(AT & T Wireless)	4006000		2200
82	威廉姆斯索诺马(Williams - Sonoma)	3944934	195757	600
83	Roundy's(e)	3900000		164
84	Sheetz(e)	3900000		340
85	迪克体育用品(Dick's Sporting Goods)	3888422	155036	434
86	迈克尔斯(Michaels Stores)	3862000	(32000)	1136
87	贝尔克(Belks)	3824800	95700	307
88	Borders Group	3820900	(157400)	1111
89	阿伯克龙比和惠誉(Abercrombie & Fitch)	3749847	475697	1028
90	州兄弟市场(Stater Bros.)	3674427	49395	164
91	艾尔迪(Aldi(e))	3600000		850
92	本通商店(The Bon - Ton Stores)	3467659	11562	279
93	Raley's(e)	3400000		130
94	伯克希尔哈撒韦公司(Berkshire - Hathaway Retail)	3397000		557
95	伯林顿服厂(Burlington Coat Factory)	3393000		397
96	低音体育用品店(Bass Pro Shops(e))	3350000		49
97	瓦瓦(Wawa(e))	3300000		575
98	哈里斯蒂特(Harris Teeter)	3299377	154083	164
99	萨克斯(Saks)	3282640	47473	102
100	IACI 零售(IACI Retail)	3180771	87486	0

注:e 代表估计值。

(中国连锁经营协会编译)

2008年主要海外品牌经营情况

序号	会员	百强中序号	企业名称	销售规模（万元）	增幅（%）	门店总数（个）	增幅（%）
1	★	6	家乐福（中国）管理咨询服务有限公司	3381912	14.1	134	19.6
2	★	7	康成投资（中国）有限公司（大润发）	3356700	31.1	101	18.8
3	★	9	沃尔玛（中国）投资有限公司	2782197	30.6	123	20.6
4	★	12	百胜餐饮集团中国事业部	2620000	21.9	2700	12.5
5	★	19	好又多管理咨询服务（上海）有限公司	1640000	17.1	104	3
6		20	新世界百货中国有限公司	*1480000	5.7	33	6.5
7	★	24	上海康诚仓储有限公司（TESCO乐购）	*1350000	8	61	10.9
8	★	25	易初莲花	*1300000	10.2	76	8.6
9	★	26	锦江麦德龙现购自运有限公司	1264631	14.4	38	2.7
10	★	30	百盛商业集团有限公司	1069110	18.7	40	-2.4
11	★	41	欧尚（中国）投资有限公司	815200	24.7	31	55
12	★	44	百安居（中国）投资有限公司	*700000	0	67	6.3
13	★	47	麦当劳（中国）有限公司	*610000	10.9	1000	14.9
14	★	54	永旺（中国）	464236	8.4	18	28.6
15	★	59	百佳超市（不包含香港）	396001	-8.3	43	-2.3
16		63	易买得	*320000	52.4	18	80
17	★	68	华糖洋华堂商业有限公司	285000	12	8	14.3
18		71	宜家家居	270000	28.6	6	50
19	★	95	家得宝（天津）商业有限公司	153436	6.1	12	0
合　计				24258423	17.6	4613	13.1

注：1. ★表示为中国连锁经营协会会员企业。
　　2. 数字前面带*为估计值。

（中国连锁经营协会）

附录四

零售企业减塑限塑指引
Guide for Limitation on the Useof Plastic Shopping Bags

（中国连锁经营协会限塑工作小组　2008 年 5 月）

前　　言

根据国务院“限塑令”（国办发［2007］72 号）的精神，由商务部等相关政府管理部门出台了“商品零售场所有偿使用塑料购物袋管理办法”。为响应政府倡导的“减少白色污染”号召，贯彻落实有偿使用塑料袋的相关规定，特别编撰本指引。意在将值得零售业内同行学习和借鉴的成熟运作流程和经验，传递给更多的零售会员企业，以切实协助零售企业实现对塑料购物袋从免费提供到有偿使用的平稳过渡，减低与消费者产生纠纷的可能性。本指引得到商务部商改司资源处的指导。

参与起草本指引的有：京客隆集团副总经理高京生、物美集团直销部副总监富宇、沃尔玛中国高级政府事务经理黎萍、TESCO 乐购公司事务部资深经理张天莉、北京易初莲花政府事务部副总经理李昂、永旺商业有限公司副总经理朱菁、中国连锁经营协会环保节能推进部。

在此，对所有协助本文件修改和完善的人员给予诚挚的感谢。

目　　次

一、购物袋的销售及生产要求

根据国家国务院办公厅72号文精神：从2008年6月1日起，在全国范围内禁止生产、销售、使用厚度小于0.025毫米的塑料购物袋。商务部、发展改革委、工商总局令2008年第8号《商品零售场所塑料购物袋有偿使用管理办法》出台（以下简称管理办法）。

（一）什么是有偿使用的塑料购物袋

《管理办法》所称塑料购物袋是指由商品零售场所提供的，用于装盛消费者所购商品，具有提携功能的塑料袋。但不包括商品零售场所基于卫生及食品安全目的，用于装盛散装生鲜食品、熟食、面食等商品的塑料预包装袋。

（二）什么是符合国家标准的塑料购物袋

1. 塑料购物袋的标识需要明确袋的名称，如普通塑料购物袋、降解塑料购物袋、淀粉基塑料购物袋、直接接触食品用塑料购物袋等。

2. 塑料购物袋应有安全性说明和警告语，如“为了避免和防止窒息等危险，请远离婴儿和幼儿，请不要在婴儿小床、睡床、围栏等处使用塑料购物袋”等。直接接触食品塑料购物袋应标有“食品用”字样。

3. 塑料购物袋的标识还包括：标准号、规格、厚度、可回收或循环使用标志等。

4. 塑料购物袋的最小厚度应不小于0.025mm。

塑料购物袋标示示例：

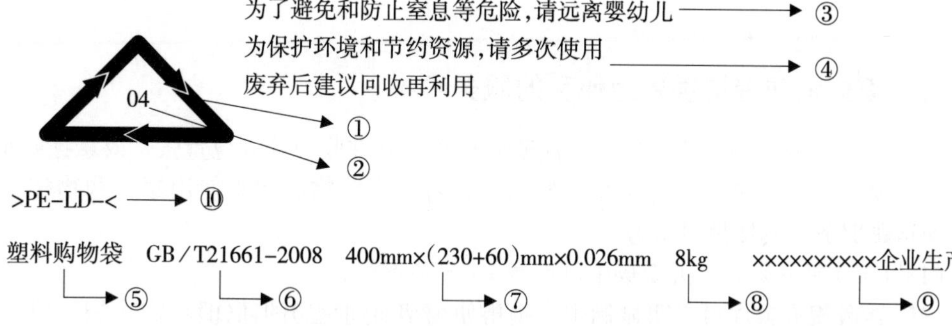

① ——图形符号（三种图形，分别代表：可回收再利用/不可回收再利用/可回收再加工利用塑料制成）

② ——代号

③ ——安全性说明

④ ——补充性说明

⑤ ——材质与组分

⑥ ——标准编号

⑦ ——规格（长度×［宽+折边］×厚度）

⑧ ——公称承重

⑨ ——生产厂家名称

⑩ ——塑料缩略语

（三）塑料购物袋如何定价

根据《管理办法》第六条：商品零售场所可自主制定塑料购物袋价格，但不得有下列行为：

1. 低于经营成本销售塑料购物袋；
2. 不标明价格或不按规定的内容方式标明价格销售塑料购物袋；
3. 采取打折或其他方式不按标示的价格向消费者销售塑料购物袋；
4. 向消费者无偿或变相无偿提供塑料购物袋。

（四）商场促销

不能以任何形式对塑料购物袋进行促销活动，比如：降价使之低于成本价、买赠（塑料袋作为赠品或买塑料袋送赠品）。

（五）塑料购物袋的替代品研发

根据《管理办法》第十一条：鼓励商品零售场所提供符合相关质量标准和环保要求的塑料购物袋替代品。企业目前主要集中在以下几种类型的研发应用：

1. 环保购物袋：棉帆布、尼龙绸布等不同质地及规格，特点：结实、可长期使用、折叠携带方便。

2. 菜篮子：可使用塑料、竹制或其他材质制作，特点：可重复使用、便利。可出租或销售。

3. 简便购物车：多种材质复合而成，特点：可重复使用、便利。可出租或销售。

二、面向消费者提供更为便利的服务

1. 零售场所对塑料购物袋应当依法明码标价，并在收银处等位置张贴或悬挂明示。

2. 开通绿色购物通道：意义在于鼓励消费者自带购物袋或不使用塑料购物袋，可享受快速结账服务。具体设置参考：

（1）6000 平方米以上大卖场中可设置 1 ~ 3 条不等。

（2）在收银通道入口有明显标志，提醒消费者此通道不提供塑料购物袋。但可以购买环保购物袋。

（3）目前问题：对消费者提前告知不够，使用率低；消费者不理解产生个别纠纷。

3. 可在收银线外卖场出口处设立可移动整理台，方便自带购物袋的顾客整理商品。根据需要自定数量、规格及位置。

4. 在卖场服务处提供免费打包服务：免费纸箱、封箱及易碎商品分类包装、捆扎等。

5. 提供购物篮、购物车租赁服务，方便周边社区居民运送商品。

三、收银系统（IT 系统）调整及流程完善

1. 在 6 月 1 日前完成 IT 扫描系统调整。要求塑料购物袋供应商在塑料购物袋上印制

国际条形码或加贴店内码，按照和商品一样的销售方式扫描销售。也可考虑将不同规格、大小的购物袋统归为某一品类，将相关信息输入收银系统。《管理办法》第七条规定商品零售场所应当在销售凭证上单独列示消费者购买塑料购物袋的数量、单价和款项。

2. 塑料购物袋应保管在收银员处，不单独开架陈列。

3. 消费者结账时，在收银服务上应增加沟通：

（1）在结账前，收银员应主动告知顾客塑料袋收费，确定顾客是否需要及所需数量；

（2）如果消费者要求将所购各类商品混装，对会污染食物的商品，要在装袋前告知消费者混装的风险。

四、加强安防系统完善措施

1. 书包和女士提包可以直接带进卖场。大包或跟店内销售商品如瓶装水等容易混淆的包袋、物品则需免费存放在寄包柜或顾客服务台。

2. 通过广播提示顾客不要在购物时自行装袋（食品部门需要使用卷装拉袋的除外）。当员工在楼面发现顾客将商品装入自带的购物袋中，应及时给予提醒。同时应加强巡视力度，加大防盗标签放置和固定监控镜头的密度。

3. 楼面各专柜卫星收银机处采用贴标、扎口、钉小票等方式标示该商品已经付款，以便迎宾员识别。上述标示办法均无法使用的商品，需要配备食品部使用的卷装拉袋，如果顾客不愿购买塑料购物袋，专柜收银员需要使用卷装拉袋为顾客装袋并用胶带扎口，订上相应的小票。

五、开展对消费者的宣传及奖励措施

1. 在卖场中运用多种形式的宣传，倡导消费者自带购物袋和使用环保购物袋。主要做法有：

（1）在卖场进口或通道上悬挂或摆放多种形式的宣传板，内容包括：国家“限塑令”、环保知识、有偿使用塑料袋介绍等。

（2）可制作独立的购物袋宣传册：明示各款收费购物袋的价格、样式、作用、规格厚度等。与促销 DM 海报一起发送到社区，让消费者提前了解，作好购物前准备。

（3）在卖场内通过广播，定时向消费者传递塑料袋收费信息、环保知识宣传等。

（4）加强收银员培训，提高收银员利用塑料袋空间、合理码放商品的技能，减少购物袋的使用量。

2. 与所在社区合作开展推广教育活动，利用节日、主题日，如 6 月 5 日世界环境日等，向顾客宣传环保信息，增强环保意思。活动形式包括：自制环保袋比赛、签署环保承诺倡议等……

3. 开展环保购物袋多次使用宣传，奖励措施包括：

（1）顾客集齐多少次使用过环保购物袋印章，可以换取××礼品；

（2）不定期开展会员购物满额赠环保袋的活动，如使用环保购物袋达 10 次的顾客可以获得一个免费的环保购物袋；

（3）举办供应商免费派赠活动

4. 员工“袋动环保”活动，使员工成为限塑宣传员。

六、租赁柜台和租赁户管理

《管理办法》第十三条要求商品零售场所的经营者对违反本办法有关规定的行为承担相应责任。下列商品零售场所，由开办单位或出租单位对违反本办法有关规定的行为承担相应责任：

1. 以出租摊位形式经营的集贸市场；

2. 场内外租超市、柜台；

3. 大型超市、商场引厂进店的经营摊位。

零售企业可以根据租赁柜台或租赁户的经营业态来划分，对属于有偿使用提供塑料袋范围内的租户，要及时发出书面通知，告知从 6 月 1 日起实施国家相关办法。

附录一：

国务院办公厅关于限制生产销售使用塑料购物袋的通知

（国办发［2007］72号）

各省、自治区、直辖市人民政府，国务院各部委、各直属机构：

塑料购物袋是日常生活中的易耗品，我国每年都要消耗大量的塑料购物袋。塑料购物袋在为消费者提供便利的同时，由于过量使用及回收处理不到位等原因，也造成了严重的能源资源浪费和环境污染。特别是超薄塑料购物袋容易破损，大多被随意丢弃，成为“白色污染”的主要来源。目前越来越多的国家和地区已经限制塑料购物袋的生产、销售、使用。为落实科学发展观，建设资源节约型和环境友好型社会，从源头上采取有力措施，督促企业生产耐用、易于回收的塑料购物袋，引导、鼓励群众合理使用塑料购物袋，促进资源综合利用，保护生态环境，进一步推进节能减排工作，经国务院同意，现就严格限制塑料购物袋的生产、销售、使用等有关事项通知如下：

一、禁止生产、销售、使用超薄塑料购物袋

从2008年6月1日起，在全国范围内禁止生产、销售、使用厚度小于0.025毫米的塑料购物袋（以下简称超薄塑料购物袋）。发展改革委要抓紧修订《产业结构调整指导目录》，将超薄塑料购物袋列入淘汰类产品目录。质检总局要加快修订塑料购物袋国家标准，制定醒目的合格塑料购物袋产品标志，研究推广塑料购物袋快速简易检测方法，督促企业严格按国家标准组织生产，保证塑料购物袋的质量。

二、实行塑料购物袋有偿使用制度

超市、商场、集贸市场等商品零售场所是使用塑料购物袋最集中的场所，而且目前大多免费提供塑料购物袋。为引导群众合理使用、节约使用塑料购物袋，自2008年6月1日起，在所有超市、商场、集贸市场等商品零售场所实行塑料购物袋有偿使用制度，一律不得免费提供塑料购物袋。商品零售场所必须对塑料购物袋明码标价，并在商品价外收取塑料购物袋价款，不得无偿提供或将塑料购物袋价款隐含在商品总价内合并收取。商务部要会同发展改革委制定商品零售场所塑料购物袋有偿使用的具体管理办法，并切实抓好贯彻落实，逐步形成有偿使用塑料购物袋的市场环境。

三、加强对限产限售限用塑料购物袋的监督检查

质检部门要建立塑料购物袋生产企业产品质量监督机制。对违规继续生产超薄塑料购

物袋的，或不按规定加贴（印）合格塑料购物袋产品标志的，以及存在其他违法违规行为的，要依照《中华人民共和国产品质量法》等法律法规，相应给予责令停止生产、没收违法生产的产品、没收违法所得、罚款等处罚。要完善质量监管措施，加大执法力度，严格执行曝光、召回、整改、处罚等制度。

工商部门要加强对超市、商场、集贸市场等商品零售场所销售、使用塑料购物袋的监督检查，对违规继续销售、使用超薄塑料购物袋等行为，要依照《中华人民共和国产品质量法》等法律法规予以查处。商品零售场所开办单位要加强对市场内销售和使用塑料购物袋的管理，督促商户销售、使用合格塑料购物袋。塑料购物袋销售企业要建立购销台账制度，防止不合格塑料购物袋流入市场。

旅客列车、客船、客车、飞机、车站、机场及旅游景区等不得向旅客、游客提供超薄塑料购物袋（包装袋），铁道、交通、民航、旅游等主管部门要切实履行监督检查职责。

四、提高废塑料的回收利用水平

环卫部门要加快推行生活垃圾分类收集和分类处理，切实减少被混入垃圾焚烧或填埋的废塑料数量。废旧物资回收主管部门要加强对废塑料的回收利用管理工作，指导、支持物资回收企业建立健全回收网点，充分利用价格杠杆和提供优质服务等措施促进废塑料的回收，大力推进规模化分拣和分级利用，充分发挥塑料资源的效用。

环保部门要加大对废塑料回收利用过程的环境监管，制定环境准入条件、污染控制标准和技术规范并监督实施，建立废塑料从回收、运输、贮存到再生利用的全过程环境管理体系。

科技部门要加大对废塑料处理处置技术研发的支持力度，开发推广提高废塑料利用附加值的技术和产品，提高废塑料资源利用水平。

财政、税务部门要尽快研究制定抑制废塑料污染的税收政策，利用税收杠杆调控塑料购物袋的生产、销售和使用，支持、鼓励废塑料综合利用产业的发展。

五、大力营造限产限售限用塑料购物袋的良好氛围

结合环境日、节能宣传周等活动，充分利用广播电视、报刊杂志、互联网等各种媒体，采取群众喜闻乐见、通俗易懂的方式，重点选择社区、村镇、学校、超市、商场、集贸市场及车站、机场、旅游景点等场所，广泛宣传“白色污染”的危害性，宣传限产限售限用塑料购物袋的重要意义，使广大群众和生产、销售企业牢固树立节约资源和保护环境意识，自觉合理使用塑料购物袋，依法生产、销售合格塑料购物袋。

提倡重拎布袋子、重提菜篮子，重复使用耐用型购物袋，减少使用塑料袋，引导企业简化商品包装，积极选用绿色、环保的包装袋，鼓励企业及社会力量免费为群众提供布袋子等可重复使用的购物袋，共同营造节制使用塑料购物袋的良好氛围。

六、强化地方人民政府和国务院有关部门的责任

地方各级人民政府负责本地区限产限售限用塑料购物袋工作，要高度重视，加强领导，周密部署，精心组织各职能部门制定具体办法并抓好落实。发展改革、商务、质检、工商等部门要各司其职、各负其责，通力协作、密切配合，确保各项限产限售限用措施落实到位。要加强行政监察和执法监督检查，切实落实执法责任追究制度，强化地方各级人民政府和国务院有关部门的责任。对行政不作为、执法不力的，要依照《中华人民共和国行政许可法》、《中华人民共和国行政处罚法》追究有关主管部门和执法机构主要负责人及相关责任人的责任。

国务院办公厅

二〇〇七年十二月三十一日

附录二：

商务部、发展改革委、工商总局令

2008 年第 8 号

《商品零售场所塑料购物袋有偿使用管理办法》（见第五部分法规篇）

附录三：

商务部条法司尚明司长就《商品零售场所塑料购物袋有偿使用管理办法》答记者问

问：为什么要对塑料购物袋实行有偿使用制度?

答：实行塑料购物袋有偿使用是为了引导公众减少使用和循环利用塑料购物袋，减少塑料购物袋使用总量，遏制“白色污染”，保护生态环境。

问：《办法》规制的核心内容是什么?

答：《办法》有两个核心内容，一是规定商品零售场所不得销售、使用不符合国家相关标准的塑料购物袋；二是规定商品零售场所应当依据本办法向消费者有偿提供塑料购物袋。

问：能否请您详细解释一下有偿使用的实施范围，这是目前大家比较关注的问题之一。

答：《办法》将有偿使用的实施范围限定为超市、商场和集贸市场。本办法所称超市和商场包括：便利店、折扣店、超市、大型超市、仓储会员店、百货店、专业店、专卖店、家居建材店、购物中心等。

问:《办法》中所称的塑料购物袋的定义是怎样的?为什么要强调“具有提携功能”?

答:《办法》将塑料购物袋定义为,由商品零售场所提供的,用于装盛消费者所购商品,具有提携功能的塑料袋。这里强调“提携功能”是为了将“购物袋”与零售场所基于卫生和食品安全的考虑提供的,用于装盛散装生鲜食品、熟食、面食等商品的塑料预包装袋相区别。这与国家标准化委员会于2008年4月16日发布的《塑料购物袋标准》的规定是一致的。

问:目前《办法》对塑料袋有偿提供的价格规定并不像之前公众议论的那样有一个明确的政府定价,这是出于什么考虑?

答:《办法》第六条规定,商品零售场所可自主制定塑料购物袋价格。对此,多数企业建议《办法》明确最低限价,以免因塑料袋定价不同引起顾客分流。对此,我们认为,由于塑料购物袋并不属于《价格法》第十八条规定的可适用政府指导价或政府定价的情况,依法应当实行经营者自主定价。

当然,为防止企业自主定价过低,使得限制、减少使用塑料购物袋的目的落空,我们根据《价格法》第八条(经营者定价的基本依据是生产经营成本和市场供求状况)的规定,对塑料购物袋的定价原则进行了限定,即不得低于经营成本。

问:《办法》对商品零售场所的相关行为规范是如何规定的?

答:《办法》规定:商品零售场所应当对塑料购物袋明码标价;在销售凭证上单独列示消费者购买塑料购物袋的数量和单价和款项;不得不按标示价格销售或变相无偿提供塑料购物袋;应当建立塑料购物袋购销台账制度备查。

问:《办法》对违反相关条款的责任主体是如何规定的?有什么特殊规定吗?

答:《办法》规定商品零售场所的经营者对违反本办法有关规定的行为承担相应责任。考虑到以出租摊位形式经营的集贸市场,场内外租超市、柜台,大型超市、商场引厂进店的经营摊位等零售场所具有一定特殊性,《办法》有针对性地规定了此类场所开办单位或出租单位的责任。

对于以出租摊位形式经营的集贸市场,我们借鉴现有一些市场的成功经验,在《办法》中对其有偿提供塑料购物袋的实施办法作了单独规定,可以由开办单位或经其批准在市场内设立的专营(或兼营)塑料购物袋经营摊位实行塑料购物袋统一采购、销售。目前有些市场在场内明显位置公布塑料购物袋价格,这也是可以借鉴的方法。

问:环保是当前的热点问题,公众一直关注《办法》的制定与实施工作,《办法》真的能够起到我们所期待的目标吗?

答:对于公众的关注,我们非常感谢。在《办法》公开征求意见时,有消费者认为,不把收费价格定在一个较高的标准就不会真正遏制塑料袋的使用;而且用收费的手段也不一定就能根本治理白色污染。对此,我们认为,规定有偿使用塑料购物袋,是提高公众环保意识的手段之一,其目的是引导、鼓励公众合理使用塑料购物袋,促进资源综合利用,保护生态环境。塑料购物袋的有偿使用涉及到人们购物习惯的改变,培养公众“循环利用”塑料购物袋的观念也的确需要一个过程;同时,更应全面制定配套措施,以有力地保证“遏制‘白色污染’,保护生态环境”的目标得以真正实现。

问:《办法》的何时正式实施?

答:《办法》自2008年6月1日起实施。

附录四：

中华人民共和国国家标准

《塑料购物袋的环境、安全和标识通用技术要求》GB21660—2008
《塑料购物袋》GB/T21661—2008
《塑料购物袋的快速检测方法与评价》GB/T21662—2008
发布单位：中华人民共和国国家监督检验检疫总局
中国国家标准化管理委员会
发布时间：2008 年 04 月 16 日
实施时间：2008 年 06 月 01 日
出版单位：中国标准出版社（2008 年 4 月第一版）

《塑料购物袋》标准由深圳市俊豪塑料制品有限公司、深圳市万达杰塑料制品有限公司、深圳市正旺塑胶制品有限公司、深圳市佳发塑料制品有限公司、浙江华发生态科技有限公司、轻工业塑料加工应用研究所、宁波天安生物材料有限公司、武汉丽华环保科技有限公司、福建百事达生物材料公司、比澳格（南京）环保材料有限公司、深圳市中京科林环境材料有限公司、惠州俊豪塑料发展有限公司、广东上九生物降解塑料有限公司、河北昭和生态科技有限公司、上海林达塑胶化工有限公司、四川琢新生物材料研究有限公司、国家塑料制品质量监督检验中心（北京）起草。

附录五：

政府主管部门近年发布的部分相关规定及标准

★《商品零售场所塑料购物袋有偿使用管理办法》（商务部、发展改革委、工商总局令 2008 年第 8 号，2008 年 5 月 15 日发布，6 月 1 日实施）

★《塑料购物袋》

★《塑料购物袋的环境、安全和标识通用技术要求》强制性标准

★《塑料购物袋的快速检测方法与评价》（2008 年 4 月 16 日发布，6 月 1 日实施）

★《食品标识管理规定》（国家质量监督检验检疫总局第 102 号，2007 年 8 月 27 日发布，2008 年 9 月 1 日起施行）

★《食品包装规范》（内贸行业标准公开征求意见 2008 年 2 月 18 日）

★根据《中华人民共和国工业产品生产许可证管理条例》和《关于印发〈食品用包装、容器、工具等制品生产许可通则〉和〈食品用塑料包装、容器、工具等制品生产许可审查细则〉的通知》（国质检食监［2006］334 号）（以下简称《实施细则》）的要求，

国家质检总局决定自2008年1月1日和2008年8月1日起，在全国范围内查处2批未获食品用塑料包装容器工具等制品生产许可证的生产销售行为。

附录六：

世界各国政府及机构积极推动减少使用塑料袋

德国：1991年颁布《包装条例》，明确规定“污染制造者必须承担清理、消除污染对环境影响的费用”。根据这一原则，商场、超市都备有收费塑料袋供顾客选用。

美国：2005年1月25日，旧金山推出了一项新的环保举措，对每个塑料或者纸质的购物袋征税17美分，从而使旧金山成为美国第一个对购物袋征收环保税的城市。如今美国各大城市都纷纷倡导使用环保购物袋代替塑料袋，呼吁人们为保护环境贡献一份力量。

旧金山今年早些时候提出禁止公众使用不能生物降解的塑料袋的规定，是美国主要城市中首先提出拒绝使用塑料袋的城市。波士顿、伯克利等城市纷纷效仿，出台了类似规定。洛杉矶在此基础上进一步提出增强公众环保意识的重要性。全美许多超市都为消费者准备了环保购物袋，

日本：2007年4月推出《容器包装回收法》。为了推进此举措，日本百货店协会推出了能够重复使用和回收的环保袋并计划在全国推广。重视重复使用，采用了帝人纤维公司生产的可回收型聚脂材料。协会还专门成立了环保袋办公室，负责该产品的策划、生产、销售和回收，回收后的购物袋由厂家重新加工后循环使用。永旺和西友也在开展此项活动。

香港环保署：香港多家连锁超市愿意签署减发胶袋目标协议，其中惠康、百佳、华润万家、万宁及实惠承诺一年内合共减发一亿个胶袋，减幅是15%～20%。为此目的，零售商采取了一系列减发塑料袋措施，包括培训及鼓励员工征询每名雇客是否需要塑料袋，以及将货品放入同一塑料袋内。还有零售商将在店内出售环保购物袋，并在收银柜张贴提醒顾客减用塑料袋的标志。

新加坡：每个月的第一个星期三定为“自备购物袋日”。

英国：首相布朗2008年2月28日宣布，给全国超市一年的时间向消费者收取塑料袋费用，平均一个塑料袋5便士。这项政策旨在减少塑料袋的使用，从而达到环境保护的目的。那些不愿遵守此项政策的零售商会被强迫征收至少每个袋5便士的费用。这项决议本月将正式进入立法程序。去年11月19日，布朗曾在环境与气候变化会议上表示，英国各大超市已经承诺在今年减少25%的塑料袋使用量。布朗将授权政府官员要求超市公布收取塑料袋费用的金额，以及此项费用的花费状况。

欧盟：据了解，欧盟部分国家已有具体的塑料袋禁用日期和相关法案。如法国从2010年1月起，将在全国范围禁用不可降解塑料袋。目前，欧洲的多数国家在超市和大型零售商场中，都已经不再免费提供塑料袋，而对每只塑料袋收取0.1～1欧元的费用。

附录七：

海外零售企业减少塑料购物袋使用案例

加拿大 A&P 公司

推出了可手提、可机洗，并可重复使用的购物袋，它的价格是 99 美分，可装 50 磅的商品。这种购物袋的材料完全是可回收利用的，对于传统购物袋而言，这是一个消费者可以承受，并且利于环保的替代品。A&P 公司负责人说，通过鼓励消费者来购物时使用这种袋子，估计每年可节约 20% 的购物袋，大概是 5000 万个。A&P 公司很早就开始推行一些环保措施。如从 1996 年开始，公司就开展了旧塑料袋的回收工作，即在所有门店设立回收点，集中后用于重新生产新的塑料袋。A&P 公司希望在 2006 年可以回收 90 万磅的塑料，相当于 6000 万个塑料袋。（加拿大 A&P 公司：全称为加拿大大西洋和太平洋公司，1927 年开展业务，目前是麦德龙集团的全资子公司，经营有 235 家店铺。）

英国 ASDA

推出生物降解塑料袋。为减少成本，同时吸引关注环保的消费者，英国 ASDA 在 2006 年宣布，使用生物降解塑料袋替代目前使用的有害环境的购物袋、食品包装袋和包装盒。这种新型的塑料袋的主要原料是淀粉。ASDA 公司表示，公司将于 2007 年 3 月开始，用新型塑料袋替换所有的生鲜食品和有机食品的包装。如果这一实验成功，ASDA 的母公司——沃尔玛公司也将在美国全面推广。

TESCO

英国最大的零售商，关注塑料袋的可重复使用，而非生物降解。其宣布，到 2008 年计划将其旗下所有超市每年 40 亿个塑料袋的使用量降至 30 亿个。为达到这一目标，该公司将给使用旧塑料袋或者其他包装袋的顾客以额外的会员卡积分。特易购公司目前拥有 1300 万名持卡顾客，顾客每节省使用 1 个塑料袋，公司将对其增加一个积分以资奖励。

“新鲜便利”（Fresh & Easy）超市

在 4 月 22 日地球日免费派送可循环利用购物袋给当天在超市购物的顾客，他们给这种袋子命名“生活袋”。

超市作出此举的原因是发现 90% 的顾客在面对“纸袋”还是“塑料袋”的选择时会选择后者。因此“生活袋”是一种 100% 由再生材料制造的购物袋，能够重复利用，降低对环境的污染。新鲜便利超市 CEO 表示，这样做能够给顾客更方便的环保选择。

目前，新鲜便利在美国拥有 61 家门店，他们提供两种重复利用购物袋、帆布袋和

“生活袋”，两者售价分别为 2.5 美元和 20 美分。

美国连锁超市 Whole Foods

从 2008 年 4 月 1 日起，在美国北部等州的 16 家门店启用 100% 有机材质购物袋，超市计划在 4 月 22 日“地球日”到来之际，在全美门店推广这种环保袋。

环保袋售价 11.99 美元，每销售一个环保袋，Whole Foods 将会捐赠 1 美元给 Million Tree NYC 组织，该组织致力于今后 10 年在纽约种植 100 万棵树，他们将会在每家推广环保袋的 Whole Foods 店门口树立宣传横幅，提高消费者的环保意识。

美国天然食品连锁超市乔氏超市

出售一种价格 1.99 美元的可重复使用的购物袋。乔氏超市还推出一项自带购物袋的活动——自带购物袋的消费者每月都有机会获得 50 美元奖励，希望借此阻止人们使用一次性塑料袋。活动开办以来，自行携带购物袋的顾客人数明显增加。

宜家家居连锁公司（Ikea）

对新包装袋实行收费，以鼓励顾客利用宜家提供的可重复使用的编织袋和手推车，减少塑料袋的消费。

百安居

位于苏格兰，于 2004 年开始对塑料袋收取 5 便士的费用，所收费用全部用于“建设更美丽的苏格兰运动”，塑料低使用量下降了 85%。

日本 Seven & I

推出环保购物袋，每售出 1 个购物袋，总部控股集团都将支付 5 日元（0.3 元人民币）给三菱日联信托银行，通过该银行向印度的风力发电企业购买二氧化碳排放权（Carbon Emission Rights）。据推算，到 2008 年底为止，预计可售出 100 万个环保袋，收入约 31 万元人民币（每吨二氧化碳排放权 3571 日元），大约可购买 1400 吨二氧化碳排放权。

集团从 1 月 9 日开始在旗下近 350 家超市以及东京和长野县约 1000 家 7-11 便利店销售环保袋，并计划到 2008 年夏天扩展到全国约 1.2 万家 7-11 便利店。部分收入用于购买 CER 并将免费提供给政府。此举可同时减少塑料袋的使用，减少污染和浪费。

日本永旺集团

自 1991 年开始，持续推进自带购物袋运动（减少免费购物塑料袋的一项措施）。通过“提倡自带购物袋、自带购物篮”、“采用购物袋图章卡强化运动”、“适量提供”等措施，以提高自带为主轴开展。目标是在2010年前，将全店铺平均自带比例提高到80%以上。从2007年开始，对购物塑料袋的提供方法采取了调整措施，进行收费（每个5日元），借助店铺与所在城市、市民团体以及相关组织签订收费协定等办法来促进，并将购物塑料袋的收益用于环保活动和地区贡献活动。

韩国

商场、大卖场都不会赠送购物袋。如果客人没有自备袋子，就要花100韩元购买纸袋或塑料袋，商店会原价收回这些袋子，顾客也可拿用过的旧袋子到商场或超市换新袋子。

欧盟国家

越来越多的大型超市不但不再提供一次性免费塑料袋，而且还向索要一次性塑料袋的顾客收取增值税。荷兰、比利时和卢森堡等国的许多大型超市为每个一次性塑料袋向顾客收取0.3欧元的费用，其中0.1欧元为成本费，0.2欧元为环保税。

针对塑料袋征收增值税后，塑料袋消费量大幅减少。2002年以前，爱尔兰塑料袋消费量惊人，人均每年消费328个塑料袋。2002年3月起，爱尔兰开征塑料袋增值税，购物者需要为每个塑料袋交纳0.15欧元的税款。之后，爱尔兰人均每年塑料袋的消费量降至21个，减少约94%。

零售企业实施
问题食品撤柜和公众召回流程指引

（中国连锁经营协会食品安全委员会　2009 年 4 月）

前　　言

中华人民共和国《食品安全法》于 2009 年 2 月 28 日发布，《食品安全法》的出台和实施，顺应我国经济社会发展的需要和人民群众的迫切愿望。必将对规范食品生产经营活动，加强对食品安全的有效监管，切实保障人民身体健康和生命安全发挥重要作用。该法明确规定不符合食品安全标准的食品应进行召回或停止经营。此前，问题奶粉事件考验了零售企业应对危机处理的能力，在配合政府和生产企业对问题商品进行撤柜和召回的过程中也积累了一定的实践经验。

本指引是以国家相关政策和法规为依据，总结多家零售企业实际操作流程，精心编撰完成的针对零售企业实施问题食品撤柜和公共召回流程的建议性文件，旨在协助零售企业快速、准确、及时地对店内问题商品进行撤柜处理。指引中对具体流程以多图表的形式体现，以突出其直观性。

以本指引为基础，中国连锁经营协会（CCFA）食品安全委员会成员单位间将逐步完善建立信息沟通联动机制。

本指引由中国连锁经营协会食品安全委员会成员单位提出并归口。

本指引起草单位：中国连锁经营协会食品安全委员会成员单位。

本指引主要起草人：裴亮、王文华、许锦龙、朱桂安、杨晓燕、严晓红、王培桓、孙工贺。

引　　言

《食品安全法》制定食品召回制度的意义：

一是防患于未然，充分保障消费者的身体健康和生命安全；二是体现食品生产经营者是保障食品安全的第一责任人；三是提高政府监管效能，变被动为主动。该法规定，在问题食品生产经营企业不主动召回的情况下，有关的监管部门可以责令召回，还包括停止经营等制度。

本指引概要：

阐述了当问题食品对消费者的健康、安全或零售企业的名誉已经造成或可能造成影响和损害，需要实施撤柜或召回时，零售企业所应采取的一系列关键行动。包括零售企业实施撤柜及召回的判定条件和决策依据、实施召回的操作流程以及操作要点、正常运营中的退换货与实施召回的区别。同时，汇总了与食品经营者相关的法律法规等内容。

本指引的意义：

一是贯彻落实《食品安全法》，推动零售企业落实制度化、流程化管理；二是为零售企业建立健全食品安全管理制度，特别是制定不合格食品退市等自律制度提供重要参考；三是加强零售企业对食品安全监管信息的采集和分析处理能力，有效防范食品安全事故的发生。

目　录

零售企业实施问题食品撤柜和公众召回流程

1. 适用范围

本指引适用于经营食品的零售企业。

2. 术语和定义

下列定义适用于本指引。

2.1　不安全食品

是指有证据证明对人体健康已经或可能造成危害的食品，包括：

（一）已经诱发食品污染、食源性疾病或对人体健康造成危害甚至死亡的食品。

（二）可能引发食品污染、食源性疾病或对人体健康造成危害的食品。

（三）含有对特定人群可能引发健康危害的成份而在食品标签和说明书上未予以标识，或标识不全、不明确的食品。

（四）有关法律、法规规定的其他不安全食品。

2.2　食品安全事故

指食物中毒、食源性疾病、食品污染等源于食品，对人体健康有危害或者可能有危害的事故。

2.3　食品召回

指食品生产者按照规定程序，对由其生产原因造成的某一批次或类别的不安全食品，通过换货、退货、补充或修正消费说明等方式，及时消除或减少食品安全危害的活动。

2.4 食品召回级别

（一）一级召回：已经或可能诱发食品污染、食源性疾病等对人体健康造成严重危害甚至死亡的，或者流通范围广、社会影响大的不安全食品的召回。

（二）二级召回：已经或可能引发食品污染、食源性疾病等对人体健康造成危害，危害程度一般或流通范围较小、社会影响较小的不安全食品的召回。

（三）三级召回：已经或可能引发食品污染、食源性疾病等对人体健康造成危害，危害程度轻微的，或者属于“含有对特定人群可能引发健康危害的成份而在食品标签和说明书上未予以标识，或标识不全、不明确”不安全食品的召回。

2.5 食品召回分类

根据食品召回程序的启动方式，可分为食品生产者主动召回和监管部门强制召回两种。

2.6 召回与退换货的区别

召回是针对某一批次或类别的产品进行的，该批次或类别产品存在安全隐患，所有相关产品都要召回。退换货是根据“三包”规定，针对个别产品存在的质量问题的退换货行为，而不涉及同批次或类别不存在质量问题的其他产品。

2.7 撤柜

将商品从门店内陈列的货架上撤下收回。

3. 实施问题食品撤柜和公众召回流程的流程

3.1 总流程

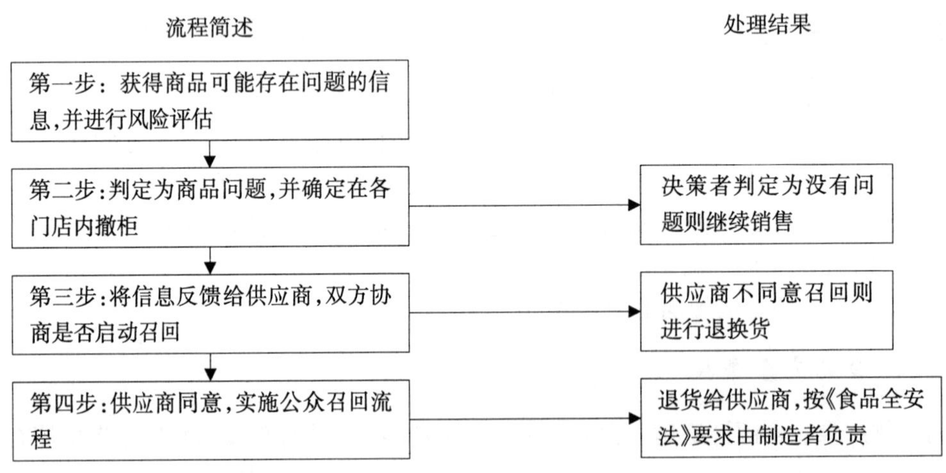

总流程图

3.2　流程关键点

3.2.1　流程第一步关键点

关键点：信息监测、流程执行、控制时间，获得商品可能存在问题的信息。

3.2.1.1　本环节的具体流程：

（一）得到商品有问题的信息

零售企业门店、采购部、招商部、配送中心等部门工作人员，通过媒体或顾客反馈获得某个商品有问题的信息，同时，确认该零售企业有该商品正在销售。

（二）明确消息来源确实可靠

消息应有明确的出处，并满足以下条件之一：国家权威部门直接发布的不安全食品召回令；经工商、技监、卫生等国家行政职能部门检测公布的不合格食品信息；当地政府部门通知；国家级媒体等公布的不安全食品召回报道；零售企业通过委托第三方检测判定为不合格的食品；从可信的非官方渠道获取有关准确信息，应进行特别说明。

确认消息为不可信的消息后，零售企业应不采取任何行动。

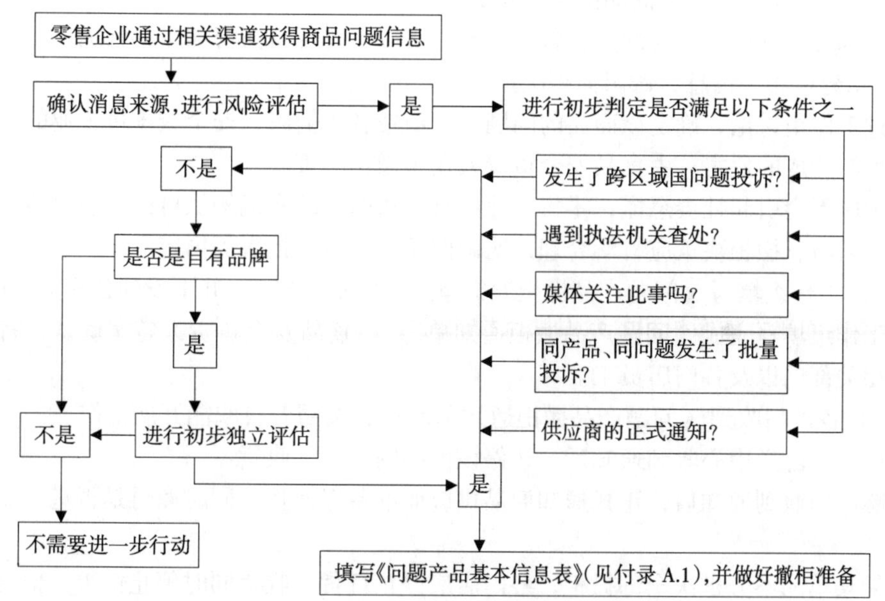

获得商品可能存在问题的信息

（三）确定商品是否是自有品牌商品

如果确定商品为自由品牌商品，则直接填写《问题产品基本信息表》（见附录A.1），准备进入第二步。

（四）对商品进行初步判定

问题商品应满足以下条件之一：对消费者的健康、安全或企业声誉可能或实际存在危险或已经造成的危害；遇到执法机关的查处；媒体关注；同产品、同问题发生了批量投诉；跨区域同问题投诉；供应商的正式通知；中国连锁经营协会食品安全委员会通知等。

当个别门店受到执法机构对于产品质量质询时，该门店应直接对被质疑产品的特定批次（或全批次）进行撤柜，并做好隔离封存。同时，填写《问题产品基本信息表》。但该门店无权对商品进行退货、换货、销毁等进一步处理。

（五）了解该商品在其门店内的相关情况，填写《问题产品基本信息表》。

3.2.1.2　从收到商品有问题的信息到填写完成《问题产品基本信息表》所用时间应少于 2 小时

3.2.2　流程第二步关键点：撤柜决策、流程执行、控制时间

判定为商品问题，并确定在各门店内撤柜。

3.2.2.1　本环节的具体流程

（一）将《问题产品基本信息表》上报给企业食品安全负责人

零售企业应设立紧急问题处理工作组（简称工作组），并明确的食品安全负责人。工作组应由食品安全负责人组织，由采购部、质量部、营运部、公关部、市场部、财务部等多部门人员组成。工作组成员应建立 24 小时不间断联系机制，及时互通相关信息。

工作组应根据危机的紧急和危害程度不同，预设组成不同的组织规模。

（二）了解供应商和该商品的经营状况

财务部应查询该供应商的货款状况，各门店应了解货品销售和库存状况。

（三）分析相关信息，做出撤柜决策

经过工作组讨论，确定该商品的问题将对消费者的健康、安全或零售企业的名誉已经造成或可能造成的危害，由食品安全负责人发布撤柜决策。

撤柜应不会引起社会恐慌；零售企业应有合法的、政府机构认可的证明材料表明商品存在一定风险；撤柜决策应科学合理，明确商品的产地、批次等内容。

（四）工作组填写《问题产品撤柜通知单》（见附录 A2），并下发到各相关部门

由工作组填写完成《问题产品撤柜通知单》，由食品安全负责人签字确认，将通知单下发给相关部门以及各门店员工。

（五）各部门收到《问题产品撤柜通知单》后，按照各自职能开展工作

各门店、配送中心收到通知后，暂停该商品的订货、收货。

采购部门收到通知后，正式通知商品供应商准备退换货，同时商讨是否进一步实施召回工作。

如果某单品不分批次全部撤柜，各门店应停止订货、收货同时停止销售；信息部通过电脑系统，更改问题商品为“不可订货”、“不可销售”、“可退货”状态。

财务部门收到通知后，应查询该供应商的声誉货款，并上报给食品安全负责人，确定是否暂停付款。

（六）商品撤柜准备退货

各门店、配送中心应按照《问题产品撤柜通知单》上的要求，排查卖场中货架上和库房中有问题的商品，将这些有问题的商品独立放置在指定区域，准备退货；

某单品全部撤柜时，门店或配送中心可直接比对电脑库存上的数量，进行实际货品的盘点，明确实际数量。

3.2.2.2　从工作组收到《问题产品基本信息表》，到填写完成《问题产品撤柜通知单》，应少于 2 小时。各部门收到《问题产品撤柜通知单》，到卖场中问题商品撤柜，应

少于2小时。

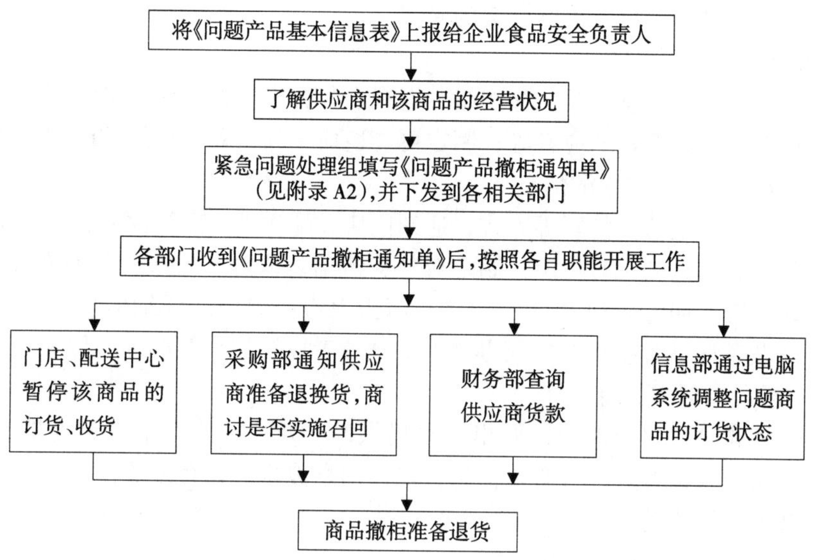

判定为商品问题，并确定在各门店内撤柜

3.2.3 流程第三步关键点：信息沟通、流程执行、控制时间

将信息反馈给供应商，双方协商处理办法，确定是否启动召回。

3.2.3.1 本环节具体流程：

（一）将各门店统计的库存数量进行汇总

根据销售状况预估召回商品数量。

（二）将相关信息通知给供应商

零售企业与供应商联系，将相关信息传递给供应商，并在规定时间内索要问题商品指定批次的质检报告，同商品生产商一起共同协商问题商品的处理办法。食品供应商分为经销商和食品生产商两类。

（三）供应商反馈结果

供应商反馈，确定启动公众召回后，明确召回的方法、实施范围、商品的价格、顾客退货条件、货款处理等内容。同时，填写《召回工作流程记录表》（见附录A.3）发放给各店。

供应商反馈不启动公众召回，则直接将商品进入退货流程。

可能存在信息错误的特殊情况，供应商提供制定批次商品检验合格证明后，零售企业应及时将商品上架。

3.2.3.2 从与供应商联系到供应商反馈信息，所用时间建议少于24小时。

3.2.4 流程第四步关键点：实施召回、应急方案、信息发布

在零售企业门店实施公众召回。

3.2.4.1 本环节具体流程：

（一）创建时间进程表

确定实施召回方案（商品情况、如何做、时间、谁负责、关联方）；明确实施召回的时间段；退货时间进程；可能重新订货的时间。

（二）确定对外宣传方案

确定最适当的传媒信息工具，如网络、电视、收音机、报纸等；确定宣传内容，并实施对媒体的应对；对消费者的应答等；制定可能造成不利企业形象的控制解决方案。

（三）内部发布实施召回的信息

通过电子邮件、电话、传真等方式，通知门店和配送中心实行商品召回行动；召回方案落实；确保最新信息的及时传递；制定对外交流信息内容，发布有关问题及应答样本；设计并发放统一的召回海报和POP给门店，海报上应明确商品详细信息，召回的时间期限，退货方法及条件（谁接待？如何办理？如消费者凭销售小票办理退货等），并致歉。

（四）对外发布召回信息

在顾客服务台贴出召回海报，展出所有提供的POP；按照海报规定给消费者进行退货，如有需要可记录消费者个人必要信息；媒体信息披露；如有需要，及时将召回的进展通知相关的政府执法机关。

（五）消费者信息的记录和整理

应详细记录办理了商品召回的消费者信息，以进行进一步跟踪。

3.2.4.2　本环节的时间进程按照双方约定的时间段实施。

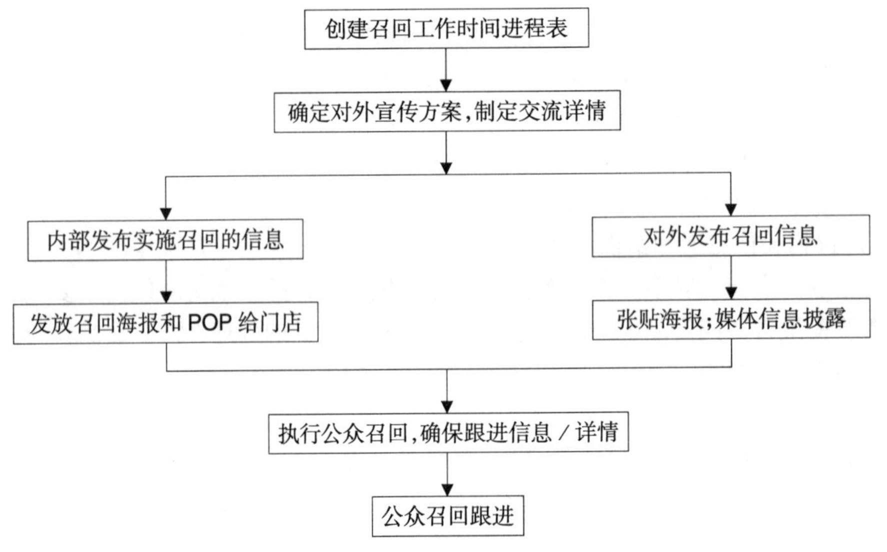

启动公众召回流程

3.2.5　处理结果

将问题商品退货给供应商。

3.2.5.1　按照召回计划给供应商发退货通知单，实施退货并进行记录。

3.2.5.2　退货同时，将消费者的信息记录同时发给供应商。

3.2.5.3　根据双方约定的时间实施。

附录 A：

主 要 表 单

1.《问题产品基本信息表》

一、谁发现问题

☐ 政府执法机关　☐ 供应商　☐ 采购部　☐ 招商部　☐ 专柜　☐ 门店

☐ 配送中心　☐ 质量部　☐ 媒体　☐ 消费者　☐ 其他：

二、问题产品信息

产品名称：　　包装规格：

生产日期：　　生产厂家：

批次：　　单价：

条码：　　供应商：

日均销量：

三、提出质疑的机构

政府机构：☐ 质量技术监督局　☐ 食品药品监督局　☐ 工商局

☐ 卫生监督所　☐ 农业局　☐ 其他权威机构

☐ 媒体：　☐ 第三方：　☐ 消费者：

☐ 其他：

四、简述具体事件

事件发生日期：

产品涉及的门店：

简述具体事件：

质疑的核心内容：

初步判断：☐ 严重　☐ 不严重　☐ 紧急　☐ 不紧急

五、处理方案

☐ 立即撤柜　☐ 准备公开召回　☐ 处罚　☐ 暂停销售

☐ 产品检测　☐ 等待通知

六、通知部门

☐ 总经理　☐ 质量部　☐ 采购部　☐ 公关部　☐ 店长

填表人签字：　　时间：　　负责人签字：　　时间：

2.《召回工作流程记录表》

日期：

实施召回商品详情：

产品名称：	包装规格：
生产日期：	生产厂家：
批次：	供应商：
库存数量：	已售商品数量：
其他受影响的商品：	
供应商退货的时间安排：	
召回信息发布的日期：	
实施召回的开始和截止日期：	
对消费者的指导（需要做什么，哪里去做，提供的赔付）：	
对门店的指示：	
对配送中心的指示：	

工作小组负责人签字：　　　　　　　　　　日期：

3.《召回问题商品——消费者信息登记表》

门店名称：　　　　　　　　　　经办人：　　　　　　日期：

序号	顾客姓名	商品批号	退货数量	金额	退货凭证	联系电话
1						
2						
3						
4						
5						
6						

4.《召回海报》

《召回海报》

商品名称

［商品名称和信息详情］

召回原因

由于［原因说明］，［商品名称］在此实行召回

你应该怎么做

买了［商品名称］的顾客
请凭购物小票于
办理退货
并将获得［价格］退款

我们对不便之处表示歉意

咨询电话［　　　　　　　　　　］

在此日期前执行：

附录 B：

问题食品相关政策注释

1. 《食品安全法》第五十三条

（2009 年 2 月 28 日）

国家建立食品召回制度。食品生产者发现其生产的食品不符合食品安全标准，应当立即停止生产，召回已经上市销售的食品，通知相关生产经营者和消费者，并记录召回和通知情况。

食品经营者发现其经营的食品不符合食品安全标准，应当立即停止经营，通知相关生产经营者和消费者，并记录停止经营和通知情况。食品生产者认为应当召回的，应当立即召回。

食品生产者应当对召回的食品采取补救、无害化处理、销毁等措施，并将食品召回和处理情况向县级以上质量监督部门报告。

食品生产经营者未依照本条规定召回或者停止经营不符合食品安全标准的食品的，县级以上质量监督、工商行政管理、食品药品监督管理部门可以责令其召回或者停止经营。

2. 《食品召回管理规定》

（国家质检总局 2007 年 7 月 24 日发布）

第十一条 食品安全危害调查的主要内容包括：

（一）是否符合食品安全法律、法规或标准的安全要求；

（二）是否含有非食品用原辅料、添加非食品用化学物质或者将非食品当作食品；

（三）食品的主要消费人群的构成及比例；

（四）可能存在安全危害的食品数量、批次或类别及其流通区域和范围。

第十二条 食品安全危害评估的主要内容包括：

（一）该食品引发的食品污染、食源性疾病、或对人体健康造成的危害，或引发上述危害的可能性；

（二）不安全食品对主要消费人群的危害影响；

（三）危害的严重和紧急程度；

（四）危害发生的短期和长期后果。

第十五条 食品生产者和销售者应当配合省级质监部门组织的食品安全危害调查，不得以食品已通过任何符合性审查为由拒绝。

2009年中国连锁经营协会主要研究报告

序号	研究项目	完成时间
1	2009中国连锁超市、大卖场防损状况调查报告	3月
2	2008超市食品安全调查报告	4月
3	2008年中国特许经营加盟商调查报告	5月
4	2008年中国连锁教育及培训行业调查报告	5月
5	2008连锁行业年度分析报告	6月
6	2009年中国特许经营发展报告	6月
7	2009中国零售业IT基准研究	6月
8	2009年中国连锁零售业环保节能状况白皮书	6月
9	中国零售企业资金链风险研究报告	6月
10	中国零售企业生鲜供应链调研报告	7月
11	中国零售企业人力资源年度报告	8月
12	2009中国餐饮连锁企业发展战略趋势调查	8月
13	2009年度金牌店长分析报告	10月
14	中国零售企业分销状况调研报告	11月
15	2009工商关系调查报告（与IBM公司合作）	

附录五：

中国连锁经营协会简介

中国连锁经营协会于1997年在民政部注册成立，是连锁经营领域惟一的全国性行业组织。目前，拥有企业会员800家，连锁店铺16万个，包括本土和跨国零售商、特许加盟企业、供应商等。其中，连锁百强会员企业2008年销售额超过1.2万亿元人民币，占社会消费品零售总额11%，门店总数达到12万余个。

团体会员涵盖了零售、餐饮、服务等行业中的50多个业态，企业主要为国内知名和在华外资连锁公司、重要供应商及相关中介组织。

协会以推动连锁经营在中国的发展为己任，以会员服务为核心，代表行业利益，维护会员合法权益，提供各项促进企业发展的服务内容。主要包括：

政策协调。为企业与政府之间沟通搭建平台，通过政策建议、标准制定、信用体系建设等为行业发展创造良好环境。

企业合作。以中国连锁业大会、中国连锁店展览会、中国特许加盟大会、中国特许展等活动为平台，推动行业合作交流与发展。

行业培训。通过从业人员认证培训体系，帮助企业管理人员提高业务水平。

资讯整合。通过协会网站、电子通讯和《连锁》月刊传递各行业资讯，使企业及时把握行业发展脉搏。同时，保持与中央、地方媒体的紧密合作。

国际交流。作为WFC、APFC成员国，与世界50多个国家在零售连锁和特许经营方面建立了紧密联系，积极推动国际化交流。

行业研究。通过行业统计和专项调查，发布多项报告，为政府和企业提供涉及行业发展趋势等方面的调研服务，为企业决策提供依据。

行业自律。以《中国连锁经营协会章程》、《连锁超市行业道德规范》、《商业特许经营管理条例》为准则，规范企业经营行为，促进行业健康发展。

协会本着“引导行业、服务会员、回报社会、提升自我”的理念，参与政策制定与协调，维护行业和会员利益，为会员提供系列化专业培训和行业发展信息与数据，搭建业内交流与合作平台，致力于推进连锁经营事业与发展。

CCFA 网络平台

中国连锁经营协会网站 www. ccfa. org. cn

中国连锁经营行业专业的资讯平台，主要内容包括政策法规、行业调研、国际零售前沿、零售创新、零售技术培训、特许学院、加盟商辅导站、加盟项目推介、书刊资料、展览、食品安全、电子简讯、金牌店长、KPI数据库、会员查询。

中国连锁经营协会英文网站 www. chinaretail. org

超市食品安全网 www. food - safety. cn

超市食品安全网是目前国内惟一一个针对超市中的食品安全工作开办的非赢利性网站，网站内容以零售企业中高层管理人员关注的内容为主，消费者关注的内容为辅，及时提供行业内的动态和政策信息，为业内人士进行交流提供一个良好的平台

中国特许展网址 www. chinafranchiseexpo. com

中国特许展相关信息的展示平台。

中国连锁店展览会网址 www. chinaretailexpo. com

中国连锁店展览会相关信息的展示平台。

电子刊物

每周行业动态（周讯）

CCFA English Brief（半月刊）

CIO 通讯（周刊）

食品安全简讯（半月刊）

标准化通讯（不定期）

会展动态 EDM（不定期）

固定刊物

《连锁》月刊，是中国连锁经营协会的会刊，自 1998 年创刊以来，陪伴和记录了中国连锁业成长全过程。《连锁》旨在报道业内动态，传递和解读国家相关政策，剖析业内热点，发布权威分析报告，刊登富有实用性的管理前沿知识，讲述连锁精英的财富故事，介绍优秀企业的成功之道，及时传递海外讯息……《连锁》已成为业界人士和企业的管理人员了解行业动态，获取相关知识的首选刊物。

《中国连锁经营年鉴》始于 2000 年，是由中国连锁经营协会编撰，记录中国连锁业年度发展脉络和轨迹，汇集相关数据和案例的重要载体。它涵盖了国内超级市场、便利店、专业店、专卖店、百货店、购物中心、家居中心、特许经营等各种零售业态和营销方式的发展状况以及国际连锁业发展概况，既有国内以及各地区连锁业发展总体水平的纵向比较资料，也有与国际同行业发展的横向比较信息，还包括了相关的政策法规，是反映中国连锁业发展全貌的编年体手册型工具书。

会员服务

信息及宣传服务：

1. 获赠《连锁》月刊；
2. 获取《每周行业简讯》，第一时间了解业内动态；
3. 获取网站 www. ccfa. org. cn 登陆密码，浏览会员专属信息；
4. 每年获赠数份专题调研报告。

交流研讨：

1. 协助组织会员间交流，为会员提供异业合作的机会；
2. 获得零售业 CIO 峰会免费参加名额；
3. 获得食品安全年会免费参加名额；
4. 获得特许加盟大会主会场免费参加名额；
5. 特许企业可为加盟商申请免费加盟商网上培训名额。

政府关系与政策协调服务。

地区连锁协会名录

序号	协会名称	电话	传真	地址	邮编
1	北京市连锁经营协会	010－62218069	010－62262236	北京市海淀区北三环西路明光北里2号	100088
2	天津市连锁商业协会	022－23023836	022－23023804	天津市和平区重庆道25号	300050
3	河北供销合作总社	0311－86045575	0311－86034977	河北省石家庄市裕华东路55号省供销合作总社流通网络处	050011
4	山西省连锁经营协会	0351－3085385	0351－3085385	山西省太原市南内环61号太原市政协	250002
5	黑龙江省连锁经营协会	0451－86131351	0451－86131351	哈尔滨市南岗区和兴路111－3号1203室	150080
6	哈尔滨连锁经营协会	0451－86776401	0451－86776402	哈尔滨市松北区世纪大道1号东配楼229房间	150021
7	沈阳市连锁经营协会	024－22722104	024－22731872	沈阳市市府大路260号137室	110013
8	大连市连锁企业协会	0411－84600529	0411－84600509	大连市沙河口区联合路联合巷21号301－302室	116021
9	上海连锁商业协会	021－62717620 62717621	021－62717623	上海市石门一路251弄4号4楼	200041
10	浙江省连锁经营协会	0571－8521055	0571－85211055	杭州市金祝北路20号	310007
11	绍兴市连锁经营协会	0575－88617766	0575－5250308	绍兴市延安东路173号	312000
12	安徽省连锁经营协会	0551－2621143	0551－2620755	合肥市庐江路70号	230001
13	安徽商业联合会零售商业委员会	0551－2658284	0551－2658284	合肥市长江中路136号青云楼6楼	230001
14	合肥市连锁协会	0551－2686016	0551－2652936	合肥市长江中路150号合肥百货大楼	230001
15	福建省连锁经营协会	0591－87821823	0591－87851537 87563943	福州市中山路23号建发大厦1楼	350003
16	厦门市商业联合会连锁经营同业公会	0592－2220084	0592－2220084	厦门市思明区豆仔尾路296号供销社大楼2楼	361012
17	泉州超市协会	0595－22276152 22282699	0595－2272768	福建省泉州市南俊巷新府口48号	362000
18	济南市连锁经营协会	0531－80985736		济南市升平街8号贸易服务局	250000
19	青岛市经济贸易委员会	0532－85911148	0532－85911532	青岛市香港中路11号经贸委前楼309房间	266071

续表

序号	协会名称	电话	传真	地址	邮编
20	武汉连锁经营协会	027－82788591	027－82853739	武汉市江汉区前三眼桥46号（武汉商业服务学院内）	430015
21	湖南省连锁经营协会	0731－4131132	0731－4131132	湖南省长沙市车站南路699号金贸大厦710室	410007
22	长沙市连锁经营协会	0731－2681961	0731－2681960	长沙市五一西路800号恒隆国际大厦902室	410000
23	河南省商业行业协会	0371－63817447 63940566	0371－63817447	河南省郑州市文化路任寨北街2号	450003
24	重庆市连锁经营协会	023－63632356	023－63631119	重庆市中山四路83号－2号七楼	400015
25	兰州市商业贸易委员会	0931－8772701	0931－8857723	甘肃省兰州市南滨河东路637号（市政府900A室）	730030
26	西安连锁经营协会	029－87295056	029－87231455	西安市二府街27号西安市商贸局商品流通处（连锁经营协会）	710003
27	广东省连锁经营协会	020－38483952 －803	020－38483953	广州市天河区龙口东路363号保供大厦15楼	510630
28	广州连锁经营协会	020－86471051 /56	020－86472200	广州市荔湾区西湾东路18号广州蔬果大厦七楼	510160
29	深圳市零售商业行业协会	0755－82948490	0755－82945078	深圳市福田区彩田南路路灯大厦4楼	518026
30	东莞市零售行业协会	0769－22477290 22502386	0769－22477265	广东省东莞市东城中路美新商业中心六楼F603	523129
31	柳州连锁经营协会	0772－2865225	0772－2836800	广西柳州解放北路26号一楼	545001
32	昆明市连锁经营协会	0871－5716620	0871－5716625	云南省昆明市北京路1039号	650224
33	新余市连锁经营（专卖）协会	0790－6443158	0790－6443158	江西省新余市现代服务业管理指导中心	338000

国外主要零售协会（排名不分先后）

食品商业论坛——CIES，总部设在法国

CIES（食品商业论坛），是全球唯一独立的食品商业网络，齐聚了来自150多个国家的400多家零售及制造业成员公司的首席执行官和高级管理层。55年来，CIES与食品行业一同成长、发展。它在CIES零售成员公司创造1.5万亿欧元，雇佣640万人，经营约20万家商店。制造商成员公司销售额达6400亿欧元。CIES－食品商业论坛总部设在巴黎，在华盛顿、新加坡、东京和上海等地设办事处。

美国国家零售协会——NRF，总部设在美国

NRF（美国国家零售协会），是世界上最大的零售协会，成员涉及零售行业各种业态和分枝。NRF的成员拥有160万个零售点和240多万雇员，相当于1/5的美国工作者，NRF成员2008年销售额4.6万亿美元。作为零售行业的伞状组织，NRF代表100多个州、国家和国际的相关组织。NRF下设4大委员会：零售技术委员会，连锁餐饮委员会，零售广告和市场委员会以及店面委员会。

美国食品营销协会——FMI，总部设在美国

FMI（美国食品营销协会），为其在美国及世界的1500家会员公司——食品零售或批发商，提供公共事务、食品安全、研究与教育培训，以及行业相关的项目。FMI的美国会员经营大约26000家食品零售店和14000家药店。它们的年销售总额达6.8万亿美元，占全美食品零售的1/3。FMI的零售会员由大连锁店、地区公司以及独立超市组成，协会的国际会员包括200家公司，覆盖50多个国家。FMI的准会员包括这些会员公司的供应商。

美国零售领导联盟——RILA，总部设在美国

RILA（美国零售领导联盟），由世界上最大和最成功的零售公司组成，联盟独有的教育论坛，高效的公用政策传达速度和对零售行业的高瞻远瞩吸引了这些知名公司的执行官。RILA的会员包括200多家公司——从Abercrombie&Fitch到沃尔玛，这些公司的销售额高达 1.5 万亿美元。RILA 的会员通过董事会、领导委员会、成员和工作组，决定公用政策、教育和研究领域的课题和重点关注项目。RILA 将公共政策与零售相结合，确保对话和信息流通的顺畅。战略对话关注公共政策和公司运营，教育关注 RILA 服务社区的相关零售项目。

国际购物中心协会——ICSC，总部设在美国

ICSC（国际购物中心协会），是购物中心行业的全球贸易协会，成立于 1957 年。ICSC 在美国、加拿大和其他 80 多个国家有 70000 名会员，包括购物中心所有人、开发商、管理者、营销专家、投资人、信贷人、零售商和其他专业人员以及专家学者和政府官员。作为全球行业贸易协会，ICSC 与全球超过 25 个国家和地区的购物中心协会建立了联系。ICSC 的主要目标是推动购物中心行业的发展，并促使各个购物中心成为社区中的重要场所。

英国环境卫生协会——CIEH，总部设在英国

CIEH（英国环境卫生协会），是全球公共环境和健康领域的权威专业组织，拥有一百多年的历史。主要从事环境卫生和健康领域的专业资格证书的认证和颁发，以及环境卫生和健康领域的一切专业研究推广活动。作为非营利性的专业会员制国际组织，CIEH 与众多国际组织长期合作，包括国际卫生组织、国际食品法典委员会等。

CIEH 的资格证书主要分为三大板块：食品安全，健康与安全，环境保护。目前，CIEH 已经在全球范围内为 700 多万食品从业人员提供了职业资格证书，在世界各地拥有 6000 多个培训中心和 10000 多名注册讲师。引入中国的面向基层食品操作人员的基础食品安全课程已被翻译成 19 种文字在全球 40 多个国家推广实行。

在美国，CIEH 与全美最大的超市行业组织美国食品营销协会（FMI）合作开展“食品安全”职业资格认证和培训工作，被美国联邦农业安全管理局评价为“最佳实操性培训课程”，是美国第二大最受企业认可的资质证书。

CIEH 在国际上的合作伙伴包括众多著名企业，如沃尔玛、TESCO 乐购、麦德龙、星巴克、玛莎百货、麦当劳、汉堡王、希尔顿大酒店等，这些企业也都是 CIEH 培训项目的长期拥护者；同时，这些企业也将与 CIEH 的合作延伸到了中国市场。